POLITIQUE

TIRE'E

DES PROPRES PAROLES

DE

L'ECRITURE SAINTE

Jacobus Benignus
Meldensis Comes Consistorianus
ptor et primus serenissimae Ducis
Peint par H. Rigault.

B.D.
Bossuet Episcopus
antea serenissimi Delphini Praece
Burgundiae Eleemosynarius Ætatis anno
Gravé par le Chevalier E Jelinek.

POLITIQUE

TIRÉE

DES PROPRES PAROLES

DE

L'ÉCRITURE SAINTE

A MONSEIGNEUR

LE DAUPHIN.

OUVRAGE POSTHUME

De Meſſire JACQUES-BENIGNE BOSSUET, Evêque de
Meaux, Conſeiller du Roy en ſes Conſeils, & Ordinaire en
ſon Conſeil d'Etat, Precepteur de Monſeigneur le Dauphin,
Premier Aumônier de M. la Dauphine, & de M. la
Duchſſe de Bourgogne.

A PARIS,

Chez PIERRE COT, Imprimeur-Libraire ordinaire de
l'Académie Royale des Inſcriptions & Médailles,
rue du Foin, à la Minerve.

M. DCC. IX.

AVEC PRIVILEGE DV ROY.

A
MONSEIGNEUR
LE
DAUPHIN.

MONSEIGNEUR,

Quelque reputation, & quelque nom,
qu'ayent acquis à feu M. l'Evêque de
Meaux toutes ses vertus, & tous ses

ã

talens : le choix dont le ROY l'a honoré
en se reposant sur lui de Vôtre éducation,
& tout ce que cet Evéque a fait pour répondre à un si grand honneur, sera toûjours ce qui donnera le plus d'éclat à une
si belle vie.

Y a-t-il rien en effet qui lui soit plus
glorieux, qu'une marque aussi assurée de
l'estime & de la confiance du plus sage,
& du plus grand des Rois : rien qui doive rendre sa memoire plus precieuse à la
France, & plus recommandable à la posterité, que les soins qu'il a pris, pour
cultiver ce beau naturel qu'on a vû briller en Vous dès Vos plus tendres années,
& pour faire paroître de plus en plus ces
nobles, & genereuses inclinations, dont la
nature Vous a doüé.

Je ne puis donc rien faire qui contribuë
davantage à la gloire de cet Evéque,
qu'en rappellant autant qu'il m'est possi-

ble dans l'esprit de tout le monde, l'idée
d'une si heureuse éducation; & le souvenir des travaux qu'il a entrepris, pour
Vous mettre en état de remplir Vos glo-
rieuses destinées. Je suis assuré par ce moyen
de rendre son nom immortel, en l'unissant
d'une maniere aussi particuliere & aussi
intime, avec le glorieux nom d'un Prince, qui fait les delices de la France, nos
plus cheres esperances, & avec le ROY
son pere, le plus ferme soutien d'une si
belle Couronne: d'un Prince, que sa douceur, son affabilité, sa moderation, sa
generosité & sa bonté, autant que sa valeur, son intrepidité, & la grandeur de
son courage, font redouter de nos ennemis,
aimer des peuples, & respecter de tout
l'Univers.

C'est dans cette vûë, MONSEIGNEUR,
que me trouvant depositaire de ses Manuscrits, pressé de satisfaire aux desirs du

á ij

public ; & assuré de l'honneur de Vôtre
protection, je commence l'impression de ses
Ouvrages Posthumes, par celui qui a ter-
miné si heureusement toutes les instructions que Vous en avez receuës, & qui
a le plus aidé à Vous former aux grandes choses.

Si jamais Ouvrage fut digne d'un Prince, fut digne de Vous, MONSEIGNEUR,
j'ose dire avec confiance, que c'est celui qui
paroit aujourd'huy à Vos yeux. L'objet n'en sçauroit estre plus grand : toute
la Politique y est renfermée ; & tout ce
qui doit servir de regle, & de modele,
dans le gouvernement des choses humaines. La fin que l'Auteur s'y propose ne
peut estre plus haute, ny plus utile : c'est
la vraye gloire des Princes, & leur veritable bonheur, inseparable de la felicité
publique. Les personnes qu'il veut instruire ne sçauroient estre plus respecta-
bles,

bles, ni plus élevées : c'est Vous, MON-
SEIGNEUR, & en Vôtre Personne tous
les Rois de la Terre. Enfin l'autorité
sur laquelle tout y est appuyé, ne peut
estre ni plus incontestable, ni plus sacrée :
c'est celle des saintes Ecritures, & celui
qui y parle par tout, c'est le Souverain
Maître des Rois.

    Quel plus noble dessein pouvoit arrê-
ter Vos regards ? Pour l'executer faloit-
il une main moins habile que la sienne,
moins affectionnée au bien de l'Etat,
moins zelée pour Vôtre propre gloire ?
Mais dequoy n'étoit pas capable un aussi
grand Genie, animé par le plus grand
objet qui fut sur la Terre, à la vûë du
FILS de LOUIS ?

    C'est, MONSEIGNEUR, cette Poli-
tique que j'ay l'honneur de Vous présen-
ter. Politique toute fondée sur ce qu'il y
a de plus inviolable dans la nature, de

plus lumineux dans la raison, de plus autorisé dans la Loy divine : qui enseigne aux Princes tout ce qu'ils doivent à Dieu, tout ce qu'ils doivent à leurs peuples, tout ce qu'ils se doivent à euxmêmes. Politique vrayment divine & immortelle, qui affermit les fondemens du Thrône des Rois, qui preside à leurs Conseils, & qui imprime dans le cœur des Sujets cet amour & ce respect, sans lequel leur Couronne perdroit tout son éclat.

La singuliere affection, & s'il m'est permis de me servir de ce terme, l'amitié tendre, que Vous avez toûjours euë pour ce Prelat ; bonneur qui a fait sa plus grande joye pendant le cours de sa vie, & qui fait encore son plus grand éloge, ne me donne pas lieu de douter, que Vous ne regardiez toûjours avec les mêmes yeux cet Ouvrage, qui Vous fut autrefois si connu & si familier, qui Vous appartient par tant de titres, qu'il Vous a lui-même consacré, & qui merite mieux que jamais par le soin que l'Auteur a pris de le rendre achevé, de reparoître devant Vous, & d'estre donné au public à l'ombre d'un Nom, aussi auguste, & aussi aimé que le Vôtre.

Permettez-moy, MONSEIGNEUR, de regarder comme une suite des graces que Vous avez répanduës sur M. l'Evêque de Meaux, celle de vouloir bien recevoir de la main du Neveu, le present que l'Oncle Vous avoit destiné.

C'est pour moy le comble des l'honneur. Heureux d'avoir eu une occasion aussi favorable de donner un témoignage public de mon zele, de ma reconnoissance, & de mon dévouëment absolu au plus Genereux, & au Meilleur Prince qui fut jamais, & à qui je fais gloire

de tout devoir. Je suis avec le plus pro-
fond respect.

MONSEIGNEUR,

Vôtre tres-humble, tres-obéïſſant,
& tres-fidele Serviteur,
L'ABBE' BOSSÜET.

PRÉFACE.

DANS le dessein qu'on a de faire paroître les *Ouvrages Posthumes* de feu M. l'Evêque de Meaux, qui se trouvent en assez grand nombre, & tous sur des matieres tres - importantes : on a crû faire une chose agreable à tout le monde, de commencer par ceux qu'il a composez, pour servir à l'éducation de MONSEIGNEUR LE DAUPHIN.

Le plus considerable de tous, c'est celuy qu'on donne aujourd'huy au public. Il fut composé en même temps que *le Discours sur l'Histoire Universelle*. Aussi ont-ils entre eux une liaison essentielle, & tendent tous deux au même but. L'Auteur ayant ramassé dans ces deux ouvrages, tout ce que les livres saints,

I.
Liaison de cet Ouvrage a- vec le Dis- cours sur l'Hi- stoire Univer- selle.

ã

tout ce que les histoires sacrée & prophane
ont de plus propre à faire connoître au Prince
la religion , & à luy donner les regles & les
principes du gouvernement le plus sage, & le
plus parfait.

II.
Occasion de
ces deux Ou
vrages.

MONSEIGNEUR LE DAUPHIN entroit alors dans
la dix-septiéme année de son âge. Il étoit déja
instruit dans tous les beaux arts. Il avoit déja
parcouru avec grand soin toutes les histoires anciennes & modernes , & plus qu'aucune
autre celle de son propre païs. Dans cette étude
de l'histoire , qui a toûjours fait une de ses
plus agréables , comme une de ses plus importantes occupations , à mesure que son esprit
s'ouvroit , & qu'il étoit frappé de quelque
évenement considerable , de quelque action
éclatante, de quelque revolution extraordinaire, M. l'Evêque de Meaux avoit eu une attention singuliere à profiter de ces exemples , non
seulement pour luy inspirer l'horreur du vice,
& l'amour de la vertu ; mais aussi pour luy apprendre la maniere de conduire les grandes
affaires , de former des desseins , de les executer ; & pour luy donner une connoissance particuliere des mœurs, & de la politique.

III.
Le Discours
sur l'Histoire
Universelle.

Enfin, dans *le Discours sur l'Histoire Univer-*
selle il n'avoit rien oublié, de ce qui pouvoit le

plus contribuer à perfectionner les connoissances du Prince, par rapport à la religion, & au
gouvernement. Là ce Prélat, aprés avoir fait
passer, pour ainsi dire, tous les siecles devant ses
yeux, avec la suite de la religion, & des empires:
aprés luy avoir fait observer le naturel, le genie
de tous les peuples qui ont dominé, & tout ensemble celuy des princes, & des hommes extraordinaires, qui ont contribué en bien ou en
mal au changement des états, & à la fortune publique : aprés même être entré dans les
plus grands détails, & les plus propres à faire
connoître à fond le caractere de chaque forme
de gouvernement dans les nations principales & dominantes, tels qu'étoient les Egyptiens, les Assyriens, les Perses, les Medes;
enfin, les Grecs & les Romains : leurs coûtumes, leurs maximes, leur police, leurs
loix, leurs mœurs dans la paix, & dans la guerre : il penêtre enfin, jusques dans le plus secret
de leur politique & de leurs conseils; & il dé-
velope aux yeux du Prince, les avantages, les
défauts, le fort & le foible de chaque forme
de gouvernement, les divers interests des nations, leur conduite differente dans les differens temps : en un mot, l'enchaînement des
grandes affaires du monde, & les causes pro-

fondes & primitives de la décadence des uns, de l'accroiſſement des autres, & de tous les grands changemens qui ſont arrivez ſur la terre.

Que reſtoit-il donc autre choſe à faire pour achever d'éclairer l'eſprit du Prince ſur tous ſes devoirs, que de les luy repreſenter dans toute leur étenduë, dans tous leurs principes, & dans toutes leurs conſequences, par rapport au gouvernement particulier d'une Monarchie qu'il devoit un jour conduire : & que de former dans cette vûë l'idée d'une *Politique* vrayement digne du Fils d'un ſi puiſſant Roy, & de l'Heritier d'un ſi grand royaume.

C'étoit, à proprement parler, l'unique fruit qu'il falloit tirer de toutes les études du Prince. C'eſt à cette fin principale que devoient aboutir toutes les inſtructions qu'on avoit pû luy donner dans le cours de ſes études; & c'étoit-là où devoient tendre tous les efforts de cet illuſtre Maître. Le repos & la tranquillité publique en dépendoient, auſſi-bien que la gloire du Prince, l'honneur & la joye du Roy ſon Pere.

V.
L'Auteur
puiſe dans
l'Ecriture la
Politique la
plus digne
d'un Prince.

Mais dans quelle ſource cet Evêque a-t-il crû devoir puiſer les regles & les principes d'une politique ferme, conſtante, & invariable, par confequent feule digne d'un Prince, & d'un Prince Chrêtien? L'objet étoit trop grand, le fujet trop grave & trop important, l'efprit deMonseigneur leDauphin déja trop accoûtumé à des reflexions ferieufes, pour en chercher les regles, & en pofer les principes ailleurs que fur des fondemens certains & iné-branlables, qui fuffent également refpectez du Prince qui devoit gouverner, & des peu-ples qui devoient être foumis à fon empire.

La feule Ecriture Sainte a cette fermeté que rien ne peut ébranler, & à qui nulle au-torité fur la terre ne peut être comparée.

C'eft auffi cette parole divine, c'eft la do-ctrine qui y eft enfeignée, ce font les grands exemples qui y font propofez; les loix & la conduite d'un peuple, dont Dieu luy-mê-me a été le legiflateur, & le roy; que nô-tre Auteur donne à fon Prince comme la regle & le modele d'un parfait gouvernement. C'eft dans cette fource vive & pure, qu'il puife la connoiffance parfaite de cette fageffe qui ap-prend à bien gouverner.

Tout le deffein de l'Auteur éclate dés le titre de l'ouvrage: *Politique tirée des propresparoles de l'Ecriture Sainte.* Elle eft *tirée de l'Ecriture,* par confequent il ne s'y trouve rien de pro-

VI. Le Titre feul endonne l'idée plus jufte.

fane , rien même de douteux ou d'incertain.
Tout y eſt vray, clair & lumineux ; car c'eſt la
verité même, & la lumiere même. Elle eſt *tirée*
des propres paroles de l'Ecriture : ce ne ſont
point les conjectures, ſes inductions, ſes rai-
ſonnemens, que l'Auteur prétend donner pour
maximes à ſon Prince. C'eſt le propre texte de
l'Ecriture, ce ſont les propres expreſſions du
Saint Eſprit, qu'il met devant les yeux du
Prince comme ſa regle.

Quelle impreſſion?Quel ſaint reſpect n'inſpire pas au Prince, & à tout lecteur, d'ap-
percevoir dés le titre du livre, que ce n'eſt
point l'homme qui y parle, ni qui enſeigne
le Prince; mais à vray dire, que c'eſt Dieu
même? C'eſt ce qui caracteriſe cet ouvrage,
& le deſſein de l'Auteur; c'eſt ce qui le rend
different de tous ceux qu'on a pû faire juſqu'à
preſent ſur la même matiere : mais en même
temps c'eſt ce qui excite une juſte curioſité
dans le lecteur, de voir comment l'Auteur
aura pû trouver les maximes & les regles de
la plus belle politique qui fut jamais, dictée
par le Saint Eſprit : ce qui cauſe enſuite l'é-
tonnement & l'admiration , quand on voit
l'execution ſuivre exactement le projet ; &
donne une idée de l'Ecriture que le monde n'a

pas , & qui la met fur cette matiere même , au deſſus de tous les autres livres.

Voicy en abregé le deſſein general de cet ouvrage , & ſa diviſion , avec quelques éclairciſſemens qui ne ſeront peut-être pas inutiles.

Pour expliquer à fond les principes & les regles du gouvernement & de la politique par les paroles de l'Ecriture , l'Auteur avant toutes choſes , établit par ces divines paroles , les principes de la ſocieté humaine , & civile , qui contiennent auſſi ceux du gouvernement. C'eſt le ſujet du I. Livre.

De-là il vient , & c'eſt la matiere du II. Livre , à la royauté , ou à la puiſſance royale , qu'il démontre être la plus naturelle , la plus ancienne , & la plus avantageuſe à un bon gouvernement , comme auſſi la plus con-forme à la volonté de Dieu.

Il ſe contente de marquer les principes les plus generaux des autres formes , ou eſpeces de gou-vernement , ſans s'y arrêter davantage , parce qu'elles ne ſont pas de ce deſſein , & qu'il ſe propoſe icy de former un Prince deſtiné au gou-vernement d'un état monarchique.

On doit auſſi obſerver , que le deſſein de cet ouvrage n'eſt pas de traiter des tempe-

ramens que plusieurs royaumes ou empires peuvent avoir apporté à la monarchie, ou
à la puissance royale ; comme on le peut voir
dans les états établis en Europe, en Asie, &
par-tout ailleurs. On suppose que toutes ces
constitutions d'états, même monarchiques,
ont leurs raisons, ausquelles chaque peuple
doit se soûmettre, & obéir aux coûtumes &
aux loix de son païs.

Il s'agit icy seulement d'établir l'empire
monarchique, consideré même en soy, &
en le reglant selon les idées generales que nous
donne l'Ecriture, & par lesquelles le peuple
de Dieu a en effet été gouverné.

L'Auteur ne veut pas dire par-là que cette
forme de gouvernement du peuple de Dieu
soit absolument necessaire & commandée,
comme il semble que quelques auteurs ayent
voulu l'insinuer. Dieu a laissé à la liberté des
legislateurs & des peuples, de donner aux empires les regles qu'ils trouveroient à propos.
On doit seulement présupposer que le gouvernement qn'on trouve ordonné de Dieu dans
le peuple d'Israël, ne peut manquer d'être
legitime : & M. de Meaux veut tâcher de
donner aux princes, par l'autorité de l'Ecriture, les moyens de bien user de la puissance,

quelque

quelque abſoluë & indépendante qu'elle ſoit, ou puiſſe eſtre en elle-même.

Selon ces idées, il poſe d'abord les qualitez III. IV. & eſſentielles à la royauté conſiderée en cette V. LIVRE. ſorte ; & il les réduit à quatre principales, qui avec quelques conſequences qu'il en tire, ſeront le ſujet du III. IV. & V. Livre.

Ces quatre qualitez de l'autorité royale, ſont qu'elle eſt ſacrée, qu'elle eſt paternelle, qu'elle eſt abſoluë, & enfin qu'elle eſt ſoûmiſe à la raiſon : & dans ces quatre grands caracteres de la royauté, le Prince verra les plus generaux comme les plus importans des devoirs que Dieu luy impoſe.

Le VI. Livre expliquera par la doctrine VI. LIVRE précedente, les devoirs les plus generaux & les plus eſſentiels des ſujets.

Mais on reviendra bien-tôt aux devoirs des princes, qui font l'objet de cet ouvrage : & on montrera ce que Dieu en a reglé en particulier par ſa parole.

Pour y proceder avec ordre, l'Auteur re- VII. VIII. gardera les devoirs particuliers du Prince par IX.&X.LI trois rapports. Premierement, par rapport aux VRE. principes interieurs & conſtitutifs des états, qui font la religion, & la juſtice. Seconde

é

ment , par rapport aux fecours effentiels de la royauté , qui font les armes , les richeffes , ou les finances , & les confeils. Troifiéme-ment, par rapport aux inconveniens qui l'ac-compagnent , comme le refte des chofes hu-maines , & aux remedes qu'on y peut appor-ter. Et cette divifion donnera lieu au VII. VIII. IX. X. & dernier Livre.

VIII.
L'Auteur évite les matieres contentienfes fur la nature du gouvernement, & les devoirs de la fujettion.

On ne peut trop repeter que l'Auteur veut éviter dans cet ouvrage , toutes les matieres contentieufes fur la nature du gouvernement, & les devoirs de la fujettion fous l'autorité legitime. Il a crû les avoir fuffifamment trai-tées ailleurs ; & fur tout en défendant l'Hi-ftoire des Variations, dans le cinquiéme Aver-tiffement contre le Miniftre Jurieu, & dans le premier Difcours contre le Miniftre Baf-nage.

IX.
Il fuit en cela l'exemple de Jefus - Chrift même, des A-pôtres, & des premiersChré-tiens,

Du refte , il s'en tient icy fur cette matie-re, en fuivant l'exemple de JESUS-CHRIST même, à ce qu'il y a de plus certain, & de plus au deffus de toute difpute. JESUS-CHRIST (& c'eft ce qu'on a fouvent oüi repeter à feu M. de Meaux, quand il parloit de fes dif-ficultez , par rapport à cet ouvrage de la Po-litique) JESUS-CHRIST dans fon Evangile n'a voulu entrer en aucune forte dans la constitution , ou dans la forme qu'avoit en son temps le gouvernement de l'empire Romain, sous lequel il a trouvé le peuple de Dieu , & où il a voulu naître luy-même. Il a supposé par toutes ses paroles, que ce gouvernement, tel qu'il le trouvoit , étoit legitime en soy , & dés-là étably de Dieu à sa maniere.

C'étoit (pour suivre le raisonnement de ce grand Evêque) ce que Nôtre Seigneur a expressément expliqué en deux endroits. L'un où consulté sur le tribut que l'on devoit à Cesar , en regardant les formes publiquement établies comme legitimes , il prononça cette décision qu'on ne peut assez admirer , où il oblige de rendre *à Cesar ce qui est à Cesar,* *& à Dieu ce qui est à Dieu.* Le second endroit est celuy , où étant accusé luy - même devant Pilate , gouverneur de la Judée pour les Romains & pour l'Empereur , il reconnoît que la puissance que ce magistrat Romain exerçoit sur luy-même, *luy étoit donnée* *d'en-haut*, & par conséquent qu'elle étoit legitime. Si les Cesars s'étoient emparez legitimement de la souveraine puissance : si pour l'exercer ils avoient bien & dûëment uni la puissance tribunitienne avec celle d'empereur , ou de capitaine general, & les autres

Matt. XXII. 21.

Jean. XIX. II.

é ij

dont on avoit formé celle des Cesars ; si le
Senat, & le peuple Romain avoit été suffisam-
ment libres, pour accumuler tous ces droits
sur une même tête ; & si les Cesars les pouvoient transmettre à leurs enfans, & même
par adoption, c'est dequoy le Fils de Dieu n'a
point parlé. Dieu veut que le monde soit gouverné, parce qu'il veut qu'il vive dans l'ordre, & en paix : & c'est tout ce qu'il faloit
sçavoir. C'est pourquoy J E S U S - C H R I S T
n'en a pas dit davantage. Ses Apôtres ont
marché par la même route. Saint Paul a étably aprés son Maître : *Que les puissances sous*
Rom. XIII. I. *lesquelles on vivoit étoient ordonnées de Dieu.*
Tout le reste des devoirs publics alloit de soy-
même sur cette regle. Les premiers chrétiens
ont vécu sur ces principes. Le surplus est inutile au dessein de l'Auteur. Il n'est pas icy
question de disputer, mais de prescrire par
l'Ecriture des regles inviolables pour bien user
du gouvernement, qu'on trouve étably, &
en vigueur.

X.
L'Auteur
en quelques
endroits ajoû-
te aux autori-
tez de l'Ecri-
ture, des traits
tirez de l'Hi-

Au reste, quoy que cette *Politique* soit
toute tirée de l'Ecriture, on ne doit pas être
surpris dans quelques endroits tres-rares, mais
tres-importans, où on trouve une occasion naturelle & comme necessaire d'instruire les Rois

de France de leurs obligations particulieres ; ſi l'Auteur ajoûte aux exemples & à l'auto-rité de l'Ecriture, quelques traits tirez de l'hiſtoire de l'Eglife, & de celle de France, ou peut-être les propres paroles du ſacre de ſes rois, pour engager, s'il ſe peut, plus for-tement MONSEIGNEUR à ſuivre l'exemple, non ſeulement des David, des Salomon, des Joſaphat, dans le ſoin qu'ils ont pris de ce qui regardoit le culte de Dieu, & le miniſtere ſacré ; mais encore ceux des rois ſes préde-ceſſeurs, de Charlemagne & de ſaint Louis, par rapport aux ſoins qu'ils ont eu des choſes de la religion, & à la protection qu'ils ont accordé au Saint Siege, à l'Eglife, & à ſes paſteurs.

Pour ce qui regarde la diviſion de chaque *XI.* livre, & l'arrangement en détail de chaque *De l'ordre que l'Auteur* matiere, la ſeule inſpection de la table des *a obſervé dans les Livres, les* livres, des articles, & des propoſitions qu'on *Articles, &* a mis à la tête de l'ouvrage, en donne une idée *les Propoſi-tions,* plus que ſuffiſante.

En general, l'ordre qui eſt obſervé eſt geo-metrique. Chaque livre eſt partagé en plu-ſieurs articles, & chaque article en pluſieurs propoſitions, qui ſuivent toutes naturellement les unes des autres, & ont enſemble une liaiſon

essentielle. La proposition qui est en titre ,
renferme le précis de ce qui est prouvé plus
au long dans le corps de la proposition , &
en donne l'idée juste & précise. Ainsi elles
sont les unes plus étenduës , les autres
plus courtes , selon l'étenduë & le nombre
des passages , ou des exemples qui servent
de preuve : l'Auteur ne passant point d'une
matiere à une autre dans une même proposition , & ne s'écartant jamais du point de
vûë de chaque verité qu'il propose d'abord.
Souvent même le titre est joint avec ce qui
en fait la preuve ; & l'un & l'autre ne fait
qu'une même suite de discours.

De maniere qu'il n'y a rien dans cet ouvrage qui ne soit suivy & lié à un tel point,
que les seuls titres des livres , des articles ,
& des propositions, pris séparément, & tels
qu'ils sont dans la table , se trouvent faire
comme un discours suivy , & former entre
eux un même corps. Ainsi, quoyque la matiere que l'Auteur embrasse soit d'une grande
étenduë , qu'il entre dans tous les plus grands
détails, que rien n'y soit oublié pour son dessein , que toute l'Ecriture, pour ainsi dire, y
passe sous les yeux du Prince; tout cependant
s'y développe par principe & par dégré, in-

senfiblement & naturellement l'un aprés l'autre ; tout y eſt en ſa place , & dans un ordre ſi clair & ſi démonſtratif, que l'eſprit humain ne trouve rien à deſirer , pour ſe former l'idée d'un gouvernement ſtable & heureux , & le modele d'un prince parfait.

Le ſtile en eſt par tout égal , vif, ſerré , & naturel : les reflexions courtes , nobles , & capables d'élever l'eſprit du Prince , & de faire ſur luy les impreſſions les plus fortes , & les plus profondes. Chaque texte , chaque exemple de l'Ecriture prouve directement ce à quoy il ſert de preuve : & les differens paſſages , auſſi-bien que ler differens exemples qui ſont employez pour le même ſujet, & dans la même vûë, ſont enchaſſés enſemble avec un ſi grand art, qu'ils ſemblent être faits pour ſervir de preuve l'un à l'autre : enfin , le choix en eſt ſi exquis , qu'on croit pouvoir aſſeurer qu'il n'y en a aucun dans les livres ſacrez, qui ſoient plus propres au deſſein de l'Auteur, que celuy qu'il y a placé.

XII.
Du ſtile de l'Ouvrage; du choix, & de la traduction des Paſſages de l'Ecriture,

M. de Meaux n'a pas crû devoir s'aſſujettir à ſuivre dans la traduction françoiſe de l'Ecriture, celles qui ont déja été publiées. Il a traduit luy - même avec ſoin tous les paſſages dont il s'eſt ſervy. Il a ſuivi en tout la

Vulgate ; il ne s'en est écarté que tres-rare-
ment, & seulement dans quelques endroits
qu'il a crû devoir éclaircir en les traduisant
sur le grec , ou sur l'hebreu. Pour peu qu'on
y fasse d'attention, & qu'on se donne la peine
de comparer les differentes traductions qu'on
a de l'Ecriture , on appercevra aisément dans
celle-cy , une brieveté , une netteté , une fidelité , & pour ainsi dire, une ingenuité qui
luy est particuliere. Et quoy qu'on soit bien
éloigné de vouloir la donner pour regle en ce
genre, on ne croit pas s'avancer trop que de
dire, qu'en bien des choses elle peut servir de
modele aux plus habiles traducteurs, & leur
donner des idées qui ne leur seront pas tout-
à-fait inutiles , pour arriver à ce qui peut être
en ce genre de plus parfait ; & à ce qui peut
répondre le mieux à la brieveté, à la vivaci-
té, à la simplicité, & tout ensemble à l'élevation, & à la majesté du stile des saintes Ecritures.

XIII.
*Ce que l'Au-
teur a ajouté
à cet Ouvra-
ge, depuis l'é-
ducation de
MONSEI-
GNEUR.*

Aprés tout ce qui vient d'être dit, si l'on
est étonné qu'un pareil ouvrage , qui avoit
servi à l'éducation de MONSEIGNEUR, n'ait
pas été rendu public il y a long-temps par
l'Auteur même, cette surprise cessera quand
on sçaura qu'il n'a été achevé, & mis en l'état
auquel

auquel M. de Meaux vouloit qu'il parût, que
peu de temps avant sa mort.

XIV.
*Les six pre-
miers livres,
font comme la
I. partie.*

Il n'y avoit eu pendant tres long-temps de
fini, que les six premiers livres, & les quatre
derniers n'étoient qu'ébauchez, & à proprement parler, que projettez.

A la verité ces six premiers livres, qu'on
peut appeller la premiere partie de l'ouvrage,
renferment ce qu'il y a de plus essentiel à l'instruction d'un Prince, & au but que l'Auteur s'étoit proposé. Car, non seulement
(comme nous l'avons déja remarqué) il y
explique les principes primitifs de la societé
humaine & civile, les raisons & les causes
fondamentales qui ont formé les nations, uni
les peuples sous un même gouvernement, sous
une même autorité, sous les mêmes loix, ce qui
fait la force des états & en asseure le repos : non
seulement il découvre aux yeux du Prince, la
premiere origine de l'autorité royale, & hereditaire, ses avantages sur les autres formes de gouvernement : mais encore il explique à fond la nature, les caracteres, & les qualitez essentielles à l'autorité royale: & il établit
enfin les devoirs des sujets envers le Prince. Ce
qui renferme tout ce qui étoit de plus utile,
de plus necessaire sur cette matiere, & ce

qui fuffifoit pour former un prince accompli.

C'eft auffi en cet état que cette *Politique* a été donnée à Monseigneur, qu'elle eft reftée pendant plufieurs années, qu'elle a même été mife entre les mains des trois Princes fes fils, & fervi à leur inftruction : qu'elle a été connuë des plus illuftres & des plus fçavans hommes, à qui l'Auteur en a donné la lecture, & peut-être même laiffé prendre des copies. Enfin, c'eft dans cet état, quoy qu'imparfait, qu'elle a fait l'admiration des genies du premier ordre, des heros mêmes de ce fiecle, du grand & fameux Prince de Condé, que je nommeray icy feul, & par honneur.

XV.
Les quatre derniers livres, qu'on peut r garder comme la II. partie.

Les difficiles & importantes affaires de l'Eglife, dont cet Evêque fut chargé auffi-tôt que finit l'éducation de Monseigneur : les differens ouvrages qu'il a été obligé d'entreprendre pour la défenfe de la religion catholique contre les proteftans, les devoirs indifpenfables d'un diocefe, auquel il fe donnoit tout entier : enfin, les travaux immenfes & continuels, qui ont fuccedé les uns aux autres, & aufquels d'annécs en années, les befoins preffans de l'Eglife l'ont engagé jufqu'au moment de fa mort, luy ont à peine permis de profiter de quelques intervalles de relâche, pour mettre cet ouvrage dans l'état auquel nous le voyons aujourd'huy.

Il a même fallu, pour l'y engager plus fortement (& cette circonstance est trop glorieuse à feu M. l'Evêque de Meaux, pour n'en pas faire honneur à sa memoire) il a fallu qu'il y ait été invité de la part de Monseigneur le Duc de Bourgogne, sur qui les six premiers livres avoient fait un si grand effet, que les personnes sages & illustres, à qui l'éducation de ce prince étoit confiée, ont crû devoir exciter l'Auteur à ne pas laisser imparfait un ouvrage si necessaire aux princes, si digne d'un évêque, & où luy seul pouvoit mettre la main.

Et comme la lecture & la meditation des livres sacrez faisoient ses plus cheres délices, sa continuelle occupation, & le plus agréable délassement de son esprit, pendant même ses plus grands travaux; il revenoit toûjours, & avec la même facilité, & avec la même joye sur cette *Politique*, qu'il a toûjours regardée avec quelque sorte de complaisance, comme son ouvrage favory; parce qu'il luy sembloit le plus propre, non seulement à instruire les peuples & les rois, mais encore à leur faire aimer, & respecter de plus en plus les saintes Ecritures.

L'Auteur a donc enfin remply son projet ,
& achevé son ouvrage par les quatre derniers
livres, qu'il a ajoûté aux six autres. C'est dans
ces derniers livres , que pour imprimer encore
plus fortement dans l'esprit du Prince , ses
obligations, & ses devoirs , & rendre ces impressions plus ineffaçables ; il reprend par ordre les matieres qu'il n'avoit traité qu'en general, ou en passant, qu'il approfondit celles
qui n'avoient pû être entierement éclaircies ,
qu'il touche encore plus fortement , plus en
détail, par de nouvelles autoritez, & par de
nouveaux exemples , les devoirs particuliers
des princes, selon les differens regards, suivant
lesquels ils peuvent concourir au bien , & à la
conservation de l'état, qui est la fin du gouvernement, & de la politique.

XVI.
*Premiere rai-
son de regret-
ter que M. de
Meaux n'ait
pû faire im-
primer cette
Politique de
son vivant.*

Il auroit été fort à souhaiter pour l'entiere
perfection de cet ouvrage, qu'il eût été donné au public du vivant de l'Auteur. Car encore
qu'il soit certain qu'il l'a revû exactement la
derniere année de sa vie, dans le dessein de le
rendre public ; on sçait assez, qu'aprés avoir
composé ses ouvrages avec le plus grand soin,
les avoir même revûs & corrigez plus d'une
fois ; il se reservoit toûjours, à l'exemple des

plus excellens maîtres dans les plus beaux arts, au moment de l'impreſſion, d'y ajoûter les derniers traits, & les plus vives couleurs; & d'y mettre la derniere main. Il ramaſſoit alors toutes les forces de ſon genie, pour ne rien laiſſer ſortir de ſes mains, qui ne fût achevé. C'eſt de quoy ont été temoins tous ceux qui ont approché M. de Meaux de plus prés, depuis plus de vingt années qu'il a publié ſes principaux écrits.

Il y a encore une nouvelle raiſon de regretter que l'Auteur n'ait pû faire imprimer luymême ſon ouvrage. C'eſt qu'il eſt certain qu'aprés l'avoir fini de la maniere que nous l'avons, ſon deſſein étoit d'ajoûter encore à la fin une recapitulation de tout le livre, comme il avoit accoûtumé de faire dans preſque tous ceux qu'il a donnez au public; & comme il l'a fait d'une maniere ſinguliere, dans le *Diſcours ſur l'Hiſtoire Univerſelle*, en s'addreſſant à MONSEIGNEUR LE DAUPHIN, & en tournant tout à ſon inſtruction. Car on trouve à la fin de l'original de cette *Politique*, ces mots écrits de ſa main en titre: *Abregé, & concluſion de ce diſcours*. Ce qu'il n'a pû executer, prévenu par une mort précedée de longues infir-

XVII. Autre raiſon. L'Auteur avoit deſſein d'ajoûter à la fin une recapitulation de tout l'ouvrage.

ī iij

mitez , pendant lesquelles il a souvent dit à la personne qu'il a laissée dépositaire de ses manuscrits , & qui luy proposoit de rendre cet ouvrage parfait suivant ses vûës , en faisant cet abregé , & cette conclusion ; que toute la force de son esprit y étoit necessaire , qu'il n'attendoit qu'un rayon de santé pour l'achever ; & que comme il en avoit seul la parfaite comprehension , luy seul pouvoit y travailler.

C'est la seule chose qui manque à cet ouvrage , achevé d'ailleurs. Mais aprés ce qu'on vient de dire , qui seroit le temeraire , & le présomptueux qui osât seulement le tenter ?

XVIII.
Fameux passage de saint Augustin , dans le V. livre de la Cité de Dieu , mis à la place.

Ce qu'on s'est crû permis , c'est de mettre en la place , & comme pour conclusion , un trait d'un des plus grands Docteurs de l'Eglise, de saint Augustin , parlant aux empereurs chrétiens , qui semble être fait exprés pour servir de conclusion à cet ouvrage ; & qu'on n'a même pas lieu de douter que l'Auteur n'ait voulu employer en cet endroit , puisqu'au même lieu de l'original qu'on vient de marquer , on voit écrit de la même main ces autres mots en abregé : *Saint Augustin de la Cité de Dieu*, d'où on a tiré ce passage.

C'est dequoy on a crû devoir rendre raison au lecteur, & l'asseurer en même temps que c'est la seule liberté qu'on a prise, & que l'ouvrage, tel qu'il est imprimé, tel il est sorti des mains de l'Auteur : il n'y avoit que luy seul qui fût en état de retoucher son propre travail, d'y diminuer, d'y ajoûter ce qu'il auroit jugé à propos, suivant les differentes vûës qu'il pouvoit avoir.

XIX.
C'est la seule liberté qu'on a prise.

Que si l'on ne peut à present y suppléer, on en tirera au moins cet avantage, que le lecteur en sera plus disposé à faire grace aux endroits de l'ouvrage, s'il y en a, qui pourroient peut-être paroître plus negligez : & supposera avec justice, qu'un aussi grand maître en tout genre que l'étoit l'Auteur, auroit corrigé avant l'impression jusqu'au moindre défaut.

Ainsi, le seul travail qu'on a été obligé de faire pour l'utilité, & pour la commodité des lecteurs, a été une exacte recherche, & une scrupuleuse verification des passages qui y sont employez, & qui sont citez avec la derniere fidelité. Surquoy on peut

XX.
Exacte citation, & verification des passages de l'Ecriture.

affeurer, qu'on n'a rien oublié pour rendre cet ouvrage tel qu'il doit être.

On a aussi jugé à propos, pour ne point arrêter dans la lecture, d'ôter toutes les citations du corps du livre, & on les a toutes mises à la marge.

Voilà ce qu'on a crû le plus necessaire d'expliquer pour l'instruction du lecteur.

XXI.
Lettre de l'Auteur au Pape Innocent XI. sur l'éducation de Monseigneur le Dauphin. Bref de S. S. en réponse.

Mais on ne croit pas pouvoir finir cette Préface, ni plus au gré du public, ni plus à l'honneur de l'Auteur, ni plus utillement pour la parfaite intelligence de cet ouvrage, aussi-bien que de tous les autres qui ont été faits pour l'éducation de Monseigneur, qu'en mettant à la tête de cette *Politique*, la lettre qu'écrivit M. de Meaux en l'année 1679. vers la fin des études de Monseigneur le Dauphin, au Pape Innocent XI. sur cette royale éducation, & le Bref qu'il en reçût en réponse.

Ce Pape venoit d'approuver authentiquement par un Bref, aussi honorable pour l'Auteur, que propre à confondre l'opiniâtreté, & les calomnies des protestans, le fameux livre de l'*Exposition de la doctrine catholique*. En luy faisant remettre ce Bref, en date du 4. Janvier

vier 1679. entre les mains, il ordonna à son Nonce de témoigner à cet Evêque, le desir extrême qu'il avoit d'être informé de la méthode dont il s'étoit servi pour l'éducation de Monseigneur le Dauphin, & de l'asseurer en même temps, qu'il feroit une chose qui luy seroit tres-agréable, de vouloir bien luy en rendre luy-même un compte fidele.

M. l'Evêque de Meaux obéit avec joye à des ordres qui luy faisoient tant d'honneur; & il envoya au Pape une fidelle relation de la méthode qu'il avoit suivie dans l'éducation de ce Prince, par une lettre latine qu'il luy addressa, intitulée: *De Institutione Ludovici Delphini, Ludovici XIV. Filii, ad Innocentium XI. Pontificem Maximum.* De l'Instruction de Monseigneur le Dauphin, au Pape Innocent XI.

Cette Lettre a toûjours été estimée un chef-d'œuvre de latinité, & d'éloquence; & regardée comme le modele de l'éducation la plus digne d'un prince.

Aussi ne peut-on voir plus clairement la grande idée que le saint Pere en conçût, & l'impression que cette lettre fit sur son esprit, que par le Bref en réponse dont il honora

ǒ

l'Auteur dés le 19. Avril de la même année.
Réponſe vrayement digne des premiers ſiecles du chriſtianiſme , & du chef de l'E-
gliſe univerſelle : & qui ſera un monument
éternel à la poſterité & de la haute opinion
qu'il avoit de la France & de ſon R O Y ; de
la tendreſſe vrayement paternelle dont il étoit
rempli pour le PRINCE SON FILS, auſſi - bien
que de l'affection , & del'eſtime, dont il étoit
penêtré pour l'Auteur.

DE

DE INSTITUTIONE
LUDOVICI DELPHINI,
LUDOVICI XIV FILII.
A D
INNOCENTIUM XI.
PONTIFICEM MAXIMUM.

*La Tra-
duction
Françoise
est cy-
aprés.*

Ludovicum Magnum, BEATISSIME
PATER, fœpè dicentem audivimus, fibi
quidem DELPHINUM, unicum pignus,
tantæ familiæ regnique munimentum, meritò esse
carissimum : ceterum eâ lege suavissimo filio vitam
imprecari, ut dignus majoribus tantóque imperio
viveret ; atque omnino eum nullum esse malle
quàm desidem.

Quare, jam indè ab initio id in animo habuit,
ut Princeps Augustissimus, nón socordiæ aut otio,
non muliebribus blanditiis, non ludo aut nugis
puerilibus, sed labori ac virtuti insuesceret ; atque
à teneris, ut aiunt, unguiculis, primùm timorem
Dei quo vita humana nititur, quoque ipsis regibus sua majestas & autoritas constat : tum egre-
gias omnes disciplinas artésque, quæ tantum de-
cerent Principem, accuratè perdisceret ; maximè
quidem eas, quæ regendo ac firmando imperio

ã

essent; verum & eas quæ quomodocumque animum perpolire, ornare vitam, homines litteratos
conciliare Principi possent : ut ipse Delphinus,
& morum exemplar ac flos juventutis, & præcla-
rus ingeniorum fautor , & tanto demùm parente
dignus haberetur.

I.
Lex à Rege
posita , &
studiorum ra-
tio constitu-
ta.

EAM itaque legem studiis Principis fixit , ut
nulla dies vacua efflueret : aliud enim cessare omninò ; aliud oblectare ac relaxare animum : ac pue-
rilem ætatem ludis jocísque excitandam , non tamen penitùs permittendam , sed ad graviora studia
quotidie revocandam , ne intermissa languesce-
rent : negotiotissimam principum vitam nullo die
vacare ab ingentibus curis ; pueritiam quoque ità
exercendam , ut è singulis diebus aliquot horæ
decerperentur rebus seriis addicendæ : sic , ipsis
jam studiis ad gravitatem inflexum , atque assue-
factum animum, negotiis tradi : id quoque per-
tinere ad eam lenitatem , quæ formandis ingeniis
adhibenda esset ; lenem enim esse vim consuetudi-
nis , neque importuno monitore opus , ubi ultrò
ipsa monitoris officio fungeretur.

His rationibus adductus Rex prudentissimus,
certas quotidie horas litterarum studiis assigna-
vit : has quidem interdum aspersis jocis ad hila-
riorem habitum componendas , ne tristis & hor-
rida doctrinæ facies puerum deterreret. Neque
falsus animi fuit : sic nempe factum est , ut ipsâ
consuetudine admonitus, lætus & alacer, ac ludi-
bundo similis, Puer Regius solita repeteret studia,

aliud ludi genus si promptum animum adhiberet.

Sed caput institutionis fuit , *Ducem Montau-feriam* praefecisse , virum militari gloriâ nec non litterariâ clarum , pietatis verò laude clarissimum : unum omnium & naturâ & studio ad id factum , ut tanti heroïs filium viriliter educaret. Is igitur Principem nunquam ab oculis manibusque dimittere ; assiduè fingere , à licentioribus quoque dictis puras aures tueri, pravisque ingeniis praestare inaccessas ; ad omnem virtutem, maximè ad Dei cultum , monitis accendere , exemplo praeire , invictâ constantiâ opus urgere , iisdemque vestigiis semper insistere : nihil denique praetermittere , quo Regius Juvenis quàm valentissimo & corpore & animo esset. Quem nos virum ubique conjunctissimum habuisse gloriamur : atque optimis quibusque artibus praecellentem , in re quoque litterariâ & adjutorem nacti , & auctorem secuti sumus.

Quotidiana studia , matutinis aequè ac pomeridianis horis , ab rerum divinarum doctrinâ semper incepta : quae ad eam pertinerent , Princeps detecto capite summâ cum reverentiâ audiebat.

II.
Religio.

Cum Catechismi doctrinam quam memoria teneret exponeremus , iterum atque iterum monebamus praeter communes christianae vitae leges , multa esse quae singulis pro variâ rerum personarumque ratione incumberent : hinc sua principibus propria & praecipua munera , quae praetermittere sine gravi noxâ non possent. Horum sum-

4

ma capita tum delibavimus, alia graviora & re-
conditiora maturiori ætati confideranda, docebamus.

Sanè repetendo effecimus, ut hæc tria voca-
bula aptiffimè inter se connexa hærerent memoriæ, Pietas, Bonitas, Juftitia : his vitam chriftia-
nam , his regii imperii officia contineri. Hæc
vero ita colligebamus, ut qui piùs in Deum effet,
idem erga homines ad Dei imaginem conditos,
Deique filios, effet optimus ; tum qui bene omnibus vellet, eum & fua cuique tribuere, & à bonis arcere fceleratorum injurias, & propter publicam pacem malefacta coercere, perverfosque
homines ac turbulentos in ordinem cogere. Principem ergo pium atque ideò bonum, omnibus
benefacere, per se se nemini gravem, nifi fce-
lere & contumaciâ provocatum.

Ad ea capita, quæ deinde copiosè tradidimus,
præcepta retulimus : ab eo fonte manare, eo re-
dire omnia : ideò Principem optimis difciplinis
imbuendum, ut hæc promptè & facilè præftare
poffit.

Sacram hiftoriam quæ Utroque Teftamento
continetur, jam indè ab initio, & memoriter te-
nebat & fæpè memorabat : in eâ maximè, quæ in
pios principes Deus ultrò contulerit ; quàm tre-
menda judicia de impiis, & contumacibus tulerit.

Paulò jam adultior legit Evangelium, Actus-
que Apoftolorum, atque Ecclefiæ nafcentis ex-
ordia. His Jefum Chriftum amare docebatur:

puerum amplexari : cum ipſo adoleſcere , paren-
tibus obedientem, Deo hominibuſque gratum ,
novaque in dies ſapientiæ argumenta proferen-
tem. Hinc audire prædicantem : admirari ſigna
ſtupenda facientem : colere beneficum : hærere
morienti , ut & reſurgentem , & ad cœlos aſcen-
dentem ſequi daretur. Tum Eccleſiam amore pariter & honore complecti : humilem , patientem ,
jam indè à primordio curis exercitam , probatam
ſuppliciis ubique victricem. In eâ intueri , ex
Chriſti placitis regentes Apoſtolos , ac verbo pariter & exemplo præeuntes : in omnibus auctorem ac præſidentem Petrum : plebem dicto au-
dientem , nec poſt Apoſtolica decreta quidquam
inquirentem. Cetera denique , quæ & fundare
fidem, & ſpem erigere , & caritatem inflammare
queant : Mariam quoque colere , & impensè ve-
nerari , piam apud Chriſtum hominum advoca-
tam ; quæ tamen doceat non niſi Chriſto obedien-
tibus beneficia divina contingere : ſæpè multum-
que cogitare , quanta caſtitatis & humilitatis præ-
mia tulerit , ſuaviſſimo pignore è cœlis dato , Dei
mater effecta , æternoque parenti ſanctè ſociata.
Hic chriſtianæ religionis pura & caſta myſteria :
virginem Chriſtum , neque alteri quam virgini
dandum : colendam ergo in primis caſtitatem Ma-
riæ cultoribus , ipsâ caſtitate ad ſummam digni-
tatem & fœcunditatem evectæ.
In legendo Evangelio ſi fortè evagaretur animus , aut debita reverentia tantiſper excideret,

librum amovere, sanctè illum nec nisi summâ ve-
neratione lectitandum : id Princeps gravissimi sup-
plicii loco ducere : hinc paulatim assuescere, ut
attentè & sanctè pauca perlegeret, multa cogi-
taret. Nos planè & simpliciter explicare senten-
tias, quæ hæreticos convincerent, quæ ipsi im-
probè à vero detorsissent, suo loco notare : interim admonere, multa esse quæ ætatem, multa
quæ humanum captum exsuperent : his superbiam
frangi, his exerceri fidem : nec fas in re tantâ suo
ingenio indulgere, sed omnia accipienda ex majorum sensu, Ecclesiæque decretis : novatoribus
certam imminere perniciem : nec nisi fucatam,
falsamque pietatem, quæ ab eâ regulâ deflexisset.

Lectis relectisque Evangeliis, Veteris Testa-
menti, ac Regum præsertim historiam aggressi
sumus. In regibus Deum severissimæ ultionis ede-
re monimenta : quo enim excelsiore fastigio
essent, summæ rerum Deo jubente præpositi, eo
arctiore subjectione teneri, atque omnibus documento esse, quam fragiles, imo nullæ humanæ vires essent, nisi divino præsidio niterentur.

Ex Apostolicis Epistolis, certa capita selegi-
mus, quæ mores Christianos informarent. Quin
ex Prophetis quòque quædam delibavimus ; quâ
auctoritate, quâ majestate, superbos Reges com-
pellaret Deus : quam ipso spiritu immensos dif-
flaret exercitus, imperia everteret, victos victo-
resque pari æquaret excidio. Quæ Christum præ-
dicerent vaticinia Prophetarum, ubi in Evange-

liis occurrebant, ea in ipfo fonte quæfita demon-
ftrabamus. Hæc admirari Princeps : nos admonere, quàm nova cum antiquis aptè cohærerent,
neque unquam vanas pollicitationes Dei aut mi-
nas futuras, firmaque omninò effe, quæ venturo
feculo affignarit ; verax ubique Deus, futurorum
ex ante actis approbatâ fide. His fæpè infperfi-
mus vitas Patrum, fplendidiora Martyrum acta,
Religiofam hiftoriam, quæ & erudirent pariter &
oblectarent. Atque hæc de Religione.

Grammatica ftudia enarrare quid attinet ? Id
quidem maximè curavimus, ut latini pariter pa-
trijque fermonis proprietatem primùm, tum etiam
elegantiam noffet. Hujus difciplinæ tædia tem-
peravimus demonftratâ utilitate, rerumque ac verborum, quoad ferebat ætas, cognitione conjunctâ.

III.
Grammati-
ca : Aucto-
res Latini :
Geographia.

His perfectum eft, ut vel puer, optimos lati-
nitatis auctores promptè intelligeret, arcanos
etiam fenfus rimaretur, vixque hæreret unquam
ubi animum intendiffet : ex iis, præfertim ex Poëtis, jucundiffima quæque & utiliffima memoriæ
commendata perfæpè recitaret, atque occafione
datâ, rebus ipfis quæ inciderent, aptè accommo-
daret.

In his verò auctoribus perlegendis nunquam
ab inftituto noftro difceffimus, quo pietatem fi-
mul morumque doctrinam, ac civilem prudentiam traderemus. Gentilis Theologiæ religionif-
que fabulas, & infanda myfteria, documento effe ;
quàm altâ caligine per fe fe homines merfi dege-

rent: politiſſimas quaſque gentes , ac civilis ſapientiæ conſultiſſimas, Ægyptios , Græcos , Roma-
nos , eaſdem in ſummâ rerum divinarum ignora-
tione verſatas, abſurdiſſima portenta coluiſſe ; neque ex his unquam niſi Chriſto duce emerſiſſe :
hinc veram Religionem , divinæ gratiæ totam eſſe
tribuendam.

Neque eò ſeciùs gentiles purè ſanctèque quo ad
res ſineret , ſua ſacra habuiſſe ratos , his maximè
ſtare rem publicam : multa quoque morum , multa juſtitiæ exempla præbuiſſe, quibus premi Chri-
ſtianos , ſi nec à Deo docti virtutem retinuiſſent.
Hæc quidem plerumque , non præcipientium ſpe-
cie , ſed familiariter monebamus , quæ ſemel animo hauſta, ſæpe ipſe Delphinus ſpontè memorabat : meminimuſque , laudato Alexandro , qui ad-
versùs Perſas communem Græciæ cauſam tanto
animo ſuſcepiſſet , ultrò advertiſſe , quàm longè
eſſet glorioſius Principi Chriſtiano , communem
Chriſtianitatis hoſtem, ipſius jam cervicibus im-
minentem, propulſare ac debellare.

Æquum autem diximus , auctorum opera non
minutatim inciſa , hoc eſt non unum aut alterum,
Æneïdos puta aut Cæſaris librum à reliquis avul-
ſum & abruptum , ſed integrum opus continenter,
& quaſi uno ſpiritu legere : ut Princeps paulatim
aſſueſceret , non ſingula quæque , ſed ipſam rerum
ſeriem atque operis ſummam intueri : cum nec
ſingulis ſua lux aut pulcritudo conſtet niſi univer-
ſi operis, velut ædificii, rationem atque ideam animo informaris.   In

In Poëtis, Virgilio maximè ac Terentio eſt de-
lectatus: in hiſtoricis, Saluſtio ac Cæſare. Hunc
verò egregium & ſcribendi & agendi magiſtrum
vehementer admirari: belli adminiſtrandi ducem
adhibere: nos cum ſummo Imperatore iter agere,
caſtra deſignare, aciem inſtruere, inire atque ex-
pedire conſilia, laudare, coercere militem, opere
exercere, ſpe erigere, promtum & alacrem habe-
re, fortem & abſtinentem exercitum agere; hunc
diſciplinâ, ſocios fide ac tutelâ in officio retinere;
locis atque hoſtibus univerſam belli accommoda-
re rationem, cunctari interdùm, urgere ſæpiùs,
ipsâque celeritate non conſilia hoſtibus, non fu-
gam relinquere; victis parcere, comprimere re-
bellantes, debellatas gentes æquitate ac prudentiâ componere: his lenire ſimul & confirmare vi-
ctoriam.

Quid memorem, ut in Terentio ſuaviter atque
utiliter luſerit: quantaque ſe hîc rerum humanarum exempla præbuerint, intuenti fallaces volup-
tatum ac muliercularum illecebras, adoleſcentu-
lorum impotentes & coecos impetus; lubricam
ætatem ſervorum miniſteriis atque adulatione per-
devia præcipitatam, tum ſuis exagitatam errori-
bus, atque amoribus cruciatam, nec niſi miraculo expeditam, vix tandem conquieſcentem ubi ad
officium redierit. Hîc morum, hîc ætatum, hîc
cupiditatum naturam à ſummo artifice expreſſam;
ad hæc perſonarum formam ac lineamenta, veroſ-
que ſermones, denique venuſtum illud ac decens,

ẽ

quo artis opera commendetur. Neque interim jucundiffimo Poëtæ, fi quæ licentiùs fcripferit, parcimus : fed è noftris plurimos intemperantius quoque lufiffe, mirati, horum lafciviam exitiofam moribus, feveris imperiis coercemus.

In immenfum creverit opus, fi exponere aggredimur quæ in quoque auctore notata, præfertim in Cicerone, quem jocantem, philofophantem, perorantem audivimus.

Geographiam interea ludendo, & quafi peregrinando tranfegimus : nunc fecundo delapfi flumine, nunc oras maritimas legentes, mox in altum pelagus invecti aut mediteranea penetrantes, urbes ac portus, non tamen feftinatis itineribus neque incuriofi hofpites peragramus ; fed omnia luftramus, mores inquirimus, maximè in Galliâ ; diverfiffimos populos, bellicofiffimam gentem, fæpè & mobilem, populofiffimas urbes; tantam imperii molem fummâ arte regendam & continendam.

Porro Hiftoriam, humanæ vitæ magiftram, ac civilis prudentiæ ducem, fummâ diligentiâ tradidimus : fed præcipuam in eo operam collocavimus, ut Francicam maximè, hoc eft fuam teneret. Nec libros tamen operosè evolvendos puero dedimus : (quanquam & nonnulla ex vernaculis auctoribus, Comineo præfertim ac Bellæo, legenda decerpfimus :) fed nos ipfi, ex fontibus ac probatiffimis quibufque fcriptoribus ea felegimus, quæ ad rerum feriem animo complectendam maxime pertinerent. Ea nos Principi vivâ voce narrare, quantum ipſe memoriâ facile retineret; mox eadem recitanda repoſcere: is poſteà gallico ſermone pauca conſcribere, mox in latinum vertere; id thematis loco eſſe; nos utraque pari diligentiâ emendare: ultimo hebdomadis die, quæ per totam ſcripta eſſent, uno tenore relegere: in libros dividere, libros ipſos iterum iterumque revolvere.

Hinc aſſiduitate ſcribendi factum eſt, ut hiſtoria noſtra Principis manu ſtyloque gallicè ſimul & latinè confecta, ad poſtrema jam regna devenerit: & latina quidem, ex quo ea lingua ſatis Principi nota omiſimus: reliquam hiſtoriam gallicè eodem ſtudio perſequimur. Sic autem egimus, ut cum Principis judicio, noſtra quoque hiſtoria creſceret: ac tempora quidem antiqua ſtrictiùs, noſtris proxima explicatiùs traderemus: non tamen minuta quæque & curioſa ſectati, ſed mores gentis bonos pravoſque, majoruminſtituta, legeſque præcipuas: rerum converſiones, earumque cauſas: arcana conſiliorum, inopinatos eventus, quibus animus aſſuefaciendus eſſet, atque ad omnia componendus: Regum errata ac ſecutas calamitates: ipſorum jam indè à Clodoveo per tanta ſpatia temporum inconcuſſam fidem, atque in tuendâ catholicâ Religione conſtantiam: huic conjunctam ſedis Apoſtolicæ obſervantiam ſingularem, eâ enim maximè gloriatos: hinc Regnum ipſum à tot ſæculis firmum conſtitiſſe: poſt-

ẽ ij

quam fubortæ hærefes , ubique turbidos infanof-
que motus , imminutam Regum majeftatem , ac
florentiffimum imperium tantum non accifum ,
nec priftinas vires nifi perculsâ demùm fractâque
hærefi recepiffe.

Ut autem Principi, ex ipsâ hiftoriâ, rerum
agendarum conftaret ratio ; in iis exponendis, pe-
riculorum ftatu conftituto, velut initâ delibera-
tione , folemus omnia momenta perpendere , ab
eoque exquirere quid deindè decerneret , tùm
eventus exfequimur , peccata notamus: rectè facta
laudamus : atque experientiâ duce, certam confi-
liorum capiendorum expediendorumque rationem ftabilimus.

V.
Sanctus Lu-
dovicus exe̅-
plar Princi-
pis.

Ceterum , cùm ex universâ Regum noftrorum
hiftoriâ , vitæ , morumque exempla fumamus ;
tùm SANCTUM LUDOVICUM unum propo-
nimus , abfolutiffimi Regis exemplar. Eum non
modò fanctitatis gloriâ , quod nemo nefcit , fed
laude etiam militari,fortitudine,conftantiâ,æqui-
tate , magnificentiâ, civili prudentiâ præftitiffe ,
retectis geftorum confiliorumque fontibus , de-
monftramus. Hinc gloriam Francicæ Domûs, atque id Auguftiffimæ Familiæ fummo decori exti-
tiffe : quòd, quo auctore prognata fit, eo, exemplo morum , regiarumque artium magiftro , ac
certiffimo apud Deum deprecatore uteretur.

VI.
Regis exem-
plum.

Secundùm eum , res LUDOVICI MAGNI , vivam-
que eam quam oculis intuemur hiftoriam : rem-
publicam optimis legibus conftitutam : ærarii ra-

tiones ordinatas : revelata fraudium latibula : militarem diſciplinam pari prudentiâ, atque auctoritate firmatam : annonæ comparandæ , obſidendarum urbium, regendorum exercituum, novas artes : invictos ducum ac militum animos ; nec tantùm impetum , ſed robur atque conſtantiam , gentique infixum, ſub tanto Rege omnia pervincenda : Regem ipſum magni inſtar exercitûs : hinc conſiliorum vim , & cohærentiam, atque occulta molimina, non niſi ſtupendis rerum eventibus eruptura : eluſos hoſtes ac territos : ſocios ſummâ fide conſtantiâque defenſos : partâ jam tutâque victoriâ , æquis conditionibus datam pacem : deniquè, incredibile ſtudium tuendæ atque amplificandæ Religionis, & Parentis Maximi ad optima quæque capeſſenda conatus, Obſequentiſſimo Filio commendamus.

Philoſophica ità diſtribuimus,ut quæ fixa eſſent, vitæque humanæ utilia, ſeriò certiſque rationibus firmata traderemus, quæ opinionibus diſſentionibuſque jactata, hiſtoricè referremus : æquum ac benevolum utrique parti Principem præſtituri, ac formaturi regendis rebus, natum , non ad litigandum , ſed ad judicandum.

VII. *Philoſophia quo conſilio tradita. Tractatus, ad cognitione Dei, & ſui.*

Cum autem intelligeremus , eo philoſophiam maximè contineri , ut animum primùm ad ſeſe revocatum, hinc quaſi firmato gradu, ad Deum erigeret ; ab eo initio exorſi ſumus. Eam enim veram eſſe philoſophiam, maximeque parabilem, quâ ſcilicet homo ipſe, non lectione librorum, ac philosophorum placitis operosè collectis, aut experimentis longè conquisitis, sed ipsâ sui experientiâ nixus, ad auctorem suum se deindè converteret. Hujus pulcherrimæ utilissimæque philosophiæ jam indè à primis annis semina jecimus; omnique industriâ enisi sumus, uti puer quàm maximè animum à corpore secerneret, hoc est eam partem quæ imperaret, ab eâ quæ serviret: tùm, sub mentis corpori imperantis imagine, Deum orbi universo, ipsique adeò menti, imperantem agnosceret. Adultiore verò ætate, cùm tempus admoneret jam viâ ac ratione tradendam esse philosophiam, memores Dominici præcepti: *Attendite vobis*, Davidicæque sententiæ: *Mirabilis facta est scientia tua ex me*; Tractatum instituimus *De Cognitione Dei & sui*: quo structuram corporis, animique naturam, ex his maximè quæ in se quisque experitur, exponimus: idque omninò agimus, ut cùm homo sibi sit præsentissimus, tùm sibi in omnibus præsentissimum contempletur Deum, sine quo illi nec motus, nec spiritus, nec vita, nec ratio constet; juxta illam sententiam maximè philosophicam Apostoli Athenis, hoc est in ipsâ philosophiæ arce disputantis: *Non longe est ab uno quoque nostrûm; in ipso enim vivimus, & movemur, & sumus*; Et iterum; *Cùm ipse det omnibus vitam, & inspirationem & omnia*. Quæ cùm Apostolus ut philosophiæ nota assumat ad ulteriora animos provecturus, nos illum à naturâ humanis ingeneratum mentibus divinitatis sensum, ex ipsâ

Luc. xxi. 34. *ps.* cxxxviii.6.

Act. xvii. 27.28.

Ibid. 25.

noſtri cognitione eliciendum , excitandumque
ſuſcepimus : certiſque argumentis effecimus , ut
qui ſe belluis nihil præſtare vellent , mortalium
omnium vaniſſimi pariter ac turpiſſimi , nec non
nequiſſimi judicarentur.

Quid plura , hinc Dialecticam, Moralemque
philoſophiam adornavimus , excolendis animi,
quas in nobis experiebamur, ſublimioribus par-
tibus, intelligendi nimirùm ac volendi facultate.
Ac Dialecticam quidem , ex Platone & Ariſtote-
le , non ad umbratilem verborum pugnam , ſed
ad judicium ratione formandum : eam maximè
partem oratione complexi, quæ topica argumenta rebus gerendis apta componeret , eaque per
ſeſe invalida , alia aliis nectendo firmaret. Quo
demùm ex fonte Rhetoricam exſurgere juſſimus,
quæ nudis argumentis, quaſi oſſibus nerviſque, à
Dialectica compactis , & carnem & ſpiritum &
motum inderet : eamque adeò non ſtridulam &
canoram , non timidam & evanidam , ſed ſanam
vigentemque fecimus ; neque fuco depinximus,
ſed verum colorem nitoremque dedimus, ex ipſâ
veritate efflorefcentem. Eò ſane ſelecta Ariſtote-
lis , Ciceronis, Quintiliani, aliorumque præcepta
contulimus ; ſed exemplis magis quàm præceptis
egimus : ſolebamuſque orationes quæ maximè af-
ficerent , percellerentque animum , ſublatis figu-
ris , ornamentiſque verborum , quaſi detractâ
cute , ad illam , quam modo diximus , oſſium ner-
vorumque compagem , hoc eſt ad ſimplicia nu-

VIII.
Logica:
Rhetorica.
Ethica.

daque argumenta redigere ; ut quid Logica præ-
staret, quid Rhetorica adderet, quasi oculis cer-
neretur.

Moralem verò doctrinam non alio ex fonte
quàm ex scripturâ, Christianæque religionis decretis, repetendam ostendimus : neque commit-
tendum, ut qui pleno flumine irrigari possit, turbidos rivulos consectetur. Neque eò seciùs Aristotelis moralia persecuti sumus, quibus adjunximus
Socratica illa mira & prò tempore sublimia dog-
mata, quæ & fidem ab incredulis, & ab obduratis
ruborem exprimerent. Interim docebamus, quid
in horum decretis Christiana Philosophia repre-
henderit, quid addiderit; probata verò, quâ auctoritate firmarit, quâ doctrinâ illustravit, ut philosophicam gravitatem tantæ sapientiæ compara-
tam, meram esse infantiam confiteri oporteret.

IX.
Principia
juris civilis.

Neque abs re duximus, ex Romanis legibus
aliquid delibare: quid jus ipsum & quotuplex, quæ
conditio personarum, quæ rerum divisiones, quæ
ratio contractuum, quæ testamentorum hæredi-
tatumque; magistratuum quoque potestatem, ju-
diciorumque auctoritatem : alia ejusmodi quibus
vitæ civilis principia continentur.

X.
Aliæ Philo-
sophiæ part.

Metaphysicam sanè quæ in antèdictis maximè
versatur, commemorare non vacat. Physica bene
multa in explicando corpore humano tradidimus :
cætera ex nostro instituto historicè potius quàm
dogmaticè, Aristotelis placitis minimè prætermis-
sis. Experimenta verò rerum naturalium sic ex-
hibere

hibere fecimus, ut in his Princeps ludo ſuaviſſimo atque utiliſſimo, humanæ mentis induſtriam,
præclaraque artium inventa, quibus naturam &
retegerent, & ornarent, interdùm adjuvarent;
ipſam denique naturæ artem, imò ſummi opifi-
cis & patentiſſimam, & occultiſſimam providen-
tiam miraretur.

Mathematicas diſciplinas argumentandi ma-
giſtras, ab optimo doctore accepit; nec tantùm,
ut fit, munire & oppugnare urbes, metari caſtra;
ipſe induſtriâ manu munimenta deſcribere, aciem
inſtruere, circumducere; ſed etiam machinarum
conſtruendarum artem, liquidorum, ſolidorum-
que librationes, varia mundi ſyſtemata, atque
Euclidis elementa, primos certè libros, tam prom-
to animo hauſit, ut ſpectantibus miraculo eſſet.
Hæc quidem omnia, ſuo ordine locoque ſenſim
inſtillata: ac præcipua cura fuit, uti adtempera-
tè omnia præberentur, quo faciliùs incoquerentur,
& coaleſcerent.

Nunc propè jam confecto curſu, tria in primis præſtanda ſuſcepimus.

Hiſtoriam univerſam, antiquam, novamque:
illam ab origine mundi ad Carolum Magnum,
atque everſum antiquum Romanum Imperium;
hanc, ab condito novo per Francos Imperio, or-
dinatam: jamque antè perlectam ità revolvimus,
ut & perpetuam religionis ſeriem, & imperiorum
vices, earumque cauſas ex alto repetitas, liquidò
demonſtremus. Et quidem religionem, Utriuſ-

XI.
Mathema-
ticæ diſci-
plina.

XII.
Tria poſtre-
ma, colligen-
dis ſtudiorum
fructibus.
Primum
opus. Reli-
gionis conti-
nua ſeries,
variæque im-
periorum vi-
ces, ex Hiſto-
ria Univer-
ſali.

que Teſtamenti confertis inter ſe coaptatiſque
myſteriis ſemper immotam , ipſo ævo creviſſe, ac
nova antiquis ſuperſtructa vim roburque addi-
diſſe : quo pondere victas proſtrataſque hæreſes ,
ipſam veritatem ejuſque propugnatricem ac ma-
giſtram Eccleſiam , Petrâ ſcilicet nixam , firmo
gradu conſtitiſſe : imperia verò ipſo ævo fatiſcen-
tia , ac velut mutuis confecta cædibus , alterum
in alterum corruiſſe. Illius ergo firmitudinis , ha-
rum ruinarum cauſas aperimus. Ægyptiorum , atque Aſſyriorum , Perſarum , poſteà Græcorum ,
Romanorum, ſequentis deindè ævi , nec longo
tamen ſermone , inſtituta perſequimur : quid una
quæque gens , & fatale aliis , ſibique ipſi peſti-
ferum aluerit , quæque ſecuturis documenta præ-
buerit. Sic rerum humanarum , univerſæque hi-
ſtoriæ duplicem fructum capimus : primùm , ut
religioni , ipsâ perennitate , ſua autoritas ac ſan-
titas conſtet : tùm , ut imperiis ſpontè lapſuris , ex
priſcis exemplis fulcimenta quæramus : ſic ſanè ,
ut cogitemus ipſis fulcimentis innatam , rebus humanis hærere mortalitatem , ſpemque ad cæleſtia
transferendam.

XIII.
Secundum
opus. Inſtitu-
taPolitica,ex
Scripturâ de-
promptâ
Alterum opus noſtrum , inſtituta politica , ci-
vilemque prudentiam , ipſoſque juris fontes , ex
Sacræ Scripturæ decretis & exemplis reſerat:neque
tantùm, quâ pietate colendus Regibus , ac placan-
dus Deus ; quâ ſollicitudine ac reverentiâ tutan-
da Eccleſiæ fides , ſervanda jura , paſtores de-
ſignandi , verùm etiam undè ipſa civilitas , qui-

bufque initiis cœtus humani coaluerint, quâ arte
tractandi animi, ineunda confilia, bella admini-
ftranda, componenda pax, fanciendæ leges, vin-
dicanda autoritas, conftituenda refpublica. Pla-
numque omninò fit, fcripturas divinas aliis omnibus libris qui vitam civilem inftituunt, quan-
tùm autoritate, tantùm prudentiâ, ac rerum ge-
rendarum ratione præftare.

Tertium opus noftrum, Regni Gallicani pecu-
laria inftituta complectitur: quæ cum aliis imperiis compofita & collata, univerfæ reipublicæ
chriftianæ, totiufque adeò Europæ defignant
ftatum.

His demùm perfectis, quo ad tempus & in-
duftria noftra tulerit, repofcenti Regi amantif-
fimum Filium, ejus juffu ductuque, bonis omnibus
artibus exornatum, atque perpolitum reddere pa-
rati fumus: meliore magiftro, ipfo fcilicet Rege,
ipfoque rerum ufu, ad majora ftudia promo-
vendum.

Nos quidem hæc, BEATISSIME PATER, pro
noftri officii ratione, fummâ fide ac diligentiâ
fecimus, plantavimus, rigavimus, det incrementum Deus? Sanè, ex quo Ille Te, cujus vices
geris, impulit, ut tot inter, unus noftris labo-
ribus paternum animum adhiberes; TUÆ quoque SANTITATIS nomine ad optima quæque
Principem adhortamur: idque perfpeximus, ma-
ximo ad virtutem incitamento fuiffe. Beatos verò nos, qui tantâ in re tantum Pontificem, Leo-

XIV.
Tertium
opus. Regni
Gallicani, ce-
terorumque
regnorum, ac
totius Euro-
pæ ftatus.

nem alterum, alterum Gregorium, imò Petrum, adjutorem habeamus.

BEATISSIME PATER,

VESTRÆ SANCTITATIS

In Palatio San-Germa-
no.VIII Martis, 1679.

sic signatum

*Devotissimus & obedientis-
simus filius.*

† J. BENIGNUS, Epis-
copus Condomensis.

Et hæc erat inscriptio   Sanctissimo Domino, Domino
nostro Innocentio Papæ XI.

INNOCENTIUS P. P. XI.

VEnerabilis Frater, Salutem, & Apostolicam benedictionem. Rationem, ac methodum, quâ præclaram Delphini indolem optimis artibus, ab ineunte ætate, imbuendam suscepit Fraternitas Tua, & feliciter adolescentem in præsens imbuit; eleganter copioseque descriptam in tuis litteris, dignam judicavimus, cui perlegendæ tempus aliquod gravissimis Christianæ Reipublicæ curis subtraheremus. Et quidem jacta à te quasi in fertili solo, semina virtutum in ejus Principis animo, quem maximi, & clarissimi imperii hæredem olim futurum jam suspicit, & subincliti

Parentis difciplinâ defenforem , propagatorem-
que fidei expectat Ecclefia univcrfa, uberem pu-
blicæ felicitatis, ac lætitiæ meſſem pollicentur. Inter plurima autem liberalis doctrinæ , & veræ fa-
pientiæ monita , quibus Regiam Delphini men-
tem informas; illa in primis laudanda , ac fæpiùs
inculcanda videntur, quæ regni rectè adminiſtrandi regulas, & utilitatem populorum , cum regis
ipſius rationibus, ac laude conjunctam reſpiciunt:
quem induſtriæ , ac pietati tuæ ſcopum propoſi-
tum à te fuiſſe non dubitamus. Intelliget profectò
ſuo tempore , & magno ſanè cum fructu Reipublicæ, gratâque hauſtæ à te diſciplinæ recordatio-
ne Delphinus , non tam pulchrum , & præclarum
eſſe Regiâ edi forte, quàm uti ſapienter : nihil Regiâ dignitate , ac magnitudine digniùs; quàm tra-
ditam à Deo ampliſſimam poteſtatem non ad ex-
plendas cupiditates ſuas, & ad inanis gloriæ ambi-
tum , ſed in præſidium, ac patrocinium generis humani unicè conferre : nihil cogitare , nullum opus
aggredi quod vel ab æquitatis, & juſtitiæ ſemitâ de-
flectat , vel ad divini honoris incrementum non
dirigatur ; animo identidem reputando , bona
omnia quibus in præſenti vitâ fruimur, à Deo
profecta in Deum ipſum refundi debere , ad cujus nutum oriuntur , & occidunt invictiſſima , ac
florentiſſima quæque Imperia. Porrò ad Apoſto-
licam Sedem colendam, & omnibus filialis ob-
ſervantiæ officiis proſequendam , magno illi incitamento ſemper fore confidimus , tum Religio-

fiffimorum Galliæ Regum majorum fuorum e-
xempla , undè perennes in iftud Regnum fluxere
cæleftis beneficentiæ thefauri : tum mutuam, ac
planè maternam ejufdem Sedis in ipfo amplecten-
do charitatem. Nos interim Dei benignitati de-
bitas habemus gratias , quod tantæ fpei Adolef-
centi par Educator , Inftitutorque contigerit : &
accuratas fundimus preces , ut Anima bona , quam
Delphinus fortitus eft , multò etiam inftitutione,
curâque tuâ melior fiat; & pariter erudiantur omnes , qui judicant terram. Tibique, Venerabilis
Frater, Apoftolicam benedictionem, indicem amo-
ris ergà te noftri, animique præclarè de tuâ vir-
tute exiftimantis , peramanter impertimur. Da-
tum Romæ apud S. Petrum fub annulo Pifca-
toris. Die xix Aprilis. m. dc. lxxix. Pontificatus
noftri anni tertii.

Sic fignatum ,   MARIUS SPINULA.

Et hæc erat infcriptio.   Venerabili Fratri Epif-
copo Condomenfi.

DE L'INSTRUCTION
DE MONSEIGNEUR
LE DAUPHIN.
AU
PAPE INNOCENT XI.

NOUS avons souvent oüy dire au ROY, TRES-SAINT PERE, que MONSEIGNEUR LE DAUPHIN étant le seul enfant qu'il eust, le seul appuy d'une si auguste famille, & la seule esperance d'un si grand royaume, luy devoit être bien cher : mais qu'avec toute sa tendresse il ne lui souhaittoit la vie, que pour faire des actions dignes de ses ancêtres, & de la place qu'il devoit remplir ; & qu'enfin il aimeroit mieux ne l'avoir pas, que de le voir faineant & sans vertu.

C'est pourquoy dès que Dieu luy eust donné ce Prince, pour ne le pas abandonner à la molesse, où tombe comme necessairement un enfant qui n'entend parler que de jeux, & qu'on laisse trop long-temps languir parmy les caresses des femmes, & les amusemens du premier âge ; il résolut de le former de bonne-heure au travail, & à la vertu. Il voulut que dès sa plus tendre jeunesse, & pour ainsi dire dès le berceau, il apprist premierement la crainte de Dieu, qui est l'appuy de la vie humaine, & qui assure aux Rois mêmes leur puissance & leur majesté : & ensuite toutes les sciences convenables à un si grand Prince, c'est

à dire celles qui peuvent servir au gouvernement, & à
maintenir un royaume ; & même celles qui peuvent de
quelque maniere que ce soit perfectionner l'esprit, donner
de la politesse, attirer à un Prince l'estime des hommes
sçavans : en sorte que Monseigneur le Dauphin pust servir d'exemple pour les mœurs, de modele à la jeunesse, de
protecteur aux gens d'esprit : & en un mot, se montrer
digne fils d'un si grand Roy.

I.
La Regle
sur les étu-
des donnée
par le Roy.

    La loy qu'il imposa aux études de ce Prince, fut de
ne luy laisser passer aucun jour sans étudier. Il jugea
qu'il y a bien de la difference entre demeurer tout le jour
sans travailler, & prendre quelque divertissement pour
relacher l'esprit. Il faut qu'un enfant jouë, & qu'il se
réjouisse, cela l'excite : mais il ne faut pas l'abandonner
de sorte au jeu & au plaisir, qu'on ne le rappelle chaque
jour à des choses plus serieuses, dont l'étude seroit lan-
guissante, si elle étoit trop interrompuë. Comme toute
la vie des Princes est occupée, & qu'aucun de leurs jours
n'est exempt de grands soins, il est bon de les exercer dès
l'enfance à ce qu'il y a de plus serieux, & de les y faire
appliquer chaque jour pendant quelques heures : afin que
leur esprit soit déja rompu au travail, & tout accoutumé
aux choses graves, lorsqu'on les met dans les affaires. Cela
même fait une partie de cette douceur, qui sert tant à
former les jeunes esprits : car la force de la coutume est
douce, & l'on n'a plus besoin d'être averti de son devoir,
depuis qu'elle commence à nous en avertir d'elle-même.

    Ces raisons porterent le Roy à destiner chaque jour cer-
taines heures à l'étude, qu'il crut pourtant devoir être
entremeslées de choses divertissantes : afin de tenir l'esprit
de ce Prince dans une agreable disposition, & de ne luy
point

point faire paroître l'étude, fous un vifage hideux & trifte qui le rebutaſt. En quoy certes il ne s'eſt pas trompé : car en fuivant cette methode, il eſt arrivé que le Prince averti par la feule coutume, retournoit gayement & comme en fe jouant à fes exercices ordinaires, qui ne luy étoient en effet qu'un nouveau divertiſſement, pour peu qu'il y vouluſt appliquer fon eſprit.

Mais le principal de cette inſtitution fut fans doute d'avoir donné pour gouverneur à ce jeune Prince M. le Duc de Montauſier, illuſtre dans la guerre & dans les lettres, mais plus illuſtre encore par fa pieté; & tel, en un mot, qu'il fembloit né pour élever le fils d'un Heros. Depuis ce temps, le Prince a toujours été fous fes yeux, & comme dans fes mains : il n'a ceſſé de travailler à le former, toujours veillant à l'entour de luy, pour éloigner ceux qui euſſent pû corrompre fon innocence, ou par de mauvais exemples, ou même par des difcours licentieux. Il l'exhortoit fans relache à toutes les vertus, principalement à la pieté : il lui en donnoit en lui-même un parfait modele, preſſant & pourſuivant fon ouvrage avec une attention, & une conſtance invincible ; & en un mot il n'oublioit rien de ce qui pouvoit fervir à donner au Prince toute la force de corps & d'eſprit dont il a befoin. Nous tenons à gloire d'avoir toûjours été parfaitement d'accord avec un homme ſi excellent en toute chofe, que même en ce qui regarde les lettres, il nous a non-feulement aidez à executer nos deſſeins, mais il nous en a inſpiré que nous avons fuivis avec fuccez.

L'étude de chaque jour commençoit foir & matin par les chofes faintes : & le Prince qui demeuroit découvert

II.
La Reli-
gion.

õ

pendant que duroit cette leçon, les écoutoit avec beaucoup de respect.

Lorsque nous expliquions le Catechisme qu'il sçavoit par cœur, nous l'avertissions souvent, qu'outre les obligations communes de la vie chrestienne, il y en avoit de particulieres pour chaque profession, & que les Princes, comme les autres, avoient de certains devoirs propres, ausquels ils ne pouvoient manquer sans commettre de grandes fautes. Nous nous contentions alors de luy en monstrer les plus essentiels selon sa portée, & nous réservions à un âge plus meur, ce qui nous sembloit ou trop profond, ou trop difficile pour un enfant.

Mais dès lors à force de répeter, nous fimes que ces trois mots, Pieté, Bonté, Justice, demeurerent dans sa memoire avec toute la liaison qui est entre-eux. Et pour luy faire voir que toute la vie chrestienne, & tous les devoirs des Rois étoient contenus dans ces trois mots: nous disions, que celui qui étoit pieux envers Dieu, étoit bon aussi envers les hommes que Dieu a créez à son image, & qu'il regarde comme ses enfans: ensuite nous remarquions, que qui vouloit du bien à tout le monde, rendoit à chacun ce qui luy appartenoit, empêchoit les méchans d'opprimer les gens de bien, punissoit les mauvaises actions, reprimoit les violences, pour entretenir la tranquillité publique. D'où nous tirions cette conséquence, qu'un bon Prince étoit pieux, bienfaisant envers tous par son inclination, & jamais fâcheux à personne, s'il n'y étoit contraint par le crime & par la rebellion. C'est à ces principes que nous avons rapporté tous les preceptes, que nous luy avons donné depuis plus amplement: il a veu que tout venoit de cette fource, que tout aboutiſſoit là ; & que ſes études n'avoient point d'autre objet, que de le rendre capable de s'acquitter aiſément de tous ces devoirs.

Il ſçavoit dès lors toutes les hiſtoires de l'Ancien, & du Nouveau Teſtament : il les récitoit ſouvent : nous luy faiſions remarquer les graces que Dieu avoit faites aux Princes pieux, & combien ſes jugemens avoient été terribles contre les impies, ou contre ceux qui avoient été rebelles à ſes ordres.

Etant un peu plus avancé en age, il a leu l'Evangile, les Actes des Apoſtres, & les commancemens de l'Egliſe. Il y apprenoit à aimer J. C. ; à l'embraſſer dans ſon enfance ; à croître pour ainſi dire avec luy, en obéïſſant à ſes parens, en ſe rendant agreable à Dieu & aux hommes, & en donnant chaque jour de nouveaux témoignages de ſageſſe. Aprés il écoutoit ſes prédications, il étoit ravy de ſes miracles, il admiroit la bonté, qui le portoit à faire du bien à tout le monde ; il ne le quittoit pas mourant, afin d'obtenir la grace de le ſuivre reſſuſcitant, & montant aux cieux. Dans les Actes, il apprenoit à aimer & à honorer l'Egliſe, humble, patiente, que le monde n'a jamais laiſſé en repos, éprouvée par les ſupplices, toujours victorieuſe. Il voyoit les Apoſtres la gouvernant ſelon les ordres de Jeſus-Chriſt ; & la formant par leurs exemples plus encore que par leur parole ; S. Pierre y exerçant l'autorité principale, & y tenant par tout la premiere place : les Chrétiens ſoûmis aux decrets des Apoſtres, ſans ſe mettre en peine de rien, dès qu'ils étoient rendus. Enfin nous luy faiſions remarquer tout ce qui peut établir la foy, exciter l'eſperance, &

enflâmer la charité. *La lecture de l'Evangile nous ser-voit aussi à luy inspirer une dévotion particuliere pour la Sainte Vierge, qu'il voyoit s'interesser pour les hom-mes, les recommander à son fils comme leur avocate; & leur montrer en même-temps, que ce n'est qu'en obéis-sant à Jesus-Christ, qu'on en peut obtenir des graces. Nous l'exhortions à penser souvent à la merveilleuse re-compense qu'elle eût de sa chasteté & de son humilité, par le gage precieux qu'elle reçût du Ciel, quand elle devint Mere de Dieu, & qu'il se fit une si sainte alliance entre-elle & le Pere Eternel. Nous luy fai-sons observer en cet endroit, combien les Mystéres de la Religion étoient purs, que Jesus-Christ devoit être Vier-ge, qu'il ne pouvoit être donné qu'à une Vierge de de-venir sa Mere: & qu'il s'ensuivoit de-là que la chasteté devoit être le fondement de la dévotion envers Marie; puisqu'elle devoit à cette vertu toute sa grandeur, & même toute sa fecondité.*

Que si en lisant l'Evangile il paroissoit songer à au-tre chose, ou n'avoir pas toute l'attention & le res-pect que mérite cette lecture, nous luy ôtions aussi-tôt le livre, pour luy marquer qu'il ne le falloit lire qu'avec reverence. Le Prince qui regardoit comme un châti-ment d'être privé de cette lecture, apprenoit à lire sain-tement le peu qu'il lisoit, & à y penser beaucoup. Nous luy expliquions clairement & simplement les passages. Nous luy marquions les endroits qui servent à convaincre les hérétiques, & ceux qu'ils ont malicieusement détour-nés de leur veritable sens. Nous l'avertissions souvent, qu'il y avoit bien des choses en ce livre qui passoient

son âge , *& beaucoup même qui paſſoient l'eſprit humain : qu'elles y étoient pour abattre l'orgueil des hommes & pour exercer leur foy : qu'il n'étoit pas permis en
choſe ſi haute de croire à ſon ſens ; mais qu'il falloit tout
expliquer ſelon la tradition ancienne , & les decrets de
l'Egliſe : que tous les novateurs ſe perdoient infaillible-
ment ; & que tous ceux qui s'écartoient de cette regle ,
n'avoient qu'une pieté fauſſe , & pleine de fard.

Après avoir lû pluſieurs-fois l'Evangile , nous avons
lû les hiſtoires du Vieux Teſtament , & principalement
celle des Rois : où nous remarquions , que c'eſt ſur les
Rois que Dieu exerce ſes plus terribles vengeances ; que
plus le faîſte des honneurs , où Dieu même les éleve en
leur donnant la ſouveraine puiſſance eſt haut , plus leur
ſujetion devient grande à leur égard ; & qu'il ſe plaît
à les faire ſervir d'exemple , du peu que peuvent les hommes , quand le ſecours d'en haut leur manque.

Quant aux Epîtres des Apôtres , nous en avons choiſi les endroits qui ſervent à former les mœurs chrétien-
nes. Nous luy avons auſſi fait voir dans les Prophetes ,
avec quelle autorité , & quelle majeſté , Dieu parle
aux Rois ſuperbes : comment d'un ſoufle il diſſipe les armées , renverſe les empires , & reduit les vainqueurs au
ſort des vaincus , en les faiſant perir comme eux. Lorſque nous trouvions dans l'Evangile les propheties qui regardent Jeſus-Chriſt , nous prenions ſoin de montrer au
Prince dans les Prophetes mêmes , les lieux d'où elles
étoient tirées. Il admiroit ce raport de l'Ancien & du
Nouveau Teſtament : l'accompliſſement de ces propheties
nous ſervoit de preuve certaine pour établir ce qui re-

garde le siécle à venir. *Nous montrions que Dieu toujours véritable, qui avoit accomply à nos yeux tant de
grandes choses prédites de si loin, n'accompliroit pas moins
fidelement tout ce qu'il nous faisoit encore attendre : de
sorte qu'il n'y avoit rien de plus asûré, que les biens
qu'il nous promettoit, & les maux dont il nous menaçoit après cette vie. A cette lecture nous avons souvent
mêlé les vies des Saints, les Actes les plus illustres des
Martyrs, & l'Histoire Religieuse ; afin de divertir le
Prince en l'instruisant. Voilà ce qui regarde la Religion.*

III.
La Gram-
maire : les
Auteurs La-
tins : & la
Geographie.

*Nous ne nous arrêterons pas à parler de l'étude de la
Grammaire. Notre principal soin a été de luy faire connoître premierement la proprieté, & ensuite l'élegance
de la langue Latine, & de la Françoise. Pour adoucir
l'ennuy de cette étude, nous luy en faisions voir l'utilité ; & autant que son âge le permettoit, nous joignions
à l'étude des mots la connoissance des choses.*

*Par ce moyen il est arrivé, que tout jeune il enten-
doit fort aisément les meilleurs Auteurs latins : il en cherchoit même les sens les plus cachez, & à peine y he-
sitoit-il, dès qu'il y vouloit un peu penser. Il apprenoit
par cœur les plus agréables & les plus utiles endroits de
ces Auteurs, & sur tout des Poëtes : il les recitoit souvent, & dans les occasions il les appliquoit à propos aux
sujets qui se presentoient.*

*En lisant ces Auteurs, nous ne nous sommes jamais
écartez de notre principal dessein, qui étoit de faire servir toutes ses études à luy acquerir tout-ensemble, la pieté, la connoissance des mœurs, & celle de la politique.*

Nous luy faisions connoître par les mystères abominables des Gentils, & par les fables de leur Theologie; les profondes tenebres où les hommes demeuroient plongez, en suivant leurs propres lumieres. Il voyoit que les nations les plus polies & les plus habiles en tout ce qui regarde la vie civile, comme les Egyptiens, les Grecs, & les Romains, étoient dans une si profonde ignorance des choses divines, qu'ils adoroient les plus monstrueuses creatures de la nature: & qu'elles ne se sont retirées de cet abime, que depuis que Jesus-Christ a commencé de les conduire. D'où il luy étoit aisé de conclure, que la véritable Religion étoit un don de la grace. Nous luy faisions aussi remarquer que les Gentils bien qu'ils se trompassent dans la leur, avoient neanmoins un profond respect pour les choses qu'ils estimoient sacrées: persuadez qu'ils étoient que la religion étoit le soûtien des Etats. Les exemples de moderation & de justice que nous trouvions dans leurs histoires, nous servoient à confondre tout Chrétien, qui n'auroit pas le courage de pratiquer la vertu, après que Dieu même nous l'a apprise. Au reste nous faisions le plus souvent ces observations, non comme des leçons, mais comme des entretiens familiers; & cela les faisoit entrer plus agréablement dans son esprit: de sorte qu'il faisoit souvent de luy-même de semblables reflexions. Et je me souviens qu'ayant un jour loüé Alexandre, d'avoir entrepris avec tant de courage la défense de toute la Grece contre les Perses; le Prince ne manqua pas de remarquer, qu'il seroit bien plus glorieux à un Prince Chrétien de repousser & d'abattre l'ennemy commun de la Chrétienté, qui la menace & la presse de toutes parts.

Nous n'avons pas jugé à propos de luy faire lire les ouvrages des Auteurs par parcelles ; c'est-à-dire, de prendre un livre de l'Eneïde par exemple, ou de Cesar, separé des autres. Nous luy avons fait lire chaque ouvrage entier, de suite, & comme tout d'une haleine ; afin qu'il s'accoutumât peu à peu, non à considerer chaque chose en particulier, mais à découvrir tout d'une veuë le but principal d'un ouvrage, & l'enchaînement de toutes ses parties : étant certain que chaque endroit ne s'entend jamais clairement, & ne paroît avec toute sa beauté, qu'à celuy qui a regardé tout l'ouvrage comme on regarde un édifice, & en a pris tout le dessein & toute l'idée.

Entre les Poëtes, ceux qui ont plû d'avantage à Monseigneur le Dauphin, sont Virgile & Terence ; & entre les historiens, ç'a été Saluste & Cesar. Il admiroit le dernier, comme un excellent maître pour faire des grandes choses, & pour les écrire. Il le regardoit comme un homme de qui il falloit apprendre à faire la guerre. Nous suivions ce grand Capitaine dans toutes ses marches, nous luy voyons faire ses campemens, mettre ses troupes en bataille, former & exécuter ses desseins, loüer & châtier à propos les soldats, les exercer au travail, leur élever le cœur par l'esperance, les tenir toujours en haleine, conduire une puissante armée sans endomager le païs, retenir dans le devoir ses troupes par la discipline, & ses alliez par la foy & la protection ; changer sa maniere selon les lieux où il faisoit la guerre, & selon les ennemis qu'il avoit en teste ; aller quelquefois lentement, mais user le plus souvent d'une si grande diligence, que l'ennemy surpris & serré de près, n'ait ny

le

le temps de déliberer, ny celuy de fuir ; pardonner aux vaincus, abattre les rebelles, gouverner avec adresse les peuples subjuguez, & leur faire ainsi trouver sa victoire douce pour la mieux assûrer.

On ne peut dire combien il s'est diverti agréablement & utilement dans Terence, & combien de vives images de la vie humaine luy ont passé devant les yeux en le lisant. Il a vû les trompeuses amorces de la volupté & des femmes ; les aveugles emportemens d'une jeunesse, que la flaterie & les intrigues d'un valet ont engagé dans un pas difficile & glissant ; qui ne sçait que devenir, que l'amour tourmente, qui ne sort de peine que par une espece de miracle, & qui ne trouve le repos qu'en retournant à son devoir. Là le Prince remarquoit les mœurs & le caractére de chaque âge, & de chaque passion exprimé par cet admirable ouvrier, avec tous les traits convenables à chaque personnage, des sentimens naturels, & enfin avec cette grace & cette bienséance que demandent ces sortes d'ouvrages. Nous ne pardonnions pourtant rien à ce Poëte si divertissant, & nous reprenions les endroits où il a écrit trop licentieusement. Mais en même temps nous nous étonnions, que plusieurs de nos Auteurs eussent écrit pour le theatre avec beaucoup moins de retenuë ; & condamnions une façon d'écrire si deshonnête, comme pernicieuse aux bonnes mœurs.

Il faudroit faire un gros volume, pour rapporter toutes les remarques que nous avons faites sur chaque Auteur, & principalement sur Ciceron, que nous avons admiré dans ses discours de Philosophie, dans ses Oraisons, & même lorsqu'il railloit librement & agréablement avec ses amis.

Parmy tout cela, nous voyons la Geographie en jouant
& comme en faisant voyage : tantôt en suivant le cou-
rant des fleuves, tantôt rasant les côtes de la mer, &
allant terre à terre ; puis tout d'un coup singlant en hau-
te mer, nous traversions dans les terres, nous voyons
les ports & les villes, non en les courant comme feroient
des voyageurs sans curiosité, mais examinant tout, re-
cherchant les mœurs, sur tout celles de la France, &
nous arrêtant dans les plus fameuses villes pour connoî-
tre les humeurs opposées de tant de divers peuples qui
composent cette nation belliqueuse & remuante : ce qui
joint à la vaste étenduë d'un Royaume si peuplé, faisoit
voir qu'il ne pouvoit estre conduit qu'avec une profon-
de sagesse.

IV.
L'Histoire.
Celle de
France com-
posée par
Monsei-
gneur le
Dauphin,
en latin &
en françois.

Enfin nous luy avons enseigné l'Histoire. Et comme
c'est la maîtresse de la vie humaine & de la politique,
nous l'avons fait avec une grande exactitude : mais nous
avons principalement eu soin de luy apprendre celle de la
France, qui est la sienne. Nous ne luy avons pas nean-
moins donné la peine de feüilleter les livres ; & à la re-
serve de quelques auteurs de la Nation, comme Phi-
lippes de Commines & du Bellay, dont nous luy avons
fait lire les plus beaux endroits ; nous avons été nous-
mêmes dans les sources, & nous avons tiré des auteurs
les plus approuvez, ce qui pouvoit le plus servir à luy
faire comprendre la suite des affaires. Nous en recitions
de vive voix autant qu'il en pouvoit facilement rete-
nir : nous le luy faisions repeter ; il l'écrivoit en fran-
çois, & puis il le mettoit en latin : cela luy servoit de
théme, & nous corrigions aussi soigneusement son fran-

çois que son latin. Le samedy il relisoit tout d'une suite ce qu'il avoit composé durant la semaine ; & l'ouvrage croissant, nous l'avons divisé par livres, que nous
luy faisions relire tres-souvent.

L'assiduité avec laquelle il a continué ce travail l'a
mené jusqu'aux derniers Regnes : si bien que nous avons
presque toute notre histoire en latin & en françois, du
stile & de la main de ce Prince. Depuis quelque temps,
comme nous avons vû qu'il sçavoit assez de latin, nous
l'avons fait cesser d'écrire l'histoire en cette langue. Nous
la continuons en françois avec le même soin ; & nous
l'avons disposée de sorte qu'elle s'étendit à proportion que
l'esprit du Prince s'ouvroit, & que nous voyons son jugement se former ; en récitant fort en abregé ce qui regarde les premiers temps, & beaucoup plus exactement
ce qui s'approche des nôtres. Nous ne descendons pas
neanmoins dans un trop grand détail des petites choses,
& nous ne nous amusons pas à rechercher celles qui ne
sont que de curiosité : mais nous remarquons les mœurs
de la nation bonnes & mauvaises : les coûtumes anciennes, les loix fondamentales : les grands changemens &
leurs causes : le secret des conseils : les évenemens inespe-
rez, pour y accoûtumer l'esprit & le preparer à tout :
les fautes des Rois & les calamitez qui les ont suivies :
la foy qu'ils ont conservée pendant ce grand espace de
temps qui s'est passé depuis Clovis jusqu'à nous : cette
constance à défendre la Religion catholique, & tout-ensemble le profond respect qu'ils ont toujours eu pour le
S. Siege, dont ils ont tenu à gloire d'estre les enfans les
plus soûmis. Que ç'a été cet attachement inviolable à

la Religion & à l'Eglise, qui a fait subsister le Royaume depuis tant de siécles. Ce qu'il nous étoit aisé de faire voir par les épouventables mouvemens que l'Hérésie a causé dans tout le corps de l'état, en affoiblissant la puissance & la Majesté Royale, & en reduisant presque à la derniere extremité un Royaume si florissant : sans qu'il ait pû reprendre sa premiere force, qu'en abattant l'Hérésie.

Mais afin que le Prince apprît de l'Histoire la maniere de conduire les affaires ; nous avons coutume dans les endroits où elles paroissent en peril, d'en exposer l'etat, & d'en examiner toutes les circonstances, pour déliberer, comme on feroit dans un Conseil, de ce qu'il y auroit à faire en ces occasions : nous luy demandons son avis ; & quand il s'est expliqué, nous poursuivons le recit pour luy apprendre les évenemens. Nous marquons les fautes, nous loüons ce qui a été bien fait : & conduit par l'experience, nous établissons la maniere de former les desseins, & de les executer.

V.
S. Loüis
modele
d'un Roy
parfait.

Au reste, si nous prenons de toute l'histoire de nos Rois des exemples pour la vie & pour les mœurs ; nous ne proposons que le seul Saint Loüis, comme le modéle d'un Roy parfait. Personne ne luy conteste la gloire de la sainteté : mais après l'avoir fait paroître vaillant, ferme, juste, magnifique, grand dans la paix & dans la guerre ; nous montrons en découvrant les motifs de ses actions & de ses desseins, qu'il a été tres-habile dans le gouvernement des affaires. C'est de luy que nous tirons la plus grande gloire de l'Auguste Maison de France : dont le principal honneur est de trouver tout-ensemble dans celuy à qui elle doit son origine, *un parfait modele pour les mœurs, un excellent maître pour leur apprendre à regner, & un intercesseur assûré auprès de Dieu.*

VI.
L'Exemple du Roy.

Après Saint Loüis, *nous luy proposons les actions de* Loüis le Grand, *& cette histoire vivante qui se passe à nos yeux : l'Etat affermi par de bonnes Loix, les finances bien ordonnées, toutes les fraudes qu'on y faisoit découvertes, la discipline militaire établie avec autant de prudence que d'autorité : ces magazins, ces nouveaux moyens d'assieger les places & de conduire les armées en toute saison, le courage invincible des Chefs & des soldats, l'impetuosité naturelle de la nation soûtenuë d'une fermeté & d'une constance extraordinaire ; cette ferme croiance qu'ont tous les François, que rien ne leur est impossible sous un si grand Roy : & enfin le Roy même qui vaut tout seul une grande armée : la force, la suite, le secret impenetrable de ses conseils, & ces ressorts cachez dont l'artifice ne se découvre que par les effets qui surprennent toujours : les ennemis confus & dans l'épouvante ; les alliez fidelement deffendus ; la paix donnée à l'Europe à des conditions équitables après une victoire assûrée : enfin cet incroïable attachement à deffendre la religion, cette envie de l'accroître, & ces efforts continuels de parvenir à tout ce qu'il y a de plus grand & de meilleur.* Voilà *ce que nous remarquons dans le Pere, & ce que nous recommandons au Fils d'imiter de tout son pouvoir.*

VII.
La Philosophie.
Traité de la connoissance de Dieu.

Pour les choses qui regardent la Philosophie, *nous les avons distribuées de sorte, que celles qui sont hors de doute, & utiles à la vie, luy puissent estre montrées serieusement, & dans toute la certitude de leurs principes.* Pour

celle: qui ne font que d'opinion, & dont on difpute; nous
nous fommes contentez de les luy rapporter hiftorique-
ment, jugeants qu'il étoit de fa dignité d'écouter les deux
parties, & d'en proteger également les défenfeurs, fans
entrer dans leurs querelles; parce que celuy qui eft né pour
le commandement, doit apprendre à juger, & non à difputer.

Mais après avoir confideré, que la Philofophie confifte principalement à rappeller l'efprit à foi-même, pour
s'élever enfuite comme par un degré fûr jufqu'à Dieu;
nous avons commencé par là, comme par la recherche la
plus aifée, aussi bien que la plus folide & la plus utile qu'on
fe puiffe propofer. Car icy pour devenir parfait Philofo-
phe, l'homme n'a befoin d'étudier autre chofe que lui-
même, & fans feüilleter tant de livres, fans faire de pe-
nibles recueils de ce qu'ont dit les Philofophes, ny aller
chercher bien loin des experiences; en remarquant feulement ce qu'il trouve en luy, il reconnoît par là l'auteur
de fon eftre. Auffi avions-nous dès les premieres années
jetté les femences d'une fi belle & fi utile Philofophie:
& nous avions employé toute forte de moyens pour faire
que le Prince fçeut dès lors difcerner l'efprit d'avec le
corps, c'eft-à-dire cette partie qui commande en nous,
de celle qui obéit; afin que l'Ame commandant au
Corps, luy refentât Dieu commandant au monde entier, & à l'Ame même. Mais lorfque le voyant plus
avancé en âge, nous avons crû qu'il étoit temps de luy
enfeigner methodiquement la Philofophie: nous en avons
formé le plan fur ce precepte de l'Evangile. Confiderez-
vous attentivement vous-mêmes. Et fur cette pa-

role de David : O Seigneur, j'ai tiré de moy une mer- Pf.cxxxviij 6.
veilleuse connoissance de ce que vous êtes. *Ap-*
puyez sur ces deux passages, nous avons fait un Traité,
de la connoissance de Dieu, & de soi-même ; où nous
expliquons la structure du corps, & la nature de l'es-
prit, par les choses que chacun experimente en soy : &
faisons voir qu'un homme qui sçait se rendre present à
lui-même, trouve Dieu plus present que tout autre chose ;
puisque sans luy il n'auroit ny mouvement, ny esprit,
ny vie, ny raison : selon cette parole vraïement philo-
sophique de l'Apostre prêchant à Athenes, c'est-à-dire dans
le lieu où la Philosophie étoit comme dans son fort : Il Act. XVII. 27. 28.
n'est pas loin de chacun de nous : puisque c'est en
luy que nous vivons, que nous sommes mus, &
que nous sommes. *Et encore :* puisqu'il nous don- Ibid. 25.
ne à tous la vie, la respiration, & toutes choses.
A l'exemple de Saint Paul, qui se sert de cette verité
comme connuë aux Philosophes, pour les mener plus loin ;
nous avons entrepris d'exciter en nous par la seule con-
sideration de nous-mêmes ce sentiment de la Divinité, que
la nature a mis dans nos ames en les formant : de sorte
qu'il paroisse clairement, que ceux qui ne veulent point
reconnoître ce qu'ils ont au dessus des bêtes, sont tout-
ensemble les plus aveugles, les plus méchans, & les plus
impertinens de tous les hommes.

 Delà nous avons passé à la Logique, & à la Mo- VIII. La Logi-que. La Re-torique : & la Morale.
rale, pour cultiver ces deux principales parties que nous
avions remarquées en notre esprit ; c'est-à-dire, la facul-
té d'entendre, & celle de vouloir. Pour la Logique nous
l'avons tirée de Platon & d'Aristote, non pour la fai-

re servir à de vaines disputes de mots, mais pour former le jugement par un raisonnement solide : nous arrêtant principalement à cette partie qui sert à trouver les argumens probables, parce que ce sont ceux que l'on employe dans les affaires. Nous avons expliqué, comment il les faut lier les uns aux autres ; de sorte que tout foibles qu'ils sont chacun à part, ils deviennent invincibles par cette liaison. De cette source nous avons tiré la Rhetorique, pour donner aux argumens nuds que la Dialectique avoit assemblez comme des os & des nerfs, de la chair, de l'esprit & du mouvement. Ainsi nous n'en avons pas fait une discoureuse dont les paroles n'ont que du son : nous ne l'avons pas faite enflée & vuide de choses, mais saine & vigoureuse : nous ne l'avons point fardée : mais nous luy avons donné un teint naturel & une vive couleur : ensorte qu'elle n'eut d'éclat, que celuy qui sort de la verité même. Pour cela nous avons tiré d'Aristote, de Ciceron, de Quintilien & des autres, les meilleurs preceptes ; mais nous nous sommes beaucoup plus servis d'exemples que de preceptes, & nous avions coûtume en lisant les discours qui nous émouvoient le plus, d'en ôter les figures & les autres ornemens de paroles, qui en sont comme la chair & la peau ; de sorte que n'y laissant que cet assemblage d'os & de nerfs dont nous venons de parler, c'est-à-dire les seuls argumens, il étoit aisé de voir ce que la Logique faisoit dans ces ouvrages, & ce que la Rhetorique y ajoûtoit.

Pour la doctrine des mœurs, nous avons crû qu'elle ne se devoit pas tirer d'une autre source que de l'Ecriture, & des maximes de l'Evangile ; & qu'il ne falloit

pas

pas, quand on peut puiſer au milieu d'un fleuve, aller chercher des ruiſſeaux bourbeux. Nous n'avons pas neanmoins laiſſé d'expliquer la Morale d'Ariſtote : à quoy nous avons ajoûté cette doctrine admirable de Socrate, vraiement ſublime pour ſon temps, qui peut ſervir à donner de la foy aux incredules, & à faire rougir les plus endurcis. Nous marquions en même temps ce que la Philoſophie chrêtienne y condamnoit : ce qu'elle y ajoûtoit : ce qu'elle y approuvoit : avec quelle autorité elle en confirmoit les dogmes veritables, & combien elle s'élevoit au deſſus : en ſorte qu'on fût obligé d'avoüer, que la Philoſophie toute grave qu'elle paroît comparée à la ſageſſe de l'Evangile, n'étoit qu'une pure enfance.

Nous avons crû qu'il ſeroit bon de donner au Prince quelque teinture des Loix romaines ; en luy faiſant voir par exemple, ce que c'eſt que le droit, de combien de ſortes il y en avoit, la condition des perſonnes, la diviſion des choſes ; ce que c'eſt que les contrats, les teſtaments, les ſucceſſions, la puiſſance des Magiſtrats, l'autorité des jugemens, & les autres principes de la vie civile.

IX.
Les principes de la Juriſprudence.

Nous ne dirons rien icy de la Metaphyſique, parce qu'elle eſt toute répandue dans ce qui precede. Nous avons mêlé beaucoup de Phyſique en expliquant le corps humain : & pour les autres choſes qui regardent cette étude, nous les avons traitées ſelon notre projet, plus hiſtoriquement que dogmatiquement. Nous n'avons pas oublié ce qu'en a dit Ariſtote : & pour l'experience des choſes naturelles, nous avons fait faire devant le Prince les plus neceſſaires, & les plus belles. Il n'y a pas moins trouvé de divertiſſement, que de profit. Elles luy ont fait con-

X.
Les autres parties de la Philoſophie.

noître l'industrie de l'esprit humain, & les belles inven_
tions des arts, soit pour découvrir les secrets de la nature, ou pour l'embellir, ou pour l'aider. Mais ce qui est
plus considerable, il y a découvert l'art de la nature même,
ou plûtôt la providence de Dieu, qui est à la fois si vi-
sible & si cachée.

XI.
Les Mathe-
matiques.

Les Mathematiques qui servent le plus à la justesse du
raisonnement, luy ont été montrées par un excellent maître:
qui ne s'est pas contenté, comme c'est l'ordinaire, de luy apprendre à fortifier des places, à les attaquer, à luy faire
des campemens ; mais qui luy a encore apris à construire
des forts, à les dessiner de sa propre main, à mettre une
armée en bataille, & à la faire marcher. Il luy a enseigné les Mechaniques, le poids des liquides & des solides,
les differens systemes du monde, & les premiers livres
d'Euclide : ce qu'il a compris avec tant de promptitude,
que ceux qui le voyoient en étoient surpris.

Au reste toutes ces choses ne luy ont été enseignées que
peu à peu, chacune en son lieu. Et notre soin principal a
été qu'on les luy donnât à propos, & chaque chose en son
temps : afin qu'il les digerât plus aisément, & qu'elles se
tournassent en nourriture.

XII.
Trois der-
niers ouvra-
ges: pour re-
cueillir le
fruit des é-
tudes.
Ier Histoire
Universel-
le, pour ex-
pliquer la
suite de la

Maintenant que le cours de ses études est presque achevé, nous avons crû devoir travailler principalement à
trois choses.

Premierement à une Histoire Universelle, qui eût
deux parties : dont la premiere comprit depuis l'origine
du monde, jusqu'à la chûte de l'ancien Empire Romain,
& au couronnement de Charlemagne : & la seconde,
depuis ce nouvel Empire établi par les François. Il y avoit

déja long-temps que nous l'avions composée, & même que nous l'avions fait lire au Prince : mais nous la repaſſons maintenant, & nous y avons ajoûté de nouvelles reflexions, qui font entendre toute la ſuite de la Religion, & les changemens des Empires, avec leurs cauſes profondes que nous reprenons dès leur origine. Dans cet ouvrage, on voit paroître la Religion toujours ferme, & inebranlable, depuis le commencement du monde : le rapport des deux teſtaments luy donne cette force ; & l'Evangile qu'on voit s'élever ſur les fondemens de la Loy, montre une ſolidité qu'on reconnoît aiſément eſtre à toute épreuve. On voit la verité toujours victorieuſe, les hereſies renverſées, l'Egliſe fondée ſur la Pierre les abattre par le ſeul poids d'une autorité ſi bien établie, & s'affermir avec le temps : pendant qu'on voit au contraire les Empires les plus floriſſans, non-ſeulement s'affoiblir par la ſuite des années ; mais encore ſe défaire mutuellement, & tomber les uns ſur les autres. Nous montrons d'où vient d'un côté une ſi ferme conſiſtance ; & de l'autre, un état toujours changeant, & des ruïnes inévitables. Cette derniere recherche nous a engagé à expliquer en peu de mots les Loix & les coûtumes des Egyptiens, des Aſſyriens, & des Perſes ; celles des Grecs, celles des Romains, & celles des temps ſuivans : ce que chaque nation a eû dans les ſiennes qui ait été fatal aux autres, & à elles-mêmes ; & les exemples que leurs progrez ou leur décadence ont donnez aux ſiecles futurs. Ainſi nous tirons deux fruits de l'Hiſtoire Univerſelle. Le premier, eſt de faire voir tout-enſemble l'autorité, & la ſainteté de la Religion, par ſa propre ſtabilité &

Religion, & les changemens des Empires.

44

par fa durée perpetuelle. *Le second, eſt que connoiſſant ce qui a cauſé la ruine de chaque Empire, nous pouvons ſur leur exemple trouver les moyens de ſoûtenir les Etats, ſi fragiles de leur nature ; ſans toutefois oublier que ces ſoûtiens même ſont ſujets à la loy commune de la mortalité, qui eſt attachée aux choſes humaines : & qu'il faut porter plus haut ſes eſperances.*

Par le ſecond ouvrage, nous découvrons les ſecrets de la Politique, les maximes du gouvernement, & les ſources du droit, dans la doctrine & dans les exemples de la ſainte Ecriture. On y voit non-ſeulement avec quelle pieté il faut que les Rois ſervent Dieu, ou le fléchiſſent, aprés l'avoir offenſé ; avec quel zele ils ſont obligez à deffendre la foy de l'Egliſe, à maintenir ſes droits, & à choiſir ſes Paſteurs : mais encore l'origine de la vie civile ; comment les hommes ont commencé à former leur ſocieté ; avec quelle adreſſe il faut manier les eſprits ; comment il faut former le deſſein de conduire une guerre ; ne l'entreprendre pas ſans bon ſujet ; faire une paix ; ſoûtenir l'autorité ; faire des Loix & regler un Etat. Ce qui fait voir clairement, que l'Ecriture ſainte ſurpaſſe autant en prudence qu'en autorité, tous les autres livres qui donnent des preceptes pour la vie civile : & qu'on ne voit en nul autre endroit, des maximes auſſi ſûres pour le gouvernement.

Le troiſiéme ouvrage comprend les Loix, & les coutumes particulieres du Royaume de France. En comparant ce Royaume avec tous les autres, on met ſous les yeux du Prince, tout l'état de la Chrétienté, & même de toute l'Europe.

Nous acheverons tous ces desseins , autant que le temps & notre industrie le pourra permettre. Et quand le Roy nous redemandera ce Fils si cher , que nous avons tâché par son commandement & sous ses ordres d'instruire dans tous les beaux Arts ; nous sommes prêts à le remettre entre ses mains , pour faire des études plus necessaires sous de meilleurs maîtres , qui sont le Roy même , & l'usage du monde & des affaires.

Voilà, TRES-SAINT PERE , ce que nous avons fait pour nous acquitter de notre devoir. Nous avons planté , nous avons arrosé : plaise à Dieu de donner l'accroissement. Au reste , depuis que celuy dont vous tenez la place sur la terre , vous a inspiré parmy tant de soins , de jetter un regard paternel sur nos travaux ; nous nous servons de l'autorité de VOTRE SAINTETE' même , pour porter le Prince à la vertu : & nous éprouvons avec joye , que les exhortations que nous luy faisons de votre part , font impression sur son esprit. Que nous sommes heureux, TRES-SAINT PERE , d'être secourus dans un ouvrage si grand par un si grand Pape , dans lequel nous voyons revivre S. Leon , S. Gregoire , & S. Pierre même.

TRES-SAINT PERE,

DE VOTRE SAINTETE',

A S. Germain - en - Laïe le 8 de Mars 1679.

Le fils tres - obéissant & tres - devot.

ainsi signé

† J. BENIGNE , ancien* Evêque de Condom.

Et au dessus. A Notre tres SS. Pere le Pape Innocent XI.

ãã iij

*Il fut nommé Evêque de Meaux en 1681. Il s'étoit demis de l'Evêché de Condom peu de têps aprés avoir été choisi Precepteur de Monseigneur le Dauphin.

INNOCENT P. P. XI

V Enerable Frere, salut & benediction Apostolique. La methode que vous vous êtes proposée, pour former dès ses plus tendres années aux bonnes choses le Dauphin de France; & que vous continuez d'employer avec tant de succès auprés de ce jeune Prince, pendant qu'il s'avance à un âge plus meur ; nous a paru mériter que nous dérobassions quelque temps aux importantes affaires de la Chrétienté, pour lire la lettre où vous avez si élegament, & si pleinement décrit cette methode. La felicité publique sera le fruit de la bonne semence que vous jetterez comme dans une terre fertile dans l'esprit d'un Prince, que toute l'Eglise respecte déja comme l'héritier d'un si grand Royaume, & qu'elle voit sous la conduite d'un Illustre Pere, se rendre digne non-seulement de proteger la Foy Catholique, mais encore de l'étendre. Entre tant d'instructions de la veritable sagesse, dont vous remplissez l'esprit du Dauphin; celles-là sans doute sont les plus belles, & les plus dignes d'être inculquées sans cesse, qui apprennent à unir ensemble comme choses inseparables, les interests & la gloire des Rois avec le bien de leurs peuples, & les regles d'un bon gouvernement. Le Prince que vous instruisez connoîtra un jour avec un grand accroissement du bien public, & un agreable ressouvenir de l'éducation qu'il aura reçûë de vous, qu'il n'est point si beau ny si glorieux d'être né dans la Royauté, que de sçavoir s'en bien servir ; & que le plus digne employ qu'un Prince puisse faire de cette puissance souveraine qu'il reçoit de Dieu, c'est de la faire uniquement servir, non pas à contenter ses passions où le desir d'une gloire vaine, mais à procurer le bonheur du genre humain. Il connoîtra qu'il ne doit jamais former de desseins ny commencer d'entreprises, qui s'éloigne de la voye de la justice, & qui ne se rapporte à l'avancement de la gloire de Dieu : pensant souvent en lui-même que les biens dont nous joüissons en cette vie, comme ils sont des presens de Dieu, doivent être rapportez à celuy qui nous les a donnez, & devant qui s'élevent ou tombent comme il luy plaît les plus triomphants, & les plus florissants Empires. Au reste pour ce qui regarde le Siege Apostolique, nous esperons que ce Prince sera puissamment excité à luy donner dans toutes les occasions des marques d'une obéissance filiale, tant par l'exemple des Rois de France ses predecesseurs, qui par le respect qu'ils ont toujours eû pour le Saint Siege ont attiré sur ce Royaume d'infinis tresors de la liberalité du Ciel ; que par la tendresse & l'affection veritablement maternelle, que nous ressentons pour luy dans notre cœur. Cependant nous ne cessons de rendre grace à la bonté de Dieu, qu'il se soit trouvé un homme tel que vous, digne d'élever, & d'instruire un Prince né pour de si grandes choses ; & nous luy demandons soigneusement dans nos prieres, que cette Ame naturellement portée au bien que le Dauphin a reçû en partage, y fasse chaque jour par vos instructions & par vos soins de nouveaux progrès ; & qu'ainsi puissent être instruits à l'avenir tous ceux qui gouvernent la terre. Quant à vous, Venerable Frere, nous vous donnons de bon cœur notre

Benediction Apostolique , comme une marque de l'amitié que nous vous portons , & de la grande estime que nous
faisons de votre vertu. Donné à Rome à Saint Pierre
sous l'anneau du Pescheur le 19 Avril 1679 , & le IIIᵉ
de notre Pontificat.

Signé, MARIUS SPINULA.

Et au dessus. A notre Venerable Frere
l'Evêque de Condom.

TABLE
DES LIVRES, ARTICLES,
ET PROPOSITIONS
DE LA POLITIQUE
TIRE'E DES PROPRES PAROLES
DE L'ECRITURE SAINTE.

ē

TABLE.
ARTICLE II.

ARTICLE III.

TABLE.
ARTICLE IV.
Des Loix.

ARTICLE V.
Consequences des principes generaux de l'humanité.

ARTICLE VI.
De l'amour de la patrie.

LIVRE SECOND.

DE L'AUTORITE', QUE LA ROYALE
& l'hereditaire eſt la plus propre au gouvernement.

ARTICLE I.

Par qui l'autorité a éte exercée des l'origine des monde.

VIII.

TABLE.

ARTICLE II.

LIVRE TROISIE'ME.
OU L'ON COMMENCE A EXPLIQUER
la nature & les proprietez de l'autorité royale.

ARTICLE I.

On en remarque les caractères essentiels.

ARTICLE II.

L'autorité royale est sacrée.

I. Prop. *Dieu établit les rois comme ses ministres, &*

í

ARTICLE III.

L'autorité royale est paternelle, & son propre caractere c'est la bonté.

TABLE.

LIVRE QUATRIE'ME.
SUITE DES CARACTERES DE LA royauté.

ARTICLE I.
L'autorité royale est absoluë.

A R T I C L E II.

De la molesse, de l'irresolution, & de la fausse fermeté.

L I V R E C I N Q U I E' M E.

QUATRIE'ME ET DERNIER CARACTERE de l'autorité royale.

A R T I C L E I.

Que l'autorité royale est soumise à la raison.

TABLE.

ARTICLE II.

Moyens à un prince d'acquerir les connoissances necessaires.

6

ARTICLE III.

Des curiositez & connoissances dangereuses : & de la confiance qu'on doit mettre en Dieu.

TABLE.

ARTICLE IV.

Consequences de la doctrine precedente : De la majesté , & de ses accompagnemens.

LIVRE SIXIE'ME.

LES DEVOIRS DES SUJETS

envers le prince , établis par la doctrine precedente.

ARTICLE I.

Du service qu'on doit au prince.

TABLE.
ARTICLE II.
De l'obeïssance düe au prince.

ARTICLE III.
Deux difficultez tirées de l'écriture : de David & des Machabées.

LIVRE

ii

ARTICLE IV.

Erreurs des hommes du monde , & des politiques,
sur les affaires & les exercices de la religion.

I. PROP. *La fausse politique regarde avec dédain les af-*

TABLE.
ARTICLE V.
Quel soin ont eu les grands rois du culte de Dieu.

XIII. PROP.

TABLE.

ARTICLE VI.

Des motifs de religion particuliers aux rois.

*

LIVRE HUITIE'ME.

SUITE DES DEVOIRS PARTICULIERS
de la royauté : de la justice.

ARTICLE I.

Que la justice est établie sur la religion.

TABLE.

TABLE.

ARTICLE V.
Les obstacles à la justice.

LIVRE NEUVIEME.
DES SECOURS DE LA ROYAUTE'.
Les Armes. Les Richesses. Les Finances, ou les Conseils.

ARTICLE I.
De la guerre : & de ses justes motifs generaux, & particuliers.

** *

TABLE.

ARTICLE II.

Des injustes motifs de la guerre.

TABLE.

ARTICLE III.

Des guerres entre les citoyens, avec leurs motifs: & des regles qu'on y doit suivre.

TABLE.

ARTICLE IV.

Encore que Dieu fit la guerre pour son peuple d'une façon extraordinaire & miraculeuse : il voulut qu'il s'aguerit, en luy donnant des rois belliqueux, & de grands capitaines.

ARTICLE

TABLE.
ARTICLE V.

Vertus , inſtitutions , ordres , & exercices
militaires.

✻ ✻ ✻

TABLE.

TABLE.

TABLE.

ARTICLE II.
Les conseils.

X. Prop.

TABLE.

ARTICLE III.

On propose au Prince divers caracteres des mi-
nistres, ou conseillers : bons, mêlez de bien
& de mal, & méchans.

✳ ✳ ✳ ✳

TABLE.

ARTICLE IV.

Pour aider le Prince à bien connoître les hommes ; on lui en montre en general quelques caracteres, tracez par le Saint Esprit dans les livres de la Sagesse.

TABLE.
ARTICLE V.

De la conduite du Prince dans sa famille : &
du soin qu'il doit avoir de sa santé.

ARTICLE VI. ET DERNIER.

Les inconveniens , & tentations qui accompa-
gnent la royauté : & les remedes qu'on y
doit apporter.

TABLE.

CONCLUSION.

En quoy confifte le bonheur des rois.

Fin de la Table.

POLITIQUE

TIRE'E DES PROPRES PAROLES.

DE

L'ECRITURE SAINTE.

A MONSEIGNEUR

LE DAUPHIN.

IEU est le roy des rois : c'est à luy qu'il appartient de les instruire & de les regler comme ses ministres. Ecoutez donc, MONSEIGNEUR, les leçons qu'il leur donne dans son écriture , & apprenez de luy les regles & les exemples sur lesquels ils doivent former leur conduite.

A

Outre les autres avantages de l'écriture, elle a encore celuy-cy, qu'elle reprend l'histoire du monde dés sa premiere origine, & nous fait voir par ce moyen mieux que toutes les autres histoires, les principes primitifs qui ont formé les empires.

Nulle histoire ne découvre mieux ce qu'il y a de bon & de mauvais dans le cœur humain ; ce qui soutient & ce qui renverse les royaumes ; ce que peut la religion pour les établir, & l'impieté pour les détruire.

Les autres vertus & les autres vices trouvent aussi dans l'écriture leur caractere naturel, & on n'en voit nulle part dans une plus grande évidence les veritables effets.

On y voit le gouvernement d'un peuple dont Dieu même a esté le legislateur ; les abus qu'il a reprimez & les loix qu'il a établies, qui comprennent la plus belle & la plus juste politique qui fut jamais.

Tout ce que Lacedemone, tout ce qu'Athenes, tout ce que Rome ; pour remonter à la source, tout ce que l'Egypte & les états les mieux policez ont eu de plus sage, n'est rien en comparaison de la sagesse qui est renfermée dans la loy de Dieu, d'où les autres loix ont puisé ce qu'elles ont de meilleur.

Aussi n'y eut-il jamais une plus belle constitution d'état que celle où vous verrez le peuple de Dieu.

Moyse qui le forma étoit instruit de toute la

fageffe divine & humaine dont un grand & noble genie peut être orné, & l'infpiration ne fit que porter à la derniere certitude & perfection, ce qu'avoient ébauché l'ufage & les connoiffances du plus fage de tous les empires & de fes plus grands miniftres, tel qu'étoit le patriarche Jofeph, comme luy infpiré de Dieu.

Deux grands rois de ce peuple, David & Salomon, l'un guerrier, l'autre pacifique, tous deux excellents dans l'art de regner, vous en donneront non feulement les exemples dans leur vie, mais encore les preceptes, l'un dans fes divines poëfies, l'autre dans fes inftructions que la fageffe éternelle luy a dictées.

Jefus-Chrift vous apprendra par luy-même & par fes apôtres, tout ce qui fait les états heureux : fon evangile rend les hommes d'autant plus propres à être bons citoïens fur la terre, qu'il leur apprend par là à fe rendre dignes de devenir citoïens du ciel.

Dieu enfin, par qui les rois regnent, n'oublie rien pour leur apprendre à bien regner. Les miniftres des princes, & ceux qui ont part fous leur autorité au gouvernement des états, & à l'adminiftration de la juftice, trouveront dans fa parole des leçons que Dieu feul pouvoit leur donner. C'eft une partie de la morale chrêtienne que de former la magiftrature par fes loix : Dieu a voulu tout décider, c'eft-à-dire, donner des décifions à tous les états ; à plus forte raifon à celuy d'où dépendent tous les autres. A ij

C'eſt MONSEIGNEUR, le plus grand de tous les objets qu'on puiſſe propoſer aux hommes, & ils ne peuvent être trop attentifs aux regles ſur leſquelles ils ſeront jugez par une Sentence éternelle & irrévocable. Ceux qui croïent que la pieté eſt un affoibliſſement de la politique ſeront confondus ; & celle que vous verrez eſt vrayment divine.

LIVRE PREMIER.

DES PRINCIPES DE LA SOCIETÉ
parmi les hommes.

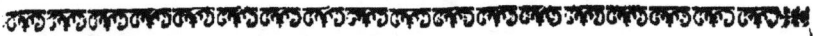

ARTICLE PREMIER.

L'homme eſt fait pour vivre en Societé.

I. PROPOSITION.

*Les hommes n'ont qu'une même fin, & un même objet
qui eſt Dieu.*

ECoute Iſraël, le ſeigneur nôtre Dieu, eſt le « Deut. VI.
ſeul Dieu. Tu aimeras le ſeigneur ton Dieu, « 4. 5.
de tout ton cœur, de toute ton ame, & de toute ta «
force. «

II. PROPOSITION.

*L'amour de Dieu oblige les hommes à s'aimer les uns
les autres.*

Un docteur de la loy demanda à Jeſus :
Maître, quel eſt le premier de tous les comman- « Marc. XII.
demens ; Jeſus luy répondit : Le premier de tous « 19. 30. 31.
les commandemens eſt celuy-cy : Ecoute Iſraël, «
le ſeigneur ton Dieu eſt le ſeul Dieu, & tu aimeras «
le ſeigneur ton Dieu de tout ton cœur, de toute «

» ton ame, de toute ta penſée, & de toute ta force :
» voilà le premier commandement : Et le ſecond qui
» luy eſt ſemblable eſt celuy-cy : Tu aimeras ton pro-
» chain comme toy-même.

Mat. XXII
40.
» En ces deux preceptes conſiſtent toute la loy &
» les prophetes.

Nous nous devons donc aimer les uns les autres,
parce que nous devons aimer tous enſemble le même
Dieu, qui eſt nôtre pere commun, & ſon unité eſt

1. Cor.
VIII. 4. 5.
6.
» nôtre lien. Il n'y a qu'un ſeul Dieu, dit ſaint Paul ;
» ſi les autres content pluſieurs Dieux, il n'y en a pour
» nous qu'un ſeul qui eſt le pere, d'où nous ſortons
» tous & nous ſommes faits pour luy.

S'il y a des peuples qui ne connoiſſent pas Dieu,
il n'en eſt pas moins pour cela le createur, & il ne
les a pas moins faits à ſon image & reſſemblance. Car

Gen. 1. 26.
27.
» il a dit en créant l'homme : Faiſons l'homme à nôtre
» image & reſſemblance : & un peu après : Et Dieu
» créa l'homme à ſon image, il le créa à l'image de
» Dieu.

Il le repete ſouvent, afin que nous entendions ſur
quel modele nous ſommes formez, & que nous ai-
mions les uns dans les autres l'image de Dieu. C'eſt
ce qui fait dire à Nôtre Seigneur, que le precepte
d'aimer le prochain eſt ſemblable à celuy d'aimer
Dieu, parce qu'il eſt naturel que qui aime Dieu,
aime auſſi pour l'amour de luy tout ce qui eſt fait à
ſon image, & ces deux obligations ſont ſemblables.

Nous voyons auſſi que quand Dieu deffend d'attenter à la vie de l'homme, il en rend cette raiſon : Je

rechercheray la vie de l'homme de la main de toutes « Gen. ix. 5
les bestes & de la main de l'homme. Quiconque ré- « 6.
pandra le sang humain, son sang sera répandu, parce «
que l'homme est fait à l'image de Dieu.

Les bêtes sont en quelque sorte appellées dans ce
passage au jugement de Dieu, pour y rendre compte
du sang humain qu'elles auront répandu. Dieu parle
ainsi, pour faire trembler les hommes sanguinaires;
& il est vray en un sens, que Dieu redemandera
même aux animaux, les hommes qu'ils auront devo-
rez, lorsqu'il les ressuscitera malgré leur cruauté dans
le dernier jour.

III. PROPOSITION.

Tous les hommes sont freres.

Premierement ils sont tous enfans du même Dieu.
Vous êtes tous freres, dit le Fils de Dieu, & vous « Mat. xxiii.
ne devez donner le nom de pere à personne sur « 8. 9.
la terre; car vous n'avez qu'un seul pere qui est «
dans les cieux. «

Ceux que nous appellons Peres & d'où nous sor- «
tons selon la chair, ne sçavent pas qui nous sommes;
Dieu seul nous connoît de toute éternité, & c'est
pourquoy Isaïe disoit: Vous êtes nôtre vray pere, « Isa. lxiii.
Abraham ne nous a pas connus, & Israël nous a « 16.
ignorez: mais vous, Seigneur, vous êtes nôtre pere «
& nôtre protecteur, vôtre nom est devant tous les «
siecles. «

Secondement, Dieu a établi la fraternité des hommes en les faisant tous naître d'un seul, qui pour

cela eſt leur pere commun, & porte en luy-même l'image de la paternité de Dieu. Nous ne liſons pas que Dieu ait voulu faire ſortir les autres animaux » d'une même tige. Dieu fit les bêtes ſelon leurs eſ- » peces, & il vit que cet ouvrage étoit bon, & il dit: » Faiſons l'homme à nôtre image & reſſemblance.

Gen. 1. 25 26.

Dieu parle de l'homme en nombre ſingulier, & marque diſtinctement qu'il n'en veut faire qu'un ſeul d'où naiſſent tous les autres, ſelon ce qui eſt écrit » dans les Actes: Que Dieu a fait ſortir d'un ſeul tous » les hommes qui devoient remplir la ſurface de la ter- » re. Le grec porte, que Dieu les a faits [d'un même ſang.] Il a même voulu que la femme qu'il donnoit au premier homme fuſt tirée de luy, afin que tout fuſt » un dans le genre humain. Dieu forma en femme la » côte qu'il avoit tirée d'Adam, & il l'amena à Adam, » & Adam dit ; celle-cy eſt un os tiré de mes os, & » une chair tirée de ma chair : Son nom même mar- » quera qu'elle eſt tirée de l'homme ; c'eſt pourquoy » l'homme quittera ſon pere & ſa mere pour s'attacher » à ſa femme, & ils ſeront deux dans une chair.

Act. xvii. 26.

Gen. ii. 22. 23.

Ainſi le caractere d'amitié eſt parfait dans le genre humain, & les hommes qui n'ont tous qu'un même pere, doivent s'aimer comme freres. A Dieu ne plaiſe qu'on croye que les rois ſoient exempts de cette loy, ou qu'on craigne qu'elle ne diminuë le reſpect qui leur eſt dû. Dieu marque diſtinctement, » que les rois qu'il donnera à ſon peuple, ſeront tirez » du milieu de leurs freres ; un peu aprés : Ils ne s'é- » leveront point au-deſſus de leurs freres par un ſentiment

Deut. xvii. 15. 20.

timent d'orgüeil : & c'eſt à cette condition qu'il «
leur promet un long regne.

Les hommes ayant oublié leur fraternité & les   Gen. VI:
meurtres s'eſtant multipliez ſur la terre, Dieu reſolut de détruire tous les hommes à la reſerve de Noé
& de ſa famille , par laquelle il repara tout le genre
humain , & voulut que dans ce renouvellement
du monde nous euſſions encore tous un même
Pere.

Auſſi-tôt aprés il défend les meurtres en aver-
tiſſant les hommes qu'ils ſont tous freres, deſcendus
premierement du même Adam , & enſuite du
même Noé : Je rechercherai , dit-il , la vie de « Gen. IX. 5.
l'homme de la main de l'homme & de la main de «
ſon frere.

IV. PROPOSITION.

Nul homme n'eſt étranger à un autre homme.

Nôtre Seigneur aprés avoir établi le precepte d'aimer ſon prochain , interrogé par un docteur de la
loy , qui étoit celuy que nous devons tenir pour
nôtre prochain, condamne l'erreur des Juifs qui
ne regardoient comme tels que ceux de leur nation.
Il leur montre par la parabole du Samaritain qui
aſſiſte le voyageur mépriſé par un preſtre & par
un levite, que ce n'eſt pas ſur la nation, mais ſur
l'humanité en general que l'union des hommes
doit eſtre fondée. Un preſtre vit le voyageur bleſ- « Luc x. 31.
ſé & paſſa, & un levite paſſa prés de luy & con- « 32. &c.
tinua ſon chemin. Mais un Samaritain le voyant «

» fut touché de compaſſion. Il raconte avec quel

bid. 36. 37. ſoin il le ſecourut, & puis il dit au docteur : Lequel
» de ces trois vous paroiſt eſtre ſon prochain ? & le
» docteur répondit, celuy qui a eu pitié de luy : &
» Jeſus luy dit, allez & faites de même.

Cette parabole nous apprend que nul homme n'eſt étranger à un autre homme, fuſt-il d'une nation autant haïe dans la noſtre, que les Samaritains l'eſtoient des Juifs.

V. PROPOSITION.

Chaque homme doit avoir ſoin des autres hommes.

Si nous ſommes tous freres, tous faits à l'image de Dieu & également ſes enfans, tous une même race & un même ſang, nous devons prendre ſoin les uns des autres ; & ce n'eſt pas ſans raiſon qu'il

ecli. XVII. 2. » eſt écrit : Dieu a chargé chaque homme d'avoir
» ſoin de ſon prochain. S'ils ne le font pas de bonne foy, Dieu en ſera le vangeur ; car ajoûte . l'Ec-

bid. 13. » cleſiaſtique : Nos voyes ſont toûjours devant luy,
» & ne peuvent eſtre cachées à ſes yeux. Il faut donc ſecourir nôtre prochain comme en devant rendre compte à Dieu qui nous voit.

Il n'y a que les parricides & les ennemis du genre

Gen. IV. 9 » humain qui diſent comme Cain : Je ne ſçay où eſt
» mon frere ; ſuis-je fait pour le garder ?

Mal. XI. 10. » N'avons-nous pas tous un même Pere ? N'eſt-ce
» pas un même Dieu qui nous a créez ? pourquoy
» donc chacun de nous mépriſe-t-il ſon frere, vio-
» lant le pacte de nos Peres ?

VI. PROPOSITION.

L'intereſt même nous unit.

Le frere aidé de ſon frere eſt comme une ville « Prov.xvIII
forte. Voyez comme les forces ſe multiplient par « 19.
la ſocieté , & le ſecours mutuel.

Il vaut mieux eſtre deux enſemble , que d'eſtre « Eccl. IV. 9.
ſeul ; car on trouve une grande utilité dans cette « 10. 11. 12.
union. Si l'un tombe l'autre ſe ſoûtient. Malheur «
à celuy qui eſt ſeul : s'il tombe il n'a perſonne «
pour le relever. Deux hommes repoſés dans un «
même lit ſe rechauffent mutuellement. Qu'y a-t-il «
de plus froid qu'un homme ſeul ? ſi quelqu'un eſt «
trop fort contre un ſeul , deux pourront luy re- «
ſiſter : une corde à trois cordons eſt difficile à «
rompre.
«

On ſe conſole, on s'aſſiſte , on ſe fortifie l'un l'autre. Dieu voulant établir la ſocieté veut que chacun y trouve ſon bien , &y demeure attaché par cet
intereſt.

C'eſt pourquoi il a donné aux hommes divers
talens. L'un eſt propre à une choſe , & l'autre à une
autre, afin qu'ils puiſſent s'entre-ſecourir comme
les membres du corps, & que l'union ſoit cimen-
tée par ce beſoin mutuel. Comme nous avons plu- « Rom. XII.
ſieurs membres, qui tous enſemble ne font qu'un « 4. 5. 6.
ſeul corps , & que les membres n'ont pas tous une «
même fonction;ainſi nous ne ſommes tous enſemble «
qu'un ſeul corps en Jeſus-Chriſt , & nous ſommes «
tous membres les uns des autres, Chacun de nous «

a fon don & fa grace differente.

1. Cor.
2 11. 14. »   Le corps n'eſt pas un ſeul membre, mais plu-
» ſieurs membres. Si le pied dit, je ne ſuis pas du
» corps, parce que je ne ſuis pas la main, eſt-il pour
» cela retranché du corps ? ſi tout le corps eſtoit œil,
» où ſeroient l'oüie & l'odorat ? mais maintenant
» Dieu a formé les membres & les a mis chacun où
» il luy a plû. Que ſi tous les membres n'eſtoient
» qu'un ſeul membre, que deviendroit le corps ? mais
» dans l'ordre que Dieu a établi s'il y a pluſieurs
» membres il n'y a qu'un corps. L'œil ne peut pas
» dire à la main je n'ay que faire de voſtre aſſiſtance,
» ni la teſte ne peut pas dire aux pieds, vous ne
» m'êtes pas neceſſaires. Mais au contraire les mem-
» bres qui paroiſſent les plus foibles ſont ceux dont
» on a le plus de beſoin. Et Dieu a ainſi accordé le
» corps en ſuppléant par un membre ce qui manque
» à l'autre, afin qu'il n'y ait point de diſſenſion dans
» le corps, & que les membres ayent ſoin les uns
» des autres.

     Ainſi par les talens differens le fort a beſoin du
foible, le grand du petit, chacun de ce qui paroît
le plus éloigné de luy, parce que le beſoin mutuel
rapproche tout, & rend tout neceſſaire.

     Jeſus-Chriſt formant ſon Egliſe en établit l'uni-
té ſur ce fondement, & nous montre quels ſont
les principes de la ſocieté humaine.

Eccl. XLIII
24. 25. »   Le monde même ſubſiſte par cette loy. Chaque
» partie a ſon uſage & ſa fonction ; & le tout s'en-
» tretient par le ſecours que s'entredonnent toutes les
» parties.

Nous voyons donc la societé humaine appuyée
sur ces fondemens inébranlables , un même Dieu ,
un même objet , une même fin , une origine commune , un même sang , un même interest , un besoin mutuel tant pour les affaires que pour la douceur de la vie.

ARTICLE II.

De la societé generale du genre humain naist la
societé civile, c'est-à-dire , celle des Etats,
des peuples & des nations.

I. PROPOSITION.

La societé humaine a esté détruite & violée par
les passions.

Dieu étoit le lien de la societé humaine. Le
premier homme s'étant separé de Dieu, par
une juste punition la division se mit dans sa famille , & Caïn tua son frere Abel.

Tout le genre humain fut divisé. Les enfans de
Seth s'appellerent les enfans de Dieu, & les enfans
de Caïn s'appellerent les enfans des hommes.

Ces deux races ne s'allierent que pour augmenter la corruption. Les Geants naquirent de cette
union , hommes connus dans l'écriture & dans
toute la tradition du genre humain, par leur injustice
& leur violence.

Gen. IV. 8.

Gen. VI. 2.

Gen. VI. 4.

B iij

Gen. vi. 5.
6. 8.

» Toutes les penſées de l'homme ſe tournent au
» mal en tout temps , & Dieu ſe repent de l'avoir
» fait. Noé ſeul trouve grace devant luy , tant la cor.
ruption étoit generale.

Il eſt aiſé de comprendre que cette perverſité
rend les hommes inſociables. L'homme dominé
par ſes paſſions ne ſonge qu'à les contenter ſans
» ſonger aux autres. Je ſuis , dit l'orgueilleux dans

Iſaie xlvii
8.

» Iſaye , & il n'y a que moy ſur la terre.

Gen. iv. 9.

» Le langage de Cain ſe répand par tout. Eſt-ce
» à moy de garder mon frere ? c'eſt-à-dire , je n'en
» ay que faire ny ne m'en ſoucie.

Eccli. xii.
16.

» Toutes les paſſions ſont inſatiables. Le cruel ne

Eccl. v. 5.

» ſe raſſaſie point de ſang. L'avare ne ſe remplit point
» d'argent.

Iſa. v. 8.

» Ainſi chacun veut tout pour ſoy. Vous joignez,
» dit Iſaye , maiſon à maiſon & champ à champ.
» Voulez-vous habiter ſeuls ſur la terre ?

La jalouſie ſi univerſelle parmi les hommes,
fait voir combien eſt profonde la malignité de leur
cœur. Nôtre frere ne nous nuit en rien , ne nous
ôte rien , & il nous devient cependant un objet
de haine , parce que ſeulement nous le voyons
plus heureux , ou plus induſtrieux , & plus ver-
tueux que nous. Abel plaît à Dieu par des moyens

Gen. iv. 4
5.

» innocens, & Cain ne le peut ſouffrir. Dieu regarda
» Abel & ſes preſens , & ne regarda pas Cain ny ſes
» preſens : & Cain entra en fureur & ſon viſage chan-

Ibid. v. 8.

» gea. De là les trahiſons & les meurtres. Sortons,
» dehors, dit Cain , allons promener enſemble , &

étant au milieu des champs Cain s'éleva contre
son frere & le tua.

Une pareille passion exposa Joseph à la fureur
de ses freres, lors que loin de leur nuire, il alloit
pour rapporter de leurs nouvelles à leur pere qui
en estoit en inquietude. Ses freres voyant que «
leur pere l'aimoit plus que tous les autres le haïs- «
soient, & ne pouvoient lui dire une parole de «
douceur. Cette rage les porta jusqu'à le vouloir «
tuer, & il n'y eut autre moyen de les détourner
de ce tragique dessein qu'en leur proposant de le
vendre.

Tant de passions insensées & tant d'interests divers qui en naissent, font qu'il n'y a point de foy
ny de sûreté parmi les hommes. Ne croyez point «
à vôtre amy, & ne vous fiez point à vôtre guide : «
donnez vous de garde de celle qui dort dans vôtre «
sein : le fils fait injure à son pere, la fille s'éleve «
contre sa mere, & les ennemis de l'homme sont «
ses parens & ses domestiques. De là vient que les «
cruautez sont si frequentes dans le genre humain.
Il n'y a rien de plus brutal, ny de plus sanguinaire
que l'homme. Tous dressent des embusches à la vie «
de leur frere ; un homme va à la chasse aprés un «
autre homme, comme il feroit aprés une beste ; pour «
en répandre le sang. «

La medisance, & le mensonge, & le meurtre, «
& le vol, & l'adultere ont inondé toute la terre, «
& le sang a touché le sang : c'est-à-dire, qu'un meur- «
tre en attire un autre.

Gen. xxviij.
16. 17. &c.

Ib. 4.

Ib. 16. 26.
27. 28.

Michée vi
5. 6.

Ib. 2.

Ozée iv. 2.

Ainſi la ſocieté humaine établie par tant de ſa
crez liens eſt violée par les paſſions , & comme dit

Aug. de ci
vit Dei.
libr. xiii.
cap. 27. » ſaint Auguſtin : Il n'y a rien de plus ſociable que
» l'homme par ſa nature, ny rien de plus intraitable,
» ou de plus inſociable par la corruption.

II. PROPOSITION.

*La ſocieté humaine dés le commencement des choſes s'eſt
diviſée en pluſieurs branches par les diverſes
nations qui ſe ſont formées.*

Outre cette diviſion qui s'eſt faite entre les hommes par les paſſions , il y en a une autre qui devoit
naître neceſſairement de la multiplication du genre
humain.

Moïſe nous l'a marquée, lors qu'aprés avoir nom-
Gen. x.
Ib. 5. mé les premiers deſcendans de Noé , il montre par
» là l'origine des nations & des peuples. De ceux-là,
» dit-il , ſont ſorties les nations chacune ſelon ſa
» contrée & ſelon ſa langue.

Où il paroît que deux choſes ont ſeparé en pluſieurs branches la ſocieté humaine. L'une la diverſité & l'éloignement des pays où les enfans de Noé
ſe ſont répandus en ſe multipliant ; l'autre la diverſité des Langues.

Cette confuſion du langage eſt arrivée avant la
Gen. 11. 19. ſeparation , & fut envoyée aux hommes en punition de leur orgueil. Cela diſpoſa les hommes à ſe
ſeparer les uns des autres , & à s'étendre dans toute
Ibid. 8. » la terre que Dieu leur avoit donnée à habiter. Al-
» lons , dit Dieu , confondons leurs langues afin qu'ils
ne

s'entendent plus les uns les autres ; & ainfi le Sei- «
gneur les fepara de ce lieu dans toutes les terres. «

La parole eſt le lien de la focieté entre les hommes par la communication qu'ils fe donnent de
leurs penſées. Dès qu'on ne s'entend plus l'un l'autre on eſt étranger l'un à l'autre. Si je n'entends « I. Cor. xiv.
point, dit faint Paul, la force d'une parole, je fuis « II.
étranger & barbare à celuy à qui je parle, & il me «
l'eſt auſſi. Et faint Auguſtin remarque, que cette « Aug. de Ci-
diverſité de langages fait qu'un homme fe plaît plus   vit. Dei.
avec fon chien, qu'avec un homme fon femblable.   lib. xix.
                                                    cap. 7.

Voilà donc le genre humain diviſé par langues
& par contrées : & de là il eſt arrivé qu'habiter un
même païs & avoir une même langue, a eſté un
motif aux hommes de s'unir plus étroitement enfemble.

Il y a même quelque apparence que dans la con-
fufion des langues à Babel, ceux qui fe trouverent
avoir plus de conformité dans le langage, furent
difpofez par là à choifir la même demeure, à quoy
la parenté contribua auſſi beaucoup ; & l'Ecriture
femble marquer ces deux caufes qui commencerent
à former autour de Babel les divers corps de nations, lors qu'elle dit que les hommes les com-   Gen. x. 5.
poferent : En fe divifant chacun felon leur langue & «
leur famille.

III. PROPOSITION.

La terre qu'on habite enfemble fert de lien entre les hommes, & forme l'unité des nations.

Lorfque Dieu promet à Abraham qu'il fera de fes enfans un grand peuple, il leur promet en même temps une terre qu'ils habiteront en commun. Je » ferai fortir de toy une grande nation. Et un peu » aprés : Je donnerai cette terre à ta pofterité.

Quand il introduit les Ifraëlites dans cette terre promife à leurs peres, il la leur loüe afin qu'ils » l'aiment. Il l'appelle toûjours une bonne terre, une » terre graffe & abondante, qui ruiffelle de tous côtez » de lait & de miel.

Ceux qui dégoûtent le peuple de cette terre qui le devoit nourrir fi abondamment, font punis de mort comme feditieux & ennemis de leur patrie. » Les hommes que Moïfe avoit envoyez pour recon- » noître la terre, & qui en avoient dit du mal, furent » mis à mort devant Dieu.

Ceux du peuple qui avoient méprifé cette terre » en font exclus & meurent dans le deferr. Vous » n'entrerez point dans la terre que j'ay juré à vos » peres de leur donner. Vos enfans, (innocens & qui » n'ont point de part à vôtre injufte dégoût,) entre- » ront dans la terre qui vous a déplû, & pour vous » vos corps morts feront gifants dans ce defert.

Ainfi la focieté humaine demande qu'on aime la terre où l'on habite enfemble ; on la regarde com- me une mere & une nourrice commune ; on s'y attache , & cela unit. C'eſt ce que les Latins appellent *caritas patrii ſoli* , l'amour de la patrie : & ils la regardent comme un lien entre les hommes.

Les hommes en effet ſe ſentent liez par quelque choſe de fort , lors qu'ils ſongent que la même terre qui les a portez & nourris étant vivans , les recevra en ſon ſein quand ils ſeront morts. Voſtre demeure ſera la mienne ; vôtre peuple ſera mon peuple , diſoit Ruth à ſa belle-mere Noemi ; je mourrai dans la terre où vous ſerez enterrée , & j'y choiſirai ma ſepulture. « Ruth. 1.16. 17.

Joſeph mourant dit à ſes freres : Dieu vous viſitera & vous établira dans la terre qu'il a promiſe à nos peres : emportez mes os avec vous. Ce fut là ſa derniere parole. Ce luy eſt une douceur en mourant , d'eſperer de ſuivre ſes freres dans la terre que Dieu leur donne pour leur patrie , & ſes os y repoſeront plus tranquillement au milieu de ſes citoïens. « Gen. L. 23. 24.

C'eſt un ſentiment naturel à tous les peuples. Themiſtocle Athenien étoit banni de ſa patrie comme traiſtre : il en machinoit la ruine avec le roy de Perſe à qui il s'étoit livré : & toutefois en mourant il oublia Magneſie que le roy lui avoit donnée quoiqu'il y euſt eſté ſi bien traité , & il ordonna à ſes amis de porter ſes os dans l'Attique pour les y inhumer ſecrettement , à cauſe que la rigueur des decrets publics ne permettoient pas qu'on le fiſt d'une autre ſorte. Dans les approches de la mort où la raiſon revient & où la vangeance ceſſe , l'amour Thucy. lib. 1.

de la patrie se reveille : Il croit satisfaire à sa patrie : Il croit estre rappellé de son exil aprés sa mort : & comme ils parloient alors, que la terre seroit plus benigne & plus legere à ses os.

C'est pourquoy de bons citoïens s'affectionnent à leur terre natale. J'estois devant le roy, dit Ne-hemias, & je luy presentois à boire, & je paroissois languissant en sa presence, & le roy me dit ; pour-quoy vostre visage est-il si triste puis que je ne vous vois point malade ? Et je dis au roy, comment pourrois-je n'avoir pas le visage triste, puisque la ville où mes peres sont ensevelis est deserte, & que ses portes sont brulées ? Si vous voulez me faire quelque grace, renvoïez-moy en Judée en la terre du sepulchre de mon pere, & je la rebâtirai.

2. Esd. 11.
1. 2. 3. 6.

Estant arrivé en Judée, il appelle ses conci-toïens, que l'amour de leur commune patrie unis-soit ensemble. Vous sçavez, dit-il, nostre affliction. Jerusalem est deserte ; ses portes sont consumées par le feu ; venez & unissons-nous pour la rebâtir.

Ibid. 17.

Tant que les Juifs demeurerent dans un païs étranger, & si éloigné de leur patrie, ils ne ces-ferent de pleurer, & d'enfler pour ainsi parler, de leur larmes les fleuves de Babylone en se souve-nant de Sion : Ils ne pouvoient se resoudre à chan-ter leurs agreables cantiques, qui estoient les can-tiques du Seigneur dans une terre étrangere. Leurs instrumens de musique autrefois leur consolation & leur joie, demeuroient suspendus aux saules plantez sur la rive, & ils en avoient perdu l'usage.

. Ps. CXXXVI.

Pf. cxxxvi.
5. 6.

O Jerufalem, difoient-ils , fi jamais je puis t'ou- «
blier, puiffay-je m'oublier moi-mêmc. Ceux que les «
vainqueurs avoient laiffez dans leur terre natale «
s'eftimoient heureux , & ils difoient au Seigneur «
dans les pfeaumes qu'ils lui chantoient durant la «
captivité. Il eft temps , ô Seigneur , que vous «
aïez pitié de Sion : Vos ferviteurs en aiment les «
ruines mêmes & les pierres démolies : & leur terre «
natale toute defolée qu'elle eft , a encore toute leur «
tendreffe & toute leur compaffion. «

Pf. ci. 14.
15.

ARTICLE III.

*Pour former les nations & unir les peuples , il
a fallu établir un gouvernement.*

I. PROPOSITION.

Tout fe divife & fe partialife parmi les hommes.

IL ne fuffit pas que les hommes habitent la même
contrée ou parlent un même langage , parce
qu'étant devenus intraitables par la violence de
leurs paffions , & incompatibles par leurs humeurs
differentes ; ils ne pouvoient eftre unis à moins que
de fe foûmettre tous enfemble à un même gouvernement qui les reglât tous.

Faute de cela Abraham & Loth ne peuvent
compatir enfemble , & font contraints de fe feparer. La terre où ils eftoient ne les pouvoit conte- «

Gen. xiii.
6. 7. 9.

» nir, parce qu'ils eſtoient tous deux fort riches, &
» ils ne pouvoient demeurer enſemble : en ſorte qu'il
» arrivoit des querelles entre leurs bergers. Enfin
» il fallut pour s'accorder que l'un allât à droite &
» l'autre à gauche.

Si Abraham & Loth, deux hommes juſtes, &
d'ailleurs ſi proches parents ne peuvent s'accorder
entre-eux à cauſe de leurs domeſtiques, quel deſor.
dre n'arriveroit pas parmi les méchans.

II. PROPOSITION.

La ſeule autorité du gouvernement peut mettre un frein
aux paſſions, & à la violence devenuë natu-
relle aux hommes.

Ecc. v. 7. 8. » Si vous voïez les pauvres calomniez & des ju-
» gemens violens, par leſquels la juſtice eſt renver-
» ſée dans la province; le mal n'eſt pas ſans remede;
» car audeſſus du puiſſant il y a de plus puiſſans, &
» ceux-là même ont ſur leur teſte des puiſſances plus
» abſoluës, & enfin le roy de tout le païs leur com-
» mande à tous. La juſtice n'a de ſoutien que l'autorité & la ſubordination des puiſſances.

Cet ordre eſt le frein de la licence. Quand chacun
fait ce qu'il veut & n'a pour regle que ſes deſirs,
tout va en confuſion. Un levite viole ce qu'il y a
de plus ſaint dans la loy de Dieu. La cauſe qu'en

Jud. XVII. » donne l'écriture : C'eſt qu'en ce temps-là il n'yavoit
6. » point de roy en Iſraël, & que chacun faiſoit ce
» qu'il trouvoit à propos.

C'eſt pourquoy quand les enfans d'Iſraël ſont

prefts d'entrer dans la terre où ils devoient former un corps d'état & un peuple reglé, Moyfe leur
dit : Gardez-vous bien de faire là comme nous fai- « Deut. xii.
fons icy, où chacun fait ce qu'il trouve à propos ; «   8. 9.
parce que vous n'eftes pas encore arrivez au lieu «
de repos, & à la poffeffion que le Seigneur vous «
a deftinée.   «

III. PROPOSITION.

C'eft par la feule autorité du gouvernement que l'union
eft établie parmi les hommes.

Cet effet du commandement legitime nous eft
marqué par ces paroles fouvent réiterées dans l'é-
criture, au commandement de Saul & de la puif-   1. Reg. xi.
fance legitime. Tout Ifraël fortit comme un feul « 7. & ail-
homme. Ils eftoient quarante mil hommes, & toute « 1. Efd. ii.
cette multitude eftoit comme un feul. Voila quelle « 64.
eft l'unité d'un peuple, lors que chacun renonçant
à fa volonté la tranfporte & la réunit à celle du
prince & du magiftrat. Autrement nulle union ; les
peuples errent vagabonds comme un troupeau dif-
perfé. Que le Seigneur Dieu des efprits dont toute « Num. xxvij
chair eft animée, donne à cette multitude un «   16. 17.
homme pour la gouverner, qui marche devant «
elle, qui la conduife de peur que le peuple de «
Dieu ne foit comme des brebis qui n'ont point de «
pafteur.   «

IV. PROPOSITION.

Dans un gouvernement reglé, chaque particulier re-
nonce au droit d'occuper par force ce qui
lui convient.

Oſtez le gouvernement , la terre & tous ſes
biens ſont auſſi communs entre les hommes que
l'air & la lumiere. Dieu dit à tous les hommes:

Gen. I. 28. » Croiſſez & multipliez & rempliſſez la terre. Il leur
I X. 7.
Gen. I. 29. » donne à tous indiſtinctement : Toute herbe qui
» porte ſon germe ſur la terre, & tous les bois qui
» y naiſſent. Selon ce droit primitif de la nature,
nul n'a de droit particulier ſur quoy que ce ſoit,
& tout eſt en proïe à tous.

Dans un gouvernement reglé nul particulier n'a
droit de rien occuper. Abraham eſtant dans la Paleſtine demande aux ſeigneurs du païs juſqu'à la

Gen. XXIII. » terre où il enterra ſa femme Sara. Donnez-moy
4. » droit de ſepulture parmi vous.

Moïſe ordonne qu'aprés la conqueſte de la terre
de Chanaan, elle ſoit diſtribuée au peuple par l'au-

Deut. XXXI. » torité du ſouverain magiſtrat. Joſué , dit-il , vous
3. 7. » conduira : Et aprés il dit à Joſué luy-même : Vous
» introduirez le peuple dans la terre que Dieu luy a
» promiſe , & vous la luy diſtribuërez par ſort.

Joſue. XIII. La choſe fut ainſi executée. Joſué avec le conſeil
XIV. &c. fit le partage entre les tribus & entre les particuliers
ſelon le projet & les ordres de Moïſe.

De là eſt né le droit de proprieté : Et en general
tout droit doit venir de l'autorité publique , ſans
qu'il

qu'il foit permis de rien envahir , ny de rien attenter par la force.

V. PROPOSITION.

Par le gouvernement chaque particulier devient
plus fort.

La raifon eft que chacun eft fecouru. Toutes
les forces de la nation concourent en un , & le magiftrat fouverain a droit de les réünir. Race rebelle « Num.xxxij.
& méchante, dit Moïfe à ceux de Ruben, demeu- « ⁶· ¹⁴· ¹⁷·
rerez-vous en repos pendant que vos freres iront « ¹⁸·
au combat ? non , répondent-ils , nous marcherons «
avancés à la tête de nos freres , & ne retournerons «
point dans nos maifons jufqu'à ce qu'ils foient en «
poffeffion de leur heritage. «

Ainfi le magiftrat fouverain a en fa main toutes
les forces de la nation qui fe foûmet à luy obéïr.
Nous ferons , dit tout le peuple à Jofué , tout ce « Jof. 1. 16·
que vous nous commanderez : nous irons par tout « ¹⁸·
où vous nous envoïerez. Qui refiftera à vos paroles «
& ne fera pas obéïffant à tous vos ordres,qu'il meure? «
Soïez ferme feulement & agiffez avec vigueur. «

Toute la force eft tranfportée au magiftrat fouverain, chacun l'affermit au prejudice de la fienne,
& renonce à fa propre vie en cas qu'il defobéïffe.
On y gagne ; car on retrouve en la perfonne de
ce fuprême magiftrat, plus de force qu'on n'en a
quitté pour l'autorifer ; puis qu'on y retrouve toute
la force de la nation réünie enfemble pour nous fe-
courir.

D

Ainfi un particulier eft en repos contre l'oppreſ-
fion & la violence , parce qu'il a en la perſonne
du prince un défenſeur invincible, & plus fort ſans
comparaiſon que tous ceux du peuple qui en-
treprendroient de l'opprimer.

Le magiſtrat ſouverain a intereſt de garantir de
la force tous les particuliers , parce que ſi une autre
force que la ſienne prevaut parmy le peuple , ſon
autorité & ſa vie eſt en peril.

Les hommes ſuperbes & violents ſont ennemis de
l'autorité , & leur diſcours naturel eſt de dire:
Pſ. xi. 5. ,, Qui eſt noſtre maiſtre?
Prov. xiv.
28. ,, La multitude du peuple fait la dignité du roy.
S'il le laiſſe diſſiper & accabler par les hommes
violents, il ſe fait tort à luy-même.

Ainſi le magiſtrat ſouverain eſt l'ennemy natu-
Prov. xvi
12. ,, rel de toutes les violences. Ceux qui agiſſent avec
,, violence ſont en abomination devant le roy , parce
,, que ſon thrône eſt affermy par la juſtice.

Le prince eſt donc par ſa charge à chaque par-
Iſ. xxxii.
2. ,, ticulier : Un abry pour ſe mettre à couvert du vent
,, & de la tempeſte, & un rocher avancé ſous lequel
,, il ſe met à l'ombre dans une terre ſeche & brulante.
Ib. 19. 18. ,, La juſtice établit la paix; il n'y a rien de plus beau
,, que de voir les hommes vivre tranquillement :
,, chacun eſt en ſeureté dans ſa tente , & joüit du
,, repos & de l'abondance. Voilà les fruits naturels
d'un gouvernement reglé.

En voulant tout donner à la force , chacun ſe
trouve foible dans ſes pretentions les plus legi-

times , par la multitude des concurrens contre qui il faut eftre preft. Mais fous un pouvoir legitime chacun fe trouve fort , en mettant toute la force dans le magiftrat, qui a intereft de tenir tout en paix pour eftre luy-même en feureté.

Dans un gouvernement reglé , les veuves , les orphelins , les pupilles , les enfans même dans le berceau font forts. Leur bien leur eft confervé ; le public prend foin de leur éducation ; leurs droits font deffendus , & leur caufe eft la caufe propre du magiftrat. Toute l'écriture le charge de faire juftice au pauvre, au foible, à la veuve , à l'or-phelin & au pupille.

Deut. x. 18.
Pf. LXXXI.
3. & ailleurs

C'eft donc avec raifon que faint Paul nous re-commande : De prier perfeveramment, & avec in-ftance pour les rois , & pour tous ceux qui font conftituez en dignité, afin que nous paffions tran-quillement nôtre vie, en toute pieté & chafteté.

1. Tim. II.
1. 2.

De tout cela il refulte qu'il n'y a point de pire état que l'anarchie : c'eft-à-dire l'état où n'y a point de gouvernement, ny d'autorité. Où tout le monde veut faire ce qu'il veut, nul ne fait ce qu'il veut ; où il n'y a point de maiftre, tout le monde eft maiftre ; où tout le monde eft maiftre , tout le monde eft efclave.

VI. PROPOSITION.

Le gouvernement fe perpetuë & rend les états immortels.

Quand Dieu déclare à Moïfe qu'il va mourir,

D ij

Num. xxvij » Moïfe luy dit auffi-toft : Donnez Seigneur à ce
16. 17. » peuple quelqu'un qui le gouverne. Enfuite par
l'ordre de Dieu Moïfe eftablit Jofüé pour luy fuc-

Ib. 22. 23. » ceder : En prefence du grand preftre Eleazar & de
» tout le peuple , & luy impofe les mains : En figne
que la puiffance fe continuoit de l'un à l'autre.

Aprés la mort de Moïfe , tout le peuple recon-
Jof. 1. 17. » noift Jofüé. Nous vous obéïrons en toutes chofes
» comme nous avons fait à Moïfe. Le prince meurt,
mais l'autorité eft immortelle , & l'état fubfifte
Ib 9. 10. 11. toûjours. C'eft pourquoy les mêmes deffeins fe con-
tinuënt. La guerre commencée fe pourfuit. Et
Ib. 13. 15. » Moïfe revit en Jofüé. Souvenez-vous, dit-il , à ceux
16. » de Ruben , de ce que vous a commandé Moïfe : Et
» un peu aprés : Vous poffederez la terre que le fer-
» viteur de Dieu Moïfe vous a donnée.

Il faut bien que les princes changent puifque
les hommes font mortels : mais le gouvernement ne doit pas changer ; l'autorité demeure
ferme , les confeils font fuivis, & éternels.

Aprés la mort de Saül , David dit à ceux de
Jabes-Galaad qui avoient bien fervy ce prince :
2. Reg. 11. » Prenez courage & foïez toûjours gens de cœur,
7. » parce qu'encore que voftre maiftre Saül foit mort,
» la maifon de Juda m'a facré roy.

Il leur veut faire entendre que comme l'autorité
ne meurt jamais, ils doivent continuer leurs fervices,
dont le merite eft immortel dans un état bien reglé.

ARTICLE IV.

Des Loix.

I. PROPOSITION.

Il faut joindre les loix au gouvernement pour le mettre dans sa perfection.

C'Est-à-dire, qu'il ne suffit pas que le prince, ou que le magistrat souverain regle les cas qui surviennent suivant l'occurrence : mais qu'il faut établir des regles generales de conduite, afin que le gouvernement soit constant, & uniforme : Et c'est ce qu'on appelle loix.

II. PROPOSITION.

On pose les principes primitifs de toutes les loix.

Toutes les loix sont fondées sur la premiere de toutes les loix qui est celle de la nature, c'est-à-dire, sur la droite raison, & sur l'équité naturelle. Les loix doivent regler les choses divines & humaines, publiques & particulieres ; & sont commencées par la nature, selon ce que dit saint Paul : Que les gentils qui n'ont pas de loy, fai- « Rom. 11. sant naturellement ce qui est de la loy, se font « 14. 15. une loy à eux-mêmes, & montrent l'œuvre de la « loy écrite dans leurs cœurs par le témoignage de « leurs consciences, & les pensées interieures qui «

» s'accufent mutuellement , & fe deffendent auffi
» l'une contre l'autre.

Les loix doivent établir le droit facré & profane ; le droit public & particulier ; en un mot la
droite obfervance des chofes divines & humaines
parmi les citoïens , avec les chaftimens & les re-
compenfes.

Il faut donc avant toutes chofes regler le culte
de Dieu. C'eft par où commence Moïfe , & il pofe
ce fondement de la focieté des Ifraëlites. A la tefte
du decalogue on voit ce precepte fondamental:
Exod. xx. » Je fuis le Seigneur , tu n'auras point de Dieux
4. 5. 6. &c. » étrangers, &c.

Enfuite viennent les preceptes qui regardent la
Ibid. 4. » focieté. Tu ne tuëras point, tu ne déroberas point,
& les autres. Tel eft l'ordre general de toute legif-
lation.

III. PROPOSITION.

Il y a un ordre dans les loix.

Le premier principe des loix eft de recon-
noiftre la divinité , d'où nous viennent tous les
Eccl. xii. » biens & l'eftre même. Crains Dieu & obferve fes
13. » commandemens; c'eft là tout l'homme. Et l'autre
Matth. vii. » eft : De faire à autruy comme nous voulons qui
12.
Luc. vi. 31. » nous foit fait.

IV. PROPOSITION.

Un grand roy explique les caracteres des loix.

L'interest & la passion corrompent les hommes. La loy est sans interest & sans passion : Elle est sans tache & sans corruption, elle dirige les ames, elle est fidele : elle parle sans déguisement & sans flatterie. Elle rend sages les enfans : elle previent en eux l'experience, & les remplit dés leur premier âge de bonnes maximes. Elle est droite & réjoüit le cœur. On est ravy de voir comme elle est égale à tout le monde, & comme au milieu de la corruption elle conserve son integrité. Elle est pleine de lumieres : dans la loy sont recüeillies les lumieres les plus pures de la raison. Elle est veritable & se justifie par elle-même : car elle suit les premiers principes de l'équité naturelle, dont personne ne disconvient que ceux qui sont tout à fait aveugles. Elle est plus desirable que l'or & plus douce que le miel : d'elle vient l'abondance & le repos.

« Ps. XVIII. 8.

« Ibid 9.

« Ibid. 10.

« Ibid. 11.

David remarque dans la loy de Dieu ces proprietés excellentes, sans lesquels il n'y a point de loy veritable.

V. PROPOSITION.

La loy punit & récompense.

C'est pourquoy la Loy de Moïse se trouve partout accompagnée de chastimens : voicy le principe qui les rend aussi justes que necessaires. La premiere de toutes les loix, comme nous l'avons re-

marqué , eſt celle de ne point faire à autruy ce
que nous ne voulons pas qui nous ſoit fait. Ceux
qui ſortent de cette loy primitive , ſi droite & ſi
équitable , dés-là meritent qu'on leur faſſe ce qu'ils
ne veulent pas qui leur ſoit fait : ils ont fait ſouffrir
aux autres ce qu'ils ne vouloient pas qu'on leur fiſt, ils
meritent qu'on leur faſſe ſouffrir ce qu'ils ne veulent
pas. C'eſt le juſte fondement des chaſtimens, conformement à cette parole prononcée contre Babylone,

Jer. l. 15. » Prenez vangeance d'elle , faites-luy comme elle a
» fait. Elle n'a épargné perſonne , ne l'épargnez pas;
elle a fait ſouffrir les autres , faites-la ſouffrir.

Sur le même principe ſont fondées les récom-
penſes. Qui ſert le public ou les particuliers , le public & les particuliers le doivent ſervir.

VI. PROPOSITION.

La loy eſt ſacrée & inviolable.

Pour entendre parfaitement la nature de la loy,
il faut remarquer que tous ceux qui en ont bien
parlé, l'ont regardée dans ſon origine comme un
pacte & un traité ſolemnel par lequel les hommes
conviennent enſemble par l'autorité des princes,
de ce qui eſt neceſſaire pour former leur ſocieté.

On ne veut pas dire par là que l'autorité des loix
dépende du conſentement & acquieſcement des peuples : mais ſeulement que le prince qui d'ailleurs
par ſon caractere n'a d'autre intereſt que celuy du
public , eſt aſſiſté des plus ſages teſtes de la nation,
& appuïé ſur l'experience des ſiecles paſſez.

Cette

Cette verité conftante parmy tous les hommes eft expliquée admirablement dans l'écriture. Dieu affemble fon peuple, leur fait à tous propofer la loy, par laquelle il établiffoit le droit facré & profane, public & particulier de la nation, & les en fait tous convenir en fa prefence. Moïfe convoqua « Deut. xxix. 2. 9. 10. 11 tout le peuple. Et comme il leur avoit déja recité « 12 13. 14 tous les articles de cette loy, il leur dit : Gardez « 15. les paroles de ce pacte & les accompliffez, afin que « vous entendiez ce que vous avez à faire. Vous eftes « tous ici devant le Seigneur voftre Dieu, vos chefs, « vos tribus, vos fenateurs, vos docteurs, tout le « peuple d'Ifraël, vos enfans, vos femmes, & l'é- « tranger qui fe trouve meflé avec vous dans le camp, « afin que tous enfemble vous vous obligiez à l'al- « liance du Seigneur, & au ferment que le Seigneur « fait avec vous. Et que vous foïez fon peuple, & « qu'il foit voftre Dieu. Et je ne fais pas ce traité « avec vous feuls, mais je le fais pour tous prefents « & abfents.

Moïfe reçoit ce traité au nom de tout le peuple qui luy avoit donné fon confentement. J'ay efté, « Deut. v. 5. dit-il, le mediateur entre Dieu & vous, & le dé- « pofitaire des paroles qu'il vous donnoit, & vous « à luy. «

Tout le peuple confent expreffément au traité. Les levites difent à haute voix : Maudit celuy qui « Deut. xxvij ne demeure pas ferme dans toutes les paroles de « 14. 26. Jof. viii. cette loy, & ne les accomplit pas, & tout le peuple « 30. &c. répond amen, qu'il foit ainfi. «

E

Il faut remarquer que Dieu n'avoit pas befoin du confentement des hommes pour autorifer fa loy, parce qu'il eft leur createur, qu'il peut les obliger à ce qu'il luy plaift ; & toutefois pour rendre la chofe plus folemnelle & plus ferme, il les oblige à la loy par un traité exprés & volontaire.

VII. PROPOSITION.

La loy eft reputée avoir une origine divine.

Le traité qu'on vient d'entendre a un double ef. fet : il unit le peuple à Dieu, & il unit le peuple en foy-même.

Le peuple ne pouvoit s'unir en foy-même par une focieté inviolable, fi le traité n'en eftoit fait dans fon fond en prefence d'une puiffance fuperieure telle que celle de Dieu, protecteur naturel de la focieté humaine, & inévitable vangeur de toute contravention à la loy.

Mais quand les hommes s'obligent à Dieu luy promettant de garder, tant envers luy qu'entre-eux, tous les articles de la loy qu'il leur propofe, alors la convention eft inviolable, autorifée par une puiffance à laquelle tout eft foûmis.

C'eft pourquoy tous les peuples ont voulu donner à leurs loix une origine divine, & ceux qui ne l'ont pas euë ont feint de l'avoir.

Minos fe vantoit d'avoir appris de Jupiter les loix qu'il donna à ceux de Crete ; ainfi Lycurgue, ainfi Numa, ainfi tous les autres legiflateurs ont voulu que la convention par laquelle les peuples s'obligeoient entre-eux à garder les loix, fuſt affermie par l'autorité divine, afin que perſonne ne puſt s'en dedire.

Platon dans ſa republique, & dans ſon livre des loix, n'en propoſe aucune qu'il ne veüille faire confirmer par l'oracle avant qu'elles ſoient reçûës,&c'eſt ainſi que les loix deviennent ſacrées & inviolables.

VIII. PROPOSITION.

Il y a des loix fondamentales qu'on ne peut changer ; il eſt même tres-dangereux de changer ſans neceſſité celles qui ne le ſont pas.

C'eſt principalement de ces loix fondamentales qu'il eſt écrit : Qu'en les violant, on ébranle tous les fondemens de la terre : Aprés quoy il ne reſte « Pſal. lxxxi. plus que la chute des empires. « 5.

En general les loix ne ſont pas loix, ſi elles n'ont quelque choſe d'inviolable. Pour marquer leur ſolidité & leur fermeté,Moïſe ordonne : Qu'elles ſoient « Deuter. toutes écrites nettement & viſiblement ſur des pier- « xxvii. 8. Joſ. viii. res. Joſüé accomplit ce commandement. « 32.

Les autres peuples civiliſez conviennent de cette maxime. Qu'il ſoit fait un édit & qu'il ſoit écrit « Eſt. i. 19. ſelon la loy inviolable des Perſes & des Medes: di- « ſent à Aſſüerus les ſages de ſon conſeil qui eſtoient toûjours prés de ſa perſonne. Ces ſages ſçavoient « les loix & le droit des anciens. Cet attachement « Ibid. 13. aux loix & aux anciennes maximes affermit la ſocieté & rend les états immortels.

On perd la veneration pour les loix quand on

les voit fi fouvent changer. C'eft alors que les
nations femblent chanceller comme troublées, &

If. XIX. 14. prifes de vin, ainfi que parlent les prophetes. L'ef
prit de vertige les poffede & leur chute eft inévi-

Ib. XX. v.5 » table. Parce que les peuples ont violé les loix,
» changé le droit public, & rompu les pactes les plus
» folemnels. C'eft l'état d'un malade inquiet qui ne
fçait quel mouvement fe donner.

　　　„ Je haïs deux nations, dit le fage fils de Sirac, & la
Eccli. liv. 27 28. „ troifiéme n'eft pas une nation : c'eft le peuple infen-
„ fé qui demeure dans Sichem. C'eft-à-dire le peuple
de Samarie, qui ayant renverfé l'ordre, oublié
la loy, étably une religion & une loy arbitraire,
ne merite pas le nom de peuple.

　　　On tombe dans cet état quand les loix font variables & fans confiftance, c'eft-à-dire quand elles
ceffent d'être loix.

＊＊＊＊＊＊＊＊＊＊＊＊＊＊＊＊＊

ARTICLE V.

Confequences des principes generaux de l'humanité.

UNIQUE PROPOSITION.

Le partage des biens entre les hommes, & la divifion
des hommes mêmes en peuples & en nations, ne doit
point alterer la focieté generale du genre humain.

Deut. XV. 7. 8. 9. 10. » SI quelqu'un de vos freres eft réduit à la pau-
» vreté, n'endurciffez pas vôtre cœur & ne luy
» refferrez pas vôtre main : Mais ouvrez-la au

pauvre, & prêtez-luy tout ce dont vous verrez «
qu'il aura befoin. Que cette penfée impie ne vous «
vienne point dans l'efprit : Le feptiéme an arrive «
où felon la loy toutes les obligations pour dettes «
font annulées. Ne vous détournez pas pour cela «
du pauvre, de peur qu'il ne crie contre vous «
devant le Seigneur, & que vôtre conduite vous.«
tourne à peché ; mais donnez-luy & le fecourez «
fans aucun détour ny artifice, afin que le Sei-»
gneur vous béniffe.   «

La loy feroit trop inhumaine fi en partageant
les biens, elle ne donnoit pas aux pauvres quelque recours fur les riches. Elle ordonne dans cet
efprit d'éxiger fes dettes avec grande moderation.
Ne prenez point à vôtre frere les inftruments né- « Deut.xxiv.
ceffaires pour la vie, comme la meule dont il « 6. 10. 11.
mout fon bled ; car autrement il vous auroit en- « 12.13.
gagé fa propre vie. S'il vous doit n'entrez pas «
dans fa maifon pour prendre des gages, mais «
demeurez dehors, & recevez ce qu'il vous ap- «
portera. Et s'il eft fi pauvre qu'il foit contraint «
de vous donner fa couverture, qu'elle ne paffe «
pas la nuit chez vous ; mais rendez-la à vôtre «
frere, afin que dormant dans fa couverture il vous «
beniffe, & vous ferez jufte devant le Seigneur. «

La loy s'étudie en toutes chofes à entretenir
dans les citoïens cet efprit de fecours mutuel.
Quand vous verrez s'égarer, dit-elle, le bœuf ou « Deut.xxii.
la brebis de vôtre frere, ne paffez pas outre fans « 1. 2. 3.
les retirer : Quand vous ne connoiftriez pas celuy «

E iij

» à qui elle eſt , ou qu'il ne vous toucheroit en
» rien, menez ſon animal en vôtre maiſon juſqu'à
» ce que vôtre frere le vienne requerir : Faites-en
» de même de ſon aſne & de ſon habit, & de toutes
» les autres choſes qu'il pourroit avoir perduës : Si
» vous les trouvez ne les négligez pas comme choſes
» appartenantes à autruy. C'eſt-à-dire, prenez-en
ſoin comme ſi elle étoit à vous, pour la rendre
ſoigneuſement à celuy qui l'a perduë.

Par ces loix il n'y a point de partage qui empêche que je n'aïe ſoin de ce qui eſt à autruy,
comme s'il étoit à moy-même ; & que je ne faſſe
part à autruy de ce que j'ay, comme s'il étoit veritablement à luy.

C'eſt ainſi que la loy remet en quelque ſorte
en communauté les biens qui ont eſté partagez,
pour la commodité publique & particuliere.

Elle laiſſe même dans les terres ſi juſtement par-
tagées quelque marque de l'ancienne communauté;
mais reduite à certaines bornes pour l'ordre pu-
Deut. XXIII 24. 25. » blic. Vous pouvez, dit-elle, entrer dans la vigne
» de vôtre prochain & y manger du raiſin tant que
» vous voudrez ; mais non pas l'emporter dehors. Si
» vous entrez dans les bleds de vôtre amy, vous en
» pourrez cüeillir des épis & les froiſſer avec la
» main, mais non pas les couper avec la faucille.
Deut. XXIV. 19. 20. 21. » Quand vous ferez vôtre moiſſon, ſi vous oubliez
» quelque gerbe, ne retournez pas ſur vos pas pour
» l'enlever, mais laiſſez-la enlever à l'étranger, au
» pupille & à la veuve, afin que le Seigneur vous

beniffe dans tous les travaux de vos mains. Il or- «
donne la même chofe des olives & des raifins dans
la vandange.

Moïfe rappelle par ce moïen dans la memoire
des poffeffeurs, qu'ils doivent toûjours regarder la
terre comme la mere commune & la nourriffe de
tous les hommes, & ne veut pas que le partage
qu'on en a fait, leur faffe oublier le droit primitif
de la nature.

Il comprend les étrangers dans ce droit. Laiffez, « Ibid. 24.
dit-il, ces olives, ces raifins & ces gerbes oubliées «
à l'étranger, au pupille & à la veuve. «

Il recommande particulierement dans les juge-
ments l'étranger & le pupille, honorant en tout
la focieté du genre humain. Ne pervertis point, « Ibid. 17 28.
dit-il, le jugement de l'étranger & du pupille : «
Souvien-toy que tu as été étranger, & efclave en «
Egypte. «

Il eft fi loin de vouloir qu'on manque d'humanité aux étrangers, qu'il étend même en quelque
façon cette humanité jufqu'aux animaux. Quand
on trouve un oifeau qui couve, le legiflateur deffend : De prendre enfemble la mere & les petits : « Deut. xxii.
Laiffe-là aller, dit-il, fi tu luy ofte fes petits. Comme « 6. 7.
s'il difoit, elle perd affez en les perdant fans perdre
encore fa liberté.

Dans le même efprit de douceur, la loy deffend : Deut. xiv.
De cuire le chevreau dans le lait de fa mere : Et « 21.
de lier la bouche, c'eft-à-dire de refufer la nourri- « Deut. xxv.
ture au bœuf qui travaille à battre le bled. « 4.

I.Cor.ix.9 „ Eſt-ce que Dieu à ſoin des bœufs ? Comme
dit ſaint Paul : A-t'il fait la loy pour eux , & pour
les chevreaux , & pour les bêtes ; & ne paroiſt-il
pas qu'il a voulu inſpirer aux hommes la douceur
& l'humanité en toutes choſes ; afin qu'eſtant doux
aux animaux , ils ſentent mieux ce qu'ils doivent
à leurs ſemblables.

Il ne faut donc pas penſer que les bornes qui
ſeparent les terres des particuliers & les états , ſoient
faites pour mettre la diviſion dans le genre humain ; mais pour faire ſeulement qu'on n'attente
rien les uns ſur les autres , & que chacun reſpecte

Deut. xix. „ le repos d'autruy. C'eſt pour cela qu'il eſt dit : Ne
14 „ tranſporte point les bornes qu'ont mis les anciens
„ dans la terre que t'a donné le Seigneur ton Dieu.

Deut.xxvii. „ Et encore : Maudit celuy qui remuë les bornes de
17. „ ſon voiſin.
„

Il faut encore plus reſpecter les bornes qui ſéparent les états , que celles qui ſéparent les particuliers ; & on doit garder la ſocieté que Dieu a
établie entre tous les hommes.

Il n'y a que certains peuples maudits & abominables , avec qui toute ſocieté eſt interdite , à cauſe
de leur effroïable corruption qui ſe répandroit ſur

Deut. vii. „ leurs alliez. N'aïe point , dit la loy , de ſocieté avec
2.3.4. „ ces peuples , ne leur donne point ta fille , ne prens
„ pas la leur pour ton fils , parce qu'ils le ſéduiront
„ & le feront ſervir aux dieux étrangers.

Hors delà Dieu deffend ces averſions qu'ont les
peuples les uns pour les autres , & au contraire il
fait

fait valoir tous les liens de la societé qui font entre
eux. N'ayez point en execration l'Iduméen, parce « Deut. xxiij.
que vous venez de même fang ; ny l'Egyptien , « 7.
parce que vous avez efté étrangers dans fa terre. «

Auffi eft-il demeuré parmy tous les peuples certains principes communs de societé & de concorde. Les peuples les plus éloignez s'uniffent par
le commerce , & conviennent qu'il faut garder la
foy & les traitez. Il y a dans tous les peuples civi-
lifez certaines perfonnes à qui tout le genre humain femble avoir donné une feureté pour entretenir le commerce entre les nations. La guerre
même n'empêche pas ce commerce ; les ambaffadeurs font regardez comme perfonnes facrées : 2. Reg. x.
qui viole leur caractere eft en horreur ; & David 3. 4.
prit avec raifon une vangeance terrible des Am- xII. 31.
monites , & de leur roy , qui avoit maltraité fes
ambaffadeurs.

Les peuples qui ne connoiffent pas ces loix de
societé font peuples inhumains , barbares , ennemis
de toute juftice , & du genre humain , que l'écriture appelle du nom odieux : De gens fans foy & « Rom. 1. 31.
fans alliance. «

Voicy une belle regle de faint Auguftin pour
l'application de la charité. Où la raifon eft égale , « 5. Auguft.
il faut que le fort décide. L'obligation de s'entre- « de doct.
aimer eft égale dans tous les hommes , & pour « chrift. lib.
tous les hommes. Mais comme on ne peut pas « xxvIII.
également les fervir tous, on doit s'attacher princi- «
palement à fervir ceux que les lieux, les temps & «

F

„ les autres rencontres femblables nous uniffent d'une
„ façon particuliere comme par une efpece de fort.

ARTICLE VI.

De l'amour de la patrie.

I. PROPOSITION.

Il faut eftre bon citoyen, & facrifier à fa patrie dans
le befoin tout ce qu'on a, & fa propre vie : où il
eft parlé de la guerre.

SI l'on eft obligé d'aimer tous les hommes, &
qu'à vray dire il n'y ait point d'étranger pour
le chrêtien, à plus forte raifon doit-il aimer fes
concitoyens. Tout l'amourqu'on a pour foy-même,
pour fa famille, & pour fes amis, fe réünit dans
l'amour qu'on a pour fa patrie, où noftre bonheur
& celuy de nos familles & de nos amis eft renfermé.

C'eft pourquoy les feditieux qui n'aiment pas
leur pays & y portent la divifion, font l'execration
du genre humain. La terre ne les peut pas fupporter & s'ouvre pour les engloutir. C'eft ainfi que
perirent Coré, Dathan, & Abiron. S'ils periffent,
dit Moïfe, comme les autres hommes ; s'ils font
frappez d'une playe ordinaire, le Seigneur ne m'a
pas envoyé : mais fi Dieu fait quelque chofe d'extraordinaire, & que la terre ouvre fa bouche pour
les engloutir eux & tout ce qui leur appartient,

Num. XVI.
28. &c.

en forte qu'on les voye entrer tous vivans dans les «
enfers, vous connoîtrez qu'ils ont blafphemé contre «
le Seigneur. A peine avoit-il ceffé de parler que «
la terre s'ouvrit fous leurs pieds, & les devora «
avec leur tente, & tout ce qui leur appartenoit. «

Ainfi meritoient d'eftre retranchez ceux qui
mettoïent la divifion parmy le peuple. Il ne
faut point avoir de focieté avec eux ; en appro-
cher c'eft approcher de la pefte. Retirez-vous, dit « *Ibid. 26.*
Moïfe, de la tente de ces impies, & ne touchez «
rien de ce qui leur appartient, de peur que vous «
ne foyez enveloppez dans leurs pechez & dans leur «
perte. «

On ne doit point épargner fes biens quand il
s'agit de fervir la patrie. Gedeon dit à ceux de Soc-
coth : Donnez de quoy vivre aux foldats qui font « *Jud. VIII.*
avec moy parce qu'ils défaillent, afin que nous « *5. 15. 16.*
pourfuivions les ennemis. Ils refufent, & Gedeon « *17.*
en fait un jufte châtiment. Qui fert le public, fert
chaque particulier. Il faut même fans hefiter expofer fa vie pour fon pays. Ce fentiment eft commun à tous les peuples, & fur tout il paroift dans
le peuple de Dieu.

Dans les befoins de l'état, tout le monde fans
exception eftoit obligé d'aller à la guerre, & c'eft
pourquoy les armées eftoient fi nombreufes.

La ville de Jabes en Galaad affiegée & reduite
à l'extremité par Naas roy des Ammonites, envoye
expofer fon peril extrême à Saül : Qui auffi-toft fait « *1. Reg. 11.*
couper un bœuf en douze morceaux qu'il envoya « *7. 8. 9.*

» aux confins de chacune des douze tribus avec cet
» édit : Qui ne fortira pas avec Saül & Samuel fes
» bœufs feront ainfi mis en pieces : & auffi-toft tout
» le peuple s'affembla comme un feul homme : &
» Saül en fit la revûë à Befech , & ils fe trouverent
» d'Ifraël trois cens mille , & trente mille de Juda:
» & ils dirent aux envoyez de Jabes , demain vous
» ferez delivrez.

    Ces convocations eftoient ordinaires , & il fau-
droit tranfcrire toute l'hiftoire du peuple de Dieu
pour en rapporter tous les exemples.

    C'eftoit un fujet de plainte à ceux qui n'eftoient
Jud. viii. » pas appellez , & ils le prenoient à affront. Ceux
1. 2. 3. » d'Ephraïm dirent à Gedeon : Quel deffein avez-vous
» eu de ne nous point appeller quand vous alliez
» combattre contre Madian ? ce qu'ils dirent d'un ton
» de colere , & en vinrent prefque à la force , & Ge-
» deon les appaifa en loüant leur valeur.

Jud. xii. 1.   Ils firent la même plainte à Jephté , & la chofe
alla jufqu'à la fedition ; tant on fe piquoit d'honneur d'eftre convoqué en ces occafions. Chacun
expofoit fa vie non-feulement pour tout le peuple,
Ibid. 2. 3. » mais pour fa feule tribu. Ma tribu , dit Jephté,
» avoit querelle contre les Ammonites; ce que voyant
» j'ay mis mon ame en mes mains (noble façon de
» parler qui fignifioit expofer fa vie) & j'ay fait la
» guerre aux Ammonites.

    C'eft une honte de demeurer en repos dans fa
maifon, pendant que nos citoyens font dans le travail & dans le peril pour la commune patrie. David

envoya Urie se reposer chez luy , & ce bon sujet
répondit : L'arche de Dieu & tout Israël & Juda « 2. Reg. XI.
sont sous des tentes , monseigneur Joab , & tous « 10. 11.
les serviteurs du roy monseigneur couchent sur la «
terre : & moy j'entreray dans ma maison pour y «
manger à mon aise , & y estre avec ma femme ! «
par vostre vie je ne feray point une chose si in- «
digne.   «

Il n'y a plus de joye pour un bon citoyen quand
sa patrie est ruinée. De là ce discours de Mathatias chef de la maison des Asmonéens ou Macha-
bées : Malheur à moy ! pourquoy suis-je né pour « 1. Mach. XI.
voir la ruine de mon peuple , & celle de la cité « 7, 8. &c.
sainte ? puis-je y demeurer davantage la voyant li- «
vrée à ses ennemis , & son sanctuaire dans la main «
des étrangers ? son temple est deshonnoré comme «
un homme de neant , ses vieillards & ses enfans «
sont massacrez au milieu de ses ruës , & sa jeunesse «
a pery dans la guerre : quelle nation n'a point ra- «
vagé son royaume , & ne s'est point enrichie de ses «
dépoüilles ? on luy a ravy tous ses ornements ; de «
libre elle est devenuë esclave : tout nostre éclat , «
toute nostre gloire , tout ce qu'il y avoit parmy «
nous de sacré , a esté soüillé par les gentils : & «
comment aprés cela pourrions-nous vivre ?   «

On voit là toutes les choses qui unissent les citoyens & entre-eux & avec leur patrie : les autels
& les sacrifices , la gloire , les biens , le repos & la
seureté de la vie , en un mot la societé des choses
divines & humaines. Mathatias touché de toutes

ces choses , déclare qu'il ne peut plus vivre voyant
» ses citoyens en proye,& sa patrie desolée. En disant
» ces paroles , luy & ses enfans déchirerent leurs ha-
» bits, & se couvrirent de cilice, & se mirent à gemir.

Ibid. 14.

» Ainsi faisoit Jeremie, lorsque son peuple estant
» mené en captivité, & la sainte cité estant desolée,
» plein d'une douleur amere, il prononça en gemis-
» sant ces lamentations : qui attendrissent encore ceux
qui les entendent.

Lam.deJer.

Le même prophete dit à Baruch,qui dans la ruine
de son pays songeoit encore à luy-même & à sa
» fortune : Voicy ô Baruch ce que te dit le Seigneur
» Dieu d'Israël ; j'ay détruit le pays que j'avois basty,
» j'ay arraché les enfans d'Israël que j'avois planté,
» & j'ay ruiné toute cette terre : & tu cherches encore
» pour toy de grandes choses ? ne le fais pas , con-
» tente-toy que je te sauve la vie?

Jer. xlv. 1.
2. 4. 5.

Ce n'est pas assez de pleurer les maux de ses citoyens & de son pays ; il faut exposer sa vie pour
leur service. C'est à quoy Mathatias excite en mou-
» rant toute sa famille. L'orgüeil & la tyrannie
» ont prévalu : voicy des temps de malheur & de
» ruine pour vous , prenez donc courage mes enfans ;
» soyez zelateurs de la loy , & mourez pour le testa-
» ment de vos peres.

1. Mach.11
51. &c.

Ce sentiment demeura gravé dans le cœur de ses
enfans ; il n'y a rien de plus ordinaire dans la bouche
de Judas , de Jonathas, & de Simon que ces paroles : Mourons pour nostre peuple & pour nos
» freres. Prenez courage , dit Judas, & soyez tous gens

Ib 111.59.

de cœur : combattez vaillamment ces nations ar- «
mées pour noſtre ruine. Il vaut mieux mourir à «
la guerre que de voir perir noſtre pays & le ſan- «
ctuaire. Et encore : A Dieu ne plaiſe que nous « *Ibid.* ix. 16.
fuyons devant l'ennemy ; ſi noſtre heure de mourir «
eſt arrivée , mourons en gens de cœur pour nos «
freres , & ne mettons point de tache à noſtre «
gloire. «

L'écriture eſt pleine d'exemples qui nous apprennent ce que nous devons à noſtre patrie ; mais.
le plus beau de tous les exemples eſt celuy de
Jeſus-Chriſt même.

II. PROPOSITION.

*Jeſus - Chriſt eſtablit par ſa doctrine, & par ſes
exemples, l'amour que les citoyens doivent avoir
pour leur patrie.*

Le Fils de Dieu fait homme a non-ſeulement
accomply tous les devoirs qu'exige d'un homme la
ſocieté humaine , charitable envers tous & ſauveur
de tous ; & ceux d'un bon fils envers ſes parens à *Luc.* II. 51.
qui il eſtoit ſoûmis : mais encore ceux de bon citoyen , ſe reconnoiſſant : Envoyé aux brebis perduës « *Matth.* xv.
de la maiſon d'Iſraël. Il s'eſt renfermé dans la Ju- « 24.
dée : Qu'il parcouroit toute en faiſant du bien , & « *Act.* x. 38.
gueriſſant tous ceux que le demon tourmentoit. «

On le reconnoiſſoit pour bon citoyen, & c'eſtoit
une puiſſante recommandation auprés de luy que
d'aimer la nation Judaïque. Les ſenateurs du peu- *Luc.* vii.
ple Juif pour l'obliger à rendre : Au Centurion un « 3. 4. 5. 5. 10.

„ ſerviteur malade qui luy eſtoit cher, prioient Jeſus
„ avec ardeur & luy diſoient : Il merite que vous
„ l'aſſiſtiez : car il aime noſtre nation & nous a baſty
„ une ſynagogue : & Jeſus alloit avec eux , & guerit
„ ce ſerviteur.

Quand il ſongeoit aux malheurs qui menaçoient
de ſi prés Jeruſalem & le peuple Juif, il ne pouvoit retenir ſes larmes. En approchant de la ville

Luc. xix. „ & la regardant il ſe mit à pleurer ſur elle : Si tu
41. 42.   „ connoiſſois , dit-il, dans ce temps qui t'eſt donné
„ pour te repentir, ce qui pourroit t'apporter la paix
„ mais cela eſt caché à tes yeux. Il dit ces mots entrant dans Jeruſalem au milieu des acclamations
de tout le peuple.

Ce ſoin qui le preſſoit dans ſon triomphe ne le
quitte pas dans ſa paſſion. Comme on le menoit

Luc. xxiii „ au ſupplice : Une grande troupe de peuple & de
27. 28. 29. „ femmes qui le ſuivoient frapoient leur poitrine &
„ gemiſſoient ; mais Jeſus ſe tournant à elles leur
„ dit : Filles de Jeruſalem ne pleurez pas ſur moy;
„ pleurez ſur vous-mêmes & ſur vos enfans, car bien-
„ toſt vont venir les jours où il ſera dit : Heureuſes
„ les ſteriles ; heureuſes les entrailles qui n'ont point
„ porté de fruit, & les mammelles qui n'ont point
„ nourry d'enfans. Il ne ſe plaint pas des maux
qu'on luy fait ſouffrir injuſtement ; mais de ceux
qu'un ſi inique procedé devoit attirer à ſon
peuple.

Mat xxiii „   Il n'avoit rien oublié pour les prevenir. Jeru-
37. 38.   „ ſalem Jeruſalem qui tuez les prophetes, & qui la-
pidez

pidez ceux qui te sont envoyez, combien de fois «
ay-je voulu ramasser tes enfans comme une poule «
ramasse ses petits sous ses aîles, & tu n'as pas vou- «
lu ! & voila que vos maisons vont bien-tôt être «
desolées. «

Il fut & durant sa vie & à sa mort exact observateur des loix, & des coûtumes loüables de son
pays ; même de celles dont il sçavoit qu'il étoit
le plus exempt.

On se plaignit à saint Pierre qu'il ne payoit pas
le tribut ordinaire du temple, & cet apôtre soûtenoit qu'en effet il ne devoit rien. Mais Jesus le « Mat. xviii
prevint en luy disant : De qui est-ce que les rois « 24. 25. 26.
de la terre exigent le tribut ; est-ce de leurs enfans «
ou des étrangers ? Pierre répondit, des étrangers : «
Jesus luy dit : les enfans sont donc francs ; & toute- «
fois pour ne causer point de desordre, & pour ne «
les pas scandaliser, allez & payez pour moy & pour «
vous. Il fait payer un tribut qu'il ne devoit pas «
comme fils, de peur d'apporter le moindre trouble
à l'ordre public.

Aussi dans le desir qu'avoient les Pharisiens de
le trouver contraire à la loy, ils ne pûrent jamais
luy reprocher que des choses de neant, ou les mi- Luc xiii.
racles qu'il faisoit le jour du sabat ; comme si le sa- 14.
bat devoit faire cesser les œuvres de Dieu aussi-bien Joan. v. 9.
que celles des hommes. 12.
ix. 14. 15.

Il étoit soûmis en tout à l'ordre public faisant :
Rendre à Cesar ce qui étoit à Cesar ; & à Dieu ce « Matt. xxii.
qui est à Dieu. « 21.

G

Jamais il n'entreprit rien sur l'autorité des ma-
» giftrats. Un de la troupe luy dit, maître com-
» mandez à mon frere qu'il faffe partage avec moy:
» Homme, luy répondit-il, qui m'a étably pour
» être vôtre juge & pour faire vos partages ?

Luc. XII. 13. 14.

Au refte la toute-puiffance qu'il avoit en main
ne l'empêcha pas de fe laiffer prendre fans refiftance.
Il reprit faint Pierre qui avoit donné un coup d'é-
pée, & rétablit le mal que cet apôtre avoit fait.

Luc. XXIII 50. 51. Joan. XVIII 11.

Il comparoît devant les pontifes, devant Pilate,
& devant Herode, répondant precifément fur le
fait dont il s'agiffoit à ceux qui avoient droit de
» l'interroger. Le fouverain pontife luy dit : Je vous
» commande de la part de Dieu de me dire fi vous
» eftes le Chrift fils de Dieu, & il répondit, je le
» fuis. Il fatisfit Pilate fur fa royauté qui faifoit tout
» fon crime, & l'affûra en même temps: Qu'elle n'é-
» toit pas de ce monde. Il ne dit mot à Herode qui
n'avoit rien à commander dans Jerufalem, à qui
auffi on le renvoyoit feulement par ceremonie, &
qui ne le vouloit voir que par pure curiofité, &
aprés avoir fatisfait à l'interrogatoire legitime : au
furplus il ne condamna que par fon filence la pro-
cedure manifeftement inique dont on ufoit contre
» luy, fans fe plaindre, fans murmurer : Se livrant,
» comme dit faint Pierre, à celuy qui le jugeoit in-
» juftement.

Matt. XXVI 63. 64. Luc. XXII. 70.
Joan. XVIII 36. 37.
1. Petr. II. 23.

Ainfi il fut fidele & affectionné jufqu'à la fin à
fa patrie quoy qu'ingrate, & à fes cruels citoyens
qui ne fongeoient qu'à fe raffafier de fon fang avec

une si aveugle fureur, qu'ils luy prefererent un seditieux, & un meurtrier.

Il sçavoit que sa mort devoit être le salut de ces ingrats citoyens s'ils eussent fait penitence ; c'est pourquoy il pria pour eux en particulier jusques sur la croix où ils l'avoient attaché.

Caïphe ayant prononcé qu'il falloit que Jesus mourut : Pour empêcher toute la nation de perir. « Joan. 11. L'evangeliste remarque : Qu'il ne dit pas cela de « 50. 51. 52. luy-même ; mais qu'étant le pontife de cette an- « née, il prophetisa que Jesus devoit mourir pour « sa nation ; & non-seulement pour sa nation, mais « encore pour ramasser en un les enfans de Dieu dis- « persez.

Ainsi il versa son sang avec un regard parti- culier pour sa nation, & en offrant ce grand sacrifice qui devoit faire l'expiation de tout l'univers , il voulut que l'amour de la patrie y trouva sa place.

III. PROPOSITION.

Les apôtres , & les premiers fideles , ont toûjours été de bons citoyens.

Leur maître leur avoit inspiré ce sentiment. Il les avoit avertis qu'ils seroient persecutez par toute la terre , & leur avoit dit en même temps : Qu'il « Matth. x. les envoyoit comme des agneaux au milieu des « 16. loups. C'est à dire qu'ils n'avoient qu'à souffrir sans « murmure, & sans resistance.

Pendant que les Juifs persecutoient saint Paul avec une haine implacable, ce grand homme prend

Jesus-Christ qui est la verité même , & sa conscience à témoin , que touché d'une extrême &
continuelle douleur pour l'aveuglement de ses
freres, il souhaite d'estre anathême pour eux. Je vous
dis la verité je ne mens pas : ma conscience éclairée
par le saint Esprit m'en rend témoignage , &c.

Rom. ix.
1. 2. 3.

Dans une famine extrême il fit une quête pour
ceux de sa nation , & apporta luy-même à Jerusalem les aumônes qu'il avoit ramassées pour eux
dans toute la Grece. Je suis venu , dit-il , pour
faire des aumônes à ma nation.

Act. xxiv.
17.
Rom. xv.
25. 26.

Ny luy ny ses compagnons n'ont jamais excité
de sedition : Ny assemblé tumultuairement le
peuple.

Act. xxiv.
12. 18.

Contraint par la violence de ses citoyens d'appeller à l'empereur ; il assemble les Juifs de Rome
pour leur déclarer : Que c'est malgré luy qu'il a
esté obligé d'appeller à Cesar ; mais qu'au reste il
n'a aucune accusation ny aucune plainte à faire
contre ceux de sa nation. Il ne les accuse pas ; mais
il les plaint, & ne parle jamais qu'avec compassion
de leur endurcissement. En effet accusé devant Felix président de Judée , il se deffendit simplement
contre les Juifs, sans faire aucun reproche à de si
violents persecuteurs.

Act. xxviii
19.

Act. xxiv.
10. &c.

Durant trois cens ans de persecution impitoyable , les chrétiens ont toûjours suivy la même conduite.

Il n'y eut jamais de meilleurs citoyens, ny qui
fussent plus utiles à leur pays , ny qui servissent

plus volontiers dans les armées, pourvû qu'on ne voulût pas les y obliger à l'idolatrie. Ecoûtons le témoignage de Tertullien. Vous dites que les chré- « Tertul. tiens font inutiles : nous navigeons avec vous, nous « Apol. portons les armes avec vous, nous cultivons la « terre, nous exerçons la marchandise. C'est à dire, « nous vivons comme les autres dans tout ce qui regarde la societé.

L'empire n'avoit point de meilleurs soldats : outre qu'ils combattoient vaillamment ; ils obtenoient par leurs prieres ce qu'ils ne pouvoient faire par les armes. Témoin la pluye obtenuë par la legion fulminante, & le miracle attesté par les lettres de Marc-Aurele.

Il leur étoit deffendu de causer du trouble, de renverser les idoles, de faire aucune violence : les regles de l'église ne leur permettoient que d'attendre le coup en patience.

L'église ne tenoit pas pour martyrs ceux qui s'attiroient la mort par quelque violence semblable, & par un faux zele : Il pouvoit y avoir quelquefois des inspirations extraordinaires ; mais ces exemples n'étoient pas suivis, comme étant au dessus de l'ordre.

Nous voyons même dans les actes de quelques martyrs, qu'ils faisoient scrupule de maudire les Dieux ; ils devoient reprendre l'erreur sans aucune parole emportée. Saint Paul & ses compagnons en avoient ainsi usé, & c'est ce qui faisoit dire au secretaire de la communauté d'Ephese. Messieurs, « Act. xix. 37.

" il ne faut pas ainſi vous émouvoir. Vous avez icy
" amené ces hommes qui n'ont commis aucun ſa-
" crilege, & qui n'ont point blaſphemé vôtre Deeſſe.
Ils ne faiſoient point de ſcandale ; & prêchoient la
verité ſans alterer le repos public autant qu'il étoit
en eux.

Combien ſoûmis & paiſibles étoient les chrêtiens perſecutez : ces paroles de Tertullien l'expli-
Tert. Apol " quent admirablement. Outre les ordres publics
" par leſquels nous ſommes pourſuivis, combien de
" fois le peuple nous attaque-t'il à coups de pierres,
" & met-il le feu dans nos maiſons dans la fureur
" des bacchanales ? On n'épargne pas les chrêtiens
" même aprés leur mort : on les arrache du repos de
" la ſepulture & comme de l'azyle de la mort : Et ce-
" pendant quelle vangeance recevez-vous de gens ſi
" cruellement traitez ? Ne pourrions-nous pas avec
" peu de flambeaux mettre le feu dans la ville, ſi
" parmy nous il étoit permis de faire le mal pour
" le mal ? & quand nous voudrions agir en ennemis
" déclarez, manquerions-nous de troupes & d'ar-
" mées? les Maures, ou les Marcomans, & les Parthes
" mêmes qui ſont renfermez dans leurs limites, ſe
" trouveront-ils en plus grand nombre que nous qui
" rempliſſons toute la terre? il n'y a que peu de temps
" que nous paroiſſons dans le monde ; & déja nous
" rempliſſons vos villes ; vos iſles, vos châteaux,
" vos aſſemblées, vos camps, les tribus, les decuries,
" le palais, le ſenat, le barreau, la place publique,
" Nous ne vous laiſſons que les temples ſeuls, A

quelle guerre ne ferions-nous pas difpofez quand «
nous ferions en nombre inégal au vôtre , nous «
qui endurons fi refolument la mort ; n'étoit que «
nôtre doctrine nous prefcrit plûtôt d'être tuez «
que de tuer ? Nous pourrions même fans prendre «
les armes & fans rebellion vous punir en vous aban- «
donnant : vôtre folitude & le filence du monde «
vous feroit horreur : les villes vous paroîtroient «
mortes , & vous feriez reduits au milieu de vôtre «
empire à chercher à qui commander. Il vous de- «
meureroit plus d'ennemis que de citoyens ; car vous «
avez maintenant moins d'ennemis , à caufe de la «
multitude prodigieufe des chrêtiens. «

Vous perdez , dit-il encore , en nous perdant. «
Vous avez par nôtre moyen un nombre infiny de «
gens , je ne dis pas qui prient pour vous , car «
vous ne le croyez pas ; mais dont vous n'avez rien «
à craindre. «

Il fe glorifie avec raifon que parmy tant d'attentats contre la perfonne facrée des empereurs , il
ne s'eft jamais trouvé un feul chrêtien malgré l'in-
humanité dont on ufoit fur eux tous. Et en verité , «
dit-il , nous n'avons garde de rien entrepren- «
dre contre eux. Ceux dont Dieu a reglé les mœurs «
ne doivent pas feulement épargner les empereurs , «
mais encore tous les hommes. Nous fommes pour «
les empereurs tels que nous fommes pour nos voi- «
fins. Car il nous eft également deffendu de dire , «
ou de faire , ou de vouloir du mal à perfonne. Ce «
qui n'eft point permis contre l'empereur , n'eft «

» permis contre perſonne ; ce qui n'eſt permis contre
» perſonne, l'eſt encore moins ſans doute contre celuy
» que Dieu a fait ſi grand.

Voilà quels étoient les chrêtiens ſi indignement
traitez.

CONCLUSION.

Pour conclure tout ce livre, & le reduire en
abregé.

La ſocieté humaine peut être conſiderée en deux
manieres.

Ou entant qu'elle embraſſe tout le genre hu‑
main , comme une grande famille.

Ou entant qu'elle ſe reduit en nations ; ou en
peuples compoſez de pluſieurs familles particu‑
lieres, qui ont chacune leurs droits.

La ſocieté conſiderée de ce dernier ſens s'appelle
ſocieté civile.

On la peut définir ſelon les choſes qui ont eſté
dites , ſocieté d'hommes unis enſemble ſous le
même gouvernement, & ſous les mêmes loix.

Par ce gouvernement & ces loix, le repos & la
vie de tous les hommes eſt miſe autant qu'il ſe peut
en ſûreté.

Quiconque donc n'aime pas la ſocieté civile
dont il fait partie, c'eſt-à-dire, l'état où il eſt né,
eſt ennemy de luy-même & de tout le genre hu‑
main.

LIVRE

LIVRE SECOND.

DE L'AUTORITE'; QUE LA ROYALE,
& l'hereditaire est la plus propre au gouvernement.

ARTICLE PREMIER.

Par qui l'autorité a été exercée dés l'origine du monde.

I. PROPOSITION.
Dieu est le vray roy.

UN grand roy le reconnoît lors qu'il parle ainsi en presence de tout son peuple : Beny « soyez-vous ô Seigneur , Dieu d'Israël nôtre Pere, « de toute éternité & durant toute l'éternité. A vous « Seigneur apartient la majesté , & la puissance, & « la gloire , & la victoire, & la loüange : tout ce qui « est dans le ciel & dans la terre est à vous : il vous « appartient de regner ,& vous commandez à tous « les princes : les grandeurs & les richesses sont à « vous ; vous dominez sur toutes choses : en vôtre « main est la force & la puissance, la grandeur & « l'empire souverain. «

L'empire de Dieu est éternel ; & de là vient « qu'il est appellé : Le roy des siecles. « Apóc. xv. 3.

I. Par. xxii 10. 12.

H

Sap. xii.
12.

» L'empire de Dieu eſt abſolu : Qui oſera vous dire
» ô Seigneur, pourquoy faites-vous ainſi ? ou qui ſe
» ſoûtiendra contre vôtre jugement ?

Cet empire abſolu de Dieu a pour premier titre,
& pour fondement la creation. Il a tout tiré du

Jer. xviii.
16.

» neant, & c'eſt pourquoy tout eſt en ſa main. Le Sei-
» gneur dit à Jeremie : Va en la maiſon d'un potier :
» là tu entendras mes paroles. Et j'allay en la maiſon
» d'un potier, & il travailloit avec ſa rouë, & il rom-
» pit un pot qu'il venoit de faire de bouë, & de la
» même terre il en fit un autre ; & le Seigneur me
» dit : Ne puis-je pas faire comme ce potier ? comme
» cette terre molle eſt en la main du potier, ainſi
» vous êtes en ma main, dit le Seigneur.

II. P R O P O S I T I O N.

Dieu a exercé viſiblement par luy-même l'empire, &
l'autorité ſur les hommes.

Ainſi en a-t-il uſé au commencement du monde.
Il étoit en ce temps le ſeul roy des hommes, &
les gouvernoit viſiblement.

Gen. iii.

Il donna à Adam le precepte qu'il luy plût, &
luy declara ſur quelle peine il l'obligeoit à le pratiquer. Il le bannit ; il luy dénonça qu'il avoit encou-
ru la peine de mort.

Gen. iv. 4.
5. 6. 9. 10.

Il ſe déclara viſiblement en faveur du ſacrifice
d'Abel contre celuy de Caïn. Il reprit Caïn de ſa
jalouſie : aprés que ce malheureux eut tué ſon frere,
il l'appella en jugement, il l'interrogea, il le con-
vainquit de ſon crime, il s'en reſerva la vangeance

& l'interdit à tout autre ; il donna à Caïn une efpece de fauve-garde : Un figne pour empêcher «« Ibid. 15.
qu'aucun homme n'attentât fur luy. Toutes fon- «
étions de la puiffance publique.

Il donne enfuite des loix à Noé, & à fes enfans : Gen. ix. 1.
il leur deffend le fang & les meurtres , & leur or- 5.6.7.
donne de peupler la terre.

Il conduit de la même forte Abraham, Ifaac, &
Jacob.

Il exerce publiquement l'empire fouverain fur
fon peuple dans le defert. Il eft leur roy , leur legiflateur , leur conducteur. Il donne vifiblement le
fignal pour camper & pour décamper , & les ordres
tant de la guerre que de la paix.

Ce regne continuë vifiblement fous Jofüé, & fous
les juges : Dieu les envoye : Dieu les établit : & de
là vient que le peuple difant à Gedeon : Vous do- «« Jud. viii.
minerez fur nous, vous & vôtre fils , & le fils de «« 22. 23.
vôtre fils : il répondit : Nous ne dominerons point «
fur vous ny moy ny mon fils ; mais le Seigneur «
dominera fur vous. «

C'eft luy qui établit les rois. Il fit facrer Saül,
& David par Samüel ; il affermit la royauté dans
la maifon de David , & luy ordonna de faire regner à fa place Salomon fon fils.

C'eft pourquoy le trône des rois d'Ifraël eft appellé le trône de Dieu. Salomon s'affit fur le trô- «« 1. Par.xxix
ne du Seigneur , & il plût à tous, & tout Ifraël luy «« 23.
obëït. Et encore : Beny foit le Seigneur vôtre «
Dieu, dit la reyne de Saba à Salomon, qui a vou- «« 1. Par. ix.
8.

» lu vous faire feoir fur fon trône , & vous établir
» roy pour tenir la place du Seigneur vôtre Dieu.

III. P R O P O S I T I O N.

Le premier empire parmy les hommes eft l'empire
paternel.

JEfus-Chrift qui va toûjours à la fource femble l'avoir marqué par ces paroles. Tout royaume divifé en luy-même fera defolé ; toute ville & toute famille divifée en elle-même ne fubfiftera pas. Des royaumes il va aux villes d'où les royaumes font venus ; & des villes il remonte encore aux familles, comme au modele, & au principe des villes, & de toute la focieté humaine.

Dés l'origine du monde Dieu dit à Eve, & en elle à toutes les femmes. Tu feras fous la puiffance de l'homme, & il te commandera.

Au premier enfant qu'eut Adam qui fut Caïn Eve dit : J'ay poffedé un homme par la grace de Dieu. Voilà donc auffi les enfans fous la puiffance paternelle. Car cet enfant étoit plus encore en la poffeffion d'Adam, à qui la mere elle-même étoit foûmife par l'ordre de Dieu. L'un & l'autre tenoient de Dieu cet enfant, & l'empire qu'ils avoient fur luy. » Je l'ay poffedé, dit Eve, mais par la grace de Dieu.

Dieu ayant mis dans nos parents comme étant en quelque façon les auteurs de nôtre vie , une image de la puiffance par laquelle il a tout fait ; il leur a auffi tranfmis une image de la puiffance qu'il a fur fes œuvres. C'eft pourquoy nous voyons dans

Matth. XII.
25.

Gen. III.
16.

Gen. IV. I.

le Decalogue, qu'aprés avoir dit: Tu adoreras le « Exod. xx.
Seigneur ton Dieu, & ne ferviras que luy. Il ajoûte « 12.
auffi-tôt: Honore ton pere, & ta mere, afin que tu «
vives long-temps fur la terre que le Seigneur ton «
Dieu te donnera. Ce precepte eft comme une fuite «
de l'obéïffance qu'il faut rendre à Dieu, qui eft le
vray pere.

De là nous pouvons juger, que la premiere idée
de commandement & d'autorité humaine, eft venuë aux hommes de l'autorité paternelle.

Les hommes vivoient long-temps au commencement du monde, comme l'attefte non-feulement
l'écriture, mais encore toutes les anciennes traditions: & la vie humaine commence à décroître
feulement après le déluge, où il fe fit une fi grande
alteration dans toute la nature. Un grand nombre
de familles fe voyoient par ce moyen réünies fous
l'autorité d'un feul grand pere; & cette union de
tant de familles avoit quelque image de royaume.

Affûrement durant tout le temps qu'Adam vêcut,
Seth que Dieu luy donna à la place d'Abel, luy rendit avec toute fa famille une entiere obéïffance.

Cain qui viola le premier la fraternité humaine
par un meurtre, fut auffi le premier à fe fouftraire
de l'empire paternel: haï de tous les hommes, &
contraint de s'établir un refuge, il bâtit la pre- Gen. iv. 1-.
miere ville, à qui il donna le nom de fon fils He-
noch.

Les autres hommes vivoient à la campagne dans
la premiere fimplicité, ayant pour loy la volonté

de leurs parents, & les coûtumes anciennes.

Telle fut encore aprés le déluge la conduite de plusieurs familles, sur tout parmy les enfans de Sem, où se conserverent plus long-temps les anciennes traditions du genre humain, & pour le culte de Dieu, & pour la maniere du gouvernement.

Ainsi Abraham, Isaac & Jacob, persisterent dans l'observance d'une vie simple & pastorale. Ils étoient avec leur famille libres & indépendans : ils traitoient d'égal avec les rois. Abimelech roy de Gerare
Gen. xxi. 23. 32. » vint trouver Abraham : Et ils firent un traité en-
» semble.

Il se fait un pareil traité entre un autre Abimelech fils de celuy-cy, & Isaac fils d'Abraham.
Gen. xxvi. 28. » Nous avons vû, dit Abimelech, que le Seigneur
» étoit avec vous, & pour cela nous avons dit; qu'il
» y ait entre nous un accord confirmé par serment.

Gen. xiv. 24. &c. Abraham fit la guerre de son chef aux roys qui avoient pillé Sodome, les défit, & offrit la dixme des dépoüilles à Melchisedech roy de Salem, Pontife du Dieu tres-haut.

C'est pourquoy les enfans de Heth avec qui il fait un accord, l'appellent Seigneur, & le traitent
Gen. xxiii. 6. » de prince. Ecoûtez-nous, Seigneur; vous êtes par-
» my nous un prince de Dieu : C'est-à-dire, qui ne releve que de luy.

Aussi a-t-il passé pour roy dans les histoires prophanes. Nicolas de Damas soigneux observateur des antiquitez, le fait roy, & sa reputation dans tout l'orient est cause qu'il le donne à son pays.

Mais au fond la vie d'Abraham étoit paſtorale ; ſon royaume étoit ſa famille , & il exerçoit ſeulement à l'exemple des premiers hommes l'empire domeſtique & paternel.

IV. PROPOSITION.

Il s'établit pourtant bien-tôt des roys , ou par le conſentement des peuples , ou par les armes : Où il eſt parlé du droit de conquêtes.

Ces deux manieres d'établir les roïs ſont connuës dans les hiſtoires anciennes. C'eſt ainſi qu'Abimelech fils de Gedeon , fit conſentir ceux de Sichem à le prendre pour leur ſouverain. Lequel aimez-vous mieux , leur dit-il , ou d'avoir pour maître ſoixante & dix hommes enfans de Jerobaal , ou de n'en avoir qu'un ſeul , qui encore eſt de vôtre ville & de vôtre parenté : & ceux de Sichem tournerent leur cœur vers Abimelech. « Jud. ıx. 2. « 3. « « « «

C'eſt ainſi que le peuple de Dieu demanda de luy-même : Un roy pour le juger. « Reg. vııı. 5.

Le même peuple tranſmit toute l'autorité de la nation à Simon, & à ſa poſterité. L'a[...]en eſt dreſſé au nom des prêtres, de tout le peuple, des grands , & des ſenateurs : Qui conſentirent à le faire prince. « 1. Mach. xıv. 27. 41.

Nous voyons dans Herodote , que Dejoces fut fait roy des Medes de la même maniere.

Pour les roys par conquêtes , tout le monde en ſçait les exemples.

Au reſte il eſt certain qu'on voit des rois de bonne heure dans le monde. On voit du temps d'Abraham,

c'eſt-à-dire , quatre cens ans environ aprés le déluge , des royaumes déja formez & établis de long-
temps. On voit premierement quatre rois qui font
la guerre contre cinq. On voit Melchiſedech roy
de Salem , pontife du Dieu tres-haut , à qui Abraham donne la dixme. On voit Pharaon roy d'E-
gypte , & Abimelech roy de Gerare. Un autre Abimelech auſſi roy de Gerare paroît du temps d'I-
ſaac ; & ce nom apparemment étoit commun aux
rois de ce pays-là , comme celuy de Pharaon aux
rois d'Egypte.

Tous ces rois paroiſſent bien autoriſez ; on leur
voit des officiers reglez , une cour , des grands qui
les environnent , une armée & un chef des armes
pour la commander , une puiſſance affermie. Qui
touchera , dit Abimelech , la femme de cet homme
il mourra de mort.

Les hommes qui avoient veu , ainſi qu'il a été
dit , une image de royaume dans l'union de pluſieurs familles , ſous la conduite d'un pere commun ; & qui avoient trouvé de la douceur dans cette
vie , ſe portent aiſément à faire des ſocietez de
familles ſous des rois, qui leur tinſſent lieu de pere.

C'eſt pour cela apparemment que les anciens peuples de la Paleſtine appelloient leurs rois Abimelech , c'eſt-à-dire , mon pere le roy. Les ſujets ſe
tenoient tous comme les enfans du prince , & chacun
l'appellant mon pere le roy , ce nom devint commun à tous les rois du pays.

Mais outre cette maniere innocente de faire des
rois,

Gen. xɪv.
ɪ. 9.
Ibid. 18.20.

Gen. xɪɪ.
ɪɟ. & xx. 2.

Ibid. xxvɪ.
2.

Gen. xɪɪ.
ɪɟ. xxɪ. 22.

Ibid. xxvɪ.
ɪɪ.

rois , l'ambition en a inventé une autre. Elle a fait des conquerants , dont Nemrod petit fils de Cham fut le premier. Celuy-cy homme violent & guerrier , commença à être puiffant fur la terre , & conquit d'abord quatre villes dont il forma fon royaume.

« Gen. x. 8. 9. 10.
«
«
«

Ainfi les royaumes formez par les conquêtes font anciens, puis qu'on les voit commencer fi prés du déluge fous Nemrod petit fils de Cham.

Cette humeur ambitieufe, & violente fe répandit bien-tôt parmy les hommes. Nous voyons Chodorlahomor roy des Elamites, c'eft-à-dire, des Perfes & des Medes , étendre bien loin fes conquêtes dans les terres voifines de la Paleftine.

Gen. x i v. 4. 5. 6. 7.

Ces empires quoique violens , injuftes & tyranniques d'abord , par la fuite des temps , & par le confentement des peuples peuvent devenir legitimes : c'eft pourquoy les hommes ont reconnu un droit qu'on appelle de conquêtes , dont nous aurons à parler plus au long avant que d'abandonner cette matiere.

V. Proposition.

Il y avoit au commencement une infinité de royaumes,
& tous petits.

Il paroît par l'écriture que prefque chaque ville, & chaque petite contrée avoit fon roy.

Gen. x i v. & ailleurs.

On conte trente-trois rois dans le feul petit pays que les Juifs conquirent.

Jofué x i i. 2. 4. 7. 24

La même chofe paroît dans tous les auteurs an-

I

ciens , par exemple dans Homere , & ainfi des autres.

La tradition commune du genre humain fur ce point eft fidellement rapportée par Juftin, qui remarque qu'au commencement il n'y avoit que de petits rois , chacun content de vivre doucement dans fes limites avec le peuple qui luy étoit commis. Ninus, dit-il, rompit le premier la concorde des nations.

Il n'importe que ce Ninus foit Nemrod , ou que Juftin l'ait fait par erreur le premier des conquerants. Il fuffit qu'on voye que les premiers rois ont été établis avec douceur , à l'exemple du gouvernement paternel.

VI. Proposition.

Il y a eu d'autres formes de gouvernement que celle de la royauté.

Les hiftoires nous font voir un grand nombre de republiques, dont les unes fe gouvernoient par tout le peuple , ce qui s'appelloit Democratie, & les autres par les grands, ce qui s'appelloit Ariftocratie.

Les formes de gouvernement ont été mêlées en diverfes fortes , & ont compofé divers états mixtes , dont il n'eft pas befoin de parler icy.

Nous voyons en quelques endroits de l'écriture l'autorité refider dans une communauté.

Gen. xxiii.
3. 5. Abraham demande le droit de fepulchre à tout le peuple affemblé , & c'eft l'affemblée qui l'accorde.

Il semble qu'au commencement les Israëlites vivoient dans une forme de republique. Sur quelque sujet de plainte arrivée du temps de Josüé contre ceux de Ruben & de Gad : Les enfans d'Israël s'assemblerent tous à Silo pour les combattre ; mais auparavant ils envoyerent dix ambassadeurs, pour écouter leurs raisons : Ils donnerent satisfaction, & tout le peuple s'appaisa. « Jos. xxii. 11. 12. 13. 14. 33.

Un levite dont la femme avoit esté violée, & tuée, par quelques-uns de la tribu de Benjamin sans qu'on n'en eût fait aucune justice, toutes les tribus s'assemblent pour punir cet attentat, & ils se disoient l'un à l'autre dans cette assemblée : Jamais il ne s'est fait telle chose en Israël ; jugez & ordonnez en commun ce qu'il faut faire. « Jud. xix. 30.

C'étoit en effet une espece de republique ; mais qui avoit Dieu pour roy.

VII. PROPOSITION.

La monarchie est la forme de gouvernement la plus commune, la plus ancienne, & aussi la plus naturelle.

Le peuple d'Israël se reduisit de luy-même à la monarchie, comme étant le gouvernement universellement receu. Etablissez-nous un roy pour nous juger, comme en ont tous les autres peuples. « 1. Reg. viii. 5.

Si Dieu se fàche, c'est à cause que jusques-là il avoit gouverné ce peuple par luy-même, & qu'il en étoit le vray roy. C'est pourquoy il dit à Samüel : Ce n'est pas toy qu'ils rejettent ; c'est moy qu'ils ne veulent point pour regner sur eux. « Ibid. 7.

Au reſte ce gouvernement étoit tellement le plus naturel, qu'on le voit d'abord dans tous les peuples.

Nous l'avons veu dans l'hiſtoire ſainte : mais icy un peu de recours aux hiſtoires profanes, nous fera voir que ce qui a été en republique, a vêcu premierement ſous des rois.

Rome a commencé par là, & y eſt enfin ievenuë comme à ſon état naturel.

Ce n'eſt que tard, & peu à peu, que les villes Grecques ont formé leurs republiques. L'opinion ancienne de la Grece étoit celle qu'exprime Homere „ par cette celebre ſentence dans l'Iliade. Pluſieurs „ princes n'eſt pas une bonne choſe : qu'il n'y ait „ qu'un prince & un roy.

A preſent il n'y a point de republique qui n'ait été autrefois ſoûmiſe à des monarques. Les Suiſſes étoient ſujets des princes de la maiſon d'Auſtriche. Les Provinces Unies ne font que ſortir de la domination d'Eſpagne, & de celle de la maiſon de Bourgogne. Les villes libres d'Allemagne avoient leurs ſeigneurs particuliers, outre l'empereur qui étoit le chef commun de tout le corps Germanique. Les villes d'Italie qui ſe ſont miſes en republique du temps de l'empereur Rodolphe, ont acheté de luy leur liberté. Veniſe même qui ſe vante d'être republique dés ſon origine, étoit encore ſujette aux empereurs ſous le regne de Charlemagne, & longtemps aprés : Elle ſe forma depuis en état populaire, d'où elle eſt venuë aſſez tard à l'état où nous la voyons.

Tout le monde donc commence par des monarchies ; & presque tout le monde s'y est conservé
comme dans l'état le plus naturel.

Aussi avons-nous veu qu'il a son fondement &
son modele dans l'empire paternel, c'est-à dire,
dans la nature même.

Les hommes naissent tous sujets : & l'empire paternel qui les accoûtume à obéïr, les accoûtume en
même temps à n'avoir qu'un chef.

VIII. PROPOSITION.

Le gouvernement monarchique est le meilleur.

S'il est le plus naturel, il est par consequent le
plus durable, & dés-là aussi le plus fort.

C'est aussi le plus opposé à la division qui est le
mal le plus essentiel des états, & la cause la plus
certaine de leur ruine ; conformément à cette parole déja rapportée : Tout royaume divisé en luy- « Matth. xii.
même sera desolé : toute ville ou toute famille di- « 25.
visée en elle-même ne subsistera pas. «

Nous avons veu que nôtre Seigneur a suivy en
cette sentence le progrés naturel du gouvernement,
& semble avoir voulu marquer aux royaumes, &
aux villes, le même moyen de s'unir que la nature a étably dans les familles.

En effet il est naturel que quand les familles auront à s'unir pour former un corps d'état, elles se
rangent comme d'elles-mêmes au gouvernement
qui leur est propre.

Quand on forme les états, on cherche à s'unir,

I iij

& jamais on n'eſt plus uny que ſous un ſeul chef.
Jamais auſſi on n'eſt plus fort , parce que tout va
en concours.

Les armées, où paroît le mieux la puiſſance humaine , veulent naturellement un ſeul chef : tout
eſt en peril quand le commandement eſt partagé.
» Aprés la mort de Joſüé les enfans d'Iſraël conſul-
» terent le Seigneur diſant : Qui marchera devant
» nous contre les Chananéens , & qui ſera noſtre ca-
» pitaine dans cette guerre ? & le Seigneur répondit
» ce ſera la tribu de Juda. Les tribus égales entre-elles
veulent qu'une d'elles commande. Au reſte il n'é-
toit pas beſoin de donner un chef à cette tribu ,
» puiſque chaque tribu avoit le ſien. Vous aurez des
» Princes, & des chefs de vos tribus , & voicy leurs
» noms, &c.

Le gouvernement militaire demandant naturellement d'être exercé par un ſeul , il s'enſuit que
cette forme de gouvernement eſt la plus propre à
tous les états , qui ſont foibles & en proye au premier venu, s'ils ne ſont formez à la guerre.

Et cette forme de gouvernement à la fin doit
prevaloir , parce que le gouvernement militaire
qui a la force en main, entraîne naturellement tout
l'état aprés ſoy.

Cela doit ſur tout arriver aux états guerriers,
qui ſe reduiſent aiſément en monarchie ; comme
a fait la republique Romaine , & pluſieurs autres
de même nature.

Il vaut donc mieux qu'il ſoit étably d'abord, &

Jud. 1. 1.

Num. 1. 4
5. &c.

avec douceur ; parce qu'il eſt trop violent, quand il gagne le deſſus par la force ouverte.

IX. PROPOSITION.

De toutes les monarchies la meilleure eſt la ſucceſſive ou hereditaire , ſur tout quand elle va de mâle en mâle , & d'aîné en aîné.

C'eſt celle que Dieu a établie dans ſon peuple. Car il a choiſi les princes dans la tribu de Juda, « *1. Paralip.* & dans la tribu de Juda il a choiſi ma famille, c'eſt « XXVIII. 4. David qui parle, & il m'a choiſi parmy tous mes « 5. 7. freres ; & parmy mes enfans il a choiſi mon fils Sa- « lomon , pour être aſſis ſur le trône du royaume du « Seigneur ſur tout Iſraël, & il m'a dit : J'affermiray « ſon regne à jamais s'il perſevere dans l'obéïſſance « qu'il doit à mes loix. «

Voilà donc la royauté attachée par ſucceſſion à la maiſon de David & de Salomon : Et le trône de « *2. Reg VII* David eſt affermy à jamais. « 16.

En vertu de cette loy l'aîné devoit ſucceder au préjudice de ſes freres. C'eſt pourquoy Adonias qui étoit l'aîné de David , dit à Bethſabée mere de Sa- lomon : Vous ſçavez que le royaume étoit à moy , « *3 Reg. 11.* & tout Iſraël m'avoit reconnu ; mais le Seigneur « 15. a transferé le royaume à mon frere Salomon. «

Il diſoit vray , & Salomon en tombe d'accord, lors qu'il répond à ſa mere , qui demandoit pour Adonias une grace , dont la conſequence étoit ex- trême ſelon les mœurs de ces peuples : Demandez « *Ibid. 22.* pour luy le royaume ; car il étoit mon aîné, & il «

„ a dans ſes interêts le pontife Abiathar , & Joab . Il veut dire qu'il ne faut pas fortifier un prince, qui a le titre naturel , & un grand party dans l'état.

A moins donc qu'il n'arrivât quelque choſe d'extraordinaire , l'aîné devoit ſucceder : & à peine trouvera-t-on deux exemples du contraire dans la maiſon de David , encore étoit-ce au commencement.

X. PROPOSITION.

La monarchie hereditaire a trois principaux avantages.

Trois raiſons font voir que ce gouvernement eſt le meilleur.

La premiere , c'eſt qu'il eſt le plus naturel , & qu'il ſe perpetuë de luy-même. Rien n'eſt plus durable qu'un état qui dure , & ſe perpetuë par les mêmes cauſes , qui font durer l'univers , & qui perpetuënt le genre humain.

David touche cette raiſon quand il parle ainſi:

2. Reg. VII. » C'a eſté peu pour vous , ô Seigneur , de m'éle-
19.   » ver à la royauté : Vous avez encore étably ma mai-
        » ſon à l'avenir : Et c'eſt là la loy d'Adam , ô Sei-
        » gneur Dieu. C'eſt-à-dire , que c'eſt l'ordre naturel que le fils ſuccede au pere.

Eccl. IV. 15. »   Les peuples s'y accoûtument d'eux-mêmes. J'ay
        » veu tous les vivans ſuivre le ſecond , tout jeune
        » qu'il eſt [c'eſt-à-dire le fils du roy] qui doit oc-
        » cuper ſa place.

Point de brigues , point de cabales , dans un état pour ſe faire un roy , la nature en a fait un : le
mort

mort, difons-nous, faifit le vif, & le roy ne meurt jamais.

Le gouvernement eft le meilleur qui eft le plus éloigné de l'anarchie. A une chofe auffi neceffaire que le gouvernement parmi les hommes, il faut donner les principes les plus aifez, & l'ordre qui roule le mieux tout feul.

La feconde raifon qui favorife ce gouvernement, c'eft que c'eft celuy qui intereffe le plus à la confervation de l'état, les puiffances qui le conduifent. Le prince qui travaille pour fon état travaille pour fes enfans ; & l'amour qu'il a pour fon royaume, confondu avec celuy qu'il a pour fa famille, luy devient naturel.

Il eft naturel & doux de ne montrer au prince d'autre fucceffeur que fon fils ; c'eft-à-dire, un autre luy-même, ou ce qu'il a de plus proche. Alors il voit fans envie paffer fon royaume en d'autres mains; & David entend avec joye cette acclamation de fon peuple : Que le nom de Salomon foit au def- « 3. Reg. 1. fus de vôtre nom, & fon trône au deffus de vôtre « 47. trône. «

Il ne faut point craindre icy les defordres caufez dans un état par le chagrin d'un prince, ou d'un magiftrat, qui fe fâche de travailler pour fon fucceffeur. David empêché de bâtir le temple, ouvrage fi glorieux & fi neceffaire autant à la monarchie qu'à la religion, fe réjoüit de voir ce grand ouvrage refervé à fon fils Salomon ; & il en fait les preparatifs avec autant de foin, que fi luy-même

I. Par. --.
I. 2.
» devoit en avoir l'honneur. Le Seigneur a choisi mon
» fils Salomon pour faire ce grand ouvrage, de bâtir
» une maison non aux hommes, mais à Dieu même:
» & moy j'ay preparé de toutes mes forces tout ce qui
» étoit neceſſaire à bâtir le temple de mon Dieu.

Il reçoit icy double joye, l'une de preparer du
moins au Seigneur ſon Dieu, l'édifice qu'il ne luy
eſt pas permis de bâtir, l'autre de donner à ſon fils
les moyens de le conſtruire bien-tôt.

La troiſiéme raiſon eſt tirée de la dignité des
maiſons, où les royaumes ſont hereditaires.

I. Par. XVII
17. 18.
» C'a eſté peu pour vous, ô Seigneur, de me faire
» roy, vous avez étably ma maiſon à l'avenir, & vous
» m'avez rendu illuſtre au deſſus de tous les hommes.
» Que peut ajoûter David à tant de choſes, luy que
» vous avez glorifié ſi hautement, & envers qui vous
» vous êtes montré ſi magnifique.

Cette dignité de la maiſon de David s'augmentoit à meſure qu'on en voyoit naître les rois; le trône
de David, & les princes de la maiſon de David,
devinrent l'objet le plus naturel de la veneration
publique. Les peuples s'attachoient à cette maiſon;
& un des moyens dont Dieu ſe ſervit pour faire
reſpecter le Meſſie, fut de l'en faire naître. On le
Matth. xx.
30. 31. &c.
xxi. 9.
reclamoit avec amour ſous le nom de fils de David.

C'eſt ainſi que les peuples s'attachent aux maiſons royales. La jalouſie qu'on a naturellement
contre ceux qu'on voit au deſſus de ſoy, ſe tourne
icy en amour, & en reſpect; les grands mêmes

obéïſſent ſans repugnance à une maiſon qu'on a toûjours vû maîtreſſe , & à laquelle on ſçait que nulle autre maiſon ne peut jamais être égalée.

Il n'y a rien de plus fort pour éteindre les partialitez , & tenir dans le devoir les égaux , que l'ambition & la jalouſie rendent incompatibles entre-eux.

XI. PROPOSITION.

C'eſt un nouvel avantage d'exclure les femmes de la ſucceſſion.

Par les trois raiſons alleguées , il eſt viſible que les royaumes hereditaires ſont les plus fermes. Au reſte le peuple de Dieu n'admettoit pas à la ſucceſſion , le ſexe qui eſt né pour obéïr ; & la dignité des maiſons regnantes ne paroiſſoit pas aſſez ſoûtenuë en la perſonne d'une femme , qui après tout étoit obligée de ſe faire un maître en ſe mariant.

Où les filles ſuccedent , les royaumes ne ſortent pas ſeulement des maiſons regnantes ; mais de toute la nation : or il eſt bien plus convenable que le chef d'un état ne luy ſoit pas étranger : & c'eſt pourquoy Moïſe avoit étably cette loy : Vous ne « Deut. xvii. pourrez pas établir ſur vous un roy d'une autre « 15. nation ; mais il faut qu'il ſoit vôtre frere. «

Ainſi la France où la ſucceſſion eſt reglée ſelon ces maximes , peut ſe glorifier d'avoir la meilleure conſtitution d'état qui ſoit poſſible , & la plus conforme à celle que Dieu même a établie. Ce qui montre tout enſemble , & la ſageſſe de nos an-

K ij

cêtres, & la protection particuliere de Dieu fur ce royaume.

XII. PROPOSITION.

On doit s'attacher à la forme de gouvernement qu'on trouve établie dans son pays.

Rom. XIII. 1. 2.

» Que toute ame foit foûmife aux puiffances fu-
» perieures : car il n'y a point de puiffance qui ne foit
» de Dieu ; & toutes celles qui font, c'eft Dieu qui
» les a établies : ainfi qui refifte à la puiffance, refifte
» à l'ordre de Dieu.

Il n'y a aucune forme de gouvernement, ny aucun établiffement humain qui n'ait fes inconvenients ; de forte qu'il faut demeurer dans l'état auquel un long-temps a accoûtumé le peuple. C'eft
pourquoy Dieu prend en fa protection tous les
gouvernements legitimes en quelque forme qu'ils
foient établis : qui entreprend de les renverfer,
n'eft pas feulement ennemy public ; mais encore
ennemy de Dieu.

ARTICLE II.

I. PROPOSITION.

Il y a un droit de conquête tres-ancien, & attefté par l'écriture.

Jud. XI. 13.

DEs le temps de Jephté le roy des Ammonites
fe plaignoit que le peuple d'Ifraël en fortant
d'Egypte, avoit pris beaucoup de terres à fes pre-
deceffeurs, & il les redemandoit.

Jephté établit le droit des Iſraëlites par deux titres inconteſtables ; l'un étoit une conquête legitime , & l'autre une poſſeſſion paiſible de trois cens ans.

Il allegue premierement le droit de conquête ; & pour montrer que cette conquête étoit legitime , il poſe pour fondement : Qu'Iſraël n'a rien pris de force aux Moabites , & aux Ammonites : Au contraire , qu'il a pris de grands détour pour ne point paſſer ſur leurs terres. *Ibid. 15. 16. 17. &c.*

Il montre enſuite, que les places conteſtées n'étoient plus aux Ammonites , ny aux Moabites , quand les Iſraëlites les avoient priſes ; mais à Sehon roy des Amorrhéens , qu'ils avoient vaincu par une juſte guerre. Car il avoit le premier marché contre-eux, & Dieu l'avoit livré entre leurs mains. *Ibid. 20. 21.*

Là il fait valoir le droit de conquête établi par le droit des gens , & reconnu par les Ammonites qui poſſedoient beaucoup de terres par ce ſeul titre. *Ibid. 23. 24.*

De là il paſſe à la poſſeſſion , & il montre premierement , que les Moabites ne ſe plaignirent point des Iſraëlites lors qu'ils conquirent ces places , où en effet les Moabites n'avoient plus rien.

Valez-vous mieux que Balac roy de Moab , ou pouvez-vous nous montrer qu'il ait inquieté les Iſraëlites , ou leur ait fait la guerre pour ces places. *Ibid. 25.*

En effet il étoit conſtant par l'hiſtoire , que Balac n'avoit point fait la guerre , quoiqu'il en eût eu quelque deſſein. *Num. xxiv. 25.*

Et non-ſeulement les Moabites ne s'étoient pas plaints ; mais même les Ammonites avoient laiſſé

K iij

les Ifraëlites en poſſeſſion paiſible durant trois cens
Jud. XI. 26. „ ans. Pourquoy, dit-il, n'avez-vous rien dit durant
„ un ſi long-temps.

Ibid. 27. „   Enfin il conclut ainſi. Ce n'eſt donc pas moy
„ qui ay tort, c'eſt vous qui agiſſez mal contre moy,
„ en me déclarant la guerre injuſtement. Le Seigneur
„ ſoit juge en ce jour entre les enfans d'Iſraël, & les
„ enfans d'Ammon.

A remonter encore plus haut, on voit Jacob
uſer de ce droit dans la donation qu'il fait à Jo-
Gen. XLViij. 22. „ ſeph, en cette ſorte. Je vous donne par preciput
„ ſur vos freres un heritage que j'ay enlevé de la main
„ des Amorrhéens, par mon épée, & par mon arc.

Il ne s'agit pas d'examiner ce que c'étoit, &
comment Jacob l'avoit ôté aux Amorrhéens; il ſuf-
fit de voir que Jacob ſe l'attribuoit par le droit de
conquête, comme par le fruit d'une juſte guerre.

La memoire de cette donation de Jacob à Joſeph, s'étoit conſervée dans le peuple de Dieu
comme d'une choſe ſainte & legitime juſqu'au
Joan. IV. 5. „ temps de nôtre Seigneur, dont il eſt écrit : Qu'il
„ vint auprés de l'heritage que Jacob avoit donné à
„ ſon fils Joſeph.

On voit donc un domaine acquis par le droit
des armes ſur ceux qui le poſſedoient.

II. PROPOSITION.

*Pour rendre le droit de conquête inconteſtable, la
poſſeſſion paiſible y doit être jointe.*

Il faut pourtant remarquer deux choſes dans ce

droit de conquête, l'une qu'il y faut joindre une possession paisible, ainsi qu'on a vû dans la discution de Jephté ; l'autre que pour rendre ce droit incontestable, on le confirme en offrant une composition amiable.

Ainsi le sage Simon le Machabée, querellé par le roy d'Asie sur les villes d'Iope, & de Gazara, répondit : Pour ce qui est de ces deux villes, elles « i.Mach.xv. ravageoient nôtre païs, & pour cela nous vous of- « 35. frons cent talens. «

Quoique la conquête fût legitime, & que ceux d'Iope, & de Gazara étant aggresseurs injustes, eussent été pris de bonne guerre ; Simon offroit cent talens pour avoir la paix, & rendre son droit incontestable.

Ainsi on voit que ce droit de conquête, qui commence par la force, se reduit, pour ainsi dire, au droit commun & naturel, du consentement des peuples, & par la possession paisible : Et l'on presuppose, que la conquête a été suivie d'un acquiescement tacite des peuples soumis, qu'on avoit accoûtumé à l'obéïssance par un traitement honnête : ou qu'il étoit intervenu quelque accord, semblable à celuy qu'on a rapporté entre Simon le Machabée, & les rois d'Asie.

CONCLUSION.

Nous avons donc étably par les écritures, que la royauté a son origine dans la divinité même :

Que Dieu aussi l'a exercé visiblement sur les

hommes dés les commencemens du monde :

Qu'il a continué cet exercice furnaturel, & miraculeux fur le peuple d'Ifraël, jufqu'au temps de l'établiffement des rois :

Qu'alors il a choifi l'état monarchique, & hereditaire, comme le plus naturel, & le plus durable :

Que l'exclufion du fexe né pour obéir, étoit naturelle à la fouveraine puiffance.

Ainfi nous avons trouvé, que par l'ordre de la divine providence, la conftitution de ce royaume étoit dés fon origine la plus conforme à la volonté de Dieu, felon qu'elle eft déclarée par fes écritures.

Nous n'avons pourtant pas oublié : Qu'il paroît dans l'antiquité d'autres formes de gouvernements, fur lefquelles Dieu n'a rien prefcrit au genre humain : enforte que chaque peuple doit fuivre comme un ordre divin, le gouvernement étably dans fon pays ; parce que Dieu eft un Dieu de paix, & qui veut la tranquillité des chofes humaines.

Mais comme nous écrivons dans un état monarchique, & pour un Prince que la fucceffion d'un fi grand royaume regarde ; nous tournerons dorénavant toutes les inftructions que nous tirerons de l'écriture, au genre de gouvernement où nous vivons : quoique par les chofes qui fe diront fur cet état, il fera aifé de déterminer ce qui regarde les autres.

LIVRE

LIVRE TROISIE'ME.

OU L'ON COMMENCE A EXPLIQUER
la nature, & les proprietez de l'autorité royale.

ARTICLE PREMIER.

On en remarque les caracteres essentiels.

UNIQUE PROPOSITION.

*Il y a quatre caracteres, ou qualitez essentielles à
l'autorité royale.*

PRemierement l'autorité royale est sacrée :
Secondement elle est paternelle :
Troisiémement elle est absoluë :
Quatriémement elle est soûmise à la raison.
C'est ce qu'il faut établir par ordre dans les articles suivants.

ARTICLE II.

L'autorité royale est sacrée.

I. PROPOSITION.

*Dieu établit les rois comme ses ministres, & regne par
eux sur les peuples.*

NOus avons déja vû que toute puissance vient « Rom. xiii.
de Dieu. ſ. 2.
« Ibid. 4.

L

» Le Prince, ajoûte faint Paul, eft miniftre de
» Dieu pour le bien : Si vous faites mal, tremblez,
» car ce n'eft pas en vain qu'il a le glaive : & il eft mi-
» niftre de Dieu, vangeur des mauvaifes actions.

Les princes agiffent donc comme miniftres de
Dieu, & fes lieutenants fur la terre. C'eft par eux
2. Par. XIII. » qu'il exerce fon empire. Penfez-vous pouvoir re-
8. » fifter au royaume du Seigneur qu'il poffede par les
» enfans de David.

C'eft pour cela que nous avons vû que le trône
royal n'eft pas le trône d'un homme ; mais le trône
1. Paralip » de Dieu même. Dieu a choifi mon fils Salomon
XXVIII. 5. » pour le placer dans le trône où regne le Seigneur
Ibid. xxix. » fur Ifraël. Et encore : Salomon s'affit fur le trône
23. » du Seigneur.

Et afin qu'on ne croye pas que cela foit particulier aux Ifraëlites d'avoir des rois établis de Dieu ;
Eccli. xvii. » voicy ce que dit l'Ecclefiaftique. Dieu donne à
14. 15. » chaque peuple fon gouverneur, & Ifraël luy eft
» manifeftement refervé.

Il gouverne donc tous les peuples, & leur donne
à tous, leurs rois ; quoy qu'il gouverne Ifraël
d'une maniere plus particuliere & plus déclarée.

II. PROPOSITION.

La perfonne des rois eft facrée.

Il paroît de tout cela que la perfonne des rois eft
facrée, & qu'attenter fur eux c'eft un facrilege.
3. Reg. IX. Dieu les fait oindre par fes prophetes d'une
16. onction facrée, comme il fait oindre les pontifes
xvi. 3. &c. & fes autels.

Mais même sans l'application exterieure de cette
onction, ils font facrez par leur charge, comme
étant les reprefentans de la majefté divine, dépu-
tez par fa providence à l'execution de fes deffeins.
C'eft ainfi que Dieu même appelle Cyrus fon oint.
Voicy ce que dit le Seigneur à Cyrus mon oint " If. xlv. 1.
que j'ay pris par la main pour luy affujettir tous les "
peuples.   "

Le titre de Chrift eft donné aux rois ; & on les
voit par tout appellez les Chrifts, ou les oints du
Seigneur.

Sous ce nom venerable, les prophetes même
les reverent, & les regardent comme affociez à
l'empire fouverain de Dieu, dont ils exercent l'autorité fur le peuple. Parlez de moy hardiment de- " 1. Reg. xii.
vant le Seigneur, & devant fon Chrift ; dites fi j'ay " 3. 4. 5.
pris le bœuf ou l'afne de quelqu'un, fi j'ay pris "
des prefents de quelqu'un, & fi j'ay opprimé quel- "
qu'un : Et ils répondirent ; Jamais : & Samuel dit : "
Le Seigneur & fon Chrift font donc témoins que "
vous n'avez aucune plainte à faire contre moy.   "

C'eft ainfi que Samuel aprés avoir jugé le peuple
vingt & un an de la part de Dieu avec une puiffance abfoluë, rend conte de fa conduite devant
Dieu, & devant Saül, qu'il appelle enfemble à témoin ; & établit fon innocence fur leur témoignage.

Il faut garder les rois comme des chofes facrées ;
& qui neglige de les garder eft digne de mort.
Vive le Seigneur, dit David aux Capitaines de " 1. Reg.
                                                    xxvi. 16.

» Saül , vous êtes des enfans de mort , vous tous qui
» ne gardez pas vôtre maître l'oint du Seigneur.

Qui garde la vie du prince , met la sienne en la
» garde de Dieu même. Comme vôtre vie a été chere
» & précieuse à mes yeux , dit David au roy Saül;
» ainsi soit chere ma vie devant Dieu même, & qu'il
» daigne me délivrer de tout peril.

Ibid. 24.

Dieu luy met deux fois entre les mains Saül qui
remuoit tout pour le perdre ; ses gens se pressent
de se défaire de ce prince injuste & impie ; mais
» cette proposition luy fait horreur. Dieu , dit-il,
» soit à mon secours , & qu'il ne m'arrive pas de
» mettre ma main sur mon maître , l'oint du Sei-
» gneur.

1. Reg.
XXIV. 7-11
&c.
XXVI. 23.

Loin d'attenter sur sa personne , il est même
saisi de frayeur pour avoir coupé un bout de son
manteau ; encore qu'il ne l'eut fait que pour luy
montrer combien religieusement il l'avoit épar-
» gné. Le cœur de David fut saisi, parce qu'il avoit
» coupé le bord du manteau de Saül. Tant la personne du prince luy paroît sacrée ; & tant il craint
d'avoir violé par la moindre irreverence le respect
qui luy étoit dû.

1. Reg.
XXIV. 6.

III. PROPOSITION.

On doit obéïr au prince par principe de religion,
& de conscience.

Saint Paul aprés avoir dit que le prince est le
» ministre de Dieu , conclut ainsi. Il est donc ne-
» cessaire que vous luy soyez soûmis, non seulement

Rom. XIII.
5.

par la crainte de sa colere ; mais encore par l'o- «
bligation de vôtre conscience. «

C'est pourquoy : Il le faut servir non à l'œil comme « Ephes. vi.
pour plaire aux hommes, mais avec bonne vo- « 5. 6.
lonté, avec crainte, avec respect, & d'un cœur sin- «
cere comme à Jesus-Christ. «

Et encore : Serviteurs, obéïssez en toutes choses « Coloss.iii.
à vos maîtres temporels, ne les servant point à l'œil « 22. 23. 24.
comme pour plaire à des hommes, mais en sim- «
plicité de cœur & dans la crainte de Dieu. Faites «
de bon cœur tout ce que vous faites comme ser- «
vant Dieu & non pas les hommes, assûrez de re- «
cevoir de Dieu même la recompense de vos ser- «
vices. Regardez Jesus-Christ comme vôtre maître. «

Si l'apôtre parle ainsi de la servitude, état contre
la nature ; que devons-nous penser de la sujettion
legitime aux princes, & aux magistrats protecteurs
de la liberté publique.

C'est pourquoy saint Pierre dit : Soyez donc soû- « i. Pet. ii.
mis pour l'amour de Dieu à l'ordre qui est étably « 13. 14.
parmy les hommes : soyez soûmis au roy comme «
à celuy qui a la puissance suprême : & à ceux à «
qui il donne son autorité, comme étant envoyez «
de luy pour la loüange des bonnes actions, & la «
punition des mauvaises. «

Quand même ils ne s'acquiteroient pas de ce devoir, il faut respecter en eux leur charge & leur
ministere. Obéïssez à vos maîtres, non-seulement « Ibid. 1 §.
à ceux qui sont bons & moderez, mais encore à «
ceux qui sont fâcheux & injustes. «

L iij

Il y a donc quelque chose de religieux dans le
respect qu'on rend au prince. Le service de Dieu
& le respect pour les rois sont choses unies ; & saint

Ibid. 17. » Pierre met ensemble ces deux devoirs : Craignez
» Dieu, honorez le roy.

Aussi Dieu a-t-il mis dans les princes quelque

P., LXXXI. » chose de divin. J'ay dit : Vous êtes des Dieux, & vous
6. » êtes tous enfans du tres-haut. C'est Dieu même que
David fait parler ainsi.

De là vient que les serviteurs de Dieu jurent par
le salut & la vie du roy, comme par une chose di-

2. Reg. XI. » vine & sacrée. Urie parlant à David : Par vôtre
2. XIV. 15. » salut & par la conservation de vôtre vie, je ne feray
» point cette chose.

Encore même que le roy soit infidele, par la vûë

Gen. XLII. » qu'on doit avoir de l'ordre de Dieu. Par le salut de
15. 16. » Pharaon je ne vous laisseray point sortir d'icy.

Il faut écoûter icy les premiers chrêtiens, & Ter-

Tert. Apol. » tullien qui parle ainsi au nom d'eux tous. Nous ju-
» rons, non par les genies des Cesars ; mais par leur
» vie & par leur salut, qui est plus auguste que tous
» les genies. Ne sçavez-vous pas que les genies sont
» des demons ? mais nous qui regardons dans les em-
» pereurs le choix & le jugement de Dieu, qui leur
» a donné le commandement sur tous les peuples ;
» nous respectons en eux ce que Dieu y a mis, &
» nous tenons cela à grand serment.

Ibid. » Il ajoûte : Que diray-je davantage de nôtre reli-
» gion & de nôtre pieté pour l'empereur, que nous
» devons respecter comme celuy que nôtre Dieu a

choifi : enforte que je puis dire que Cefar eft plus «
à nous qu'à vous , parce que c'eft nôtre Dieu qui «
l'a étably. «

C'eft donc l'efprit du chriftianifme de faire refpecter les rois avec une efpece de religion ; que le
même Tertullien appelle tres-bien : La religion de « Ibid.
la feconde majefté. «

Cette feconde majefté n'eft qu'un écoulement de
la premiere ; c'eft-à-dire de la divine ; qui pour le
bien des chofes humaines a voulu faire rejaillir quelque partie de fon éclat fur les rois.

IV. PROPOSITION.

*Les rois doivent refpecter leur propre puiffance , & ne
l'employer qu'au bien public.*

Leur puiffance venant d'enhaut , ainfi qu'il a été
dit , ils ne doivent pas croire qu'ils en foient les
maîtres pour en ufer à leur gré ; mais ils doivent
s'en fervir avec crainte & retenuë, comme d'une
chofe qui leur vient de Dieu , & dont Dieu leur
demandera compte. Ecoûtez, ô rois, & comprenez : « Sap. VI. 2.
apprenez juges de la terre : prêtez l'oreille, ô vous « 3. &c.
qui tenez les peuples fous vôtre empire, & vous «
plaifez à voir la multitude qui vous environne : «
c'eft Dieu qui vous a donné la puiffance : vôtre force «
vient du tres-haut qui interrogera vos œuvres , & «
penetrera le fond de vos penfées : parce qu'étant «
les miniftres de fon royaume, vous n'avez pas bien «
jugé, & n'avez pas marché felon fes volontez. Il «
vous paroîtra bien-tôt d'une maniere terrible : car «

» à ceux qui commandent eſt reſervé le châtiment le
» plus dur. On aura pitié des petits & des foibles;
» mais les puiſſants ſeront puiſſamment tourmentez.
» Car Dieu ne redoute la puiſſance de perſonne,
» parce qu'il a fait les grands & les petits, & qu'il
» a ſoin également des uns & des autres. Et les plus
» forts ſeront tourmentez plus fortement. Je vous le
» dis, ô rois, afin que vous ſoyez ſages, & que vous
» ne tombiez pas.

Les rois doivent donc trembler en ſe ſervant de
la puiſſance que Dieu leur donne, & ſonger combien horrible eſt le ſacrilege d'employer au mal une
puiſſance qui vient de Dieu.

Nous avons vû les rois aſſis dans le trône du Seigneur, ayant en main l'épée que luy-même leur a
mis en main. Quelle profanation & quelle audace
aux rois injuſtes, de s'aſſeoir dans le trône de Dieu
pour donner des arrêts contre ſes loix, & d'employer l'épée qu'il leur met en main, à faire des
violences, & à égorger ſes enfans?

Qu'ils reſpectent donc leur puiſſance; parce que
ce n'eſt pas leur puiſſance, mais la puiſſance de
Dieu, dont il faut uſer ſaintement & religieuſement. Saint Gregoire de Nazianze parle ainſi aux
empereurs. Reſpectez vôtre pourpre: reconnoiſſez
» le grand myſtere de Dieu dans vos perſonnes: il
» gouverne par luy-même les choſes celeſtes; il par-
» tage celles de la terre avec vous. Soyez donc des
» Dieux à vos ſujets. C'eſt-à-dire, gouvernez-les
comme Dieu gouverne, d'une maniere noble,
deſintereſſée,

Greg. Naz.

defintereffée, bien-faifante, en un mot divine.

ARTICLE III.

L'autorité royale est paternelle , & son propre caractere c'est la bonté.

APrés les chofes qui ont été dites , cette verité n'a plus befoin de preuves.

Nous avons vû que les rois tiennent la place de Dieu , qui eft le vray pere du genre humain.

Nous avons vû auffi que la premiere idée de puiffance qui ait été parmy les hommes , eft celle de la puiffance paternelle ; & que l'on a fait les rois fur le modele des peres.

Auffi tout le monde eft-il d'accord , que l'obéiffance qui eft dûë à la puiffance publique , ne fe trouve dans le décalogue , que dans le precepte qui oblige à honorer fes parents.

Il paroît par tout cela que le nom de roy eft un nom de pere ; & que la bonté eft le caractere le plus naturel des rois.

Faifons neanmoins icy une reflexion particuliere fur une verité fi importante.

I. PROPOSITION.

La bonté est une qualité royale , & le vray apanage de la grandeur.

LE Seigneur vôtre Dieu eft le Dieu des Dieux, « Deut. x. 17. & le Seigneur des Seigneurs : un Dieu grand « 18.

M

» puiſſant , redoutable , qui n'a point d'égard aux
» perſonnes en jugement , & ne reçoit pas de pre-
» ſents ; qui fait juſtice au pupille & à la veuve ; qui
» aime l'étranger , & luy donne ſa nourriture & ſon
» vêtement.

Parce que Dieu eſt grand & plein en luy-même,
il ſe tourne pour ainſi dire , tout entier à faire du
bien aux hommes , conformement à cette parole:
Eccli. 11. 23. » Selon ſa grandeur, ainſi eſt ſa miſericorde.

Il met une image de ſa grandeur dans les rois,
afin de les obliger à imiter ſa bonté.

Il les éleve à un état où ils n'ont plus rien à
deſirer pour eux-mêmes. Nous avons oüy David
2.Reg. vii. 20. » diſant : Que peut ajoûter vôtre ſerviteur à toute
I. Par.xvii. 18, » cette grandeur dont vous l'avez revêtu.

Et en même temps il leur déclare , qu'il leur
donne cette grandeur pour l'amour des peuples.
2. Par. ii. 11. » Parce que Dieu aimoit ſon peuple il vous a fait
3. Reg. x. 9. » regner ſur eux. Et encore : Vous avez plû au Sei-
» gneur , il vous a placé ſur le trône d'Iſraël ; &
» parce qu'il aimoit ce peuple il vous a fait leur roy
» pour faire juſtice & jugement.

C'eſt pourquoy dans les endroits où nous liſons:
» Que le royaume de David fut élevé ſur le peuple:
» L'hebreu, & le grec portent , pour le peuple. Ce
qui montre que la grandeur a pour objet le bien
des peuples ſoûmis.

En effet Dieu qui a formé tous les hommes
d'une même terre pour le corps , & a mis également dans leurs ames ſon image & ſa reſſemblance,

n'a pas étably entre-eux tant de diftinctions, pour faire d'un côté des orgueilleux, & de l'autre des efclaves, & des miferables. Il n'a fait des grands que pour proteger les petits, il n'a donné fa puiffance aux rois, que pour procurer le bien public, & pour être le fupport du peuple.

II. Proposition.

Le prince n'eft pas né pour luy-même ; mais pour le public.

C'eft une fuite de la propofition precedente, & Dieu confirme cette verité par l'exemple de Moïfe.

Il luy donne fon peuple à conduire, & en même temps il fait qu'il s'oublie luy-même.

Aprés beaucoup de travaux, & aprés qu'il a fupporté l'ingratitude du peuple durant quarante ans pour le conduire en la terre promife, il en eft exclus : Dieu le luy déclare, & que cet honneur étoit refervé à Jofué. — Deut. xxi. 7.

Quant à Moïfe il luy dit : Ce ne fera pas vous « qui introduirez ce peuple dans la terre que je leur « donneray. Comme s'il luy difoit, vous en aurez le « travail, & un autre en aura le fruit. — Num. xx. 1 2.

Dieu luy déclare fa mort prochaine ; Moïfe fans s'étonner, & fans fonger à luy-même, le prie feulement de pourvoir au peuple. Que le Dieu de tous « les efprits donne un conducteur à cette multitude, « qui puiffe marcher devant eux : qui le mene & le « ramene, de peur que le peuple du Seigneur ne foit « comme des brebis fans pafteur. « — N^m xxvij. 13. / Ibid. 16. 17

M ij

Il luy ordonne une grande guerre en ces termes :

Num. xxxi
2. „ Vange ton peuple des Madianites , & puis tu mour-
„ ras. Il veut luy faire fçavoir , qu'il ne travaille pas
pour luy même , & qu'il eſt fait pour les autres.
Ibid. 3. 7. Auſſi-tôt & ſans dire un mot ſur ſa mort prochaine,
Moïſe donna ſes ordres pour la guerre , & l'acheve
tranquillement.

Il acheve le peu de vie qui luy reſte à enſeigner
le peuple , & à luy donner les inſtructions qui com-
poſent le livre du Deuteronome. Et puis il meurt
ſans aucune recompenſe ſur la terre , dans un temps
où Dieu les donnoit ſi liberalement. Aaron a le
ſacerdoce pour luy & pour ſa poſterité : Caleb &
ſa famille eſt pourvûë magnifiquement ; les autres
reçoivent d'autres dons ; Moïſe rien ; on ne ſçait
ce que devient ſa famille. C'eſt un perſonnage public né pour le bien de l'univers , ce qui auſſi eſt la
veritable grandeur.

Puiſſent les princes entendre , que leur vraye
gloire eſt de n'être pas pour eux-mêmes ; & que
le bien public qu'ils procurent , leur eſt une aſſez digne recompenſe ſur la terre ; en attendant les
biens éternels que Dieu leur reſerve.

III. P R O P O S I T I O N.

Le prince doit pourvoir aux beſoins du peuple.

1. Reg. v.
21. „ Le Seigneur a dit à David : Vous paîtrez mon
„ peuple d'Iſraël & vous en ſerez le conducteur.
Pſ. lxxvii
70. 71. „ Dieu a choiſi David , & l'a tiré d'aprés les brebis
„ pour paître Jacob ſon ſerviteur , & Iſraël ſon he-

ritage. Il n'a fait que changer de troupeau : au lieu
de paître des brebis , il paît des hommes. Paître
dans la langue sainte c'eſt gouverner , & le nom de
paſteur ſignifie le prince , tant ces choſes ſont
unies.

J'ay dit à Cyrus, dit le Seigneur : Vous êtes mon «
paſteur. C'eſt-à-dire , vous êtes le prince que j'ay «
étably.

Ce n'eſt donc pas ſeulement Homere qui appelle les princes paſteurs des peuples ; c'eſt le ſaint
Eſprit. Ce nom les avertit aſſez de pourvoir au beſoin de tout le troupeau, c'eſt-à-dire , de tout le
peuple.

Quand la ſouveraine puiſſance fut donnée à Simon le Machabée , le decret en eſt conçu en ces
termes : Tout le peuple l'a étably prince , & il aura «
ſoin des ſaints. C'eſt-à-dire , du peuple Juif, qui «
s'appelloit auſſi le peuple des ſaints.

C'eſt un droit royal de pourvoir aux beſoins du
peuple. Qui l'entreprend au prejudice du prince,
entreprend ſur la royauté : c'eſt pour cela qu'elle
eſt établie, & l'obligation d'avoir ſoin du peuple,
eſt le fondement de tous les droits que les ſouverains ont ſur leurs ſujets.

C'eſt pourquoy dans les grands beſoins le peuple a droit d'avoir recours à ſon prince. Dans une «
extrême famine , toute l'Egypte vint crier autour «
du roy luy demandant du pain. Les peuples affa- «
mez demandent du pain à leur roy comme à leur
paſteur , ou plûtôt comme à leur pere. Et la pré-

M iij

Marginal notes: If. xliv. 28. & ailleurs. — 1. Mach. XIV. 42. — Gen. xli. 55.

Gen. xlı.
47. voyance de Joseph l'avoit mis en état d'y pourvoir.

Eccl. xxxıı.
1. 2. 　　　Voicy sur ces obligations du prince une belle
" sentence du Sage. Vous ont-ils fait prince ou gou-
" verneur ? soyez parmy eux comme l'un d'eux : ayez
" soin d'eux & prenez courage ; & reposez-vous aprés
" avoir pourvû à tout.

　　　Cette sentence contient deux preceptes.

" 　1. Precepte. Soyez parmy eux comme l'un d'eux.
Ne soyez point orgueilleux : rendez-vous accessible
& familier : ne vous croyez pas , comme on dit,
d'un autre métail que vos sujets : mettez-vous à leur
place , & soyez-leur tel que vous voudriez qu'ils
vous fussent , s'ils étoient à la vôtre.

" 　2. Precepte. Ayez soin d'eux , & reposez-vous
" aprés avoir pourvû à tout. Le repos alors vous est
permis : le prince est un personnage public , qui
doit croire que quelque chose luy manque à luy-
même , quand quelque chose manque au peuple
& à l'état.

IV. PROPOSITION.

Dans le peuple , ceux à qui le prince doit le plus
pourvoir, sont les foibles.

　　　Parce qu'ils ont plus besoin de celuy qui est par
sa charge le pere , & le protecteur de tous.

　　　C'est pour cela que Dieu recommande principalement aux juges , & aux magistrats , les veuves,
& les pupilles.

Job. xxıx
11. 12. 13. " 　Job qui étoit un grand prince dit aussi : On me

rendoit témoignage , que j'écoutois le cri du pau- «
vre, & délivrois le pupille qui n'avoit point de fe- «
cours : la benediction de celuy qui alloit perir ve- «
noit fur moy , & je confolois le cœur de la veuve. «
Et encore : J'étois l'œil de l'aveugle , le pied du boi- « Ibid. 15. 16.
teux , le pere des pauvres. Et encore : Je tenois la « Ibid. 25.
premiere place ; affis au milieu d'eux comme un roy «
environné de fa cour & de fon armée , j'étois le con- «
folateur des affligez.   «

Sa tendreffe pour les pauvres eft inexplicable.
Si j'ay refufé aux pauvres ce qu'ils demandoient, « Job. xxxi.
& fi j'ay fait attendre les yeux de la veuve , fi j'ay « 16. 17. 18.
mangé feul mon pain , & ne l'ay pas partagé « &c.
avec le pupille , parce que la compaffion eft née «
avec moy , & a cru dans mon cœur dés mon en- «
fance : Si j'ay dedaigné celuy qui mouroit de froid «
faute d'habits ; fi fes côtez ne m'ont pas beny , & «
s'il n'a pas été rechauffé par la laine de mes brebis, «
puiffe mon épaule fe feparer de fa jointure , & que «
mon bras foit brifé avec fes os. Etre impitoyable «
à fon peuple , c'eft fe feparer de fes propres
membres , & on merite de perdre ceux de fon
corps.

Il donne liberalement ; il donne penetré de compaffion ; il donne fans faire attendre : qu'y a-t'il de
plus paternel , & de plus royal ?

Dans les vœux que David fit pour Salomon le
jour de fon facre, il ne parle que du foin qu'il aura
des pauvres ; & met en cela tout le bonheur de
fon regne. Il jugera le peuple avec équité , & fera « Pf. lxxi. 1.
                                                          4. 11. 12.
                                                          &c.

» juſtice au pauvre. Il ne ſe laſſe point de loüer cette
» bonté pour les pauvres. Il protegera , dit-il , les
» pauvres du peuple , & il ſauvera les enfans des pau-
» vres , & il abattra leurs oppreſſeurs : Et encore : Tous
» les rois de la terre l'adoreront , & toutes les nations
» luy feront ſujettes , parce qu'il délivrera le pauvre
» des mains du puiſſant , le pauvre qui n'avoit point
» de ſecours. Il ſera bon au pauvre , & à l'indigent;
» il ſauvera les ames des pauvres : il les délivrera des
» uſures , & des violences , & leur nom ſera hono-
» rable devant luy. Ses bontez pour les pauvres , luy
attireront avec de grandes richeſſes la prolongation
de ſes jours , & la benediction de tous les peuples.
» Il vivra , & l'or de Saba luy ſera donné ; il ſera le
» ſujet de tous les vœux ; on ne ceſſera de le benir.
Voilà un regne merveilleux , & digne de figurer
celuy du Meſſie.

David avoit bien conçû que rien n'eſt plus royal,
que d'être le ſecours de qui n'en a point ; & c'eſt
tout ce qu'il ſouhaite au roy ſon fils.

Ceux qui commandent les peuples , ſoit princes,
ſoit gouverneurs , doivent à l'exemple de Nehemias
2 1. Eſdr. v. » ſoulager le peuple accablé. Les gouverneurs qui
15. 16 17. » m'avoient precedé fouloient le peuple , & leurs
18. » ſerviteurs tiroient beaucoup : & moy qui craignois
» Dieu je n'en ay pas uſé ainſi ; au contraire j'ay
» contribué à rebâtir les murailles ; je n'ay rien ac-
» quis dans le pays : plus ſoigneux de donner que
» de m'enrichir ; & je faiſois travailler mes ſervi-
» teurs : je tenois une grande table , où venoient les
magiſtrats,

magiftrats , & les principaux de la ville , fans pren- «
dre les revenus affignez au gouverneur ; car le peu- «
ple étoit fort apauvry. «

C'eft ainfi que Nehemias fe réjoüiffoit d'avoir
foulagé le pauvre peuple ; Et il dit enfuite plein de
confiance : O Seigneur , fouvenez-vous de moy en « *ibid.* 19.
bien, felon le bien que j'ay fait à vôtre peuple. «

V. PROPOSITION.

Le vray caractere du prince , eft de pourvoir aux befoins
du peuple ; comme celuy du tyran , eft de ne
fonger qu'à luy-même.

Ariftote l'a dit ; mais le faint Efprit l'a prononcé avec plus de force.

Il reprefente en un mot le caractere d'une ame
fuperbe , & tyrannique , en luy faifant dire : Je « *If.* XLVII.
fuis, & il n'y a que moy fur la terre. « 10.

Il maudit les Princes qui ne fongent qu'à eux-
mêmes , par ces terribles paroles: Voicy ce que dit « *Ezech.*
le Seigneur ; Malheur aux pafteurs d'Ifraël qui fe « XXXIV. 2.3.
paiffent eux-mêmes. Les troupeaux ne doivent-ils « 4. &c.
pas être nourris par les pafteurs ? vous mangiez le «
lait de mes brebis , & vous vous couvriez de leurs «
laines , & vous tuïez ce qu'il y avoit de plus gras «
dans le troupeau , & vous ne le paiffiez pas : vous «
n'avez pas fortifié ce qui étoit foible , ny guery ce «
qui étoit malade , ny remis ce qui étoit rompu ; «
ny cherché ce qui étoit égaré ; ny ramené ce qui «
étoit perdu : vous vous contentiez de leur parler «
durement & imperieufement : Et mes brebis dif- «

N

» perſées , parce qu'elles n'avoient pas de paſteurs,
» ont été la proye des bêtes farouches ; elles ont erré
» dans toutes les montagnes, & dans toutes les collines;
» & ſe ſont répanduës ſur toute la face de la terre , &
» perſonne ne les recherchoit, dit le Seigneur. Pour ce-
» la , ô paſteurs , écoutez la parole du Seigneur. Je vis
» éternellement, dit le Seigneur, parce que mes brebis
» diſperſées ont été en proye faute d'avoir des pa-
» ſteurs : car mes paſteurs ne cherchoient point mon
» troupeau ; ces paſteurs ſe paiſſoient eux-mêmes &
» ne paiſſoient point mes brebis : & voicy ce que dit
» le Seigneur : Je rechercheray mes brebis de la main
» de leurs paſteurs , & je les chaſſeray afin qu'ils ne
» paiſſent plus mon troupeau , & ne ſe paiſſent plus
» eux-mêmes : & je délivreray mon troupeau de
» leur bouche , & ils ne le devoreront plus.

On voit icy : Premierement , Que le caractere
du mauvais prince , eſt de ſe paître ſoy-même,
& de ne ſonger pas au troupeau.

Secondement, Que le ſaint Eſprit luy demande
compte , non-ſeulement du mal qu'il fait ; mais
encore de celuy qu'il ne guerit pas.

Troiſiémement, Que tout le mal que les raviſſeurs
font à ſes peuples , pendant qu'il les abandonne, &
ne ſonge qu'à ſes plaiſirs , retombe ſur luy.

VI. PROPOSITION.

Le prince inutile au bien du peuple , eſt puny auſſi-bien que le méchant , qui le tyranniſe.

Matt. xxiv.
25. &c.

C'eſt la regle de la juſtice divine , de ne punir

pas seulement les serviteurs violens, qui abusent du pouvoir qu'il leur a donné : mais encore les serviteurs inutiles, qui ne font pas profiter le talent qu'il leur a mis en main. Jettez le serviteur inutile « dans les tenebres exterieures: c'est-à-dire, dans la pri- « son obscure, & profonde, qui est hors de la maison de Dieu : Là seront pleurs & grincemens de dents. « Ibid. 25. 30

C'est pourquoy nous venons d'entendre, qu'il reprochoit aux pasteurs, non-seulement qu'ils devoroient son troupeau ; mais qu'ils ne le guerissoient pas, qu'ils le negligeoient, & le laissoient devorer.

Mardochée manda aussi à la reyne Esther, dans le peril extrême du peuple de Dieu: Ne croyez pas vous « Esther. IV. pouvoir sauver toute seule, parce que vous êtes la « 13. 14. reyne, & élevée au dessus de tous les autres ; car si « vous vous taisez, les Juifs seront delivrez par quel- « que autre voye ; & vous perirez, vous, & la maison « de vôtre pere. «

VII. PROPOSITION.

La bonté du prince ne doit pas être alterée par l'ingratitude du peuple.

Il n'y a rien de plus ingrat envers Moïse que le peuple Juif. Il n'y a rien de meilleur envers le peuple Juif que Moïse. On n'entend par tout dans l'Exode, & dans les Nombres, que des murmures insolents de ce peuple contre luy ; toutes leurs plaintes sont seditieuses, & jamais il n'entend de leur bouche des remontrances tranquiles. Des me-

Num. xi.
4. » naces ils paſſent aux effets. Tout le peuple crioit
» contre luy , & vouloit le lapider. Mais pendant
cette fureur , il plaide leur cauſe devant Dieu, qui
Ibid. 12. 13
&c. » vouloit les perdre. Je les fraperay de peſte , &
» je les extermineray , & je te feray prince d'une
» grande nation plus puiſſante que celle-cy : Oüi,
» Seigneur, répondit Moïſe, afin que les Egyptiens
» blaſphêment contre vous. Glorifiez plûtôt vôtre
» puiſſance , ô Dieu patient , & de grande miſeri-
» corde , & pardonnez à ce peuple ſelon vos bontez
» infinies.

Il ne répond pas ſeulement aux promeſſes que
Dieu luy fait , occupé du peril de ce peuple ingrat , & s'oubliant toûjours luy-même.

Exode
XXIII. 32. » Bien plus il ſe dévoüe pour eux. Seigneur , ou
» pardonnez-leur ce peché , ou effacez-moy de vôtre
» livre. C'eſt-à-dire , ôtez-moy la vie.

2. Reg. xv.
20. David imite Moïſe. Malgré toutes ſes bontez,
ſon peuple avoit ſuivy la revolte d'Abſalon , & depuis celle de Seba. Il ne leur en eſt pas moins bon;
& même ne laiſſe pas de ſe dévoüer luy , & ſa fa-
2. Reg.
XXIV. 17. » mille , pour ce peuple tant de fois rebelle. Voyant
» l'ange qui frapoit le peuple ; ô Seigneur, s'écria-t'il,
» c'eſt moy qui ay peché, c'eſt moy qui ſuis coupa-
» ble ; qu'ont fait ces brebis que vous frapez ? tour-
» nez vôtre main contre moy, & contre la maiſon de
» mon pere.

VIII. PROPOSITION.

Le prince ne doit rien donner à son ressentiment, ny à son humeur.

A Dieu ne plaise, dit Job, que je me sois ré- « Job. xxxi. joüy de la chûte de mon ennemy, ou du mal qui « 29. 30. luy arrivoit. Je n'ay pas même peché contre luy « par des paroles, ny je n'ay fait aucune imprecation « contre sa vie. «

Les commencemens de Saül sont admirables, lorsque la fortune n'avoit pas encore perverty en luy les bonnes dispositions qui l'avoient rendu digne de la royauté. Une partie du peuple avoit refusé de luy obéïr : Cet homme nous pourra-t-il sau- « 1. Reg. x. ver ? ils le méprisent, & ne luy apporterent pas « 27. les presens ordinaires en cette occasion. Comme « donc il venoit de remporter une glorieuse victoire ; Tout le peuple dit à Samuel : Qu'on nous donne « 1. Reg. xi. ceux qui ont dit, Saül ne sera pas nôtre roy, & « 12. 13. qu'on les fasse mourir. A quoy Saül répondit : Per- « sonne ne sera tué en ce jour, que Dieu a sauvé son « peuple. «

En ce jour de triomphe, & de salut, il ne pouvoit offrir à Dieu un plus digne sacrifice que celuy de la clemence.

Voicy encore un exemple de cette vertu en la personne de David. Durant que Saül le persecutoit, il étoit avec ses troupes vers le Carmel, où il y avoit un homme extraordinairement riche nommé Nabal. David le traitoit avec toute la bonté possible :

N iij

non-feulement il ne fouffroit pas que fes foldats
luy fiffent aucun tort ; chofe difficile dans la licence
de la guerre , & parmy des troupes tumultuairement ramaffées fans paye reglée , telles qu'étoient
alors celles de David : mais les gens de Nabal
confeffoient eux-mêmes , qu'il les protegeoit en

1.Reg. xxv.
15.
» toutes chofes. Ces hommes , difent-ils , nous font
» fort bons : nous n'avons jamais rien perdu parmy
» eux , & au contraire pendant que nous paiffions
» nos troupeaux , ils nous étoient nuit & jour comme
» un rampart. C'eft le vray ufage de la puiffance :
Car que fert d'être le plus fort , fi ce n'eft pour foûtenir le plus foible.

Ibid.8. &c.
C'eft ainfi qu'en ufoit David : & cependant comme fes foldats en un jour de réjoüiffance , vinrent
demander à Nabal avec toute la douceur poffible,
qu'il leur donnât fi peu qu'il voudroit ; cet homme
feroce , non-feulement le refufa ; mais encore il
s'emporta contre David d'une maniere outrageufe,
fans aucun refpect pour un fi grand homme , deftiné à la royauté par ordre de Dieu ; & fans être
touché de la perfecution qu'il fouffroit injuftement;
l'appellant au contraire , un valet rebelle qui vouloit faire le maître.

A ce coup la douceur de David fut pouffée à
bout ; il couroit à la vangeance : mais Dieu luy envoye Abigaïl femme de Nabal , auffi prudente que
Ibid. 25.
26. &c.
» belle , qui luy parla en ces termes : Que le roy,
» Monfeigneur , ne prenne pas garde aux emporte-
» mens de cet infenfé. Vive le Seigneur qui vous

a empêché de verfer le fang , & a confervé vos «
mains pures & innocentes ; le Seigneur vous fera «
une maifon puiffante , & fidele , parce que vous «
combattez pour luy. A Dieu ne plaife qu'il vous «
arrive de faire aucun mal dans tout le cours de «
vôtre vie : Quand le Seigneur aura accompliy ce «
qu'il vous a promis , & qu'il vous aura étably roy «
fur fon peuple d'Ifraël , vous n'aurez point le «
regret d'avoir répandu le fang innocent , ny de «
vous être vangé vous-même ; & cette trifte penfée «
ne viendra pas vous troubler au milieu de vôtre «
gloire ; & monfeigneur fe reffouviendra de fa fer- «
vante.
«

Elle parloit à David comme affûrée de fa bonté ,
& le touchoit en effet par où il étoit fenfible ,
luy faifant voir que la grandeur n'étoit donnée aux
hommes que pour bien faire, comme il avoit toûjours fait ; & qu'au refte toute fa puiffance n'auroit plus d'agrément pour luy , s'il pouvoit fe reprocher d'en avoir ufé avec violence.

David penetré de ce difcours s'écrie : Beni foit « Ibid.32.33.
le Dieu d'Ifraël qui vous a envoyée à ma rencon- «
tre ; beni foit vôtre difcours , qui a calmé ma co «
lere ; & benie foyez-vous vous-même , vous qui «
m'avez empêché de verfer du fang , & de me van «
ger de ma main.
«

Comme il goûte la douceur de dompter fa colere : & dans quelle horreur entre-t-il de l'action
qu'il alloit faire?

Il reconnoît qu'en effet la puiffance doit être

odieufe , même à celuy qui l'a en main , quand
elle le porte à facrifier le fang innocent à fon ref-
fentiment particulier. Ce n'eft pas être puiffant,
que de n'avoir pû refifter à la tentation de la puiffance ; & quand on en a abufé , on fent toûjours
en foy-même qu'on ne la meritoit pas.

Voilà quel étoit David : & il n'y a rien qui faffe
plus déplorer, ce que l'amour & le plaifir peuvent
fur les hommes , que de voir un fi bon prince pouffé jufqu'au meurtre d'Urie par cette aveugle paffion.

Si le prince ne doit rien donner à fes reffenti-
mens particuliers , à plus forte raifon ne doit-il pas
fe laiffer maîtrifer par fon humeur, ny par des aver-
fions, ou des inclinations irregulieres : mais il doit
agir toûjours par raifon , comme on dira dans la
fuite.

IX. PROPOSITION.

Un bon prince épargne le fang humain.

2. Reg.
XXIII. 15.
16. 17.
» Qui me donnera, avoit dit David , qui me don-
» nera de l'eau de la cîterne de Bethléem ? auffi-tôt
» trois vaillans hommes percerent le camp des Phi-
» liftins, & luy apporterent de l'eau de cette cîterne:
» mais il ne voulut pas en boire , & la répandit de-
» vant Dieu en effufion difant : Le Seigneur me foit
» propice ; à Dieu ne plaife que je boive le fang de
» ces hommes, & le peril de leurs ames.

Ambr. L.1.
Apol. Da-
vid.
» Il fent, dit faint Ambroife, fa confcience blef-
» fée par le peril où ces vaillans hommes s'étoient
mis

mis pour le satisfaire, & cette eau qu'il voit ache- «
tée au prix du sang, ne luy cause plus que de l'hor- «
reur. «

X. PROPOSITION.

Un bon prince deteste les actions sanguinaires.

Retirez-vous de moy gens sanguinaires, disoit « Ps. cxxxviij
David. Il n'y a rien qui s'accorde moins avec le ¹⁸.
protecteur de la vie, & du salut de tout le peuple,
que les hommes cruels, & violents.

Aprés le meurtre d'Urie, le même David qu'un
amour aveugle avoit jetté contre sa nature dans cet
action sanguinaire, croyoit toûjours nager dans le
sang, & ayant horreur de luy-même, il s'écrioit:
O Seigneur délivrez-moy du sang. « Ps. l. 16.

Les violences & les cruautez toûjours detestables,
le sont encore plus dans les princes établis pour les
empêcher, & les punir. Dieu qui avoit supporté
avec patience les impietez d'Achab, & de Jezabel,
laisse partir la derniere & irrevocable sentence,
aprés qu'ils ont répandu le sang de Naboth. Aussi-
tôt Elie est envoyé pour dire à ce roy cruel. Tu « 3. Reg xxi.
as tué, & tu as possedé le bien de Naboth, & tu « ¹⁹. ²³. ²⁴.
ajoûteras encore à tes crimes : mais voicy ce que «
dit le Seigneur : Au même lieu où les chiens «
ont leché le sang de Naboth, ils lecheront aussi «
ton sang, & je ruineray ta maison sans qu'il en «
reste un seul homme, & les chiens mangeront le «
corps de ta femme Jezabel. Si Achab meurt dans «
la ville, les chiens le mangeront, & s'il meurt à «

O

» la campagne il fera donné aux oifeaux.

Antiochus, furnommé l'Illuftre, roy de Syrie,
perit d'une maniere moins violente en apparence,
mais non moins terrible. Dieu le punit en l'abandonnant aux reproches de fa confcience, & à des
chagrins furieux, qui fe tournerent enfin en maladie incurable.

1. Mach. 1.
23. 24. 25.

Son avarice l'avoit engagé à piller le temple de
Jerufalem, & enfuite à perfecuter le peuple de
Dieu. Il fit de grands meurtres, & parla avec grand
orgüeil Et voilà que tout d'un coup entendant parler des victoires des Juifs qu'il perfecutoit à toute

1. Mach. VI
8. 9. 10.
&c.

» outrance. Il fut faifi de frayeur à ce difcours, &
» fut jetté dans un grand trouble : il fe mit au lit, &
» tomba dans une profonde triftelfe ; parce que fes def-
» feins ne luy avoient pas réüffi. Il fut plufieurs jours
» en cet état ; fa triftelfe fe renouvelloit & s'augmen-
» toit tous les jours, & il fe fentoit mourir. Alors
» appellant tous fes courtifans il leur dit : Le fom-
» meil s'eft retiré de mes yeux ; je n'ay plus de force,
» & mon cœur eft abbatu par de cruelles inquietudes.
» En quel abîme de triftelfe fuis-je plongé ? quelle
» horrible agitation fens-je en moy-même, moy qui
» étoit fi heureux, & fi cheri de toute ma cour dans
» ma puiffance ! maintenant je me reffouviens des
» maux, & des pilleries que j'ay faites dans Jerufa-
» lem, & des ordres que j'ay donnez fans raifon pour
» faire perir les peuples de la Judée. Je connois que
» c'eft pour cela que m'arrivent les maux où je fuis ;
» & voilà que je peris accablé de triftelfe dans une
» terre étrangere.

Il se joignit à cette tristesse , des douleurs d'entrailles , & des ulceres par tout le corps : il devint insupportable à luy-même , aussi-bien qu'aux autres par la puanteur qu'exhaloit ses membres pourris. En vain reconnut-il la puissance divine par ces paroles : Il est juste d'être soûmis à Dieu , & qu'un « mortel ne s'égale pas à luy. Dieu rejetta des soû- « missions forcées. Et ce méchant le prioit en vain « *Ibid.* 13. dans un temps où Dieu avoit resolu de ne luy plus « faire de misericorde. «

Ainsi mourut ce meurtrier & ce blasphemateur , « *Ibid.* 28. traité comme il avoit traité les autres. C'est-à-dire, « qu'il trouva Dieu impitoyable comme il l'avoit été.

Voilà ce qui arrive aux rois violents , & sanguinaires. Ceux qui oppriment le peuple , & l'épuisent par de cruelles vexations ; doivent craindre la même vangeance , puis qu'il est écrit : Le pain est « *Eccli.* XXIV. la vie du pauvre : qui le luy ôte est un homme « 25. sanguinaire. «

XI. PROPOSITION.

Les bons princes exposent leur vie pour le salut de leur peuple , & la conservent aussi pour l'amour d'eux.

L'un & l'autre nous paroît par ces deux exemples.

Pendant la revolte d'Absalon David mit son armée en bataille , & voulut marcher avec elle à son ordinaire. Mais le peuple luy dit : Vous ne « *2. Reg.* viendrez pas : car quand nous serons défaits , les « XVIII. 3. 4.

» rebelles ne croiront pas pour cela avoir vaincu.
» Vous êtes vous feul compté pour dix mille, & il
» vaut mieux que vous demeuriez dans la ville pour
» nous fauver tous. Le roy répondit, je fuivray vos
» confeils.

Il cede fans refiftance ; il ne fait aucun femblant
de fe retirer à regret : en un mot il ne fait point
le vaillant : c'eft qu'il l'étoit.

2. Reg. xx¹.
²⁵. 16. 17. » Dans un combat des Philiftins contre David,
» comme les forces luy manquoient, un Philiftin al-
» loit le percer ; Abifai fils de Servia le défendit, &
» tua le Philiftin : alors les gens de David luy dirent
» avec ferment : Vous ne viendrez plus avec nous à
» la guerre , pour ne point éteindre la lumiere d'If-
» raël.

1. Reg.
xvii. 36.

Eccl. xlvii.
3. La valeur de David s'étoit fait fentir aux Philiftins, à ce fier geant Goliat ; & même aux ours,
& aux lions qu'il déchiroit comme aigneaux. Cependant nous ne lifons point qu'il ait combattu depuis ce temps. Il ne faut pas moins eftimer la condefcendance d'un roy fi vaillant qui fe conferve
pour fon état , que la pieté de fes fujets.

Au refte l'hiftoire des rois, & celle des Machabées , font pleines de fameux exemples de princes
qui ont expofé leur vie pour le peuple , & il eft
inutile de les rapporter.

L'antiquité payenne a admiré ceux qui fe font
dévoüez pour leur patrie. Saül au commencement
de fon regne , & David à la fin du fien , fe font
dévoüez à la vangeance divine pour fauver leur
peuple.

Nous avons déja rapporté l'exemple de David : voyons celuy de Saül.

Saül victorieux resolu de poursuivre les ennemis jusqu'au bout ; selon une coûtume ancienne, dont on voit des exemples dans toutes les nations : En- « 1. Reg. xiv. gagea tout le peuple par ce serment : Maudit celuy « 24. qui mangera jusqu'au soir, & jusqu'à ce que je me « sois vangé de mes ennemis. C'est-à-dire, des Phi- « listins ennemis de l'état. Jonathas qui n'avoit pas Ibid. 27. oüi ce serment de son pere, mangea contre l'ordre Ibid. 37. dans son extrême besoin ; & Dieu qui vouloit montrer, ou combien étoit redoutable la religion du serment, ou combien on doit être prompt à sçavoir les ordres publics, témoigna sa colere contre tout le peuple. Sur cela que fait Saül ? Vive Dieu, « Ibid. 39. 40. le Sauveur d'Israël, dit-il, si la faute est arrivée « 41. par mon fils Jonathas, il sera irremissiblement puny « de mort. Separez-vous d'un côté, & moy je seray « de l'autre avec Jonathas. O Seigneur Dieu d'Israël, « faites connoître en qui est la faute qui vous a mis « en colere contre vôtre peuple. Si elle est en moy, « ou en Jonathas, faites-le connoître. Aussi tôt le sort « fut jetté ; Dieu le gouverna ; tout le peuple fut dé- livré ; il ne restoit que Saül & Jonathas. Saül pour- suit sans hesiter : Jettez le sort entre moy & Jona- « Ibid. 42. thas : Il tombe sur Jonathas ; ce jeune prince avoüe « ce qu'il avoit fait ; son pere persiste invinciblement à vouloir le faire mourir ; il fallut que tout le peuple s'unit pour empêcher l'execution ; mais du Ibid. 45. côté de Saül le vœu fut accomply, & Jonathas

O iij

fut dévoüé à la mort sans s'y opposer.

XII. PROPOSITION.

Le gouvernement doit être doux.

Eccli IV. 35.
» Ne soyez pas comme un lion. dans vôtre maison,
» opprimant vos sujets , & vos domestiques.

Le prince ne doit être redoutable qu'aux mé-
Rom. XIII. 3. 4.
» chans. Car comme dit l'Apôtre. Il n'est pas donné
» pour faire craindre ceux qui font bien, mais ceux
» qui font mal. Voules-vous ne craindre pas le prince ?
» faites bien, & vous n'aurez de luy que des loüanges.
» Car il est ministre de Dieu pour le bien : que si
» vous faites mal , tremblez ; car ce n'est pas en vain
» qu'il porte l'épée.

Ainsi le gouvernement est doux de sa nature,
& le prince ne doit être rude, qu'y étant forcé par
les crimes.

Hors de là , il luy convient d'être bon , affa-
ble, indulgent , en sorte qu'on sente à peine qu'il
Eccli.xxxij. 1.
» soit le maître. Vous ont-ils fait leur prince ou
» leur gouverneur ? soyez parmy eux comme l'un
» d'eux.

»   C'est au prince de pratiquer ce precepte de l'Ec-
Eccli. IV.8.
» clesiastique : Prêtez l'oreille au pauvre sans cha-
» grin ;rendez-luy ce que vous luy devez , & répon-
» dez-luy paisiblement & avec douceur.

La douceur aide à entendre & à bien répondre.
Eccli V. 13.
» Soyez doux à écouter la parole afin de la conce-
» voir, & de rendre avec sagesse une réponse veri-
» table.

Par la douceur on expedie mieux les affaires, & on acquiert une grande gloire. Mon fils faites vos affaires avec douceur, & vous éleverez vôtre gloire au deſſus de tous les hommes. « Eccli. III. 19. «

Moïſe étoit le plus doux de tous les hommes. Et par là le plus digne de commander ſous un Dieu, qui eſt la bonté même. Il a été ſanctifié par ſa foy & par ſa douceur, & Dieu l'a choiſi parmy tous les hommes pour être le conducteur de ſon peuple. « Num. XII. 3. « Eccli. XLV. 4. «

Nous avons vû la bonté & la douceur de Job: Qui aſſis au milieu du peuple comme un roy environné de ſa cour, étoit le conſolateur des affligez. « Job. XXIX. 25. «

Moïſe ne ſe laſſoit jamais d'écouter le peuple, tout ingrat qu'étoit ce peuple à ſes bontez: Et il y paſſoit depuis le matin juſqu'au ſoir. « Exode.xviij. 13.

David étoit tndre & bon. Nathan le prend par la pitié, & commence par cet endroit comme par le plus ſenſible à luy faire entendre ſon crime. Un pauvre homme n'avoit, dit-il, qu'une petite brebis; elle couchoit en ſon ſein & il l'aimoit comme ſa fille: & un riche la luy a ravie & tuée, &c. « 2. Reg.XII. 3. 4. «

Cette femme de Thecua qui venoit luy perſuader de rappeller Abſalon, le prend par le même endroit: Helas! je ſuis une femme veuve; un de mes fils a tué ſon frere; & ma parenté aſſemblée me veut encore ôter celuy qui me reſte, & éteindre l'étincelle qui m'eſt demeurée: & le roy luy dit: Allez, j'y donneray ordre. « 2. Reg.XIV. 5. 6. 7. 8.

Elle acheve de le toucher en luy reprefentant le
bien du peuple, comme la chofe qui luy étoit la

Ibid. 13. » plus chere. D'où vous vient cette penfée contre le
» peuple de Dieu, & pourquoy ne rappellez-vous
» pas vôtre fils banny que tout le peuple defire ?

On peut voir par les chofes qui ont été dites,
que toute la vie de ce prince eft pleine de bonté,
& de douceur. Ce n'eft donc pas fans raifon que
nous lifons dans un Pfeaume, qui apparemment

Pf. cxxxi. » eft de Salomon : O Seigneur, Souvenez-vous de
1. » David & de toute fa douceur.

Ainfi parmy tant de belles qualitez de David,
fon fils n'en trouve point de plus memorable ny
de plus agreable à Dieu, que fa grande douceur.

Il n'y a rien auffi que les peuples celebrent tant.

3. Reg. xx » Nous avons oüy dire que les rois de la maifon d'If-
31. » raël font doux & clements. Les Syriens parlent
ainfi à leur roy Benadad prifonnier d'un roy d'Ifraël. Belle reputation de ces rois parmy les peuples étrangers, & qualité vrayment royale !

XIII. PROPOSITION.

Les princes font faits pour être aimez.

1. Par. „ Nous avons déja rapporté cette parabole : Salo-
xxix 23. „ mon s'affit dans le trône du Seigneur, & il plût à
„ tous, & tout le monde luy obéit.

On ne connoît pas ce jeune prince : il fe montre,
& gagne les cœurs par la feule vûë. Le trône du
Seigneur où il eft affis fait qu'on l'aime naturellement, & rend l'obéïffance agreable.

De

De cet attrait naturel des peuples pour leurs princes, naît la memorable difpute entre ceux de Juda,
& les autres Ifraëlites, à qui ferviroit mieux le
roy. Ces derniers vinrent à David, & luy dirent : « 2. Reg. xix.
Pourquoy nos freres de Juda nous ont-ils dérobé le « 41. 42. 43.
roy, & l'ont-ils ramené à fa maifon, comme fi «
c'étoit à eux feuls de le fervir ? Et ceux de Juda «
répondirent : C'eft que le roy m'eft plus proche «
qu'à vous, & qu'il eft de nôtre tribu, pourquoy «
vous fâchez-vous ? l'avons-nous fait par interêt ? «
nous a-t-on donné des prefents où quelque chofe «
pour fubfifter ? Et ceux d'Ifraël répondirent : Nous «
fommes dix fois plus que vous, & nous avons «
plus de part que vous en la perfonne du roy : vous «
nous avez fait injure de ne nous avertir pas les pre- «
miers pour ramener nôtre roy. Ceux de Juda ré- «
pondirent durement à ceux d'Ifraël. «

Chacun veut avoir le roy, chacun paffionné
pour luy envie aux autres la gloire de le poffeder :
il en arriveroit quelque fedition, fi le prince qui
en effet eft un bien public ne fe donnoit également
à tous.

Il y a un charme pour les peuples dans la vûë
du prince ; & rien ne luy eft plus aifé que de fe
faire aimer avec paffion. La vie eft dans la gayeté « Prov. xvi.
du vifage du roy, & fa clemence eft comme la « 15.
pluye du foir ou de l'arriere-faifon. La pluye qui «
vient alors rafraîchir la terre deffechée par l'ardeur
ou du jour ou de l'été, n'eft pas plus agreable qu'un
prince, qui tempere fon autorité par la douceur ;

P

& fon vifage ravit tout le monde quand il eft fe-
rein.

Job explique admirablement ce charme fecret
du prince. Ils attendoient mes paroles comme la
rofée, & ils y ouvroient leur bouche comme on
fait à la pluye du foir. Si je leur fouriois ils avoient
peine à le croire, & ils ne laiffoient point tomber
à terre les rayons de mon vifage. Aprés le grand
chaud du jour ou de l'été, c'eft-à-dire, aprés le
trouble & l'affliction, fes paroles étoient confolantes; les peuples étoient ravis de le voir paffer,
& heureux d'avoir un regard, ils le recüeilloient
comme quelque chofe de precieux.

Que le prince foit donc facile à diftribuer des
regards benins, & à dire des paroles obligeantes.
La rofée rafraîchit l'ardeur, & une douce parole
vaut mieux qu'un prefent.

Et encore: Une douce parole multiplie les amis,
& adoucit les ennemis; & une langue agreable donne l'abondance.

Il y faut pourtant joindre les effets. L'homme
qui donne des efperances trompeufes, & n'accomplit pas fes promeffes; c'eft une nuée & un vent qui
n'eft pas fuivy de la pluye.

Un prince bienfaifant eft adoré par fon peuple.
Tout le païs fut en repos durant les jours de Simon:
il cherchoit le bien de fa nation: auffi fa puiffance,
& fa gloire faifoient le plaifir de tout le peuple.

Que la puiffance eft affermie quand elle eft ainfi
cherie par les peuples; & que Salomon a raifon

Job. xx.x.
23. 24.

Eccli. xviii
16.

Ibid. vi. 5.

Prov. xxv.
14.

I. Mach.
xiv. 4.

de dire : La bonté, & la justice gardent le roy ; & « Prov. xx.
son trône est affermy par la clemence. « 28.

Voilà une belle garde pour le roy, & un digne
soutien de son trône.

XIV. PROPOSITION.

*Un prince qui se fait haïr par ses violences, est toû-
jours à la veille de perir.*

Il est regardé non comme un homme, mais
comme une bête feroce. Le prince impitoyable est « Prov.xxviij
un lion rugissant, & un ours affamé. « 15.

Il se peut assurer qu'il vit au milieu de ses ennemis. Comme il n'aime personne, personne ne l'aime.
Il dit en son cœur, je suis, & il n'y a que moy « Isa. xlvij.
sur la terre : il luy viendra du mal sans qu'il sçache « 10. 11.
de quel côté : il tombera dans une misere inévi- «
table. La calamité viendra sur luy lors qu'il y pen- «
sera le moins. «

Brisez la tête des princes ennemis qui disent, il « Eccl. xxxvj.
n'y a que nous. Ce n'est pas comme nous verrons, « 12.
qu'il soit permis d'attenter sur eux ; à Dieu ne plaise !
mais le saint Esprit nous apprend qu'ils ne meritent pas de vivre, & qu'ils ont tout à craindre,
tant des peuples poussez à bout par leur violence,
que de Dieu qui a prononcé : Que les hommes « Ps. liv.
sanguinaires, & trompeurs, ne verront pas la moi- « 27.
tié de leurs jours. «

P ij

XV. PROPOSITION.

Le prince doit se garder des paroles rudes, & mocqueuses.

Nous avons vû que le prince doit tenir ses mains nettes de sang , & de violence : mais il doit aussi retenir sa langue , dont les blessures souvent ne sont pas moins dangereuses ; selon cette parole de David : Leur langue est une épée affilée. Et encore: Ils ont aiguisé leurs langues comme des langues de serpent. Leur morsure est venimeuse , & mortelle.

Pf. xvi. 6.

Pf. cxxxix. 3.

La colere du prince déclarée par ses paroles, cause des meurtres , & verifie ce que dit le Sage: L'indignation du roy annonce la mort.

Prov. xvi. 14.

Son discours , loin d'être emporté & violent, ne doit pas même être rude. De tels discours alienent tous les esprits. Une douce parole abat la colere, un discours rude met en fureur.

Prov. xv. i.

Sur tout un discours mocqueur est insupportable en sa bouche. N'offensez point vôtre serviteur qui travaille de bonne-foy , & qui vous donne sa vie.

Eccli. vii. 22.

Et encore : Ne vous mocquez pas de l'affligé : car il y a un Dieu qui voit tout , qui éleve , & qui abaisse.

Ibid. 12.

Ne vous fiez donc pas à vôtre puissance ; & qu'elle ne vous emporte pas à des mocqueries insolentes. Il n'y a rien de plus odieux. Que peut-on attendre d'un prince , dont on ne reçoit pas même d'honnêtes paroles?

Au contraire il est de la bonté du prince de re-

primer les médifances, & les railleries outrageufes.
Le moyen en eft aifé ; un regard severe suffit. Le „ Prov. xxv.
vent de bize diffipe la pluye ; & un visage trifte „ 23.
arrête une langue médifante. „

La médifance n'eft jamais plus infolente, que
lorsqu'elle a ofé paroître devant la face du prince ;
& c'eft-là par consequent qu'elle doit être le plus
reprimée.

LIVRE QUATRIE'ME.

SUITE DES CARACTERES DE LA royauté.

ARTICLE PREMIER.

L'autorité royale est absoluë.

POur rendre ce terme odieux & insupportable, plusieurs affectent de confondre le gouvernement absolu, & le gouvernement arbitraire. Mais il n'y a rien de plus distingué, ainsi que nous le ferons voir lors que nous parlerons de la justice.

I. PROPOSITION.

Le prince ne doit rendre compte à personne de ce qu'il ordonne.

Eccli. VIII.
2. 3. 4. 5.

» Observez les commandemens qui sortent de la » bouche du roy, & gardez le serment que vous » luy avez prêté. Ne songez pas à échapper de devant » sa face, & ne demeurez pas dans de mauvaises » œuvres, parce qu'il fera tout ce qu'il voudra ; la » parole du roy est puissante, & personne ne luy peut » dire, pourquoy faites-vous ainsi ? qui obéït n'aura » point de mal.

Sans cette autorité absoluë, il ne peut ny faire

le bien , ny reprimer le mal : il faut que fa puiffance foit telle que perfonne ne puiffe efperer de
luy échaper : & enfin la feule défenfe des particuliers contre la puiffance publique , doit être leur
innocence.

Cette doctrine eft conforme à ce que dit faint
Paul. Voulez-vous ne craindre point la puiffance ? « Rom. x111.
faites le bien. « 3.

II. PROPOSITION.

Quand le prince a jugé , il n'y a point d'autre
jugement.

Les jugemens fouverains font attribuez à Dieu
même. Quand Jofaphat établit des juges pour juger
le peuple : Ce n'eft pas , difoit-il , au nom des hom- « 1. Par. xix.
mes que vous jugez , mais au nom de Dieu. « 6.

C'eft ce qui fait dire à l'Ecclefiaftique : Ne ju- « Eccli. viii.
gez point contre le juge. A plus forte raifon contre « 17.
le fouverain juge qui eft le roy. Et la raifon qu'il
en apporte : C'eft qu'il juge felon la juftice. Ce « Ibid.
n'eft pas qu'il y juge toûjours : mais c'eft qu'il eft
reputé y juger ; & que perfonne n'a droit de juger,
ny de revoir aprés luy.

Il faut donc obéïr aux princes comme à la juftice
même , fans quoy il n'y a point d'ordre , ny de fin
dans les affaires.

Ils font des Dieux , & participent en quelque
façon à l'indépendance divine. J'ay dit vous êtes « Pf. LXXXI.
des Dieux , & vous êtes tous enfans du tres-haut. « 6.

Il n'y a que Dieu qui puiffe juger de leurs ju-

» gements , & de leurs perfonnes. Dieu a pris fa
» feance dans l'affemblée des Dieux , & affis au mi-
» lieu il juge les Dieux.

C'eft pour cela que faint Gregoire évêque de
Tours difoit au roy Chilperic dans un Concile.
» Nous vous parlons ; mais vous nous écoutez fi vous
» voulez. Si vous ne voulez pas , qui vous condam-
» nera finon celuy qui a dit , qu'il étoit la juftice
» même ?

De là vient que celuy qui ne veut pas obéïr au prince , n'eft pas renvoyé à un autre tribunal ; mais il eft
condamné irremiffiblement à mort , comme l'ennemy du repos public , & de la focieté humaine.
» Qui fera orgüeilleux & ne voudra pas obéïr au
» commandement du pontife , & à l'ordonnance du
» juge , il mourra , & vous ôterez le mal du milieu
» de vous. Et encore : Qui refufera d'obéïr à tous vos
» ordres qu'il meure. C'eft le peuple qui parle ainfi
à Jofüé.

Le prince fe peut redreffer luy-même , quand il
connoît qu'il a mal fait ; mais contre fon autorité,
il ne peut y avoir de remede que dans fon autorité.

C'eft pourquoy il doit bien prendre garde à ce
» qu'il ordonne. Prenez garde à ce que vous faites ;
» tout ce que vous jugerez retombera fur vous ; ayez
» la crainte de Dieu ; faites tout avec grand foin.

C'eft ainfi que Jofaphat inftruifoit les juges , à
qui il confioit fon autorité : combien y penfoit-il
quand il avoit à juger luy-même.

III.

Ibid. 1.

Grcg. Tur.
lib. vi Hift.

Deut. xvii.
12. 13.

Jof. 1. 18.

2 Par. xix.
6. 7.

III. PROPOSITION.

Il n'y a point de force coactive contre le prince.

On appelle force coactive, une puissance pour contraindre à executer ce qui est ordonné legitimement. Au prince seul appartient le commandement legitime ; à luy seul appartient aussi la force coactive.

C'est aussi pour cela que saint Paul ne donne le glaive qu'à luy seul. Si vous ne faites pas bien, craignez ; car ce n'est pas en vain qu'il a le glaive. « Rom. xiii. 4.

Il n'y a dans un état que le prince qui soit armé ; autrement tout est en confusion, & l'état retombe en anarchie.

Qui se fait un prince souverain, luy met en main tout ensemble, & l'autorité souveraine de juger, & toutes les forces de l'état. Nôtre roy nous jugera, & il marchera devant nous, & il conduira nos guerres. C'est ce que dit le peuple Juif quand il demanda un roy. Samuel leur déclare sur ce fondement, que la puissance de leur prince sera absoluë, sans pouvoir être restrainte par aucune autre puissance. Voicy le droit du roy qui regnera sur vous, dit le Seigneur : Il prendra vos enfans, & les mettra à son service : il se saisira de vos terres, & de ce que vous aurez de meilleur, pour le donner à ses serviteurs, & le reste. « 1. Reg. VIII. 20. « .Reg.VIII. 2. &c.

Est-ce qu'ils auront droit de faire tout cela licitement ? à Dieu ne plaise. Car Dieu ne donne point de tels pouvoirs : mais ils auront droit de le

Q

faire impunément à l'égard de la juſtice humaine.

PſL. ſ. » C'eſt pourquoy David diſoit : J'ay peché contre
Hier. in P. L. » vous ſeul : ô Seigneur, ayez pitié de moy ! Parce
» qu'il étoit roy, dit ſaint Jerôme ſur ce paſſage,
» & n'avoit que Dieu ſeul à craindre.

Ambr. in Pſ. L. & Apolog. David. » Et ſaint Ambroiſe dit ſur ces mêmes paroles :
» J'ay peché contre vous ſeul. Il étoit roy ; il n'étoit
» aſſujetty à aucunes loix, parce que les rois ſont
» affranchis des peines qui lient les criminels. Car
» l'autorité du commandement ne permet pas que
» les loix les condamnent au ſupplice. David donc
» n'a point peché contre celuy qui n'avoit point d'a-
» ction pour le faire châtier.

Quand la ſouveraine puiſſance fût accordée à
Simon le Machabée, on exprima en ces termes le
1. Mach. XIV. 42. 43. 44. 45. » pouvoir qui luy fut donné. Qu'il ſeroit le prince,
» & le capitaine general de tout le peuple, & qu'il
» auroit ſoin des ſaints : (c'eſt ainſi qu'on appelloit
» les Juifs :) & qu'il établiroit les directeurs de tous
» les ouvrages publics, & de tout le pays ; & les gou-
» verneurs qui commanderoient les armes & les gar-
» niſons ; & que ce ſeroit à luy de prendre ſoin du
» peuple ; & que tout le monde recevroit ſes ordres,
» & que tous les actes & decrets publics ſeroient écrits
» en ſon nom ; & qu'il porteroit la pourpre & l'or ;
» & qu'aucun du peuple ny des prêtres ne feroit con-
» tre ſes ordres, ny ne s'y pourroit oppoſer, ny ne
» tiendroit d'aſſemblée ſans ſa permiſſion ; ny ne por-
» teroit la pourpre ou la boucle d'or qui eſt la mar-
» que du prince ; & que quiconque feroit au con-

traire, feroit criminel. Le peuple confentit à ce decret, & Simon accepta la puiffance fouveraine à
ces conditions. Et il fut dit que cette ordonnance « bi.l.46.47.
feroit gravée en cuivre, & affichée au parvis du « 48. 49.
temple au lieu le plus frequenté ; & que l'original «
en demeureroit dans les archives publiques entre «
les mains de Simon & de fes enfans. «

Voilà ce qui fe peut appeller la loy royale des
Juifs, où tout le pouvoir des rois eft excellemment
expliqué. Au prince feul appartient le foin general
du peuple : c'eft là le premier article & le fondement de tous les autres : à luy les ouvrages publics ; à luy les places & les armes ; à luy les decrets & les ordonnances ; à luy les marques de
diftinction ; nulle puiffance que dépendante de la
fienne ; nulle affemblée que par fon autorité.

C'eft ainfi que pour le bien d'un état, on en
réünit en un toute la force. Mettre la force hors
de là, c'eft divifer l'état ; c'eft ruiner la paix publique ; c'eft faire deux maîtres contre cet oracle
de l'evangile. Nul ne peut fervir deux maîtres. « Matth. vi.
24.

Le prince eft par fa charge le pere du peuple ;
il eft par fa grandeur au deffus des petits interêts,
bien plus, toute fa grandeur & fon interêt naturel,
c'eft que le peuple foit confervé ; puis qu'enfin le
peuple manquant, il n'eft plus prince. Il n'y a
donc rien de mieux, que de laiffer tout le pouvoir
de l'état à celuy qui a le plus d'interêt à la confervation, & à la grandeur de l'état même.

Q ij

IV. PROPOSITION.

Les rois ne font pas pour cela affranchis des loix.

Deut. XVII. »
16. 17. &c.
Quand vous vous ferez étably un roy, il ne luy
» fera pas permis de multiplier fans mefure fes che-
» vaux & fes équipages ; ny d'avoir une fi grande
» quantité de femmes qui amolliffent fon courage ;
» ny d'entaffer des fommes immenfes d'or & d'ar-
» gent. Et quand il fera affis dans fon trône, il pren-
» dra foin de décrire cette loy, dont il recevra un
» exemplaire de la main des prêtres de la tribu de
» Levi , & l'aura toûjours en main, la lifant tous les
» jours de fa vie ; afin qu'il apprenne à craindre Dieu,
» & à garder fes ordonnances & fes jugemens. Que
» fon cœur ne s'enfle pas au deffus de fes freres, &
» qu'il marche dans la loy de Dieu fans fe détourner
» à droit & à gauche, afin qu'il regne long-temps luy
» & fes enfans.

Il faut remarquer que cette loy ne comprenoit
pas feulement la religion , mais encore la loy du
royaume à laquelle le prince étoit foûmis autant
que les autres, ou plus que les autres, par la droiture de fa volonté.

C'est ce que les princes ont peine à entendre.
Ambr. L.
II. Apol.
David.
» Quel prince me trouverez-vous , dit faint Am-
» broife, qui croye que ce qui n'eft pas bien ne foit
» pas permis ; qui fe tienne obligé à fes propres loix:
» qui croye que la puiffance ne doive pas fe permet-
» tre ce qui eft défendu par la juftice ? car la puif-
» fance ne détruit pas les obligations de la juftice;

mais au contraire c'eſt en obſervant ce que preſ- «
crit la juſtice, que la puiſſance s'exempte de crime: «
& le roy n'eſt pas affranchy des loix ; mais s'il pe- «
che il détruit les loix par ſon exemple. Il ajoûte: «
Celuy qui juge les autres, peut-il éviter ſon pro- «
pre jugement, & doit-il faire ce qu'il condamne? «

De là cette belle loy d'un empereur romain. L. Digna.
C'eſt une parole digne de la majeſté du prince, de « C. de Le-
ſe reconnoître ſoumis aux loix.   « gib.

Les rois ſont donc ſoumis comme les autres à
l'équité des loix, & parce qu'ils doivent être juſtes,
& parce qu'ils doivent au peuple l'exemple de garder la juſtice ; mais ils ne ſont pas ſoumis aux
peines des loix : ou comme parle la Theologie,
ils ſont ſoumis aux loix, non quant à la puiſſance
coactive ; mais quant à la puiſſance directive.

V. PROPOSITION.

Le peuple doit ſe tenir en repos ſous l'autorité du
prince.

C'eſt ce qui paroît dans l'Apologue où les arbres Jud. IX. 8.
ſe choiſiſſent un roy. Ils s'adreſſent à l'olivier, au 9. 10. 11.
figuier, & à la vigne. Ces arbres délicieux con- 12. 13.
tents de leur abondance naturelle, ne voulurent
pas ſe charger des ſoins du gouvernement. Alors « Ibid. 14.
tous les arbres dirent au buiſſon : Venez & regnez «
ſur nous. Le buiſſon eſt accoûtumé aux épines &
aux ſoins. Il eſt le ſeul qui naiſſe armé, il a ſa
garde naturelle dans ſes épines. Par là il pouvoit
paroître digne de regner. Auſſi le fait-on parler

Q iij

comme il appartient à un roy. Il répondit aux ar-

Ibid. 15. » bres qui l'avoient élu : *Si vous me faites vrayment*
» *vôtre roy, reposez-vous sous mon ombre ; sinon*
» *il sortira du buisson un feu qui devorera les cedres*
» *du Liban.*

Aussi-tôt qu'il y a un roy, le peuple n'a plus qu'à demeurer en repos sous son autorité. Que si le peuple impatient se remuë, & ne veut pas se tenir tranquille sous l'autorité royale, le feu de la division se mettra dans l'état, & consumera le buisson avec tous les autres arbres, c'est-à-dire, le roy & les peuples : les cedres du Liban seront brûlez ; avec la grande puissance qui est la royale, les autres puissances seront renversées, & tout l'état ne sera plus qu'une même cendre.

3. Reg. IV.
25. » Quand un roy est autorisé : *Chacun demeure en*
» *repos, & sans crainte sous sa vigne, & sous son*
» *figuier, d'un bout du royaume à l'autre.*

Tel étoit l'état du peuple Juif sous Salomon. Et

1. Mach.
XIV. 8. 9.
12. » *de même sous Simon le Machabée. Chacun cul-*
» *tivoit sa terre en paix : les vieillards assis dans les*
» *ruës parloient ensemble du bien public ; & les*
» *jeunes gens se paroient, & prenoient l'habit mili-*
» *taire. Chacun assis sous sa vigne, & sous son fi-*
» *guier, vivoit sans crainte.*

Pour joüir de ce repos il ne faut pas seulement la paix au dehors, il faut la paix au dedans, sous l'autorité d'un prince absolu.

VI. PROPOSITION.

Le peuple doit craindre le prince ; mais le prince ne doit craindre que de faire mal.

Qui fera orgüeilleux , & ne voudra pas obéir au « Deut. xvii.
commandement du pontife , & à l'ordonnance du « 12. 13.
juge ; il mourra , & vous ôterez le mal du milieu «
d'Ifraël : & tout le peuple qui entendra fon fup- «
plice craindra , afin que perfonne ne fe laiffe em- «
porter à l'orgüeil. «

La crainte eft un frein neceffaire aux hommes à
caufe de leur orgüeil , & de leur indocilité naturelle.

Il faut donc que le peuple craigne le prince ;
mais fi le prince craint le peuple , tout eft perdu.
La molleffe d'Aaron à qui Moïfe avoit laiffé le
commandement pendant qu'il étoit fur la monta-
gne , fut caufe de l'adoration du Veau d'or. Que « Exod. xxxii
vous a fait ce peuple, luy dit Moïfe, & pourquoy « 21.
l'avez-vous induit à un fi grand mal ? Il impute le «
crime du peuple à Aaron , qui ne l'avoit pas re-
primé , quoy qu'il en eût le pouvoir.

Remarquez ces termes : Que vous a fait ce peu- «
ple pour l'induire à un fi grand mal ? C'eft être «
ennemy du peuple, que de ne luy refifter pas dans «
ces occafions.

Aaron luy répondit ; que monfeigneur ne fe fâche « Ibid. 22. 23.
point contre moy ; vous fçavez que ce peuple eft «
enclin au mal : ils me font venus dire ; faites des «
Dieux qui nous precedent ; car nous ne fçavons ce «

» qu'eſt devenu Moïſe qui nous a tirez d'Egypte.

Quelle excuſe à un magiſtrat ſouverain de crain-
» dre de fâcher le peuple ? Dieu ne la reçoit pas, &
» irrité au dernier point contre Aaron, il voulut l'é.
» craſer ; mais Moïſe pria pour luy.

Deut. ix.
20.

Saül penſe s'excuſer ſur le peuple, de ce qu'il
n'a pas executé les ordres de Dieu. Vaine excuſe
que Dieu rejette ; car il étoit étably pour reſiſter
» au peuple, lors qu'il ſe portoit au mal. Ecoutez,
» luy dit Samuel, ce que le Seigneur a prononcé
» contre vous. Vous avez rejetté ſa parole, il vous a
» auſſi rejetté, & vous ne ſerez pas roy. Saül dit à
» Samuel : J'ay peché d'avoir deſobéy au Seigneur &
» à vous en craignant le peuple, & cedant à ſes diſ-
» cours.

1. Reg. xv.
16. 23. 24.

Le prince doit repouſſer avec fermeté les impor-
tuns qui luy demandent des choſes injuſtes. La
crainte de fâcher pouſſée trop avant, dégenere en
» une foibleſſe criminelle. Il y en a qui perdent leur
» ame par une mauvaiſe honte : l'imprudent qu'ils
» n'oſent refuſer les fait perir.

Eccli. xx.
24.

VII. PROPOSITION.

Le prince doit ſe faire craindre des grands, & des
petits.

Salomon dés le commencement de ſon regne
parle ferme à Adonias ſon frere. Auſſi-tôt que Salomon eut été couronné, Adonias luy envoya dire :
» Que le roy Salomon me jure qu'il ne fera point
» mourir ſon ſerviteur. Salomon répondit : S'il fait

3. Reg. i.
51. 52.

ſon

son devoir il ne perdra pas un seul cheveu ; sinon «
il mourra. «

Dans la suite, Adonias cabala pour se faire roy, 3. Reg. 11.
& Salomon le fit mourir. 22. 23. 24.
25.

Il fit dire au grand prêtre Abiathar qui avoit
suivy le party d'Adonias : Retirez-vous à la cam- « Ibid. 26.
pagne dans vôtre maison : vous meritez la mort ; «
mais je vous pardonne, parce que vous avez porté «
l'arche du Seigneur devant mon pere David , & «
que vous l'avez fidellement servy. «

Sa dignité & ses services passez luy sauverent
la vie ; mais il luy en coûta la souveraine sacrifi-
cature, & il fut banny de Jerusalem.

Joab le plus grand capitaine de son temps , & le
plus puissant homme du royaume , étoit aussi du
même party. Ayant appris que Salomon l'avoit
sçu , il se refugia au coin de l'autel , où Salomon
ordonna à Banaias de le tuer. Ainsi , dit-il , vous « Ibid. 28. 31.
éloignerez de moy & de la maison de mon pere , « 32. 33.
le sang innocent que Joab a répandu , en tuant deux «
hommes de bien & qui valoient mieux que luy , «
Abner fils de Ner, & Amasa fils de Jether : & leur «
sang retombera sur sa tête. «

L'autel n'est pas fait pour servir d'azile aux as-
sassins ; & l'autorité royale se doit faire sentir aux
méchans , quelques grands qu'ils soient.

Dans le nouveau testament , & parmy des peuples plus humains , il faut moins faire de ces executions sanglantes qu'il ne s'en faisoit dans l'ancienne loy & parmy les Juifs , peuple dur & en-

R

clin à la revolte. Mais enfin le repos public oblige
les rois à tenir tout le monde en crainte , & plus
encore les grands que les particuliers ; parce que
c'est du côté des grands , qu'il peut arriver de plus
grands troubles.

VIII. PROPOSITION.

L'autorité royale doit être invincible.

S'il y a dans un état quelque autorité capable
d'arrêter le cours de la puissance publique , & de
l'embarasser dans son exercice , personne n'est en
sureté. Jeremie executoit les ordres de Dieu , en
déclarant que la ville en punition de ses crimes,

Jer. xxxviij.
4. 5.

» seroit livrée au roy de Babylone. Les grands s'as-
» semblerent autour du roy & luy dirent : Nous vous
» prions que cet homme soit mis à mort : car il
» abat par malice le courage des gens de guerre, &
» de tout le peuple : c'est un méchant qui ne veut
» pas le bien de l'état , mais sa ruine. Le roy Sede-
» cias leur répondit : Il est en vos mains ; car le roy
» ne vous peut rien refuser. Le gouvernement étoit
foible , & l'autorité royale n'étoit plus un refuge
à l'innocent persecuté.

Le roy vouloit le sauver , parce qu'il sçavoit que
Dieu luy avoit commandé de parler comme il

Ibid. 14. 24.
25. 26.

» avoit fait. Il fit venir Jeremie auprés de luy en par-
» ticulier ; & il luy dit : Vous ne mourrez pas ; mais
» que les seigneurs ne sçachent point ce qui se passe
» entre nous ; & s'ils entendent dire que vous m'a-
» vez parlé , & qu'ils vous demandent , qu'est-ce

que le roy vous a dit ? répondez, je me suis jetté «
aux pieds du roy, afin qu'il ne me renvoyât pas «
dans ma prison pour y mourir. Prince foible, qui «
craignoit les grands, & qui perdit bien-tôt son
royaume, n'ozant suivre les conseils que luy donnoit Jeremie par ordre de Dieu.

Evilmerodac roy de Babylone, fut un de ces
princes foibles, qui se laissent mener par force.
Par son ordre Daniel avoit découvert les fourbes
des prêtres de Bel, & avoit fait crever le dragon
sacré que les Babyloniens adoroient. Ce que les « Dan. xiv.
seigneurs ayant oüi, ils entrerent dans une grande « 17. 28.
colere ; & s'étant assemblez contre le roy, ils di- «
soient : Le roy s'est fait Juif, il a renversé Bel, «
il a tué le dragon sacré & les prêtres. Et ayant «
dit ces choses entre-eux, ils vinrent au roy : Li- «
vrez-nous Daniel, luy dirent-ils, autrement nous «
vous ferons mourir, vous, & vôtre maison. «

Il leur accorda leur demande ; & si Dieu déli- Ibid. 22.
vra Daniel des bêtes farouches, ce roy n'en étoit &c.
pas moins coupable de sa mort, à laquelle il avoit
donné son consentement.

On entreprend aisément contre un prince foible.
Celuy-cy qui se laisse intimider par les menaces Beros. Ap.
qu'on luy fait de le faire mourir luy & sa maison, Joseph. l. 1.
fut tué en une autre occasion pour ses débauches, Cont. A-
& ses injustices : car tout prince foible est injuste, pion.
& sa maison perdit la royauté.

Ainsi ces foiblesses sont pernicieuses aux particuliers, à l'état, & au prince même contre qui

on oze tout , quand il se laisse entamer.

Le prophete Daniel fut encore exposé aux bêtes
farouches , par la foiblesse de Darius le Mede. Il
» vouloit donner à Daniel le gouvernement du royau-
» me ; parce que l'esprit de Dieu paroissoit en luy,
» plus que dans tous les autres hommes. Les grands,
» & les satrapes jaloux de sa grandeur , chercherent
» l'occasion de le perdre , & surprirent le roy. Puis-
» siez-vous vivre à jamais ô Roy Darius ; Les grands
» de vôtre royaume , & les magistrats , & les sa-
» trapes , les senateurs, & les juges , sont d'avis qu'on
» publie un édit royal , par lequel il étoit fait dé-
» fense d'adresser durant trente jours aucune priere
» à qui que ce soit , Dieu ou homme , excepté à
» vous.

Le roy fit cette loy autant tyrannique qu'impie,
selon la forme la plus autentique , & qui la rendoit irrevocable , parmy les Medes & les Perses.
On ne doit point d'obéïssance aux rois contre Dieu.
» Ainsi Daniel prioit à son ordinaire trois fois le
» jour , ses fenêtres ouvertes , tournées vers Jerusa-
» lem. Ceux qui avoient conseillé la loy entrerent
» en foule , & le trouverent en prieres.

Ils firent leur plainte au roy , & pour le presser
davantage , ils le prennent par la coûtume des
Medes & des Perses , & par sa propre autorité.
» Sçachez , ô roy, que c'est une loy inviolable parmy
» les Medes & les Perses, que toute ordonnance faite
» par le roy ne peut être changée.

Darius abandonna Daniel qui l'avoit si bien ser-

Dan. VI. 3.
4. 6. 7.

Ibid. 8. 9.

Ibid. 10. 11.

Ibid. 15.

Ibid. 16. 18.

vy, & se contenta d'en témoigner une sensible douleur. Dieu délivra ce prophete encore une fois ; mais le roy l'avoit immolé autant qu'il étoit en luy à la fureur des lions , & à la jalousie des grands plus furieux que les lions mêmes.

Un roy est bien foible, qui répand le sang innocent, pour n'avoir pû resister aux grands de son royaume, ny revoquer une loy injuste, & faite par une surprise évidente. Assuerus, roy du même peuple, revoqua bien la loy publiée contre les Juifs, quand il en connut l'injustice ; quoy qu'elle eût été faite de la maniere la plus autentique.

Esth. VIII. 5. 8.

C'est une chose pitoyable de voir Pilate dans l'histoire de la passion. Il sçavoit que les Juifs luy amenoient, & accusoient Jesus par envie.

« Matth. XXVII. 18.
« Marc. XV.

Il leur avoit déclaré : Qu'il ne voyoit en cet homme aucune cause de mort. Il leur dit encore une fois : Vous l'accusez d'avoir excité le peuple à sedition , & voilà que l'interrogeant devant vous , je n'ay rien trouvé de ce que vous luy reprochez. Herode à qui je l'ay renvoyé , ne l'a pas non plus trouvé digne de mort. Et ils se mirent à crier : Faites le mourir ; mettez en liberté Barabbas , qui avoit été arrêté pour sedition , & pour meurtre. Pilate leur parla encore pensant délivrer Jesus : Et ils crierent de nouveau : Crucifiez-le, crucifiez-le. Et il leur dit pour la troisiéme fois : Mais quel mal a-t-il fait ? pour moy je ne le trouve pas digne de mort ! je le châtieray & le renvoyeray : Et ils faisoient des efforts horribles, criant qu'on le cruci-

« 10.
« Luc. XXII.
« 4.
« Ibid. 14. 15.
« &c.

R iij

» fiât, & leurs cris s'augmentoient toûjours. Enfin Pi-
» late leur accorda leur demande. Il délivra leur
» meurtrier & le feditieux , & abandonna Jefus à
» leur volonté.

Pourquoy tant contefter pour enfin abandonner
la juftice ? toutes fes excufes le condamnent. Prenez-le vous-mêmes , leur dit-il , & jugez-le felon
vôtre loy. Et encore : Prenez-le vous-mêmes , &
crucifiez-le. Comme fi un Magiftrat étoit innocent , de laiffer faire un crime qu'il peut empêcher.

Joan. XVIII. 31. XIX. 6.

On luy allegue la raifon d'état : Si vous le renvoyez , vous offenferez Cefar. Qui fe fait roy eft
fon ennemy. Mais il fçavoit bien , & Jefus le luy
avoit déclaré : Que fon royaume n'étoit point de
ce monde. Il craignit les mouvemens du peuple ,
& les menaces qu'ils luy faifoient , de fe plaindre
de luy à Cefar. Il ne devoit craindre que de mal
faire.

Ibid. XIX. 12.

Ibid. XVIII. 36.

C'eft en vain : Qu'il lave fes mains devant tout
le peuple en difant : Je fuis innocent du fang de
cet homme jufte ; c'eft à vous à y avifer. L'Ecclefiaftique le condamne. Ne foyez point juge, fi vous
ne pouvez enfoncer par force l'iniquité : autrement
vous craindrez la face du puiffant , & vôtre juftice
trebuchera.

Mat. XXVII. 24.

Eccl. VII. 6.

Cette foibleffe des juges eft déplorée par le prophete. Le grand follicite , & le juge ne peut rien
refufer.

Mich. VII. 3.

Que fi le prince luy-même , qui eft le juge des

juges craint les grands, qui aura-t-il de ferme dans l'état? Il faut donc que l'autorité soit invincible, & que rien ne puisse forcer le rampart, à l'abry duquel le repos public, & le salut des particuliers est à couvert.

IX. PROPOSITION.

La fermeté est un caractere essentiel à la royauté.

Quand Dieu établit Josué pour être prince, & capitaine general, il dit à Moïse : Donne tes ordres « Deut. III. à Josué, & l'affermis, & le fortifie : car il conduira « 28. le peuple, & luy partagera la terre que tu ne feras « seulement que voir. «

Quand il eut été designé successeur de Moïse qui Deut. XXXI. alloit mourir : Dieu luy dit luy-même : Sois ferme « 23. & fort : car tu introduiras mon peuple dans la terre « que je luy ay promise, & je seray avec toy.

Quand aprés la mort de Moïse, il se met à la teste du peuple ; Dieu luy dit encore : Moïse mon « Jos. 1 6. 7. serviteur est mort : leve-toy & passe le Jourdain : « 9. sois ferme, courageux, & fort. Et encore : Sois « ferme, & fort, & garde la loy que Moïse mon « serviteur t'a donnée. Et encore : Je te le comman- « de, sois ferme & fort, ne crains point, ne tremble « point : je suis avec toy. De même que s'il luy di- « soit : Si tu tremble, tout tremble avec toy. Quand la teste est ébranlée, tout le corps chancelle : le prince doit être fort : car il est le fondement du repos public, dans la paix, & dans la guerre.

Aussi-tôt Josué commande avec fermeté. Il don- « Ibid. 10. 11. « 12. 13. 14.

» na fes ordres aux chefs , & leur dit : Traverfez le
» camp , & commandez à tout le peuple qu'il fe
» tienne prêt ; nous allons paffer le Jourdain. Il parla
» auffi à ceux de Ruben , & de Gad , & à la demie
» tribu de Manaffé : Souvenez-vous des ordres que
» vous a donné Moïfe , & marchez avec vos armes
» devant vos freres , & combattez vaillamment.

    Il n'hefite en rien , il parle ferme , & le peuple
Ibid. 18. » le demande ainfi pour fa propre fureté. Qui ne
» vous obéïra qu'il meure : feulement foyez ferme ,
» & agiffez en homme.

    Le moyen d'affermir le prince , c'eft d'établir
l'autorité , & qu'il voye que tout eft en luy. Af-
furé de l'obéïffance , il n'eft en peine que de luy-
même : en s'affermiffant il a tout fait , & tout fuit:
autrement il hefite , il tâtonne , & tout fe fait mollement. Le chef tremble quand il eft mal affuré
de fes membres.

    Voilà comme Dieu inftale les princes : il affer-
mit leur puiffance , & leur ordonne d'en ufer avec
fermeté.

    David fuit cet exemple , & parle ainfi à Salo-
2. Par. xxII. » mon. Dieu foit avec vous mon fils : Qu'il vous
11. 12. 13. » donne la prudence , & le fens qu'il faut pour gou-
» verner fon peuple. Vous réüffirez fi vous gardez
» les preceptes que Dieu a donnez par Moïfe : Soyez
» ferme , agiffez en homme ; ne craignez point , ne
» tremblez point.

    Il luy réïtere en mourant la même chofe : &
voicy les dernieres paroles de ce grand roy à fon
fils.

fils. J'entre dans le chemin de toute la terre : Soyez „ 3. Reg. 11.
ferme, & agiſſez en homme, & gardez les com- „ 2. 3.
mandemens du Seigneur vôtre Dieu. Toûjours la „
fermeté, & le courage : rien n'eſt plus neceſſaire
pour ſoûtenir l'autorité ; mais toûjours la loy de
Dieu devant les yeux : on n'eſt ferme que quand
on la ſuit.

Nehemias ſçavoit bien, que la puiſſance pu-
blique devoit être menée avec fermeté. Tout le « 2. Eſdr. vr.
monde me vouloit intimider, eſperant que nous « 9. 10. 11.
ceſſerions de travailler aux murailles de la ville : « 12 13.
& moy je m'affermiſſois davantage. Semaïas me «
diſoit : Enfermons-nous dans la maiſon de Dieu au «
milieu du temple ; car on viendra cette nuit pour «
vous tuer : Et je répondis : Mes ſemblables ne fuïent «
jamais. Je connus que ces faux prophetes n'étoient «
pas envoyez de Dieu, & qu'ils avoient été gagnez «
pour m'épouvanter, afin que je pechaſſe & qu'ils «
euſſent quelque reproche à me faire. «

Ceux qui intimident le prince, & l'empêchent
d'agir avec force, ſont maudits de Dieu. O Sei- « bid .14.
gneur, ſouvenez-vous de moy, & faites à Tobie, «
à Sanaballat, & aux prophetes qui vouloient m'ef- «
frayer, faites-leur Seigneur ſelon leurs œuvres. «

X. PROPOSITION.

Le prince doit être ferme contre ſon propre conſeil, &
ſes favoris : lors qu'ils veulent le faire ſervir
à leurs interêts particuliers.

Outre la fermeté contre les perils, il y a une

S

autre forte de fermeté qui n'eſt pas moins neceſ-
faire au prince : c'eſt la fermeté contre l'artifice de
ſes favoris , & contre l'aſcendant qu'ils prennent
ſur luy.

La foibleſſe d'Aſſuerus roy de Perſe , fait pitié dans le livre d'Eſther. Aman irrité contre les
Juifs par la querelle particuliere qu'il avoit avec
Mardochée , entreprend de le perdre avec tout ſon
peuple. Il veut faire du roy l'inſtrument de ſa vengeance ; & faiſant le zelé pour le bien de l'état, il

Eſth. III.
8. 9. 10. 11.

» parle ainſi. Il y a un peuple diſperſé par toutes les
» provinces de vôtre royaume , qui a des loix , &
» des ceremonies particulieres , & mepriſe les ordres
» du roy. Vous ſçavez qu'il eſt dangereux à l'état
» qu'il ne devienne inſolent par l'impunité ; ordon-
» nez , s'il vous plaît , qu'il periſſe , & je feray entrer
» dix mille talents dans vos coffres. Le roy tira de ſa
» main l'anneau dont il ſe ſervoit , & le donnant à
» Aman. Cet argent, dit-il , eſt à vous , & pour le

Ibid. 12.
&c.

» peuple faites-en ce que vous voudrez. Auſſi-tôt les
ordres ſont expediez , les couriers ſont dépêchez
par tout le royaume , & la facilité du roy va faire
perir cent millions d'hommes en un moment.

Que les princes doivent prendre garde à ne ſe
pas rendre aiſément ! Aux autres la difficulté de
l'execution donne lieu à de meilleurs conſeils ;
dans le prince à qui parler c'eſt faire , on ne peut
comprendre combien la facilité eſt deteſtable.

Il n'en coûte que trois mots à Aſſuerus , & la
peine de tirer ſon anneau de ſon doigt : par un ſi

petit mouvement cent millions d'innocents vont
être égorgez, & leur ennemy va s'enrichir de leur
dépoüilles.

Tenez-vous donc ferme, ô prince ! Plus il vous
eſt facile d'executer vos deſſeins, plus vous devez être difficile à vous laiſſer ébranler, pour les
prendre.

C'eſt à vous principalement que s'adreſſe cette
parole du Sage : Ne tournez pas à tout vent, & « Eccli. v. 11.
n'entrez pas en toutes voyes. Le prince aiſé à mener, «
& trop prompt à ſe reſoudre, perd tout.

Aſſuerus fut trop heureux de s'être raviſé, &
d'avoir pû revoquer ſes ordres avant leur execution. Elle eſt ordinairement trop prompte, & ne
vous laiſſe que le repentir d'avoir fait un mal irre-
parable.

XI. PROPOSITION.

*Il ne faut pas aiſément changer d'avis aprés une
meure déliberation.*

Mais autant qu'il faut être lent à ſe reſoudre,
autant faut-il être ferme, quand on s'eſt déterminé
avec connoiſſance. N'entrez point en toutes voyes : « Eccli.v. 11.
vous a dit le Sage : Et il ajoûte : C'eſt ainſi que va « 12.
le pecheur, dont la langue eſt double. C'eſt-à-dire, «
qu'il dit & ſe dédit ſans jamais s'arrêter à rien. Il
pourſuit : Soyez fermes dans la verité de vôtre ſens, «
& que vôtre diſcours ſoit un. Qu'il ne change pas «
aiſément, ſelon le Grec. «

ARTICLE II.

De la molleſſe , de l'irreſolution , & de la
fauſſe fermeté.

I. PROPOSITION.

La molleſſe eſt l'ennemie du gouvernement : caractere
du pareſſeux , & de l'eſprit indecis.

Prov. XII.
24.

LA main des forts dominera ; la main non-
chalante payera tribut. Un grand roy le dit.
C'eſt Salomon. Au lieu des forts, l'Hebreu porte :
De ceux qui ſont appliquez & attentifs : L'attention
eſt la force de l'ame.

Prov.XIII.
4.

Le pareſſeux veut , & ne veut pas : les hommes
» laborieux s'engraiſſeront. L'Hebreu porte encore :
» Les hommes attentifs , & appliquez.

Celuy qui veut mollement , veut ſans vouloir:
il n'y a rien de moins propre à exercer le commandement, qui n'eſt qu'une volonté ferme & ré-
ſoluë.

Il ne veut rien ; il n'a que des deſirs languiſſants.
Prov. XXI.
25.

» Les deſirs tuënt le pareſſeux ; il ne veut point tra-
» vailler : il ne fait que ſouhaiter tout le long du
» jour. Il voudroit toûjours , il ne veut jamais.

Auſſi rien ne luy réüſſit , il perd toutes les af-
Prov. xviij.
9.

faires. Qui eſt mol , & languiſſant dans ſon ouvrage , eſt frere du diſſipateur.

Nous avons dit que la crainte ne convient pas
au commandement ; le pareſſeux craint toûjours,

tout luy paroît impossible : le paresseux dit : Il y « Prov. xxii.
13.
a un lion dans le chemin, je seray tué au milieu «
des ruës : Et encore : Le paresseux dit : Il y a un « Prov. xxvi.
13. 14. 15.
lion dans le chemin ; une lionne attend sur le pas- «
sage : le paresseux se roule en son lit , comme «
une porte sur son gond. Assez de mouvement, peu «
d'action. Et ensuite : Le paresseux cache sa main «
sous ses bras , & ce luy est un travail de la porter «
jusqu'à sa bouche. «

Comment aidera les autres celuy qui ne sçait pas
s'aider luy-même? La crainte abat le paresseux ; les « Prov. xviii
8.
effeminez manqueront de tout. «

La negligence abat les toits ; les mains languis- « Eccli. x. 18.
santes font entrer la pluye de tous côtez dans les «
maisons. «

Tout est foible sous un paresseux. Soyez prompts « Eccli. xxxi.
17.
dans tous vos ouvrages , & la foiblesse ne viendra «
jamais au devant de vous , pour traverser vos des- «
seins. «

Les affaires en effet sont difficiles , on n'en sur-
monte la difficulté que par une activité infatiga-
ble. On manque tous les jours tant d'entreprises ,
que ce n'est qu'à force d'agir sans cesse qu'on assure
le succés de ses desseins. Semez donc le matin ; « Eccli. xi. 6.
ne cessez pas le soir ; vous ne sçavez lequel des «
deux profitera ; & si c'est tous les deux , tant mieux «
pour vous. «

II. PROPOSITION.

Il y a une fausse fermeté.

L'opiniâtreté invincible de Pharaon le fait voir. C'étoit endurcissement, & non fermeté. Cette dureté est fatale à luy & à son royaume. L'écriture en fait foy dans tout le livre de l'Exode.

La force du commandement poussée trop loin; jamais plier, jamais condescendre, jamais se relâcher, s'acharner à vouloir être obéi à quelque prix que ce soit; c'est un terrible fleau de Dieu sur les rois, & sur les peuples.

Eccli. v. 11. » Celuy qui a dit : Ne tournez pas à tout vent : » Avoit dit un peu auparavant : Ne forcez point le Eccli. iv. » cours d'un fleuve. Il y a une legereté, & aussi une 32. roideur excessive.

Une fausse fermeté conseillée à Roboam par de jeunes gens sans experience, luy fit perdre dix tribus. Le peuple demandoit d'être un peu soulagé des impôts tres-grands que Salomon exigeoit : soit qu'ils se plaignissent sans raison d'un prince qui avoit rendu l'or & l'argent commun dans Jerusalem ; ou qu'en effet Salomon les eût grevez dans le temps qu'il donna tout à ses passions ; les vieillards qui connoissoient l'état des affaires, & l'humeur du peuple Juif, luy conseilloient de l'appaiser avec de douces paroles suivies de quelques 3. Reg. xii. » effets. Si vous donnez quelque chose à leurs prieres, 7. » & que vous leur parliez doucement, ils vous ser- » viront toute vôtre vie.

Mais la jeuneſſe temeraire qu'il conſulta dans la ſuite, ſe mocqua de la prévoyance des vieillards; & luy conſeilla, non un ſimple refus, mais un refus accompagné de paroles dures, & de menaces inſupportables. Mon petitdoigt, « *Ibid. 10. 11.* leur dit-il, eſt plus gros que tout le corps de « *15.* mon pere : mon pere vous a foulez, & moy je « vous fouleray encore davantage : mon pere vous a « foüetté avec des verges, & moy je vous foüetteray « avec des chaînes de fer : & le roy n'acquieſça pas « au deſir du peuple, parce que Dieu s'étoit éloigné « de luy, & vouloit accomplir ce qu'il avoit dit con- « tre Salomon : Qu'en punition de ſes crimes il par- « *3. Reg. 11.* tageroit ſon royaume aprés ſa mort. « *31. &c.*

Ainſi cette dureté de Roboam étoit un fleau envoyé de Dieu, & une juſte punition tant de Salomon, que de luy.

Les jeunes gens qu'il conſultoit ne manquoient pas de pretexte ; il faut ſoutenir l'autorité ; qui ſe laiſſe aller au commencement, on luy met à la fin le pied ſur la gorge : mais par deſſus tout cela il falloit connoître les diſpoſitions preſentes, & ceder à une force qu'on ne pouvoit vaincre. Les bonnes maximes outrées perdent tout. Qui ne veut jamais plier, caſſe tout à coup.

III. PROPOSITION.

Le prince doit commencer par ſoy-même à commander avec fermeté, & ſe rendre maître de ſes paſſions.

Ne marchez point aprés vos deſirs, retirez-vous *Eccli. xviij.* *30. 31.*

» de vôtre propre volonté. Si vous fuivez vos defirs,
» vous donnerez beaucoup de joye à vos ennemis. Il
faut donc refifter à fes propres volontez , & être
ferme premierement contre foy-même.

Le premier de tous les empires eft celuy qu'on
Gen. iv. 7. » a fur fes defirs. Ta cupidité te fera foumife , & tu la
» domineras.

C'eft la fource , & le fondement de toute l'autorité. Qui l'a fur foy-même merite de l'avoir fur
les autres. Qui n'eft pas maître de fes paffions n'a
rien de fort ; car il eft foible dans le principe.
Jer. xxxviij. » Sedecias qui difoit aux grands : Le roy ne vous
5. » peut rien refufer : N'étoit foible devant eux , que
parce qu'il l'étoit en luy-même , & ne fçavoit pas
maîtrifer fa crainte.

Evilmerodac abattu par la même paffion , fe
laiffa maltraiter & abatre par les Seigneurs qui luy
Dan. xiv. » difoient : Livrez-nous Daniel , où nous vous tuë-
28. » rons.

Si Darius eût eu affez de force fur luy-même
pour foûtenir la juftice , il auroit eu de l'autorité
fur les grands qui luy demandoient le même prophete , & n'auroit pas eu la foibleffe de facrifier un
innocent à leur jaloufie.

Pilate avoit fuccombé interieurement à la tentation de la faveur , quand il fe laiffa forcer à cru-
cifier Jefus-Chrift. Il avoit beau avoir en main
toute la puiffance Romaine dans la Judée ; il n'é-
toit pas puiffant , puis qu'il ne pût refifter à l'iniquité connuë.

David

David quelque grand roy qu'il fût n'étoit plus puissant, quand sa puissance ne luy servit qu'à des actions qu'il a pleurées toute sa vie, & qu'il eût voulu n'avoir pas pû faire.

Salomon n'étoit plus puissant, quand sa puissance le rendit le plus foible de tous les hommes.

Herode n'étoit point puissant, lors que desirant de sauver saint Jean-Baptiste, dont une malheureuse luy demandoit la tête ; il n'osa le faire : De peur de la « Marc. VI. fâcher. Il entra dans son crime quelque égard pour les « 26. assistans, devant lesquels il craignit de paroître foible, s'il manquoit d'accomplir le serment qu'il avoit fait. Le roy étoit fâché d'avoir promis la tête de saint « Matth.XIV. Jean-Baptiste ; mais à cause du serment qu'il avoit « 9. fait, & des assistans, il commanda qu'on la donnât. «

C'est la plus grande de toutes les foiblesses, que de craindre trop de paroître foible.

Tout cela fait connoître qu'il n'y a point de puissance, si on n'est premierement puissant sur soy-même ; ny de fermeté veritable, si on n'est premierement ferme contre ses propres passions.

Il faut souhaiter, dit saint Augustin, d'avoir une « Aug. L. xiij. volonté droite, avant que de souhaiter d'avoir une « de Trin. c. grande puissance. « 13.

IV. PROPOSITION.

La crainte de Dieu est le vray contrepoids de la puissance : le prince le craint d'autant plus qu'il ne doit craindre que luy.

Pour établir solidement le repos public, & af-

T

fermir un état ; nous avons vû que le prince a dû recevoir une puissance indépendante de toute autre puissance qui soit sur la terre. Mais il ne faut pas pour cela qu'il s'oublie, ny qu'il s'emporte, puisque moins il a de compte à rendre aux hommes, plus il a de compte à rendre à Dieu.

Les méchans qui n'ont rien à craindre des hommes, font d'autant plus malheureux, qu'ils sont reservez comme Caïn à la vengeance divine.

Gen. iv. 15 » Dieu mit un signe sur Caïn, afin que personne » ne le tuât. Ce n'est pas qu'il pardonnât à ce parricide ; mais il falloit une main divine pour le punir comme il meritoit.

Il traite les rois avec les mêmes rigueurs. L'impunité à l'égard des hommes, les soumet à des peines plus terribles devant Dieu. Nous avons vû que la primauté de leur état, leur attire une pri-
Sap. vi. 7. » mauté dans les supplices. La misericorde est pour
9. » les petits ; mais les puissans seront puissamment » tourmentez : aux plus grands est preparé un plus » grand tourment.

Considerez comme Dieu les frappe dés cette vie. Voyez comme il traite un Achab : comme il traite un Antiochus : comme il traite un Nabuchodonosor qu'il relegue parmy les bêtes : un Baltazar, à qui il dénonce sa mort, & la ruine de son royaume, au milieu d'une grande fête qu'il faisoit à toute sa cour : Enfin comme il traite tant de méchans rois : il n'épargne pas la grandeur ; mais plûtôt il la fait servir d'exemple.

Que ne fera-t-il point contre les rois impeni-
tens? s'il traite fi rudement David humilié devant
luy , qui luy demande pardon. Pourquoy as-tu « 2. Reg.xii.
meprifé ma parole , & as-tu fait le mal devant mes « 9 10. &c.
yeux? tu as tué Urie par le glaive des enfans d'Am- «
mon ; tu luy as ravi fa femme. Le glaive s'atta- «
chera à ta maifon à jamais , parce que tu m'as me- «
prifé. Et voicy ce que dit le Seigneur. Je fufcite- «
ray contre toy ton propre fils : je te raviray tes «
femmes , & les donneray à un autre qui en abu- «
fera publiquement , & à la lumiere du foleil. Tu «
l'as fait en fecret & tu as cru pouvoir cacher ton «
crime ; & moy j'en feray le châtiment à la vûë de «
tout le peuple , & devant le foleil ; parce que tu «
as fait blafphemer les ennemis du Seigneur. «

Dieu le fit comme il l'avoit dit , & il n'eft pas
neceffaire de rapporter icy la revolte d'Abfalon &
toutes fes fuites.

Ces châtimens font trembler. Mais tout ce que
Dieu exerce de rigueur & de vengeance fur la
terre , n'eft qu'une ombre à comparaifon des rigueurs du fiecle futur. C'eft une chofe horrible de « Hebr. x.31.
tomber entre les mains du Dieu vivant. «

Il vit éternellement ; fa colere eft implacable,
& toûjours vivante ; fa puiffance eft invincible ; il
n'oublie jamais ; il ne fe laffe jamais ; rien ne luy
échape.

T ij

LIVRE CINQUIE'ME.

QUATRIE'ME ET DERNIER CARACTERE de l'autorité royale.

ARTICLE PREMIER.

Que l'autorité royale est soumise à la raison.

I. PROPOSITION.

Le gouvernement est un ouvrage de raison, &
d'intelligence.

Pſ. 11. 10. ,,MAintenant ô rois entendez ; ſoyez inſtruits
,, juges de la terre.

Tous les hommes ſont faits pour entendre ; mais
vous principalement ſur qui tout un grand peuple
ſe repoſe ; qui devez être l'ame & l'intelligence
d'un état, en qui ſe doit trouver la raiſon premiere
de tous ſes mouvemens ; moins vous avez à rendre
de raiſon aux autres, plus vous devez avoir de raiſon & d'intelligence en vous-mêmes.

Le contraire d'agir par raiſon, c'eſt agir par paſſion,
ou par humeur. Agir par humeur ainſi qu'agiſſoit
Saül contre David, ou pouſſé par ſa jalouſie, ou poſſedé par ſa melancolie noire, entraîne toute ſorte d'irregularité, d'inconſtance, d'inégalité, de bizarre

rie, d'injuſtice, d'étourdiſſement dans la conduite.

N'eût-on qu'un cheval à gouverner, & des troupeaux à conduire, on ne le peut faire ſans raiſon : combien plus en a-t-on beſoin pour mener les hommes, & un troupeau raiſonnable ?

Le Seigneur a pris David comme il menoit les « Pſ. lxxvii. brebis, pour luy donner à conduire Jacob ſon ſer- « 70. 71. 72. viteur, & Iſraël ſon heritage : & il les a conduits « dans l'innocence de ſon cœur, d'une main habile « & intelligente. «

Tout ſe fait parmy les hommes par l'intelligence, & par le conſeil. Les maiſons ſe bâtiſſent « Prov. xxiv. par la ſageſſe, & s'affermiſſent par la prudence. « 3. 4. 5. 6. L'habileté remplit les greniers, & amaſſe les richeſ- « ſes : L'homme ſage eſt courageux : l'homme habile « eſt robuſte & fort, parce que la guerre ſe fait par « conduite, & par induſtrie : Et le ſalut ſe trouve où « il y a beaucoup de conſeil. «

La ſageſſe dit elle-même : C'eſt par moy que les « Prov. viii. rois regnent, par moy les legiſlateurs preſcrivent « 15. ce qui eſt juſte. «

Elle eſt tellement née pour commander, qu'elle donne l'empire à qui eſt né dans la ſervitude. Le « Prov. xvii. ſage ſerviteur commandera aux enfans de la mai- « 2. ſon qui ne ſont pas ſages, & il fera leurs partages. « Et encore : Les perſonnes libres s'aſſujettiront à un « cli x. 2. 8. ſerviteur ſenſé. «

Dieu en inſtallant Joſüé luy ordonne d'étudier la loy de Moïſe, qui étoit la loy du royaume : Afin, dit-il, que vous entendiez tout ce que vous « Joſ. i. 7. 8.

» faites. Et encore : Alors vous conduirez vos def-
» feins , & vous entendrez ce que vous faites.

David en dit autant à Salomon , dans les dernieres inftructions qu'il luy donna en mourant.
3. Reg. 11. » Prenez garde à obferver la loy de Dieu , afin que
3. » vous entendiez tout ce que vous faites , & de quel
» côté vous aurez à vous tourner.

Qu'on ne vous tourne point ; tournez-vous vous-
mêmes avec connoiffance ; que la raifon dirige tous
vos mouvemens : fçachez ce que vous faites , &
pourquoy vous le faites.

Salomon avoit appris de Dieu même , combien
la fageffe étoit neceffaire pour gouverner un grand
3.Reg.111. » peuple. Dieu luy apparut en fonge durant la nuit,
5.6.7. &c
2. Par. 1. 7. » & luy dit : Demandez-moy ce que vous voudrez:
8. &c. » Salomon répondit : ô Seigneur ! vous avez ufé
» d'une grande mifericorde envers mon pere David:
» comme il a marché devant vous en juftice & en
» verité & d'un cœur droit , vous luy avez auffi gardé
» vos grandes mifericordes , & vous luy avez donné
» un fils affis fur fon trône : & maintenant , ô Seigneur
» Dieu ! vous avez fait regner vôtre ferviteur à la
» place de David fon pere : & moy je fuis un jeune
» homme qui ne fçais pas encore entrer ny fortir.
(C'eft-à-dire , qui ne fçais pas me conduire : qui
ne fçais par où commencer , ny par où finir les
» affaires.) Et je me trouve au milieu du peuple
» que vous avez choifi , peuple infiny & innombra-
» ble. Donnez donc à vôtre ferviteur la fageffe , &
» l'intelligence , & un cœur docile ; afin qu'il puiffe

juger & gouverner vôtre peuple, & difcerner entre «
le bien & le mal. Car qui pourra gouverner & ju- «
ger ce peuple immenfe ? La demande de Salomon «
plût au Seigneur : Et il luy dit : Parce que vous «
avez demandé cette chofe ; & que vous n'avez point «
demandé une longue vie, ny de grandes richeffes, «
ou de vous vanger de vos ennemis ; mais que vous «
avez demandé la fageffe pour juger avec difcerne- «
ment : J'ay fait felon vos paroles , & je vous ay «
donné un cœur fage & intelligent, en forte qu'il «
n'y eut jamais , ny jamais il n'y aura un homme «
fi fage que vous. Mais je vous ay encore donné ce «
que vous ne m'avez pas demandé , c'eft-à-dire , les «
richeffes & la gloire ; & jamais il n'y a eu roy qui «
en eut tant que vous en aurez.   «

Ce fonge de Salomon étoit une extafe , ou l'efprit de ce grand roy feparé des fens & uny à Dieu,
joüiffoit de la veritable intelligence. Il vit en cet
état , que la fageffe eft la feule grace qu'un prince
devoit demander à Dieu.

Il vid le poids des affaires , & la multitude
immenfe du peuple qu'il avoit à conduire. Tant
d'humeurs ; tant d'interêts ; tant d'artifices ; tant
de paffions ; tant de furprifes à craindre ; tant de
chofes à confiderer ; tant de monde de tous côtez
à écouter , & à connoître ; quel efprit y peut fuf-
fire ?

Je fuis jeune , dit-il , & je ne fçay pas encore
me conduire. L'efprit ne luy manquoit pas , non
plus que la refolution. Car il avoit déja parlé d'un

ton de maître à son frere Adonias : & dés le commencement de son regne il avoit pris son party
dans une conjoncture decisive, avec autant de prudence qu'on en pouvoit desirer : & toutefois il
tremble encore, quand il voit cette suite immense
de soins, & d'affaires qui accompagnent la royauté : & il voit bien qu'il n'en peut sortir, que par
une sagesse consommée.

Il la demande à Dieu, & Dieu la luy donne:
mais en même temps il luy donne tout le reste
qu'il n'avoit pas demandé : c'est-à-dire, & les richesses, & la gloire.

Il apprend aux rois, que rien ne leur manque
quand ils ont la sagesse, & qu'elle seule leur attire
tous les autres biens.

Nous trouvons un beau commentaire de la priere
de Salomon dans le livre de la sagesse, qui fait
Sap. VII.
8. 9. &c. » parler ainsi ce sage roy. J'ay desiré le bon sens &
» il m'a été donné ; j'ay invoqué l'esprit de sagesse,
» & il est venu sur moy. J'ay preferé la sagesse aux
» royaumes & aux trônes ; au prix de la sagesse les
» richesses m'ont paru comme rien : devant elle l'or
» m'a semblé un grain de sable, & l'argent comme
» de la boüe : elle est plus aimable que la santé, &
» la bonne grace. Je l'ay mise devant moy comme
» un flambeau, parce que sa lumiere ne s'éteint ja-
» mais. Tous les biens me sont venus avec elle, &
» j'ay reçu de ses mains la gloire, & des richesses
» immenses.

II.

II. PROPOSITION.

La veritable fermeté est le fruit de l'intelligence.

Confiderez ce qui eft droit, & que vos yeux « Prov. iv.
precedent vos pas, dreffez-vous un chemin & toutes « 25. 26.
vos démarches feront fermes. Qui voit devant foy «
marche furement. «

Autant donc que la fermeté eft neceffaire au
gouvernement, autant a-t-il befoin de la fageffe.

Le caractere de la fageffe eft d'avoir une conduite fuivie. L'homme fage eft permanent comme « Eccl. xxvii.
le foleil ; le fol change comme la lune. « 12.

Le plus fage de tous les rois fait dire ces paroles
à la fageffe. A moy appartient le confeil & l'é- « Prov. viii.
quité, à moy la prudence, à moy la force. « 14.

Ces chofes à le bien prendre font infeparables.

L'homme fage eft courageux, l'homme habile « Prov. xxiv.
eft robufte & fort. « 5.

Les brutaux n'ont qu'une fauffe hardieffe. Nabal .. 1. Reg. xxv.
étoit imperieux, & perfonne n'ofoit luy parler « 17.
dans fa maifon. Tant qu'il crut n'avoir rien à «
craindre de David, il difoit infolemment : Qu'ay- « Ibid. 10
je à faire de David ? qui eft le fils d'Ifaï ? Auffi-tôt «
qu'il eut appris que David avoit juré fa perte, quoy
qu'on luy eût dit que fa femme l'avoit appaifé :
Le cœur luy manqua, il demeura comme une « Ibid. 37. 38.
pierre, & mourut au bout de dix jours. «

Roboam eft méprifé pour fon peu de fens. Sa- « Eccl. xlvii.
lomon laiffa aprés luy la folie de la nation ; Ro- « 27. 28.
boam, qui manquoit de prudence, & qui divi- «

V

fa le peuple par les mauvais conſeils qu'il ſuivit.

Comme il n'avoit point de ſageſſe il n'avoit point de fermeté , & ſon propre fils eſt contraint 2. Par. XIII. 7. » de dire : Roboam étoit un homme mal-habile , » & d'un courage tremblant , & il n'eut pas la force » de reſiſter aux rebelles. Au lieu de mal-habile & » de courage tremblant ; l'Hebreu porte : C'étoit un 2. Par. XII. 15. » enfant tendre de cœur. Ce n'eſt pas qu'il ne leur » ait fait la guerre. Roboam & Jeroboam eurent » toûjours la guerre entre-eux.

Il n'eſt point accuſé d'avoir manqué de courage militaire ; mais c'eſt qu'il n'avoit pas cette force qui fait prendre , & ſuivre avec reſolution un bon conſeil. A voir pourtant de quel ton il parla à tout le peuple , on le croiroit ferme & reſolu. Mais il n'étoit ferme qu'en paroles , & au premier mouvement de la ſedition , on luy voit honteuſement 2. Par. X. 18. 19. » prendre la fuite. Roboam envoya Aduram » qui avoit la charge de lever les tributs , & les en- » fans d'Iſraël le lapiderent. Ce que Roboam n'eut » pas plûtôt ſçu , qu'il ſe preſſa de monter dans ſon » chariot , & s'enfuit en Jeruſalem ; & le peuple d'Iſ- » raël ſe ſepara de la maiſon de David.

Voilà l'homme qui ſe vantoit d'être plus puiſ- ſant que Salomon : il parle ſuperbement , quand il croit qu'il fera peur à un peuple ſuppliant. A la premiere émeute , il tremble luy-même , & il affer- mit les rebelles par ſa fuite precipitée.

Ce n'eſt pas ainſi qu'avoit fait ſon ayeul David. 2. Reg. XV. 14. 15. 17. 18. 28. Quand il apprit la revolte d'Abſalon , il vit ce qu'il y avoit à craindre, & se retira promptement, mais en bon ordre & sans trop de precipitation : Mar-« chant à pied avec ses gardes , & ce qu'il avoit de « meilleures troupes ; & se posta dans un lieu desert « & de difficile accés, en attendant qu'il eût des nou-« velles de ceux qu'il avoit laissez pour observer les « mouvemens du peuple.　　　　　　　　　　　　　「

Il est vray qu'il alloit en signe de douleur : Nuds « Ibid. 30. pieds, & la teste couverte, luy & tout le peuple « pleurant. Cela étoit d'un bon roy, & d'un bon pere, qui voyoit son fils bien-aimé à la tête des rebelles ; & combien de sang il falloit répandre ; & que c'é-toit son peché qui attiroit tous ces malheurs sur sa maison, & sur son peuple.

Il s'abaissoit sous la main de Dieu , attendant l'évenement avec un courage inébranlable : Si je « Ibid.25.26. suis agreable à Dieu , il me rétablira dans Jerusa-» lem : Que s'il me dit : Tu ne me plais pas : Il est le « maître ; qu'il fasse ce qu'il trouvera le meilleur. 「

Etant donc ainsi resolu , il pourvoyoit à tout avec une presence d'esprit admirable ; & il trouva Ibid.33.34 sans hesiter ce beau moyen qui dissipa les conseils d'Absalon , & d'Achitophel.

Et quand aprés la victoire, il vit Seba, fils de Bochri, qui ramassoit les restes des seditieux ; il ne se reposa pas sur l'avantage qu'il venoit de rem-porter. Et il dit à Abisaï : Seba nous fera plus de « 2. Reg. xx. peine qu'Absalon : prenez donc tout ce qu'il y a icy « 6. de gens de guerre , de peur qu'il ne se jette dans « quelque ville forte, & ne nous échappe. Par cet «

ordre il affura le repos public , & étouffa la fedition dans fa naiffance.

Voilà un homme vrayment fort , qui fçait craindre où il faut ; & qui fçait prendre à propos les
bons confeils.

III PROPOSITION.

La fageffe du prince rend le peuple heureux.

Eccli. x. 3. » Le roy infenfé perdra fon peuple : les villes fe-
» ront habitées par la prudence de leurs princes.

Voicy les fruits bienheureux du fage gouverne-
3. Reg. iv. » ment de Salomon. Le peuple de Juda & d'Ifraël
20. 25. » étoit innombrable ; ils bûvoient , ils mangeoient
» & ils vivoient à leur aife : Et ils demeuroient fans
» rien craindre chacun dans fa vigne , & fous fon
» figuier.

3. Reg. x. » L'or & l'argent étoient communs en Jerufalem
27.
2. Par. 1. » comme les pierres : & les cedres naiffoient dans les
15. » vallées en auffi grande quantité que les fycomores.

Sous un prince fage tout abonde ; les hommes,
les biens de la terre , l'or & l'argent. Le bon ordre
amene tous les biens.

La même chofe arriva fous Simon le Machabée. Son caractere étoit la fageffe. Parmy les Machabées, enfans de Mathias , Judas étoit le fort:
1. Mach. 11. & Simon étoit le fage. Mathatias l'avoit bien con-
66.
Ibid. 65. » nu , lors qu'il parle ainfi à fes enfans : Vôtre frere
» Simon eft homme de bon confeil : Ecoutez-le en
» toutes chofes , & regardez-le comme vôtre pere.

Nous avons déja vû comme le peuple fut heu-

reux fous fa conduite ; mais il faut voir le particulier.

Il avoit trouvé les affaires en mauvais état:
Sous luy les Juifs furent affranchis du joug des « 1. Mach.
gentils. « XIII. 41.

Toute la terre de Juda étoit en repos durant les « 1. Mach.
jours de Simon : il chercha le bien de fes citoyens ; « XIV. 4. 5. 6.
aufli prenoient-ils plaifir à voir fa gloire & fa « &c.
grandeur. Il prit Joppe & y fit un port, & il s'ou- «
vrit un paffage dans les ifles de la mer. Il étendit «
les bornes de fa nation , & fit beaucoup de con- «
quêtes. Perfonne ne luy pouvoit refifter. Chacun «
cultivoit fa terre en paix ; la terre de Juda & les «
arbres produifoient leurs fruits : les vieillards affis «
dans les places publiques ne parloient que de l'a- «
bondance où on vivoit : la jeuneffe prenoit plaifir «
à fe parer de riches habillemens , & portoit l'ha- «
bit militaire. Il pourvoyoit à la fubfiftance des «
villes , & les fortifioit : la paix étoit fur la terre, «
& Ifraël vivoit en grande joye , chacun dans fa «
vigne & fous fon figuier fans avoir aucune crainte : «
perfonne ne les attaquoit ; les rois ennemis étoient «
abattus : il protegeoit les foibles ; il faifoit obfer- «
ver la loy : il ôtoit les méchans de deffus la terre ; «
il ornoit le temple & augmentoit les vaiffeaux fa- «
crez. Enfin il faifoit juftice ; il gardoit la foy; « Ibid. 35.
& ne fongeoit qu'au bonheur, & à la grandeur de «
fon peuple. «

Que ne fait point un fage prince ? Sous luy les
guerres réüffiffent ; la paix s'établit ; la juftice re-

gne ; les loix gouvernent ; la religion fleurit ; le commerce & la navigation enrichiffent le païs ; la terre même femble produire les fruits plus volontiers. Tels font les effets de la fageffe. Le Sage n'a-

» voit-il pas raifon de dire : Tous les biens me font » venus avec elle.

Qu'on doive tant de biens aux foins & à la prudence d'un feul homme ? peut-on l'aimer affez? Nous voyons auffi que la grandeur de Simon faifoit les delices du peuple. Il n'y a rien qu'ils ne

luy accordent.

Quand Dieu veut rendre un peuple heureux, il luy envoye un prince fage. Hiram admirant Salomon qui fçavoit tout faire à propos, luy écri-

» voit : Parce que Dieu a aimé fon peuple, il » vous a fait roy : Et il ajoûtoit : Beni foit le Dieu » d'Ifraël qui a fait le ciel & la terre, & qui a don- » né à David un fils fage, habile, fenfé & prudent.

» Heureux vos fujets & vos domeftiques, qui » font tous les jours devant vous, & écoutent vôtre » fageffe : s'écrioit la reyne de Saba. Beny foit le » Seigneur vôtre Dieu à qui vous avez plû ; qui vous » a fait roy d'Ifraël, parce qu'il aimoit ce peuple » d'un amour éternel ; & vous a étably pour y faire » juftice, & jugement.

IV. PROPOSITION.

La fageffe fauve les états plûtôt que la force.

» Il y avoit une petite ville, & peu de monde de- » dans. Un grand roy eft venu contre elle ; il l'a en-

ceinte de tranchées, où il a bâty des forts de tous «
côtez , & il a formé un fiege devant cette pla- «
ce. Il s'y eſt trouvé un homme pauvre & ſage , «
& il a délivré ſa ville par ſa ſageſſe : Et j'ay dit «
en moy-même : Que la ſageſſe vaut mieux que la «
force.

C'eſt ainſi que Salomon nous explique les effets
de la ſageſſe. Et il repete encore une fois : La ſa- « Ibid. 18.
geſſe vaut mieux que les armes ; mais qui manque «
en une choſe , perd de grands biens. «

Les combats ſont hazardeux ; la guerre eſt fâ-
cheuſe pour les deux partis : la ſageſſe qui prend
garde à tout & ne neglige rien , a des voyes non-
ſeulement plus douces & plus raiſonnables , mais
encore plus ſures.

Dans la revolte de Seba contre David , le rebelle 2. Reg. xx.
ſe retira dans Abela , ville importante , où Joab 14. &c.
ne tarda pas à l'aſſieger par ordre de David. Pendant qu'on en ruinoit les murailles , une femme
de la ville demanda à parler à Joab , & luy tint ce
diſcours au nom de la ville qu'elle introduiſoit
comme luy parlant. Il y a un certain proverbe , « Ibid.18.&c.
que qui veut ſçavoir la verité la demande à Abela. «
(Cette ville étoit en reputation d'avoir beaucoup
de ſages citoyens qu'on venoit conſulter de tous
côtez.) C'eſt moy qui réponds la verité aux Iſraë- «
lites ; cependant vous voulez me détruire & rui- «
ner une mere en Iſraël ? (c'eſt-à-dire , une ville ca- «
pitale.) Pourquoy renverſez-vous l'heritage du Sei- «
gneur , & une ville qu'il a donnée à ſon peuple. «

» A Dieu ne plaise , répondit Joab , que je veüille
» la renverser ; mais Seba s'est soulevé contre le roy,
» livrez-le tout seul , & nous laisserons la ville en
» repos. La femme luy répondit : On vous jettera sa
» tête du haut de la muraille. Elle parla au peuple
» assemblé & discourut sagement ; de sorte qu'on re-
» solut de faire ce qu'elle avoit dit , & Joab renvoya
» l'armée.

Voilà une ville sauvée par la sagesse. La sagesse
finit tout à coup , sans rien hazarder , & en ne
perdant que le seul coupable, une guerre qui avoit
donné tant d'apprehension à David.

Judith. viij.
9. 10. 28.
ix. x. &c.

Bethulie assiegée par Holopherne , est sauvée
par les conseils de Judith , qui empêche premierement , qu'on ne suive la pernicieuse resolution de
se rendre déja prise dans le conseil : & ensuite
fait perir les ennemis, par une conduite aussi sage
que hardie.

Ainsi on voit que la sagesse est la plus sure dé-
Eccli. x. 1. » fense des états. La guerre met tout en hazard.
Eccli. vii.
20. » L'empire du sage est stable.
» La sagesse fortifie le sage plus que s'il étoit sou-
tenu par les principaux de la ville.

V. PROPOSITION.

Les sages sont craints , & respectez.

David étoit vaillant , & sçavoit parfaitement
l'art de la guerre. Ce n'est pas ce qui donnoit le
1. Reg. xviij. » plus de crainte à Saül. Mais il le craignoit parce
» qu'il étoit tres-prudent en toutes choses.

David

David luy-même craignoit plus le seul Achitophel, que tout le peuple qui étoit avec Abſalon ;
parce qu'en ce temps : On conſultoit Achitophel « 2. Reg xvɪ.
comme ſi ç'eût été un Dieu. « 23.

C'étoit autant la ſageſſe que la puiſſance de Salomon, qui tenoit en crainte ſes voiſins, & con-
ſervoit ſon royaume dans une paix profonde.

Parce que Joſaphat étoit ſage, inſtruit de la loy, 2.Par.xvɪɪ,
& prenant ſoin d'en faire inſtruire le peuple, tous 7. 8. &c.
ſes voiſins le craignoient. Le Seigneur répandit la « Ibid. 10.11.
terreur ſur les royaumes voiſins, & ils n'oſoient «
faire la guerre à Joſaphat : les Philiſtins luy appor- «
toient des preſens, & les Arabes luy payoient «
tribut. «

Joſaphat étoit belliqueux : mais l'écriture attri-
buë tous ces beaux effets à la pieté, & à la ſageſſe de ce roy, qui n'avoit pas encore fait la guerre,
dans le temps qu'il étoit ſi redouté de ſes voiſins.

Si la ſageſſe fait reſpecter le prince au dehors,
il ne faut pas s'étonner qu'elle le faſſe reſpecter au
dedans. Quand Salomon eut rendu ce jugement
memorable, où il montra un ſi grand diſcerne-
ment : Tout Iſraël entendit la ſentence que le roy « 1.Reg.ɪɪɪ,
avoit prononcée, & ils craignirent le roy, voyant « 28.
que la ſageſſe de Dieu étoit en luy. «

Il y a quelque choſe de divin à ne ſe tromper
pas, & rien n'inſpire tant de reſpect, ny tant de
crainte.

Et voyez comme l'écriture marque exactement
l'effet naturel de chaque choſe. La bonne grace de

X

Salomon luy avoit déja attiré l'amour des peuples.

1. Paralip.
XXIX. 23. » Il parut dans le trône de son pere, & il plut à
» tous.

Voicy quelque chose de plus grand. Il montra
un discernement exquis, & on le craignit de cette
crainte respectueuse, qui tient tout le monde dans
le devoir.

Sap. VI. 1. » C'est donc avec raison qu'on luy fait dire : La
» sagesse vaut mieux que les forces, & l'homme pru-
» dent est au dessus de l'homme fort.

VI. PROPOSITION.

C'est Dieu qui donne la sagesse.

Eccli. I. 1.
2. 3. 4. &c. » Toute sagesse vient du Seigneur ; elle a été avec
» luy devant tous les siecles, & y sera à jamais. Qui
» a compté le sable de la mer, & les goutes de pluye,
» & les jours du monde ? Qui a mesuré la hauteur
» des cieux, & la largeur de la terre ; & les profon-
» deurs de l'abîme ? Qui a penetré cette sagesse de
» Dieu qui a precedé toutes choses ? La sagesse a été
» produite la premiere ; l'intelligence est engendrée
» devant tous les siecles. A qui a été connuë la sour-
» ce de la sagesse, & qui a découvert toutes ses a-
» dresses ? Il n'y a qu'un seul sage, un seul redouta-
» ble : C'est le Seigneur assis sur le trône de la sages-
» se. C'est luy qu'il l'a créée par son Esprit, & qui
» l'a connuë, & qui l'a comptée, & qui en sçait tou-
» tes les mesures. Il l'a répanduë sur tous ses ou-
» vrages, & sur toute chair, à chacun selon qu'il
» luy a plû, & il l'a donnée à ceux qui l'aiment.

C'eſt par où commence l'Eccleſiaſtique.

Dieu eſt le ſeul ſage ; en luy eſt la ſource de la ſageſſe , & c'eſt luy ſeul qui la donne.

C'eſt à luy que la demande le Sage. O Dieu de « *Sap. ix. 1.*
mes peres ! ô Seigneur miſericordieux , qui avez « *4. 7. 8. &c.*
tout fait par vôtre parole ! Donnez-moy la ſageſ- «
ſe qui eſt toûjours auprés de vôtre trône. Vous «
m'avez fait roy , & vous m'avez ordonné de vous «
bâtir un temple. Vôtre ſageſſe eſt avec vous ; elle «
entend tous vos ouvrages : elle étoit avec vous «
quand vous avez fait le monde ; elle ſçavoit ce qui «
vous plaiſoit , & ce qui étoit droit dans tous vos «
commandemens : Envoyez-la moy des cieux , du «
trône ſublime où vous êtes aſſis plein de gloire & «
de majeſté ; afin qu'elle ſoit toûjours & travaille «
toûjours avec moy , & que je connoiſſe ce qui vous «
eſt agreable : car elle ſçait tout : elle me fera ob- «
ſerver une juſte mediocrité dans toutes mes ac- «
tions , & me gardera par ſa puiſſance. Et ma con- «
duite vous plaira , & je gouverneray vôtre peuple «
avec juſtice ; & je ſeray digne du trône de mon «
pere. «

Qui deſire ainſi la ſageſſe , & qui la demande
à Dieu avec cette ardeur, ne manque jamais de
l'obtenir. Je t'ay donné un cœur ſage , & intelli- « *3. Reg. iii.*
gent. Et encore : Dieu donna la ſageſſe à Salomon, « *12.*
& une prudence exquiſe , & une étenduë de cœur , « *3. Reg. iv.*
(c'eſt-à-dire , d'intelligence ,) comme le ſable de « *29.*
la mer. «

Il luy a donné la ſageſſe , pour l'intelligence de

la loy & des maximes ; la prudence pour l'application ; l'étenduë de connoiſſance , c'eſt-à-dire , une grande capacité , pour comprendre les difficultez, & toutes les minuties des affaires. Dieu ſeul donne tout cela.

VII. Proposition.

Il faut étudier la ſageſſe.

Dieu la donne , il eſt vray ; mais Dieu la donne à ceux qui la cherchent.

Prov. VIII. 17.   " J'aime ceux qui m'aiment , dit la Sageſſe elle-même , & qui me cherche du matin me trouve.

Sap VI. 18.   " Le commencement de la ſageſſe eſt un veritable " deſir de la ſçavoir.

Ibid. 12.   " Aimez mes diſcours , dit-elle , & deſirez de les " entendre , & vous aurez la ſcience.

Ibid. 13. 14. 15. 16. 17.   " La ſageſſe ſe laiſſe voir facilement à ceux qui " l'aiment , & ſe laiſſe trouver à ceux qui la cher- " chent : elle prévient ceux qui la deſirent , & ſe " montre la premiere à eux : qui s'éveille du matin " pour penſer à elle , ne ſera pas rebuté , il la trou- " vera à ſa porte. Y penſer , c'eſt la perfection : qui " veille pour l'obtenir ſera bien-tôt content : car elle " tourne de tous côtez pour ſe donner à ceux qui " ſont dignes d'elle ; elle leur apparoît avec un viſage " agreable , & n'oublie rien pour aller à leur ren- " contre.

Elle eſt bonne, elle eſt acceſſible : mais il faut l'aimer , & travailler pour l'avoir.

Il ne faut pas plaindre les peines qu'on prendra

à cette recherche, on en eſt bien-tôt recompenſé. Mon fils faites-vous inſtruire dés vôtre jeuneſſe, « Eccli. vi. & la ſageſſe vous ſuivra juſqu'aux cheveux gris: « 18. 19. 20. cultivez-la avec ſoin comme celuy qui laboure & « qui ſeme, & attendez ſes bons fruits. Vous tra- « vaillerez un peu pour l'acquerir, & vous ne tarde- « rez pas à manger ſes fruits : Mettez vos pieds dans « Ibid. 25. ſes entraves, vôtre col dans ſes liens, vôtre épaule « 26. 27. ſous ſon joug. A la fin vous y trouverez le repos, « & elle vous tournera en plaiſir. «

VIII. PROPOSITION.

Le prince doit étudier, & faire étudier les choſes utiles :
Quelle doit être ſon étude.

Il ne faut pas s'imaginer le prince un livre à la main, avec un front ſoucieux, & des yeux pro- fondement attachez à la lecture. Son livre princi- pal eſt le monde : ſon étude c'eſt d'être attentif à ce qui ſe paſſe devant luy pour en profiter.

Ce n'eſt pas que la lecture ne luy ſoit utile, & le plus ſage des rois ne l'a pas negligée.

Comme l'Eccleſiaſte, (c'eſt Salomon) étoit tres- « Eccli. xii. ſage, il a inſtruit ſon peuple, & il a recherché les « 9. 10. 11. ſages ſentences. L'Eccleſiaſte a étudié pour trou- « ver des diſcours utiles, & il a écrit des choſes « droites, des paroles veritables. Les diſcours des « ſages ſont comme un aiguillon dans le cœur ; les « maîtres qui les ont ramaſſez étoient conduits par « un ſeul paſteur. C'étoit le roy, qui prenoit ſoin & de chercher par luy-même, & de faire chercher aux autres les discours utiles à la vie.

Ibid. 12.
" Mon fils n'en desirez pas davantage. C'est-à-dire, renfermez-vous dans les choses profitables. Laissez " les livres de curiosité : On multiplie les livres " sans fin, & de trop longues speculations épuisent " le corps.

Les vrayes études sont celles qui apprennent les choses utiles à la vie humaine. Il y en a qui sont dignes de l'application du prince habile. Dans les autres, c'est assez pour luy d'exciter l'industrie des sçavans par les recompenses ; dont la principale est toûjours aux esprits bien-faits l'agrément & l'estime d'un maître entendu.

Il ne convient pas au prince de se fatiguer par de longues & curieuses lectures. Qu'il lise peu de livres, qu'il lise comme Salomon les discours sensez & utiles. Sur tout qu'il lise l'evangile, & qu'il le medite. C'est-là sa loy, & la volonté du Seigneur.

IX. PROPOSITION.

Le prince doit sçavoir la loy.

1. Reg. VIII.
5. 20.
Il est fait pour juger, & c'est la premiere insti- " tution de la royauté. Faites-nous un roy qui nous " juge. Et encore : Nous voulons être comme les au- " tres nations, & avoir un roy qui nous juge.

Deut. XVII.
8. 19.
Aussi avons-nous vû que Dieu commande aux rois d'écrire la loy de Moïse, d'en avoir toûjours avec eux un exemplaire autentique, & de la lire tous les jours de leur vie.

C'eſt pour cela que dans leur ſacre on la leur mettoit en main. Ils amenerent au temple le fils « ₂ Paralip. du roy, & luy mirent le diadême, & la marque « ˣˣᴵᴵᴵ. ᴵᴵ. royale ſur la tête : ils luy mirent auſſi la loy à la « main, & le firent roy. Le pontife Joïada & ſes en- « fans le ſacrerent, & tout le peuple cria : Vive le « roy. »

Le prince doit croire auſſi que dans la nouvelle alliance il reçoit l'evangile de la main de Dieu, pour ſe regler par cette lecture.

Le peuple doit ſçavoir la loy, ſans doute : du moins dans ſes principaux points ; & ſe faire inſ-truire du reſte dans les occurrences ; car il la doit pratiquer. Mais le prince qui outre cela la doit faire pratiquer aux autres, & juger ſelon ſes de-crets, la doit ſçavoir beaucoup davantage.

On ne ſçait ce qu'on fait, quand on va ſans re-gle, & qu'on n'a pas la loy pour guide : la ſur-priſe, la prévention, l'intereſt & les paſſions of-fuſquent tout. Le prince ignorant opprime ſans y « Prov.xxviij penſer pluſieurs perſonnes, & fait triompher la « ₁₆. calomnie. «

Mais le commandement eſt un flambeau devant « Prov. vi. les yeux ; la loy eſt une lumiere. Le prince qui la « ₁₃. ſuit voit clair, & tout l'état eſt éclairé.

Que ſi l'œil de l'état, (c'eſt-à-dire, le prince) « Matth. vi. eſt obſcurci, que ſeront les tenebres même, & com- « ₁₃. bien tenebreux ſera tout le corps ? «

Qu'il ſçache donc le fond de la loy par laquelle il doit gouverner. Et s'il ne peut pas deſcendre à toutes les ordonnances particulieres ; que les affaires font naître tous les jours , qu'il fçache du moins les grands principes de la juſtice , pour n'être jamais ſurpris. C'étoit le Deuteronome , & le fondement de la loy , que Dieu l'obligeoit d'étudier & de ſçavoir.

Que la vie du prince eſt ſerieuſe ! il doit ſans ceſſe mediter la loy. Auſſi n'y a-t-il rien parmy les hommes de plus ſerieux , ny de plus grave , que l'office de la royauté.

X. PROPOSITION.

Le prince doit ſçavoir les affaires.

Jud. xr. 1ſ. &c.
Sup. p. 76. &c.
» Ainſi a-t-on veu Jephté élu prince du peuple de » Dieu , prouver par la diſcution des droits de ce » peuple , que le roy des Ammonites leur faiſoit in- » juſtement la guerre.

On voit l'affaire diſcutée avec toute l'exactitude poſſible. Dans cette diſcution , les principes du droit ſont joints par Jephté avec la recherche des faits , & la connoiſſance des antiquitez. C'eſt ce qu'on appelle ſçavoir les affaires.

Le prince qui ſçait ces choſes , met viſiblement la raiſon de ſon côté : ſes peuples ſont encouragez à ſoutenir la guerre , par l'aſſurance de leur bon droit : ſes ennemis ſont rallentis : les voiſins n'ont rien à dire.

1. Mach. xv. 28. &c.
» Une ſemblable diſcution fit beaucoup d'honneur » à Simon le Machabée. Le roy d'Aſie luy envoya » redemander par Athenobius la citadelle de Jeru- ſalem,

salem, avec Joppé & Gazara, places importantes «
qu'il soûtenoit être de son royaume. «

Simon sur cette demande fait premierement les
distinctions necessaires. Il distingue les anciennes
terres qui appartenoient de tout temps aux Juifs,
d'avec celles qu'ils avoient conquises depuis peu.

Nous n'avons, dit-il, rien usurpé sur nos voisins, « Ibid. 33.34.
& ne possedons rien du bien d'autruy ; mais l'he- «
ritage de nos peres, que nos ennemis ont possedé «
quelque temps injustement, dans lequel nous som- «
mes rentrez aussi-tôt que nous en avons trouvé l'oc- «
casion : & nous ne faisons que revendiquer l'heri- «
tage de nos peres. «

On a vû les offres qu'il fit pour Joppé, & pour
Gazara, encore qu'il les eût prises par une bonne
& juste guerre : & il se mit si bien à la raison :
Qu'Atenobius envoyé du roy d'Asie ; n'eut rien à « Ibid. 35.
répondre. «

Il est beau, & utile, que les affaires d'une certaine importance soient discutées autant qu'il se
peut par le prince même avec un si grand raisonnement. Quand il s'en fie tout-à-fait aux autres, il
s'expose à être trompé, ou à voir ses droits negligez. Personne ne penetre plus dans les affaires, que
celuy qui y a le principal interest.

XI. PROPOSITION.

Le prince doit sçavoir connoître les occasions, &
les temps.

C'est une des principales parties de la science des
Y

affaires , qui toutes dépendent de là.

Eccli. 11. 1. 2. &c. » Chaque chofe a fon temps , & tout paffe fous le
» ciel dans l'efpace qui luy eft marqué. Il y a le
» temps de naître , & le temps de mourir ; le temps
» de planter , le temps d'arracher ; le temps de blef-
» fer, & le temps de guerir ; le temps de bâtir & le
» temps d'abattre , le temps de pleurer , & le temps
» de rire ; le temps d'amaffer, & le temps de répan-
» dre ; le temps de couper, & le temps de coudre;
(c'eft-à-dire , le temps de s'unir, & le temps de
» rompre,) le temps de parler , & le temps de fe
» taire; le temps de guerre, & le temps de paix. Dieu,
» même fait tout en certains temps.

Si toutes chofes dépendent du temps ; la fcience
des temps eft donc la vraye fcience des affaires,
Eccli. VIII. 5. » & le vray ouvrage du fage. Auffi eft-il écrit : Que
» le cœur du fage connoît le temps, & regle fur cela
» fon jugement.

C'eft pourquoy il faut dans les affaires beaucoup
Ibid. 6. 7. 8. » d'application , & de travail. Chaque affaire a fon
» temps, & fon occafion ; & la vie de l'homme eft
» pleine d'affliction, parce qu'il ne fçait point le paf-
» fé, & il n'a point de meffager qui luy annonce l'a-
» venir. Il ne peut rien fur les vents ; il n'a point
» de pouvoir fur la mort ; il ne peut differer quand
» on vient luy faire la guerre. Nul ne fait ce qu'il
veut : une force majeure domine par tout : les momens paffent rapidement, & avec une extrême précipitation : qui les manque manque tout.

Cette fcience des temps a fait la principale loüange

de la ſageſſe de Salomon. Beni ſoit le Dieu d'Iſ- « ʒ. Par. ʒʒ.
raël qui a donné à David un fils habile, aviſé, « ¹².
ſage & prudent pour bâtir un temple au Seigneur, «
& un palais pour ſa perſonne. Dans une profonde «
paix, dans une grande abondance ; aprés les prepa- «
ratifs faits par ſon pere. C'étoit le temps d'entre- «
prendre de ſi grands ouvrages.

Parce que les Machabées prirent bien leur temps,
ils engagerent les Romains à les proteger, & ils
s'affranchirent des rois de Syrie qui les opprimoient. Jonathas vit que le temps étoit favorable, « ʒ. Mac. xʒʒ.
& il envoya renouveller l'alliance avec les Ro- « ʒ.
mains. «

Il faudroit tranſcrire toutes les hiſtoires ſaintes,
& profanes, pour marquer ce que peuvent dans
les affaires, les temps, & les contre-temps.

Il y a encore dans les choſes certains temps à
obſerver, pour garder les bien-ſéances, & entretenir l'ordre. Mon fils obſervez les temps, & évi- « Eccli. ʒv.
tez le mal. « ²³.

Les temps reglent toutes les actions juſqu'aux
moindres. Malheur à toy terre dont les rois ſe « Eccli. x. ʒʒ.
gouvernent en enfans, & mangent dés le matin. « ʒ ʒ.
Heureuſe la terre dont le roy n'a que de grandes «
penſées ; dont les princes mangent dans le temps, «
pour la neceſſité, & non pour la delicateſſe. C'eſt «
une eſpece de ſimilitude pour montrer que le temps
gouverne tout : & que chaque choſe a un temps
propre.

XII. PROPOSITION.

Le prince doit connoître les hommes.

C'eſt-là ſans doute ſa plus grande affaire ; de ſçavoir ce qu'il faut croire des hommes , & à quoy ils ſont propres.

Il faut avant toutes choſes qu'il connoiſſe le na-turel de ſon peuple : & c'eſt ce que le Sage luy preſcrit en la figure d'un paſteur : Connoiſſez, dit-il, la face de vôtre brebis, & conſiderez vôtre troupeau.

Prov. xxvii 23.

Sans regarder aux conditions , il doit juger de chacun , parce qu'il eſt dans ſon fond. Ne mepri-ſez pas le pauvre, qui eſt homme de bien : n'éle-vez pas le riche à cauſe qu'il eſt puiſſant. Et en-core : Ne loüez, ni ne mepriſez l'homme par ce qui paroît à la vûë : l'abeille eſt petite , & il n'y a rien de plus doux que ce qu'elle fait.

Eccli. x. 26.

Eccli. xi. 2. 3.

Il faut ſur tout qu'il connoiſſe ſes courtiſans. Prenez garde à ceux qui vous environnent , & te-nez conſeil avec les ſages.

Eccli. ix. 21.

Autrement tout ira au haſard dans un état, & il y arrivera ce que déplore le Sage. J'ay vû ſous le ſoleil qu'on ne confie pas la courſe au plus vîte, ni la guerre au plus vaillant : que ce n'eſt point aux ſages qu'on donne du pain , ni aux plus ha-biles qu'on donne les richeſſes ; & que ce ne ſont pas les plus intelligens qui plaiſent le plus. Mais que la rencontre & le haſard font tout ſur la terre.

Eccl. ix. 11.

C'eft ce qui arrive fous un prince inconfideré, qui ne fçait pas choifir les hommes ; mais qui prend ceux que le hafard & l'occafion, ou fon humeur luy prefentent.

La furprife & l'erreur confondent tout dans un tel regne. J'ay vû fous le foleil un mal, où le prince fe laiffe aller par furprife : un fol tient les hautes places, & les grands font à fes pieds. « Eccli. x. 5. 6.

Le prince qui choifit mal, eft puni par fon propre choix. Celuy qui envoye porter des paroles par un fol, fera condamné par fes propres œuvres. « Prov. XXVI. 6.

David pour avoir bien connu les hommes, fauva fes affaires dans la revolte d'Abfalon. Il vit que toute la force du parti rebelle étoit dans les confeils d'Achitophel, & tourna tout fon efprit à les détruire. Il connut la capacité, & la fidelité de Chufai. C'étoit un fage vieillard qui le voyant contraint de prendre la fuite : Vint à luy la tête couverte de pouffiere, & les habits déchirez. David luy dit : Si vous venez avec moy vous me ferez à charge : Si vous faites femblant de fuivre le party d'Abfalon, vous diffiperez le confeil d'Achitophel. « 2. Reg. xv. 32. 33. 34.

Il ne fe trompa point dans fa penfée. Chufai empêchâ Abfalon de fuivre un confeil d'Achitophel, qui ruinoit David fans reffource. Achitophel fentit auffi-tôt que les affaires étoient perduës, & fe fit perir par un cordeau. 2. Reg. xvii. 7. &c. Ibid. 23.

David non content d'envoyer Chufai, luy donna des perfonnes affidées. Il ne falloit pas s'y

Y iij

tromper ; car au moindre faux pas , le precipice étoit inévitable. Voici donc ce que David dit à

2. Reg. xv.
35. 36.

» Chusai. Tout ce que vous apprendrez des desseins » d'Absalon, dites-le aux prêtres Sadoc & Abiathar: » ils ont deux enfans par qui vous me manderez » toutes les nouvelles.

2. Reg. xvii
15. &c.

Chusai n'y manqua pas. Aprés avoir rompu les desseins d'Achitophel , il manda à David par ces deux hommes tout ce qui s'étoit passé , & luy donna un avis qui sauva l'état.

Ainsi David pour avoir connu les hommes dont il se servoit, reprit le dessus ; & rétablit ses affaires presque desesperées.

Au contraire Roboam pour avoir mal connu l'humeur de son peuple , & l'esprit de Jeroboam qui le soulevoit , perdit dix tribus : c'est-à-dire, plus de la moitié de son royaume.

Le prince qui s'habituë à bien connoître les hommes , paroît en tout inspiré d'enhaut ; tant il donne droit au but. Joab avoit envoyé une femme habile pour insinuer quelque chose à David. Ce prince

2. Reg. xiv.
18. 19. 10

» connut d'abord de qui venoit le conseil. Il répon- » dit à cette femme : Dites-moy la verité ; n'est-ce » pas Joab qui vous envoye me parler. Seigneur, » luy dit-elle , par le salut de vôtre ame , vous ne » vous êtes détourné ny à droit , ny à gauche. Vôtre » serviteur Joab m'a mis à la bouche toutes les pa- » roles que j'ay dites : Mais vous , Seigneur , vous » êtes sage comme un ange de Dieu , & il n'y a rien » sur la terre que vous ne sçachiez.

C'eſt ce que vouloit dire Salomon dans cette belle ſentence. La prophetie eſt dans les lévres du roy ; il ne ſe trompe point dans ſon jugement. « Prov. XVI. « 10.

Ce ſage roy l'avoit éprouvé , dans ce jugement memorable qu'il rendit entre ces deux meres. Parce qu'il connût la nature , & les effets des paſſions , la malice & la diſſimulation ne pût ſe cacher à ſes yeux : Et tout le peuple connut que la ſageſſe de « 3.Reg.III. « 28. Dieu étoit en luy. «

Outre que la grande experience , & la connoiſ-ſance des hommes , donnent à un prince appliqué un diſcernement delicat ; Dieu l'aide en effet quand il s'applique : Car le cœur du roy eſt entre ſes « Prov. XXI. « 1. mains. «

C'eſt Dieu qui mit dans le cœur de David , ces ſalutaires conſeils qui luy remirent la couronne ſur la tête. Ce ne fut pas la prudence de David : Ce « 2.Reg xvii. fut le Seigneur luy-même , qui diſſipa les conſeils « 14. utiles d'Achitophel. «

Auſſi s'étoit-il d'abord tourné à Dieu. O Sei- « 2. Reg. xv. gneur confondez le conſeil d'Achitophel. « 31.

Voilà donc deux choſes que le prince doit faire : Premierement s'appliquer de toute ſa force à bien connoître les hommes. Secondement , dans cette application attendre les lumieres d'enhaut , & les demander avec ardeur ; car la choſe eſt délicate , & enveloppée.

Il ne ſe peut rien ajoûter à ce que dit ſur ce ſujet l'Eccleſiaſtique. Je rapporteray ſon diſcours comme il eſt porté dans le grec bien plus clair que nôtre

Ecd.xxxvij
8. v. &c.

» verſion latine : Tout conſeiller vante ſon conſeil ;
» mais il y en a qui conſeillent pour eux-mêmes.
» Gardez-vous donc d'un conſeiller , & regardez a-
» vant toutes choſes quel beſoin vous en avez , &
» quels ſont ſes interêts. Car ſouvent il conſeillera
» pour luy-même , & haſardera vos affaires pour
» faire les ſiennes. Il vous dira vous faites bien , &
» il prendra garde cependant à ce qui vous arrivera
» pour en profiter. Ne conſultez donc pas avec un
» homme ſuſpect. Regardez les vûës d'un chacun.
» Ne prenez pas l'avis d'une femme ſur celle dont
» elle eſt jalouſe , ny d'un homme timide ſur la
» guerre , ny du marchand ſur la difficulté des voi-
» tures , ny du vendeur ſur le prix de ſes marchan-
» diſes. [chacun ſe fera valoir , & regardera ſon pro-
» fit.] Ne conſultez non plus l'envieux ſur la recom-
» penſe des ſervices : ny celuy dont le cœur eſt dur ſur
» les liberalitez , & ſur les graces : ny l'homme lent
» ſur quelque entrepriſe que ce ſoit : ny le mercenaire
» que vous avez à vôtre ſervice , ſur la fin de l'ou-
» vrage qu'il a entrepris : [car il a interêt de le faire
» durer le plus qu'il pourra :] ny un ſerviteur pa-
» reſſeux ſur les travaux qu'il faut entreprendre. Ne
» prenez point de tels conſeils : Mais ayez auprés de
» vous un homme religieux qui garde les comman-
» demens ; dont l'eſprit revienne au vôtre , & qui
» compatiſſe à vos maux quand vous tomberez. Et
» faites-vous un conſeil dans vôtre cœur ; car vous
» n'en trouverez point de plus fidele. L'eſprit d'un
» homme luy rapporte plus de nouvelles que ſept
ſentinelles

sentinelles mises sur de hauts lieux pour décou- «
vrir, & pour observer. Et par dessus tout cela, «
priez le Seigneur, afin qu'il conduise vos voyes. «

XIII. PROPOSITION.

Le prince doit se connoître luy-même.

Mais de tous les hommes que le prince doit connoître, celuy qui luy importe plus de bien connoître, c'est luy-même.

Mon fils, éprouvez vôtre ame dans toute vôtre « Ecclixxxvij
vie; & si elle vous semble mauvaise, ne luy don- « 30.
nez pas de pouvoir. C'est-à-dire, ne vous laissez «
pas aller à ses desirs. Le grec porte : Mon fils, éprou- «
vez vôtre ame; connoissez ce qui luy est mau- «
vais, & gardez-vous de luy donner. «

Tout ne convient pas à tous; il faut sçavoir à
quoy on est propre. Tel homme qui seroit grand
employé à certaines choses, se rend méprisable,
parce qu'il se donne à celles où il n'est pas propre.

Connoître ses défauts est une grande science.
Car on les corrige, ou on y supplée par d'autres
moyens. Mais qui connoît ses fautes ? dit le Psal- « Psal. xviii.
miste. Nul ne les connoît par luy-même, il faut « 3.
avoir quelque amy fidele qui vous les montre. Le
Sage nous le conseille. Qui aime à sçavoir, aime « Prov. xii.
à être enseigné; qui hait d'être repris, est in- « 1.
sensé. «

En effet c'est un caractere de folie d'adorer toutes ses pensées; de croire être sans défaut, & de
ne pouvoir souffrir d'en être averty. L'insensé mar- « Ecc. x. 3.

Z

» chant dans fa voye trouve tous les autres fols. Et

Eccli. VIII.
20.

» encore : Ne conferez point avec le fol, qui ne peut
» aimer que ce qui luy plaît.

Eccli. XXIII
2. 3.

　　» Le Sage dit au contraire : Qui donnera un coup
» de foüet à mes penfées , & une fage inftruction à
» mon cœur ; afin que je ne m'épargne pas moy-
» même , & que je connoiffe mes défauts : de peur
» que mes ignorances & mes fautes ne fe multiplient,
» & que je ne donne de la joye à mes ennemis qui
» me verront tomber à leurs pieds.

　　Voilà ce qui arrive à l'infenfé qui ne veut pas
connoître fes fautes. Les princes accoûtumez à la
flaterie font fujets plus que tous les autres hommes
à ce défaut. Parmy une infinité d'exemples je n'en
raporteray qu'un feul.

　　Achab ne vouloit point entendre le feul prophete qui luy difoit la verité , parce qu'il la difoit

3. Reg. XXII
7. 8.
2. Paralip.
XVIII. 6. 7.

» fans flaterie. Jofaphat roy de Juda dit à Achab roy
» d'Ifraël : N'y a-t-il pas icy quelque prophete du
» Seigneur ? Il nous en refte encore un , répondit le
» roy d'Ifraël , qui s'appelle Michée , fils de Jemla ;
» mais je le hai parce qu'il ne me prophetife que du
» mal , & jamais du bien.

　　Il le reprenoit de fes crimes , & l'avertiffoit des
juftes jugemens de Dieu afin qu'il les évitât. Achab
ne pouvoit fouffrir fes difcours. Il aimoit mieux
être environné d'une troupe de prophetes flateurs,
qui ne luy chantoient que fes loüanges , & des
triomphes imaginaires. Il voulut être trompé, & il le
fut. Dieu le livra à l'efprit d'erreur , qui remplit

le cœur de ſes prophetes de flateries, & d'illuſions, auſquelles il crut pour ſon malheur ; & il perit dans la guerre, où ſes prophetes luy annonçoient tant d'heureux ſuccés.

Au contraire le pieux roy Joſaphat reprend le roy d'Iſraël, qui ne vouloit pas qu'on écoutât ce prophete de malheurs. Ne parlez pas ainſi « Ibid. roy d'Iſraël. Il faut écouter ceux qui nous mon- » trent de la part de Dieu, & nos fautes, & ſes ju- gemens.

Le même roy Joſaphat au retour de la guerre où il avoit été avec Achab, écouta avec ſoumiſ- « 1. Paralip. ſion le prophete Jehu qui luy dit : Vous donnez « XXIX. 2. 3. ſecours à un impie, & vous faites amitié avec les « ennemis de Dieu : vous meritiez ſa colere ; mais « il s'eſt trouvé en vous de bonnes œuvres.

2. Reg. XII. & XXIV.

Il marchoit en tout ſur les pas de ſon pere Da- vid, qui recevant avec reſpect les juſtes reprehen- ſions des Prophetes Nathan & Gad, reconnut ſes fautes, & en obtint le pardon.

Ce ne ſont pas ſeulement les prophetes qu'il faut oüir : le ſage regarde tous ceux qui luy découvrent ſes fautes avec prudence, comme des hommes en- voyez de Dieu pour l'éclairer. Il ne faut point a- voir égard aux conditions : la verité conſerve toû- jours ſon autorité naturelle dans quelque bouche « Eccli x.28. qu'elle ſoit. Les hommes libres obéïſſent aux ſer- « viteurs ſenſez ; l'homme prudent & inſtruit ne mur- • mure pas étant repris.

L'homme qui peut ſouffrir qu'on le reprenne eſt

Prov. xv.
31. 32.

» vraiment maître de luy-même. Qui méprife l'in-
» ſtruction méprife ſon ame : qui acquiefce aux re-
» prehenſions eſt maître de ſon cœur.

XIV. PROPOSITION.

Le prince doit ſçavoir ce qui ſe paſſe au dedans, & au
dehors de ſon royaume.

Sous un prince habile & bien ave ty, perſonne
n'oſe mal-faire. On croit toûjours l'avoir preſent,
Ecc. x. 20. » & même qu'il devine les penſées. Ne dites rien
» contre le roy dans vôtre penſée ; ne parlez point
» contre luy dans vôtre cabinet : car les oiſeaux du
» ciel raporteront vos diſcours.

Les avis volent à luy de toutes parts ; il en ſçait
faire le diſcernement, & rien n'échape à ſa connoiſſance.

Ce ſoldat à qui Joab ſon general commandoit
2. Reg. xviij » quelque choſe contre les ordres du roy, luy répon-
12. 13. » dit : Quelque ſomme que vous me donnaſſiez, je
» ne ferois pas ce que vous me dites. Car le roy l'a
» défendu : & quand je ne craindrois pas ma propre
» conſcience, le roy le ſçauroit, & pourriez-vous
» me proteger ?

3. Reg. 1. » Nathan vint à Bethſabée, mere de Salomon &
11. 12. » luy dit : Ne ſçavez-vous pas qu'Adonias fils d'Hag-
» gith s'eſt fait reconnoître roy ; & le roy nôtre
» maître l'ignore encore ? ſauvez vôtre vie & celle
» de Salomon ; allez promptement & parlez au roy!
Un mal connu eſt à demi guery : les playes cachées
deviennent incurables.

Voilà pour le dedans. Et pour le dehors : Amaſias roy de Juda enflé de la victoire nouvellement
remportée ſur les Iduméens , voulut meſurer ſes
forces avec le roy d'Iſraël plus puiſſant que luy.
Joas roy d'Iſraël luy fit dire : Le chardon du Liban « 4. Reg. xiv.
voulut marier ſon fils avec la fille du cedre ; & les « 8. 9. 10 &c.
bêtes qui étoient dans le bois de cette montagne, «
en paſſant écraſerent le chardon. Vous avez défait «
les Iduméens & vôtre cœur s'eſt élevé. Contentez- «
vous de la gloire que vous avez acquiſe , & de- «
meurez en repos. Pourquoy voulez-vous perir vous «
& vôtre peuple ? Amaſias n'acquieſça pas à ce con- «
ſeil , il marcha contre Joas ; il fut battu & pris. «
Joas abattit quatre cens coudées des murailles de ..
Jeruſalem , & enleva les tréſors de la maiſon du «
Seigneur, & de la maiſon du roy. Si Amaſias eut «
connu les forces de ſes voiſins ; il n'auroit pas crû
qu'il pût vaincre un roy plus puiſſant que luy, parce
qu'il en avoit vaincu un plus foible : & cette ignorance cauſa ſa ruine.

Au contraire Judas le Machabée pour avoir par- ⸗ 1. Mach.
faitement connu la conduite , & les conſeils des VIII. 1. 2.
Romains ; leur puiſſance & leur maniere de faire 3. &c.
la guerre ; enfin leurs ſecrettes jalouſies contre les
rois de Syrie : s'en fit des protecteurs aſſurez , qui
donnerent moyen aux Juifs de ſecoüer le joug des
Gentils.

Que le prince ſoit donc averty, & n'épargne rien
pour cela. C'eſt à luy principalement que s'adreſſe Prov. xxiij.
cette parole du Sage : Achetez la verité. Mais qu'il « 23.

prenne donc garde à ne point payer des trompeurs, & à ne pas acheter le mensonge.

XV. PROPOSITION.

Le prince doit sçavoir parler.

Eccli. ix. 24.
» Les ouvrages sont loüez par la main de l'ou-
» vrier ; & le prince du peuple est reconnu sage par
» ses discours.

On n'attend de luy que de grandes choses. Job sentoit en cela son obligation, & l'attente des peu-
Job. xxix. 21. 22.
» ples, lors qu'il disoit : On n'attendoit de ma bouche
» que de belles sentences, & on se taisoit pour écou-
» ter mes conseils. On ne trouvoit rien à ajoûter à
» mes paroles.

Ce n'est pas tout de tenir de sages discours, ny de dire de bonnes choses ; il les faut dire à propos.
Eccli. xx. 22.
» Les belles sentences sont rejettées dans la bouche
» de l'imprudent : car il ne les dit pas en leur temps.

C'est pourquoy le sage pense à ce qu'il dit, pour
Prov. xvi. 23. 24.
» ne parler que quand il faut. Le cœur du sage in-
» struit sa bouche, & donne grace à ses lévres. Des
» paroles bien ordonnées sont comme le miel ; la
» douceur en est extrême.

Ecc. x. 12. 13.
» Les paroles du sage le rendront agreable ; celles
» du fol l'engageront dans le precipice : il commence
» par une folie, & finit par une erreur insuppor-
» table.

S'il n'y a rien de plus agreable qu'un discours fait à propos, il n'y a rien de plus choquant qu'un
Eccli. xx. 21.
» discours inconsideré. Un homme desagreable res-

semble à un discours hors de propos.

Parler mal à propos n'est pas seulement chose desagreable ; mais nuisible. Le discoureur se blesse luy-même d'une épée ; la langue des sages est la santé. Et encore : Qui garde sa bouche garde son ame ; le parleur inconsideré se perdra luy-même. « Prov. XII. 18. « Ibid. XIII. 3.

Le vain discoureur a un caractere de folie. L'insensé parle sans fin. Et encore : Voyez-vous cet homme prompt à parler ? il y a plus à esperer d'un fol que de luy. « Ecc. X. 14. « Prov. XXIX. 20.

La langue conduite par la sagesse est un instrument propre à tout. Voulez-vous adoucir un homme irrité ? Une douce réponse appaise la colere ; mais une parole rude excite la fureur. Et encore : Une langue douce est l'arbre de vie ; une langue emportée accable l'esprit. « Prov. XV. 1. « Ibid. 4.

Voulez-vous gagner quelqu'un qui soit mécontent ? la parole vous y sert plus que les dons. La rosée rafraîchit l'ardeur ; & une parole vaut mieux qu'un present. « Eccli. XVIII. 16.

Il faut donc être maître de sa langue. Le cœur du sage instruit sa bouche : comme nous venons de voir. Et encore : Le cœur des fols est en la puissance de leur bouche ; & la bouche des sages est en la puissance de leur cœur. La démangeaison de parler, emporte l'un ; la circonspection mesure toutes les paroles de l'autre : l'un s'échauffe en discourant, & s'engage ; l'autre pese tout dans une balance juste, & ne dit que ce qu'il veut. « Eccli. XXI. 19.

XVI. PROPOSITION.

Le prince doit sçavoir se taire : le secret est l'ame des conseils.

Tob. XIII. »
7.
Il est bon de cacher le secret du roy.

Le secret des conseils est une imitation de la sa-
Prov. XXV. » gesse profonde & impenetrable de Dieu. On ne
3. » peut connoître la hauteur des cieux ny la profon-
» deur de la terre, ny le cœur des rois.

Il n'y a point de force, où il n'y a point de se-
Ibid. 28. » cret. Celuy qui ne peut retenir sa langue, est une
» ville ouverte & sans muraille. On l'attaque, on
l'enfonce de toutes parts.

Si trop parler est un caractere de folie, sçavoir
Prov. XVII. » se taire est un caractere de sagesse. Le fol même
28. » s'il sçait se taire passera pour sage.

Eccli.XXXII. » Le sage interroge plus qu'il ne parle : Faites
12. » semblant de ne pas sçavoir beaucoup de choses, &
» écoutez en vous taisant, & en interrogeant.

Ainsi sans vous découvrir, vous découvrirez
les autres. Le desir de montrer qu'on sçait, empêche de penetrer & de sçavoir beaucoup de
choses.

Prov. XXIX. » Il faut donc parler avec mesure. L'insensé dit
11. » d'abord tout ce qu'il a dans l'esprit : le sage reserve
» toûjours quelque chose pour l'avenir.

Eccli. XX.7. » Il ne se tait pas toûjours. Mais il se tait jusqu'au
» temps propre : l'insolent, & l'impudent ne con-
» noissent pas le temps.

Ibid. 6 » Il y en a qui se taisent parce qu'ils ne sçavent pas
parler;

parler ; & il y en a qui fe taifent, parce qu'ils con- «
noiffent le temps. «

Tant de grands rois, à qui des paroles temerai-
rement échappées ont caufé tant d'inquietude, ju-
ftifient cette parole du Sage : Qui garde fa bouche « Prov. xxi.
& fa langue , garde fon ame de grands embarras , « ²³·
& de grands chagrins. «

Qui mettra un fceau fur mes lévres & une garde « Eccli.xxii.
autour de ma bouche , afin que ma langue ne me « ³³·
perde point ? «

XVII. PROPOSITION.

Le prince doit prévoir.

Ce n'eft pas affez au prince de voir, il faut qu'il
prévoye. L'habile homme a vû le mal qui le me- « Prov.xxii.
naçoit, & s'eft mis à couvert : le mal-habile a paffé « ³·
outre , & a fait une grande perte. «

Joüiffez des biens dans les temps heureux ; mais « Eccli. vii.
donnez-vous garde du temps fàcheux : car le Sei- « ¹⁵·
gneur a fait l'un & l'autre. «

Il ne faut point avoir une prévoyance pleine de
foucy & d'inquietude , qui vous trouble dans la
bonne fortune : mais il faut avoir une prévoyance
pleine de précaution , qui empêche que la mauvaife
fortune ne nous prenne au dépourvû.

Dans l'abondance fouvenez-vous de la famine : « Eccl. xviii.
penfez à la pauvreté & au befoin parmy les richef- « ²⁵· ²⁶·
fes : le temps change du matin au foir. «

Nous avons vû David pour avoir prévû l'avenir,rui- 2. Reg. xv.
ner le party d'Abfalon, & étouffer la rebellion de ²x.
Seba dans fa naiffance.   A a

Roboam, Amafias, & les autres dont nous avons
vû les égaremens n'ont rien prévû, & font tombez.
Les exemples de l'un & l'autre évenement font
innombrables.

Il n'y a guere d'homme qui ne foit touché d'un
grand mal prefent, & ne faffe des efforts pour s'en
tirer : ainfi toute la fageffe eft à prévoir.

L'homme prévoyant prend garde aux petites
chofes, parce qu'il voit que de celles-là dépendent
Eccli. xix. » les grandes. Qui méprife les petites chofes tombera
1. » peu à peu.

Dans la plûpart des affaires ce n'eft pas tant la
chofe, que la confequence qui eft à craindre : qui
n'entend pas cela n'entend rien.

La fanté dépend plus des précautions que des re-
Eccli.xviii » medes : Apprenez avant que de parler ; prenez le
19. 20. » remede avant la maladie.

Que les particuliers ayent des vûës courtes, cela
peut être fupportable. Le prince doit toûjours regarder au loin , & ne fe pas renfermer dans fon
Eccli.xxxvij » fiecle. La vie de l'homme a des jours contez ; mais
28. » les jours d'Ifraël font innombrables.

O prince ! regardez donc la pofterité. Vous mourrez ; mais vôtre état doit être immortel.

XVIII. PROPOSITION.

Le prince doit être capable d'inftruire fes miniftres.

C'eft-à-dire que la raifon doit être dans la tête.
Le prince habile fait les miniftres habiles , & les
forme fur fes maximes.

C'eſt ce que vouloit dire l'Eccleſiaſtique. Le ſage « Eccxli. x. 1.
juge, c'eſt-à-dire, le ſage prince, inſtruira ſon peu- «
ple : & le gouvernement de l'homme ſenſé ſera du- «
rable. Et encore : L'homme ſage inſtruit ſon peuple, « Eccli.
& les fruits de la ſageſſe ne ſont pas trompeurs. « xxxvij. 26.

L'exemple de Joſaphat également ſage, vaillant, «
& pieux, nous apprendra ce qu'il faut faire.

Dans la troiſiéme année de ſon regne, il en- «
voya cinq des ſeigneurs de la cour pour inſtruire « 2. Paralip.
le peuple dans les villes de Juda, & avec eux huit « xvii. 7. 8.
levites, & deux prêtres. Ils enſeignoient le peuple « 9.
de Juda, ayant en main le livre de la loy du Sei- «
gneur; & ils parcouroient toutes les villes de Juda, «
& ils inſtruiſoient le peuple. «

Remarquez toûjours que la loy du Seigneur étoit «
la loy du royaume, dont le peuple doit être inſtruit; & le roy prend ſoin de l'en faire inſtruire.
Comme cette loy contenoit enſemble les choſes
religieuſes, & politiques, auſſi pour enſeigner le
peuple il envoya des prêtres avec des ſeigneurs.
Mais voyons la ſuite.

Il établit des Juges par toutes les villes fortes de
Juda, leur diſant : Prenez garde à ce que vous avez « 2. Par. xix.
à faire : car ce n'eſt pas le jugement des hommes « 5. 6. 7.
que vous exercez, mais le jugement du Seigneur: «
& tout ce que vous jugerez retombera ſur vous. Que «
la crainte du Seigneur ſoit donc avec vous : & «
faites tout avec ſoin ; car il n'y a point d'iniquité «
dans le Seigneur vôtre Dieu ; ny d'acception de «
perſonnes ; ny de deſir d'avoir des preſens. «

Outre ces tribunaux érigez dans les villes de
Juda , il érigea un tribunal plus augufte dans la
capitale du royaume. Il établit dans Jerufalem des

Ibid. 8. 9.
10.

» levites & des prêtres , & les chefs de famille pour
» juger le jugement du Seigneur , & terminer toutes
» les caufes en fon nom : Et il leur dit : Vous ferez
» ainfi , & ainfi , dans la crainte du Seigneur avec fi-
» delité , & d'un cœur parfait. Dans toute caufe de
» vos freres qui viendra à vous , où il fera queftion de
» la loy , des commandemens, des ordonnances, & de
» la juftice , apprenez-leur à ne point offenfer Dieu,
» de peur que la colere de Dieu ne vienne fur vous, &
» fur eux : En faifant ainfi vous ne pecherez pas.
»   Un prince habile donne ordre que le peuple
foit bien inftruit des loix ; & luy-même il inftruit
fes miniftres , afin qu'ils agiffent felon la regle.

A R T I C L E   II.

Moyens à un prince d'acquerir les connoiffances
neceffaires.

I. P R O P O S I T I O N.

Premier moyen : Aimer la verité , & déclarer qu'on
la veut fçavoir.

Nous avons montré au prince par la parole de
Dieu , combien il doit être inftruit , & de
combien de chofes : donnons-luy les moyens d'acquerir les connoiffances neceffaires , en fuivant toûjours cette divine parole comme nôtre guide.

Le premier moyen qu'a le prince pour connoître la verité ; eft de l'aimer ardemment, & de témoigner qu'il l'aime : ainfi elle luy viendra de tous côtez, parce qu'on croira luy faire plaifir de la luy dire.

Les oifeaux de même efpece s'affemblent, & la verité retourne à celuy qui la recherche. Les veritables cherchent les veritables : la verité vient aifément à un efprit difpofé à la recevoir par l'amour qu'il a pour elle. « Eccli. xxvii 10.

Au contraire toute leur cour fera remplie d'erreur, & de flaterie, s'ils font de l'humeur de ceux : Qui difent aux voyans, ne voyez pas : & à ceux qui regardent, ne regardez pas pour nous ce qui eft droit : dites-nous des chofes agreables, voyez pour nous des illufions. « If. xxi. 10. « « «

Peu difent cela de bouche ; beaucoup le difent de cœur. Le monde eft remply de ces infenfez dont parle le Sage : L'infenfé n'écoute pas les difcours prudens : ny ne prête l'oreille, fi vous ne luy parlez felon fes penfées. « Prov. xviij. « 2. «

Il ne fuffit pas au prince de dire en general qu'il veut fçavoir la verité, & de demander comme fit Pilate à nôtre Seigneur : Qu'eft-ce que la verité ? puis s'en aller tout à coup fans attendre la réponfe. Il faut & le dire, & le faire de bonne foy. « Joan. xviij. 38.

Les uns s'informent de la verité par maniere d'acquit & en paffant feulement, comme il femble que Pilate fit en ce lieu. Les autres fans fe foucier de la fçavoir s'en informent par oftentation, &

A a iij

pour fe faire honneur de cette recherche. Tel étoit Achab roy d'Ifraël, dans lequel nous voyons tous les caracteres de ce dernier genre d'hommes.

Au fond il n'aimoit que la flaterie, & craignoit » la verité. C'eft pourquoy : Il haïffoit Michée par » cette feule raifon, qu'il ne luy prophetifoit que des » malheurs.

3. Reg.
XXII. 8.
2. Paralip.
XVIII. 7.

Repris de cette averfion injufte par Jofaphat roy de Juda, il n'ofe luy refufer d'écouter ce prophete veritable : mais en l'envoyant querir par un cour-tifan flateur, il luy fit dire fous main, comme » nous avons déja vû : Tous les prophetes annoncent » unanimement au roy des fuccés heureux, tenez-luy » un même langage.

3. Reg.
XXII. 13.
2. Paralip.
XVIII. 12.

Cependant quand il paroît devant Jofaphat, & devant le monde, il fait femblant de vouloir fça- » voir la verité. Michée, dit Achab, entreprendrons- » nous cette guerre ? Je vous demande encore une » fois au nom de Dieu de ne me dire que la verité.

3. Reg.
XXII. 15. 16.
2. Paralip
XVIII. 14
15.

Mais auffi-tôt que le faint prophete commence à la luy expliquer, il s'en fâche ; & à la fin de fon » difcours il le fait mettre en prifon. Ne vous avois- » je pas bien dit, qu'il ne vous prophetiferoit que » des malheurs.

3. Reg.
XXII. 18.
2. Paralip.
XVIII. 17.

C'eft ainfi qu'il parla à Jofaphat, auffi-tôt pref-que que Michée eut ouvert la bouche : Et quand » il eut tout dit : Le roy d'Ifraël donna cet ordre : » Enlevez-moy Michée, & menez-le au gouverneur » de la ville, & à Joas fils d'Amalech, & dites-leur: » Le roy commande qu'on mette cet homme en pri-

3. Reg.
XXII. 26.
27.
2. Paralip.
XVIII. 25.
26.

son , & qu'on le nourriſſe au pain & à l'eau en «
petite quantité , juſqu'à ce qu'il revienne en paix. «

Voilà à quoy aboutit ce beau ſemblant que fit
Achab de vouloir ſçavoir la verité. Auſſi Michée
le jugeant indigne de la ſçavoir , luy répondit d'a-   3. Reg.
bord d'un ton ironnique : Allez tout vous réüſſira.   XXII. 15.
                                                        2. Paralip.
Enfin preſſé au nom de Dieu de dire la verité ,   XVIII. 14.
le prophete expoſa devant tout le monde cette terrible viſion. J'ay vû le Seigneur aſſis dans ſon «   3. Reg.
trône ; & toute l'armée du ciel à droit & à gauche ; «   XXI. 19.
& le Seigneur dit : Qui trompera Achab roy d'Iſ- «   &c.
                                                        2. Paralip.
raël , afin qu'il aſſiege Ramoth-Galaad & qu'il y «   XVIII. 18.
periſſe ? L'un diſoit d'une façon & l'autre d'une «   &c.
autre : Un eſprit s'avança au milieu de l'aſſemblée, «
& dit au Seigneur : Je le tromperay. En quoy le «
tromperas tu , dit le Seigneur : Et il répondit ; Je «
ſeray eſprit menteur dans la bouche de tous les «
prophetes. Le Seigneur luy dit : Tu le tromperas «
& tu prévaudras , va & fais comme tu dis. Main- «
tenant donc, pourſuivit Michée, le Seigneur a mis «
l'eſprit de menſonge dans la bouche de tous vos «
prophetes, & il a reſolu vôtre perte. «

Qui ne tremblera en voyant de ſi terribles jugemens ? Mais qui n'en admirera la juſtice ! Dieu
punit par la flaterie les rois qui aiment la flaterie :
& livre à l'eſprit de menſonge les rois qui cherchent le menſonge , & de fauſſes complaiſances.

Achab fut tué ; & Dieu fit voir que qui cherche à être trompé trouve la tromperie pour ſa
perte.

Pf. cxviii.
137.
» Vous êtes jufte , ô Seigneur ! & tous vos juge-
» mens font droits.

II. P R O P O S I T I O N.

Second moyen : Etre attentif , & confideré.

On a beau avoir la verité devant les yeux,
qui ne les ouvre pas , ne la voit pas. Ouvrir les
yeux à l'ame , c'eft être attentif.

Eccli. II.
14.
»   Les yeux du fage font en fa tête ; le fol marche
» dans les tenebres. On demande à l'imprudent & au
temeraire : Infenfé à quoy penfiez-vous ? où aviez-
vous les yeux ? Vous ne les aviez pas à la tête, ny
devant vous : vous ne voyiez pas devant vos pieds:
C'eft-à-dire , vous ne penfiez à rien ; vous n'aviez
aucune attention.

Iſa. vi. 10.
»   C'eft comme fi on n'avoit point d'yeux , ny
» d'oreille. Ce peuple ne voit pas de fes yeux , &
» n'écoute pas des oreilles. Ou comme traduit faint
Act. xxviij.
26.
» Paul : Vous écouterez & n'entendrez pas , vous
» verrez , & ne concevrez pas.

Prov. xx.
12.
»   C'eft pourquoy le Sage nous dit : Qu'il y a un
» œil qui voit & une oreille qui écoute : & c'eft,
» dit-il , le Seigneur qui fait l'un & l'autre.

Ce don de Dieu n'eft pas fait pour ceux qui
» dorment , & qui ne penfent à rien. Il faut s'exci-
Prov. iv.
25. 26.
» ter foy-même & confiderer. Que vos yeux confi-
» derent ce qui eft droit , que vos paupieres prece-
» dent vos pas. Dreffez-vous vous-même un chemin,
& vos démarches feront fermes. Regardez avant
que de marcher : foyez attentif à ce que vous faites.

Il

Il ne faut jamais rien precipiter. Où il n'y a « Prov. xix.
point d'intelligence, il n'y a point de bien : qui se « 2. 3.
precipite, chopera : la folie des hommes les fait «
tomber, & puis ils s'en prennent à Dieu dans leur «
cœur. «

Soyez donc attentif & consideré en toutes choses.
Devant que de juger ayez la justice devant les « Eccli. xviij
yeux ; apprenez avant que de parler : prenez la « 9. 20.
medecine devant la maladie : examinez-vous vous- «
même, avant que de prononcer un jugement : & «
Dieu vous sera propice. «

L'attention en tout, c'est ce qui nous sauve. Le « Prov. ii.
conseil & l'attention vous garderont, la prudence « 11. 12. 13.
vous sauvera des mauvaises voyes : vous serez dé- «
livré de l'homme qui parle malicieusement, qui «
laisse le droit chemin, & marche par des voyes «
tenebreuses. «

Au milieu des déguisemens, & des artifices qui
regnent parmi les hommes ; il n'y a que l'attention
& la vigilance, qui nous puisse sauver des sur-
prises.

Qui considere les hommes attentivement, y est
rarement trompé. Jacob connut au visage de Laban, que les dispositions de son cœur étoient chan-
gées. Il vit que le visage de Laban étoit autre qu'à « Gen. xxxi.
l'accoûtumée. Et sur cela il prit la resolution de « 2. 5.
se retirer. «

Car comme dit l'Ecclesiastique selon les Sep-
tantes : On connoît les desseins de vangeance dans « Eccli. xviij.
le changement du visage. Et encore : Le cœur de « 24.
Eccli. xiii.
31.

B b

» l'homme change son visage, soit pour le bien, soit
» pour le mal.

Mais cela n'est pas aisé à découvrir, il y faut une
» grande application. On trouve difficilement & avec
» travail les vestiges d'un cœur bien disposé, & un
» bon visage.

Ibid. 32.

Que le prince considere donc attentivement toutes choses ; mais sur tout qu'il considere attentivement les hommes. La nature a imprimé sur le de-
» hors une image du dedans. L'homme se connoît à
» la vûë ; on remarque un homme sensé à la ren-
» contre : l'habit, le ris, la démarche découvrent
» l'homme.

Eccli. xix.
26. 27.

Il ne faut pourtant pas en croire les premieres
impressions. Il y a des apparences trompeuses : il
y a de profondes dissimulations. Le plus sûr est
d'observer tout : mais de n'en croire que les œuvres.
» Vous les connoîtrez par leurs fruits, c'est-à-dire,
» par leurs œuvres : dit la Verité même. Et ailleurs:
» L'arbre se connoît par son fruit.

Matth.vii.
16. 20.

Matth.xii.
33.

Encore faut-il prendre garde à ce que dit l'Ec-
» clesiastique. Il y en a qui manquent, mais ce n'est
» pas de dessein. Qui ne peche point dans ses pa-
» roles ! Comme s'il disoit : Ne prenez pas garde à
quelque parole, & à quelque faute qui échappe.
C'est en regardant la suite des paroles, & des actions, que vous porterez un jugement droit.

Eccli. xix
16. 17.

Il n'y a rien de moins attentif, ny de moins
consideré que les enfans. Le sage nous veut tirer
de cet état, & nous rendre plus serieux, quand il

nous dit : Laiſſez l'enfance ; & vivez & marchez « Prov.ix.6.
par les voyes de la prudence.   «

L'homme qui n'eſt point attentif, tombe dans
l'un de ces deux défauts : ou il eſt égaré , ou il eſt
comme aſſoupy dans une profonde létargie. Le premier de ces défauts fait les étourdis ; l'autre fait les
ſtupides ; états qui pouſſez à un certain point font
deux eſpeces de folie.

Voicy en deux paroles deux tableaux qui ſont
faits de la main du Sage. La ſageſſe reluit ſur le « Prov.xvii.
viſage de l'homme ſenſé : les yeux du fol regardent « 24.
aux extremitez de la terre.   «

Voyez comme l'un eſt poſé : l'autre pendant
qu'on luy parle , jette deçà & de là , ſes regards
inconſiderez : ſon eſprit eſt loin de vous , il ne
vous écoute pas ; il ne s'écoute pas luy-même : il
n'a rien de ſuivy , & ſes regards égarez font voir
combien ſes penſées ſont vagues.

Mais voicy un autre caractere qui n'eſt pas moins
mauvais , ny moins vivement repreſenté. C'eſt « Eccli. xxii.
parler avec un homme endormy, que de diſcourir « 9.
avec l'inſenſé , qui à la fin du diſcours demande : «
De quoy parle-t-on ?   «

Que ce ſommeil eſt frequent parmy les hommes ? Qu'il y en a peu qui ſoient attentifs, & auſſi
qu'il y a peu de ſages ? C'eſt pourquoy Jeſus- Math.vi.2.
Chriſt trouvant tout le genre humain aſſoupy , le xxiv. 42.
reveille par cette parole qu'il repete ſi ſouvent: 43. xxv. 13.
Veillez , ſoyez attentifs, penſez à vous-mêmes. « xii. 34.
                                                    « Marc xiii
Voyez, veillez, priez. Veillez encore une fois. « 33. 35. 37.

Bb ij

» Et ce que je vous dis, je le dis à tous, veillez. Vous
» ne fçavez pas à quelle heure viendra le voleur.

    »   Qui ne veille pas eſt toûjours ſurpris. Quelle er-
reur au prince qui veut autour de luy des ſentinelles qui veillent : & qui laiſſe dormir en luy-
même ſon attention, ſans laquelle il n'y a nulle
garde qui ſoit ſûre.

    Le prince eſt luy-même une ſentinelle établie
pour garder ſon état : Il doit veiller plus que tous
les autres. Peuple malheureux ! Tes ſentinelles,
» (tes princes, tes magiſtrats, tes pontifes, en un
» mot tous tes paſteurs qui doivent veiller à ta con-
» duite.) Tes ſentinelles, dis-je, ſont tous aveugles;
» ils ſont tous ignorans; chiens muets qui ne ſçavent
» point japper : ils ne voyent que des choſes vaines :
» ils dorment, ils aiment les ſonges : ce ſont des
» chiens imprudens : & inſatiables. Les paſteurs mê-
» mes n'entendent rien : chacun ſonge à ſon interêt :
» chacun ſuit ſon avarice, depuis le premier juſqu'au
» dernier. Venez, diſent-ils, bûvons, enivrons-nous;
» il ſera demain comme aujourd'huy, & cela durera
» long-temps.

    Voilà le langage de ceux qui croyent que les
affaires ſe font toutes ſeules, & que ce qui a duré
durera de luy-même ſans qu'on y penſe. Vient ce-
» pendant tout à coup le moment fatal. Mané, The-
» cel, Pharez. Dieu a compté les jours de ton regne,
» & le nombre en eſt complet. Tu as été mis dans
» la balance, & tu as été trouvé leger. Ton royaume
» a été diviſé, & il a été donné aux Medes & aux

If. LVI. 10.
11. 12.

Dan. v. 25.
26. &c.

Perfes. Et la même nuit Baltazar roy des Chaldéens « fut tué , & Darius le Mede eut son royaume. «

III. PROPOSITION.

Troisiéme moyen : Prendre conseil , & donner toute liberté à ses conseillers.

Ne soyez point sage en vous-même. Ne croyez « Prov. III. pas que vos yeux vous suffisent pour tout voir. 7.

La voye de l'insensé est droite à ses yeux. (Il « Prov. XII. croit toûjours avoir raison.) Le sage écoute con- « 15. seil. «

Un prince présomptueux, qui n'écoute pas con- seil , & n'en croit que ses propres pensées , de- vient intraitable, cruel , & furieux. Il vaut mieux « Prov. XVII. rencontrer une ourse à qui on enleve ses petits , « 12. qu'un fol qui se confie dans sa folie. «

Le fol qui se confie dans sa folie, & le présomp- tueux qui ne trouve bon que ce qu'il pense, est déja définy par ces paroles du Sage : Le fol n'écoute « Prov. xviij. pas les discours prudens, si vous ne luy parlez selon « 2. sa pensée. «

Qu'il est beau d'entendre parler ainsi Salomon le plus sage roy qui fut jamais ! Qu'il se montre vrayment sage , en reconnoissant que sa sagesse ne luy suffit pas !

Aussi voyons-nous qu'en demandant à Dieu la sagesse, il demande un cœur docile. Donnez, dit- « 3. Reg. III. il, O mon Dieu ! à vôtre serviteur un cœur docile : « 9. (un cœur capable de conseil, point superbe, point prévenu, point aheurté ;) afin qu'il puisse gouver- «

» ner vôtre peuple. Qui est incapable de conseil, est incapable de gouvernement.

Avoir le cœur docile, c'est n'être point entêté de ses pensées ; c'est être capable d'entrer dans celle des autres ; selon cette parole de l'Ecclesiasti-

Eccli. vi.
35.

» que : Soyez avec les vieillards prudens, & unissez-
» vous de tout vôtre cœur à leur sagesse.

Ainsi faisoit David. Nous avons vû combien il étoit prudent : nous le voyons aussi écoutant toûjours, & entrant dans la pensée des autres, point aheurté à la sienne. Il écoute avec patience cette femme sage de la ville de Thecué, qui osa bien luy venir parler des plus grandes affaires de son

2. Reg. xiv.
11. &c.

» état, & de sa famille. Qu'il me soit permis, dit-
» elle, de parler au roy monseigneur : Et il luy dit
» parlez : Elle poursuivit : Pourquoy le roy monsei-
» gneur offense-t-il le peuple de Dieu ? & pourquoy
» fait-il cette faute de ne vouloir pas rappeller Ab-
» salon qu'il a chassé ? David l'écouta paisiblement,
& trouva qu'elle avoit raison.

Quand Absalon abusant de la bonté de David eut pery dans sa rebellion, ce bon pere s'abandonnoit à la douleur. Joab luy vint representer, de quelle consequence il luy étoit de ne point témoigner tant d'affliction de la mort de ce rebelle.

2. Reg. xix
5. &c.

» Vous avez, dit-il, couvert de confusion les visages
» de vos fidelles serviteurs qui ont exposé leur vie
» pour vôtre salut, & de toute vôtre famille : vous
» aimez ceux qui vous haïssent, & vous haïssez ceux
» qui vous aiment : vous nous faites bien paroître

que vous ne vous fouciez pas de vos capitaines, ny «
de vos ferviteurs : & je voy bien que fi Abfalon «
vivoit , & que nous fuffions tous perdus , vous en «
auriez de la joye. Levez-vous donc , paroiffez , & «
contentez vos ferviteurs par des paroles honnêtes . «
finon je vous jure en verité , qu'il ne demeurera «
pas un feul homme auprés de vous ; & le mal qui «
vous arrivera fera le plus grand de tous ceux que «
vous avez jamais éprouvez depuis vôtre premiere «
jeuneffe jufqu'à prefent. «

David tout occupé qu'il étoit de fa douleur ,
entre dans la penfée d'un homme qui en apparence
le traitoit mal , mais qui en effet le confeilloit bien :
& en le croyant il fauva l'état.

C'eft donc en prenant confeil , & en donnant
toute liberté à fes confeillers qu'on découvre la verité , & qu'on acquiert la veritable fageffe. Moy « Prov. viii.
fageffe j'ay ma demeure dans le confeil, & je me « 12.
trouve au milieu des déliberations fenfées. Et en- « Prov. xxiv.
core : La guerre fe fait par adreffe , & le falut eft « 6.
dans la multitude des confeils. »

C'eft-là que fe trouvent avec abondance les ex-
pediens. La fcience du fage eft une inondation, & « Eccli. xxi.
fon confeil eft une fource inépuifable. « 16.

C'eft pourquoy : Le commencement de tout « Eccl.xxxvij
ouvrage eft la parole , & le confeil doit marcher « 20.
avant toutes les actions. «

Où il n'y a point de confeil les penfées fe dif- « Prov. xv.
fipent ; où il y a plufieurs confeillers elles fe con- » 22.
firment. »

Ecch. xxxii. 24. » Mon fils ne faites rien fans confeil , & vous ne
» vous repentirez point de vos entreprifes.

Outre que les chofes ordinairement réüffiffent
par les bons confeils , on a cette confolation qu'on
ne s'impute rien quand on les a pris.

C'eft une chofe admirable de voir ce que deviennent les petites chofes conduites par les bons
confeils. Mathatias n'avoit à oppofer que fa famille
& un petit nombre de fes amis à la puiffance redoutable d'Antiochus roy de Syrie , qui opprimoit
la Judée. Mais parce qu'il regle d'abord les affaires,
& les confeils , il pofe les fondemens de la déli-
1.Mach. II. 65. 66. » vrance du peuple. Simon vôtre frere eft homme
» de confeil : Ecoutez-le en tout , & il fera vôtre
» pere. Judas homme de guerre commandera les
» troupes & fera la guerre pour le peuple. Vous at-
» tirerez avec vous ceux qui font zelez pour la loy
» de Dieu. Combattez , & deffendez vôtre peuple.
Un bon deffein , un bon confeil , un bon capitaine
pour executer , eft un moyen affûré d'attirer du
monde dans le party. Voilà un gouvernement
reglé , & un petit commencement d'une grande
chofe.

IV. PROPOSITION.

Quatriéme moyen : Choifir fon confeil.

Eccli.VIII. 22. » Ne découvrez pas vôtre cœur à tout le monde.
Ibid. VI. 6. » Et encore : Que plufieurs perfonnes foient bien
» avec vous ; mais choififfez pour confeiller un entre
» mille.

C'eft

C'eſt pourquoy les conſeils doivent être reduits
à peu de perſonnes. Les rois de Perſe n'avoient que Eſther. 1.
13.
ſept conſeillers, ou ſept principaux miniſtres. Nous
avons vû : Qu'ils étoient toûjours auprés du roy, «
& qu'il faiſoit tout par leur conſeil. «

David en avoit encore moins. Jonatham oncle « 1.Par. xxvij
de David, homme ſage & ſçavant, étoit ſon con- « 32. 33. 34,
ſeiller. Luy, & Jahiel fils de Hachamoni étoient «
avec les enfans du roy. Achitophel étoit auſſi con- «
ſeiller du roy, & Chuſai étoit ſon principal amy. «
Aprés Achitophel Joïadas fils de Banaïas, & Abia- «
thar furent appellez aux conſeils. Joab avoit le «
commandement des armées. Et c'étoit avec luy «
que David traitoit des affaires de la guerre.

Il faut donc pluſieurs conſeillers, car ils s'éclairent
l'un l'autre, & un ſeul ne peut pas tout voir : mais
il ſe faut reduire à un petit nombre.

Premierement parce que l'ame des conſeils eſt
le ſecret. Nabuchodonoſor aſſembla les ſenateurs, « Judith . 1x
& les capitaines, & tint avec eux le ſecret de ſon « 2.
conſeil. «

C'eſt un ange qui dit à Tobie : Il eſt bon de ca- « Tob. xii.
cher le ſecret du roy : mais il eſt bon de découvrir « 7.
les œuvres de Dieu. «

Le conſeil des rois eſt un myſtere ; leur ſecret
qui regarde le ſalut de tout l'état a quelque choſe
de religieux & de ſacré, auſſi-bien que leur perſonne, & leur miniſtere. C'eſt pourquoy l'interprete latin a tradüit ſecret par le mot de myſtere,
& de ſacrement ; pour nous montrer combien le

C c

secret des conseils du prince doit être religieusement gardé.

Au reste quand l'ange dit : Qu'il est bon de cacher le secret du roy ; mais qu'il est bon de découvrir les œuvres de Dieu. C'est que les conseils des
rois peuvent être détournez étant découverts ; mais
la puissance de Dieu ne trouve point d'obstacle à
ses desseins ; & Dieu ne les cache point par crainte,
ou par précaution ; mais parce que les hommes ne
sont pas dignes de les sçavoir, ny capables de les
porter.

Que le conseil du prince soit donc secret ; &
pour cela qu'il soit entre tres-peu de personnes.
Car les paroles échapent aisément, & passent trop
rapidement d'une bouche à l'autre. Ne tenez point
conseil avec le fol qui ne sçaura pas cacher vôtre
secret.

Une autre raison oblige le prince à reduire son
conseil à peu de personnes : c'est que le nombre
de ceux qui sont capables d'une telle charge est
rare.

Il y faut premierement une sagesse profonde,
chose rare parmy les hommes : une sagesse qui penetre les secrets desseins, & qui déterre, pour ainsi
dire, ce qu'il y a de plus caché. Les desseins qu'un
homme forme dans son cœur sont un abime profond ; un homme sage les épuisera.

Cet homme sage ne se trouve pas aisément. Mais
je ne sçay s'il n'est pas encore plus rare, & plus difficile de trouver des hommes fideles. Heureux qui

Eccli. viii. 20. sec. 70.

Prov. xx.5.

Eccli. xxv. 22.

a trouvé un veritable amy. Et encore : Un amy fi- « Eccli. vi.
dele eſt une défenſe invincible , qui l'a trouvé a « 14. 15.
trouvé un tréſor : rien ne luy peut être comparé ; «
l'or & l'argent ne ſont rien au prix de ſa fidelité. «

La difficulté eſt de connoître ces vrais & ces ſages
amis. Il y a des hommes ruſez qui conſeillent les « Ecli. xxxvij.
autres , & ne peuvent pas ſe ſervir eux-mêmes : Il « 21.
y a des raffineurs qui ſe rendent odieux à tout le « .bid. 23.
monde. Il y en a qui ſont ſages pour eux-mêmes , « Ibid. 25.
& les fruits de leur ſageſſe ſont fideles dans leur «
bouche. C'eſt-à-dire , leurs conſeils ſont ſalutaires. «

Pour les faux amis , ils ſont innombrables. Tout « .bid. 1.
amy dit ; je ſuis bon amy : mais il y a des amis qui « 2. 3. 4. 5.
ne ſont amis que de nom. N'eſt-ce pas de quoy s'af- «
fliger juſqu'à la mort quand on voit qu'un amy de- «
vient ennemy ? O malheureuſe penſée ! pourquoy «
viens-tu couvrir toute la terre de tromperie ? Il y a «
des amis de plaiſir qui nous quittent dans l'afflic- «
tion. Il y a des amis de table & de bonne chere ; «
ce ſont des lâches qui abandonneront leur bouclier «
dans le combat. Et encore. Il y a des amis qui « Eccli. vi. 8.
cherchent leur temps & leurs interêts , ils vous « 9. 10. 11. 12.
quitteront dans la mauvaiſe fortune : Il y a des «
amis qui découvriront les paroles d'emportement , «
qui vous ſeront échapées dans vôtre colere. Il y a «
des amis de table que vous ne trouverez pas dans «
le beſoin : Dans la proſperité un tel amy ſera com- «
me un autre vous-même, & il agira hardiment dans «
vôtre maiſon : Si vous tombez il ſe mettra contre «
vous , & ſe retirera.   «

Cc ij

Parmy tant de faux fages , & de faux amis , il faut faire un choix prudent , & ne fe fier qu'à peu de perfonnes.

Eccli. vi. 17. Il n'y a point de plus fûr lien d'amitié , que la » crainte de Dieu. Celuy qui craint Dieu fera amy » fidele ; & fon amy luy fera comme luy-même. Et Eccli.xxxvij 15. 16. » de là vient le fage confeil : Ayez toûjours avec » vous un homme faint , que vous connoîtrez crai- » gnant Dieu, dont l'ame s'accorde avec la vôtre, » & qui compatiffe à vos fecrets défauts.

Prenez garde dans tous ces preceptes , que le fage vous marque toûjours un choix exquis : & qu'il faut fe renfermer dans le petit nombre.

Mais il faut fur tout confulter Dieu. Qui a Dieu Eccli. vi. 16. » pour amy ; Dieu luy donnera des amis. Un amy „ fidele eft un remede pour nous affurer la vie & „ l'immortalité. Ceux qui craignent Dieu le trouve- „ ront.

V. P R O P O S I T I O N.

Cinquiéme moyen : Ecouter & s'informer.

Autres font les perfonnes qu'il faut confulter or- dinairement dans fes affaires : autres celles qu'il faut écouter.

Le prince doit tenir confeil avec tres-peu de perfonnes. Mais il ne doit pas renfermer dans ce petit nombre tous ceux qu'il écoute : autrement s'il arrivoit qu'il y eût de juftes plaintes contre fes confeillers, ou des chofes qu'ils ne fçuffent pas, ou qu'ils refoluffent de luy taire, il n'en fçauroit ja- mais rien.

Nous avons vû David écouter fur des affaires importantes jufqu'à une femme, & fuivre fes confeils : tant il aimoit la raifon & la verité de quelque côté qu'elle luy vint.

Il faut que le prince écoute, & s'informe de toutes parts s'il la veut fçavoir. Ce font deux chofes : Il faut qu'il écoute, & remarque ce qui vient à luy : & qu'il s'informe avec foin de tout ce qui n'y vient pas affez clairement. Si vous prêtez l'oreille vous « *Eccli. vi.* ferez inftruit ; fi vous aimez à écouter, vous ferez « ³⁴· fage.

Aprés tant d'inftructions tirées des auteurs facrez, ne refufons pas d'écouter un prince infidele ; mais habile & grand politique. C'eft Diocletien qui « *Flavius.* difoit : Il n'y a rien de plus difficile que de bien « *Vop. Aureli.* gouverner : quatre ou cinq hommes s'uniffent, & « fe concertent pour tromper l'empereur. Luy qui « eft enfermé dans fes cabinets ne fçait pas la verité. « Il ne peut fçavoir que ce que luy difent ces quatre « ou cinq hommes qui l'approchent. Il met dans les « charges des hommes incapables. Il en éloigne les « gens de merite. C'eft ainfi, difoit ce prince, qu'un « bon empereur, un empereur vigilant, & qui « prend garde à luy, eft vendu. *Bonus, cautus, opti-* « *mus venditur imperator.*

Oüy fans doute, quand il n'écoute que peu de perfonnes, & ne daigne pas s'informer de ce qui fe paffe.

VI. PROPOSITION.

Sixiéme moyen : Prendre garde à qui on croit, &
punir les faux rapports.

Dans cette facilité de recevoir des avis de plusieurs endroits : Il faut craindre : Premierement,
que le prince ne se rabaisse en écoutant des personnes indignes. Cette femme que David écouta
si tranquillement étoit une femme sage, & connuë
pour telle. L'Ecclesiastique qui recommande tant
d'écouter, veut que ceux qu'on écoute, soient des
» vieillards honorables, & des hommes sensez. Soyez
» avec les sages vieillards, & unissez vôtre cœur à
» leurs sages pensées: Si vous voyez un homme sensé,
» frequentez souvent sa maison, ou l'appellez dans
» la vôtre.

2.Reg. xiv. 2.

Eccli. vi. 35. 36.

Secondement : Il faut craindre que le prince qui
écoute trop ne se charge de faux avis, & ne se
laisse surprendre aux mauvais rapports.

» Qui croit aisément a le cœur leger, & se dégrade
» luy-même.

Eccli. xix. 4.

» Ne croyez donc pas à toute parole. Pesez tout
» dans une juste balance. Comptez, & pesez : dit l'Ecclesiastique.

Ibid. 16.
Eccli. xlii. 7.

Il faut entendre, & non pas croire : c'est-à-dire,
peser les raisons, & non pas croire le premier venu
» sur sa parole : Le simple croit tout ce qu'on luy
» dit, le sage entend ses voyes.

Prov. xiv. 15.

Salomon qui parle ainsi avoit profité de ce sage
» avis du roy son pere : Prenez garde que vous en-

3. Reg. 11. 3.

tendiez tout ce que vous faites , & de quel côté «
vous aurez à vous tourner. Comme s'il difoit : Tour- «
nez-vous de plus d'un côté , car la verité veut être
cherchée en plufieurs endroits : les affaires humaines
veulent être aufli tentées par divers moyens ; mais
de quelque côté que vous vous tourniez , tournez-vous avec connoiffance, & ne croyez pas fans
raifon.

Sur tout prenez garde aux faux rapports. Le « Prov.xxix.
prince qui prend plaifir à écouter les menfonges, « 12.
n'a que des méchans pour fes miniftres. «

On jugera de vous par les perfonnes à qui vous
croyez. Le méchant écoute la méchante langue ; « Prov. xvii.
le trompeur écoute les lévres trompeufes. « +

Plûtôt un voleur , dit le Sage , que la conver- « Ecli. xx.
fation du menteur. Le menteur vous dérobe par « 27.
fes artifices le plus grand de tous les tréfors , qui
eft la connoiffance de la verité ; fans quoy vous ne
fçauriez faire juftice ; ny aucun bon choix ; ny en
un mot aucun bien.

Prenez garde que le menteur qui a aiguifé fa
langue , & preparé fon difcours pour couper la gorge
à quelqu'un , ne manque pas de couvrir fes mauvais deffeins fous une apparence de zele. Miphi- 2. Reg xvi.
bofeth , fils de Jonathas , zelé pour David , eft trahi 1. 2.
par Siba fon ferviteur; qui voulant le perdre pour
avoir fes biens , vient au devant de David avec des
rafraîchiffemeps pendant qu'il fuyoit devant Abfalon. Où eft le fils de vôtre Maître ? luy dit David ; « Ibid. 3.
Il eft demeuré , répondit le traître , à Jerufalem di- «

» fant : Que Dieu luy rendroit le royaume de fon
» pere.

Voilà comme on prepare la voye aux calomnies
les plus noires par une demonftration de zele.

La malice prend quelquefois d'autres couvertures.
Prov.xviii 8. » Elle fait la fimple & la fincere. Les paroles du
» fourbe paroiffent fimples , mais elles percent le
» cœur.

Elle fait auffi la plaifante , & s'infinuë par des
mocqueries. Mais de là naiffent des querelles dan-
Prov. xxii. 10. » gereufes : Chaffez le moqueur : les querelles , les
» procés , & les injuftices fe retireront avec luy.

En quelque forme que la medifance paroiffe,
Eccli. x. 11. » craignez la comme un ferpent. Si la couleuvre
» mord en fecret, le medifant qui fe cache n'a rien
» de moins odieux.

Le remede fouverain contre les faux raports, eft
de les punir. Si vous voulez fçavoir la verité , O
prince ! Qu'on ne vous mente pas impunément.
Nul ne manque plus de refpect pour vous , que
celuy qui ofe porter des menfonges & des calomnies à vos oreilles facrées.

On ne ment pas aifément à celuy qui fçait s'informer , & punir ceux qui le trompent.

La punition que je vous demande pour les faux
raports ; c'eft d'ôter toute croyance à ceux qui les
Prov. iv. 24 » font , & de les chaffer d'auprés de vous. Eloignez
» la mauvaife langue ; ne laiffez point approcher les
» lévres médifantes.

Ecouter les médifans , ou feulement les fouffrir;
c'eft

c'eſt participer à leur crime. N'ayez rien à
demêler avec le diſcoureur, & ne jettez point de
bois dans ſon feu. N'entretenez point les médiſances en les écoutant, & en les ſouffrant. Et encore :
N'allumez point le feu du pecheur, de peur que
ſa flamme ne vous devore.

« Fcclí. vıı.
« +

« ibid. 18.
ſec. 70.
«

Ce n'eſt pas ſeulement les médiſances qui ſont
à craindre ; les fauſſes loüanges ne ſont pas moins
dangereuſes, & les traîtres qui vendent les princes
ont des gens apoſtez pour ſe faire loüer devant
eux. Toutes les malices auprés des grands ſe font
ſous pretexte de zele. Tobie l'Ammonite qui vouloit perdre Nehemias luy faiſoit donner des avis
en apparence importants : Il y a des deſſeins contre
vôtre vie ; ils vous veulent tuer cette nuit : enten-
dez-vous avec moy ; tenons conſeil dans le temple
au lieu le plus retiré : Et je compris, dit Nehemias, que Semajas étoit gagné par Tobie & Sanaballat. Tobie entretenoit de ſecrets commerces dans
la Judée ; il avoit pluſieurs grands dans ſes interêts, qui le loüioient devant moy, & luy rapportoient toutes mes paroles.

« 2. Eſd. vı.
10.

« ibid. 12.
..
« ibid. 17.
18. 19.

«

O Dieu ! comment ſe ſauver parmy tant de pieges, ſi on ne ſçait ſe garder des diſcours artificieux, & parler avec precaution ? Mettez une
haye d'épines autour de vos oreilles, n'y laiſſez pas
entrer toute ſorte de diſcours : n'écoutez pas la
mauvaiſe langue : faites une porte, & une ſerrure
à vôtre bouche : peſez toutes vos paroles.

« Eccli. xxvııj
28. 29.

«

O prince ! ſans ces précautions vos affaires pour-

ront souffrir : mais quand vôtre puissance vous sau-
veroit de ces maux , c'est pour vous le plus grand
de tous les maux de faire souffrir les innocens, contre qui les méchantes langues vous auront irrité.

Qu'il est beau d'entendre David chanter sur sa
Psal. c.
» lyre : J'étois dans ma maison avec un cœur simple;
» je ne me proposois point de mauvais desseins ; je
» haïssois les esprits artificieux. Le cœur malin ne
» trouvoit point d'accés auprés de moy : je persecu-
» tois celuy qui médisoit en secret contre son pro-
» chain ; je ne pouvois vivre avec le superbe & le
» hautain ; mes yeux se tournoient vers les gens de
» bien pour les faire demeurer avec moy. Celuy qui
» vit sans reproche étoit le seul que je jugeois digne
» de me servir ; le menteur ne me plaisoit pas. Dés
» le matin je pensois à exterminer les impies , & je
» ne pouvois souffrir les méchans dans la cité de mon
» Dieu.

La belle cour où l'on voit tant de simplicité, &
tant d'innocence ; & tout ensemble tant de courage, tant d'habileté, & tant de sagesse :

VII. PROPOSITION.

*Septiéme moyen : Consulter les temps passez , & ses
propres experiences.*

En toutes choses le temps est un excellent conseiller. Le temps découvre les secrets : le temps fait
naître les occasions : le temps confirme les bons
conseils.

Sur tout qui veut bien juger de l'avenir , doit
consulter les temps passez.

Si vous voulez fçavoir ce qui fera du bien & du mal aux fiecles futurs, regardez ce qui en a fait aux fiecles paffez. Il n'y a rien de meilleur que les chofes éprouvées. N'outrepaffez point les bornes « Prov. xxii. pofées par vos ancêtres. Gardez les anciennes ma- « 28. ximes fur lefquelles la monarchie a été fondée, & s'eft foûtenuë.

Imitez les rois de Perfe qui avoient toûjours au- prés d'eux : Ces fages confeillers inftruits des loix : « Eft. i. 13. & des maximes anciennes. «

De là les regiftres de ces rois, & les annales es Eft. vi. 1. fiecles paffez qu'Affuerus fe faifoit apporter pen- dant la nuit, quand il ne pouvoit dormir.

Toutes les anciennes monarchies, celles des Egyp- tiens, celle des Hebreux, tenoient de pareils re- giftres. Les Romains les ont imitez. Tous les peu- ples enfin qui ont voulu avoir des confeils fuivis, ont marqué foigneufement les chofes paffées pour les confulter dans le befoin.

Qu'eft-ce qui fera ? Ce qui a été. Qu'eft-ce qui « Ecc. i. 9. a été fait ? ce qu'on fera. Rien n'eft nouveau fous « 10. le foleil, & perfonne ne peut dire : Cela n'a jamais « été vû : car il a déja precedé dans les fiecles qui « font devant nous. «

C'eft pourquoy comme il eft écrit dans la Sa- geffe : Qui fçait le paffé, peut conjecturer l'a- « Sip. viii venir. « 8.

L'Infenfé ne met point de fin à fes difcours ; « Ecc. x. 14. l'homme ne fçait pas ce qui a été devant luy ; qui « luy pourra découvrir ce qui viendra aprés ? «

Dd ij

N'écoutez pas les vains , & infinis raifonnemens, qui ne font pas fondez fur l'experience. Il n'y a que le paffé qui puiffe vous apprendre , & vous garentir l'avenir.

De là vient que l'écriture appelle toûjours aux confeils les vieillards experimentez. Les paffages en font innombrables. En voicy un digne de remar-

Eceli. VIII. I. 12.

I

» que. Ne vous éloignez point du fentiment des vieil- » lards ; écoutez ce qu'ils vous racontent ; car ils » l'ont appris de leurs peres. Vous trouverez l'intel- » ligence dans leurs confeils, &vous apprendrez à ré- » pondre comme le befoin des affaires le demandera.

Job déplorant l'ignorance humaine , nous fait voir que s'il y a parmy nous quelque étincelle de fageffe , c'eft dans les vieillards qu'elle fe trouve.

Job xxviij. 20. 21. 22.

» Où refide la fageffe, dit-il, & d'où nous vient l'in- » telligence ? Elle eft cachée aux yeux de tous les vi- » vans ; elle eft même inconnuë aux oifeaux du » ciel. (C'eft-à-dire , aux efprits les plus élevez.) » La mort, & la corruption ont dit : Nous en avons » oüi quelque bruit. Les vieillards experimentez qu'un grand âge approche du tombeau, en ont oüi dire quelque chofe.

Job avoit dit la même chofe en d'autres paroles:

Job. XII. 12.

» La fageffe eft dans les vieillards , & la prudence » vient avec le temps.

C'eft donc par l'experience que les efprits fe

Ecc. X. 10.

» raffinent. Comme le fer émouffé s'éguife avec » grand travail, ainfi la fageffe fuit le travail, & l'ap- » plication.

Employez le sage, & vous augmenterez sa sa- « Prov. ix. 9.
gesse. L'usage, & l'experience le fortifiera. «

Par l'experience on profite même de ses fautes.
Qui n'a point été éprouvé, que sçait-il ? L'homme « Eccli.xxxiv.
qui a beaucoup vû, pensera beaucoup : qui a beau- « 9. 10. 11.
coup appris, raisonnera bien. Qui n'a point d'ex- « 11. verf.70.
perience, sçait peu de chose. Celuy qui a été trom- «
pé se raffine, & met le comble à sa sagesse. J'ay «
beaucoup appris dans mes fautes & dans mes voya- «
ges : l'intelligence que j'y ay acquise, a passé tous «
mes raisonnemens : je me suis trouvé dans de grands «
perils, & mes experiences m'ont sauvé. «

C'est ainsi que la sagesse se forme : nos fautes
mêmes nous éclairent, & qui sçait en profiter est
assez sçavant.

Travaillez donc, ô prince ! à vous remplir de
sagesse. L'experience toute seule vous la donnera,
pourvû que vous soyez attentif à ce qui se passera
devant vos yeux. Mais appliquez-vous de bonne-
heure : Autrement vous vous trouverez aussi peu
avancé dans un grand âge, que vous l'avez été
dans vôtre enfance.

Pensez-vous trouver dans vôtre vieillesse ce que « Eccli. xxv.
vous n'aurez point amassé dans vôtre jeune âge ? « 5.

Laissez l'enfance, & vivez : & marchez par les « Prov. ix. 6.
voyes de la prudence. «

VIII. PROPOSITION.

Huitiéme moyen : S'accoûtumer à se resoudre par soy-même.

Il y a icy deux choses. La premiere, qu'il faut sçavoir se resoudre. La seconde, qu'il faut sçavoir se resoudre par soy-même. C'est à ces deux choses qu'il se faut accoûtumer de bonne heure.

Il faut donc premierement, sçavoir se resoudre. Ecouter, s'informer, prendre conseil, choisir son conseil, & toutes les autres choses que nous avons vûës, ne sont que pour celles-cy : c'est-à-dire, pour se resoudre.

Il ne faut donc point être de ceux qui à force d'écouter, de chercher, de déliberer, se confondent dans leurs pensées & ne sçavent à quoy se déterminer : gens de grandes déliberations & de grandes propositions ; mais de nulle execution. A la fin tout leur marquera.

Prov. xiv. 23. » Où il y a beaucoup de discours, beaucoup de » propositions, des raisonnemens infinis, la pauvreté » y sera. L'abondance est dans l'ouvrage. Il faut conclure & agir.

Eccli. iv. 34. » Ne soyez pas prompt à parler, & languissant à » faire. Ne soyez point de ces discoureurs qui ont à la bouche de belles maximes, dont ils ne sçavent pas faire l'application : & de beaux raisonnemens politiques, dont ils ne font aucun usage. Prenez vôtre party, & tournez vous à l'action.

Ne foyez donc point trop jufte , ny trop fage , « Ecc. vii.
de peur qu'à la fin vous ne foyez comme un ftu- « 17.
pide. Immobile dans l'action , incapable de pren- «
dre un deffein.

Cet homme trop jufte & trop fage , eft un
homme qui par foibleffe & pour ne pouvoir fe
refoudre , fait fcrupule de tout, & trouve des difficultez infinies en toutes chofes.

Il y a un certain fens droit , qui fait qu'on prend
fon party nettement. Dieu a fait l'homme droit , « Ibid. 3.
& il s'eft embarraffé de queftions infinies. Il refte «
à nôtre nature même aprés fa chute , quelque chofe
de cette droiture : c'eft par là qu'il faut fe refoudre ,
& ne point toûjours s'abandonner à de nouveaux
doutes.

Qui obferve le vent ne femera point ; qui con- « Ecc. xi. 4.
fidere les nuées ne fera jamais fa moiffon. Qui veut «
trop s'affurer , & trop prévoir ne fera rien.

Il n'eft pas donné aux hommes de trouver l'affu-
rance entiere dans leurs confeils , & dans leurs affaires. Aprés avoir raifonnablement confideré les
chofes , il faut prendre le meilleur party , & abandonner le furplus à la providence.

Au refte quand on a vû clair , & qu'on s'eft
déterminé par des raifons folides , il ne faut pas
aifément changer. Nous l'avons déja vû. Ne tournez pas à tout vent & ne marchez point en toute « Eccli. v. 9.
voye. Le pecheur, (celuy qui fe conduit mal) a « 10. verf. 70.
une double langue. Il dit & fe dédit : il refout d'une «
façon , & execute de l'autre. Soyez ferme dans «

» vôtre intelligence ; & que vôtre difcours foit un.

Quand je dis qu'il faut fçavoir prendre fa refolution, c'eft-à-dire, qu'il la faut prendre par foy-
même : autrement nous ne la prenons pas, on
nous la donne : Ce n'eft pas nous qui nous tour-
nons, on nous tourne.

Revenons toûjours à cette parole de David à Sa-
3.Reg. 11.3. » lomon. Prenez garde, mon fils, que vous enten-
» diez tout ce que vous faites ; & de quel côté vous
» aurez à vous tourner.

Prov. xiv. » Le fage entend fes voyes. Il a fon but, il a fes
8. deffeins, il regarde fi les moyens qu'on luy pro-
» pofe vont à fa fin. L'imprudence des fols eft er-
» rante. Faute d'avoir un but arrêté, ils ne fçavent
où aller ; & ils vont comme on les pouffe.

Qui fe laiffe ainfi mener ne voit rien ; c'eft un
aveugle qui fuit fon guide.

Prov. iv. » Que vos yeux precedent vos pas : nous a déja
25. dit le fage. Vos yeux & non ceux des autres.
Faites-vous tout expliquer ; faites-vous tout dire:
ouvrez les yeux & marchez ; n'avancez que par
raifon.

Ecoutez donc vos amis, & vos confeillers ; mais
ne vous abandonnez pas à eux. Le confeil de l'Ec-
Eccli. vi. » clefiaftique eft admirable : Separez-vous de vos
13. » ennemis, prenez garde à vos amis. Prenez garde
qu'ils ne fe trompent : prenez garde qu'ils ne vous
trompent.

Que fi vous fuivez à l'aveugle quelqu'un qui
aura l'adreffe de vous prendre par vôtre foible, &
de

de s'emparer de vôtre esprit ; ce ne sera pas vous qui regnerez : ce sera vôtre serviteur , & vôtre ministre. Et ce que dit le Sage vous arrivera : Trois « Prov. xxx. choses émeuvent la terre : la premiere est un ser- « 21. 22. viteur qui regne. « Act. xii. 20.

Dans quelle reputation s'étoit mis ce roy de Judée, dont il est écrit dans les Actes: Herode étoit en colere « contre les Tyriens , & les Sydoniens : ils vinrent à « luy tous ensemble ; & ayant gagné Blastus Cham- « bellan du roy , ils obtinrent ce qu'ils voulurent. «

On vient au prince par ceremonie ; en effet on traite avec le ministre. Le prince a les reverences ; le ministre a l'autorité effective.

On rougit encore pour Assuerus roy de Perse, Esth. 111. 8. quand on lit dans l'histoire la facilité avec laquelle il se laisse mener par Aman son favory.

Etablissez-vous donc un conseil en vôtre cœur : « Ecli. xxxvij. car vous n'en trouverez point de plus fidele. L'es- « 17. 18. vers. prit d'un homme attentif à ses affaires , luy rap- « 70. portent plus de nouvelles que sept sentinelles po- « sées dans des lieux éminens. On ne peut trop vous « repeter ce conseil du Sage.

Il est mal-aisé dans vôtre jeunesse que vous ne croyez quelqu'un ; car l'experience manque dans cet âge : les passions y sont trop impetueuses ; les déliberations y sont trop promptes. Mais si vous voulez devenir bien-tôt capable d'agir par vous-même , croyez de telle maniere que vous vous fassiez expliquer les raisons de tout ; accoûtumez-vous à goûter les bonnes. Faites-vous instruire dans « Ecli. vj. 18.

E e

» vôtre jeuneſſe : & juſqu'aux cheveux blancs vôtre
» ſageſſe croîtra.

Et remarquez icy que la veritable ſageſſe doit
toûjours croître : mais elle doit commencer par la
docilité. C'eſt pourquoy nous avons oüy Salomon
au commencement de ſon regne , & dans ſa premiere jeuneſſe , demander un cœur docile. Et le
Sap. VIII. » livre de la ſageſſe luy fait dire : J'étois un enfant
19. » ingenieux , & j'avois eu en partage une bonne
» ame. C'eſt-à-dire , portée au bien , & capable de
prendre conſeil.

Il parvint en peu de temps par ce moyen au
plus haut degré de ſageſſe. Il vous en arrivera autant. Si vous écoutez au commencement , bien-tôt
vous meriterez qu'on vous écoute. Si vous êtes
quelque temps docile , vous deviendrez bien-tôt
maître , & docteur.

IX. PROPOSITION.

Neuviéme moyen : Eviter les mauvaiſes fineſſes.

Nous en avons déja vû une belle idée dans ces
Ecli. xxxvij. » mots de l'Eccleſiaſtique : Il y a des hommes ruſez
19. 20. verſ. » & artificieux, qui ſe mêlent d'enſeigner les autres;
70. » & qui ſont inutiles à eux-mêmes : il y a des raſi-
» neurs odieux dans leurs diſcours, & à qui tout
» manque. A force de rafiner ils ſortent du bon ſens,
& tout leur échape.

Ce que j'appelle icy mauvaiſes fineſſes , ce ne
ſont pas ſeulement les fineſſes groſſieres, ou les ra-
finemens trop ſubtils : mais en general toutes les

fineſſes qui uſent de mauvais moyens.

Elles ne manquent jamais d'embaraſſer celuy qui s'en ſert. Qui marche droitement ſe ſauvera, « Prov. xxviij qui cherche les voyes détournées, tombera dans « 18. quelqu'une. Dit le plus ſage des rois. «

Il n'y a rien qui ſe découvre plûtôt que les mauvaiſes fineſſes. Celuy qui marche ſimplement, « Prov. x. 9. marche en aſſurance : Celuy qui pervertit ſes voyes, « ſera bien-tôt découvert. «

Le trompeur ne manque jamais d'être le premier trompé. Les voyes du méchant le trompe- « Prov. xii. ront : le trompeur ne gagnera rien. Et encore : « 26. 27. Qui creuſe une foſſe tombera dedans : Qui rompt « Ecc. x. 8. une haye, un ſerpent le mord. «

Ecoutez la vive peinture que nous fait le Sage du fourbe, & de l'impoſteur. Le fourbe & l'infidele a « Prov. vi. des paroles trompeuſes : il cligne les yeux : il « 12. 13. 14. marche ſur les pieds : il fait ſigne des doigts : (il « 15. a des intelligences ſecretes avec tout le monde :) « ſon cœur perverty machine toûjours quelques trom- « peries ; il fait mille querelles & broüille les meil- « leurs amis. Il perira bien-tôt, une chute precipitée « le briſera, & il n'y aura plus de remede. «

Si une telle conduite eſt odieuſe dans les particuliers : combien plus eſt-elle indigne du prince, qui eſt le protecteur de la bonne foy.

Souvenez-vous de cette parole vrayment noble & vrayment royale du roy Jean, qui ſollicité de violer un traité, répondit : Si la bonne foy étoit perie par toute la terre, elle devroit ſe retrouver dans le cœur , & dans·la bouche des rois.

Prov. XVI.
12. 13. » Les méchans font abominables aux rois ; les » trônes font affermis par la juftice. Les lévres juftes » font les délices des rois ; qui parle fincerement en » fera aimé.

Voilà comme agit un roy quand il fonge à ce qu'il eft , & qu'il veut agir en roy.

X. PROPOSITION.

Modele de la fineſſe ; & de la ſageſſe veritable ; dans la conduite de Saül & de David : pour ſervir de preuve , & d'exemple à la propoſition precedente.

Nous pouvons connoître la difference des ſages veritables, d'avec les trompeurs ; par l'exemple de Saül , & de David.

1. Reg X.
21. &c. XI.
5. Les commencemens de Saül font magnifiques; il craignoit le fardeau de la royauté ; il étoit caché dans ſa maiſon , & à peine le pût-on trouver quand on l'élût. Aprés ſon élection , il y vivoit dans la même ſimplicité , & appliqué aux mêmes travaux Ibid. XI.
XII. XIII.
XIV. XV. qu'auparavant. Le beſoin de 'l'état l'oblige à uſer d'autorité ; il ſe fait obéïr par ſon peuple ; il défait les ennemis , ſon cœur s'enfle ; il oublie Dieu.

Ibid. XVI.
21. XVIII.
7. 8. 9. 13.
&c. La jalouſie s'empare de ſon eſprit. Il avoit aimé David. Il ne le peut plus ſouffrir , aprés que ſes ſervices luy ont acquis beaucoup de gloire. Il n'oſe chaſſer de la cour un ſi grand homme , de peur de faire crier contre luy-même : mais il l'éloigne ſous pretexte de luy donner un commandement

confiderable. Par là il luy fait trouver les moyens d'augmenter fa reputation , & de luy rendre de nouveaux fervices.

Enfin ce prince jaloux fe réfout à perdre David ; & il ne voit pas qu'il perd luy-même le meilleur ferviteur qu'il ait dans tout fon royaume. Sa jalou-fie luy fournit de noirs artifices pour réüffir dans ce deffein. Il luy promet fa fille : Mais afin qu'elle « *Ibid. XVIII* luy foit une occafion de ruine : Il luy fait dire par « *21. 22.* fes courtifans : Vous plaifez au roy & tous fes mi- « niftres vous aiment. Mais tout cela pour le perdre. « Sous pretexte de luy faire honneur , il l'expofe à des occafions hafardeufes ; & l'engage dans des perils prefque inévitables. Vous ferez mon gendre, « *Ibid.25.26.* dit-il , fi vous tuez cent Philiftins. David le fit , & « *27. 28. 29.* Saül luy donna fa fille. Mais il vit que le Seigneur « étoit avec David : Il le craignit , & il le haït toute « fa vie. «

Son fils Jonathas qui aimoit David , fit ce qu'il *Ibid. XIX.* pût pour appaifer fon pere jaloux. Saül diffimule , & trompe fon propre fils , pour mieux tromper David. Il le fait revenir à la cour. David fe fignale par de nouvelles victoires ; & la jaloufie tranfporte de nouveau Saül. Pendant que David joüoit de la lyre devant luy , il le veut percer de fa lance. Da-vid s'enfuit , & il eft contraint de fe dérober de la cour.

Saül le rappelle par de nouvelles careffes , & *Ibid. XX.* luy tend toûjours de nouveaux pieges. David s'en-fuit de nouveau.

Le malheureux roy qui voyoit la gloire de David s'augmenter toûjours ; & que ſes ſerviteurs,
juſqu'à ſes propres parens , & ſon fils même, ai-
moient un homme en effet ſi accomply , leur par-
» la en ces termes : Ecoutez enfans de Jemini , (Il
» étoit luy-même de cette race,) Eſt-ce le fils d'Iſaï
» qui vous donnera des champs & des vignes ; ou
» qui vous fera capitaines, & generaux des armées:
» Pourquoy avez-vous tous conjuré contre moy ; &
» que perſonne ne m'avertit , où eſt le fils d'Iſaï
» avec qui mon propre fils eſt lié d'amitié ? Aucun
» de vous n'a pitié de moy , ny ne m'avertit de ce
» qui ſe paſſe. On aime mieux ſervir mon ſujet re-
» belle , qui fait de continuelles entrepriſes contre
» ma vie.

Il ne pouvoit parler plus artificieuſement, pour
intereſſer tous ſes ſerviteurs dans la perte de David. Il trouve des flateurs qui entrent dans ſes injuſtes deſſeins. David tres-fidele au roy eſt traité
» comme un ennemy public. Les Ziphéens vinrent
» avertir Saül que David étoit caché parmy eux dans
» une forêt. Et Saül leur dit : Benis ſoyez-vous de
» par le Seigneur, vous qui avez ſeuls déploré mon
» ſort. Allez , préparez tout avec ſoin ; n'épargnez
» pas vos peines : recherchez curieuſement où il eſt,
» & qui l'aura vû. Car c'eſt un homme ruſé qui
» ſçait bien que je le haïs. Penetrez toutes ſes re-
» traites ; rapportez-moy des nouvelles certaines,
» afin que j'aille avec vous. Fût-il caché dans la terre
» je l'en tireray, & je le pourſuivray dans tout le pays
» de Juda.

Ibid. xxii.
7. 8.

Ibid. xxiii.
19. 20. 2.
22. 23.

Que d'artifices, que de précautions, que de diſ-
ſimulations, que d'accuſations injuſtes ! Mais que
d'ordres précis donnez, & avec combien d'attention & de vigilance ! Tout cela pour opprimer un
ſujet fidele.

Voilà ce qui s'appelle des fineſſes pernicieuſes.
Mais nous allons voir en David une ſageſſe veritable.

Plus Saül tâchoit en le flatant de faire qu'il s'oubliât luy-même, & s'emportât à des paroles or-
güeilleuſes ; plus ſa modeſtie naturelle luy en inſ-
piroit de reſpectueuſes. Qui ſuis-je ? & de quelle « 2. Reg.
importance eſt ma vie ? Quelle eſt ma parenté en « XVIII. 18.
Iſraël, afin que je puiſſe eſperer d'être le gendre du «
roy ? Et encore : Vous ſemble-t-il que ce ſoit peu « Ibid. 23.
de choſe, que d'être le gendre du roy ? Pour moy «
je ſuis un homme pauvre, & ma fortune eſt baſſe. «

Il ne ſe défendit jamais des malices de Saül par
aucune voye violente. Il ne ſe rendoit redoutable
que par ſa prudence, qui luy faiſoit tout prévoir.
Il agiſſoit prudemment dans toutes ſes voyes, & « Ibid. 14. 15.
le Seigneur étoit avec luy. Saül vit qu'il étoit pru- «
dent, & il le craignoit. «

Il avoit des adreſſes innocentes, pour échaper Ibid. xix.
des mains d'un ennemy ſi artificieux, & ſi puiſ- 11. 12. &c.
ſant. Il ſe faiſoit deſcendre ſecretement par une
fenêtre ; & les ſatellites de Saül ne trouvoient dans
ſon lit où ils le cherchoient, qu'une ſtatuë bien
couverte, qui luy avoit ſervy à dérober ſa fuite
à ſes domeſtiques.

S'il se servoit de sa prudence pour se précautionner contre la jalousie du roy, il s'en servoit

Ibid. xviii. 30. » encore plus contre les ennemis de l'état. Quand
» les Philistins marchoient en campagne, David les
» observoit mieux que tous les autres capitaines de
» Saül ; & son nom se rendoit celebre.

Comme il étoit bon amy & reconnoissant ; il se fit des amis fideles qui ne le tromperent jamais.

Ibid. xix. 18. 19. 20. Samuel luy donna retraite dans la maison des prophetes. Achimelech le grand prêtre ayant été tué pour avoir servy David innocemment, il sauva

Ibid. xxii. 23. » son fils Abiathar. Demeurez avec moy, luy dit-il,
» j'auray le même soin de vôtre vie que de la mienne,
» & nous nous sauverons tous deux ensemble. Abiathar gagné par un traitement si honnête, ne manqua jamais à David.

Ibid. xix. & xx. Son habileté & sa vertu luy gagnerent tellement Jonathas fils de Saül, que loin de vouloir entrer dans les desseins sanguinaires du roy son pere, il n'oublia jamais rien pour sauver David. En quoy il rendoit service à Saül même, qu'il empêchoit de tremper ses mains dans le sang innocent.

Quoy qu'il sçût que Jonathas ne le trompoit pas ; comme il connoissoit mieux Saül que luy, il ne se reposoit pas tout-à-fait sur les assurances que

Ibid. xx. 2. 3. » luy donnoit son amy. Jonathas luy dit, vous ne
» mourrez point ; mon pere ne fera ny grande, ny
» petite chose qu'il ne me la découvre : m'auroit-il
» caché ce seul dessein ? cela ne sera pas. Mais David
» luy dit : Vôtre pere sçait que vous m'honorez de
vôtre

vôtre bien-veillance; & il dit en luy-même : Je ne «
me découvriray point à Jonathas de peur de le con- «
trifter. Vive le Seigneur, & vive vôtre ame! Il «
n'y a qu'un petit efpace entre moy, & la mort. «

Afin donc de ne fe point tromper dans les def- *Ibid. 5. 6.*
feins de Saül, il donna des moyens à Jonathas *20. 21. 22.*
pour les découvrir; & ils convinrent entr'eux d'un
fignal que Jonathas donneroit à David dans le
peril.

Comme il vit qu'il n'y avoit rien à efperer de
Saül, il pourvût à la fureté de fon pere, & de fa
mere, qu'il mit entre les mains du roy de Moab:
Jufqu'à ce que je fçache, dit-il, ce que Dieu aura « *Ibid. XXII.*
ordonné de moy. Voilà un homme qui penfe à « *3. 4.*
tout, & qui choifit bien fes protecteurs. Car le
roy de Moab ne le trompa point. Par ce moyen il
n'eut plus à penfer qu'à luy-même. Et il n'y a rien
de plus induftrieux, ny de plus innocent que fut
alors toute fa conduite.

Contraint de fe refugier dans les terres d'Achis
roy des Philiftins, les fatrapes vinrent dire au roy:
Voilà David ce grand homme, qui a défait tant « *Ibid. XXI.*
de Philiftins. David fit reflexion fur ces difcours; « *11. 12. &c.*
& fceut fi bien faire l'infenfé, qu'Achis au lieu de
le craindre & de l'arrêter, le fit chaffer de fa prefence, & luy donna moyen de fe fauver.

Environné trois & quatre fois par toute l'armée *Ibid. XXIV.*
de Saül, il trouve moyen de fe dégager, & d'a- *& XXVI.*
voir deux fois Saül entre fes mains.

Alors fe verifia ce que David a luy-même fi fou-

F f

Pf. vii. 16. » vent chanté dans ſes pſeaumes : Le méchant eſt
xix. 16 &c. » tombé dans la foſſe qu'il a creuſée : il a été pris
» dans les lacets qu'il a tendus.

Quand ce fidele ſujet ſe vit maître de la vie de
ſon roy , il n'en tira autre avantage , que celuy de
luy faire connoître combien profondement il le reſ-
pectoit , & de confondre les calomnies de ſes en-
Ibid. xxiv. » nemis. Il luy cria de loin ; Mon ſeigneur, & mon
10. 11. 12. » roy ; pourquoy écoutez-vous les paroles des mé-
13. 15. 16. » chans qui vous diſent : David attente contre vôtre
» vie : Ne voyez-vous pas vous-même , que le Sei-
» gneur vous a mis entre mes mains : Et j'ay dit:
» A Dieu ne plaiſe, que j'étende ma main ſur l'oint
» du Seigneur. Reconnoiſſez donc , ô mon roy ! que
» je n'ay point de mauvais deſſein ; & que je n'ay
» manqué en rien à ce que je vous dois. C'eſt vous
» qui voulez me perdre. Que le Seigneur juge entre
» vous & moy , & qu'il me faſſe juſtice quand il
» luy plaira ? Mais à Dieu ne plaiſe que ma main
» attente ſur vôtre perſonne. Contre qui vous achar-
» nez-vous , roy d'Iſraël ? contre qui vous acharnez-
» vous ? contre un chien mort , contre un ver de terre?
» Que le Seigneur ſoit juge entre vous & moy,
» & qu'il protege ma cauſe , & me délivre de vos
» mains.

Par cette ſage & irreprochable conduite , il con-
Ibid. 18. » traignoit ſon ennemy à reconnoître ſa faute. Vous
» êtes plus juſte que moy , luy dit Saül.

Ibid. xxvii. La colere de ce roy injuſte ne s'appaiſa pas pour
1. » cela. David toûjours pourſuivy , dit en luy-même:

Je tomberay un jour entre les mains de Saül ; il «
vaut mieux que je me fauve en la terre des Phi- «
liftins ; & que Saül defefperant de me trouver dans «
le royaume d'Ifraël , fe tienne en repos. «

Enfin il fit fon traité avec Achis roy de Geth ; Ibid. xxvii
& fe menagea tellement, que fans jamais rien faire & xxviii.
contre fon roy , & contre fon peuple , il s'entretint
toûjours dans les bonnes graces d'Achis.

Vous voyez Saül , & David , tous deux avifez ,
& habiles ; mais d'une maniere bien differente.
D'un côté, une intention perverfe : de l'autre , une
intention droite. D'un côté , Saül un grand roy,
qui ne donnant nulles bornes à fa malice, employe
tout fans referve pour perdre un bon ferviteur dont
il eft jaloux. De l'autre côté , David un particulier
abandonné , & trahy , fe fait une neceffité de ne
fe défendre que par les moyens licites ; fans manquer à ce qu'il doit à fon prince, & à fon pays. Et
cependant la fageffe veritable renfermée dans des
bornes fi étroites , eft fuperieure à la fauffe , qui
n'oublie rien pour fe fatisfaire.

F f ij

ARTICLE III.

Des curiositez, & connoiʃʃances dangereuʃes:
Et de la confiance qu'on doit mettre en Dieu.

I. PROPOSITION.

Le prince doit éviter les conʃultations curieuʃes, &
ʃuperʃtitieuʃes.

TElles ʃont les conʃultations des devins, & des
aʃtrologues : choʃe que l'ambition, & la foi-
bleʃʃe des grands, leur fait ʃi ʃouvent rechercher.

Deut.xviii » Qu'il ne ʃe trouve perʃonne parmy vous qui
10. 11. 12. » conʃulte les devins ; ny qui croye aux ʃonges &
13. 14. » aux augures. Qu'il n'y ait ny enchanteur, ny de-
» vin, ny aucun qui ʃe mêle d'évoquer les morts.
» Le Seigneur a toutes ces choʃes en execration. Il
» a détruit pour ces crimes, les peuples qu'il a livrez
» entre vos mains. Soyez parfaits & ʃans tache de-
» vant le Seigneur vôtre Dieu. Les nations que vous
» détruirez écoutent les devins, & ceux qui tirent
» des augures. Mais pour vous, vous avez été inʃtruits
» autrement par le Seigneur vôtre Dieu. Il veut que
» vous ne ʃçachiez la verité que par luy ʃeul : & s'il
» ne veut pas vous la découvrir, il n'y a qu'à s'aban-
» donner à ʃa providence.

Les aʃtrologues ʃont compris dans ces male-
dictions de Dieu. Voicy comme il parle aux Chaldéens inventeurs de l'aʃtrologie, en laquelle ils ʃe

Jer. L. 35. » glorifioient. Le glaive de Dieu ʃur les Chaldéens,
36. 37.

dit le Seigneur , & fur les habitans de Babylone : «
fur leurs princes , & fur leurs fages. Le glaive de «
Dieu fur leurs devins qui deviendront fols : le glai- «
ve fur leurs braves qui trembleront : le glaive fur «
leurs chevaux , fur leurs chariots , & fur tout le «
peuple : ils feront tous comme des femmes : le glai- «
ve fur leurs tréfors qui feront pillez. «

Il n'y a rien de plus foible , ny de plus timide,
que ceux qui fe fient aux pronoftics : trompez dans
leurs vains préfages, ils perdent cœur , & demeurent fans défenfe.

Ainfi perit Babylone la mere des aftrologues,
au milieu de fes réjoüiffances , & des triomphes
que luy chantoient fes devins. Ifaye prévoyant fa
prife , luy parle en ces termes : Viens , dit-il, avec « Ifa. xlvii.
tes enchantemens & tes malefices , dans lefquels tu « 12. 13. 14.
t'es exercée dés ta jeuneffe ; pour voir s'ils te fer- «
viront , ou te rendront plus puiffante : Te voila à «
bout de tous tes confeils , que tu fondois fur des «
pronoftics. Appelle tous tes devins , qui obfer- «
voient fans ceffe le ciel , qui contemploient les «
aftres ; qui comptoient les mois, & faifoient des fup- «
putations fi exactes pour t'annoncer l'avenir. Qu'ils «
te fauvent des mains de tes ennemis ? Ils font com- «
me de la paille que le feu devore , ils ne peuvent «
fe fauver eux-mêmes de la flamme. «

Ceux qui fe vantent de prédire les évenemens
incertains , fe font femblables à Dieu. Car écoutez
comme il parle. Qui eft celuy qui appelle , & qui « Ifa. xli. 4.
compte au commencement toutes les races futures ? «

» Moy le Seigneur, qui fuis le premier & le der-
» nier : qui fuis devant & aprés.

Ibid. 21. 21.
23.
» Amenez-moy vos Dieux, ô gentils, dit le Sei-
» gneur, que je leur faffe leur procés. Parlez fi vous
» avez quelque chofe à dire, dit le roy de Jacob;
» qu'ils viennent & qu'ils vous annoncent l'avenir.
» Découvrez-nous les chofes futures, & nous vous
» tiendrons pour des Dieux.

Jer. X. 1. 2.
3.
» Et encore : Ecoutez maifon d'Ifraël : Voicy ce
» que dit le Seigneur : Ne marchez point dans les
» voyes des gentils, ne craignez point les fignes du
» ciel que les gentils craignent : la loy de ces peuples
» eft vaine.

Les gentils ignorants adoroient les planetes, &
les autres aftres ; leur attribuoient des empires, des
vertus, & des influences divines, par lefquelles ils
dominoient fur le monde, & en regloient les évenemens : leur affignoient des temps, & des lieux,
où ils exerçoient leur domination. L'aftrologie ju-
diciaire eft un refte de cette doctrine, autant impie que fabuleufe. Ne craignez donc ny les éclipfes,
ny les cometes, ny les planetes, ny les conftella-
tions que les hommes ont compofées à leur fan-
taifie, ny ces conjonctions eftimées fatales, ny
les lignes formées fur les mains ou fur le vifage,
& les images nommées Talismans impregnées
des vertus celeftes. Ne craignez ny les figures, ny
les horofcopes, ny les préfages qui en font tirez.
Toutes ces chofes, où l'on n'allegue pour toute
raifon que des paroles pompeufes, au fond font

des rêveries que les affronteurs vendent cher aux ignorans.

Ces sciences curieuses qui servent de couverture aux sortileges, & aux malefices, sont condamnées dans tous les états, & neanmoins souvent recherchées par les princes qui les défendent. Malheur à eux, malheur encore une fois. Ils veulent sçavoir l'avenir, c'est-à-dire, penetrer le secret de Dieu. Ils tomberont dans la malediction de Saül. Ce roy avoit défendu les devins, & il les consulte. Une femme devineresse luy dit sans le connoître. « I. Reg.
Vous sçavez que Saül a exterminé les devins, & « XXVIII, 9.
vous venez me tenter pour me perdre ? Vive le Sei- « 10. &c.
gneur, répondit Saül, il ne vous arrivera aucun «
mal. La femme luy dit : Qui voulez-vous que je «
vous évoque ? Evoquez-moy Samuel, répondit «
Saül. La femme ayant vû Samuel, s'écria de toute «
sa force ; Pourquoy m'avez-vous trompée ? Vous «
êtes Saül. Saül luy dit : Ne craignez rien : Qu'avez- «
vous vû ? Je voy quelque chose de divin qui s'éleve de «
terre. Saül répliqua: Quelle est sa figure? Un vieillard «
s'éleve, dit-elle, revêtu d'un manteau. Il comprit «
que c'étoit Samuel, & se prosterna la face contre «
terre. Alors Samuel dit à Saül : Pourquoy troublez- «
vous mon repos en m'évoquant ? Et que vous sert «
de m'interroger, aprés que le Seigneur s'est retiré «
de vous, pour aller à celuy que vous enviez ? Le «
Seigneur fera suivant que je vous l'ay dit de sa «
part : Il vous ôtera vôtre royaume, & le donnera «
à David ; parce que vous n'avez pas obéy à la pa- «

» role du Seigneur , & n'avez pas fatisfait fa jufte
» colere contre Amalec. C'eft la caufe de tous les
» maux qui vous arrivent aujourd'huy. Et le Seigneur
» livrera avec vous le peuple d'Ifraël aux Philiftins:
» demain vous & vos enfans ferez avec moy. C'eft-
à-dire , vous ferez parmy les morts.

Ibid. 20.
21.
1. Reg.
XXXII.

A cette terrible fentence Saül tomba de frayeur
& il étoit hors de luy-même. Et le lendemain la
prédiction fut accomplie.

Il n'étoit pas au pouvoir d'une enchantereffe d'é-
voquer une ame fainte : ny au pouvoir du demon,
qui a paru felon quelques-uns fous la forme de
Samuel , de dire fi precifément l'avenir. Dieu conduifoit cet évenement ; & vouloit nous apprendre,
que quand il luy plaît , il permet qu'on trouve la
verité par des moyens illicites , pour la jufte punition de ceux qui s'en fervent.

Ne vous étonnez donc pas de voir arriver quelquefois ce qu'ont prédit les aftrologues. Car fans recourir au hafard , parce que ce qui eft hafard à
l'égard des hommes, eft deffein à l'égard de Dieu;
fongez que par un terrible jugement , Dieu même
livre à la féduction ceux qui la cherchent. Il abandonne le monde, c'eft-à-dire , ceux qui aiment le
monde , à des efprits feducteurs dont les hommes
ambitieux & vainement curieux font le joüet. Ces
efprits trompeurs & malins amufent & déçoivent
par mille illufions les ames curieufes , & par là
credules. Un de leurs fecrets eft l'aftrologie , & les
autres genres de divinations , qui réüffiffent quelquefois

quefois selon que Dieu trouve juste de livrer ou
à l'erreur, ou à de justes supplices, une folle curiosité.

C'est ainsi que Saül trouva dans sa curiosité la
sentence de sa mort. C'est ainsi que Dieu doubla
son supplice, le punissant non-seulement par le
mal même qui luy arriva; mais encore par la prévoyance. Si c'est un genre de punition de livrer les
hommes curieux à des terreurs furieuses, c'en est
un autre de les livrer à de flateuses esperances.
Enfin leur credulité qui fait qu'ils se fient à d'autres
qu'à Dieu, merite d'être punie de plusieurs manieres; c'est-à-dire, non-seulement par le mensonge, mais encore par la verité : afin que leur
temeraire curiosité leur tourne à mal en toutes fa-
çons.

C'est ce qu'enseigne saint Augustin fondé sur
les écritures, dans le cinquiéme livre de la doctrine
chrêtienne, ch. 20. & suivans.

Gardez-vous bien, ô rois, ô grands de la terre
d'approcher de vous ces trompeurs & ces ignorans,
que l'on appelle devins : Qui vous font des rai- « Prov. xxx.
sonnemens, & vous donnent des décisions de ce « 6.
qu'ils ignorent. Dit le plus sage des rois. «

Ne cherchez point parmy eux des interpretes de
vos songes, comme s'ils étoient mysterieux. Celuy « Eccli.xxxiv
qui s'y fie est un insensé : une vaine esperance, & « 1. 2. 3. 4.
le mensonge, est son partage. Celuy qui s'arrête à « 5. 6. 7.
ces trompeuses visions, ressemble à l'homme qui «
embrasse une ombre, & qui court aprés le vent. Un «

G g

» homme croit voir un autre homme devant luy dans
» fon fommeil : & prend pour verité, une creufe &
» vaine reffemblance : (ce ne font que vapeurs im-
pures, qui s'élevent dans le cerveau d'une nourri-
» ture mal digerée.) Efperez-vous épurer vos penfées
» par ce mélange confus d'imaginations, ou que le
» menfonge vous inftruife de la verité ? La divina-
» tion eft une erreur ; les augures une tromperie, &
» les fonges un menfonge & une illufion. Il n'ap-
» partient qu'au Tres-Haut d'envoyer de veritables
» vifions : & tout le refte reffemble aux fantaifies
» qu'une femme enceinte fe met dans l'efprit. N'y
» mettez point vôtre cœur, fi vous ne voulez être le
» joüet d'une honteufe foibleffe, d'une folle credu-
» lité, & d'une efperance trompeufe.

II. PROPOSITION.

On ne doit pas préfumer des confeils humains, ny de leur fageffe.

Ecc. x. 14. » L'homme fçait à peine les chofes paffées, qui
» luy découvrira les chofes futures?

Prov. xxviij » Ainfi qui fe fie en fon cœur eft fol. Et encore:
26.
Eccli. vi. 2. » Ne vous élevez pas dans vôtre cœur comme un tau-
3. lec. 70. » reau furieux, de peur que cette penfée ne vous dé-
» vore. Vos feüilles feront mangées, vos fruits tom-
» beront ; vous demeurerez un bois fec ; vôtre gloire
» & vôtre force sévanoüiront.

If. xx. 11. Les Egyptiens fe piquoient d'une fageffe extraor-
12. &c. dinaire dans leurs confeils. Voicy comme Dieu
leur parle. Les princes de Tanis, fages confeil-

lers de Pharaon luy ont donné des conseils extra- «
vagants. Comment dites-vous à Pharaon ; Je suis «
le fils des sages, le fils de ces anciens rois renom- «
mez par leur prudence. Où sont maintenant vos «
sages ? Qu'ils vous disent ce que le Dieu des ar- «
mées a ordonné de l'Egypte. Les princes de Tanis «
ont perdu l'esprit : les princes de Memphis se sont «
trompez, & ils ont trompé l'Egypte, eux en qui «
elle se fioit comme en ses ramparts. Le Seigneur a «
répandu au milieu d'eux l'esprit de vertige : la «
tête leur a tourné : & ils font errer l'Egypte, com- «
me un yvrogne qui chancelle, & tournoye en vo- «
missant. L'Egypte ne fera plus rien : elle ne fera «
ny grandes, ny petites choses. On la verra étonnée, «
& tremblante comme une femme. Tous ceux qui «
la verront trembleront à la vûë des desseins que «
Dieu a sur elle. «

Quand on voit ses ennemis prendre de foibles
conseils, il ne faut pas pour cela s'en orgueillir ;
mais songer que c'est le Seigneur qui leur envoye
cet esprit d'égarement pour les punir, & craindre
un semblable jugement.

S'il se retire, dit le saint prophete, la sagesse « Is. xxix:
des sages perit, & l'intelligence des prudens est « 14.
obscurcie. «

C'est luy qui reduit à rien les conseils profonds, « Is. xl. 23.
& qui rend inutiles les grands de la terre. «

Tremblez donc devant luy, & gardez-vous de
présumer de la sagesse humaine.

III. PROPOSITION.

Il faut consulter Dieu par la priere : & mettre en luy
sa confiance , en faisant ce qu'on peut de son côté.

Nous avons vû que c'est Dieu qui donne la sagesse. Nous venons de voir que c'est Dieu qui l'ôte
aux superbes. Il faut donc la luy demander hum-
blement.

C'est ce que nous enseigne l'Ecclesiastique, lors
qu'aprés nous avoir prescrit dans le chap. XXXVII.
tant de fois cité , tout ce que peut faire la prudence, il conclut ainsi. Mais par dessus tout , priez
le Seigneur, afin qu'il dirige vos pas à la verité.
Luy seul la connoît à fond ; c'est à luy seul qu'il
en faut demander l'intelligence.

Mais qui demande de Dieu la sagesse, doit faire
de son côté tout ce qu'il peut. C'est à cette condition qu'il permet de prendre confiance à sa puissance, & à sa bonté. Autrement c'est tenter Dieu ;
& s'imaginer vainement qu'il envoyera ses anges
pour nous soutenir , quand nous nous serons precipitez nous-mêmes : ainsi que satan osoit le conseiller à Jesus-Christ.

Ecli.xxxvij.
19.

Matth. IV.
6. 7.

ARTICLE IV.

Conséquences de la doctrine precedente : De la majesté, & de ses accompagnemens.

I. PROPOSITION.

Ce que c'est que la majesté.

JE n'appelle pas majesté, cette pompe qui environne les rois : ou cet éclat exterieur qui éblouït le vulgaire. C'est le réjallissement de la majesté, & non pas la majesté elle-même.

La majesté est l'image de la grandeur de Dieu dans le prince.

Dieu est infiny, Dieu est tout. Le prince en tant que prince n'est pas regardé comme un homme particulier : c'est un personnage public, tout l'état est en luy, la volonté de tout le peuple est renfermée dans la sienne. Comme en Dieu est réünie toute perfection, & toute vertu, ainsi toute la puissance des particuliers est réünie en la personne du prince. Quelle grandeur qu'un seul homme en contienne tant!

La puissance de Dieu se fait sentir en un instant de l'extremité du monde à l'autre : la puissance royale agit en même temps dans tout le royaume. Elle tient tout le royaume en état, comme Dieu y tient tout le monde.

Que Dieu retire sa main, le monde retombera dans le neant : que l'autorité cesse dans le royaume, tout sera en confusion.   G g iij

Confiderez le prince dans fon cabinet. De là partent les ordres qui font aller de concert les magiftrats, & les capitaines ; les citoyens & les foldats ; les provinces & les armées par mer & par terre. C'eft l'image de Dieu, qui affis dans fon trône au plus haut des cieux fait aller toute la nature.

Aug. fup. Pf. cxLviij. » Quel mouvement fe fait, dit faint Auguftin, » au feul commandement de l'Empereur ? Il ne fait » que remuer les lévres, il n'y a point de plus leger » mouvement, & tout l'empire fe remuë. C'eft, dit- » il, l'image de Dieu qui fait tout par fa parole. Il » a dit, & les chofes ont été faites ; il a commandé » & elles ont été créées.

Fcc. iii. II. On admire fes œuvres ; la nature eft une ma- » tiere de difcourir aux curieux. Dieu leur donne le » monde à mediter ; mais ils ne découvriront ja- » mais le fecret de fon ouvrage depuis le commen- » cement jufqu'à la fin. On en voit quelque parcelle ; mais le fond eft impenetrable. Ainfi eft le fecret du prince.

Les deffeins du prince ne font bien connus que par l'execution. Ainfi fe manifeftent les confeils de Dieu : Jufques là, perfonne n'y entre, que ceux que Dieu y admet.

Si la puiffance de Dieu s'étend par tout, la magnificence l'accompagne. Il n'y a endroit de l'univers où il ne paroiffe des marques éclatantes de fa bonté. Voyez l'ordre, voyez la juftice ; voyez la tranquillité dans tout le royaume. C'eft l'effet naturel de l'autorité du prince.

Il n'y a rien de plus majestueux que la bonté répanduë : & il n'y a point de plus grand avilissement de la majesté, que la misere du peuple causée par le prince.

Les méchans ont beau se cacher ; la lumiere de Dieu les suit par tout, son bras va les atteindre jusqu'au haut des cieux, & jusqu'au fond des abîmes. Où iray-je devant vôtre esprit, & où fuiray-je devant vôtre face ? Si je monte au ciel vous y êtes ; si je me jette au fonds des enfers, je vous y trouve ; si je me leve le matin, & que j'aille me retirer sur les mers les plus éloignées ; c'est vôtre main qui me mene là, & vôtre main droite me tient. Et j'ay dit : Peut-être que les tenebres me couvriront : Mais la nuit a été un jour autour de moy. Devant vous les tenebres ne sont pas tenebres, la nuit est éclairée comme le jour : l'obscurité & la lumiere ne sont qu'une même chose. Les méchans trouvent Dieu par tout, en haut & en bas ; nuit & jour ; quelque matin qu'ils se levent, il les prévient; quelque loin qu'ils s'écartent, sa main est sur eux. « « « « « « « « « « « «

Ps. cxxxviij 7. 8. 9. &c.

Ainsi Dieu donne au prince de découvrir les trames les plus secretes. Il a des yeux & des mains par tout. Nous avons vû que les oiseaux du ciel luy rapportent ce qui se passe. Il a même reçu de Dieu par l'usage des affaires, une certaine penetration qui fait penser qu'il devine. A-t-il penetré l'intrigue ? ses longs bras vont prendre ses ennemis aux extremitez du monde : ils vont les deterrer au fond des abîmes. Il n'y a point d'azile assuré contre une telle puissance.

Enfin ramassez ensemble les choses si grandes, & si augustes que nous avons dites, sur l'autorité royale. Voyez un peuple immense réüny en une seule personne : voyez cette puissance sacrée, paternelle, & absoluë : voyez la raison secrete qui gouverne tout le corps de l'état renfermée dans une seule tête : vous voyez l'image de Dieu dans les rois, & vous avez l'idée de la majesté royale.

Dieu est la sainteté même, la bonté même, la puissance même, la raison même. En ces choses, est la majesté de Dieu. En l'image de ces choses est la majesté du prince.

Elle est si grande cette majesté, qu'elle ne peut être dans le prince comme dans sa source ; elle est empruntée de Dieu qui la luy donne pour le bien des peuples, à qui il est bon d'être contenu par une force superieure.

Je ne sçay quoy de divin s'attache au prince, & inspire la crainte aux peuples. Que le roy ne s'oublie pas pour cela luy-même. Je l'ay dit : C'est Dieu qui parle ; Je l'ay dit ; vous êtes des Dieux, & vous êtes tous enfans du tres-haut ; mais vous mourrez comme des hommes, & vous tomberez comme les grands. Je l'ay dit, vous êtes des Dieux: C'est-à-dire : Vous avez dans vôtre autorité, vous portez sur vôtre front un caractere divin. Vous êtes les enfans du Tres-haut : C'est luy qui a étably

vôtre

vôtre puissance , pour le bien du genre humain.
Mais ô Dieux de chair & de sang : ô Dieux de
bouë, & de poussiere ! Vous mourrez comme des
hommes , vous tomberez comme les grands. La
grandeur separe les hommes pour un peu de temps ;
une chute commune à la fin les égale tous.

O rois ! Exercez donc hardiment vôtre puissance ; car elle est divine , & salutaire au genre
humain ; mais exercez-la avec humilité. Elle vous
est appliquée par le dehors. Au fond elle vous
laisse foibles ; elle vous laisse mortels ; elle vous
laisse pecheurs : & vous charge devant Dieu d'un
plus grand compte.

II. PROPOSITION.

La magnanimité, la magnificence, & toutes les grandes
vertus conviennent à la majesté.

A la grandeur conviennent les choses grandes. A
la grandeur la plus éminente , les choses les plus
grandes, c'est-à-dire , les grandes vertus.

Le prince doit penser de grandes choses. Le prince « Is. xxxii.
pensera des choses dignes d'un prince. « 8.

Les pensées vulgaires deshonorent la majesté.
Saül est élu roy , en même temps Dieu qui l'a
élu, luy change le cœur , & il devint un autre « 1. Reg. x.
homme. « 6. 9.

Taisez-vous pensées vulgaires : cedez aux pensées royales.

Les pensées royales sont celles qui regardent le
bien general ; les grands hommes ne sont pas nèz

H h

pour eux-mêmes : les grandes puiſſances que tout le monde regarde ſont faites pour le bien de tout le monde.

Le prince eſt par ſa charge entre tous les hommes, le plus au deſſus des petits interêts ; le plus intereſſé au bien public : ſon vray interêt eſt celuy de l'état. Il ne peut donc prendre des deſſeins trop nobles , ny trop au deſſus des petites vûës & des penſées particulieres.

Ce Saül changé en un autre homme dans le temps qu'il fut fidele à la grace de ſon miniſtere, étoit au deſſus de tout.

1. Reg. x.
xi.

Au deſſus de la royauté , dont il appréhende le fardeau , & dont il mépriſe le faſte. Nous l'avons déja vû.

1. Reg. xi.
12. 13.

Au deſſus des ſentimens de vengeance. A un jour de victoire où tout le peuple luy veut immoler ſes ennemis, il offre à Dieu un ſacrifice de clemence.

1. Reg. xiv.
41.

Au deſſus de luy-même , & de tous les ſentimens que le ſang inſpire : prêt à dévoüer pour le peuple ſa propre perſonne , & celle de Jonathas ſon fils bien-aimé.

2. Reg. xiv.
17.

Que dirons-nous de David , à qui on donne cette » belle & juſte loüange. Le roy monſeigneur , reſ- » ſemble à un ange de Dieu : il n'eſt ému ny du » bien , ni du mal qu'on dit de luy. Il va toûjours au bien public ; ſoit que les hommes ingrats blâment ſa conduite ; ſoit qu'elle trouve les loüanges dont elle eſt digne.

Voilà la veritable magnanimité, que les loüanges n'enflent point, que le blâme n'abat point,
que la seule verité touche.

On abandonne avec joye toute sa fortune à la
conduite d'un tel prince. Vous êtes comme un ange « 2 Reg.xix.
de Dieu ; faites de moy tout ce qu'il vous plaira. « 27.
Luy dit Miphiboseth, petit fils de Saül, trahi par
Siba son serviteur.

En effet David n'étoit plein que de grandes
choses ; de Dieu, & du bien public.

Nous avons vû que malgré les rebellions & l'ingratitude de son peuple, il se dévoüe pour luy à
la vengeance divine, comme étant le seul coupable.
Frapez Seigneur, frapez ce coupable, & épargnez « 2 Reg.xxiv
le peuple innocent. « 17.

Combien sincerement avouë-t-il sa faute, chose
si rare à un roy. Avec quel zele la repare-t-il ? J'ay « Ibid.
peché, dit-il, d'avoir fait le dénombrement du «
peuple. O Seigneur ! pardonnez-moy, car j'ay «
agy trop follement. «

Nous luy avons vû méprifer sa vie en cent combats : & aprés nous l'avons vû se mettre au dessus
de la gloire de combattre en se conservant pour
son état.

Mais combien est-il au dessus du ressentiment
& des injures ? Nous avons admiré sa joye, quand
Abigaïl l'empêcha de se venger de sa propre main.
Nous l'avons vû épargner, & défendre contre les
siens Saül son persecuteur ; quoy qu'il sceut qu'en
se vengeant il s'assuroit la couronne, dont la suc-

cession luy appartenoit. Quelle hauteur de courage
de se mettre si aisément au dessus de la douceur
de regner, & de celle de la vengeance !

Quand Saül & Jonathas furent tuez, David les
pleure tous deux ; David chante leur loüange. Ce
n'est pas seulement Jonathas, son intime amy,
dont il déplore la perte : il pleure son persecuteur.

2. Reg. 1.
17. 23. 24
&c.

» Saül & Jonathas tous deux aimables & couverts
» de gloire, toûjours unis dans leur vie, n'ont pas
» été separez à la mort. Filles d'Israël pleurez Saül
» qui vous habilloit de pourpre, par qui vous aviez
» des parures d'or ; & le reste.

Il ne taît point les vertus d'un predecesseur injuste, qui a fait tout ce qu'il a pû pour le perdre :
il les celebre, il les immortalise par une poësie in-
comparable.

Il ne pleure pas seulement Saül ; il le venge, &
punit de mort celuy qui s'étoit vanté de l'avoir tué.

2. Reg. 1.
19.

» Je l'ay percé de mon épée, disoit ce traître, aprés
» luy avoir ôté le diadême de dessus la tête, & le
» brasselet qu'il avoit au bras ; pour vous apporter
» ces marques royales, à vous monseigneur.

Ces riches presens ne sauverent pas ce parricide.

Ibid. 14.

» Pourquoy n'as tu pas craint de mettre la main sur
» l'oint du Seigneur.

Que ce soit si vous voulez l'interêt de la royauté
qui luy ait fait venger son predecesseur : toûjours
est-ce un sentiment au dessus des pensées vulgaires,
que David banny, loin de témoigner de la joye
d'une mort qui le délivroit d'un si puissant ennemy

& luy mettoit le diadême sur la tête , la venge sur l'heure, & assure le repos public avec la vie des rois.

Il avoit encore un redoutable ennemy , c'étoit un fils de Saül qui partageoit le royaume : il sembloit que la politique le pouvoit porter à menager davantage celuy qui le défit de Saül ; mais ce grand courage ne veut point être délivré de ses ennemis par des attentats , & par des crimes.

En effet quelque temps aprés , des méchans luy apporterent la tête de ce second ennemy. Voilà , « 2. Reg. IV. luy dirent-ils , la tête d'Isboseth , fils de Saül qui « 8. 9. 10. 11. en vouloit à vôtre vie ; mais le Seigneur vous en « a vengé. David dit : Vive le Seigneur qui m'a dé- « livré de tout peril ; j'ay fait mourir celuy qui « croyoit m'apporter une nouvelle agreable en m'an- « nonçant la mort de Saül : il trouva la mort « luy-même au lieu de la recompense qu'il espe- « roit : combien plus vous dois-je ôter de la terre, « vous qui avez tué dans son lit un homme inno- « cent? «

Il les fit mourir aussi-tôt , & fit attacher en lieu public leurs mains sanguinaires, & leurs pieds qui avoient couru au meurtre : afin que tout Israël connût qu'il ne vouloit point de tels services.

Et ce qui montre qu'il agit en tout par les mo- tifs les plus nobles , c'est le soin qu'il prend des restes de la maison de Saül. Reste-t-il encore quel- « 2. Reg. IX. qu'un de la maison de Saül , afin que je luy fasse « 1. 7. 8. 9. du bien pour l'amour de Jonathas ? Il trouva Mi- «

phibofeth fils de Jonathas ; à qui il donna fa table après luy avoir rendu toutes les terres de fa maifon.

Au lieu que les rois d'une nouvelle famille ne fongent qu'à affoiblir , & à détruire les reftes des maifons qui ont efté fur le trône devant eux ; David foutient , & releve la maifon de Saül , & de Jonathas.

En un mot toutes les actions , & toutes les paroles de David refpirent je ne fçay quoy de fi grand , & par conféquent de fi royal , qu'il ne faut que lire fa vie , & écouter fes difcours , pour prendre l'idée de la magnanimité.

A la magnanimité répond la magnificence, qui joint les grandes dépenfes aux grands deffeins.

2 Reg. viij. 11.
1. Par. xviij. 11.

David nous en eft encore un beau modele. Ses victoires étoient marquées par les dons magnifiques qu'il faifoit au fanctuaire , qu'il enrichiffoit des dépoüilles des royaumes fubjuguez.

La belle chofe de voir ce grand homme après avoir achevé glorieufement tant de guerres, paffer fa vieilleffe à faire les preparatifs , & les deffeins de ce magnifique temple , que fon fils bâtit après fa mort.

1. Par. xxij. 1. 2. 3. 4. 5. 14.

» Il affembla à grands frais tout ce qu'il y avoit » de plus excellens ouvriers ; il amaffa des poids im- » menfes de fer & d'airain ; les cedres qu'il fit venir » n'avoient point de prix : il confacra à ce grand » ouvrage cent mille talents d'or , & dix millions de » talents d'argent ; le refte étoit innombrable. Sa-

lomon mon fils eſt jeune ; & la maiſon, diſoit-il, «
que je veux bâtir doit être renommée par tout l'u- «
nivers : ainſi je luy en veux preparer toute la dé- «
penſe.   «

Aprés de ſi magnifiques preparatifs il croyoit
n'avoir rien fait. J'ay offert, dit-il, à Dieu toutes « Ibid. 14.
ces choſes dans ma pauvreté. Il trouve pauvre tout «
ce qu'il a preparé, parce que cette dépenſe royale
n'égaloit pas ſes deſirs ny ſes idées, tant il les
avoit grandes.

On parlera plus commodement en un autre endroit des magnificences de Salomon, & des autres
grands rois de Juda. Et pour définir, en quoy
conſiſte la magnificence : on verra qu'elle paroît
dans les grands travaux conſacrez à l'utilité publique : dans les ouvrages qui attirent de la gloire à
la nation ; qui impriment du reſpect aux ſujets, &
aux étrangers ; & rendent immortels les noms des
princes.

LIVRE SIXIE'ME.
LES DEVOIRS DES SUJETS
envers le prince, établis par la doctrine précedente.

ARTICLE PREMIER,

Du service qu'on doit au prince.

I. PROPOSITION.

On doit au prince les mêmes services qu'à sa patrie.

PErsonne n'en peut douter aprés que nous avons vû, que tout l'état est en la personne du prince. En luy est la puissance. En luy est la volonté de tout le peuple. A luy seul appartient de faire tout conspirer au bien public. Il faut faire concourir ensemble, le service qu'on doit au prince, & celuy qu'on doit à l'état, comme choses inseparables.

II. PROPOSITION.

Il faut servir l'état, comme le prince l'entend.

Car nous avons vû, qu'en luy reside la raison qui conduit l'état.

Ceux qui pensent servir l'état autrement qu'en servant le prince, & en luy obéissant; s'attribuënt
une

une partie de l'autorité royale : ils troublent la paix publique, & le concours de tous les membres avec le chef.

Tels étoient les enfans de Sarvia, qui par un faux zele vouloient perdre ceux à qui David avoit pardonné. Qui a-t-il entre vous & moy, enfans « 2. Reg. xix de Sarvia ? Vous m'êtes aujourd'huy un satan. « 22.

Le prince voit de plus loin & de plus haut : on doit croire qu'il voit mieux ; & il faut obéïr sans murmure, puis que le murmure est une disposition à la sédition.

Le prince sçait tout le secret, & toute la suite des affaires : manquer d'un moment à ses ordres, c'est mettre tout en hasard. David dit à Amasa : « 2. Reg. xx. Assemblez l'armée dans trois jours, & rendez- « 4.5.6. vous prés de moy en même temps. Amasa alla « donc assembler l'armée, & demeura plus que le « roy n'avoit ordonné. Et David dit à Abisai : Seba « nous fera plus de mal qu'Absalon : Allez vîte avec « les gens qui sont prés de ma personne, & pour- « suivez-le sans relâche. «

Amasa n'avoit pas compris, que l'obéïssance consiste dans la ponctualité.

III. PROPOSITION.

Il n'y a que les ennemis publics, qui separent l'interêt du prince de l'interêt de l'état.

Dans le stile ordinaire de l'écriture, les ennemis de l'état sont appellez aussi les ennemis du roy. 1. Reg xiv. Nous avons déja remarqué que Saül appelle ses 14.

I i

ennemis, les Philiſtins ennemis du peuple de Dieu.

2. Reg. v
20.
» David ayant défait les Philiſtins : Dieu, dit-il, a
» défait mes ennemis. Et il n'eſt pas beſoin de rapporter pluſieurs exemples d'une choſe trop claire
pour être prouvée.

Il ne faut donc point penſer, ny qu'on puiſſe
attaquer le peuple ſans attaquer le roy, ny qu'on
puiſſe attaquer le roy ſans attaquer le peuple.

C'étoit une illuſion trop groſſiere, que ce diſcours que faiſoit Rabſace, general de l'armée de
Sennacherib roy d'Aſſyrie. Son maître l'avoit envoyé pour exterminer Jeruſalem, & tranſporter
les Juifs hors de leur pays. Il fait ſemblant d'a-
voir pitié du peuple reduit à l'extremité par la
guerre, & tâche de le ſoulever contre ſon roy Ezechias. Voicy comme il parle devant tout le peuple
4 Reg. xviij
27. 28. 29.
&c.
» aux envoyez de ce prince. Ce n'eſt pas à Ezechias
» vôtre maître que le roy mon maître m'a envoyé;
» il m'a envoyé à ce pauvre peuple reduit à ſe nour-
» rir de ſes excremens. Puis il cria à tout le peuple:
» Ecoutez les paroles du grand roy le roy d'Aſſyrie:
» Voicy ce que dit le roy : Qu'Ezechias ne vous
» trompe pas; car il ne pourra vous délivrer de ma
» main. Ne l'écoutez pas; mais écoutez ce que dit
» le roy des Aſſyriens : faites ce qui vous eſt utile,
» & venez à moy. Chacun de vous mangera de ſa
» vigne & de ſon figuier, & boira de l'eau de ſa cî-
» terne, juſqu'à ce que je vous tranſporte à une terre
» auſſi bonne & auſſi fertile que la vôtre, abondante
» en vin, en blé, en miel, en olives, & en toutes

fortes de fruits : N'écoutez donc plus Ezechias qui «
vous trompe.   «

Flater le peuple pour le feparer des interêts
de fon roy, c'eft luy faire la plus cruelle de toutes
les guerres , & ajoûter la fedition à fes autres
maux.

Que les peuples deteftent donc les Rabface &
tous ceux qui font femblant de les aimer, lors qu'ils
attaquent leur roy. On n'attaque jamais tant le
corps , que quand on l'attaque dans la tête ; quoy
qu'on paroifle pour un temps flater les autres parties.

IV. PROPOSITION.

Le prince doit être aimé comme un bien public , & fa
vie eft l'objet des vœux de tout le peuple.

De là ce cry de , Vive le roy , qui a paffé du
peuple de Dieu à tous les peuples du monde. A
l'élection de Saül , au couronnement de Salomon,
au facre de Joas, on entend ce cry de tout le peuple, Vive le roy, vive le roy, vive le roy David,
vive le roy Salomon.

Quand on abordoit les rois, on commençoit par
ces vœux. O roy vivez à jamais. Dieu conferve «
vôtre vie , ô roy monfeigneur.

Le prophete Baruch commande pendant la captivité à tout le peuple : De prier pour la vie du «
roy Nabuchodonofor , & pour la vie de fon fils «
Baltazar.

Tout le peuple offroit des facrifices au Dieu du «

1. Reg. x. 24.
3. Reg. 1. 31. 34. 39.
4. Reg. xi. 12.

2. Efdr. 11. 3.

Baruc 1. 11.

1. Efdr. vi. 10.

I i ij

» ciel , & prioit pour la vie du roy , & celle de ſes
» enfans.

ſ. Tim. II.
2.

    S. Paul nous a commandé de prier pour les puiſ-
ſances , & a mis dans leur conſervation celle de la
tranquillité publique.

    On juroit par la vie du roy , comme par une
choſe ſacrée ; & les chrêtiens ſi religieux à ne point
jurer par les creatures , ont reveré ce ſerment, ado-
rant les ordres de Dieu dans le ſalut, & la vie des
princes. Nous en avons vû les paſſages.

    Le prince eſt un bien public que chacun doit

2. Reg. XIX.
42. &c.

» être jaloux de ſe conſerver. Pourquoy nos freres de
» Juda nous ont-ils dérobé le roy , comme ſi c'étoit
» à eux ſeuls de le garder ? & le reſte que nous avons
» vû.

    Delà ces paroles déja remarquées. Le peuple dit

2. Reg. xviij
3.

» à David : Vous ne combattrez pas avec nous ; il
» vaut mieux que vous demeuriez dans la ville pour
» nous ſauver tous.

    La vie du prince eſt regardée comme le ſalut
de tout le peuple : c'eſt pourquoy chacun eſt ſoigneux de la vie du prince , comme de la ſienne ;
& plus que de la ſienne.

Jer. Lam.
IV. 20.

» L'oint du Seigneur , que nous regardions com-
» me le ſouffle de nôtre bouche : C'eſt-à-dire , qui
nous étoit cher comme l'air que nous reſpirons.
C'eſt ainſi que Jeremie parle du roy.

2. Reg. XXI.
17.

» Les gens de David luy dirent : Vous ne vien-
» drez plus avec nous à la guerre , pour ne point
» éteindre la lumiere d'Iſraël.

Voyez comme on aime le prince ; il est la lumiere de tout le royaume. Qu'est-ce qu'on aime davantage que la lumiere ? Elle fait la joye, & le plus grand bien de l'univers.

Ainsi un bon sujet aime son prince comme le bien public ; comme le salut de tout l'état ; comme l'air qu'il respire ; comme la lumiere de ses yeux ; comme sa vie, & plus que sa vie.

V. PROPOSITION.

La mort du prince est une calamité publique : & les gens de bien la regardent, comme un châtiment de Dieu sur tout le peuple.

Quand la lumiere est éteinte, tout est en tenebres, tout est en deüil.

C'est toûjours un malheur public, lors qu'un état change de main ; à cause de la fermeté d'une autorité établie, & de la foiblesse d'un regne naissant.

C'est une punition de Dieu pour un état, lors qu'il change souvent de maître. Les pechez de la « Prov. xxviij terre, dit le Sage, sont causes que les princes sont « 2. multipliez : la vie du conducteur est prolongée, « afin que la sagesse & la science abonde. C'est un « malheur à un état d'être privé des conseils, & de ' la sagesse d'un prince experimenté : & d'être soumis à de nouveaux maîtres, qui souvent n'apprennent à être sages qu'aux dépens du peuple.

Ainsi quand Josias eût été tué dans la bataille de Mageddo : Toute la Judée & tout Jerusalem « 2. Paralip. XXXV. 25.

le pleurerent , prncipalement Jeremie dont tous les muficiens & les muficiennes chantent encore à prefent les lamentations fur la mort de Jofias.

Et ce ne font pas feulement les bons princes, comme Jofias , dont la mort eft reputée un malheur public ; le même Jeremie déplore encore la mort de Sedecias ; de ce Sedecias dont il eft écrit : *2. Paralip.* » Qu'il avoit mal fait aux yeux du Seigneur , & qu'il *XXXVI. 12.* » n'avoit pas refpecté la face de Jeremie , qui luy *Jer. xxxvij* » parloit de la part de Dieu. Loin de refpecter ce *& xxxviij.* faint prophete il l'avoit perfecuté. Et toutefois après la ruine de Jerufalem , où Sedecias fait prifonnier eut les yeux crevez ; Jeremie qui déplore les maux de fon peuple , déplore comme un des plus grands *Jer. Lam.* » malheurs , le malheur de Sedecias. L'oint du Sei- *iv. 20.* » gneur qui étoit comme le fouffle de nôtre bouche » a été pris pour nos pechez : luy à qui nous difions: » Nous vivrons fous vôtre ombre parmy les gen- » tils. Un roy captif , un roy dépoüillé de fes états, & même privé de la vûë , eft regardé comme le foutien & la confolation de fon peuple captif avec luy. Ce refte de majefté fembloit encore répandre un certain éclat fur la nation defolée : & le peuple touché des malheurs de fon prince , les déplore *Ibid. 11. 6* » plus que les fiens propres. Le Seigneur , dit-il, a *9.* » renverfé fa maifon ; il a oublié les fêtes & les fab- » bats de Sion ; le roy & le pontife ont été l'objet » de fa fureur. Les portes de Jerufalem font abatuës: » Dieu a livré fon roy & fes princes aux gentils.

Le prophete regarde le malheur du prince com-

me un malheur public, & un châtiment de Dieu
fur tout le pleuple : même le malheur d'un prince
méchant ; car il ne perd pas par fes crimes la qualité d'oint du Seigneur , & la fainte onction qui
l'a confacré le rend toûjours venerable.

C'eſt pourquoy David pleure avec tout le peuple la mort de Saül quoy que méchant. Tes princes «
font morts fur tes montagnes , ô Ifraël ! Comment «
les forts ont-ils été tuez ? Ne portez point cette «
nouvelle dans Geth : ne l'annoncez point dans les «
ruës d'Afcalon , de peur que les femmes des Phi- «
liftins ne s'en réjoüiſſent : de peur que ce ne foit «
un fujet de joye aux filles des incirconcis. Mon- «
tagnes de Gelboë , que la rofée ny la pluye ne dif- «
tillent plus fur vous , que vos champs fteriles ne «
portent plus de quoy offrir des prémices ; puis que «
fur vous font tombez les boucliers des forts , le «
bouclier de Saül , comme s'il n'avoit pas été oint «
de l'huile facrée. Et le refte que nous avons déja «
raporté. «

2. Reg. 1.
19. 20. 21.

C'eſt ainfi que la mort du prince quoy que méchant , quoy que reprouvé , fait la joye des ennemis de l'état , & la douleur de fes fujets. Tout le
pleure : tout eſt en deüil pour fa mort : & il faut
que les chofes les plus infenfibles , comme les
montagnes , & enfin que toute la nature s'en ref-
fente.

VI. PROPOSITION.

Un homme de bien prefere la vie du prince à la sienne, & s'expose pour le sauver.

2.Reg.xviij & xxj.

Nous l'avons vû : le peuple va combattre, il ne se soucie pas de son peril, pourvû que le prince soit en sureté.

La maniere dont on fait la garde autour du prince à la ville & à la campagne le fait voir. Quand David entra de nuit dans la tente de Saül, 1.Reg.xxvi 7. „ Il fallut passer au travers d'Abner , & de tout le Ibid. 7. 12. „ peuple , qui reposoit autour de luy. Et David ayant pris la coupe du roy & sa pique, pour montrer qu'il avoit été maître de sa vie, crie de loin Ibid. 14. 15. „ à Abner & à tout le peuple. Abner êtes-vous un 16. „ homme? pourquoy gardez-vous si mal le roy vôtre „ maître ? quelqu'un est entré dans sa tante pour le „ tuer. Vive le Seigneur vous meritez tous la mort, „ vous tous qui gardez si mal le roy vôtre maître, „ l'oint du Seigneur ? Regardez où est sa pique & „ sa coupe.

Le peuple doit garder le prince ; le peuple campe autour de luy ; il faut avoir enfoncé tout le camp , avant qu'on puisse venir au prince ; on doit veiller afin que le prince repose en sureté; qui neglige de le garder est digne de mort.

Quand le roy étoit à la ville, le peuple, & les 2. Reg. xi. „ grands mêmes couchoient à sa porte. Urie (quoi- 9. „ qu'il fut homme de commandement) couchoit à „ la porte du palais royal, avec les autres serviteurs „ du roy son maître.   Durant

Durant là rebellion d'Abfalon, Ethai-Get-théen marchoit devant luy à la tête de fix cens hommes de Geth, tous braves foldats. C'étoit des troupes étrangeres, dont David vouloit éprouver la fidelité, & il dit à Ethai. Pourquoy venir avec nous ? Retournez, & attachez-vous au nouveau roy. Vous êtes étranger, & vous êtes forty de vô-tre pays : vous arrivâtes hier & dés aujourd'huy vous marcherez avec nous ? Pour moy j'iray où je dois aller ; mais vous allez, remenez vos freres, & le Seigneur recompenfera la fidelité & la recon-noiffance que vous m'avez témoignée. Ethai ré-pondit au roy : Vive le Seigneur, & vive le roy mon maître, en quelque lieu que vous foyez, ô roy monfeigneur, j'y feray avec vous ; & je ne vous quitteray, ny à la vie, ny à la mort : David luy dit, venez. A la réponfe qu'il luy fit, il le connut pour un homme qui fçavoit ce que c'étoit de fervir les rois.

« 2. Reg. xv.
« 19. 20. 21.
« 22.
«
«
«
«
«
«
«
«
«
«

ARTICLE II.
De l'obeïffance duë au prince.

I. PROPOSITION.

Les fujets doivent au prince une entiere obéïffance.

SI le prince n'eft ponctuellement obéï, l'ordre public eft renverfé, & il n'y a plus d'unité ; par confequent plus de concours, ny de paix dans un état.

K k

C'eſt pourquoy nous avons vû , que quiconque
deſobéït à la puiſſance publique eſt jugé digne de

Deut.xvii.» mort. Qui ſera orgüeilleux , & refuſera d'obéïr au
12. » commandement du pontife , & à l'ordonnance du
» juge, il mourra , & vous ôterez le mal du milieu
» d'Iſraël.

C'eſt pour empêcher ce deſordre que Dieu a ordonné les puiſſances ; & nous avons oüy ſaint Paul

Rom. xiii.» dire en ſon nom : Que toute ame ſoit ſoûmiſe aux
12. » puiſſances ſuperieures ; car toute-puiſſance eſt de
» Dieu : il n'y en a point que Dieu n'ait ordonnée.
» Ainſi qui reſiſte à la puiſſance reſiſte à l'ordre de
» Dieu.

Tit. iii. 1.» Avertiſſez-les d'être ſoûmis aux Princes & aux
» puiſſances ; de leur obéïr ponctuellement ; d'être
» prêts à toute bonne œuvre.

Dieu a fait les rois & les princes ſes lieutenans
ſur la terre , afin de rendre leur autorité ſacrée &
inviolable. C'eſt ce qui fait dire au même ſaint

Rom.xiii.» Paul : Qu'ils ſont miniſtres de Dieu. Conformé-
4. ment à ce qui eſt dit dans le livre de la Sageſſe:

Sap. vi. 5.» Que les princes ſont miniſtres de ſon royaume.

Rom. xiii.» De là ſaint Paul conclut : Qu'on leur doit obéïr
5. » par neceſſité , non-ſeulement par la crainte de la
» colere ; mais encore par l'obligation de la con-
» ſcience.

1 Petr. ii.» Saint Pierre a dit auſſi : Soyez ſoûmis pour l'a-
13. 14. 15. » mour de Dieu à l'ordre qui eſt étably parmy les
» hommes. Soyez ſoûmis au roy, comme à celuy qui
» a la puiſſance ſuprême ; & aux gouverneurs comme

étant envoyez de luy , parce que c'eſt la volonté «
de Dieu.   «

A cela ſe rapporte comme nous avons déja vû ,
ce que diſent ces deux apôtres : Que les ſerviteurs « 1. Petr. 11.
doivent obéïr à leurs maîtres quand même ils ſe- « 18.
roient durs & fàcheux. Non à l'œil & pour plaire « Eph. vi. 5.
aux hommes ; mais comme ſi c'étoit à Dieu.   « Coloſ. 111.
                                                   « 22. 23.

Tout ce que nous avons vû pour montrer que la
puiſſance des rois eſt ſacrée , confirme la verité de
ce que nous diſons icy : & il n'y a rien de mieux
fondé ſur la parole de Dieu , que l'obéïſſance qui
eſt duë par principe de religion , & de conſcience ,
aux puiſſances legitimes.

Au reſte , quand Jeſus-Chriſt dit aux Juifs :
Rendez à Ceſar , ce qui eſt dû à Ceſar : Il n'exa- « Math. xxii.
mina pas comment étoit établie la puiſſance des   « 21.
Ceſars : c'eſt aſſez qu'il les trouvât établis , & re-
gnans : il vouloit qu'on reſpectât dans leur autorité
l'ordre de Dieu , & le fondement du repos public.

II. Proposition.

Il n'y a qu'une exception à l'obéïſſance qu'on doit au
prince ; c'eſt quand il commande contre Dieu.

La ſubordination le demande ainſi. Obéïſſez au « 1. Petr. 11
roy , comme à celuy à qui appartient l'autorité ſu- « 13. 14.
prême , & au gouverneur comme à celuy qu'il vous «
envoye. Et encore : Il y a divers degrez , l'un eſt « Ecc. v. 7. 8.
au deſſus de l'autre : le puiſſant a un plus puiſſant «
qui luy commande , & le roy commande à tous les «
ſujets.   «

L'obéïſſance eſt dûë à chacun ſelon ſon degré; & il ne faut point obéïr au gouverneur, au p.é-judice des ordres du prince.

Au deſſus de tous les empires eſt l'empire de Dieu. C'eſt à vray dire le ſeul empire abſolument ſouverain, dont tous les autres relevent; & c'eſt de luy que viennent toutes les puiſſances.

Comme donc on doit obéïr au gouverneur, ſi dans les ordres qu'il donne il ne paroît rien de contraire aux ordres du roy; ainſi doit-on obéïr aux ordres du roy, s'il n'y paroît rien de contraire aux ordres de Dieu.

Mais par la même raiſon, comme on ne doit pas obéïr au gouverneur contre les ordres du roy; on doit encore moins obéïr au roy, contre les ordres de Dieu.

C'eſt alors qu'a lieu ſeulement cette réponſe que *AⱭ. v. 29.* » les apôtres font aux magiſtrats: Il faut obéïr à » Dieu plûtôt qu'aux hommes.

III. PROPOSITION.

On doit le tribut au prince.

Si comme nous avons vû on doit expoſer ſa vie pour ſa patrie, & pour ſon prince; à plus forte raiſon doit-on donner une partie de ſon bien pour ſoutenir les charges publiques. Et c'eſt ce qu'on appelle icy le tribut.

Luc. III. » Saint Jean-Baptiſte l'enſeigne. Les publicains, *11.* (c'étoit eux qui recevoient les impôts & les reve-» nus publics:) vinrent à luy pour être baptiſez, &

luy demandoient : Maître que ferons-nous pour «
être fauvez. Il ne leur dit pas : Quittez vos emplois, «
car ils font mauvais & contre la confcience : Mais
il leur dit : N'exigez pas plus qu'il ne vous eft or- « Ibid. 13.
donné. «

Nôtre-Seigneur le décide : Les pharifiens
croyoient que le tribut qu'on payoit par tête à
Cefar dans la Judée ne luy étoit pas dû. Ils fe
fondoient fur un pretexte de religion difant, que
le peuple de Dieu ne devoit point payer de tribut
à un prince infidele. Ils voulurent voir ce que diroit Nôtre-Seigneur fur ce fujet : parce que s'il
parloit pour Cefar, ce leur étoit un moyen de
le décrier parmy le peuple ; & s'il parloit contre
Cefar, ils le defereroient aux Romains. Ainfi ils
luy envoyerent leurs difciples qui luy demande-
rent : Eft-il permis de payer le tribut qu'on exige « Math. XXII.
par tête pour Cefar. Jefus connoiffant leur malice « 17. 18. 19.
leur dit : Hypocrites, pourquoy tâchez-vous de « 20. 21.
me furprendre ? Montrez-moy une piece de mon- «
noye. Ils luy donnerent un denier : Et Jefus leur «
dit : De qui eft cette image, & cette infcription ? «
De Cefar, luy dirent-ils. Alors il leur dit : Ren- «
dez donc à Cefar ce qui eft à Cefar, & à Dieu ce «
qui eft à Dieu. «

Comme s'il eût dit ; Ne vous fervez plus du
pretexte de la religion, pour ne point payer le
tribut. Dieu a fes droits feparez de ceux du prince.
Vous obéïffez à Cefar ; la monnoye dont vous vous
fervez dans vôtre commerce, c'est Cefar qui la

fait battre : s'il eſt vôtre ſouverain , reconnoiſſez ſa ſouveraineté en luy payant le tribut qu'il im-poſe.

Ainſi les tributs qu'on paye au prince , ſont une reconnoiſſance de l'autorité ſuprême ; & on ne les peut refuſer ſans rebellion.

Rom. XIII.
4. 5. 6. 7. „ Saint Paul l'enſeigne expreſſément. Le prince eſt „ miniſtre de Dieu ; vengeur des mauvaiſes actions. „ Soyez-luy donc ſoûmis par neceſſité , non-ſeulement „ par la crainte de la colere du prince ; mais encore „ par l'obligation de vôtre conſcience. C'eſt pour-„ quoy vous luy payez tribut ; car ils ſont miniſtres „ de Dieu ſervans pour cela. Rendez donc à chacun „ ce que vous luy devez : le tribut à qui eſt dû le „ tribut : la taille à qui elle eſt dûë : la crainte à qui „ elle duë : & l'honneur à qui eſt dû l'honneur.

On voit par ces paroles de l'Apôtre , qu'on doit payer le tribut au prince religieuſement , & en con-ſcience : comme on luy doit rendre l'honneur , & la ſujetion , qui eſt dûë à ſon miniſtere.

Et la raiſon fait voir , que tout l'état doit con-tribuer aux neceſſitez publiques , auſquelles le prince doit pourvoir.

Sans cela il ne peut ny ſoûtenir , ny deffendre les particuliers , ny l'état même. Le royaume ſera en proye , les particuliers periront dans la ruine de l'état. De ſorte qu'à vray dire , le tribut n'eſt autre choſe , qu'une petite partie de ſon bien qu'on paye au prince , pour luy donner moyen de ſau-ver le tout.

IV. PROPOSITION.

Le respect, la fidelité, & l'obéissance qu'on doit aux rois, ne doivent être alterées par aucun pretexte.

C'eft-à-dire, qu'on les doit toûjours refpecter, toûjours fervir, quels qu'ils foient bons ou méchans. Obéïffez à vos maîtres, non-feulement quand ils font bons & moderez, mais encore quand ils font durs & fâcheux. « 1. Petr. 11. 18. «

L'état eft en peril, & le repos public n'a plus rien de ferme, s'il eft permis de s'élever pour quelque caufe que ce foit contre les princes.

La fainte onction eft fur eux : & le haut miniftere qu'ils exercent au nom de Dieu, les met à couvert de toute infulte.

Nous avons vû David, non-feulement refufer d'attenter fur la vie de Saül; mais trembler, pour avoir ofé luy couper le bord de fa robe, quoy que ce fût à bon deffein. Que j'ofe lever ma main contre l'oint du Seigneur, à Dieu ne plaife. Et le cœur de David fut frapé, parce qu'il avoit coupé le bord de la cotte d'armes de Saül. « 1. Reg. XXIV. 6. 7. « «

Les paroles de faint Auguftin fur ce paffage font remarquables. Vous m'objectez, dit-il, à Petilien évêque Donatifte : Que celuy qui n'eft pas innocent ne peut avoir la fainteté. Je vous demande, fi Saül n'avoit pas la fainteté de fon facrement & de l'onction royale; qu'eft-ce qui caufoit en luy de la veneration à David ? Car c'eft à caufe de cette onction fainte & facrée, qu'il l'a honoré « Lib. 2. cont. lit. Petil. CXLVIII. « « « «

» durant fa vie, & qu'il a vengé fa mort. Et fon cœur
» frapé trembla, quand il coupa le bord de la robe
» de ce roy injufte. Vous voyez donc que Saül qui
» n'avoit pas l'innocence, ne laiffoit pas d'avoir la
» fainteté ; non la fainteté de vie, mais la fainteté
» du facrement divin, qui eft faint même dans les
» hommes mauvais.

Il appelle facrement l'onction royale ; ou parce
qu'avec tous les peres, il donne ce nom à toutes
les ceremonies facrées ; ou parce qu'en particulier
l'onction royale des rois dans l'ancien peuple, étoit
un figne facré inftitué de Dieu, pour les rendre
capables de leur charge, & pour figurer l'onction
de Jefus-Chrift même.

Mais ce qu'il y a icy de plus important, c'eft
que faint Auguftin reconnoît aprés l'écriture, une
fainteté inherente au caractere royal ; qui ne peut
être effacée par aucun crime.

C'eft, dit-il, cette fainteté que David injuftement pourfuivy à mort par Saül ; David facré luy-
même pour luy fucceder, a refpecté dans un prince
reprouvé de Dieu. Car il fçavoit, que c'etoit à
Dieu feul à faire juftice des princes ; & que c'eft
aux hommes à refpecter le prince, tant qu'il plaît
à Dieu de le conferver.

Auffi voyons-nous que Samuel aprés avoir déclaré à Saül que Dieu l'avoit rejetté, ne laiffe pas
de l'honorer. J'ay mal fait, luy dit Saül, mais je
vous prie portez mon peché, & retournez avec
moy pour adorer le Seigneur. Samuel luy répon-

dir

dit : Je n'iray pas avec vous , parce que vous avez «
rejetté la parole du Seigneur, & le Seigneur vous «
a aussi rejetté : il ne veut plus que vous soyez roy. «
Samuel se tournoit pour se retirer , & Saül le prit «
par le haut de son manteau qui se déchira. Sur «
quoy Samuel luy dit ; Le Seigneur a separé de «
vous le royaume d'Israël , & l'a donné à un plus «
homme de bien. Ce Dieu puissant, & victorieux, «
ne s'en dédira pas ; car il n'est pas comme un «
homme pour se repentir de ses desseins. J'ay peché , «
répondit Saül ; mais honorez-moy devant les se- «
nateurs de mon peuple , & devant tout Israël ; & «
retournez avec moy , afin que j'adore avec vous le «
Seigneur vôtre Dieu. Alors Samuel suivit Saül, «
& Saül adora le Seigneur.   «

On ne peut pas déclarer plus clairement à un
prince sa reprobation ; mais Samuel à la fin se laisse
fléchir, & consent à honorer Saül devant les grands,
& devant le peuple : nous montrant par cet exemple , que le bien public ne permet pas qu'on expose le prince au mépris.

Roboam traita durement le peuple ; mais la revolte de Jeroboam & des dix tribus qui le suivi-
rent , quoy que permise de Dieu en punition des
pechez de Salomon,ne laisse pas d'être detestée dans
toute l'écriture , qui déclare : Qu'en se revoltant
contre la maison de David, ils se revoltoient contre
Dieu qui regnoit par elle.

2. Paralip.
xiii. 5. 6.
7. 8.

Tous les prophetes qui ont vêcu sous les méchans
rois ; Elie & Elisée sous Achab, & sous Jesabel en

L l

Iſraël : Iſaïe ſous Achas & ſous Manaſſés : Jeremie ſous Joachim, ſous Jechonias, ſous Sedecias : en un mot tous les prophetes ſous tant de rois impies & méchans, n'ont jamais manqué à l'obéïſſance, ny inſpiré la revolte, mais toûjours la ſoumiſſion & le reſpect.

Nous venons d'oüir Jeremie aprés la ruine de Jeruſalem, & l'entier renverſement du trône des rois de Juda, parler encore avec un reſpect profond de ſon roy Sedecias. L'oint du Seigneur que nous regardions comme le ſouffle de nôtre bouche, a été pris pour nos pechez, lors que nous luy diſions : Nous vivrons ſous vôtre ombre parmy les gentils.

Les bons ſujets ne ſe tenoient pas quittes du reſpect qu'ils devoient à leur roy, aprés même que ſon royaume fut renverſé, & qu'il fut emmené comme un captif avec tout ſon peuple. Ils reſpectoient juſques dans les fers & aprés la ruine du royaume, le caractere ſacré de l'autorité royale.

V. PROPOSITION.

L'impieté déclarée, & même la perſecution, n'exemptent pas les ſujets de l'obéïſſance qu'ils doivent aux princes.

Le caractere royal eſt ſaint & ſacré même dans les princes infideles ; & nous avons vû que Cyrus eſt appellé par Iſaïe : L'oint du Seigneur.

Nabuchodonoſor étoit impie & orgüeilleux juſqu'à vouloir s'égaler à Dieu, & juſqu'à faire mou-

Jer. Lam.
iv. 20.

If. xlv. 1.

rir ceux qui luy refuſoient un culte ſacrilege : & neanmoins Daniel luy dit ces mots : Vous êtes « le roy des rois , & le Dieu du ciel vous a donné « le royaume , & la puiſſance , & l'empire , & la « gloire. «

C'eſt pourquoy le peuple de Dieu prioit pour la vie de Nabuchodonoſor , de Baltazar, & d'Aſſuerus.

Baruch. I. II, I. Eſdr. VI. 10.

Achab , & Jeſabel avoient fait mourir tous les prophetes du Seigneur. Helie s'en plaint à Dieu : mais il demeure toûjours dans l'obéïſſance.

3. Reg XIX. I. 10. 14.

Les prophetes durant ce temps font des prodiges étonnans , pour défendre le roy , & le royaume.

3. Reg. XX.

Eliſée en fit autant ſous Joram fils d'Achab, auſſi impie que ſon pere.

4. Reg. III. VI. VII.

Rien n'a jamais égalé l'impieté de Manaſſés , qui pecha & fit pecher Juda contre Dieu, dont il tâcha d'abolir le culte ; perſecutant les fideles ſerviteurs de Dieu , & faiſant regorger Jeruſalem de leur ſang. Et cependant Iſaïe , & les ſaints prophetes qui le reprenoient de ſes crimes , jamais n'ont excité contre luy le moindre tumulte.

4. Reg. XXI. 2. 3. 16.

Cette doctrine s'eſt continuée dans la religion chrêtienne.

C'étoit ſous Tibere , non-ſeulement infidele , mais encore méchant, que Nôtre-Seigneur dit aux Juifs : Rendez à Ceſar ce qui eſt à Ceſar.

« Math. XXII. 21. Act. XXV. 10. II. &c.

Saint Paul appelle à Ceſar , & reconnoît ſa puiſſance.

Il fait prier pour les empereurs , quoique l'em-

I. Tim. II. I 2.

L l ij

pereur qui regnoit du temps de cette ordonnance
fut Neron , le plus impie & le plus méchant de
tous les hommes.

Il donne pour but à cette priere la tranquillité
publique , parce qu'elle demande qu'on vive en
paix ; même sous les princes méchans , & persecuteurs.

Rom. XIII.
5.
1. Petr. II.
13. 14. 17.
18.

Saint Pierre & luy commandent aux fideles d'être
soûmis aux puissances. Nous avons vû leurs paroles ;
& nous avons vû , quelles étoient alors les puissances , dans lesquelles ces deux saints apôtres faisoient respecter aux fideles l'ordre de Dieu.

En consequence de cette doctrine apostolique,
les premiers chrétiens quoique persecutez durant
trois cens ans , n'ont jamais causé le moindre mouvement dans l'empire. Nous avons appris leurs sentimens par Tertullien , & nous les voyons dans
toute la suite de l'histoire ecclesiastique.

Ils continuoient à prier pour les empereurs , même au milieu des supplices ausquels ils les condam-
Tertul.
Apolog.
» noient injustement. Courage , dit Tertullien , ar-
» rachez , ô bons juges , arrachez aux chrétiens une
» ame qui répand des vœux pour l'empereur.

Constance fils de Constantin le grand , quoique
protecteur des Arriens & persecuteur de la foy de
Nicée , trouva dans l'eglise une fidelité inviolable.

Julien l'apostat son successeur , qui rétablit le
paganisme condamné par ses predecesseurs , n'en
trouva pas les chrétiens moins fideles ny moins zelez pour son service : tant ils sçavoient distinguer

l'impieté du prince, d'avec le facré caractere de la majefté fouveraine.

Tant d'empereurs heretiques qui vinrent depuis: un Valens, une Juftine, un Zenon, un Bafilifque, un Anaftafe, un Heraclius, un Conftant, quoy qu'ils chaffaffent de leur fiege les évêques ortho-doxes, & mêmes les papes; & qu'ils rempliffent l'eglife de carnage & de fang; ne virent jamais leur autorité attaquée, ou affoiblie par les catholiques.

Enfin durant fept cens ans on ne voit pas feulement un feul exemple, où l'on ait defobéï aux empereurs fous pretexte de religion. Dans le hui-tiéme fiecle tout l'empire demeure fidele à Leon Ifaurien chef des Iconoclaftes, & perfecuteur des fideles. Sous Conftantin Copronyme fon fils, qui fucceda à fon herefie & à fes violences auffi-bien qu'à fa couronne, les fideles d'Orient n'oppofe-rent que la patience à la perfecution. Mais dans la chute de l'empire, lors que les Cefars fuffifoient à peine à défendre l'Orient où ils s'étoient ren-fermez; Rome abandonnée prés de deux cens ans à la fureur des Lombards, & contrainte d'implo-rer la protection des François, fut obligée de s'é-loigner des empereurs.

On pâtit long-temps avant que d'en venir à cette extremité; & on n'y vient enfin, que quand la capitale de l'empire fut regardée par fes empe-reurs, comme un pays expofé en proye, & laiffé à l'abandon.

VI. PROPOSITION.

Les sujets n'ont à opposer à la violence des princes,
que des remontrances respectueuses, sans mutinerie,
& sans murmure, & des prieres pour leur conver-
sion.

Quand Dieu voulut délivrer les Israëlites de la
tyrannie de Pharaon, il ne permit pas qu'ils pro-
cedaßent par voye de fait contre un roy dont l'in-
humanité envers eux étoit inoüie. Ils demanderent
avec respect la liberté de sortir, & d'aller sacrifier
à Dieu dans le desert.

Nous avons vû que les princes doivent écouter
même les particuliers ; à plus forte raison doivent-
ils écouter le peuple, qui leur porte avec respect
ses justes plaintes par les voyes permises. Pharaon
tout endurcy & tout tyran qu'il étoit, ne laißoit
pas du moins d'écouter les Israëlites. Il écoutoit
Moïse & Aaron. Il receut à son audience les magistrats du peuple d'Israël, qui vinrent se plaindre
à luy avec de grands cris, & luy disoient : Pourquoy traitez-vous ainsi vos serviteurs ?

Qu'il soit donc permis au peuple oppreßé de recourir au prince par ses magistrats, & par les voyes
legitimes : mais que ce soit toûjours avec respect.

Les remontrances pleines d'aigreur & de murmure, font un commencement de sedition qui
ne doit pas être souffert. Ainsi les Israëlites murmuroient contre Moïse, & ne luy ont jamais fait
une remontrance tranquille.

Exod. v. vii.
Ibid. v. 15.

Num. xi.
xiii. xiv.
xx. xxi. &c.

Moïfe ne ceffa jamais de les écouter, de les adou- Ibid.
cir, de prier pour eux, & donna un memorable
exemple de la bonté que les princes doivent à leur
peuple ; mais Dieu pour établir l'ordre fit de grands
châtimens de ces feditieux.

Quand je dis que ces remontrances doivent être
refpectueufes, j'entends qu'elles le foient effecti-
vement, & non-feulement en apparence, comme
celles de Jeroboam & des dix tribus qui dirent à
Roboam : Vôtre pere nous a impofé un joug in- « 3. Reg. xii.
fuportable : diminuez un peu un joug fi pefant, « 4.
& nous vous ferons fideles fujets. « 2. Par. x. 4.

Il y avoit dans ces remontrances quelque marque
exterieure de refpect, en ce qu'ils ne demandoient
qu'une petite diminution, & promettoient d'être
fideles. Mais faire dépendre leur fidelité de la grace
qu'ils demandoient, c'étoit un commencement de
mutinerie.

On ne voit rien de femblable dans les remontrances que les chrétiens perfecutez faifoient aux
empereurs. Tout y eft foûmis, tout y eft modefte ;
la verité de Dieu y eft dite avec liberté ; mais ces
difcours font fi éloignez des termes feditieux,
qu'encore aujourd'huy on ne peut les lire, fans
fe fentir porté à l'obéïffance.

L'Imperatrice Juftine mere, & tutrice de Va-
lentinien II. voulut obliger faint Ambroife à donner une églife aux Arriens qu'elle protegeoit, dans
la ville de Milan refidence de l'empereur. Tout le
peuple fe réünit avec fon évêque, & affemblé

à l'églife il attendoit l'évenement de cette affaire.
Saint Ambroife ne fortit jamais de la modeftie
d'un fujet, & d'un évêque. Il fit fes remontrances

Ambr. Lib. 2. Ep. XIII.

» à l'empereur. Ne croyez pas, luy difoit-il, que
» vous ayez pouvoir d'ôter à Dieu ce qui eft à luy.
» Je ne puis pas vous donner l'églife que vous de-
» mandez : mais fi vous la prenez, je ne dois pas re-

Ambr. orat. de Bafilicis non traden- dis.

» fifter. Et encore : Si l'empereur veut avoir les biens
» de l'églife, il peut les prendre ; perfonne de nous
» ne s'y oppofe : qu'il nous les ôte s'il veut ; je ne les
» donne pas ; mais je ne les refufe pas.

Ibid.

» L'empereur, ajoûtoit-il, eft dans l'églife ; mais
» non au deffus de l'églife. Un bon empereur, loin
» de rejetter le fecours de l'églife, le recherche. Nous
» difons ces chofes avec refpect ; mais nous nous fen-
» tons obligez de les expofer avec liberté.

Il contenoit le peuple affemblé tellement dans
le refpect, qu'il n'échapa jamais une parole infolente. On prioit, on chantoit les loüanges de Dieu,
on attendoit fon fecours.

Voilà une refiftance digne d'un chrêtien, & d'un
évêque. Cependant parce que le peuple étoit affemblé avec fon pafteur, on difoit au palais que ce

Ibid.

» faint pafteur afpiroit à la tyrannie. Il répondit : J'ay
» une défenfe ; mais dans les prieres des pauvres. Ces
» aveugles & ces boiteux, ces eftropiez & ces vieil-
» lards, font plus forts que les foldats les plus cou-
» rageux. Voilà les forces d'un évêque, voilà fon
armée.

Il avoit encore d'autres armes, la patience, &
les

les prieres qu'il faiſoit à Dieu. Puis qu'on appelle « Ambr. lib.
2. Ep XIII
cela une tyrannie, j'ay des armes, diſoit-il, j'ay le «
pouvoir d'offrir mon corps en ſacrifice. Nous avons «
nôtre tyrannie, & nôtre puiſſance. La puiſſance «
d'un évêque eſt ſa foibleſſe. Je ſuis fort quand je «
ſuis foible, diſoit ſaint Paul. «

En attendant la violence dont l'égliſe étoit me-
nacée, le ſaint évêque étoit à l'autel demandant à
Dieu avec larmes, qu'il n'y eût point de ſang répandu, ou du moins qu'il plût à Dieu de ſe contenter du ſien. Je commençay, dit-il, à pleurer « Ibid.
amerement en offrant le ſacrifice; priant Dieu de «
nous aider de telle ſorte, qu'il n'y eut point de «
ſang répandu dans la cauſe de l'égliſe; qu'il n'y «
eût du moins que le mien qui fût verſé non-ſeu- «
lement pour le peuple; mais même pour les im- «
pies. «

Dieu écouta des prieres ſi ardentes : l'égliſe fut
victorieuſe, & il n'en coûta le ſang à perſonne.

Peu de temps aprés, Juſtine & ſon fils preſque
abandonnez de tout le monde, eurent recours à
ſaint Ambroiſe, & ne trouverent de fidelité ny
de zele pour leur ſervice, qu'en cet évêque qui
s'étoit oppoſé à leurs deſſeins, dans la cauſe de Dieu,
& de l'égliſe.

Voila ce que peuvent les remontrances reſpectueuſes : voilà ce que peuvent les prieres. Ainſi
faiſoit la reyne Eſther, ayant conçu le deſſein de
fléchir Aſſuerus ſon mary, aprés qu'il eut reſolu
de ſacrifier tous les Juifs à la vengeance d'Aman;

M m

Efth.IV.16. » elle fit dire à Mardochée. Affemblez tous les Juifs
» que vous trouverez à Sufe , & priez pour moy. Ne
» mangez ny ne beuvez pendant trois jours & trois
» nuits : je jeûneray de même avec mes femmes :
» aprés je m'expoferay à perdre la vie , & je parle-
» ray au roy contre la loy fans attendre qu'il m'ap-
» pelle.

Ibid. xv.10.
11. & viii.
12. » Quand elle parut devant le roy : Les yeux étin-
» celans de ce prince témoignerent fa colere : mais
» Dieu fe reffouvenant des prieres d'Efther , & de
» celles des Juifs , changea la fureur du roy en dou-
» ceur. Et les Juifs furent délivrez à la confideration
de la reyne.

Ainfi quand le prince des apôtres fut arrêté pri-
Act. xii.5
& feq. » fonnier par Herode : Toute l'églife prioit pour luy
» fans relâche. Et Dieu envoya fon ange pour le délivrer. Voilà les armes de l'églife : des vœux , & des
prieres perfeverantes.

Saint Paul prifonnier pour Jefus-Chrift n'a que
Ep. ad Phi-
lem. » ce fecours , & ces armes. Preparez-moy un loge-
» ment , car j'efpere que Dieu me donnera à vos
» prieres.

2. Tim. iv.
17. » En effet il fortit de prifon : Et il fut délivré de
» la gueule du lion. Il appelle ainfi Neron , l'ennemy non-feulement des chrétiens , mais de tout le
genre humain.

Que fi Dieu n'écoute pas les prieres de fes fideles ; fi pour éprouver & pour châtier fes enfans,
il permet que la perfecution s'échauffe contre-eux,
Math.x.16. » ils doivent alors fe reffouvenir : Que Jefus-Chrift

les a envoyez comme des brebis au milieu des «
loups. «

Voilà une doctrine vrayment sainte, vrayment
digne de Jesus-Christ & de ses disciples.

ARTICLE III.

*Deux difficultez tirées de l'Ecriture : de David,
& des Machabées.*

I. PROPOSITION.

La conduite de David ne favorise pas la rebellion.

Avid persecuté par Saül, ne se contenta pas
de prendre la fuite : Mais encore, il assem- « 1.Reg. xxij.
bla ses freres & ses parens, tous les mécontens, tous « 1. 2.
ceux qui étoient accablez de dettes, & dont les af-«
faires étoient en mauvais état, se joignirent à luy «
au nombre de quatre cens, & il fut leur capi-«
taine. «

Il demeura en cet état dans la Judée, armé contre   1.Reg. xxij.
Saül qui l'avoit déclaré son ennemy, & qui le   6. 7. xxiv.
poursuivit comme tel avec toutes les forces d'Is-   2 3. xxv.
raël.   1. 2. 3 4

Il se retira enfin dans le royaume d'Achis roy   Ibid. xxvij.
des Philistins, avec lequel il traita, & en obtint   6.
la ville de Siceleg.

Achis regardoit tellement David comme l'en-   Ibid xxviij
nemy juré des Israëlites, qu'il le mena avec luy   1 2.
les allant combattre, & luy dit : Je vous donneray «

Mm ij

» ma vie en garde tout le reſte de mes jours.

En effet David & ſes gens marchoient à la queuë avec Achis ; & il ne ſe retira de l'armée des Phi-liſtins, que lors que les ſatrapes qui ſe défioient de luy obligerent le roy à le congedier.

» Il paroît qu'il ne ſe retire qu'à regret. Qu'ay-je » fait, dit-il à Achis, & qu'avez-vous remarqué en » moy qui vous déplaiſe depuis que je ſuis avec vous, » pour m'empêcher de vous ſuivre, & de combattre » les ennemis du roy monſeigneur.

Etre armé contre ſon roy , traiter avec ſes en-nemis, aller combattre avec eux contre ſon peuple; voilà tout ce que peut faire un ſujet rebelle.

Mais pour juſtifier David , il ne faut que con-ſiderer toutes les circonſtances de l'hiſtoire.

Ce n'étoit pas un ſujet comme les autres ; il étoit choiſi de Dieu pour ſucceder à Saül , & déja Sa-muel l'avoit ſacré.

Ainſi le bien public, autant que ſon interêt par-ticulier l'obligeoit à garder ſa vie , que Saül luy vouloit ôter injuſtement.

Son intention toutefois n'étoit pas de demeurer en Iſraël , avec ces quatre cens hommes qui ſui-» voient ſes ordres. Il s'étoit retiré auprés du roy de » Moab avec ſon pere & ſa mere , juſqu'à ce qu'il » plût à Dieu de déclarer ſa volonté.

Ce fut un ordre de Dieu porté par le prophete Gad , qui l'obligea de demeurer dans la terre de Juda , où il étoit plus aimé; parce que c'étoit ſa tribu,

Au reste il n'en vint jamais à aucun combat contre Saül, ny contre son peuple. Il fuyoit de desert en desert, seulement pour s'empêcher d'être pris.

Ibid. xxii. xxiii. xxiv. xxvi.

Etant dans le Carmel au plus riche païs de la terre sainte , & au milieu des biens de Nabal , l'homme le plus puissant du pays , il ne luy enleva jamais une brebis dans un immense troupeau ; & loin de le vexer , il le défendoit contre les courses des ennemis.

Ibid. xxv. 15. 16.

Quelque cruelle que fut la persecution qu'on luy fit , il ne perdit jamais l'amour qu'il avoit pour son prince , dont il regarda toûjours la personne comme sacrée.

Ibid. xxiv. xxvi.

Il sceut que les Philistins attaquoient la ville de Ceilan, & pilloient les environs. Il y fut avec ses gens ; il tailla en pieces les Philistins ; il leur prit leur bagage & leur butin ; & sauva ceux de Ceilan.

« Ibid. xxiii. 1. 5.

Ces gens s'opposoient à ce dessein. Quoy , disoient-ils , à peine pouvons-nous vivre en seureté dans la terre de Juda ? Que n'aurons-nous pas à craindre si nous marchons vers Ceilan contre les Philistins ? Mais le zele de David l'emporta sur leur crainte.

« Ibid. 3. 4. 5.

C'est ainsi que poursuivy à outrance, il ne perd jamais le desir de servir son prince , & son pays.

Il est vray qu'à la fin il se retira chez Achis , & qu'il traita avec luy. Mais encore qu'il eût l'a-dresse de persuader à ce prince qu'il faisoit des courses sur les Juifs , en effet il n'enlevoit rien

Ibid. xxvij. 2. 3. 8. 9. 10. &c.

qu'aux Amalecites , & aux autres ennemis du peu:
ple de Dieu.

Ibid. 6. Quant à la ville que luy donna le roy Achis,
il l'incorpora au royaume de Juda ; & le traité
qu'il fit avec l'ennemy profita à son pays.

Que si pour ne point donner de défiance à Achis,
il le suit quand il marche contre Saül : si pour la
même raison il témoigne qu'il ne se retire qu'à
regret , c'est un effet de la même adresse qui luy
avoit sauvé la vie.

Il faut tenir pour certain , que dans cette derniere rencontre il n'eût pas plus combattu contre
son peuple qu'il avoit fait jusqu'alors. Il étoit à
Ibid. xxix.
2. la queuë du camp avec le roy des Philistins,
auquel il paroît assez que la coûtume de ces peuples ne permettoit pas de se hazarder.

De sçavoir ce qu'il eût fait dans la mêlée, si le
combat fût venu jusqu'au roy Achis ; c'est ce
qu'on ne peut deviner. Ces grands hommes abandonnez à la providence divine , apprennent sur
l'heure ce qu'ils ont à faire ; & aprés avoir poussé
la prudence humaine jusqu'où elle peut aller , ils
trouvent quand elle est à bout des secours divins,
qui contre toute esperance les dégage des inconveniens où ils sembloient devoir être inévitablement
enveloppez.

II. Proposition.

Les guerres des Machabées n'autorisent point les revoltes.

Les Juifs conquis par les Assyriens étoient pas-sez successivement sous la puissance des Perses, sous celle d'Alexandre, & enfin sous celle des rois de Syrie.

Il y avoit environ trois cens cinquante ans qu'ils étoient dans cet état ; & il y en avoit cent cin-quante qu'ils reconnoissoient les rois de Syrie, lors-que la persecution d'Antiochus l'illustre leur fit prendre les armes contre luy sous la conduite des Machabées. Ils firent long-temps la guerre; durant laquelle ils traiterent avec les Romains, & avec les Grecs, contre les rois de Syrie leurs legitimes seigneurs : dont enfin ils secoüerent le joug, & se firent des princes de leur nation.

Voilà une revolte manifeste : ou si ce n'en est pas une, cet exemple semble montrer qu'un gou-vernement tyrannique, & sur tout une violente persecution où les peuples sont tourmentez pour la veritable religion, les exempte de l'obéïssance qu'ils doivent à leurs princes.

Il ne faut nullement douter que la guerre des Machabées ne fût juste, puisque Dieu même l'a approuvée : mais si on remarque les circonstances du fait, on verra que cet exemple n'autorise pas les revoltes que le motif de la religion a fait en-treprendre depuis.

La religion veritable jufqu'à la venuë du Meffie
devoit fe perpetuer dans la race d'Abraham , &
par la trace du fang.

Elle devoit fe perpetuer dans la Judée, dans Jerufalem, dans le temple , lieu choifi de Dieu pour
y offrir les facrifices , & y exercer les ceremonies
de la religion interdites par tout ailleurs.

Il étoit donc de l'effence de la religion que les
enfans d'Abraham fubfiftaffent toûjours , & fubfiftaffent dans la terre donnée à leurs peres, pour y
vivre felon laloy de Moïfe : dont auffi les rois de
Perfe & les autres jufqu'à Antiochus, leur avoit toûjours laiffé le libre exercice.

Cette famille d'Abraham fixée dans la terre fainte,
en devoit être tranfportée une feule fois par un
ordre exprés de Dieu, mais non pour en être éternellement bannie. Au contraire le prophete Jeremie qui avoit porté au peuple l'ordre de paffer à
Babylone , où Dieu vouloit qu'ils fubiffent la peine
dûë à leurs crimes ; leur avoit en même temps promis qu'après foixante & dix ans de captivité , ils
feroient rétablis dans leur terre ; pour y pratiquer
comme auparavant la loy de Moïfe , & y exercer
leur religion à l'ordinaire dans Jerufalem , & dans
le temple rebâty.

Le peuple ainfi rétably devoit toûjours demeurer dans cette terre , jufqu'à l'arrivée de Jefus-
Chrift ; auquel temps Dieu devoit former un nouveau peuple, non plus du fang d'Abraham , mais
de tous les peuples du monde ; & difperfer en captivité

Jer. xxi. 7.
8. 9.

Ibid. xxv.
12. xxvii.
11.12.xxix.
10. 14.
xxx. 3. &c.

vité par toute la terre les Juifs infideles à leur Meſſie.

Mais auparavant, ce Meſſie devoit naître dans cette race, & commencer dans Jeruſalem au milieu des Juifs cette égliſe qui devoit remplir tout l'univers. Ce grand myſtere de la religion eſt atteſté par tous les propheres, & ce n'eſt pas icy le lieu d'en rapporter les paſſages.

Sur ces fondements il paroît que laiſſer éteindre la race d'Abraham, ou ſouffrir qu'elle fût chaſſée de la terre ſainte au temps des rois de Syrie ; c'étoit trahir la religion, & aneantir le culte de Dieu.

Il ne faut plus maintenant que conſiderer quel étoit le deſſein d'Antiochus.

Il ordonna que les Juifs quittaſſent leur loy pour vivre à la mode des Gentils, ſacrifiant aux mêmes idoles, & renonçant à leur temple, qu'il fit profaner, juſqu'à y mettre ſur l'autel de Dieu l'idole de Jupiter Olympien. 1. Mach. 1 43. 46. 47. &c. 57.

Il ordonna la peine de mort contre ceux qui deſobéïroient. Ibid. 52.

Il vint à l'execution : toute la Judée regorgeoit du ſang de ſes enfans. Ibid 60 63. 64. &c. 2. Mach. vi. 8. 9. 10. &c.

Il aſſembla toutes ſes forces : Pour détruire les Iſraëlites, & les reſtes de Jeruſalem : & pour effacer dans la Judée la memoire du peuple de Dieu, y établir les étrangers, & leur diſtribuer par ſort toutes les terres. 1.Mach.iii. 35. 36.

Il avoit reſolu de vendre aux Gentils tout ce qui échapperoit à la mort : & les marchands des Ibid. 41. 2. Mach. viii. 11. 14. 34. 36.

N n

peuples voiſins vinrent en foule avec de l'argent
pour les acheter.

Ce fut dans cette déplorable extremité, que Judas
le Machabée prit les armes avec ſes freres, & ce qui
reſtoit du peuple Juif. Quand ils virent le roy implacable tourner toute ſa puiſſance : A la ruine
« totale de la nation, ils ſe dirent les uns aux autres :
« Ne laiſſons pas détruire nôtre peuple, combattons
« pour nôtre patrie, & pour nôtre religion, qui pe-
« riroit avec nous.

Si des ſujets ne doivent plus rien à un roy qui
abdique la royauté, ou qui abandonne tout-à-fait
le gouvernement ; que penſerons-nous d'un roy
qui entreprendroit de verſer le ſang de tous ſes
ſujets, & qui las de maſſacres en vendroit le reſte
aux étrangers ? Peut-on renoncer plus ouvertement
à les avoir pour ſujets, ny ſe déclarer plus hautement, non plus le roy & le pere, mais l'ennemy
de tout ſon peuple.

C'eſt ce que fit Antiochus à l'égard de tous les
Juifs, qui ſe virent non-ſeulement abandonnez,
mais exterminez en corps par leur roy ; & cela ſans
avoir fait aucune faute, comme Antiochus luy-
même eſt contraint à la fin de le reconnoître. Je
« me ſouviens des maux que j'ay faits dans Jeruſa-
« lem, & des ordres que j'ay donnez ſans raiſon, pour
« exterminer tous les habitans de la Judée.

Mais les Juifs étoient encore en termes bien plus
forts, puiſque ſelon la conſtitution de ces temps,
& de l'ancien peuple, avec eux periſſoit la reli-

1. Mach. 4I. 43.

1. Mach. VI. 12.

gion : & que c'étoit y renoncer, que de renoncer à leur terre. Ils ne pouvoient donc se laisser ny vendre, ny transporter, ny détruire en corps : & en ce cas la loy de Dieu les obligeoit manifestement à la resistance.

Dieu aussi ne manqua pas à leur déclarer sa volonté, & par des succés miraculeux, & par les ordres exprés que Judas receut, lorsqu'il vit en esprit le prophete Jeremie : Qui lui mettoit en main une « 2. Math. 15. épée d'or, en prononçant ces paroles : Recevez « 16. cette sainte épée que Dieu vous envoye, assuré « qu'avec elle vous renverserez les ennemis de mon » peuple d'Israël. «

C'est à Dieu de choisir les moyens de conserver son peuple. Quand Assuerus surpris par les artifices d'Aman voulut exterminer tout le peuple Juif, Dieu rompit ce dessein impie, changeant par le moyen de la reyne Esther le cœur de ce roy, qu'une malheureuse facilité plûtôt qu'une malice obstinée avoit engagé dans un si grand crime. Mais pour le superbe Antiochus qui faisoit ouvertement la guerre au ciel, Dieu voulut l'abattre d'une maniere plus haute ; & il inspira à ses enfans un courage contre lequel les richesses, la force, & la multitude ne furent qu'un secours fragile.

Dieu leur donna tant de victoires, qu'à la fin 1 Mach. 11. les rois de Syrie firent la paix avec eux, & auto- 24. 25. &c. riserent les Princes qu'ils avoient choisis, les trai- 14. 38. 39. tant d'amis & de freres : de sorte que tous les ti- &c. 15. 1. tres de puissance legitime concourrurent à les éta- 2. &c. blir.

REMARQUE.

On trouvera ces deux difficultez, & plusieurs autres matieres concernant les devoirs de la sujettion sous l'autorité legitime, traitées à fond dans le cinquiéme Avertissement contre le Ministre Jurieu, & dans le premier discours & défense de l'Histoire des Variations contre le Ministre Basnage: ainsi qu'il a déja été remarqué dans la preface qui est à la tête de ce traité.

LIVRE SEPTIE'ME.

DES DEVOIRS PARTICULIERS
de la royauté.

ARTICLE PREMIER.

Division generale des devoirs du prince.

LEs sujets ont appris leurs obligations. Nous avons donné au prince la premiere idée des leurs. Il faut descendre au détail : & afin de ne rien omettre, faisons une exacte distribution de ses devoirs.

La fin du gouvernement est le bien, & la conservation de l'état.

Pour le conserver il faut : En premier lieu, y entretenir au dedans une bonne constitution.

En second lieu, profiter des secours qui luy sont donnez.

En troisiéme lieu, il faut sauver les inconveniens dont il est menacé.

Ainsi se conserve le corps humain, en y maintenant une bonne constitution : en se prévalant des secours dont la foiblesse des choses humaines veut être appuyée : en luy procurant les remedes convenables contre les inconveniens, & les maladies dont il peut être attaqué.   N n iij

La bonne conſtitution du corps de l'état conſiſte en deux choſes : dans la religion & dans la juſtice : Ce ſont les principes interieurs , & conſtitutifs des états. Par l'une on rend à Dieu ce qui luy eſt dû , & par l'autre on rend aux hommes ce qui leur convient.

Les ſecours eſſentiels à la royauté , & neceſſaires au gouvernement, ſont les armes : les conſeils : les richeſſes , ou les finances : où on parlera du commerce , & des impôts.

Enfin nous finirons par la prévoyance des inconveniens qui accompagnent la royauté : & des remedes qu'on y doit apporter.

Le prince ſçait tous ſes devoirs particuliers quand il ſçait faire toutes ces choſes. C'eſt ce que nous allons luy enſeigner dans les livres ſuivans. Commençons à luy expliquer ce qu'il doit à la religion.

ARTICLE I.

De la religion entant qu'elle eſt le bien des nations , & de la ſocieté civile.

I. PROPOSITION.

Dans l'ignorance & la corruption du genre humain, il s'y eſt toûjours conſervé quelques principes de religion.

t. a. xiv. 15. » IL eſt vray que ſaint Paul parlant aux peuples de Lycaonie , il leur a dit : Que Dieu avoit laiſſé

toutes les nations aller chacune dans leurs voyes. «
Comme s'il les avoit entierement abandonnées à
elles-mêmes , & à leurs propres pensées en ce qui
regarde le culte de Dieu , sans leur en laisser aucun
principe. Il ajoûte cependant au même endroit :
Qu'il ne s'étoit pas laissé luy-même sans témoi- « Ibid. 16.
gnage , répandant du ciel ses bien-faits , donnant «
la pluye & les temps propres à produire des fruits : »
remplissant nos cœurs de la nourriture convenable, «
& de joye. Ce qu'il n'auroit pas dit à ces peuples »
ignorans , si malgré leur barbarie il ne leur fut resté
quelque idée de la puissance & de la bonté divine.

On voit aussi parmy ces barbares une connois- Ibid. 10. 11.
sance de la divinité , à laquelle ils vouloient sacri- 12.
fier. Et cette espece de tradition de la divinité , du
sacrifice & de l'adoration instituée pour la reconnoître , se trouve dés les premiers temps si universellement répanduë parmy les nations où il y a
quelque espece de police , qu'elle ne peut être venuë que de Noé , & de ses enfans.

Ainsi quoy que le même saint Paul parlant aux
Gentils convertis à la foy , leur ait dit : Qu'ils « Eph. 11. 12.
étoient auparavant sans Dieu en ce monde. Il ne «
veut pas dire qu'ils fussent absolument sans divi-
nité : puisqu'il reproche ailleurs aux Gentils : Qu'ils « 1. Cor. 11.
se laissoient entraîner à l'adoration des idoles sour- « 2.
des , & muettes.   «

Si donc il reproche aussi aux Atheniens : Les « Act. xvii.
temps d'ignorance : où l'on vivoit sans connoissance « 30.
de Dieu. C'est seulement pour leur dire , qu'ils n'a-

voient de Dieu que des connoissances confuses, &
pleines d'erreur : quoy qu'au reste ils ne fussent pas
tout-à-fait destituez de la connoissance de Dieu,
Ibid. 23. ❧ puisque même : Ils l'adoroient quoy qu'inconnu.
Et qu'ils luy rendissent dans leur ignorance quelque
sorte de culte.

De semblables idées de la divinité, se trouvent
dans toute la terre de toute antiquité : & c'est ce
qui fait qu'on ne trouve aucun peuple sans religion;
de ceux du moins qui n'ont pas été absolument
barbares, sans civilité, & sans police.

II. PROPOSITION.

*Ces idées de religion avoient dans ces peuples, quelque
chose de ferme, & d'inviolable.*

Jer. 11. c.
11. ❧ Passez aux Isles de Cethim, disoit Jeremie, &
" envoyez en Cedar (aux païs les plus éloignez de
" l'Orient, & de l'Occident.) Considerez attentive-
" ment ce qui s'y passe : & voyez si une seule de ces
" nations a changé ses Dieux : & cependant ce ne
" sont pas des Dieux. Ces principes de religion
étoient donc reputez pour inviolables : & c'est aussi
par cette raison, qu'on a eu tant de peine d'en retirer ces nations.

III. PROPOSITION.

*Ces principes de religion quoy qu'appliquez à l'idolâ-
trie & à l'erreur, ont suffi pour établir une constitution stable d'état, & de gouvernement.*

Autrement il s'ensuivroit, qu'il n'y auroit point
de

de veritable & legitime autorité, hors de la vraye religion, & de la vraye église : ce qui est contraire à tous les passages où l'on a veu, que le gouvernement des empires mêmes idolâtres, & où regne l'infidelité, étoit saint, inviolable, ordonné de Dieu, & obligatoire en conscience.

La religion du serment reconnuë dans toutes les nations, prouve la verité de nôtre proposition.

Saint Paul observe deux choses dans la religion du serment. L'une, qu'on jure par plus grand que soy. L'autre, qu'on jure par quelque chose d'immuable. D'où le même apôtre conclut. Que « le serment fait parmy les hommes le dernier af- « fermissement, la derniere & finale décision des « affaires. «

Hebr. vi. 13. 16. 17. 18.

Il y faut encore ajoûter une troisiéme condition : c'est qu'on jure par une puissance qui penetre le plus secret des consciences : en sorte qu'on ne peut la tromper, ny éviter la punition du parjure.

Cela posé, & le serment étant étably parmy toutes les nations ; cette religion établit en même temps la sureté la plus grande qui puisse être parmy les hommes, qui s'assurent les uns les autres par ce qu'ils jugent le plus souverain, le plus stable, & qui seul se fait sentir à la conscience.

C'est pourquoy il a été étably, qu'en deux cas où la justice humaine ne peut rien ; dont l'un est quand il faut traiter entre deux puissances égales, & qui n'ont rien au dessus d'elles : & l'autre est, lors qu'il faut juger des choses cachées, & dont

O o

on n'a pour témoin ny pour arbitre que la conscience : il n'y a point d'autre moyen d'affermir les choses, que par la religion du serment.

Pour cela il n'est pas absolument necessaire qu'on jure par le Dieu veritable : & il suffit que chacun jure par le Dieu qu'il reconnoît. Ainsi comme le remarque S. Augustin, on affermissoit les traitez avec les barbares par les sermens en leurs Dieux : *Juratione barbarica*. Ce que ce pere prouve par le serment, qui affermit le traité de paix entre Jacob & Laban, chacun d'eux jurant par son Dieu : Jacob par le „ vray Dieu : Qui avoit été redouté & reveré par son „ pere Isaac. Et Laban idolâtre jurant par ses Dieux: comme il paroîtra à ceux qui sçauront le bien entendre.

C'est donc ainsi que la religion vraye ou fausse établit la bonne foy entre les hommes : parce qu'encore que ce soit aux idolâtres une impieté de jurer par de faux Dieux, la bonne foy du serment qui affermit un traité n'a rien d'impie ; étant au contraire en elle-même inviolable & sainte, comme l'enseigne le même docteur au même lieu. C'est pourquoy Dieu n'a pas laissé d'être le vengeur des faux sermens entre les infideles ; parce qu'encore que les sermens par les faux Dieux soient en abomination devant luy, il n'en est pas moins le protecteur de la bonne foy, qu'on veut établir par ce moyen.

Nous avons vû que les nations qui ne connoissoient pas le vray Dieu, n'ont pas laissé d'affermir

Aug. Epist. XLVII. ad Public. n. 2.

Gen. xxxi 53. &c.

Cy-devant pag. 34. 35.

leurs loix par les oracles de leurs Dieux ; cherchant d'établir la justice & l'autorité, c'est-à-dire, la tranquillité & la paix, par les moyens les plus inviolables qui se trouvassent parmy les hommes.

Par-là ils ont prétendu, que leurs loix & leurs magistrats devenoient des choses saintes, & sacrées. Et Dieu même n'a pas dédaigné de punir l'irreligion des peuples qui profanoient les temples qu'ils croyoient saints, & les religions qu'ils croyoient veritables ; à cause qu'il juge chacun par sa conscience.

Que si l'on demande, ce qu'il faudroit dire d'un état, où l'autorité publique se trouveroit établie sans aucune religion ? On voit d'abord qu'on n'a pas besoin de répondre à des questions chimeriques. De tels états ne furent jamais. Les peuples où il n'y a point de religion sont en même temps sans police, sans veritable subordination, & entierement sauvages. Les hommes n'étant point tenus par la conscience, ne peuvent s'assurer les uns les autres. Dans les empires où les histoires rapportent que les sçavans & les magistrats méprisent la religion, & sont sans Dieu dans leur cœur ; les peuples sont conduits par d'autres principes, & ils ont un culte public.

Si neanmoins il s'en trouvoit, où le gouvernement fût étably, encore qu'il n'y eût nulle religion : (ce qui n'est pas, & ne paroît pas pouvoir être) il y faudroit conserver le bien de la societé le plus qu'il seroit possible : & cet état vaudroit

mieux qu'une anarchie abſoluë, qui eſt un état de
guerre de tous contre tous.

IV. PROPOSITION.

La veritable religion étant fondée ſur des principes
certains, rend la conſtitution des états plus ſtable,
& plus ſolide.

Quoy qu'il ſoit vray, que les fauſſes religions
en ce qu'elles ont de bon & de vray; qui eſt qu'il
faut reconnoître quelque divinité à laquelle les
choſes humaines ſont ſoumiſes, puiſſent ſuffire abſolument à la conſtitution des états : elles laiſſent
neanmoins toûjours dans le fond des conſciences,
une incertitude & un doute, qui ne permet pas
d'établir une parfaite ſolidité.

On a honte dans ſon cœur, des fables dont ſont
compoſées les fauſſes religions, & de ce qu'on voit
dans les écrits des ſages payens. Quand il n'y auroit
d'autre mal, que celuy d'adorer des choſes muettes
& inſenſibles, comme les aſtres, la terre, & les
élemens : ou que de croire la divinité figurable,
d'en attacher la vertu au bois, à la pierre & aux
métaux ; & d'adorer les idoles, c'eſt-à-dire, l'ouvrage de ſes mains : c'eſt quelque choſe de ſi inſenſé & de ſi bas, qu'on ne peut s'empêcher d'en
rougir au dedans de ſoy : & c'eſt pourquoy les
ſages payens n'en vouloient rien croire, encore
qu'à l'exterieur ils ſe conformaſſent aux coûtumes
populaires, comme ſaint Paul le leur a reproché.

Rom.1.20.
&c.

De là vient l'irreligion : & l'atheïſme prend ſa

cilement racine dans de telles religions : comme il
paroît par l'exemple des Epicuriens , avec lesquels
saint Paul disputoit.

Act. xvii.
18.

Cette secte n'admettoit des Dieux qu'en paroles
& par politique ; pour se soustraire à la haine &
aux châtimens publics. Mais au reste tout le monde
sçavoit, que les Dieux que les Epicuriens admet-
toient sans soin des choses humaines , sans puissance , & sans providence, ne faisoient aucun bien ;
& n'appuyoient en aucune sorte la foy publique.
On les toleroit toutefois , encore que leur déïsme
fût au fond un vray athéïsme ; & que leur doctrine qui flattoit les sens gagnât publiquement le
dessus, parmy les gens qui se piquoient d'avoir de
l'esprit.

Les Stoïciens qui leur étoient opposez , contre
lesquels saint Paul disputa aussi ; n'avoient pas une
opinion plus favorable à la divinité : puis qu'ils
faisoient un Dieu de leur sage , & même le pre-
feroient à leur Jupiter.

Ibid.

Ainsi les fausses religions n'avoient rien qui se
soûtînt. Aussi ne consistoient-elles, que dans un
zele aveugle, seditieux, turbulent, interessé, plein
d'ignorance , confus , & sans ordre ny raison :
comme il paroît dans l'assemblée confuse & tu-
multueuse des Ephesiens, & dans leurs clameurs
insensées en faveur de leur grande Diane. Ce qui
est bien éloigné du bon ordre , & de la stabilité
raisonnable qui constituë les états : c'est cependant
la suite inévitable de l'erreur. Il faut donc cher-

Act. xix.
24. 28. 34.
&c.

cher le fondement solide des états dans la verité, qui est la mere de la paix : & la verité ne se trouve que dans la veritable religion.

ARTICLE III.

Que la veritable religion se fait connoître par des marques sensibles.

I. PROPOSITION.

La vraye religion a pour marque manifeste son antiquité.

Deut. XXXII. **"** Ouvenez-vous des anciens jours ; pensez à tou-
7. **"** tes les generations particulieres : interrogez
" vôtre pere, & il vous l'annoncera : demandez à
" vos ancêtres, & ils vous le diront. C'est le témoignage qu'en rendoit Moïse à tout le peuple dans ce dernier cantique qu'il luy laissoit comme l'abregé, & le memorial éternel de son instruction. D'où
Ibid. 6. **"** il conclut : N'est-ce pas Dieu qui est vôtre pere qui
" vous a possedé, qui vous a faits, qui vous a créez. Voilà surquoy il fonde la religion.

Prov. XXII. **"** Salomon dit la même chose : N'outrepassez point
28. **"** les bornes que vos peres ont établies. Ne changez rien, n'innovez rien.

Jeremie a encore donné ce grand caractere à la religion, pour détruire les nouveautez que le peu-
Jer. VI. 16. **"** ple y introduisoit. Tenez-vous, dit-il, sur les grands
" chemins, & informez-vous des voyes anciennes,
" & quelle est la bonne voye, & marchez-y : & vous
" trouverez la consolation, & le rafraîchissement de
" vos ames.

Tout cela veut dire, qu'en quelque état qu'on regarde la religion, & en quelque temps qu'on se trouve ; on verra toûjours ses ancêtres, & même son pere devant soy : on trouvera toûjours des bornes posées, qu'il n'est pas permis d'outrepasser : on verra toûjours devant soy le chemin battu, dans lequel on ne s'égare jamais.

Les apôtres ont donné le même caractere à l'église chrêtienne. O Timothée : (ô homme de « 1. Tim. vi. Dieu ; ô pasteur, ô predicateur, qui que vous 10. soyez, & en quelque temps que vous veniez :) 2. Tim. 11. Gardez le dépôt qui vous a été confié : (une chose « 15. qui vous a été laissée ; que vous trouverez toûjours toute établie dans l'église :) évitant les profanes « nouveautez dans les paroles. Ce que l'apôtre repete « par deux fois.

Le moyen que les apôtres ont laissé à l'église pour cela, est celuy-cy que saint Paul marque au même Timothée. Mon fils fortifiez-vous dans la « 2. Tim. 11. grace qui est en Jesus-Christ. Et ce que vous avez « 1. 2. oüy de moy en presence de plusieurs témoins, lais- « sez-le, & le confiez à des hommes fideles, qui « soient capables d'en instruire d'autres.   «

Jesus-Christ avoit proposé le même moyen, & l'avoit rendu éternel, en disant à ses apôtres, & en leurs personnes à leurs successeurs, selon le mi- nistere qu'il leur a commis : Allez, enseignez, « Matth.xix. baptisez : & moy je suis avec vous, tous les jours, « 20. (sans interruption,) jusqu'à la fin des siecles. Parce « qu'il promet qu'il n'y aura jamais d'interruption, dans cette fuite du miniftere exterieur. Ce qui fe

Matth XVI.
18.
" confirme encore par cette parole : Tu es Pierre,
" & fur cette pierre je bâtiray mon églife : & les
" portes d'enfer ne prévaudront point contre elle.
" D'où il s'enfuit, qu'en quelque temps , & en quelque état qu'on foit , on - trouvera toûjours l'é-
glife ferme : Jefus-Chrift toûjours avec fes pafteurs:
la bonne doctrine par confequent toûjours établie,
& venuë de main en main. Ce qui fera qu'on dira
" en tout temps : Je croy l'Eglife catholique. Et toû-

Gal. I. 9.
" jours avec faint Paul : Si quelqu'un vous annonce,
" & vous donne pour évangile autre chofe que ce
" que vous avez receu , qu'il foit anathême.

Sur ce fondement , en quelque état , & en quelque temps qu'on fe trouve aprés Jefus-Chrift : on
poffedera toûjours la verité , en allant devant foy
dans le chemin battu par nos peres : en reverant
les bornes qu'ils ont pofées : & en les interrogeant
de ce qu'ils croyoient. Par ce moyen de proche en
proche , on trouvera Jefus-Chrift : lors qu'on y fera
arrivé , on interrogera encore fes peres , & on trouvera qu'ils croyoient le même Dieu , & attendoient
le même Chrift à venir : fans qu'il intervienne
d'autre changement entre hier & aujourd'huy , finon celuy d'attendre hier , celuy qu'aujourd'huy

2 Tim. 3
" on croit venu. Ce qui fait dire à l'apôtre : Dieu
" que je fers , felon la foy qui m'a été laiffée par

ibid. 5.
" mes ancêtres. Et parlant à Timothée : Souvenez-
" vous de la foy qui eft en vous , fans fiction : &
" qui a premierement habité, (comme dans un lieu
permanent,

permanent, & dans une demeure ordinaire) dans «
vôtre ayeule Loïde , & dans vôtre mere Eunice. «
Et encore plus generalement : Jefus-Chrift étoit « Hebr. xiii.
hier, & aujourd'huy, & il eft aux fiecles des fie- « 8. 9.
cles. D'où le même apôtre conclut : Ne vous laif- «
fez point emporter à des doctrines variables , & «
étrangeres, «

Par ce moyen, aprés la fucceffion de l'églife qui
a fon commencement dans les apôtres & en Jefus-
Chrift ; vous venez à celle de la loy & de fes pontifes, qui ont leur commencement dans Moïfe, &
dans Aaron. C'eft là que Moïfe nous apprend à
interroger encore nos peres : & on trouve qu'ils
adoroient le Dieu d'Abraham , d'Ifaac & de Jacob,
qui adoroient celuy de Melchifedech, qui adoroit
celuy de Sem & de Noé, qui adoroit celuy d'A-
dam : dont la memoire étoit recente , la tradition toute fraîche, le culte tres-bien établi & tres-
connu. De forte qu'en quelque temps donné que
ce puiffe être en remontant de proche en proche,
on vient à Adam , & au commencement de l'u-
nivers, par un enchaînement manifefte.

II. PROPOSITION.

Toutes les fauffes religions ont pour marque manifefte
leur innovation.

Pour confondre les idolâtries des rois de Juda,
même dans les temps les plus tenebreux : celle
d'Achaz, de Manaffés, d'Amon, de Joachaz &
de fes enfans, jufqu'au dernier roy qui fut Sede-

» cias , il ne faut que leur dire avec Moïſe. Inter-
» rogez vôtre pere ; demandez à vos ancêtres. Et ſans
recourir juſqu'à eux , & remonter juſqu'à l'origine
des hiſtoires oubliées ; il n'y avoit qu'à leur dire :
Interrogez Joſias , dont la memoire eſt toute recente : interrogez Ezechias : interrogez Manaſſés,
luy-même dont les égaremens ont été les plus ex-
trémes ; & ſouvenez-vous de la penitence par laquelle Dieu l'a fait revenir au culte de ſon pere
Ezechias. Au deſſus d'Ezechias , & du temps d'A-
chaz , interrogez Ozias ſon pere , ſon ayeul Joa-
tam , & ſon biſayeul Amaſias : interrogez Joſaphat , interrogez Aſa : voyez quelle religion ils
ont ſuivie. Pour confondre Abiam , & ſon pere
Roboam fils de Salomon , qui à la fin ſe ſont égarez , obligez-les à interroger Salomon : s'ils vous
objectent ſes dernieres actions , rappellez-leur les
premieres , lors que la ſageſſe de Dieu étoit en
luy ſi viſiblement. Montrez leur David & Samuel qui l'a oint : & Heli ſous qui Samuel s'é-
toit formé : & de proche en proche tous les juges
juſqu'à Joſué , & immediatement au deſſus de
Joſué , Moïſe même. Mais Moïſe vous renvoye à
vos ancêtres , & il ne fait que vous montrer
des patriarches , dont la memoire étoit toute fraîche juſqu'à Abraham , & le reſte que nous avons
dit.

    Il eſt vray que dans cette ſuite , il y avoit ſouvent
eu de mauvais exemples : & c'eſt pourquoy il eſt dit
de certains rois , qu'ils firent mal devant le Sei-

gneur , comme de Joakim , & de ſes ſucceſſeurs :
Celuy-cy fit mal devant le Seigneur , ainſi qu'a- «
voient fait ſes peres. Et en general de tout le peu- «
ple : Ils firent mal comme leurs peres , qui ne «
vouloient point obéïr au Seigneur. Cependant à «
travers la ſuite des mauvais exemples que ſouvent
on recevoit de ſes derniers peres ; il étoit toûjours
aiſé de démêler ceux qui demeuroient dans la foy
des anciens peres , & ceux qui l'abandonnoient.
De ſorte qu'on diſoit toûjours : Interrogez vos ancêtres , & le Dieu de vos peres.

4. Reg.
XXIII. 31.
37.
I id XVII.
14.

III. PROPOSITION.

La ſuite du ſacerdoce rend cette marque ſenſible.

La ſucceſſion du ſacerdoce marquoit auſſi la
ſuite de la religion. Le ſang de Levi une fois conſacré à cet office , n'a jamais ceſſé de donner des
miniſtres au temple & à l'autel : d'Aaron & de
ſes enfans ſortis de Levi , ſont toûjours ſortis des
pontifes & des ſacrificateurs ; ſans que jamais la
ſucceſſion du ſacerdoce ait été interrompuë pour
peu que ce fût : & parmy ces ſacrificateurs il y
en a toûjours eu qui conſervoient le vray culte ,
les vrais ſacrifices , & toute la religion établie
de Dieu par Moïſe. Temoins les ſacrificateurs en- «
fans de Sadoc , qui ont toûjours conſervé , dit le «
Seigneur , les ceremonies de mon ſanctuaire ; pen- «
dant que les enfans d'Iſraël , & même ceux de «
Levi s'égaroient. «

Ezech XLIV
15. XLVIII.
11.

Tout ce qu'on chantoit dans le temple , les

P p ij

pſeaumes de David & des autres que tout le peuple ſçavoit par cœur , le temple même , l'autel
même , la pâque , la circonciſion , & tout le reſte
des obſervances legales , étoient en témoignage aux
errans. Tout rappelloit à David, à Moïſe, à Abraham , à Dieu createur de tout , & toûjours de
proche en proche : en ſorte qu'il n'y avoit qu'à
ouvrir les yeux, pour reconnoître la ſuite de la religion toute manifeſte par des faits conſtans, & ſans
aucun embarras , pourvû ſeulement qu'on voulût
voir.

Le ſchiſme de Jeroboam avoit de pareilles marques d'innovation. Car la memoire du temple bâty
par Salomon étoit recente. Il n'étoit pas moins viſible que Salomon n'avoit fait que ſuivre les deſſeins de ſon pere David , qui luy-même n'avoit
fait autre choſe que de deſigner , ſelon les preceptes tant de fois réïterez par Moïſe , le lieu où
le Seigneur vouloit être ſervy.

Ainſi Jeroboam , & les ſchiſmatiques qui le ſuivoient , n'avoient qu'à interroger leurs peres : &
même qu'à ſe ſouvenir par ce qu'ils avoient vû de
leurs yeux, ſous Salomon , & ſous David , dans
le temps où tout le peuple étoit réüny dans un
même culte & où tout Iſraël étoit d'accord , que
c'étoit en ſa pureté le culte étably par Moïſe , dont
tous recevoient les oracles.

Il n'étoit pas moins évident que les ſchiſmatiques
s'étoient retirez des levites enfans de Levi , & des
ſacrificateurs enfans d'Aaron ; à qui toute la na-

tion, & les schismatiques eux-mêmes ne pouvoient pas ignorer, que Dieu n'eût donné le sacerdoce, & tout le ministere de la religion.

Jeroboam sçavoit bien luy-même qu'Ahias prophete du Seigneur qui luy avoit predit qu'il seroit roy, servoit le Dieu de ses peres, & detestoit ses veaux d'or. Il continuë dans son schisme à le consulter, & en reçoit de dures réponses suivies d'un prompt effet. Il étoit notoire à tout le monde, que les veaux d'or de Jeroboam n'avoient été érigez que par une pure politique, contre les maximes veritables de la religion ; comme il a été expliqué ailleurs. Et enfin il n'y avoit rien de plus évident, que ce que disoit Abia fils de Roboam aux schismatiques pour les rappeller à l'unité de leurs freres : Dieu, (qui a toûjours été nôtre roy) possede encore le royaume par les enfans de David. Il est vray que vous avez parmy vous un grand peuple, & les veaux d'or vos nouveaux dieux que Jeroboam a fabriquez. Mais vous avez rejetté les sacrificateurs du Seigneur, les enfans d'Aaron, & les levites : (que vous-mêmes vous reconnoissiez avec nous, & à qui vous sçavez bien que Dieu a donné le sacerdoce par Moïse :) & vous vous êtes faits des sacrificateurs, comme les autres peuples du monde : (sans succession, sans ordre de Dieu :) le premier venu est fait sacrificateur. Pour nous, nôtre Seigneur c'est Dieu même, que nous n'avons point abandonné : & nous persistons à reconnoître les sacrificateurs qu'il nous a don-

3. Reg. xiv.
1. 2. & seq.

2. Par. xiii.
8.

Ibid. 9.

Ibid. 10.

Ibid. 12.

» nez , qui font les enfans d'Aaron , & les levites
» chacun en fon rang. Ainfi Dieu eft dans nôtre ar-
» mée avec fes facrificateurs qu'il a établis. Enfans
» d'Ifraël ne combattez point contre le Seigneur
» vôtre Dieu : car cela ne vous fera point utile.

C'étoit ouvertement combattre contre Dieu , que
d'innover fi manifeftement dans la religion , &
que d'en méprifer tous les monumens qui reftoient
encore.

IV. PROPOSITION.

Cette marque d'innovation eft ineffaçable.

Le long-temps n'effaçoit point cette tache. On
fe fouvenoit toûjours de David , & de Salomon,
fous qui toutes les tribus étoient unies. On ne fe
fouvenoit pas moins diftinctement de Jeroboam,
qui les avoit feparées. Deux ou trois cens ans après
le fchifme , Ezechias difoit encore aux fchifma-
2. Paralip.
XIX. 6.
» tiques : Enfans d'Ifraël , retournez au Seigneur
» Dieu d'Abraham , d'Ifaac , & de Jacob. On leur
parloit d'y retourner , comme à ceux qui s'en é-
Ibid. 7.
» toient feparez. Ne foyez point , pourfuivoit-il,
» comme vos peres & vos freres qui fe font retirez
» du Dieu de leurs peres. On leur apprenoit à diftinguer leurs derniers peres des premiers , dont on
Ibid. 8.
» s'étoit feparé. N'imitez pas vos peres , qui fe font
» retirez des leurs. Suivez le Dieu de vos peres , &
» remontez à la fource. Venez à fon fanctuaire qu'il
» a fanctifié pour toûjours. (Ce n'étoit pas pour un
temps que David & Salomon avoient fait le tem-

ple en execution de la loy de Moïse :) Servez donc » le Dieu de vos peres. Le Dieu de Salomon & de » David, qui étoit sans contestation celuy de Moïse, & celuy d'Abraham.

Le caractere du schisme étoit d'avoir rompu cette chaîne. Cette marque d'innovation suit les schismatiques de generation en generation ; & une tache de cette nature ne se peut jamais effacer.

V. PROPOSITION.

La même marque est donnée pour connoître les schismatiques separez de l'église chrêtienne.

Ainsi en est-il arrivé à tous ceux qui ont fait de nouvelles sectes dans la religion, & autant parmy les chrêtiens, que parmy les juifs. L'apôtre saint Jude leur a donné pour caractere : De se separer eux-mêmes. Et il a expressément marqué que c'étoit-là l'instruction commune que tous les apôtres avoient laissée aux églises. Pour vous, dit-il, mes bien-aimez, souvenez-vous des paroles de la prediction des apôtres : qu'il viendroit dans les derniers temps des trompeurs, qui marcheroient selon leurs desirs dans leurs impietez. Pour les connoître sans difficulté voicy leur marque : Ce sont ceux, ajoûte-t-il, qui se separent eux-mêmes. C'est une tache ineffaçable : & les apôtres qui craignoient pour les fideles la seduction de ses trompeurs, se sont accordez à en donner ce caractere sensible. Ils rompront avec tout le monde, ils re-

Ep. Jud. 19.

Ibid. 17. 18. 19.

nonceront à la religion qu'ils trouveront établie;
& s'en separeront. Ils ont toûjours sur le front ce
caractere d'innovation, selon la prediction des
apôtres.

Nulle heresie ne s'en est sauvée quoy qu'elle ait
pû faire. Ariens, Macedoniens, Nestoriens, Pe-
lagiens, Eutychiens, tous les autres dans quelques
siecles qu'ils ayent paru loin ou proche de nous,
portent dans leur nom qui vient de celuy de leur
auteur, la marque de leur nouveauté. On nom-
mera éternellement Jeroboam, qui s'est separé,
& qui a fait pecher Israël. Le schisme est toûjours
connu par son auteur : la playe ne se ferme pas
par le temps : & pour peu qu'on y regarde de prés,
la rupture paroît toûjours fraîche, & sanglante.

VI. PROPOSITION.

Il ne suffit pas de conserver la saine doctrine sur les
fondemens de la foy : il faut en tout & par tout
être uny à la vraye église.

Les Samaritains adoroient le vray Dieu, qui
étoit le Dieu de Jacob ; & ils attendoient le
Messie. La Samaritaine déclare l'un & l'autre,
» lors qu'elle dit au Sauveur : Nos peres ont adoré
» dans cette montagne. Et un peu aprés : Le
» Christ va venir, & nous apprendra toutes choses.
Doctrine qu'on sçait d'ailleurs avoir été commune aux Samaritains avec le peuple de Dieu. Et
neanmoins, parce qu'ils étoient separez de Jerusalem & du temple, sans communiquer à la vraye
église,

Joan. iv.
20.

Ibid. 25.

églife , & à la tige du peuple de Dieu ; cette
femme reçoit cette fentence de la bouche du Fils
de Dieu : Vous adorerez ce que vous ne fçavez « Ibid. 22.
pas : Pour nous , (pour nous autres Juifs ;) nous «
adorons ce que nous fçavons , & le falut vient des «
Juifs. C'eft de nous que viendra le Chrift ; c'eft
parmy nous qu'il le faut chercher , & il n'y a de
falut que parmy les Juifs.

Ainfi en eft-il de tout le fchifme ; & c'eft en
vain qu'on s'y glorifie , d'avoir confervé les fondemens du falut.

VII. Proposition.

Il faut toûjours revenir à l'origine.

Quelque temps qu'ait duré un fchifme , il ne
prefcrira jamais contre la verité. Le fchifme de Samarie avoit fa premiere origine dans celuy de Jeroboam ; & il y avoit prés de mille ans qu'il fub-
fiftoit , quand le Fils de Dieu le reprouva par la
fentence qu'on vient d'entendre.

Les Chutéens appellez depuis les Samaritains , 4. Reg. xvij.
avoient été introduits dans la terre des dix tribus 24. & feq.
feparées que les Affyriens en avoient chaffez. Leur
religion naturelle étoit le culte des idoles ; mais
inftruits par un prêtre des Ifraëlites , ils y joignirent quelque chofe du culte de Dieu , fuivant que
le pratiquoient les fchifmatiques. Ils étoient donc
à leur place , & leur fuccederent ; mais quoy qu'ils
fe foient corrigez dans la fuite , & du faux culte
des Ifraëlites , & de leurs idolatries particulieres ,

Q q

ne rendant plus d'adoration ny de culte qu'au vray
Dieu : tout cela & le long-temps de leur separation fut inutile, & Jesus-Christ a décidé, qu'il n'y
avoit de salut pour eux qu'en revenant à la tige.

VIII. PROPOSITION.

L'origine du schisme est aisée à trouver.

La connoissance de l'origine de celuy des Samaritains dépendoit de certains faits qui étoient no-
toires ; tel qu'étoit l'histoire de Jeroboam, & de
la premiere separation des dix tribus aprés le regne
de David & de Salomon, où tout le peuple étoit
uny. Ce commencement ne s'oublie jamais : & on
oublieroit aussi-tôt son pere & sa mere, que David & Salomon & Jeroboam, dont le dernier a-
voit separé ce que les deux autres avoient conservé dans l'union, qu'on avoit toûjours gardée avant
eux.

Ce mal ne se repare point. Aprés cent generations, on trouve encore le commencement, c'est-
à-dire la fausseté de sa religion. Ce qui rend ce
commencement & la datte du schisme manifeste
dans toutes les sectes separées, qui sont ou qui furent jamais ; c'est qu'il y a toûjours un point où
l'on demeure court, sans qu'on puisse remonter
plus haut. Il n'en étoit pas ainsi du vray peuple, à
qui la succession de ses prêtres & de ses levites
rendoit témoignage : tout parloit pour luy, le
temple même, & la cité sainte, dont il étoit en
possession de tout temps. Mais au contraire les schis-

matiques de Samarie ne pouvoient jamais établir leur succession, ny remonter jusqu'à la source, ny par consequent effacer la marque de la rupture. C'est pourquoy le Fils de Dieu prononce contre eux la condamnation qu'on a oüye.

Tous les schismes ont la même marque. Encore que le sacerdoce ou le ministere chrêtien ne suive pas la trace du sang, comme celuy de l'ancien peuple ; la succession n'en est pas moins asseurée. Les pontifes, ou les évêques du Christianisme, se suivent les uns les autres, sans interruption ny dans les sieges ny dans la doctrine ; mais le novateur qui change la doctrine de son predecesseur, il se fera remarquer par son innovation. Les catechismes, les rituels, les livres de prieres ; les temples mêmes, & les autels, où son predecesseur & luy-même avant l'innovation ont servy Dieu, porteront témoignage contre luy. C'est ce qui faisoit dire à Jesus-Christ : Vous adorez ce que vous ne « ᴊᴏᴀɴ.ɪᴠ.22. sçavez pas. Vous ne sçavez pas l'origine, ny de la « religion, ny de l'alliance. Pour nous, (pour les Juifs du nombre desquels je suis,) Nous adorons « ce que nous sçavons. Nous en connoissons l'ori- « gine jusqu'à la source de Moïse, & d'Abraham : & le salut n'est que pour nous.

IX. PROPOSITION.

Le prince doit employer son autorité pour détruire dans son état les fausses religions.

3. Reg. xv.
11. 12. 13.
4. Reg. xviij
4.
4. Reg. xxiij
5. 6. 7. &
seq.
2. Par. xiv.
2. 3. 4. 5.
iv. 8. xxxiv
1. 2. 3. &
seq.

Ainsi Asa, ainsi Ezechias, ainsi Josias, mirent en poudre les idoles que leurs peuples adoroient. Il ne leur servit de rien d'avoir été érigez par les rois : ils en abatirent les temples & les autels : ils en briserent les vaisseaux qui servoient à l'idolatrie : ils en brûlerent les bois sacrez : ils en exterminerent les sacrificateurs & les devins : & ils purgerent la terre de toutes ces impuretez. Leur zele n'épargna pas les personnes les plus augustes, ou qui leur étoient les plus proches : ny les choses les plus venerables, dont le peuple abusoit par un faux culte. Asa ôta à sa mere Maacha fille d'Absalon,

3. Reg. xv.
2. 13.
2. Par. xv.
16.

la dignité qu'elle pretendoit se donner en presidant au culte d'un Dieu infame : & pour la punir de son impieté, il fut contraint de la dépoüiller de la marque de la royauté. On gardoit religieusement le serpent d'airain, que Moïse avoit érigé

Joan. iii.
14.
Num. xxi.
?

dans le desert par ordre de Dieu. Ce serpent qui étoit la figure de Jesus-Christ, & un monument des miracles que Dieu avoit operez par cette statuë, étoit precieux à tout le peuple. Mais Ezechias

4. Reg.
xviii. 4.

ne laissa pas de le mettre en pieces, & luy donna un nom de mépris : parce que le peuple en fit une idole, & luy brûla de l'encens. Jehu est loüé de

4. Reg. x.
25. 26. 30.

Dieu pour avoir fait mourir les faux propheres de Baal, qui séduisoient le peuple sans en laisser écha-

per un seul : & en cela il ne faisoit qu'imiter le 3. Reg.
XVIII. 40.
zele d'Elie. Nabuchodonosor fit publier par tout Dan. 111.
son empire un édit, où il reconnoissoit la gloire 96. 98.
Ibid. IV. 4.
du Dieu d'Israël, & condamnoit sans misericorde à & seq. 34.
la mort ceux qui blasphemoient son nom.

X. PROPOSITION.

On peut employer la rigueur contre les observateurs
des fausses religions : mais la douceur est preferable.

Le prince est ministre de Dieu. Ce n'est pas en- « Rom. XIII.
vain qu'il porte l'épée : quiconque fait mal le doit « 4.
craindre, comme le vengeur de son crime. Il est «
le protecteur du repos public, qui est appuyé sur
la religion ; & il doit soutenir son trône, dont
elle est le fondement, comme on a vû. Ceux qui
ne veulent pas souffrir que le prince use de rigueur
en matiere de religion, parce que la religion doit
être libre, sont dans une erreur impie. Autrement
il faudroit souffrir dans tous les sujets & dans tout
l'état, l'idolatrie, le mahometisme, le judaïsme,
toute fausse religion : le blasphême, l'atheïsme
même, & les plus grands crimes seroient les plus
impunis.

Ce n'est pourtant qu'à l'extremité qu'il en faut 2. Par. XIII.
venir aux rigueurs ; sur tout aux dernieres. Abia 5. & seq.
étoit armé contre les rebelles, & les schismatiques
d'Israël : mais avant que de combattre, il fait
preceder la charitable invitation que nous avons
vûë.

Ces schismatiques étoient abatus, & leur royaume détruit sous Ezechias , & sous Josias ; & ces princes étoient tres-puissans. Mais sans employer la force , Ezechias envoya des ambassadeurs dans

2. Par. xxx.
5. & suiv.

» toute l'étenduë de ce royaume : Depuis Betsabée » jusqu'à Dan , pour les inviter en son nom , & au » nom de tout le peuple à la pâque : Qu'il preparoit avec une magnificence royale. Tout respire la com- passion , & la douceur , dans les lettres qu'il leur » adresse. Et quoy que ceux de Manassés , d'E- » phraïm , & de Zabulon , se mocquassent avec in- » sulte de cette invitation charitable : Il ne prit point de là occasion de les maltraiter , & il en eut pitié comme de malades.

Ibid. 8. 9.

» Ne vous endurcissez pas , leur disoit-il , contre le » Dieu de vos peres : soumettez-vous au Seigneur & » venez à son sanctuaire qu'il a sanctifié pour toû- » jours : servez le Dieu de vos peres , & sa colere se » détournera de dessus vous. Si vous retournez au » Seigneur , vos freres & vos enfans que les Assyriens » tiennent captifs , trouveront misericorde devant » leurs maîtres ; & ils reviendront en cette terre: » car le Seigneur est bon , pitoyable , & clement; & » il ne détournera pas sa face de vous , si vous re- » tournez à luy.

4 Reg. xxiij
Is. 19.
2. Paralip.
xxxiv. 6.

» Pour Josias , il se contenta de renverser l'autel » de Bethel , que Jeroboam avoit érigé contre l'au- » tel de Dieu : & tous les autels érigez dans la ville » de Samarie , & dans les tribus de Manassés , d'E- » phraïm , & de Simeon , jusqu'à Nepthali. Mais il n'eut que de la pitié pour les enfans d'Israël , &

ne leur fit aucune violence ; ne fongeant qu'à les ramener doucement au Dieu de leurs peres, & faifant faire d'humbles prieres pour les reftes d'Ifraël, & de Juda.

Ibid. 21.

Les princes chrêtiens ont imité ces exemples ; mêlant felon l'occurrence la rigueur à la condefcendance. Il y a de fauffes religions qu'ils ont cru devoir bannir de leurs états fous peine de mort ; mais je ne veux expofer icy que la conduite qu'ils ont tenuë contre les fchifmes, & les herefies. Ils en ont ordinairement banni les auteurs. Pour leurs fectateurs, en les plaignant comme des malades, ils ont employé avant toutes chofes pour les ramener de douces invitations. L'Empereur Conftant fils de Conftantin, fit fupporter aux Donatiftes des aumônes abondantes ; fans y ajoûter autre chofe qu'une exhortation pour retourner à l'unité, dont ils s'étoient feparez par un aheurtement, & une infolence inoüie. Quand les empereurs virent que ces opiniâtres abufoient de leur bonté, & s'endurciffoient dans l'erreur ; ils firent des loix penales, qui confiftoient principalement à des amandes confiderables. Ils en vinrent jufqu'à leur ôter la difpofition de leurs biens, & à les rendre inteftables. L'Eglife les remercioit de ces loix ; mais elle demandoit toûjours, qu'on n'en vint point au dernier fupplice, que les princes auffi n'ordonnoient que dans les cas, où la fedition & le facrilege étoient unis à l'herefie. Telle fut la conduite du quatriéme fiecle. En d'autres temps on a ufé de châtimens plus rigoureux : & c'eſt principalement envers les ſectes qu'une haïne envenimée contre l'égliſe, un aheurtement impie, un eſprit de ſe-dition & de revolte, portoit à la fureur, à la vio-lence, & au ſacrilege.

XI. Proposition.

Le prince ne peut rien faire de plus efficace pour attirer les peuples à la religion, que de donner bon exemple.

Eccli. x. 2. „   Tel qu'eſt le juge du peuple, tels ſont ſes mi-„ niſtres : tel qu'eſt le ſouverain d'un état, tels en „ ſont les citoyens.

4. Reg. xxij. „   Dés l'âge de huit ans le roy Joſias marcha dans
1. 2.
2. Paralip. „ les voyes de ſon pere David, ſans ſe détourner ny
xxxiv. 1. 2. „ à droite ny à gauche. A ſeize ans, & dans la hui-
3. „ tiéme année de ſon regne, pendant qu'il étoit en-
„ core enfant, il commença à rechercher (avec un
„ ſoin particulier) le Dieu de ſon pere David. A vingt ans & à la douziéme année de ſon regne, il renverſa les idoles, non-ſeulement dans tout ſon royaume, mais encore dans tout le royaume d'Iſraël ; qui étoit de l'ancien domaine de la mai-ſon de David, quoy qu'alors aſſujetty par les Aſ-ſyriens.

4. Reg. xxij.   A la dix-huitiéme année de ſon regne, il renou-
3. xxiii. 2.
3. &c. vella l'alliance de tout le peuple avec Dieu, étant
2. Paralip. debout ſur le degré du temple, à la vûë de tout le
xxxiv. 8.
29. 30. &c „ peuple : Qui jura ſolemnellement aprés luy de mar-„ cher dans toutes les voyes du Seigneur : & tout le „ monde acquieſça à ce pacte. Il ôta donc de deſſus
la

la terre & de toutes les regions, non-seulement de «
Juda, mais encore d'Israël, toutes les abomina- «
tions. Et il fit que tout ce qui restoit d'Israël (& «
les dix tribus autant que les autres) servirent le «
Seigneur leur Dieu. Durant tous les jours de Josias, «
ils ne s'éloignerent point du Seigneur Dieu de leurs «
peres. Tant a de force dans un roy, l'exemple d'u- »
ne vertu commencée dés l'enfance, & continuée
constamment durant tout le cours de la vie.

XII. PROPOSITION.

Le prince doit étudier la loy de Dieu.

Cy-devant page 166.

Quand le roy sera assis sur le trône de son em- «
pire, il fera décrire en un volume la loy du Deu- «
teronome, (qui est l'abregé de toute la loy de «
Moyse) dont il recevra un exemplaire des sacrifi- «
cateurs de la race de Levi : & il l'aura avec luy, «
& il le lira tous les jours de sa vie ; afin qu'il ap- «
prenne à craindre le Seigneur son Dieu, & à gar- «
der ses paroles. Il doit faire de la loy de Dieu, la «
loy fondamentale de son royaume.

Deut. XVII. 18. 19.

On voit icy deux grands preceptes pour les rois.
L'un de recevoir la loy de Dieu des mains des levites, afin que la copie qu'ils en auront soit seure,
sans alteration, & conforme à celle qui se lisoit
dans le temple. L'autre de prendre son temps pour
en lire ce qu'il pourra avec attention. Dieu ne luy
ordonne pas d'en lire beaucoup à la fois : mais de
se faire une habitude de la mediter ; & de compter
cette sainte lecture parmy ses affaires capitales.

R r

Heureux le prince qui liroit ainſi l'évangile : à la
fin il ſe trouveroit bien recompenſé de ſa peine.

XIII. PROPOSITION.

Le prince eſt executeur de la loy de Dieu.

Cy-devant
page 167.

C'eſt pourquoy l'une des principales ceremonies
du ſacre des rois de Juda, étoit de luy mettre en

2. Par. xiij » main la loy de Dieu. Ils prirent le fils du roy, &
22. » ils luy mirent le diadême ſur le front, & la loy de
» Dieu à la main ; & le pontife Joiada l'oignit avec
» ſes enfans, & ils crierent : Vive le roy. Qu'il vive,
en employant ſa puiſſance pour faire ſervir Dieu
qui la luy donne : & qu'il tienne la main à l'execution de ſa loy.

C'eſt ce que David luy preſcrit par ces paroles :

Pſ. II. 10 » Maintenant ô rois entendez : inſtruiſez-vous, ar-
» bitres de la terre : ſervez le Seigneur en crainte.
Servez-le comme tous les autres : car vous êtes avec
tous les autres ſes ſujets : mais ſervez-le comme
rois, dit ſaint Auguſtin, en faiſant ſervir à ſon
culte vôtre puiſſance royale, & que vos loix ſou-
tiennent les ſiennes.

De-là vient que les loix des empereurs chrétiens, & en particulier celles de nos anciens
rois, Clovis, Charlemagne, & ainſi des autres,
ſont pleines de ſeveres ordonnances contre ceux qui
manquoient à la loy de Dieu : & on les mettoit à
la tête, pour ſervir de fondement aux loix politiques. De quoy nous verrons peut-être un plus
grand détail.

XIV. PROPOSITION.

Le prince doit procurer que le peuple soit instruit
de la loy de Dieu.

A la troisiéme année de son regne, Josaphat envoya les grands du royaume , & avec eux plusieurs
levites, & deux prêtres : & ils enseignoient le peuple , ayant en main le livre de la loy du Seigneur :
& ils alloient par toutes les villes du royaume de
Juda , & ils instruisoient le peuple.

« 2 Par. xvij.
« 7. 8. 9. cy-
« devant pag.
« 187.
«
«
«

Le prince ne doit regner que pour le bien du
peuple , dont il est le pere, & le juge. Et si Dieu
a ordonné aussi expressément aux rois d'écrire eux-
mêmes le livre de la loy , d'en avoir toûjours avec
eux un exemplaire autentique , de le lire tous les
jours de leur vie , comme nous l'avons déja remarqué : on ne peut douter que ce ne soit principalement pour les rendre capables d'en instruire leurs
peuples , & de leur en procurer l'intelligence.
Comme fit le vaillant & pieux roy Josaphat.

Quel soin , quel empressement ne voyons-nous
pas encore dans le roy Josias d'écouter cette loy,
& d'en faire luy-même la lecture au peuple ; aussi-
tôt que le grand prêtre Helcias luy eut remis entre
les mains l'exemplaire autentique du Deuteronome , qui avoit été égaré dés les premieres années du regne de l'impie Manassés son ayeul , &
que ce pontife venoit de retrouver dans le temple
du Seigneur. Le roy ayant fait assembler tous les
anciens de Juda , & de Jerusalem ; il monta au

« 4. Reg.
« XXIII. 1. 2.
« 2. Paralip.
« XXXIV. 29.
« 30.

R r ij

» temple du Seigneur accompagné de tous les hom-
» mes de Juda & des citoyens de Jerufalem, des
» prêtres, des levites, des propheres, & de tout le
» peuple depuis le plus petit jufqu'au plus grand. Ils
» fe mirent tous à écouter dans la maifon du Sei-
» gneur : & le roy leur lut toutes les paroles de ce
» livre de l'alliance, qui avoit été trouvé dans la
» maifon du Seigneur.

L'écriture nous fait affez entendre, qu'on devoit imputer la principale caufe des defordres
& des impietez aufquels s'étoient abandonnez
les rois de Juda, predeceffeur de Jofias, auffi-
bien que la jufte vengeance que le Seigneur alloit exercer fur eux, à la negligence qu'ils avoient
eu de s'inftruire de la loy de Dieu, & à l'ignorance profonde de cette loy où ils avoient laiffé
» tomber le peuple. Car, dit ce prince, la colere du
» Seigneur s'eft embrazée contre nous, & eft prête de
» fondre fur nos têtes ; parce que nos peres n'ont
» point écouté les paroles du Seigneur, & n'ont
» point accomply ce qui a été écrit dans ce livre.

4. Reg. xxij
13.
2. Paralip
XXXIV. 21.

En effet leur negligence avoit été portée à un
tel excés, que ces rois avoient laiffé égarer l'exemplaire autentique du Deuteronome : que Moïfe
avoit mis en dépôt à côté de l'Arche d'alliance;
& qui fut retrouvé du temps de Jofias.

Ce fut auffi fans doute pour recompenfer le zele
dont fut remply ce faint roy en cette memorable
occafion, que Dieu l'exempta expreffément de la
fentence terrible qu'il avoit prononcée contre les

rois de Juda. Quant au roy de Juda qui nous a «
envoyé icy , pour prier & pour confulter le Sei- «
gneur : Répondit aux envoyez de Jofias , la pro- «
phetelle Olda infpirée de Dieu. Voicy ce que dit «
le Seigneur Dieu d'Ifraël : Parce que vous avez «
écouté les paroles de ce livre , (que vous en avez «
penetré le fens , que vous en avez inftruit vôtre «
peuple) que vôtre cœur en a été attendry , que «
vous vous êtes humilié devant moy en entendant «
les maux dont j'ay menacé Jerufalem & fes ha- «
bitans : je vous ay aufli exaucé dit le Seigneur. Je «
vous feray repofer avec vos peres : vous ferez mis «
en paix dans vôtre tombeau , & vos yeux ne ver- «
ront point tous les malheurs que je dois faire tom- «
ber fur cette ville & fur fes habitans. Jufte récom- «
penfe de la fainte ardeur qu'eut ce prince pieux
d'écouter la loy de Dieu, de s'y rendre attentif, &
d'en avoir procuré l'intelligence à fon peuple.

4.Reg.xxij.
18. 19. 20.
2. Paralip.
XXXIV. 26.
27. 28.

R iij

ARTICLE III.

Erreurs des hommes du monde , & des poli-
tiques , fur les affaires & les exercices de
la religion.

I. PROPOSITION.

La fauffe politique regarde avec dédain les affaires de
la religion ; & on ne fe foucie ny des matieres qu'on
y traite , ny des perfecutions qu'on fait fouffrir à
ceux qui la fuivent. Premiere erreur des puiffances ,
& des politiques du monde.

Ln'y a rien de plus bizarre, que les jugemens
des hommes d'état , & des politiques fur les affaires de la religion.

La plûpart les traitent de bagatelles , & de vaines fubtilitez. Les Juifs amenoient faint Paul avec
une haine obftinée, au tribunal de Gallion , proconful d'Achaïe, & luy difoient : Que cet homme
vouloit faire adorer Dieu , contre ce que la loy
en avoit reglé. Ils croyoient avoir attiré fon attention , par une accufation fi griefve & fi fe-
rieufe. Mais Paul n'eut pas plûtôt ouvert la bouche (pour fa défenfe) que le proconful l'interrompit , & du haut de fon tribunal: S'il s'agiffoit, dit-
il , aux Juifs , de quelque injuftice, & de quelque
mauvaife action, je vous donnerois tout le temps
que vous fouhaiteriez. Mais pour les queftions de

Act. XVIII.
12. 13.

Ibid. 14 15.

mots , & de noms , & de difputes fur vôtre loy, «
faites-en comme vous voudrez : je ne veux point «
être juge de ces chofes. Il ne dit pas , elles font «
trop hautes , & paffent mon intelligence : il dit
que tout cela n'eft que difpute de mots , & vaines
fubtilitez ; indignes d'être portées à un jugement
ferieux , & d'occuper le temps d'un magiftrat.

Les Juifs voyant que ce juge fe mettoit fi peu
en peine de leurs plaintes, & fembloit abandonner
Paul , & fon compagnon à leur fureur ; Se jette- « Ibid. 17.
rent fur Softhenes , & le battoient : (fans aucun «
refpect pour le tribunal d'un fi grand magiftrat,)
Et Gallion ne fe mettoit point en peine de tout «
eela. Tout luy paroiffoit bagatelles , dans ces dif- «
putes de religion ; & une ardeur imprudente de
gens entêtez de chofes vaines.

II. PROPOSITION.

Autre erreur des grands de la terre fur la religion : ils
craignent de l'approfondir.

D'autres fembloient prendre la chofe plus ferieufement. Felix gouverneur de Judée étoit tres- « Act. xxiv.
bien informé de cette voye : c'eft-à-dire , du chrif- « 22.
tianifme. C'eft pourquoy entendant Paul difcourir
de la juftice , que les magiftrats devoient rendre
avec tant de religion : de la chafteté , qu'on devoit garder avec tant de foin & de precaution : (parole fi dure aux mondains, qui n'aiment que leurs
plaifirs); & du jugement avenir , où Dieu demanderoit compte de toutes ces chofes avec une feve-

rité implacable : pour ne point trop approfondir
des matieres fi defagreables , quoy qu'il ne pût
s'empêcher d'en être effrayé : Felix luy dit : C'en

Ibid. 25. » eft affez pour maintenant ; je vous appelleray en
» un autre temps plus commode. Des objets qui l'oc-
cupoient davantage diffipoient ces frayeurs : l'avarice le dominoit, & il ne mandoit plus faint Paul:

Ibid. 26. » Que dans l'efperance qu'il luy donneroit de l'argent,
» le laiffant captif durant deux ans : & permettant
» neanmoins à tous fes amis de le voir.

III. PROPOSITION.

*Autre procedé des gens du monde : qui prennent la re-
ligion pour une folie , fans aucun foin de faire juftice , ou d'empêcher les vexations qu'on fait à l'innocence.*

*Act. xxv.
1. 2. &c.*
  Feftus nouveau gouverneur envoyé à la place
de Felix , étoit à peu prés dans le fentiment de
Gallion , finon qu'il pouffoit encore la chofe plus
loin. Le roy Agrippa , & la reine Berenice , celle
qui depuis fut fi celebre par la paffion que Tite
eût pour elle , defiroient beaucoup d'entendre
faint Paul : & Feftus leur en voulut donner le plaifir dans une affemblée folemnelle , qu'on tint ex-

*Ibid. 13. 14.
19. 22. 23
25.*
» prés pour cela avec grande pompe. Au refte , di-
» foit-il au roy ; je n'ay rien trouvé de mal en cet
» homme : mais il y avoit entre luy & les Juifs qui
» me l'amenoient , des difputes fur leurs fuperfti-
» tions ; & fur un certain Jefus qui étoit mort , &
» dont Paul affuroit qu'il étoit vivant. Ces gens occupez

cupez du monde & de leur grandeur, traitoient ainſi les affaires de la religion, & du ſalut éternel : ſans même daigner s'informer de faits auſſi importants, & auſſi extraordinaires que ceux qui regardoient le Fils de Dieu : car tout cela ne faiſoit rien à leurs interêts, ny à leurs plaiſirs, ou aux affaires du monde. Comme ſaint Paul eût pris la parole, & qu'il commençoit à entrer dans le fond des queſtions ; Feſtus l'interrompit, & ſans reſpecter la preſence du roy & de la reine, ny attendre leur jugement & celuy de l'aſſemblée ; il luy cria à haute voix : Paul ; vous êtes fol, trop d'étude vous a tourné l'eſprit. « Act. xxvi. 1. 2. & ſeq. « Ibid. 24. «

On voit par là, que quelque équitable que parût Feſtus envers ſaint Paul, lors qu'il demeure d'accord : Qu'il ne l'a point trouvé criminel : & qu'on l'auroit pû renvoyer, s'il n'avoit point appellé à l'empereur : Il entroit dans ce ſentiment un ſecret mépris du fond de la choſe, que Feſtus ne jugeoit pas aſſez importante pour en faire la matiere d'un jugement, ou meriter que l'empereur en prît connoiſſance. La ſeule affaire qu'il trouvoit icy étoit de ſçavoir ce qu'il en manderoit à l'empereur : Je ne ſçay, dit-il, qu'en écrire au maître. Et il avoit peur qu'on ne crût, qu'il luy renvoyoit des affaires tout-à-fait frivoles. Car de l'informer des miracles, ou de la doctrine de Jeſus-Chriſt, ou de Paul, & d'examiner les propheties, où l'apôtre mettoit ſon fort ; ou enfin de parler ſerieuſement de l'affaire du ſalut éternel, il n'en étoit pas queſtion. « Act. xxv. 18. 25. « xxvi. 32. « « Act. xxv. 26.

S ſ

Cependant cet homme équitable qui ne vouloît point condamner faint Paul, ne craignoit pas de le livrer à fes ennemis. Car au lieu de le juger à Cefarée, où tout étoit difpofé pour cela, & le renvoyer auffi-tôt ; il propofa de le tranfporter à Jerufalem, pour faire plaifir aux Juifs ; qui avoient fait un complot pour le tuer, ou fur le chemin, ou bien dans Jerufalem, où tout le peuple étoit à eux. Ce qui obligea faint Paul de dire à Feftus :

Act. xxv. 9.
10. 11.
» Je n'ay fait aucun tort aux Juifs, comme vous le
» fçavez parfaitement : perfonne ne me peut livrer
» à eux. J'appelle à Cefar, & c'eft à fon tribunal
» que je dois être jugé.

Voicy donc tout ce que Feftus trouvoit de réel, & de ferieux dans cette affaire ; faire plaifir aux Juifs, contenter la curiofité d'Agrippa, & refoudre ce qu'il falloit écrire à l'empereur. Quand on alloit plus avant, & qu'on vouloit examiner le fond, on étoit fol.

I V. P R O P O S I T I O N.

Autre erreur : Les égards humains font que ceux qui font bien inftruits de certains points de religion, n'en ofent ouvrir la bouche.

Agrippa qui étoit Juif, attaché à fa religion, & bien inftruit des propheties agiffoit plus ferieufement. Saint Paul qui le connut le prit à témoin des faits qu'il avançoit touchant Jefus-Chrift. Et

Act. xxvi.
24. 25. 26.
» lorfque Feftus luy cria qu'il étoit fol : Non, non,
» dit-il, tres-excellent Feftus, je ne fuis pas fol : le

roy fçait la verité de ce que je dis, & je parle har- «
diment devant luy. Car tout cela ne s'eft point «
paffé dans un coin, mais aux yeux de tout le pu- «
blic. Puis adreffant la parole au roy luy-même :
O roy Agrippa, dit-il, ne croyez-vous pas aux « Ibid. 27.
prophetes ? je fçay que vous y croyez. Saint «
Paul vouloit l'engager à dire de bonne foy devant
Feftus & les Romains, ce qu'il fçavoit fur ce fu-
jet-là ; & il devoit ce témoignage à des payens.
Mais il ne fait qu'éluder : & fans rien dire de
tant de merveilles qui s'étoient paffées en Judée,
ny même ofer témoigner ce qu'il croyoit des propheties, où il étoit tant parlé du Chrift : il fe
contenta de répondre à faint Paul, par maniere de
raillerie : Peu s'en faut que vous ne me perfuadiez « Ibid. 28.
d'être chrêtien. «

Voilà ce que penfoient les grands de la terre, les
rois, & tous les hommes du monde, fur la grande
affaire de ce temps-là, qui étoit celle de Jefus-
Chrift. On ne vouloit ny la fçavoir, ny l'approfondir, ny dire ce que l'on en fçavoit. Qui peut
aprés cela s'étonner de ce qu'on en trouve fi peu
de chofe dans les hiftoires prophanes ?

V. PROPOSITION.

Indifference des fages du monde fur la religion.

Mais il n'y eut rien alors de plus merveilleux
que les Atheniens. Athenes étoit de tout temps le
fiege de la politeffe, du fçavoir, & de l'efprit :
les philofophes y triomphoient, & depuis qu'af-

fujettie aux romains elle n'avoit plus à traiter de
la paix & de la guerre , ny des affaires d'état , elle

Act. xvii.
21.

"s'étoit toute tournée à la curiofité : En forte qu'on
"n'y penfoit à autre chofe , qu'à dire ou à oüir quel-
"que nouveauté , fur tout en matiere de doctrine;
Saint Paul y étant arrivé il fe trouvoit dans le Ly-

Ibid. 18.

"cée avec les philofophes Stoïciens & Epicuriens. Il
"difcouroit avec eux. Les uns difoient : Que veut
"dire ce difcoureur ? Et les autres : C'eft affurement
"un homme qui s'eft entêté de nouvelles divinitez,
"(ou comme ils parloient) de nouveaux demons.
Ils fe fouvenoient , que parmy eux on avoit fait
une pareille accufation à Socrate : & ils s'en te-

Ibid. 19. &
feq.

noient toûjours à leurs anciennes idées. Sur cela
on le mena à l'Areopage , la plus celebre compagnie de toute la Grece : fans autre vûë que de contenter la curiofité des Atheniens , & on tint pour
cela le Senat exprés. Paul fut écouté , tant qu'il
debita les grands principes de la philofophie : & la
Grece fut bien aife de luy entendre citer fi à propos fes poëtes. Mais depuis qu'il vint au principal , qui étoit de leur annoncer Jefus-Chrift ref-
fufcité , & les miracles que Dieu avoit faits , pour
montrer que ce Jefus-Chrift étoit celuy qu'il avoit

Ibid. 32.

"choifi pour déclarer fa volonté aux hommes : Les
"uns fe mocquerent de Paul : Les autres plus polis
à la verité , mais au fond ny mieux difpofez , ny

Ibid. 32 33.

"moins indifferens , luy dirent honnêtement : Nous
"vous entendrons une autre fois fur cette matiere.
"Et Paul fortit ainfi du milieu d'eux. En penetrant

davantage , l'affaire fut devenuë serieuse : il eut fallut tout de bon se convertir : & le monde ne vouloit songer qu'à la curiosité , & à son plaisir.

On en avoit usé de même dés le commencement envers Jesus-Christ. Herodes à qui Pilate l'avoit renvoyé , ne vouloit voir que des miracles : & il auroit souhaité , qu'un Dieu employât sa toute-puissance pour le divertir. Parce qu'il ne voulut pas luy faire un jeu des ouvrages de sa puissante main ; il le méprisa , & le renvoya comme un fol avec un habit blanc dont il le revêtit.

Luc. XXIII, 8. 11.

Pilate ne fit pas mieux. Comme Jesus luy eut dit : Je suis né , & je suis venu dans le monde afin de rendre témoignage à la verité. Parole profonde : où il vouloit luy apprendre à chercher la verité de Dieu. Il luy repartit : Et qu'est-ce que la verité ? Aprés quoy il leva le siege sans s'en informer davantage : comme s'il eût dit : La verité ? dites-vous ? & qui la sçait ? Ou que nous importe de la sçavoir cette verité qui nous passe ? Les mondains , & sur tout les grands ne s'en soucient gueres ; & ils n'ont à cœur que les plaisirs , & les affaires.

Joan. XVIII. 37.

Ibid. 38.

Nous ne sommes pas meilleurs que tous ceux dont nous venons de parler : & si nous ne méprisons pas si ouvertement Jesus-Christ & sa doctrine;quand il en faut venir au serieux de la religion, c'est à dire, à la pratique , & à sacrifier son ambition ou son plaisir à Dieu & à son salut ; nous nous rions secretement de ceux qui nous le conseillent : & la religion ne nous est pas moins un jeu, qu'aux infideles.

VI. PROPOSITION.

Comment la politique en vint enfin à persecuter la religion, avec une iniquité manifeste.

Si on n'eût fait que difcourir de la religion comme d'une matiere curieufe, le monde ne l'auroit peut-être pas perfecutée : mais comme on vit qu'elle condamnoit ceux qui ne la fuivoient pas, les interêts s'en mêlerent. Les Pharifiens ne pûrent fouffrir qu'on décriât leur avarice, ny qu'on vînt ruiner la domination qu'ils ufurpoient fur les confciences. Ceux qui faifoient des idoles, & les autres qui profitoient parmy les payens du culte fuperftitieux, animoient le peuple. On fe fouvînt: » Que Diane étoit la grande déeffe des Ephefiens : » quand on vît qu'en la décriant, la majefté de fon » temple que tout le monde reveroit : Et enfemble la grande confideration, & le grand profit qui venoit de ce côté-là aux particuliers & au public s'en alloit à rien.

Act. xix. 2:. 28.

Ibid. 25.26

Rome elle-même fe fâcha qu'on voulût décrier fes Dieux, à qui elle fe perfuadoit qu'elle devoit fes victoires. Les empereurs s'irriterent de ce qu'on ne vouloit plus les adorer. La politique romaine décida qu'il s'en falloit tenir à la religion ancienne: & qu'y fouffrir du changement, c'étoit l'expofer à fa ruine. On voulut s'imaginer des féditions, des revoltes, des guerres civiles, dans l'établiffement du chriftianifme : encore que l'experience fît voir, qu'en effet la religion s'établiffoit, fans même que

les perfecutions quelques violentes qu'elles fuffent,
excitaffent, je ne dis pas aucun mouvement & aucune defobéiffance ; mais même aucun murmure
dans les chrêtiens. Mais le monde fuperbe & corrompu, ne vouloit pas fe laiffer convaincre d'ignorance & d'aveuglement ; ny fouffrir une religion,
qui changeoit la face du monde.

VII. PROPOSITION.

Les efprits foibles fe mocquent de la pieté des rois.

Michol femme de David nourrie dans le fafte
& fans pieté avec fon pere Saül, quand elle vit le
roy fon mary tout tranfporté, devant l'arche qu'il
faifoit porter dans Sion avec une pompe royale :
Le méprifa en fon cœur. Qu'il étoit beau, difoit- « 1. Reg. VI.
elle, de voir le roy d'Ifraël avec les fervantes, « 16. 20.
marchant nud comme un bâteleur ? Ne faifoit-il «
pas là un beau perfonnage ? Mais David quoy qu'il
l'aimât tendrement luy répondit : Vive le Seigneur, « Ibid. 21.22.
qui m'a élevé plûtôt que vôtre pere & fa maifon : «
Je m'humilieray encore plus que je n'ay fait de- «
vant luy, & je feray méprifable à mes yeux, & «
je tiendray à gloire de m'humilier comme vous «
difiez avec les fervantes.   «

Il ne faut point laiffer dominer cet efprit de raillerie dans les cours ; fur tout dans les femmes,
quand même elles feroient reines : puifque c'eft-
là au contraire ce qu'on doit le plus reprimer. Dieu
recompenfa la pieté de David : & punit Michol par   Ibid. 13.
une éternelle fterilité.

VIII. PROPOSITION.

Le ferieux de la religion connu des grands rois.
Exemple de David.

L'arche étoit dans l'ancien peuple le symbole de
la prefence de Dieu , bien inferieur à celuy que
nous avons dans l'Euchariftie : & neantmoins la
devotion de David pour l'arche étoit immenfe.
Quand il la fit tranfporter en Sion, il fit au peuple
de grandes largeffes en l'honneur d'un jour fi fo-

2. Reg. VI.
13. & feq.
1. Par. xv.
25. & feq.

» lennel. On immoloit des victimes (tout le long du
» chemin où paffoit l'Arche.) Elle marchoit au fon
» des trompettes, des tambours, & des hautbois, &
» de toute forte d'inftrumens de mufique. Le roy dépoüillé de l'habit royal qu'il n'oza porter devant
» Dieu : Et revêtu fimplement d'une tunique de lin,
» alloit aprés, avec tout le peuple & fes capitaines
» en grande joye ; joüant de fa lyre & danfant de
» toutes fes forces : dans le tranfport où il étoit. C'é-
toit des ceremonies que le temps autorifoit.

Dans une occafion plus lugubre, lors qu'en punition de fon peché il fuyoit devant Abfalon , nous
avons vû qu'on luy apporta l'Arche , comme la
feule chofe qui luy pouvoit donner de la confolation. Mais il ne fe jugea pas digne de la voir en
l'état où il étoit ; où Dieu le traitoit comme un

2. Reg. xv.
25.

» pecheur. Hé ! dit-il , fi je trouve grace devant le
» Seigneur, (aprés ces jours de châtimens) il me la
» montrera un jour en fon tabernacle. C'étoit-là le
plus cher objet de fes vœux. Et durant le temps de
Saül ;

Saül ; banny de son païs & des saintes assemblées
du peuple de Dieu , il ne soûpiroit qu'aprés l'Arche. Grand exemple pour faire connoître , ce qu'on
doit sentir en presence de l'Eucharistie ; dont l'Arche n'étoit qu'une figure imparfaite.

IX. PROPOSITION.

Le prince doit craindre trois sortes de fausse pieté : &
premierement la pieté à l'exterieur, & par politique.

Deux raisons doivent faire craindre au prince
de donner trop à l'exterieur , dans les exercices de
la pieté. La premiere , parce qu'il est un personnage public : par consequent composé & peu naturel , s'il n'y prend garde , par les grands égards
qu'il doit avoir pour le public , qui a les yeux attachez sur luy. Secondement , parce qu'en effet la
pieté est utile à établir la domination : de sorte
qu'insensiblement le prince pourroit s'accoûtumer
à la regarder de ce côté-là. Ainsi Saül disoit à Samuel qui l'abandonnoit, & ne vouloit plus assister
avec luy au sanctuaire de Dieu devant tout le peuple : J'ay mal fait ; mais honorez-moy devant Is- « 1. Reg. xv.
raël , & devant les senateurs de mon peuple ; & « 30.
retournez avec moy pour adorer le Seigneur vôtre «
Dieu. Il ne vouloit plus l'appeller le sien ; & peu «
soigneux de la religion , il ne songeoit plus qu'à
garder les dehors par politique.

Ainsi les rois d'Israël se montroient quelquefois
pieux contre Baal , & ses idoles. Mais ils se gardoient bien de détruire les veaux d'or que Jero-

T t

boam avoit érigez pour y attacher le peuple. Car,

3. Reg. XII
26. 27. 28. » Il avoit dit en luy-même : Le royaume retournera
» à la maiſon de David, ſi ce peuple monte toûjours
» à Jeruſalem dans la maiſon du Seigneur pour y
» offrir les ſacrifices. Le cœur de ce peuple ſe tour-
» nera vers Roboam roy de Juda, & ils me feront
» mourir, & ils retourneront à luy. Ainſi par un
» conſeil medité, il fit deux veaux d'or : & il leur
» dit : Ne montez plus à Jeruſalem, ô Iſraël, voilà
» tes Dieux, qui t'ont tiré de la terre d'Egypte.

    Ainſi Jehu maſſacra tous les ſacrificateurs de Baal,
& il en briſa la ſtatuë, & il mit le feu dans ſon
temple. Et comme s'il eût voulu s'acquitter de tous
les devoirs de la religion ; il prend dans ſon chariot le ſaint homme Jonadab fils de Réchab, pour
4. Reg. X.
15. 28. 29 » être témoin de ſa conduite. Venez, luy dit-il, &
» voyez mon zele pour le Seigneur ? Mais il ne ſe
» retira pas des pechez de Jeroboam, ny des veaux
» d'or, qu'il avoit dreſſez à Bethel & à Dan. La raiſon d'état ne le vouloit pas.

    Telle eſt la religion d'un roy politique. Il fait pa-
roître du zele dans les choſes qui ne bleſſent pas ſon
ambition, & il ſemble même vouloir contenter les
plus gens de bien : mais la fauſſe politique l'empêche de pouſſer la pieté juſqu'au bout. Joachaz
un des ſucceſſeurs de Jehu dans le royaume d'Iſraël,
4. Reg. XIII.
3. 4. 5. » ſembla vouloir aller plus loin. Dieu avoit livré Iſ-
» raël à Hazaël roy de Syrie, & à ſon fils Benadad :
» & Joachaz pria le Seigneur qui écouta ſa voix :
» car il eut pitié d'Iſraël que ces rois avoient réduit

à l'extremité. Mais Joachaz qui fembloit vouloir «
retourner à Dieu de tout fon cœur dans fa peni- «
tence, n'eut pas la force d'abattre ces veaux d'or, «
qui étoient le fcandale d'Ifraël : Et il ne fe retira « Ibid. c. 7.
pas des pechez de Jeroboam : Dieu auffi l'aban- «
donna. Et le roy de Syrie fit de luy & de fon peu- «
ple, comme on fait de la poudre qu'on fecouë dans «
la batture. «

Tout cet exterieur de picté, n'eft qu'hypocrifie :
& il eft familier aux princes rufez, qui ne fongent
qu'à amufer le peuple par les apparences. Ainfi
Herode ce vieux & diffimulé politique, faifant
femblant d'être zelé pour la loy des Juifs, jufqu'à
rebâtir le temple avec une magnificence qui ne cedoit rien à celle de Salomon : en même temps il
élevoit des temples à Augufte.

Et on fçait ce qu'il voulut faire contre Jefus- Matth. 11.
Chrift. A ne regarder que l'exterieur, il ne defi- 3. 4. & feq
roit rien tant que d'adorer avec les Mages ce roy
des Juifs, nouveau né. Il affembla le confeil ecclefiaftique, comme un homme qui ne vouloit
autre chofe que d'être éclairci des propheties ; mais
tout cela pour couvrir le noir deffein d'affaffiner le
Sauveur, que le titre de roy des Juifs rendoit
odieux à fon ambition ; encore que la maniere dont
il voulut paroître aux hommes, montrât affez que
fon royaume n'étoit pas de ce monde.

X. P R O P O S I T I O N.

Seconde efpece de fauffe pieté : la pieté forcée,
ou intereffée.

Telle étoit celle d'Holopherne , lorfqu'il difoit
» à Judith : Vôtre Dieu fera mon Dieu , s'il fait pour
» moy ce que vous promettez. C'eft-à-dire , tant de
victoires. Les ambitieux adoreront qui vous voudrez , pourvû que leur ambition foit contente.

» Herode craignoit faint Jean qui le reprenoit ,
» (avec une force invincible :) car il fçavoit que c'é-
» toit un homme faint , & jufte ; & il faifoit plufieurs
» chofes par fon avis , & il l'écoutoit volontiers.
Car nous avons vû que ces politiques veulent quelquefois contenter les gens de bien. Mais tout cela
n'étoit qu'artifice ou terreur fuperftitieufe ; puis
qu'il craignoit tellement faint Jean , qu'après luy
avoir fait couper la tête ; il craignoit encore : Qu'il
» ne fût refufcité des morts : pour le tourmenter.

Ecoutez un Antiochus , ce fuperbe roy de Syrie.
» Il eft jufte , dit-il , d'être foûmis à Dieu , & qu'un
» mortel n'entreprenne pas de s'égaler à luy. Et il
» ne parle que d'égaler aux Atheniens les Juifs , qu'il
» ne jugeoit pas dignes feulement de la fepulture :
» & d'affranchir Jerufalem , qu'il avoit fi cruelle-
» ment opprimée ; combler de dons le temple qu'il
» avoit dépoüillé : & enfin de fe faire Juif. Mais
c'eft qu'il fentoit la main de Dieu , à laquelle il
s'imaginoit fe pouvoir fouftraire , par toutes ces
vaines promeffes. Dieu méprifa fa penitence for-

Judith. XI. 21.

Marc. VI. 20. Luc. III. 19.

Ibid. Marc. 16.

2. Mach. IX. II. 12. & feq.

cée : Et ce méchant demandoit la miſericorde, qu'il ne devoit pas obtenir.

Galere Maximien, & Maximin, les deux plus cruels perſecuteurs de l'égliſe des chrêtiens, moururent avec un aveu auſſi forcé & auſſi vain de leur faute : & avant que de les livrer au dernier ſupplice, Dieu leur fit faire amande honorable à ſon peuple, qu'ils avoient ſi long-temps tyranniſé.

XI. PROPOSITION.

Troiſiéme eſpece de fauſſe pieté : la pieté mal entenduë, & établie où elle n'eſt pas.

Va, & paſſe au fil de l'épée ce méchant peuple d'Amalec : & ne reſerve rien de cette nation impie, que j'ay dévoüée à la vengeance : dit le Seigneur à Saül. Et ce prince ſauva du butin les brebis & les bœufs, pour les immoler au Seigneur. Mais Samuel luy dit : Sont-ce des victimes ou des ſacrifices que le Seigneur demande : & non pas qu'on obéïſſe à ſa voix ? L'obéïſſance vaut mieux que le ſacrifice ; & il eſt meilleur d'obéïr, que d'offrir la graiſſe des belliers ; car deſobéïr, c'eſt comme qui conſulteroit les devins ; & ne ſe ſoumettre pas, c'eſt le crime d'idolatrie.

La ſentence partit d'en haut. Dieu t'a rejetté, dit Samuel ; & tu ne ſeras plus roy.

Herode qui fit mourir ſaint Jean-Baptiſte : au milieu de ſes plus grands crimes, n'étoit pas ſans quelques ſentimens de religion. Il mit en priſon le

Ibid. 13.

Euſeb. Hiſt. Eccl. lib. vij c. 16. 17. & lib. ix. c. 10. Lactant. de mort. perſec.

1. Reg. xv. 18. & ſeq.

Ibid. 23.

T t iij

faint precurseur qui le reprenoit hautement de son
inceste. Mais en même temps nous avons vû : Qu'il
le craignoit, sçachant que c'étoit un homme juste
& saint : qu'il le faisoit venir souvent, & même
suivoit ses conseils. Il le livra neanmoins à la fin :
& injustement scrupuleux, la religion du serment
l'emporta à son crime. Il fut fâché de s'être engagé : Mais à cause du serment qu'il avoit fait,
& de la compagnie, il passa outre. Il en eut peur,
aprés même qu'il l'eût fait mourir : & entendant
les miracles de Jesus : Jean, dit-il, que j'ay dé-
collé revit en luy, & c'est sa vertu qui opere. Il
méprisoit la religion, la superstition le tyrannise.
Il écoutoit & consideroit celuy qu'il tenoit dans les
fers, un prisonnier qui avoit du credit à la Cour,
l'intrepide censeur du prince, & l'ennemy déclaré
de sa maîtresse, qui neantmoins se faisoit écouter :
un homme qu'on faisoit mourir, & qu'aprés cela
on craignoit encore. Tant de craintes qui se combattoient : celle de perdre un homme saint, celle
d'oüir de sa bouche des reproches trop libres, celle
de troubler ses plaisirs, celle de paroître foible à
la compagnie, celle de la justice divine qui ne cessoit de revenir quoique si souvent repoussée : tout
cela faisoit icy un étrange composé. On ne sçait
que croire d'un tel prince : on croit tantôt qu'il a
quelque religion, & tantôt qu'il n'en a point du
tout. C'est une énigme inexplicable, & la superstition n'a rien de suivy.

On multiplie ses prieres, qu'on fait rouler sur

Marc. vi.
20.

Matth. xiv.
9.
Marc. vi.
26.

Matth. xiv.
1. 2.

les lévres fans y avoir le cœur. Mais c'eft imiter « Matth. vi.
les Gentils, qui s'imaginent, dit le Fils de Dieu, « 7.
être exaucez en multipliant leurs paroles. Et on en- «
tend de la bouche du Sauveur : Ce peuple m'ho- « Matth. xv.
nore des lévres, mais fon cœur eft loin de moy. « 8.
IC. XXIX.13.

On gâte de tres-bonnes œuvres : on jeûne & on
garde avec foin les abftinences de l'églife : il eft
jufte. Mais comme dit le Fils de Dieu : On laiffe « Matth.xxiij
des chofes de la loy plus importantes, la juftice, la « 23.
mifericorde, la fidelité. Il falloit faire les unes, & «
ne pas omettre les autres. Sçavez-vous quel eft le « IC. LVIII.
6.7. 8.
jeûne que j'ayme, dit le Seigneur ? Délivrez ceux «
qui font detenus dans les prifons ; déchargez un «
peuple accablé d'un fardeau qu'il ne peut porter ; «
nouriffez le pauvre ; habillez le nud : alors vôtre «
juftice fera veritable, & refplendiffante comme le «
foleil.

Vous bâtiffez des temples magnifiques ; vous
multipliez vos facrifices, & vous faites dire des
meffes à tous les autels. Mais Jefus-Chrift répond :
Allez apprendre ce que veut dire cette parole : « Matth. ix.
J'ayme mieux la mifericorde que le facrifice. Le « 13.
PC. L. 19.
facrifice agreable à Dieu ; c'eft un cœur contrit, & «
abaiffé devant luy. La vraye & pure religion, c'eft « Jac. 1.27.
de foulager les veuves & les oppreffez, & de tenir «
fon ame nette de la contagion de ce fiecle. «

Mettez donc chaque œuvre en fon rang. Si en
faifant les petites, vous croyez vous racheter de
l'obligation de faire les grandes ; vous ferez de ceux
dont il eft écrit : Ils fe fient dans des chofes de « IC.LIX 4.5.

Ibid. 6. „ neant. Ils ont tiſſu des toiles d'araignées. Leurs
„ toiles ne ſont pas capables de les habiller , & ils
„ ne ſeront pas couverts de leurs œuvres : car leurs
Ibid. 7. „ œuvres , ſont des œuvres inutiles ; & leurs penſées
„ ſont des penſées vaines.

ARTICLE . V.

Quel ſoin ont eu les grands rois du culte de Dieu.

I. PROPOSITION.

*Les ſoins de Joſué , de David , & de Salomon , pour
établir l'Arche d'alliance , & bâtir le temple
de Dieu.*

J Oſué n'eut pas plûtôt conquis & partagé la terre
promiſe , que pour la mettre à jamais ſous la
protection de Dieu qui l'avoit donnée à ſon peu-
Joſ. xviii.
1. „ ple : Il établit le ſiege de la religion à Silo où il
„ mit le tabernacle. Il falloit commencer par là , &
mettre Dieu en poſſeſſion de cette terre , & de tout
le peuple, dont il étoit le vray roy.

2. Reg. vi.
12. & ſeq. David trouva dans la ſuite un lieu plus digne à
l'Arche & au tabernacle ; & l'établit dans Sion, où
il la fit tranſporter en grand triomphe : & Dieu
choiſit Sion & Jeruſalem , comme le lieu où il éta-
bliſſoit ſon nom & ſon culte.

2. Reg. vii.
1. Paralip.
xxii. Il fit auſſi comme on a vû les preparatifs du
temple , où Dieu vouloit être ſervy avec beaucoup
de magnificence : y conſacrant les dépoüilles des
nations vaincuës.

Il

Il en defigne le lieu, que Dieu même avoit choi- Ibid.
fi, & charge *Salomon* de le bâtir.

Salomon fit ce grand ouvrage avec la magnificence qu'on a vû ailleurs. Car il le vouloit propor-
tionner autant qu'il pouvoit, à la grandeur de celuy qui vouloit y être fervy : La maifon, dit-il, « Par. 11. 5
que je veux bâtir eft grande, parce que nôtre Dieu «
eft au deffus de tous les Dieux. Qui feroit donc af- «
fez puiffant, pour luy bâtir une maifon digne de «
luy ? «

II. PROPOSITION.

Tout ce qu'on fait pour Dieu de plus magnifique, eft
toûjours au deffous de fa grandeur.

Ce fut le fentiment de *Salomon*, aprés qu'il eût
bâty un temple fi riche que rien n'égala jamais. Qui
pourroit croire, dit-il, que Dieu habite fur la terre « 2. Par. vi.
avec les hommes ? Luy que les cieux, & les cieux « 18.
des cieux ne peuvent renfermer. Et *David* qui en «
avoit fait les preparatifs, quoy qu'il n'eût rien «
épargné, & qu'il eût confacré à cet ouvrage : Cent « 1.Par.xxii.
mille talens d'or : un million de talens d'argent : « 14.
avec du cuivre & du fer fans nombre : Et les pierres «
avec tous les bois qu'il falloit pour un fi grand édi- «
fice ; fans épargner le cedre, qui eft le plus pré- «
cieux : Il trouvoit tout cela pauvre, à comparai- «
fon de fon defir : J'ay, dit-il, offert tout cela dans « Ibid.
ma pauvreté. «

V u

III. PROPOSITION.

Les princes font sanctifier les fêtes.

Num. xv
32. & seq.

" Moïse fait mettre en prison ; & ensuite il punit
" de mort, par ordre de Dieu, celuy qui avoit violé
" le sabat. La loy chrêtienne est plus douce, & les
chrêtiens plus dociles n'ont pas besoin de telles rigueurs : mais aussi se faut-il garder de l'impunité.

Les ordonnances sont pleines de peines contre
ceux qui violent les fêtes, & sur tout le saint di-
manche. Et les rois doivent obliger les magistrats,
à tenir soigneusement la main, à l'entiere execution de ces loix : contre lesquelles on manque beaucoup, sans qu'on y ait apporté tous les remedes necessaires.

C'est principalement de la sanctification des fêtes
que dépend le culte de Dieu : dont le sentiment
se dissiperoit dans les occupations continuelles de
la vie ; si Dieu n'avoit consacré des jours pour y
penser plus serieusement, & renouveller en soy-
même l'esprit de la religion.

Les saints rois Ezechias & Josias sont celebres
dans l'histoire du peuple de Dieu ; pour avoir fait
solemniser la pâque avec religion, & une magnificence extraordinaire. Tout le peuple fut remply

2. Par. xix.
26.

" de joye : On n'avoit jamais rien vû de semblable
" depuis le temps de Salomon. C'est ce qu'on dit de
la pâque d'Ezechias. Et on dit de celle de Josias :

4. Reg. xxiii
22. 23.
2. Paralip.
xxxv. 18.

" Qu'il ne s'en étoit point fait de semblable sous tous
" les rois precedens, ny depuis le temps de Samuel.

Les fêtes des chrêtiens font beaucoup plus fimples, moins contraignantes ; & en même temps
beaucoup plus faintes, & beaucoup plus confolantes
que celles des Juifs, où il n'y avoit que des ombres
des veritez qui nous ont été revelées. Et cependant
on eft bien plus lâche à les celebrer.

IV. PROPOSITION.

Les princes ont foin non-feulement des perfonnes confa-
crées à Dieu : mais encore des biens deftinez à
leur fubfiftance.

Honorez le Seigneur de toute vôtre ame ; ho- « Eccli. VII.
norez auffi fes miniftres. « 33.

Qui vous écoute m'écoute, qui vous méprife me « Luc. x. 16.
méprife. Dit Jefus-Chrift même à fes difciples. «

Prenez garde de n'abandonner jamais le levite, « Deut. xII.
tant que vous ferez fur la terre. La terre vous aver- « 9.
tit en vous nourriffant, que vous pourvoyïez à la
fubfiftance des miniftres de Dieu qui la rend feconde.

Toute la loy eft pleine de femblables preceptes.
Abraham en laiffa l'exemple à toute fa pofterité ; Gen. xIv.
en donnant la dixme des dépoüilles remportées fur 18 19. 22.
fes ennemis, à Melchifedech le grand pontife du
Dieu tres-haut, qui le beniffoit & offroit le facrifice pour luy & pour tout le peuple.

Abraham fuivit en cela une coûtume déja établie. On la voit dans tous les peuples dés la premiere antiquité. Et nous en avons un beau monument dans l'Egypte, fous Pharaon & Jofeph. Tous

les peuples vendirent leur terre au roy pour avoir

Gen. xlvij. 21.
» du pain : Excepté les facrificateurs , à qui le roy
» avoit donné leur terre ; qu'ils ne furent point obli-
» gez de vendre comme les autres : fans compter
» que leur nourriture leur étoit fournie des greniers
» publics , par ordre du roy.

Le peuple d'Ifraël ne fe plaignoit pas d'être chargé de la nourriture des levites & de leurs familles,
qui faifoient plus d'une douziéme partie de la nation ; étant une de fes tribus des plus abondantes.

1. Paralip. xxiii. 3. & feq.
Au contraire on les nourriffoit avec joye. Il y avoit
du temps de David trente-huit mille levites, à les
compter depuis trente ans : fans y comprendre les
facrificateurs enfans d'Aaron , divifez en deux familles principales par les deux fils d'Aaron ; &
fubdivifez du temps de David en vingt-quatre familles tres-nombreufes forties de ces deux premieres. Tout le peuple les entretenoit de toutes chofes
tres-abondamment avec leurs familles : car les levites n'avoient d'autres poffeffions ny partages parmy leurs freres , que les dixmes , les premices,
les oblations , & le refte que le peuple leur donnoit. Et on mettoit dans cet entretien un des principaux exercices de la religion , & le falut de tout
le peuple.

V. PROPOSITION.

Les foins admirables de David.

Les grands rois de la maifon de David ont rendu
leur regne celebre , par le grand foin qu'ils ont pris

de maintenir l'ordre du ministere , & de toutes
les fonctions des sacrificateurs, & des levites, selon la loy de Moïse.

David leur en avoit donné l'exemple ; & il fit
ce beau reglement qui fut suivy & executé par ses
successeurs. Ce roy aussi pieux & aussi sage que
guerrier & victorieux, employa à cette grande affaire les dernieres années de sa vie , pendant que
tout le royaume étoit en paix : assisté des principaux du royaume , & sur tout du souverain pontife, avec les chefs des familles levitiques & sacerdotales, & des prophetes Gad & Nathan : étant
luy-même prophete , & rangé dans l'écriture au
nombre des hommes inspirez de Dieu.

2.Reg.xxij. 23. 1. Paralip. XXIII. 2. & seq. 1.Par.xxIV. 6. 2.Par.xxIx. 25.

Avec ce conseil , & par une inspiration particuliere, il regla les heures du service. Il ordonna
aux levites de venir au temple le matin & le soir,
pour y benir Dieu, & pour y chanter ses loüanges.

« 1 Par.xxIII 30.

Il établit la subordination necessaire dans ce
grand corps des ministres consacrez à Dieu, en or-
donnant aux levites de servir : Chacun à leur rang,
en gardant les rits sacrez, & toutes les observances
des enfans d'Aaron. Qui presidoient à ces fonctions
par l'ordre de Dieu , & selon la loy de Moïse.

« 1.Par.xxIII 32. XXIV. « 19.

Parmy ces levites, il y en avoit trois principaux : Qui servoient auprés du roy : Asaph,
Idithum , & Heman. Ce dernier étoit appellé le
Voyant, ou le prophete du roy , & Asaph pro-
phetisoit aussi auprés du prince ; il est aussi appellé
le Voyant, & se rendit si celebre par ses cantiques,

« 1.Par. xxv. 2. 5. 6. 2.Par.xxIx 30.

qu'on le rangeoit avec David. Tels étoient les ecclefiaftiques, pour parler à nôtre manière, qui approchoient le plus prés de la perfonne du roy : des gens infpirez de Dieu, & les plus celebres de leur ordre. David avoit auffi auprés de luy un facrificateur nommé Ira, qui étoit honoré du titre : De prêtre, ou de facrificateur de David.

2. Reg. xx. 26.

VI. PROPOSITION.

Soin des lieux, & des vaiffeaux facrez.

Le roy Joas inftruit par Joïada fouverain pontife, fit venir les levites avec les autres facrificateurs, pour les obliger à travailler aux reparations du temple qu'ils negligeoient depuis plufieurs années. Il en prefcrivit l'ordre, & en regla les fonds : & un officier commis par le roy les touchoit avec le pontife, ou quelqu'un commis de fa part ; pour les mettre entre les mains des ouvriers : Qui rétabliroient le temple dans fa premiere fplendeur & folidité. Le refte de l'argent fut apporté au roy & au pontife : & on en fit des vaiffeaux facrez d'or & d'argent, pour fervir aux facrifices.

4. Reg xii. 4. 7. & feq. 2. Par. xxiv. 5. 6. & feq.

Ezechias ne fe rendit pas moins celebre, lors qu'il affembla les levites & les facrificateurs, pour les obliger à purifier avec foin le temple & les vaiffeaux facrez, qui avoient été prophanez par les rois impies. Et il fit foigneufement executer le reglement de David.

2. Par. xxix. 5. 16. & feq.

Ibid. 25.

On ne peut affez loüer le faint roy Jofias, & le foin qu'il prit de purifier, & de rebâtir le temple

4. Reg. xxij. & xxiij. 2. Paralip. XXXIV.

Dieu inspira un auteur sacré pour luy donner cet éloge, afin d'exciter les rois à de semblables pratiques.

VII. PROPOSITION.

Loüanges de Josias, & de David.

L'Ecclesiastique parle ainsi de Josias : La me-« moire de Josias est douce comme une composition « de parfums faite d'une main habile ; elle est douce « en toutes les bouches comme du miel, & comme « une excellente musique dans un banquet, où on « a servy du vin le plus exquis. Il a été envoyé de « Dieu pour inspirer la penitence à la nation, & il a « ôté, (du temple & de la terre) toutes les abomi-« nations. Dieu gouverna son cœur & fortifia sa pieté, « dans un temps d'iniquité & de desordre. Où tout « étoit corrompu, par les mauvais exemples des rois ses predecesseurs.

« Eccli. xlix. 1. 2. 3. 4.

Le même auteur sacré celebre aussi en ces termes les loüanges de David. Il a glorifié Dieu dans tou-« tes ses œuvres. Il l'a loüé de tout son cœur ; (dans « ses divins pseaumes que tout le peuple chantoit.) Il a aymé de tout son cœur le Dieu qui l'avoit fait, « & Dieu l'a rendu puissant contre ses ennemis. Il a « rangé les chantres devant l'autel, & il a composé « des airs agreables pour les hommes, qu'ils devoient « chanter par leur voix harmonieuse. Il a remply de « splendeur la celebration du service divin : & sur « la fin de sa vie il a distribué les temps, en sorte « qu'on loüât le saint nom du Seigneur ; & que dés «

« Eccli. xlvij. 9. 10. 11. 12.

» le matin on le celebrât dans fon fanctuaire.

Voilà comme le Saint Efprit louë les rois pieux, qui ont pris foin de regler les miniſteres ſacrez, de décorer le temple, & de faire faire le ſervice divin avec la ſplendeur convenable.

VIII. PROPOSITION.

Soin de Nehemias : & comme il protege les levites contre les magiſtrats.

Il ne faut pas oublier Nehemias gouverneur du peuple de Dieu ſous les rois de Perſe ; & reſtaurateur du temple, & de la cité ſainte. Il fit juſtice aux levites qu'on avoit privé de leurs droits. Les chantres ſacrez, & tous les autres miniſtres qui avoient été contraints de ſe retirer chez eux & d'abandonner le ſervice, faute d'avoir reçu le juſte ſalaire qui leur étoit ordonné, furent rappellez. Il ôta à Tobie le maniement, qu'Eliaſib ſacrificateur ſon parent luy avoit donné pour l'enrichir : & diſpoſa ſelon l'ancien ordre, des fonds deſtinez au temple & au ſervice divin. Il ſoutint la cauſe des levites contre les magiſtrats (qui avoient manqué à leurs devoirs envers eux) & il mit leurs grains & leurs revenus en des mains fideles : prépoſant à ce miniſtere le prêtre Selemias, & quelques levites. Au ſurplus en prenant ſoin d'eux : Il leur fit ſoigneuſement garder les reglemens de David. La ſubordination fut obſervée : Le peuple rendoit honneur aux levites : (en leur donnant ce qu'il leur devoit) & les levites le rendoient aux enfans d'Aaron;

(marginalia: 2. Eſdr. XIII 10. / Ibid. 7. 8. / Ibid. 11.13. / 2. Eſd. XII. 24. 44. 45. / Ibid. 46.)

ron : qui étoient leurs superieurs. Ils gardoient « Ibid. 44.
soigneusement toutes les observances de leur Dieu. «

Nehemias y tenoit la main : il ordonnoit aux
sacrificateurs , & aux levites de veiller à ce qui
leur étoit prescrit. Il disoit aux levites de se pu- « 2. Esd XIII.
rifier : & ne pouvoit souffrir ceux qui prophanoient « 22. 99.
le sacerdoce , & méprisoient le droit sacerdotal & «
levitique. C'est-à-dire , les reglemens qui leur pres- «
crivoient leurs offices. Ce qui luy faisoit dire avec
confiance : O Dieu souvenez-vous de moy en bien : « Ibid. 1430.
& n'oubliez pas le soin que j'ay eu de la maison « 31.
de mon Dieu , & de ses ceremonies , & de l'ordre «
sacerdotal & levitique. «

O Princes ! suivez ces exemples. Prenez en vôtre
garde tout ce qui est consacré à Dieu : & non-seulement les personnes ; mais encore les lieux , & les
biens , qui doivent être employez à son service.
Protegez les biens des églises , qui sont aussi les
biens des pauvres. Souvenez-vous d'Heliodore, & 2. Mach.
de la main de Dieu qui fut sur luy , pour avoir III. 24. &
voulu envahir les biens mis en dépôt dans le tem- seq.
ple. Combien plus faut-il conserver les biens , non-
seulement déposez dans le temple , mais donnez
en fonds aux églises.

IX. PROPOSITION.

*Réfléxion que doivent faire les rois à l'exemple de Da-
vid sur leur liberalité envers les églises : &
combien il est dangereux de mettre la main dessus.*

Ces grands biens viennent des rois, je l'avoüe :

ils ont enrichi les églifes de leurs liberalitez ; &
les peuples n'en ont point fait, fans que leur autorité y ait concouru : mais tout ce qu'ils ont donné,
» ils l'avoient premierement reçeu de Dieu. Qui fuis-
» je ? difoit David : Qu'eft-ce que tout mon peuple,
» que nous ozions vous promettre tous ces prefens
» pour vôtre temple ? Tout eft à vous, & nous vous
» donnons ce que nous avons reçeu de vôtre main.

1. Paralip. XXIX. 14.

» Il continuë : Nous fommes des voyageurs, &
» des étrangers devant vous comme tous nos peres.
Nous n'avons rien qui nous foit propre : nôtre
» vie même n'eft pas à nous. Nos jours s'en vont
» comme une ombre, & nous n'avons qu'un mo-
» ment à vivre. (Tout nous échape, & il n'y a rien
» qui foit à nous.) O Seigneur nôtre Dieu, toute
» cette abondance de richeffes que nous preparons
» pour vôtre faint temple, vient de vôtre main, &
» tout eft à vous.

Ibid. 15.

Ibid. 16.

Quel attentat de ravir à Dieu ce qui vient de
luy, ce qui eft à luy, & ce qu'on luy donne ; &
de mettre la main deffus pour le reprendre de deffus les autels ?

Mais le peril eft bien plus grand de mettre la
» main fur les miniftres de Dieu : Ne touchez point
» à mes oints ? dit David : Il parloit d'Abraham &
d'Ifaac qui étoient au rang de fes facrificateurs &
» de fes miniftres. Dieu ne permet pas au peuple de
» leur nuire, & il châtie les rois qui les offenfent.

Pf. civ. 15.

Ibid. 14.

» Herodes fit couper la tête à Jacques frere de Jean:
» & par complaifance pour les Juifs, il ajoûta à fon

Act. xii. 1. 2. 3. 4.

crime de mettre la main même fur Pierre , qu'il «
fit garder par feize foldats ; dans le deffein de l'ex- «
pofer au peuple aprés la fête de pâque. Mais Dieu «
qui le deftinoit à fouffrir dans un autre temps , &
dans un lieu plus celebre , non-feulement le fçut
tirer de la prifon, mais il fçut encore faire fentir au
tyran fa main puiffante. Car peu de temps aprés,
livré à un orgüeil infenfé , pendant qu'il fe laiffoit loüer & admirer comme un Dieu : L'Ange « Ibid. 22.23.
du Seigneur le frapa , & il mourut mangé de vers. « 24.

Saül qui fit maffacrer Abimelec & les autres facrificateurs pour avoir favorifé David , eft en abomination devant Dieu & devant les hommes. Ses « I-Reg.xxii
officiers à qui il commanda de les tuer , eurent hor- « 16. 17. 18.
reur d'étendre leurs mains contre les prêtres du «
Seigneur. Et il n'y eut que Doeg Iduméen , un «
étranger & de la race des impies, qui ozât foüiller
fes mains de leur fang , fans refpecter le faint habit qu'ils portoient. David pour avoir été l'occafion innocente de ce meurtre facrilege en fremit.
Je fuis coupable, dit-il , de ce fang injuftement « bid. 21.23.
répandu. Il prit en fa protection Abiathar, fils d'A- «
bimelec. Demeurez avec moy, luy dit-il ; ne crai- «
gnez rien ; qui en veut à vôtre vie attaque la «
mienne, & mon falut eft infeparable du vôtre. «

X. PROPOSITION.

Les rois ne doivent pas entreprendre sur les droits, & l'autorité du sacerdoce : & ils doivent trouver bon que l'ordre sacerdotal les maintienne contre toute sorte d'entreprises.

Lors qu'Ozias voulut entreprendre sur ces droits sacrez, & porter sa main à l'encensoir, les prêtres étoient obligez par la loy de Dieu à s'y opposer; autant pour le bien de ce prince que pour la conservation de leur droit, qui étoit comme on a dit celuy de Dieu. Ils le firent avec vigueur : & se mettant devant le roy avec leur pontife à leur tête;

2. Paralip. XXVI. 16. 17. 18.

» ils luy dirent : Ce n'est point vôtre office, Ozias, » de brûler de l'encens devant le Seigneur ; mais c'est » celuy des sacrificateurs & des enfans d'Aaron, que » Dieu a deputé à ce ministere. Sortez du sanctuaire: » ne méprisez pas nôtre parole : car cette entreprise » par laquelle vous pretendez vous honorer, ne vous » sera pas imputée à gloire par le Seigneur nôtre » Dieu.

Au lieu de ceder à ce discours, & à l'autorité

Ibid 19. 20. 21.

» du pontife & de ses prêtres : Ozias se mit en co-» lere, menaçant les prêtres, persistant à tenir en

Amos. 1. 1. Zac. XIV. 5.

» main l'encensoir pour offrir l'encens. La terre trem-» bla. La lepre parut sur le front de ce prince en pre-» sence des prêtres, qui (avertis par ce miracle) fu-» rent contraints de le chasser du sanctuaire. Luy-» même effrayé d'un coup si soudain sentit qu'il ve-» noit de la main de Dieu : & prit la fuite. La lepre

ne le quitta plus : il le fallut feparer, felon la loy. «
Et fon fils Joathan prit l'adminiftration du royau- «
me. Et le gouverna fous l'autorité du roy fon pere. «

Au contraire le pieux roy Jofaphat, loin de rien
attenter fur les droits facrez du facerdoce ; diftin-
gua exactement les deux fonctions, la facerdotale
& la royale, en donnant cette inftruction: Aux le- « 2. Par, XIX,
vites, aux facrificateurs, & aux chefs des familles « 11.
d'Ifraël, qu'il envoya dans toutes les villes pour y «
regler les affaires. Amarias facrificateur vôtre pon- «
tife, conduira ce qui regarde le fervice de Dieu, «
& Zabadias fils d'Ifmahel, qui eft chef de la mai- «
fon de Juda, conduira celles qui appartiennent à «
la charge de roy : & vous aurez les levites, pour «
maîtres & pour docteurs. «

On voit avec quelle exactitude il diftingue les
affaires, & determine à chacun de quoy il fe doit
mêler : ne permettant pas à fes miniftres d'attenter
fur les miniftres des chofes facrées ; ny recipro-
quement à ceux-cy d'entreprendre fur les droits
royaux.

A la verité nous avons vû que les rois fe font
mêlez des chofes faintes : nous avons vû en même
temps que c'étoit en execution des anciens reglemens ; & des ordres déja donnez de la part de Dieu:
& encore avec les pontifes, les facrificateurs & les
prophetes.

Les chofes faintes refervées à l'ordre facerdotal,
font encore plus clairement diftinguées dans le
nouveau teftament ; d'avec les chofes civiles, &

X x iij

temporelles, refervées aux princes. C'eft pourquoy les rois chrêtiens dans les affaires de la religion, fe font foumis les premiers aux décifions ecclefiafti-ques. Cent exemples le feroient voir, fi la chofe étoit douteufe, mais en voicy un entre les autres, qui regarde les rois de France.

XI. Proposition.

Exemple des rois de France, & du Concile de Calcedoine.

Les fectateurs d'Elipandus Archevêque de To-lede, & de Felix évêque d'Urgel, qui renouvel-loient en Efpagne l'herefie de Neftorius; prierent Charlemagne de prendre connoiffance de ce dif-ferent, avec promeffe de s'en rapporter à fa déci-fion. Ce prince les prit au mot, & accepta l'offre; dans le deffein de les ramener à l'unité de la foy, par l'engagement où ils étoient entrez. Mais il fça-voit comme un prince peut être arbitre en ces ma-tieres. Il confulta le faint Siege, & en même temps les autres évêques, qu'il trouva conformes à leur chef: & fans difcuter davantage la matiere, dans fa lettre qu'il écrit aux nouveaux docteurs, il leur

Epift Car. Mag. adEli pand. Tom. II. Conc. Gall.

envoye : Les lettres, les décifions, & les decrets formez par l'autorité ecclefiaftique : les exhortant à s'y foumettre avec luy, & à ne fe croire pas plus fçavans que l'églife univerfelle. Leur déclarant en même temps : Qu'aprés ce concours de l'autorité du Siege Apoftolique, & de l'unanimité fynodale :

ny les novateurs ne pouvoient plus éviter d'être « tenus pour heretiques : ny luy-même, & les au- « tres fideles n'ozoient plus avoir de communion a- « vec eux. Voilà comme ce prince décida : & sa dé- « cision ne fut autre chose, qu'une soumission abso- « luë aux décisions de l'église.

Voilà pour ce qui regarde la foy. Et pour la discipline ecclesiastique : il me suffit de rapporter icy l'ordonnance d'un empereur roy de France : Je « veux, dit-il aux évêques, qu'appuyez de nôtre « secours, & secondez de nôtre puissance, comme « le bon ordre le prescrit, vous puissiez executer « ce que vôtre autorité demande. Par tout ailleurs « la puissance royale donne la loy, & marche la premiere en souveraine. Dans les affaires ecclesiastiques, elle ne fait que seconder, & servir : *Famul ante ut decet potestate nostrâ :* ce sont les propres termes de ce prince. Dans les affaires non-seulement de la foy, mais encore de la discipline ecclesiastique, à l'église la décision : au prince la protection, la défense, l'execution des canons & des regles ecclesiastiques.

C'est l'esprit du christianisme, que l'église soit gouvernée par les canons. Au concile de Calcedoine, l'empereur Marcien souhaitant qu'on établit dans l'église certaines regles de discipline, luymême en personne les proposa au concile ; pour être établies par l'autorité de cette sainte assemblée. Et dans le même concile, s'étant émeuë sur le droit d'une Metropole une question, où les loix

Marginal notes:

Lud. Pii. Capit. 11. Tit. 1V. T. 11. Conc. Gall.

Conc. Calched. Act. VI.

de l'empereur fembloient ne s'accorder pas avec les
canons : les juges prépofez par l'empereur pour
maintenir le bon ordre d'un concile fi nombreux,
où il y avoit fix cens trente évêques; firent remarquer cette contrarieté aux peres : & leur demanderent ce qu'ils penfoient de cette affaire. Auffi-
» tôt le faint concile s'écria d'une commune voix:
» Que les canons l'emportent : qu'on obéïffe aux ca-
» nons. Montrant par cette réponfe, que fi par condefcendance & pour le bien de la paix , elle cede
en certaines chofes qui regardent fon gouvernement à l'autorité feculiere : fon efprit quand elle
agit librement , (ce que les princes pieux luy dé-
ferent toûjours tres-volontiers) eft d'agir par fes
propres regles , & que fes decrets prevalent par
tout.

Conc. Cal-
ched. Act.
xiii.

XII. PROPOSITION.

Le facerdoce & l'empire font deux puiffances indépen-
dantes , mais unies.

Le facerdoce dans le fpirituel , & l'empire dans
le temporel , ne relevent que de Dieu. Mais l'ordre ecclefiaftique reconnoît l'empire dans le temporel : comme les rois dans le fpirituel , fe recon-
noiffent humbles enfans de l'églife. Tout l'état du
monde roule fur ces deux puiffances. C'eft pourquoy elles fe doivent l'une à l'autre un fecours mu-
» tuel. Zorobabel , (qui reprefentoit la puiffance
» temporelle) fera revêtu de gloire , & il fera affis
» & dominera fur fon trône : & le pontife ou le
facrificateur

Zach. vi.
13.

facrificateur fera fur le fien , & il y aura un con- «
feil de paix , (c'eft-à-dire , un parfait concours) «
entre ces deux. «

XIII. PROPOSITION.

En quel peril font les rois , qui choififfent de mauvais
pafteurs.

Cecy fe dit à l'occafion des rois qui ont reçu de
l'églife , fous quelque forme que ce foit , le droit
de nommer ou de prefenter aux évêchez , & aux
autres prelatures. Principalement à l'occafion des
rois de France , qui ont ce droit par un concordat
perpetuel. Je ne craindray point de dire , que c'eft
la partie la plus importante de leurs foins , & auffi
la plus dangereufe : & dont ils rendront à Dieu un
plus grand compte.

Toute l'inftruction du peuple dépend de là. Les « Malach. II.
lévres du facrificateur gardent la fcience , & le « 7.
peuple recherche la loy dans fa bouche. Le roy « Deut. XVII.
même la reçoit de fa main. C'eft l'Ange , (c'eft « 18.
Malach.
l'envoyé , c'eft l'ambaffadeur) du Seigneur des ar- « Ibid.
mées. Nous fommes ambaffadeurs pour Jefus-Chrift, « 2. Cor. v.
dit faint Paul , & Dieu exhorte par nous. « 20.

L'experience ne fait que trop voir , que l'ignorance ou les defordres des pafteurs ont caufé prefque tous les maux de l'églife , & des fcandales à
faire tomber en erreur, s'il fe pouvoit, jufqu'aux
élûs.

Si donc les pafteurs ne font, comme dit faint
Paul : Des ouvriers irreprochables , qui fçachent « 2. Tim. II.
15.

Y y

»traiter droitement la parole de verité. C'eft la plus
grande tentation du peuple fidele.

Matth. v. 14. 15.

» Jefus-Chrift a établi fes apôtres : Pour être la
» lumiere du monde : & les a mis fur le chandelier,
» pour éclairer la maifon de Dieu. (Plus encore par

Matth. vi. 23.

» leur bonne vie , que par leur doctrine.) Mais fi la
» lumiere qui eft en nous n'eft que tenebres , que
» feront les tenebres mêmes ?

Vous donc , qui regardez plus ou la brigue ou la
faveur que le merite , en mettant des fujets indignes ou par l'ignorance ou par la vie , avez-vous entrepris de rendre le facerdoce , & l'églife même
méprifable ? Ecoutez ce que dit un prophete à de

Malach. II. 8. 9.

» tels pafteurs : Vous vous êtes détournez de la voye,
» & vous avez fcandalifé le peuple de Dieu, en n'ob-
» fervant pas la loy (que vous prêchiez :) je vous
» ay livré au mépris des peuples : (vous tomberez
» dans le decri) vous ferez vils à leurs yeux.

Matth v.13.

» Car que fera-t'on : D'un fel infipide & affady ? Il
» n'eft plus bon , dit le Fils de Dieu , que pour être
» foulé aux pieds.

Eccli. L. 1. 12.

» Il eft écrit de Simon fils d'Onias, fouverain pontife : Qu'en montant au faint autel, il honoroit &
» ornoit le faint habit qu'il portoit. Par une raifon
contraire , les pontifes qui ne font pas faints, en
montant à l'autel deshonorent le faint habit qui les
fait regarder avec tant de refpect ; & terniffent l'é-
clat de l'églife , & de la religion.

Que ferez-vous donc , ô prince, pour éviter le
malheur de donner à l'églife de mauvais pafteurs,

Faites ce que dit faint Paul : Qu'ils foient éprou- « I. Tim. III.
vez , & puis qu'ils fervent. S'il parle ainfi des dia- « 13.
cres, que diroit-il des évêques ? Le Clergé eft une
milice : ne mettez pas à la tête celuy qui n'a jamais
eu de commandement. Confultez la voix publique.
Il faut , dit faint Paul, que celuy qu'on veut faire « Ibid. 7.
évêque , ait bon témoignage, même de ceux de de- «
hors : (même s'il peut des heretiques , & des infi- «
deles : à plus forte raifon des fideles) de peur qu'il «
ne tombe dans le mépris. «

Toutes les fois qu'il faut nommer un évêque ; le
prince doit croire que Jefus-Chrift même luy parle
en cette forte : O prince qui me nommez des miniftres , je veux que vous me les donniez dignes
de moy. Je vous ay fait roy, faites-moy regner,
& donnez-moy des miniftres qui puiffent me faire
obéir. Qui m'obéit vous obéit : vôtre peuple eft le
peuple que j'ay mis en vôtre garde. Mon églife
eft entre vos mains. Ce choix n'étoit pas naturellement de vôtre office : vous avez voulu vous en
charger : prenez garde à vôtre peril , & à mon fervice.

Les rois ne doivent pas croire, fous pretexte
qu'ils ont le choix des pafteurs , qu'il leur foit libre de les choifir à leur gré : ils font obligez de les
choifir tels que l'églife veut qu'on les choififfe. Car
l'églife leur en laiffant la nomination ou le choix,
n'a pas pretendu exempter fes miniftres de fa dif-
cipline.

L'abregé de toutes les loix de l'églife eft celle-cy du Concile de Trente. En choififfant les évêques :

Conc. Trid.
feff. xxiv.
de reform.

Eccli. x. 2.

Conc. Trid.
Ibid.

» On eft obligé de choifir ceux qu'on jugera en con-
» fcience les plus dignes, & les plus utiles à l'églife,
» à peine de peché mortel. Decret qu'on ne peut trop
» lire, & trop fouvent inculquer aux princes. Telle
» eft la ville, quel eft fon conducteur : dit le faint
» Efprit. Ainfi : Tout l'état, & tout l'ordre de la fa-
» mille de Jefus-Chrift eft en peril, fi ce qu'on veut
» trouver dans le corps ne fe trouve auparavant dans
» le chef : dit le Concile de Trente. Il en eft de mê
me à proportion, de tous les prelats, & de tous les
miniftres de l'églife.

Le prince par un mauvais choix des prelats, fe
charge devant Dieu & fon églife du plus terrible de
tous les comptes : & non-feulement de tout le mal
qui fe fait par les indignes prelats ; mais encore de
l'omiffion de tout le bien qui fe feroit, s'ils étoient
meilleurs.

XIV. PROPOSITION.

Le prince doit proteger la pieté, & affectionner les
gens de bien.

Gen. xviii
26. & feq.

» Ils font le foutien de fon état. S'il fe trouve cin-
» quante juftes dans cette ville abominable (qu'on
» ne nomme pas.) S'il s'y en trouve quarante-cinq,
» s'il s'y en trouve quarante, ou trente, ou vingt.
» S'il s'y en trouve jufqu'à dix, je ne perdray pas la
ville pour l'amour de ces dix juftes : Dit le Seigneur à Abraham.

XV. PROPOSITION.

Le prince ne souffre pas les impies , les blasphémateurs,
les jureurs , les parjures, ny les devins.

Le roy sage dissipe les impies , & courbe des « Prov. xx.
voutes sur eux. Il les enferme dans des cachots, « 16.
d'où personne ne les peut tirer. Ou comme d'autres traduisent sur l'original : Il tourne des rouës sur «
eux. Il les brise , il les met en poudre en faisant rou- «
ler sur eux des chariots armez de fer. Comme fit   Jud. viii.
Gedeon à ceux de Socoth : & David aux enfans   16.
d'Ammon.   2. Reg. xii.
                                                    31.
                                                    1. Par. xx. 3.

Le Seigneur dit à Moïse : Menez le blasphéma- « Levit.xxiv.
teur hors du camp : (il ne faut point qu'on y res- « 13. & seq.
pire le même air que luy , & son dernier soupir
exhalé dedans,l'infecteroit :) Et que ceux qui l'ont «
oüi mettent la main sur sa tête , (en témoignage) «
& que tout le peuple le lapide. Et tu diras , ajoute- «
t-il, à tout Israël : Celuy qui maudit son Dieu por- «
tera son peché, que celuy qui blasphême le nom «
du Seigneur meure de mort. Toute la multitude «
l'accablera de pierre , soit qu'il soit citoyen ou étran- «
ger. Chacun se doit purger de la part qu'on pour- «
roit avoir à un crime si abominable.

Nabuchodonosor un prince infidele , étonné des
merveilles de Dieu qui avoit délivré des flammes
ces trois jeunes hommes si celebres dans l'histoire
sainte, fit cette ordonnance : C'est de moy, dit-il, « Dan. iii.
qu'est party ce decret royal : Quiconque blasphe- « 96.
mera contre le Dieu de Sidrac , Misac, & Abdé- «

» nago ; qu'il periſſe , & que ſa maiſon ſoit renver-
» ſée : car il n'y a pas un autre Dieu , qui puiſſe ſau-
» ver comme celuy-là.

Le parjure eſt un impie , & un blaſphémateur :
Exod. xx. 7. » Qui prend le nom de Dieu en vain. Qui par là
traite Dieu de choſe vaine : qui ne croit pas que
Dieu ſoit juſte , ny puiſſant , ny veritable : qui le
défie de luy faire du mal , & ne craint non plus ſa juſtice qu'il invoque contre ſoy-même , que ſi au lieu
de Dieu il nommoit une idole vaine & muette.

Le jurement frequent tient du blaſphême , & ex-
Eccli. xxvij. » poſe au parjure. Le diſcours mêlé de beaucoup de
15. » ferment fait dreſſer les cheveux : & l'irreverence
» du nom de Dieu pris en vain , fait boucher les oreil-
Ibid. xxiii. » les. L'homme qui jure beaucoup ſera remply d'ini-
12. » quité , & la playe ne ſortira point de ſa maiſon.

C'eſt par la même raiſon que le prince doit exterminer de deſſus la terre les devins & les magi-
ciens ; qui s'attribuént à eux-mêmes , ou qui attri-
1. Reg. buënt aux demons la puiſſance divine. Et on ſçait
xxviii. cy- ce qui arriva à Saül , pour avoir luy-même violé
devant pag. l'ordonnance qu'il avoit faite contre cette impieté.
231.

XVI. PROPOSITION.

Les blaſphêmes font perir les rois, & les armées.

Sennacherib roy d'Aſſyrie aprés avoir fait à Ezechias , & à ſon peuple , des menaces pleines de blaſphêmes : & leur avoir envoyé des ambaſſadeurs
4. Reg. 10 » avec une lettre où étoient ces paroles : Que vôtre
11. 12. 13. » Dieu en qui vous mettez vôtre confiance , ne vous

trompe pas. Les Dieux des autres nations les ont- «
ils fauvez ? Où eft le roy d'Emat, & le roy d'Ar- «
phad, & les rois de tant d'autres peuples vaincus ? «
Qui ont invoqué leurs Dieux inutilement contre
moy. Voicy, dit Ezechias, un jour d'affliction, un « Ibid. 3. 4.
jour de menace, un jour de blafphême. (Mais, ô «
Seigneur, nous ne pouvons rien.) Tout ce peuple
fait des efforts inutiles : Semblables à ceux d'une «
femme dont l'enfant eft prêt à fortir, & qui n'a «
pas affez de force pour accoucher. Mais peut-être «
que Dieu écoutera les blafphêmes de fes ennemis: «
f qui le comparent aux idoles des Gentils.) Et Eze- « Ibid. 14. 15.
chias prit les lettres de la main des ambaffadeurs : « 35.
& il alla dans le temple, & il les étendit tout ou- «
vertes devant le Seigneur. Il n'eut point de plus «
fortes armes. Et les blafphêmes de ce prince impie le firent perir luy & fon armée : & il y eut
en une nuit, cent quatre-vingt mille hommes égorgez de la main d'un ange.

Quoique Dieu ne faffe pas toûjours des executions
fi éclatantes, il fçait vanger les blafphêmes par des
voyes auffi efficaces, quoique plus cachées. Celuy
qui avoit envoyé fon ange contre Sennacherib,
infpira contre Nicanor un invincible courage à
Judas le Machabée, & à fes foldats. L'impie perit
avec fon armée immenfe qui menaçoit le ciel : La « 2. Mach. xv.
main qu'il avoit levée contre le temple y fut atta- « 4. 5. 32. 33.
chée. Sa tête fut expofée au haut d'une tour. Et fa « 34.
langue dont il avoit dit : Y a-t-il un Dieu puiffant «
dans le ciel ? Et moy je fuis puiffant fur la terre : «

» fut donnée en proye aux oyſeaux du ciel. Et tous
» les cieux benirent le Seigneur en diſant : Beny ſoit
» Dieu qui a conſervé ſon temple.

XVII. PROPOSITION.

Le prince eſt religieux obſervateur de ſon ſerment.

Cy-devant
pag. 289.
Hebr. VI.
16.

　　Nous avons vû les qualitez du ſerment marquées
» par ſaint Paul : Et premierement : Qu'on jure par
» plus grand que ſoy.

　　Cela regarde les rois d'une maniere toute ſpe-
ciale. On jure par plus grand que ſoy. C'eſt à dire,
on jure par ſon ſouverain , par ſon juge. Dieu eſt
le ſouverain des rois , & des puiſſances ſuprêmes.
Il eſt leur juge ſpecial, parce que luy ſeul les peut
juger ; & qu'il faudroit qu'il les jugeât, quand il
ne jugeroit pas le reſte des hommes.

Ibid. 18.

　　On jure, ajoûte l'apôtre par quelque choſe d'im-
» muable. Ce qu'il explique en diſant : Qu'on jure
» par quelque choſe qui ne peut mentir, ny tromper
» perſonne. Et c'eſt ce qui devoit être principalement ordonné à l'égard des rois : parce que tout
le monde étant ſi porté à les flater , & à les tromper ; il falloit prendre contre eux pour témoin, &
pour juge , celuy qui ſeul ne les flate pas.

　　Le prince jure à Dieu dans ſon ſacre (comme
nous allons le voir plus au long) de maintenir les
privileges des égliſes : de conſerver la foy catholique, qu'il a reçûë de ſes peres : d'empêcher les
violences, & de rendre juſtice à tous ſes ſujets. Ce
ſerment eſt le fondement du repos public : & Dieu
eſt

eft d'autant plus obligé par fa propre verité à fe le faire tenir, qu'il en eft le feul vangeur.

Il y a un autre forte de ferment, que les puiffances fouveraines font à leurs égales ; de garder la foy des traitez. Car comme dans tout traité, on fe foumet pour l'execution à quelque juge : ceux qui n'ont pour juge que Dieu, ont recours à luy dans leurs traitez, comme au dernier appuy de la paix publique.

De tout cela il refulte, que les princes qui manquent à leurs ferments, (ce qu'à Dieu ne plaife qu'il leur arrive jamais :) autant qu'il eft en eux rendent vain ce qu'il y a de plus ferme parmy les hommes : & en même temps rendent impoffible la focieté & le repos du genre humain. Par où ils font Dieu, & les hommes, leurs juftes & irreconciliables ennemis : puis que pour les concilier, il ne refte plus rien au deffus de ce qu'ils ont rendu nul.

Qui ne fent pas combien cela eft terrible, n'a plus rien qu'il puiffe fentir, que l'enfer même : & la vangeance de Dieu, manifeftement, & impitoyablement déclarée.

XVIII. PROPOSITION.

Où l'on expofe le ferment du facre des rois de France.

L'Archevêque confacrant, ou les évêques, parlent en ces termes au roy dés le commencement de fon facre, au nom de toutes les églifes qui luy font

Ceremonial François, pag. 14.

Z z

» fujettes : Nous vous fupplions d'accorder à nous,
» & à nos églifes, que vous conferverez & défendrez
» le privilege canonique, avec la loy, & la juftice,
» qui leur eft dûë. Ce qui comprend les immunitez
ecclefiaftiques, également établies par les canons,
» & par les loix. Et le roy répond : Je vous promets
» de conferver à vous, & à vos églifes, le privilege
» canonique, avec la loy, & la juftice qui leur eft dûë.
» Et je leur promets de leur accorder la défenfe de ces
» chofes ; ainfi qu'un roy la doit accorder par droit dans
» fon royaume, à un évêque, & à l'églife qui luy
» eft commife.

Puis on chante le *Te Deum.* Et le roy debout fait
Ibid. » les promeffes fuivantes : Je promets au nom de Jefus-
» Chrift, ces trois chofes au peuple chrêtien qui m'eft
» fujet. Premierement, que tout le peuple chrêtien
» de l'églife de Dieu conferve en tout temps fous nos
» ordres, la paix veritable. En fecond lieu, que j'in-
» terdife toute rapacité, & iniquité. En troifiéme
» lieu, qu'en tout jugement, j'ordonne l'équité, &
» la mifericorde.

pag. 16. Aprés qu'on a dit les Litanies : Le prince profterné fe releve, & eft interrogé en cette forte par
» le feigneur Metropolitain : Voulez-vous tenir la
» fainte foy, qui vous a été laiffée par des hommes
» catholiques, & l'obferver par des bonnes œuvres.
» Et le roy répond : Je le veux. Le Metropolitain con-
» tinuë : Voulez-vous être le tuteur, & le défenfeur
» des églifes, & des miniftres des églifes. Et le roy
» répond : Je le veux. Le Metropolitain demande en-

core : Voulez-vous gouverner & défendre vôtre «
royaume qui vous a été accordé de Dieu , selon la «
justice de vos peres. Et le roy répond : Je le veux : «
& autant qu'il me sera possible , avec la grace de «
Dieu , en consolation à tout le monde. Ainsi je «
promets de le faire fidelement , en tout, & par tout. «

On luy demande enfin: S'il veut défendre les saintes « Pag. 16.17.
églises de Dieu , & leurs pasteurs, & tout le peuple «
qui luy est soûmis, justement & religieusement par «
une royale providence , selon les coûtumes de ses «
peres. Et aprés qu'il a répondu : Qu'il le fera de «
tout son pouvoir. L'évêque demande au peuple : «
S'il ne s'engage pas à se soûmettre à un tel prince, «
(qui luy promet la justice, & toute sorte de bien :) «
& s'assujettir à son regne, avec une ferme fidelité; «
& obéïr à ses commandemens , selon ce que dit «
l'Apôtre : Que toute ame soit assujettie aux puis- « Rom xiii.
sances superieures : Soit au roy , comme étant au « I. Petr. 11.
dessus de tous les autres. Qu'alors qu'il soit répondu « 13.
d'une même voix , par tout le clergé , & par tout «
le peuple : Qu'il soit ainsi : Qu'il soit ainsi. Amen. «
Amen. «

Aprés l'onction accoûtumée, un évêque fait cette Pag. 19.
priere : Accordez-luy , Seigneur , qu'il soit le fort «
défenseur de sa patrie, le consolateur des églises & «
des saints monasteres ; avec une grande pieté , & «
une royale munificence. Qu'il soit le plus coura- «
geux, & le plus puissant de tous les rois : le vain- «
queur de ses ennemis. Qu'il abatte ceux qui se sou- «
leveront contre luy, & les nations payennes. Qu'il «

» soit terrible à ses ennemis , par la grande force de
» la puissance royale. Qu'il paroisse magnifique , ay-
» mable , & pieux , aux grands du royaume : & qu'il
» soit craint , & aymé de tout le monde.

pag. 20. 21.   En luy donnant le sceptre , la main de justice,
» & l'épée , l'Archevêque luy dit : Que cette épée
» est benite , afin d'être selon l'ordre de Dieu , la
» défense des saintes églises : & on l'avertit de se sou-
» venir de celuy à qui il a été dit par le prophete :
Psal. XLIV. » Mettez vôtre épée à vôtre côté , ô tres-puissant.
4. » Afin que l'équité ait toute sa force : que les rem-
» parts de l'iniquité soient puissamment détruits : &
» enfin que vous meritiez par le soin que vous pren-
» drez de la justice, de regner éternellement avec le
» Fils de Dieu , dont vous êtes la figure.

Page 33.   »   Le roy promet aussi : De conserver la souverai-
» neté , les droits , & noblesses de la couronne de
» France : sans les aliener , ou les transporter à per-
» sonne. Et d'exterminer de bonne foy , selon son
» pouvoir, tous heretiques notez , & condamnez par
» l'église. Et il affermit toutes ces choses par serment.

Ibid. p. 34. »   Dans la benediction de l'épée : On prie Dieu,
» qu'elle soit en la main de celuy qui desire s'en ar-
» mer pour la défense & la protection des églises,
» des veuves , des orphelins , & de tous les serviteurs
» de Dieu. Ainsi on montre , que la force n'est établie qu'en faveur de la justice & de la raison , &
pour soutenir la foiblesse.

Les richesses , l'abondance de toute sorte de biens,

la splendeur , & la magnificence royale , sont de-
mandées à Dieu pour le roy par cette priere: Faites, « Page 35.
Seigneur , que de la rosée du ciel & de la graisse «
de la terre , le bled , le vin , l'huile , & toute la ri- «
chesse & l'abondance des fruits luy soient données , «
& continuées , par la largesse divine. En sorte que «
durant son regne , la santé & la paix soit dans le «
royaume : & que la gloire , & la majesté de la di- «
gnité royale éclate dans le palais aux yeux de tout «
le monde ; & envoye par tout les rayons de la puis- «
sance royale. «

Cette splendeur doit porter dans tous les esprits,
une impression de la puissance des rois ; & paroître
comme une image de la cour celeste.

Quel compte ne rendront point à Dieu les princes,
qui negligeroient de tenir des promesses si solem-
nellement jurées ?

XIX. PROPOSITION.

Dans le doute , on doit interpreter en faveur du
serment.

C'est ainsi que fit Josué. La ville de Gabaon étoit   Jos. ix.
de celles que Dieu avoit destinées à la demeure de
son peuple : & dont il avoit ordonné que les habitans seroient passez sans misericorde au fil de l'é-
pée à cause de leurs crimes , aussi-bien que tous
les autres. Les Amorrhéens habitans de Gabaon,
effrayez des victoires de Josué & des Israëlites,
userent de finesse : & feignants de venir de païs bien
éloignez , ils les aborderent en disant : Qu'ils ve- « Ibid. 9.

Z z iij

» noient de loin , émerveillez des prodiges que Dieu
» faifoit en leur faveur, pour fe foumettre à leur em-
» pire. Ils firent tout ce qu'il falloit pour tromper Jofué , & les autres chefs ; qui leur promirent la vie
avec ferment.

Trois jours aprés on connut la verité. La queftion
fut de fçavoir , fi on s'en tiendroit à l'alliance jurée.
Deux fortes raifons s'y oppofoient : l'une étoit la
fraude de ces peuples , à qui on ne pardonna que
fur un faux expofé ; l'autre étoit le commandement
de Dieu , qui ordonnoit qu'on les exterminât entierement. Mais Jofué , & les chefs du peuple s'en
tinrent au ferment, & à l'alliance.

Contre la furprife on difoit , qu'il falloit s'être
Ibid. 14. » informé de la verité avant que de s'engager : Et in-
» terroger la bouche du Seigneur. En quoy Jofué
avoit manqué. Mais que l'engagement étant pris,
& le nom de Dieu y étant interpofé , il s'en falloit
tenir là.

Au commandement divin de faire paffer tous ces
peuples au fil de l'épée , Jofué , & les chefs oppofoient un commandement plus ancien , & plus important, de ne prendre pas en vain le nom de Dieu.
Ibid. 19. » Nous avons juré par le nom du Seigneur Dieu d'If-
» raël que nous leur fauverions la vie : nous ne pou-
» vons la leur ôter. Tout le peuple qui murmuroit
auparavant , fe rendit à cette raifon : & approuva
la décifion de Jofué , & de fes chefs.

Jofué. x. Dieu même la confirma , lors qu'il délivra Gabaon des rois Amorrhéens qui la tenoient affiegée ;

par cette fameuse victoire où Josué arrêta le soleil.

Et long-temps aprés, du vivant de David ; parce que pendant le regne de Saül, ce prince cruel avoit voulu remuer cette question, & sous pretexte de zele, faire mourir les Gabaonites ; Dieu envoya la peste en punition de cet attentat, & ne se laissa fléchir qu'aprés qu'on eût puny rigoureusement la cruauté de Saül dans sa famille : soit qu'elle y eût concouru, soit qu'elle fût justement châtiée pour d'autres crimes. Ainsi la décision de Josué fut confirmée par une déclaration manifeste de la volonté de Dieu : & tout le peuple y demeura ferme jusqu'aux derniers temps.

La force de la décision eut un effet perpetuel : & non seulement sous les rois ; mais encore du temps d'Esdras, & au retour de la captivité.

C'est ainsi que furent sauvez les Gabaonites. La foy du peuple de Dieu ; la sainteté des sermens ; la majesté & la justice du Dieu d'Israël, éclaterent magnifiquement dans cette occasion. Et il resta à la posterité un exemple memorable, d'interpreter les traitez, en faveur du serment.

2. Reg. XXI. 1. 2. & seq.

2. Esdr. II. 70. VII. 7. 24. VIII. 17. 20. 2. Esdr. VII. 60. X. 28.

ARTICLE VI.

Des motifs de religion particuliers aux rois.

I. PROPOSITION.

C'eſt Dieu qui fait les rois, & qui établit les maiſons regnantes.

1. Reg. IX.
X. XVI.

SAül cherchoit les âneſſes de ſon pere Cis : David paiſſoit les brebis de ſon pere Iſaï : quand Dieu les a élevez d'une condition ſi vulgaire, à la royauté.

Comme il donne les royaumes, il les coupe par la moitié quand il luy plaît. Il fit dire à Jeroboam

3. Reg. II.
31. 32. 33.

» par ſon prophete : Je partageray le royaume de Sa-
» lomon, & je t'en donneray dix tribus : à cauſe
» qu'il a adoré Aſtharthé la Déeſſe des Sidoniens, &
» Chamos le Dieu de Moab, & Moloc le Dieu des
» enfans d'Ammon. Je luy laiſſeray une tribu à cauſe
» de David mon ſerviteur : & Jeruſalem la cité
» ſainte que j'ay choiſie.

Le prophete Jehu fils d'Hanani, eut auſſi ordre de dire à Baaſa, le troiſiéme roy d'Iſraël aprés Je-

3. Reg. XVI.
1. 2. 3.

» roboam : Je t'ay élevé de la pouſſiere, & je t'ay
» donné la conduite de mon peuple d'Iſraël, & tu
» as marché ſur les voyes de Jeroboam, & tu as
» excité mon indignation contre toy : je te perdray
» toy, & ta maiſon.

4. Reg. IX.
4. 5. & ſeq.

» Par la même autorité : Un prophete alla à Jehu
» fils de Joſaphat, fils de Namſi : & le trouvant au
milieu

milieu des grands, il dit tout haut : O prince j'ay « à vous parler. A qui de nous voulez-vous parler, « répondit Jehu. A vous, prince, continua le pro- « phete. Et il le tira selon l'ordre qu'il avoit re- « çu de Dieu, dans le cabinet le plus secret de la « maison, & luy dit : Le Seigneur vous a oint roy « sur le peuple d'Israël : & vous détruirez la maison « d'Achab vôtre seigneur. «

Dieu exerce le même pouvoir sur les nations in- « 3.Reg. xix. fideles. Va, dit il, au prophete Elie, retourne sur tes « 15. pas par le desert jusqu'à Damas : & quand tu y seras « arrivé, tu oindras Hazaël pour être roy de Syrie. «

Par ces actes extraordinaires, Dieu ne fait que « manifester plus clairement, ce qu'il opere dans tous les royaumes de l'univers, à qui il donne des maîtres tels qu'il luy plaît. Je suis le Seigneur, dit- « Jer. xxvii. il, c'est moy qui ay fait la terre avec les hommes « 5. & les animaux : & je les mets entre les mains de « qui je veux. «

C'est Dieu encore qui établit les maisons re- gnantes. Il a dit à Abraham : Les rois sortiront de « Gen. xvii. vous. Et à David : Le Seigneur vous fera une mai- « 6. 2. Reg. vii. son. Et à Jeroboam : Si tu m'es fidele, je te feray « 11. une maison comme j'ay fait à David. « 3. Reg. xi. « 38.

Il détermine le temps que doivent durer les mai- sons royales. Tes enfans seront sur le trône, jusqu'à « 4. Reg. x. la quatriéme generation, dit-il à Jehu. « 30.

J'ay donné ces terres à Nabuchodonosor roy de Ba- « Jer. xxvii. bylone. Ces peuples seront assujettis à luy, à son fils, « 7. & au fils de son fils, jusqu'à ce que le temps soit venu. «

» Et tout cela eſt la ſuite de ce conſeil éternel,
» par lequel Dieu a reſolu : De faire ſortir tous les
» hommes d'un ſeul, pour les répandre ſur toute la
» face de la terre, en déterminant les temps, & les
» termes de leur demeure.

Act. XVII.
26.

II. PROPOSITION.

Dieu inſpire l'obéiſſance aux peuples : & il y laiſſe ré-
pandre un eſprit de ſoulevement.

Dieu qui tient en bride les flots de la mer, eſt
le ſeul qui peut auſſi tenir ſous le joug l'humeur in-
docile des peuples. Et c'eſt pourquoy David luy
» chantoit : Beni ſoit le Seigneur mon Dieu : mon
» protecteur en qui j'eſpere : qui ſoumet mon peuple
» à ma puiſſance.

Pſ. CXLIII.
1. 2.

»   Il agit dans les cœurs des nouveaux ſujets qu'il
» avoit donnez à Saül : Et une partie de l'armée dont
» Dieu toucha le cœur, ſuivit Saül.

1. Reg. X.
26.

En inſpirant l'obéiſſance aux ſujets, il met auſſi
dans le cœur du prince une confiance ſecrette, qui
» le fait commander ſans crainte : Et Dieu donna à
» Saül un autre cœur. Luy qui ſe regardoit auparavant, comme le dernier de tout le peuple d'Iſraël;
prend en main le commandement & des peuples,
& des armées : & ſent en luy-même, toute la force
qu'il falloit pour agir en maître.

1. Reg. X. 9.
IX. 21.

Aprés que le prophete envoyé de Dieu eût parlé
» à Jehu pour le faire roy : Les Seigneurs luy de-
» manderent : Que vous vouloit cet inſenſé ? Et il
» leur dit. Le connoiſſez-vous, & ſçavez-vous ce

4. Reg. IX.
11. 12.

qu'il m'a dit ? Ils luy répondirent : tout ce qu'il «
aura dit est faux : mais ne laissez pas de nous le ra- «
conter. Voilà ce qu'ils dirent, peu disposez comme «
on voit à en croire le prophete. Mais Jehu ne leur
eut pas plûtôt rapporté, que ce prophete l'avoit
sacré roy. Que tous aussi-tôt prirent leurs manteaux, « Ibid. 13.
les étendant sous ses pieds en forme de tribunal, «
& firent sonner la trompette, & crierent : Jehu est «
roy. Et ils oublierent Joram leur roy legitime, pour «
qui ils venoient d'exposer leur vie dans une bataille
sanglante contre le roy de Syrie, & dans le siege
de Ramot Galaad. Tant Dieu changea promte-
ment les cœurs.

Il faut toûjours se souvenir, que ces choses si
extraordinaires ne servent qu'à manifester ce que
Dieu fait ordinairement, d'une maniere aussi efficace, quoique plus cachée. En même temps qu'il
inspire aux grands de suivre Jehu, par un secret
jugement de sa providence ; il se répand dans le
peuple un esprit de soulevement universel, & rien
ne se soûtient plus dans le royaume. Jehu marche
avec sa troupe conjurée à Jezraël où étoit le roy.
Comme on le vit arriver : Joram envoye pour luy « 4. Reg. 1.
demander, s'il venoit en esprit de paix ? De quel « 18. 19. 20.
paix me parlez-vous, dit-il à celuy, qui luy faisoit « 21.
ce message ? Passez icy, & suivez-moy. Joram en «
envoya un autre pour faire la même demande : il
reçeut la même réponse, & il imita le premier en
se joignant à Jehu. Le roy qui ne recevoit aucune
réponse, avance en personne avec le roy de Juda :

croyant étonner Jehu par la préfence de deux rois
unis, dont l'un étoit fon fouverain. Auffi-tôt qu'il

Ibid. 22. » eût apperceu Jehu, il luy dit : Venez-vous en paix?
» Quelle paix y a-t-il pour vous? repliqua-t-il. Et en
» même temps il banda fon arc, & perça d'un coup
» de fléche le cœur de Joram, qui tomba mort à fes
» pieds. Il reftoit dans le palais la reine Jezabel mere

Ibid. 30. & » de Joram: Elle parut à la fenêtre richement parée,
feq. » les yeux colorez d'un fard exquis. Qui eft celle-là,
» dit Jehu? Et il ordonne aux Eunuques de cette

Ibid. x. 1. » princeffe, de la précipiter du haut en bas. Aprés
& feq. toute cette fanglante execution, il envoye des ordres à Samarie, de faire mourir les enfans du roy:
& tous les grands du royaume refolurent de les
faire mourir au nombre de foixante & dix, dont
ils porterent les têtes à Jehu : & il envahit le royaume fans refiftance. Dieu vangea par ce moyen les
impietez d'Achab, & de Jezabel, fur eux & fur
leur maifon.

Voilà l'efprit de revolte qu'il envoye, quand il
veut renverfer les trônes. Sans autorifer les rebellions, Dieu les permet : & punit les crimes par
d'autres crimes, qu'il châtie auffi en fon temps:
toûjours terrible, & toûjours jufte.

III. PROPOSITION.

Dieu décide de la fortune des états.

3. Reg. xiv. » Le Seigneur Dieu frapera Ifraël, comme on re-
15. » muë un rofeau dans l'eau ; & l'arrachera de la bonne
» terre, qu'il avoit donnée à leurs peres : & comme

par un coup de vent , il les tranfportera à Baby- «
lone. Tant eft grande la facilité , avec laquelle il «
renverfe les royaumes les plus floriffans.

IV. PROPOSITION.

Le bonheur des princes vient de Dieu : & a fouvent
de grands retours.

Enflé d'une longue fuite de profperitez , un prince infenfé dit en fon cœur : Je fuis heureux , tout
me réüffit ; la fortune qui m'a toûjours été favorable gouverne tout parmy les hommes , & il ne
m'arrivera aucun mal. Je fuis reine, difoit Baby- « If. xlvii.7.
lone qui fe glorifioit dans fon vafte & redoutable 8.
empire : Je fuis affife (dans mon trône heureufe, «
& tranquille :) Je feray toûjours dominante ; ja- «
mais je ne feray veuve ; jamais privée d'aucun bien : «
jamais je ne connoîtray ce que c'eft que fterilité & «
foibleffe. Tu ne fonge pas infenfée , que c'eft Dieu «
qui t'envoye ta felicité : peut-être pour t'aveugler ,
& te rendre ton infortune plus infupportable. J'ay « Jer. xxvii.
tout mis entre les mains de Nabuchodonofor roy « 6. 7. 8.
de Babylone ; & jufqu'aux bêtes je veux que tout «
fléchiffe fous luy. Les rois & les nations qui ne «
voudront pas fubir le joug periront , non-feulement «
par l'épée de ce conquerant ; mais de mon côté je «
leur envoieray la famine & la pefte , jufqu'à ce «
que je les détruife entierement. Afin que rien ne «
manque , ny à fon bonheur , ny au malheur de
fes ennemis.

Mais tout cela n'eft que pour un temps : & cet

Dan. iv. 16.
27. » excés de bonheur à un prompt retour. Car pendant
» qu'il se promenoit dans sa Babylone, dans ses sales,
» & dans ses cours : & qu'il disoit en son cœur :
» N'est-ce pas cette grande Babylone, que j'ay bâtie
» dans ma force, & dans l'éclat de ma gloire. Sans
seulement jetter le moindre regard sur la puissance
Ibid. 28. 29. » suprême, d'où luy venoit tout ce bonheur : Une
» voix partit du ciel, & luy dit : Nabuchodonosor
» c'est à toy qu'on parle. Ton royaume te sera ôté à
» cet instant : on te chassera du milieu des hommes :
» tu vivras parmy les bêtes, jusqu'à ce que tu ap-
» prenes, que le Tres-Haut tient en sa main les em-
» pires, & les donne à qui il luy plaît.

O prince ! Prenez donc garde de ne pas considerer vôtre bonheur, comme une chose attachée
à vôtre personne : si vous ne pensez en même temps
qu'il vient de Dieu, qui le peut également donner
Is. xlvii. 9. » & ôter. Ces deux choses, la sterilité & la viduité
» viendront sur vous en un même jour : dit Isaïe.
1. Thess. v.
3. » Tous les maux vous accableront. Et pendant que
» vous n'aurez à la bouche, que la paix & la securité :
» la ruine survient tout à coup.

Ainsi le roy Baltazar au milieu d'un festin royal
qu'il faisoit avec ses seigneurs & ses courtisans en
Dan. v. 1.
& seq » grande joye : Ne songeoit qu'à loüer ses dieux d'or
» & d'argent, d'airain, & de marbre : Qui le com-
bloient de tant de plaisirs & de tant de gloire.
Quand ces trois doigts (si celebres) parurent en
l'air, qui écrivoient sa sentence sur la muraille :
» Mané : Thecel : Phares, Dieu a compté tes jours,

& ton regne eſt à ſa fin. Tu as été mis dans la balance, & tu as été trouvé leger. Ton empire eſt diviſé : & il va être livré aux Medes, & aux Perſes.

V. PROPOSITION.

Il n'y a point de haZard dans le gouvernement des choſes humaines : & la fortune n'eſt qu'un mot, qui n'a aucun ſens.

C'eſt en vain que les aveugles enfans d'Iſraël :
Dreſſoient une table à la Fortune, & luy ſacrifioient. « Iſ. lv. 11.
Ils l'appelloient la reine du ciel, la dominatrice de
l'univers : & diſoient à Jeremie : O prophete ! Nous « Jer. xliv. 17.
ne voulons plus écouter vos diſcours : nous en fe- «
rons à nôtre volonté. Nous ſacrifierons à la reine «
du ciel : & nous luy ferons des effuſions, comme «
ont fait nos peres, nos princes, & nos rois. Et tout «
nous réüſſiſſoit, & nous regorgions de biens. «

C'eſt ainſi que ſeduits par un long cours d'heureux ſuccés, les hommes du monde donnent tout
à la fortune ; & ne connoiſſent point d'autre divinité. Où ils appellent la reine du ciel, l'étoile dominante & favorable, qui ſelon leur opinion fait
proſperer leurs deſſeins. C'eſt mon étoile, diſent-
ils ; c'eſt mon aſcendant, c'eſt l'aſtre puiſſant, &
benin, qui a éclairé ma nativité ; qui met tous mes
ennemis à mes pieds.

Mais il n'y a dans l monde, ny fortune, ny
aſtre dominant. Rien ne domine que Dieu. Les « Baruch. iii.
étoiles comme ſon armée, marchent à ſon ordre : « 34. 35.
chacune luit dans le poſte qu'il luy a donné. Il les «

» appelle par leur nom , & elles répondent : Nous
» voilà. Et elles se réjoüissent , & luisent avec plaisir,
» pour celuy qui les a faites.

VI. P R O P O S I T I O N.

Comme tout est sagesse dans le monde , rien n'est hazard.

Eccli. i. 10. »   Dieu a répandu la sagesse sur toutes ses œuvres.
Ibid. 9.   » Dieu a tout vû , Dieu a tout mesuré , Dieu a tout
Sap. xi. 11. » compté. Dieu a tout fait avec mesure , avec nom-
» bre, & avec poids. Rien n'excede, rien ne manque.
A regarder le total , rien n'est plus grand ny plus
petit qu'il ne faut : ce qui semble defectueux d'un
côté , sert à un autre ordre superieur, & plus caché , que Dieu sçait. Tout est épandu à pleines
mains : & neantmoins tout est fait & donné par
Matth. x. » compte. Jusqu'aux cheveux de nôtre tête , ils sont
30.
Job. x, v. 5. » tous comptez. Dieu sçait nos mois, & nos jours :
„ il en a marqué le terme , qui ne peut être passé.
Matth. x. » Un passereau même ne tombe pas sans vôtre pere
29. „ celeste. Ce qui emporteroit d'un côté , a son contrepoids de l'autre ; la balance est juste , & l'équilibre
parfait.

Où la sagesse est infinie , il ne reste plus de place
pour le hazard.

VII. P R O P O S I T I O N.

*Il y a une providence particuliere dans le gouvernement
des choses humaines.*

Prov. xvi. »   L'homme prepare son cœur, & Dieu gouverne
1. » sa langue.

L'homme

L'homme difpofe fes voyes : mais Dieu conduit « Ibid. 9.
fes pas.   «

On a beau compaffer dans fon efprit tous fes difcours , & tous fes deffeins ; l'occafion apporte toûjours je ne fçay quoy d'impreveu : en forte qu'on
dit , & qu'on fait toûjours , plus ou moins qu'on
ne penfoit. Et cet endroit inconnu à l'homme dans
fes propres actions , & dans fes propres démarches ;
c'eft l'endroit fecret par où Dieu agit , & le reffort
qu'il remuë.

S'il gouverne de cette forte les hommes en particulier ; à plus forte raifon les gouverne-t-il en
corps d'états , & de royaumes. C'eft auffi dans les
affaires d'état : Que nous fommes (principalement) « Sap. VII.
en fa main , nous & nos difcours , & toute fageffe , « 16.
& la fcience d'agir.   «

Dieu a fait en particulier les cœurs des hommes ; « Pf. xxxii.
il entend toutes leurs œuvres. C'eft pourquoy ajoûte « 15. 16.
le Pfalmifte : Le roy n'eft pas fauvé par fa grande «
puiffance , ou par une grande armée : mais par la «
puiffante main de Dieu. Luy qui gouverne les cœurs
de tous les hommes , & qui tient en fa main le reffort qui les fait mouvoir ; a revelé à un grand roy ,
qu'il exerce fpecialement ce droit fouverain fur les
cœurs des rois : Comme la diftribution des eaux , « Prov. xxi. 1.
(eft entre les mains de celuy qui les conduit ;) «
ainfi le cœur du roy eft entre les mains de Dieu , «
& il l'incline où il luy plaît. Il gouverne particu- «
lierement le mouvement principal , par lequel il
donne le branle aux chofes humaines.

B b b

VIII. PROPOSITION.

Les rois doivent plus que tous les autres, s'abandonner à la providence de Dieu.

Toutes les propofitions precedentes aboutiffent à celle-cy. Plus l'ouvrage des rois eft grand, plus il furpaffe la foibleffe humaine, plus Dieu fe l'eft refervé; & plus le prince qui le manie, doit s'unir à Dieu, & s'abandonner à fes confeils.

En vain un roy s'imagineroit qu'il eft l'arbitre de fon fort, à caufe qu'il l'eft de celuy des autres:

Prov. xxi. 30.

» il eft plus gouverné qu'il ne gouverne : Il n'y a » point de fageffe, il n'y a point de prudence, il n'y » a point de confeil, contre le Seigneur.

Sap. ix. 14.

» Les penfées des mortels font tremblantes, & leur » prévoyance incertaine.

Prov. xix. 21.

» Il s'éleve plufieurs penfées dans le cœur de » l'homme. (Elles le rendent timide & irréfolu :) Les » confeils de Dieu font éternels. Ceux-là feuls fub- fiftent toûjours, ils font invincibles.

IX. PROPOSITION.

Nulle puiffance ne peut échaper les mains de Dieu.

3. Reg. xi. 40.

Salomon bien averty par un prophete, que Je- roboam partageroit un jour fon royaume, tâche de le faire mourir : mais en vain, puis qu'il trouve une retraite affurée chez Sefac roy d'Egypte.

2. Paralip. XVIII. 28. 29. & feq.

Achab roy d'Ifraël eft averty par Michée, qu'il » periroit dans une bataille. Je changeray d'habit, » dit-il, & j'iray ainfi au combat. Mais pendant que l'ennemy le cherche en vain, & tourne tout l'effort contre Jofaphat roy de Juda, qui feul paroiffoit en habit royal : Il arriva qu'un foldat en tirant en l'air " bleffa le roy d'Ifraël, entre le col & l'épaule. Je " fuis bleffé, s'écria-t'il : Tournez, continua-t'il à " celuy qui conduifoit fon chariot ; & tirez-moy du " combat. Mais le coup qu'il avoit receu étoit mor- tel : & il en mourut le foir même.

Tout fembloit concourir à le fauver. Car encore qu'il y eût ordre de l'attaquer feul, on ne le con- noiffoit pas : & Jofaphat qu'on prit pour luy fut délivré ; Dieu détournant tous les coups qu'on luy portoit. Achab contre qui on ne tiroit pas, faute de pouvoir le connoître ; fut atteint par une flèche ti- rée au hazard. Mais ce qui femble tiré au hazard, eft fecrettement guidé par la main de Dieu.

Il n'y avoit plus qu'un moment pour fauver Achab : Le foleil alloit fe coucher. La nuit alloit " Ibid. 34. féparer les combatans : Mais il falloit qu'il perît : " Et il fut tué au foleil couchant. "

C'eft en vain que Sedecias croit dans la prife de Jerufalem, avoir évité par la fuite les mains de Na- buchodonofor, à qui Dieu vouloit le livrer : Il eft " Jer. xxxix. repris avec fes enfans, qui furent tuez à fes yeux : " 4. 5. 6. 7. Et on les luy creve, après ce trifte fpectacle. "

David étoit fage & prévoyant, plus qu'homme de fon fiecle : & il fe fervit de toute fon adreffe pour couvrir fon crime. Mais Dieu le voyoit : Tu " 2. Reg. xII. l'as fait, dit-il, en cachette : mais moy j'agiray à " 12. découvert. (Et tout ce que tu crois avoir enveloppé "

» dans des tenebres impenetrables :) Paroîtra aux yeux
» de tout Ifraël , & aux yeux du foleil.

Les fineffes font inutiles : tout ce que l'homme
fait pour fe fauver avance fa perte : Il tombe dans
la foffe qu'il a creufée : Et le filet qu'on a tendu,
» nous prend nous-mêmes.

Pf. VII. 15.
XXXIV. 8.
Eccli. xxvij.
29.

Il n'y a donc de recours qu'à s'abandonner à Dieu,
avec une pleine confiance.

X. PROPOSITION.

Ces fentimens produifent dans le cœur des rois une
pieté veritable.

Telle fut celle de David. Lors que fuyant devant
fon fils Abfalon , abandonné de tous les fiens ; il
dit à Sadoc facrificateur , & aux levites qui lui ame-
» noient l'arche d'alliance du Seigneur : Reportez-la
» dans Jerufalem : fi j'ay trouvé grace devant le Sei-
» gneur, il me la montrera , & le tabernacle. Que s'il
» me dit : Vous ne me plaifez pas : Il eft le maître qu'il
» faffe ce qu'il luy plaira. Je fuis foumis à fa volonté.

2 Reg. xv.
24 25. 26.

Ses ferviteurs fondoient en larmes , le voyant
obligé de fuir avec tant de precipitation , & d'i-
gnominie : mais David avec un cœur intrepide leur
releve le courage. Il veut même, par une genero-
fité qui luy étoit naturelle , renvoyer fix cens de
fes plus vaillans foldats, avec Ethaï le Gethéen qui
les commandoit ; pour ne les pas expofer à une
ruine qui paroiffoit inévitable. Pourquoy venez-
» vous avec nous ? Retournez. Pour moy, ajoûte-t'il,
» j'iray où je dois aller. Quel courage , quelle gran-

Ibid. 19. 20.
21.

deur d'ame ! mais en même temps quelle refigna-
tion à la volonté de Dieu ! Il reconnoît la main divine qui le pourfuit juftement : & met toute fa confiance en cette même main, qui feule peut le fauver.

XI. PROPOSITION.
Cette pieté eft agiffante.

Il y a un abandon à Dieu qui vient de force &
de pieté : il y en a un qui vient de pareffe. S'abandonner à Dieu, fans faire de fon côté tout ce qu'on
peut, c'eft lâcheté & nonchalance.

La pieté de David n'a point ce bas caractere. En
même temps qu'il attend avec foumiffion ce que
Dieu ordonnera du royaume & de fa perfonne,
pendant la revolte d'Abfalon : fans perdre un moment de temps, il donne tous les ordres neceffaires
aux troupes, à fes confeillers, à fes principaux con-
fidens ; pour affeurer fa retraite, & rétablir les affaires.

Dieu le veut : agir autrement, c'eft le tenter
contre fa défenfe : Vous ne tenterez pas le Seigneur
vôtre Dieu. Ce n'eft pas en vain qu'il vous a donné une fageffe, une prévoyance, une liberté : il
veut que vous en ufiez. Ne le faire pas, & dire en
fon cœur : J'abandonneray tout au gré du hazard :
& croire qu'il n'y a point de fageffe parmy les hommes, fous pretexte qu'elle eft fubordonnée à celle
de Dieu : c'eft difputer contre luy : c'eft vouloir
fecoüer le joug, & agir en defefperé.

Bbb iiij

(marginalia: 2. Reg. 17, xvi, xvii, xviii.)

(marginalia: « Deut. vi, « 16.)

XII. PROPOSITION.

Le prince qui a failly ne doit pas perdre esperance : mais retourner à Dieu par la penitence.

4.Reg.xxi.
2. 16.

Ainsi Manassés roy de Juda, aprés tant d'impietez & d'idolatrie ; aprés avoir répandu tant de sang innocent, jusqu'à en faire regorger les murailles de Jerusalem : frapé de la main de Dieu, & livré à ses ennemis qui le transporterent à Ba-

2. Paralip.
XXXIII. 11.
12. 13.

» bylone, & chargé de fers : Pria le Seigneur son » Dieu dans son angoisse, & se repentit avec beau-» coup de douleur devant le Dieu de ses peres : » & il luy fit des prieres, & il le pria instamment. Et » Dieu écouta sa priere, & il le ramena à Jerusalem » dans son trône : & Manassés reconnut que le Sei-» gneur étoit le vray Dieu. Mais il faut bien remarquer, que la penitence de ce prince fut serieuse, son humilité sincere, & ses prieres pressantes.

Dieu ne laisse pas quelquefois d'avoir égard à la penitence des impies : lors que même sans se convertir, ils sont effrayez de ses menaces. Achab ayant entendu les menaces que Dieu faisoit par le

3. Reg.xxi. »
27. 28. 29.

prophete Elie, en fut effrayé : Il déchira ses habits ; » & couvrit sa chair d'un cilice, & il jeûna : & il se » coucha en son lit revêtu d'un sac : & il marcha la » tête baissée. (Cette tête auparavant si superbe.) Et » le Seigneur dit à Elie : N'avez-vous pas veu Achab » humilié devant moy ? Parce donc qu'il s'est humi-» lié à cause de moy, je ne feray pas tomber sur luy

tout le mal dont je l'ay menacé : mais je fraperay «
fa maifon du temps de fon fils. «

Dieu femble avoir de la complaifance à voir les
grands rois,& les rois fuperbes humiliez devant luy.
Ce n'eft pas que les plus grands rois foient plus que les
autres hommes à fes yeux, devant lefquels tout eft
également un neant : mais c'eft que leur humiliation eft d'un plus grand exemple au genre humain.

On ne finiroit jamais fi on vouloit icy parler de
la penitence de David, fi celebre dans toute la terre.
Elle a tellement effacé tous fes pechez ; qu'il femble même que Dieu les ait entierement oubliez.
David eft demeuré comme auparavant , l'homme
felon le cœur de Dieu : le modele des bons rois:
& le pere par excellence du Meffie. Dieu luy a
rendu , & même augmenté , non-feulement l'efprit de juftice ; mais encore l'efprit de prophetie ,
& les dons extraordinaires : en forte qu'on peut dire
qu'il n'a rien perdu.

XIII. PROPOSITION.
La religion fournit aux princes des motifs particuliers
de penitence.

J'ay peché contre vous feul, difoit David. Contre   Pf. L. 6.
vous feul : puifque vous m'aviez rendu indépendant de toute autre puiffance que de la vôtre. Tel
eft le premier motif : J'ay peché contre vous feul. «
Je dois donc, par ce motif fpecial de l'offenfe que
j'ay commife contre vous, me dévoüer entierement
à la penitence.

Le second motif : c'est que si les princes sont exposez à de plus dangereuses tentations : Dieu leur a donné de plus grands moyens de les reparer, par leurs bonnes œuvres.

Le troisiéme : c'est que le prince dont les pechez sont plus éclatans, les doit expier aussi par une penitence plus édifiante.

XIV. PROPOSITION.

Les rois de France ont une obligation particuliere à aimer l'église : & à s'attacher au saint Siege.

" La sainte église Romaine, la mere, la nourrisse;
" & la maîtresse de toutes les églises, doit être con-
" sultée dans tous les doutes qui regardent la foy
" & les mœurs : principalement par ceux qui comme
" nous ont été engendrez en Jesus-Christ par son
" ministere, & nourris par elle du lait de la doctrine
" catholique. Ce sont les paroles d'Hincmar celebre
archevêque de Reims.

Il est vray qu'une partie de ce royaume, comme l'église de Lyon & les voisines ; ont receu la foy d'une mission qui leur venoit d'Orient, & par le ministere de saint Polycarpe disciple de l'apôtre saint Jean. Mais comme l'église est une par tout l'univers ; cette mission orientale n'a pas été moins favorable à l'autorité du saint Siege, que celle qui en est venuë directement. Ce qui paroît par la doctrine de saint Irenée évêque de Lyon ; qui dés le second siecle, a celebré si hautement la necessité de s'unir à l'église romaine : Comme à la principale église

Iren. Lib. III.

de

de l'univers : fondée par les deux principaux apô- «
tres, faint Pierre, & faint Paul. «

L'églife Gallicane a été fondée par le fang d'une
infinité de martyrs. Et je ne veux icy nommer qu'un
faint Juftin, un faint Irenée, les faints martyrs de
Lyon & de Vienne, & faint Denis avec fes faints
compagnons.

L'églife Gallicane a porté des évêques des plus
doctes, des plus faints, des plus celebres qui ayent
jamais été : & je ne feray mention que de faint Hi-
laire, & de faint Martin.

Quand le temps fut arrivé que l'empire Romain
devoit tomber en Occident : Dieu, qui livra aux
barbares une fi belle partie de cet empire, & celle
où étoit Rome devenuë le chef de la religion : il
deftina à la France des rois qui devoient être les défenfeurs de l'églife. Pour les convertir à la foy, avec
toute la belliqueufe nation des Francs, il fufcita
un faint Remy homme apoftolique : par lequel il
renouvella tous les miracles qu'on avoit veu éclater
dans la fondation des plus celebres églifes. Comme
le remarque faint Remy luy-même dans fon teftament.

Teft. S.
Remig. ap.
Flod. Lib. I.
cap. 28.

Ce grand Saint, & ce nouveau Samuel, appellé
pour facrer les rois; facra ceux de France, en la
perfonne de Clovis : comme il dit luy-même : Pour « Ibid.
être les perpetuels défenfeurs de l'églife, & des pau- «
vres. Qui eft le plus digne objet de la royauté. Il «
les benit, & leurs fucceffeurs, qu'il appelle toûjours
fes enfans ; & prioit Dieu nuit & jour, qu'ils per-

severassent dans la foy. Priere exaucée de Dieu avec une prerogative bien particuliere : puisque la France est le seul royaume de la chrêtienté , qui n'a jamais veu sur le trône , que des rois enfans de l'église.

Epist. Avit.
Vienn. ad
Claud & ad
Faust. Tom.
I. Conc.
Gall.

Tous les Saints qui étoient alors furent réjoüis du baptême de Clovis : & dans le declin de l'empire Romain, ils crurent voir dans les rois de France : » Une nouvelle lumiere pour tout l'Occident, & pour » toute l'église.

Anast. II.
Ep. 2. ad
Clod. Tom
IV. Conc
Gen.

Le Pape Anastase II. crut aussi voir dans le royaume de France nouvellement converty : une colonne » de fer , que Dieu élevoit pour le soutien de sa » sainte église : pendant que la charité se refroidis- »soit par tout ailleurs, & même que les empereurs avoient abandonné la foy.

Pelage II. se promet des descendans de Clovis, comme des voisins charitables de l'Italie , & de Rome ; la même protection pour le saint Siege, qu'il avoit receuë des empereurs. Saint Gregoire le Grand encherit sur ses saints predecesseurs : lorsque

Greg. Mag.
Lib. V. Ep.
6.

» touché de la foy , & du zele de ces rois : Il les met » autant au dessus des autres souverains, que les sou- » verains sont au dessus des particuliers.

Les enfans de Clovis n'ayant pas marché dans les voyes que saint Remy leur avoit prescrites : Dieu suscita une autre race : pour regner en France. Les

Paul. I.
Ep. X. ad
Franc. Tom
II. Conc
Gal.

papes, & toute l'église la benirent en la personne de Pepin, qui en fut le chef. L'Empire y fut étably, en la personne de Charlemagne , & de ses successeurs. Aucune famille royale n'a jamais été si bien faisante envers l'église Romaine. Elle en tient toute sa grandeur temporelle : & jamais l'empire ne fut mieux uny au sacerdoce, ny plus respectueux envers les papes ; que lors qu'il fut entre les mains des rois de France.

Aprés ces bien-heureux jours, Rome eut des maîtres fâcheux : & les papes eurent tout à craindre, tant des empereurs, que d'un peuple seditieux. Mais ils trouverent toûjours en nos rois, ces charitables voisins, que le pape Pelage II. avoit esperez. La France plus favorable à leur puissance sacrée, que l'Italie, & que Rome même ; elle leur devint comme un second Siege ; où ils tenoient leurs conciles, & d'où ils faisoient entendre leurs oracles à toute l'église. Comme il paroît par les conciles de Troyes, de Clermont, de Toulouse, de Tours, & de Reims.

Une troisiéme race étoit montée sur le trône. Race s'il se peut plus pieuse que les deux autres. Sous laquelle la France est déclarée par les papes : Un royaume chery & beny de Dieu : dont l'exaltation est inseparable de celle du saint Siege. Race aussi, qui se voit seule dans tout l'univers, toûjours couronnée, & toûjours regnante, depuis sept cens ans entiers, sans interruption : & ce qui luy est encore plus glorieux, toûjours catholique. Dieu par son infinie misericorde n'ayant même pas permis ; qu'un prince qui étoit monté sur le trône dans l'hérésie, y perseverât.

« Alex. III.
Epist. 30.
Tom. X.
Conc. Gen.
« Greg. IX.
Tom. XI.
Conc. Gen.

Puis qu'il paroît par cet abregé de nôtre histoire,

que la plus grande gloire des rois de France leur vient de leur foy , & de la protection conſtante qu'ils ont donnée à l'égliſe : ils ne laiſſeront pas af- foiblir cette gloire. Et la race regnante la fera paſ- ſer à la poſterité , juſqu'à la fin des ſiecles.

Elle a produit ſaint Loüis , le plus ſaint roy qu'on ait veu parmy les chrêtiens. Tout ce qui reſte au- jourd'huy de princes de France , eſt ſorty de luy. Joan. VIII. » Et comme Jeſus-Chriſt diſoit aux Juifs : Si vous 39. » êtes enfans d'Abraham , faites les œuvres d'Abra- » ham. Il ne me reſte qu'à dire à nos princes : Si vous êtes enfans de ſaint Loüis , faites les œuvres de ſaint Loüis.

LIVRE HUITIEME.

SUITE DES DEVOIRS PARTICULIERS
de la royauté : De la justice.

ARTICLE PREMIER.

Que la justice est établie sur la religion.

I. PROPOSITION.

Dieu est le juge des juges : & préside aux jugemens.

DIeu a pris sa séance dans l'assemblée des « Pf. lxxxi.
Dieux : & assis au milieu d'eux, il juge les « ¹·
Dieux.

Ces Dieux que Dieu juge, sont les rois : & les
juges assemblez sous leur autorité, pour exercer leur
justice. Il les appelle des Dieux : à cause que le nom
de Dieu dans la langue sainte, est un nom de juge :
& qu'aussi l'autorité de juger, est une participation
de la justice souveraine de Dieu, dont il a revêtu
les rois de la terre.

Ce qui leur merite principalement le nom de
Dieux : c'est l'indépendance avec laquelle ils doivent juger ; sans distinction de personnes, & sans
craindre le grand, non plus que le petit : Parce que « Deut. 1. 17
c'est le jugement du Seigneur : disoit Moïse. Où «

l'on doit juger avec une indépendance semblable
à celle de Dieu ; sans craindre, ny ménager personne.

Il est dit que Dieu juge ces Dieux de la terre ;
parce qu'il se fait devant luy une perpetuelle re-
vision de leurs jugemens.

Le pseaume continuë, & fait parler Dieu en
Pf. LXXXJ. » cette sorte : Jusques à quand jugerez-vous avec in-
2. » justice : & que vous regarderez en jugeant (non le
» droit) mais les personnes des hommes. Il touche
la racine de toute injustice, qui consiste à avoir
égard aux personnes, plûtôt qu'au droit.

Ibid. 3. 4. » Jugez pour le pauvre, & pour le pupille : ju-
» stifiez le foible & le pauvre. Arrachez le pauvre
» & le mandiant de la main du pecheur qui l'op-
» prime.

Jugez pour le pauvre. Cela s'entend s'il a le droit
Exod. XXII. » pour luy : car Dieu défend ailleurs : D'avoir pitié
3. » du pauvre en jugement. Parce qu'il ne faut non
plus juger par pitié, que par complaisance, ou par
colere : mais seulement par raison. Ce que la justice demande, c'est l'égalité entre les citoyens : &
que celuy qui opprime demeure toûjours le plus
foible devant la justice. C'est ce que veut ce mot ;
Arrachez. Ce qui marque une action forte contre
l'oppresseur, afin d'opposer la force à la force : la
force de la justice, à celle de l'iniquité.

Après cette severe reprehension, & ce commandement suprême : Dieu se plaint dans la suite du
Ibid. 5. » pseaume, des juges qui n'écoutent pas sa voix. Ils

n'ont pas compris, ils n'ont pas fceu : ils marchent «
dans les tenebres : tous les fondemens de la terre «
feront ébranlez. Il n'y a rien d'affuré parmy les «
hommes fi la juftice ne fe fait pas.

C'eft pourquoy Dieu regarde en colere les juges
injuftes : & les fait fouvenir qu'ils font mortels. Je « Ibid. 6.
l'ay dit : Vous êtes des Dieux. (Et je ne m'en de- «
dis pas :) Et vous êtes tous les enfans du Tres-Haut : «
(par ce divin écoulement de la juftice fouveraine
de Dieu fur vos perfonnes :) Mais vous mourez « Ibid. 7.
comme des hommes : & tombez (dans le fepulcre) «
comme tous les princes. Vous ferez jugez avec eux. «

Aprés quoy il ne refte plus qu'à fe tourner vers
Dieu, & luy dire : Il n'y a point de juftice parmy les hommes : Elevez-vous, ô Dieu ! Jugez vous- « Ibid. 8.
même la terre : puifque toutes les nations font vô- «
tr. heritage. «

C'eft ainfi que le faint Efprit nous montre dans
ce divin pfeaume, la juftice établie fur la religion.

II. PROPOSITION.

La juftice appartient à Dieu : & c'eft luy qui la donne
aux rois

O Dieu donnez vôtre jugement au roy, & vôtre « Pf. lxxxi.
juftice au fils du roy : pour juger vôtre peuple felon « 1.
la juftice, & vos pauvres avec un jugement droit. «
C'eft la priere que faifoit David pour Salomon.

Le peuple que le roy doit juger, eft le peuple
de Dieu plus que le fien. Les pauvres font à luy

par un titre plus particulier : puis qu'il s'en déclare le pere.

C'eſt donc à luy qu'appartiennent en proprieté, la juſtice, & le jugement : & c'eſt luy qui les donne aux rois. C'eſt-à-dire, qu'il leur donne, non-ſeulement l'autorité de juger ; mais encore l'inclination, & l'application à le faire comme il le veut, & ſelon ſes loix éternelles.

III. PROPOSITION.

La juſtice eſt le vray caractere d'un roy : & c'eſt elle qui affermit ſon trône.

David connut, & predit le regne heureux de Salomon. La juſtice ſe levera en ſes jours, avec l'abondance de la paix : pour durer autant que la lune dans le ciel. La juſtice ſe leve, comme un beau ſoleil, dans le regne d'un bon roy : la paix la ſuit comme ſa compagne inſéparable. Le même David le déclare ainſi : Les montagnes recevront la paix pour tout le peuple : & les collines ſeront remplies de la juſtice. Elle tombera ſur les montagnes, & ſur les collines ; comme la pluye qui les arroſe, & qui les engraiſſe. Le trône du roy s'affermira : Et ſera ſtable comme le ſoleil, & comme la lune. Ou comme dit un autre pſeaume : Son trône demeurera comme le ſoleil : & comme la lune, qui eſt faite pour durer toûjours : témoin fidele dans le ciel ; (par la regularité de ſon cours) de l'immutabilité des deſſeins de Dieu.

Si quelque empire doit s'étendre c'eſt celuy d'un

prince

Pſ. lxxi. 7.

Ibid. 3.

Ibid. 5.

Pſ lxxxviij. 36.

prince juſte. Tout le monde le deſire pour maître. « Pſ. lxxxr.
Il dominera d'une mer à l'autre, & du fleuve (prin- « 8. 9. 10. 11.
cipal de ſon domaine) juſqu'à l'extremité du mon- «
de. Les Ethiopiens ſe proſterneront devant luy ; ſes «
ennemis luy baiſeront les pieds. Les rois de Tharſe, «
& des Iſles les plus éloignées : les rois d'Arabie, & de «
Saba luy offriront des preſens. Tous les rois l'adore- «
ront ; toutes les nations prendront plaiſir à le ſervir. «

C'eſt la deſcription du regne de Jeſus-Chriſt : «
& le regne d'un prince juſte, en eſt la figure : Parce « Ibid. 12. 13.
qu'il délivrera le foible & le pauvre de la main du «
puiſſant qui l'opprime. Le pauvre demeuroit ſans «
aſſiſtance. Mais il a trouvé dans le prince, un ſecours aſſeuré. C'eſt un ſecond redempteur du peuple aprés Jeſus-Chriſt : & l'amour qu'il a pour la
juſtice a ſon effet.

IV. PROPOSITION.

Sous un Dieu juſte, il n'y a point de pouvoir purement
arbitraire.

Sous un Dieu juſte, il n'y a point de puiſſance
qui ſoit affranchie par ſa nature, de toute loy naturelle, divine, ou humaine.

Il n'y a point au moins de puiſſance ſur la terre
qui ne ſoit ſujette à la juſtice divine.

Tous les juges, & même les plus ſouverains, que
Dieu pour cette raiſon appelle des Dieux : ſont exa-
minez & corrigez par un plus grand juge. Dieu eſt « Pſ. lxxxr.
aſſis au milieu des Dieux : & là il juge les Dieux. « 1.
Comme il vient d'être dit.

Ddd

Ainsi tous les jugemens font fujets à revifion, devant un plus augufte tribunal. Dieu dit auffi par Pf. lxxiv. 3. „ cette raifon : Quand le temps en fera venu : je ju- „ geray les juftices. Les jugemens rendus par des ju- ftices humaines, repafferont devant mes yeux.

Ainfi les jugemens les plus fouverains, & les plus abfolus, font comme les autres, par rapport à Dieu, fujets à la correction : avec cette feule dif- ference, qu'elle fe fait d'une maniere cachée.

Les juges de la terre font peu attentifs à cette re- vifion de leurs jugemens ; parce qu'elle ne produit point d'effets fenfibles, & qu'elle eft refervée à une autre vie : mais elle n'en eft que plus terrible, puis qu'elle eft inévitable. Quand le temps de ces juge- Ibid. 6. „ mens divins fera venu : Vous n'aurez de fecours, „ ny du levant, ny du couchant, ny des montagnes „ folitaires, (& des lieux retirez, d'où il defcend „ fouvent des fecours cachez :) parce qu'alors Dieu „ eft juge. Contre lequel il n'y a point de fecours.

Ibid. 7. „ Il a en main la coupe de fa vengeance, pleine „ d'un vin pur, & brûlant : D'une juftice qui ne fera temperée par aucun mélange adouciffant. Au con- „ traire : Il fera mêlé d'amertume : De liqueurs nui- fibles & empoifonnantes. C'eft une feconde raifon, pour craindre cette terrible revifion des jugemens humains : elle fe fera dans un fiecle où la juftice fera toute pure : & s'exercera dans fa pleine & Ibid. 8. „ inexorable rigueur. Cette coupe eft en la main du „ Seigneur : & il l'épanche fur celuy-cy & fur celuy- „ là, à qui il la prefente à boire. Il la prefente aux

pécheurs endurcis, & incorrigibles ; & fur tout aux «
juges injuftes : Il faudra l'avaler toute entiere , & «
jufqu'à la lie. Et il n'y aura plus pour eux de mi- «
fericorde : en forte que cette vengeance fera éter- «
nelle.

ARTICLE II.

Du gouvernement , que l'on nomme arbitraire.

I. PROPOSITION.

Il y a parmy les hommes une efpece de gouvernement ,
que l'on appelle arbitraire : mais qui ne fe trouve
point parmy nous , dans les états parfaitement poli-
ceẑ.

Quatre conditions accompagnent ces fortes de
gouvernement.

Premierement : Les peuples fujets font nez efclaves : c'eft-à-dire, vrayment ferfs : & parmy eux
il n'y a point de perfonnes libres.

Secondement : On n'y poffede rien en proprieté :
tout le fond appartient au prince ; & il n'y a point
de droit de fucceffion , pas même de fils à pere.

Troifiémement : Le prince a droit de difpofer à
fon gré, non-feulement des biens ; mais encore de
la vie de fes fujets, comme on feroit des efclaves.

Et enfin , en quatriéme lieu : Il n'y a de loy que
fa volonté.

Voilà ce qu'on appelle puiffance arbitraire. Je
ne veux pas examiner, fi elle eft licite, ou illicite.

Il y a des peuples & de grands empires qui s'en contentent ; & nous n'avons point à les inquieter, sur la forme de leur gouvernement. Il nous suffit de dire que celle-cy est barbare , & odieuse. Ces quatre conditions sont bien éloignées de nos mœurs : & ainsi le gouvernement arbitraire n'y a point de lieu.

Cy devant pag 118. & suiv.

C'est autre chose que le gouvernement soit absolu : autre chose qu'il soit arbitraire. Il est absolu par rapport à la contrainte : n'y ayant aucune puissance capable de forcer le souverain : qui en ce sens est indépendant de toute autorité humaine. Mais il ne s'ensuit pas de-là , que le gouvernement soit arbitraire. Parce qu'outre que tout est soumis au jugement de Dieu : ce qui convient aussi au gouvernement , qu'on vient de nommer arbitraire ; c'est qu'il y a des loix dans les empires, contre lesquelles tout ce qui se fait est nul de droit ; & il y a toûjours ouverture à revenir contre ; ou dans d'autres occasions , ou dans d'autres temps. De sorte que chacun demeure legitime possesseur de ses biens : personne ne pouvant croire , qu'il puisse jamais rien posseder en sureté , au préjudice des loix : dont la vigilance , & l'action contre les injustices & les violences , est immortelle : ainsi que nous l'avons expliqué ailleurs plus amplement. Et c'est-là ce qui s'appelle le gouvernement legitime : opposé par sa nature ,au gouvernement arbitraire.

Nous ne toucherons icy que les deux premieres conditions de cette puissance qu'on appelle arbi-

traire, que nous venons d'expofer. Car pour les deux
dernieres, elles paroiffent fi contraires à l'humanité,
& à la focieté : qu'elles font trop vifiblement op-
pofées au gouvernement legitime.

II. PROPOSITION.

Dans le gouvernement legitime, les perfonnes font libres.

Il ne faut que rappeller les paffages, où nous avons
étably ; que le gouvernement étoit paternel : & que
les rois étoient des peres : ce qui fait la denomina-
tion des enfans : dont la difference d'avec les efclaves, c'eft qu'ils naiffent libres, & ingenus.

Ci-devant pag. 60. & fuiv. Et pag. 89 & fuiv.

Le gouvernement eft étably, pour affranchir tous
les hommes de toute oppreffion, & de toute violence : comme il a été fouvent démontré. Et c'eft
ce qui fait l'état de la parfaite liberté : n'y ayant
dans le fond rien de moins libre, que l'Anarchie ;
qui ôte d'entre les hommes toute pretention legitime : & ne connoît d'autre droit, que celuy de
la force.

Ci devant pag. 21. & fuiv.

III. PROPOSITION.

La proprieté des biens eft legitime, & inviolable.

Nous avons vû fous Jofué la diftribution des
terres felon les ordres de Moïfe.

Jof. XIII. XIV. & feq. ci devant p. 24.

C'eft le moyen de les faire cultiver : & l'experience fait voir, que ce qui eft non-feulement en
commun ; mais encore fans proprieté legitime &
incommutable, eft negligé, & à l'abandon. C'eft

Ddd iij

pourquoy il n'est pas permis de violer cet ordre:
comme l'exemple suivant le fait voir , d'une manière terrible.

IV. PROPOSITION.

On propose l'histoire d'Achab roy d'Israël : de la reine Jezabel sa femme : & de Naboth.

» Naboth habitant de Jezrahel , qui étoit la ville
» royale : y avoit une vigne auprés du palais d'A-
» chab roy de Samarie. Le roy luy dit : Donnez-moy
» vôtre vigne pour faire un jardin potager , parce
» qu'elle est voisine & proche de ma maison : & je
» vous en donneray une ailleurs: ou s'il vous est plus
» commode , je vous en payeray le prix qu'elle vaut.
» A Dieu ne plaise , répondit Naboth , que je vous
» donne l'heritage de mes peres. (Ce qui aussi étoit
» défendu par la loy de Dieu.) Achab retourna à sa
» maison plein d'indignation & de fureur , contre la
» réponse de Naboth : & se jettant sur son lit, il
» tourna le visage vers la muraille , & ne put man-
» ger.

» Jezabel sa femme le trouvant en cet état ; luy
» dit : Quel est le sujet de vôtre affliction ? & pour-
» quoy ne mangez-vous pas ? Il luy raconta la pro-
» position qu'il avoit faite à Naboth, avec sa réponse.
» Jezabel luy repartit : Vrayment vous êtes un hom-
» me de grande autorité , & un digne roy d'Israël,
» qui sçavez bien commander. Levez-vous, mangez,
» soyez en repos ; je vous donneray cette vigne. Elle
» écrivit aussi-tôt une lettre au nom d'Achab , & la

3. Reg. XXI.
1. & seq.

scella de son anneau ; & l'envoya aux senateurs,
& aux grands, qui demeuroient dans la ville avec
Naboth. Et la teneur de la lettre étoit : Ordonnez
un jeûne solennel : & faites asseoir Naboth avec les
premiers du peuple : suscitez contre luy deux faux
témoins, qui disent : Il a parlé contre Dieu, &
contre le roy : qu'on le lapide & qu'il meure. Cet
ordre fut executé : & les grands rendirent compte
de l'execution à Jezabel. Ce qu'ayant appris, la reine
dit à Achab : Allez, & mettez-vous en possession
de la vigne de Naboth, qui n'a pas voulu consen-
tir à ce que vous souhaitiez : car il est mort. Achab
alla donc pour se mettre en possession de cette vigne.

Alors la parole de Dieu fut adressée à Elie le
Thesbite (son prophete) & il luy dit : Leve-toy,
& marche au devant d'Achab, qui va posseder la
vigne de Naboth : & luy dis : Voicy la parole du
Seigneur. Tu as fait mourir un innocent : & outre
cela tu as possedé ce qui ne t'appartenoit pas : Et
tu ajoûteras : mais le Seigneur a dit : En ce lieu
où les chiens ont leché le sang de Naboth (injustement lapidé comme criminel & blasphemateur)
ils lecheront ton sang.

Achab crut éluder la rigueur de cette juste sentence, en faisant une querelle particuliere à Elie,
qui avoit eu ordre de la luy prononcer, & luy disant : M'avez-vous trouvé vôtre ennemy, pour me
traiter de cette sorte. Oüy, luy dit Elie; (au nom
du Seigneur.) Je vous ay trouvé mon ennemy,

» puifque vous êtes vendu , (comme un efclave à l'i-
» niquité) pour faire mal devant le Seigneur. Et
» moy de mon côté, dit le Seigneur, j'ameneray fur
» toy le mal : (le mal d'un jufte fupplice , pour le
» mal que tu as commis injuftement :) Je détruiray
» ta pofterité , & tout ce qui t'appartient fans rien
» épargner ; & je ne laifferay pas furvivre un chien
» de la maifon d'Achab , & tout ce qu'il y aura de
» plus méprifable en Ifraël. Et je feray de ta maifon,
» comme j'ay fait de celle de Jeroboam , & de celle
» de Baafa ; deux rois d'Ifraël , que j'ay entierement
» exterminées. Puifque comme eux tu as provoqué
» ma colere ; & que tu as fait pecher Ifraël : (par tes
» exemples fcandaleux, & tes ordres injuftes.) Et le
» Seigneur a prononcé contre Jezabel : Les chiens le-
» cheront le fang de Jezabel dans les champs de Jez-
» rahël. Si Achab perit dans la ville, les chiens man-
» geront fes chairs : & s'il meurt à la campagne , elles
» feront la proye des oyfeaux du ciel.
» L'écriture ajoûte : Qu'il n'y a point eu d'homme
» plus méchant qu'Achab , vendu pour faire mal aux
» yeux du Seigneur. Sa femme Jezabel, (qu'il avoit
» cru dans fon premier crime) le portoit au mal.
Elle acquit tout pouvoir fur fon efprit , pour fon
malheur : & il fut le plus malheureux , comme le
» plus abominable de tous les rois : Pouffant l'abo-
» mination , jufqu'à adorer les idoles des Amor-
» rhéens , que le Seigneur avoit exterminez par l'é-
» pée des enfans d'Ifraël.

4. Reg. IX.
x. xI.

En execution de cette fentence, Achab & Jezabel
perirent

perirent ainſi que Dieu l'avoit predit. La vengeance divine pourſuivit auſſi , avec une impitoyable rigueur , les reſtes de leur ſang : & leur poſterité de l'un & de l'autre ſexe fut exterminée , ſans qu'il en reſtât un ſeul.

Le crime que Dieu punit avec tant de rigueur, c'eſt dans Achab & dans Jezabel , la volonté dépravée de diſpoſer à leur gré , independamment de la loy de Dieu , qui étoit auſſi celle du royaume; des biens , de l'honneur , de la vie d'un ſujet : comme auſſi de ſe rendre les maîtres des jugemens publics ; & de mettre en cela l'autorité royale.

Ils vouloient contraindre ce ſujet , à vendre ſon heritage. C'eſt ce que n'avoient jamais fait les bons rois , David , & Salomon , dans le temps qu'ils bâtiſſoient les magnifiques palais, dont il eſt parlé dans l'écriture. La loy vouloit que chacun gardât l'heritage de ſes peres , pour la conſervation des biens des tribus. C'eſt pourquoy Dieu compte luy-même entre les crimes d'Achab , non-ſeulement qu'il avoit tué , mais encore qu'il avoit poſſedé ce qui ne luy pouvoit appartenir. Cependant il eſt expreſſément marqué , qu'Achab offroit la juſte valeur du morceau de terre qu'il vouloit qu'on luy cedât : & même un échange avantageux. Ce qui montre , combien étoit reputé ſaint & inviolable , le droit de la proprieté legitime ; & combien l'invaſion étoit condamnée.

Cependant Achab étoit en furie du refus de Naboth. Il en perd le boire & le manger , & compte

pour rien un ſi grand royaume , & tant de poſſeſ-
ſions ; s'il n'y ajoûte une vigne pour augmenter
ſon jardin. Tant la royauté eſt pauvre de ſoy ; &
tant elle eſt incapable de contenter un eſprit dé-
reglé.

Sa femme Jezabel ſurvient : & au lieu de guerir
cet eſprit malade : au contraire elle luy perſuade
par des manieres mocqueuſes , qu'il a perdu toute
autorité , s'il ne fait tout à ſa fantaiſie. Enfin ſans
garder aucune forme de jugement , elle ordonne
elle-même les voyes de fait qu'on a vûës.

Elle ſacrifie encore la religion à ſes injuſtes deſſeins. Elle veut qu'on ſe ſerve de celle du jeûne public , pour immoler un homme de bien à la vengeance du roy , & à cette idée d'autorité , qu'on
fait conſiſter à faire tout ce qu'on veut.

La conſideration où étoit Naboth , ne l'arrête pas.
C'étoit un homme d'importance , puis qu'on le met
entre les premiers du peuple. Jezabel fait ſemblant
de luy conſerver ſon rang & ſa dignité , pour le
perdre plus ſurement : & joignant la dériſion à la
violence & à l'injuſtice , à ce prix elle ſe croit reine ,
& croit rendre la royauté au roy ſon époux.

En même temps la juſtice divine ſe déclare. Achab
eſt puny en deux manieres : Dieu le livre au crime ,
pour le livrer plus juſtement au ſupplice.

3. Reg. xix.
1. 2. Jezabel n'avoit déja que trop de pouvoir ſur ce
prince : puis qu'Elie n'eut pas plûtôt exterminé les
faux prophetes de Baal , que le roy en donna l'avis
à Jezabel ; pour ſacrifier un ſi grand prophete à la

vengeance de cette femme , autant imperieuse ,
qu'impie. Mais depuis qu'elle l'eut rendu maître
de ce qu'il vouloit , d'une maniere si detestable :
elle eut plus que jamais tout pouvoir sur l'esprit
de ce malheureux prince , qui se livra à tous les
desirs de sa femme , comme vendu à l'iniquité.

Comme il alloit à l'abandon de crime en crime ;
il fut aussi precipité de supplice en supplice , luy &
sa famille : où tout fut immolé à une juste , perpetuelle , & inexorable vengeance. Et c'est ainsi
que furent punis ceux , qui vouloient introduire
dans le royaume d'Israël, la puissance arbitraire.

Cependant au milieu de ces châtimens , où la
main de Dieu est si déclarée , contre une famille
royale : Dieu toûjours juste , & toûjours vangeur
de la dignité des rois, dont il est la source ; la conserve toute entiere en cette occasion. Puisque l'injustice d'Achab n'est pas de punir de mort celuy qui
parle contre le roy : mais d'avoir imputé un tel attentat , à un homme qui en est innocent. En sorte
qu'il passe pour constant, que c'est-là un digne sujet du dernier supplice : & que ce crime , de mal
parler du roy, est presque traité d'égal , avec celuy
de blasphémer contre Dieu.

ARTICLE III.

De la legiſlation : & des jugemens.

I. PROPOSITION.

On définit l'un & l'autre.

Cy-devant
pag. 29. &
ſuiv.
Pſ. lvii. 1.

LA loy donne la regle : & les jugemens en font l'application aux affaires, & aux queſtions particulieres : ainſi qu'il a été dit.

» Si c'eſt veritablement, & d'un cœur ſincere, que » vous vantez la juſtice, enfans des hommes, jugez « droitement. Si vous aymez la juſtice dictée par la loy, mettez-la donc en pratique : & qu'elle ſoit la ſeule regle de vos jugemens.

II. PROPOSITION.

Le premier effet de la juſtice & des loix, eſt de conſer-ver non-ſeulement à tout le corps de l'état, mais en-core à chaque partie qui le compoſe, les droits accordez par les princes précédens.

Ainſi fut conſervée à la tribu de Juda, la préro-gative dont elle avoit toûjours joüy, de marcher à la tête des tribus.

Ainſi celle de Levi, joüit éternellement de droits accordez par la loy, ſelon les favorables explica-tions des anciens rois.

Nom. xxxij
33.
Joſ. xiii.
8.

Ainſi fut conſervé aux tribus de Gad & de Ru-ben, ce qui leur avoit été accordé par Moïſe, pour avoir paſſé les premiers le Jourdain.

[Cy-devant pag. 367.]

Ainfi les Gabaonites furent toûjours maintenus dans l'execution du traité fait avec eux par Jofué : auffi leur fidelité fut inébranlable.

La bonne foy des princes, engage celle des fujets : qui demeurent dans l'obéïffance, non-feulement par la crainte, mais encore inviolablement par af-fection.

III. PROPOSITION.

Les loüables coûtumes tiennent lieu de loix.

Avant que David monta fur le trône, il s'étoit élevé une difpute entre les foldats qui avoient été au combat, & ceux qui étoient reftez par fon ordre à garder les bagages : & ce fage prince jugea en fa-veur des derniers : & prononça cette fentence : La « 1.Reg.xxx. part du butin fera la même pour ceux qui auront « 24. & feq. combattu, & pour ceux qui font demeurez pour la « garde des bagages : & ils partageront également. « Et de ce jour, & depuis, cette ordonnance fub- « fifte : & a été comme une loy en Ifraël. «

La confervation de ces anciens droits, & de ces loüables coûtumes, concilie aux grands royaumes, une idée non-feulement de fidelité, & de fageffe, mais encore d'immortalité : qui fait regarder l'état comme gouverné ainfi que l'univers, par des con-feils d'une immortelle durée.

IV. PROPOSITION.

Le prince doit la justice : & il est luy-même le premier juge.

1. Reg. VIII. 5. » Faites-nous des rois qui nous jugent : comme en » ont les autres nations. C'est l'idée des peuples, lors qu'ils demandent des rois à Samuel. Et ainsi le nom de roy est un nom de juge.

2. Reg. xv. 2. & seq. » Quand Absalon aspira à la royauté. Il alloit à » la porte des villes , & dans les chemins publics ; » interrogeant ceux qui venoient de tous côtez au » jugement du roy , & leur disant : Vous me paroif- » fez avoir raison : mais il n'y a personne proposé » par le roy pour vous entendre. Et il ajoûtoit : Qui » m'établira juge sur la terre : afin que tous ceux qui » ont des affaires viennent à moy , & que je juge ju- » stement ? Il n'ozoit dire, qui me fera roy , la rebel- lion eût été trop déclarée : mais c'étoit le nom de roy qu'il demandoit , sous celuy de juge.

Il décrioit le gouvernement du roy son pere, en disant qu'il n'y avoit point de justice : c'étoit une calomnie : & loin de negliger la justice, David la **2. Reg. VIII. 15.** » rendoit luy-même avec un soin merveilleux. Il re- » gnoit sur Israël ; & dans les jugemens , il faisoit ju- » stice à tout son peuple.

2. Reg. XII. 1. & seq. Nathan vint à David luy porter la plainte du pauvre , à qui un riche injuste avoit enlevé une brebis qu'il aimoit : & David irrité receut la plainte. C'étoit une parabole : mais puisque la parabole se tire des choses les plus usitées , celle-cy montre la coûtume de porter aux rois les plaintes des particuliers : & David rendit juſtice en diſant : Il rendra « Ibid. 6. la brebis au quadruple. «

Je ſuis une femme veuve , & j'avois deux fils, « 2.Reg. XIV. diſoit au même David cette femme de Thécué, 5. & ſeq. qui s'étant querellez à la campagne ſans que perſonne les pût ſéparer , l'un a frappé l'autre , & il « en eſt mort : & la famille pourſuit ſon frere , pour « le faire punir de mort. Ils me raviſſent mon ſeul « heritier , & cherchent à éteindre la ſeule étincelle « qui me reſte ſur la terre , pour faire revivre le nom « de mon mary. Et le roy luy répondit : Allez en « repos à vôtre maiſon : & j'ordonneray ce qu'il faudra en vôtre faveur. «

Elle ajoûte : Que cette iniquité demeure ſur moy, « Ibid. 9. & ſur la maiſon de mon pere : mais que le roy & « ſon trône en demeurent innocent. On ne croyoit « pas le roy innocent , ny ſon trône ſans tache , s'il refuſoit de rendre juſtice. Auſſi David répondit: Amenez-moy vos parties , ceux qui s'oppoſent à « Ibid. 10. vous , & qui vous pourſuivent : & on ceſſera de « vous nuire. «

La pourſuite paroiſſoit juſte ſelon la rigueur de la loy , qui condamnoit à mort le meurtrier : & c'étoit le cas d'avoir recours à la grace, & à la clemence du prince , dans une cauſe ſi favorable à une mere affligée.

La femme preſſoit David en luy diſant : Que le « roy ſe ſouvienne du Seigneur ſon Dieu : & ne laiſſe « pas multiplier par la vengeance le ſang répandu. «

Elle ne craint point d'appeller David, devant le juge des rois. Et ce juste prince approuva sa plainte,

Ibid. 11. » & luy dit : Vive le Seigneur ; il ne tombera pas un » cheveu de la tête de vôtre fils.

On sçait le jugement de Salomon qui luy attira dans tout le peuple cette crainte respectueuse, qui fait obéïr les rois, & qui établit leur empire.

V. PROPOSITION.

Les voyes de la justice sont aisées à connoître.

Le chemin de la justice n'est pas de ces chemins tortueux, qui semblables à des labyrinthes, vous

Is. xxvi. 7. » font toûjours craindre de vous perdre. La route du » juste est droite : c'est un sentier étroit, & qui » n'a point de détour ; l'on y marche en seureté.

Cic. 1. de offic. Un payen même disoit : qu'il ne faut point faire ce qui est douteux, & ambigu. L'équité, poursuit cet auteur, éclate par elle-même : & le doute semble envelopper quelque secret dessein d'injustice.

Voulez-vous sçavoir le chemin de la justice ? Marchez dans le païs découvert ; Allez où vous

Prov. III. 6. » conduit vôtre veuë : Et que vos yeux, comme dit „ le Sage, precedent vos pas. La justice ne se cache pas.

Il est vray qu'en beaucoup de points elle dépend des loix positives ; mais le langage de la loy est simple ; sans vouloir briller ny rafiner, elle ne veut être que nette, & précise.

Comme neanmoins il est impossible, qu'il ne se

fe trouve des difficultez, & des queſtions compli-
quées : le prince pour n'être pas ſurpris, & pour
donner lieu à un plus grand éclairciſſement de la
verité, y apporte le remede qu'on va expliquer.

VI. PROPOSITION.

Le prince établit des tribunaux : il en nomme les ſujets
avec grand choix, & les inſtruit de leurs devoirs.

Ainſi l'avoit pratiqué Moïſe luy-même ; de peur
de ſe conſumer par un travail inutile.

C'eſt de quoy il rend compte au peuple en ces
termes. Je ne puis pas terminer ſeul toutes vos af- «
faires, ny vos procés. Choiſiſſez parmy vous des «
hommes ſages & habiles, dont la conduite ſoit «
approuvée. Et j'ay tiré de vos tribus, des gens ſages, «
nobles, & connus : & je les ay établis vos juges, en «
leur diſant : Ecoutez le peuple : & prononcez ce «
qui ſera juſte, entre le citoyen, ou l'étranger : ſans «
diſtinction de perſonnes, jugeant le petit comme «
le grand : parce que c'eſt le jugement du Seigneur, «
qui n'a nul égard aux perſonnes. Et vous me rap- «
porterez ce qui ſera de plus difficile. «

On voit trois choſes dans ces paroles de Moïſe.
En premier lieu : l'établiſſement des juges ſous le
prince. En ſecond lieu : leurs choix, & les qualitez dont ils doivent être ornez. En troiſiéme lieu :
la reſerve des affaires les plus difficiles, au prince
même.

Ces juges étoient établis dans toutes les villes & « Deut. xvi.
dans chaque tribu. Et Moïſe l'avoit ainſi ordonné. « 18.

F f f

Marginal notes: Exod. xviij. 13. & ſeq. — Deut. i. 12 13. & ſeq.

2. Par. xix.
5. 6. 7. 8.
Cy-devant
pag. 186.
& suiv.

A cet exemple , nous avons veu les tribunaux établis par Josaphat, prince zelé pour la justice s'il en fut jamais parmy les rois de Juda , & sur le trône de David.

Ces tribunaux étoient de deux sortes. Il y avoit ceux de toutes les villes particulieres : & il y en avoit un premier dans la capitale du royaume , & sous les yeux du roy : à l'exemple , & peut-être pour perpetuer le grand Senat des soixante & dix, que Moïse avoit établi.

Ibid. 9. 10.

Nous avons aussi remarqué le soin qu'il prenoit de les instruire en personne, à l'exemple de Moïse. Ce qui avoit deux bons effets : le premier, de faire sentir la capacité du prince ; ce qui tenoit tout le monde dans le devoir : & le second , de graver plus profondement dans les cœurs , les regles de la justice. Dans la suite on voit subsister parmy les Juifs ces deux sortes de tribunaux.

Dans les actions solennelles, où il s'agissoit de quelque grand bien de l'état : les bons rois comme 4. Reg xxiij » Josias : Ramassoient ensemble les senateurs , tant 1. » des villes de Juda que ceux de Jerusalem. Il apprenoit de leur concours , ce qu'il falloit faire pour le bien commun , & de l'état en general , & des villes en particulier.

ARTICLE IV.

Des vertus qui doivent accompagner la justice.

I. PROPOSITION.

Il y en a trois principales, marquées par le docte &
pieux Gerson dans un sermon prononcé devant le
roy : la constance, la prudence, & la clemence.

Gerson de
Just. T. IV.

L A justice doit être attachée aux regles, ferme,
& constante : autrement elle est inégale dans
sa conduite ; & plus bizarre que reglée, elle va selon l'humeur qui la domine.

Elle doit sçavoir connoître le vray, & le faux,
dans les faits qu'on luy expose : autrement elle est
aveugle dans son application. Ce discernement est
un avantage, qu'elle tient de la prudence.

Enfin elle doit quelquefois se relâcher : autrement elle est excessive, & insupportable dans ses
rigueurs : & cet adoucissement de la rigueur de la
justice, est l'effet de la clemence.

La constance l'affermit dans les maximes : la prudence l'éclaire dans les faits : la clemence luy fait
supporter, & excuser la foiblesse. La constance la
soutient : la prudence l'applique : & la clemence
la tempere.

II. PROPOSITION.

La conſtance, & la fermeté ſont neceſſaires à la juſtice:
contre l'iniquité qui domine dans le monde.

Le genre humain dés ſon origine, étoit devenu
ſi criminel aux yeux de Dieu ; qu'il reſolut de le
perdre par le deluge : Voyant que la malice des
» hommes étoit grande ſur la terre : & que toute la
» penſée du cœur humain, étoit tournée au mal en
» tout temps. Voilà cette malheureuſe fermeté dans
le mal, dés le commencement du monde. Cette
pente naturellement invincible du cœur humain
vers le mal, fait dire auſſi : Que le peché eſt à la
» porte. C'eſt-à-dire, qu'il ne ceſſe de nous preſſer
à luy ouvrir.

Toutes les eaux du déluge n'ont pû effacer une
» tache ſi inherente au cœur humain. Parcourez, di-
» ſoit Jeremie, toutes les ruës, & toutes les places de
» Jeruſalem : conſiderez atttentivement, & voyez,
» ſi vous trouverez un homme de bien, & de bonne
» foy. Par une fauſſe conſtance, ils ſe ſont affermis
» dans le vice : Ils ont endurci leurs viſages comme
» un rocher : & n'ont pas voulu revenir de leurs in-
» juſtices.

» Malheur à moy, diſoit Michée, il n'y a plus de
» ſaint ſur la terre : la droiture ne ſe trouve plus par-
» my les hommes : chacun tend des pieges à ſon
» amy, pour en répandre le ſang : une chaſſe cruelle
» & barbare s'eſt introduite, où chacun tâche de
» prendre non des bêtes, mais ſes amis comme ſa

Gen. VI. 5.

Gen. IV. 7.

Jer. V. 1.

Ibid. 3.

Mich. VII.
1. 2.

proye. Ne croyez plus un amy : ne vous fiez plus « Ibid. 5. 6.
au magiſtrat : ne dites point vôtre ſecret à celle qui «
ſe repoſe dans vôtre ſein. Car le fils outrage ſon «
pere ; la fille s'éleve contre ſa mere ; le maître a «
pour ennemis ceux de ſa propre maiſon. Toutes «
les familles ſont diviſées, & les liaiſons du ſang
n'ont point de lieu.

Si dans ce deſordre des choſes humaines, vous
croyez trouver un refuge dans la juſtice publique,
vous vous trompez. Elle n'a plus de regle ny de
fermeté. Tout ce qu'un grand oze demander, le « Ibid. 3.
juge ſe croit obligé de le luy donner comme une «
dette. Le mal eſt appellé bien. Et il n'y a plus de «
loy parmy les hommes.

Les magiſtrats (qui devoient ſoutenir les foibles,) « Soph. III.
ſont des lions rugiſſans qui les dévorent ; les juges « 3.
ſont des loups raviſſants, qui ne reſervent pas juſ- «
qu'au matin la proye qu'ils ont priſe le ſoir. Ils «
contentent ſur le champ leur appetit inſatiable.

C'eſt ainſi que ſont les hommes, naturellement
loups les uns aux autres. David s'en étoit plaint le
premier. Il n'y a plus de juſte, diſoit-il, il n'y a « Pſ. XIII. 2.
plus de juſte ſur la terre : il n'y a plus d'homme « 5.
intelligent, il n'y en a point qui cherche Dieu : « Rom. III.
tous ſe ſont éloignez de la droite voye : tous ſont « 10. & ſeq.
inutiles. Il n'y a pas un homme de bien : il n'y «
en a pas même un ſeul. «

Contre ce débordement de l'iniquité, il n'y a
qu'une ſeule digue, qui eſt la fermeté de la juſtiſe.

III. PROPOSITION.

Si la justice n'est ferme, elle est emportée par ce deluge d'injustice.

Si le devoir du juge est, comme dit l'Ecclesiastique: D'enfoncer les cabales de l'iniquité: (comme un bataillon réüni:) Il faut pour accomplir ce
devoir, que la justice ne soit pas seulement forte,
mais encore qu'elle soit invincible, & intrepide.
Autrement il arrivera ce que disoit Isaïe: Le jugement recule en arriere: la justice (qui vouloit
entrer, repoussée par un si grand concours d'interêts contraires) se tient éloignée. Et l'équité ne
peut plus forcer de si grands obstacles.

Si le respect que l'on conserve pour le nom de
la justice est affoibli; on ne la rend qu'à demy,
& seulement pour sauver les apparences. Ainsi,
disoit le prophete: L'injustice a prévalu: l'opposi-
tion à la verité, s'est renduë la plus puissante. La
loy a été déchirée: (on en a pris une partie, &
méprisé l'autre:) & le jugement n'arrive jamais à
sa perfection. La justice renduë à demy, n'est qu'une
injustice colorée, & elle n'en est que plus dangereuse.

La justice, disoit le Sage, est immortelle & perpetuelle. L'égalité est l'esprit de cette vertu. C'est
en vain que ce magistrat se vante quelquefois de
rendre justice: s'il ne la rend en tout & par tout,
l'inégalité de sa conduite fait que la justice n'avoüe
pas pour sien, même ce qu'il fait selon les regles;

Eccli. VII. 6.
Is. LIX. 14.
Habacuc. I. 3. 4.
Sap. I. 15.

puisque la regle cesse d'être regle , quand elle n'est pas perpetuelle , & ne marche pas d'un pas égal.

Au milieu de tant de contrarietez , rendre la justice c'est une espece de combat : Où si l'on ne « Ezech. XIII. marche en face contre l'ennemy, & qu'on ne s'op- « ⁵· pose pas comme une muraille, (c'est-à-dire, com- « me une digue affermie) pour la maison d'Israël, « & pour le peuple de Dieu : on est vaincu. «

Il faut être par une ferme resolution, & par une forte habitude comme, Une place fortifiée (& dé- « Jer. 1. 18. fenduë de tous côtez :) comme une colonne de fer: « comme une muraille d'airain. Autrement on est « bien-tôt forcé.

Le prince doit donc par sa constance & par sa fermeté , rendre aisé, & facile l'exercice de la ju- stice. Car les choses difficiles ne sont pas de longue durée.

IV. PROPOSITION.

De la prudence , seconde vertu compagne de la justice.
La prudence peut être excitée par les dehors sur la verité des faits : mais elle veut s'en instruire par elle-même.

Le cry contre Sodome & Gomorrhe s'est aug- « Gen. XVIII. menté : & leurs crimes se sont multipliez jus- « 20. 21. qu'à l'excez. Je descendray : dit le Seigneur : & « je verray , si la clameur qui s'est élevée contre ces « villes est bien fondée, ou s'il en est autrement : « afin que je le sçache. «

Celuy qui sçait tout , & ne peut être trompé ; se rabaisse , disent les Saints Peres , jusqu'à s'informer : afin d'instruire les princes sujets à tant d'ignorances , & à tant de surprise , de ce qu'ils ont à faire.

Il leur donne trois instructions. Premierement » quand il dit ; Je veux sçavoir ce qui en est. Il leur montre, le desir qu'ils doivent avoir de connoître la verité des faits , dont ils doivent juger.

» Secondement , en faisant connoître ; Que le cry » est venu jusquà luy. Il leur apprend , que leur oreille doit être toûjours ouverte , toûjours attentive , toûjours prête à écouter ce qui se passe.

» Enfin en ajoûtant : Je descendray ; & je verray. Il leur montre , qu'aprés avoir écouté , il faut venir à une exacte perquisition : & n'asseoir son jugement , que sur une connoissance certaine.

Les rapports , & les bruits communs , doivent exciter le prince : mais il ne doit se rendre qu'à la verité connuë.

Ajoûtons qu'il ne suffit pas de recevoir ce qui se presente : il faut chercher de soy-même , & aller au devant de la verité ; si nous voulons la découvrir. Nous l'avons déja veu.

Les hommes , & sur tout les grands , ne sont pas si heureux , que la verité aille à eux d'elle-même, ny d'un seul endroit; ny qu'elle perce tous les obstacles qui les environnent. Trop de gens ont interêt qu'ils ne sçachent pas la verité toute entiere : & souvent ceux qui les environnent , s'épargnent les
uns

Cy-devant pag. 192. & suiv.

Cy-devant pag. 194. & suiv.

uns les autres , pour ainſi dire à la pareille. Souvent même on craint de leur découvrir des veritez
importunes , qu'ils ne veulent pas ſçavoir. Ceux
qui ſont toûjours avec eux , ſe croyent ſouvent obligez de les menager ; ou par prudence , ou par artifice. Il faut qu'ils deſcendent de ce haut faiſte de
grandeur , d'où rien n'approche qu'en tremblant ;
& qu'ils ſe mêlent en quelque façon parmy le peuple ; pour reconnoître les choſes de prés , & re-
cüeillir deçà & delà les traces diſperſées de la verité.

Saint Ambroiſe a ramaſſé tout cecy en peu de
mots. Quand Dieu dit qu'il deſcendra ; il a parlé *Ambr.lib.1.
ainſi pour vôtre inſtruction : afin que vous appre- *de Abrah in
niez à rechercher les choſes avec ſoin. Je deſcen- *cap. XVIII.
dray pour voir , c'eſt-à-dire, prenez ſoin de deſ- *Gen.
cendre , vous qui êtes dans les hautes places. Deſ-
cendez , par le ſoin de vous informer : de peur
qu'étant éloigné , vous ne voyez pas toûjours ce
qui ſe paſſe. Approchez-vous , pour voir les choſes
de prés. Ceux qui ſont placez ſi haut , ignorent toûjours beaucoup de choſes.

V. PROPOSITION.

*De la clemence, troiſiéme vertu : & premierement
quelle eſt la joye du genre humain.*

La ſerenité du viſage du prince , eſt la vie *Prov. XVI.
de ſes ſujets : & ſa clemence eſt ſemblable à la *15.
pluye du ſoir. Ou ſi l'on veut , peut être plus *Cy-devant
conformément au texte original : A la pluye de *pag. 111. &
*ſuiv.

Ggg

» l'arriere saison. A la lettre il faut entendre : que la clemence est autant agreable aux hommes, qu'une pluye qui vient sur le soir, ou dans l'automne, temperer la chaleur du jour, ou celle d'une saison plus brûlante ; & humecter la terre, que l'ardeur du soleil a dessechée.

Il sera permis d'ajoûter : que comme le matin désigne la vertu, qui seule peut illuminer la vie humaine : le soir nous represente au contraire, l'état où nous tombons par nos fautes ; puisque c'est-là en effet que le jour décline, & que la raison cesse d'éclairer. Selon cette explication : la rosée du matin seroit la recompense de la vertu ; de même que la pluye du soir, seroit le pardon accordé aux fautes. Et ainsi Salomon nous feroit entendre : que pour réjoüir la terre, & pour produire les fruits agreables de la bienveillance publique ; le prince doit faire tomber sur le genre humain, & l'une & l'autre rosée : en recompensant toûjours ceux qui font bien, & pardonnant quelquefois à ceux qui manquent : pourveu que le bien public, & la sainte autorité des loix n'y soient point interessez.

Nous avons veu que David le modele des bons rois, promit sa protection à une mere, à qui on vouloit ôter son second fils le reste de son esperance & de sa famille, en punition de la mort qu'il avoit donnée à son aîné, par un coup plus malheureux que malin. C'est ainsi que l'équité tempere souvent la rigueur que la justice demandoit, contre celuy qui avoit ôté la vie à son frere.

David avoit compris que la justice doit être exercée avec quelque temperament : qu'elle devient
inique & insupportable , quand elle use impitoyablement de tous ses droits : & que la bonté qui
modere ses rigueurs extrêmes , est une de ses parties principales.

VI. PROPOSITION.

La clemence est la gloire d'un regne.

Moïse que l'écriture appelle roy , & un roy si
absolu & si rigoureux quand il falloit , est renommé : Comme le plus doux de tous les hommes. Naturellement il eût pardonné : quand il punissoit , ce n'étoit pas luy , mais la loy qui exerçoit la rigueur pour le bien commun.

Souvenez-vous de David , & de toute sa douceur. C'est ce que chanta Salomon son fils à la
dedicace du temple : & il sembloit que la clemence de David eût fait oublier toutes ses autres
vertus.

Heureux le prince qui peut dire avec Job : La
clemence est cruë avec moy dés mon enfance :
& elle est sortie avec moy du ventre de ma
mere.

C'étoit un beau caractere donné aux rois d'Israël même par leurs ennemis : Les rois de la maison d'Israël sont clemens.

Deut. xxxiij
5.

« *Num. xi 1.*
« *3.*

« *Ps. cxxx1.*
« *1.*

« *Job xxx1.*
« *18.*

«

« *3. Reg. xx.*
« *31.*

Ggg ij

VII. PROPOSITION.

C'est un grand bonheur de sauver un homme.

Prov. xxiv. 11. » Délivre ceux qu'on mene à la mort : ne cesse » point d'arracher ceux que l'on entraîne au tom- » beau.

C'est le plus beau sacrifice que l'on puisse offrir au pere de tous les vivans, que de luy sauver un de ses enfans : si ce n'est qu'il soit de ceux dont la vie est la mort des autres, ou par sa cruauté, ou par ses exemples.

VIII. PROPOSITION.

C'est un motif de clemence que de se souvenir qu'on est mortel.

2. Reg. xiv. 13. 14. » Nous mourons tous : disoit à David cette femme » sage de Thecué : Et comme les eaux nous nous » écoulons sur la terre, sans esperance de retour : & » Dieu ne veut point qu'un homme perisse : mais il » repasse en luy-même la pensée de ne perdre pas en- » tierement celuy qui est rejetté. Pourquoy donc ne » pensez-vous pas à rappeller un banny, & un dis- » gracié ?

La vie est si malheureuse d'elle-même, & s'é- coule si vîte : qu'il ne faut pas, s'il se peut, laisser passer dans l'accablement des jours si briefs. La mortalité nous rend foibles : & dans cette fragilité, on fait aisément des fautes : il faut donc se porter à l'indulgence, & excuser les foiblesses du genre humain.

IX. PROPOSITION.

Le jour d'une victoire qui nous rend maîtres de nos en-
nemis, est un jour propre à la clemence.

Saül défit les Ammonites. Et ses fideles sujets
qui virent son trône affermy par cette victoire, in-
dignez contre ceux d'entre le peuple qui peu auparavant méprisoient le nouveau roy : disoient à Sa- « 1. Reg. xi.
muel : Où sont ceux qui disoient : Est-ce que Saül 11. 12. 13.
regnera sur nous ? Qu'on nous les livre , & nous les «
ferons mourir. Saül répondit : Nul ne sera tué en «
ce jour , qui est un jour de salut que Dieu donne «
au peuple. Et nous devons imiter sa misericorde. «

C'est encore une raison de pardonner , lorsque
Dieu livre nos ennemis entre nos mains, par une
grace , & une providence particuliere.

Frappez-les d'aveuglement, Seigneur. Disoit Eli- « 1. Reg. vi.
sée des Syriens qui faisoient la guerre aux Israë- 18.
lites. Et Dieu les frappa d'aveuglement. Et en cet
état le prophete les mena au milieu de Samarie.
Le roy d'Israël dit à Elisée : Mon pere, ne faut-il « Ibid. 21.
pas les tuer ? Gardez-vous-en bien, reprit Elisée, «
car vous ne les avez pris , ny par vôtre épée, ny «
par vôtre arc, pour ainsi les massacrer : mais don- «
nez-leur du pain & de l'eau, afin qu'ils en pren- «
nent en liberté : & les renvoyez à leur Seigneur. «

Un prince ne se montre jamais plus grand à ses
ennemis, que lors qu'il use avec eux de generosité
& de clemence.

X. PROPOSITION.

Dans les actions de clemence, il est souvent convenable
de laisser quelque reste de punition ; pour la ré-
vérence des loix, & pour l'exemple.

2. Reg. XIV.
21. 24. 28.
» Vos raisons m'ont appaisé envers Absalon : mal-
» gré l'attentat énorme qu'il a commis sur son frere
» Ammon : disoit David à Joab. Faites donc revenir
» ce jeune prince dans sa maison. Mais qu'il ne voye
» point la face du roy. Ainsi il fut rappellé dans
Jerusalem : & il y demeura deux ans, sans ozer
se presenter devant le roy.

Moïse avoit donné un semblable exemple, lors
que Marie sa sœur devenuë lepreuse pour avoir
desobéï, demanda pardon à Moïse par l'entremise
Num. XII.
13. 14.
» d'Aaron : Et Moïse cria au Seigneur, & le pria de
» la délivrer. Mais le Seigneur répondit : Si son pere
» (pour quelque faute) luy avoit craché sur le vi-
» sage, n'étoit-il pas juste qu'elle portât sa confusion
» du moins durant sept jours ? Qu'elle soit donc éloi-
» gnée du camp durant sept jours : & aprés elle sera
» rappellée.

XI. PROPOSITION.

Il y a une fausse indulgence.

Telle fut celle de David envers Ammon son fils
2. Reg. XIII.
21. 28. 29.
» aîné : Dont le crime le contrista beaucoup : (mais
» cela ne suffisoit pas, & il falloit le punir.) Au
» lieu que : Ne voulant pas affliger l'esprit d'Ammon
» son fils aîné, qu'il aimoit beaucoup : il laissa son

attentat impuni. Ce qui causa la vengeance d'Absalon qui tua son frere.

Ce grand roy eut aussi trop d'indulgence pour
les entreprises d'Absalon , & d'Adonias. Ce der-
nier : S'élevoit excessivement dans la viellesse de « 3. Reg. 1.
David. Ce pere trop indulgent ne le reprit pas : en « 5. 6.
luy disant : Pourquoy faites-vous ainsi ? Et son ex- «
cessive facilité eut les suites qu'on sçait assez.

On sçait aussi l'indulgence d'Heli souverain pon- 1. Reg. 111.
tife , homme saint d'ailleurs : & la maniere étrange 13. XIV.
dont Dieu e punit.

Ce sont des fautes dangereuses : dont on voit que
les gens de bien portez naturellement à l'indulgence,
ont plus à se garder que les autres hommes.

XII. PROPOSITION.

Lorsque les crimes se multiplient , la justice doit de-
venir plus severe.

C'est ce qui paroît dés l'origine du monde : par
ces paroles de Lamech de la race de Caïn, à ses deux
femmes Ada & Sella : Ecoutez ma voix , femmes « Gen. IV. 23.
de Lamech : prêtez l'oreille à mon discours. J'ay « 24.
tué un homme pour mon malheur ; & un jeune «
homme dont la blessure me perce moy-même. On «
prendra sept fois vengeance de Caïn : & de Lamech «
septante fois. «

Les hommes s'accoûtument au crime : & l'habitude de le voir , le leur rend moins horrible. Mais
il n'en est pas ainsi de la justice. La vengeance s'ap-
pesantit sur Lamech : qui bien éloigné de profiter

de la punition de Caïn un de ſes ancêtres, & de s'éloigner du crime par cet exemple domeſtique; ſemble plûtôt avoir pris Caïn pour ſon modele.

La juſte ſeverité que Dieu fait éclater ſi viſiblement dans les ſaints livres, quand les crimes ſe ſont multipliez, & ſont parvenus juſqu'à un certain excés : doit être en quelque ſorte le modelle de celle des princes, dans le gouvernement des choſes humaines.

ARTICLE V.

Les obſtacles à la juſtice.

I. PROPOSITION.

Premier obſtacle : la corruption, & les préſens.

Deut. XVI.
19.

» N'Ayez point d'égard aux perſonnes, ny aux » préſens : car les préſens aveuglent les yeux » des ſages, & changent les paroles des juſtes.

Moïſe ne dit pas, ils aveuglent les yeux des méchans, & ils en changent les paroles. Il dit, ils aveuglent les yeux des ſages : & ils changent la parole des juſtes. Auparavant, le juge parloit bien: le preſent eſt venu, & ce n'eſt plus le même homme : une nouvelle juriſprudence que ſon interêt luy fournit, le fait changer de langage. Ce ne ſont pas toûjours les grands preſens qui produiſent cet effet : les petits donnez à propos, marquent quelquefois un ſecret empreſſement d'amitié, qui inclinent & gagnent le cœur.

Ceux

Ceux qui font par leur dignité au deſſus de ce genre de corruption, ont d'autres preſens à crain-dre : les loüanges & les flateries. Qu'ils ſe mettent bien dans l'eſprit cette parole du ſage : Ne loüez point l'homme avant ſa mort. Toute loüange don-née aux vivans eſt ſuſpecte : Aimez la juſtice, ô vous qui jugez la terre. Ne ſoyez point le joüet d'un ſubtil flateur. « Eccli. xi. 30. « Sap. i. i.

Les ſervices rendus à l'état ſont encore une autre maniere de ſeduire les rois. Ne regardez point les perſonnes : dit le Seigneur. Les ſervices demandent une autre ſorte de juſtice, qui eſt celle de la ré-compence. Prince vous la devez : mais ne payez pas cette dette aux dépens d'autruy.

II. Proposition.

La prévention : ſecond obſtacle.

C'eſt une eſpece de folie qui empêche de raiſon-ner : Le fol n'écoute pas les paroles du prudent. Et ne veut entendre autre choſe, que ce qu'il a dans ſon cœur. « Prov. xviij. 2.

L'homme prévenu ne vous écoute pas : il eſt ſourd : la place eſt remplie, & la verité n'en trouve plus.

Salomon oppoſoit à la prévention, cette humble priere : Donnez à vôtre ſerviteur un cœur docile. Et David demandoit un cœur étendu comme le ſable de la mer, capable de tout. « 3.Reg. iii. 9.

L'eſprit du prince doit être une glace nette & unie, où tout ce qui vient de quelque côté que ce

Hhh

Deut.v. 32. » soit, est representé comme il est selon la verité. Il
» est dans un parfait équilibre : Il ne se détourne, ny
à droit, ny à gauche. C'est pour cela que Dieu l'a mis
au faîte des choses humaines : afin que libre des at-
taques qui luy viendront de ce qu'il a au dessous de
luy : il ne reçoive des impressions que d'en haut,

Pf. cxviii. » c'est à dire, de la verité. Apprenez-moy, Seigneur,
66. ◆ la verité, & la discipline, & la science.

Il y a deux moyens d'éviter les préventions. L'un
est de considerer que nos jugemens seront revûs par
Pf. lxxiv. » celuy qui dit : Je jugeray les justices. Entrez dans
3. l'esprit du juge superieur : & dépoüillez-vous de
vos préventions.

Eccli. xxxi. » L'autre moyen : Jugez du prochain par vous-
18. » même. Ainsi sorty de vous-même, vous jugerez
purement : & vous ferez, comme vous voudriez
qu'on vous fît.

III. PROPOSITION.

Autres obstacles : la paresse, & la précipitation.

Ecc. 11. 14. » Ayez les yeux dans vôtre tête. Soyez attentif :
Prov. 111. » & que vos paupieres precedent vos pas. Donnez-
6. vous le temps de considerer : ne precipitez pas vôtre jugement : ne craignez pas la peine de penser.

Prov. xiv. » L'homme impatient ne peut rien faire à propos :
17. » & n'opere que des folies.

A la paresse, & à la précipitation, le prince doit
opposer l'attention & la vigilance. Nous avons déja
Ci devant traité cette matiere, & il est inutile de la repeter
pag. 192. & icy.
suiv.

IV. PROPOSITION.

La pitié & la rigueur.

N'ayez pitié de personne en jugement, pas même « Exod. xxi.
du pauvre. Nous l'avons déja vû. Rendez impitoya- « 24.
blement œil pour œil : dent pour dent : playe pour «
playe. Tournez vôtre pitié d'un autre côté. C'est «
de l'oppressé, & du peuple qui souffre par les hommes injustes & violens, qu'il faut avoir compassion.

D'autres panchent toûjours à la rigueur. Mais
vous, Prince, ne vous détournez, ny à droite ny
à gauche. On se détourne vers la gauche, lors qu'en
tendant au relâchement & à la mollesse, on affoiblit la severité de la loy. On ne fait pas mieux en
se détournant vers la droite : c'est-à-dire, en pous-
sant trop loin la rigueur des loix.

Le zele de trouver le tort, fait souvent qu'on
le donne, à qui ne l'a pas. On veut déterrer les
auteurs des crimes ; & plûtôt que de les laisser impunis, on en charge l'innocent. La justice alors devient une oppression. Mais le Sage a dit : Celuy « Prov. xvii.
qui absout l'impie, & celuy qui condamne le juste : « 15.
l'un & l'autre est abominable devant Dieu. «

V. PROPOSITION.

La colere.

La colere est une passion des plus indignes du
prince. On doit s'exercer à la vaincre, quand on   Prov. xvi.
aime la justice, dont elle est l'ennemie. L'homme « 32.

Hhh ij

» patient , eſt preferé au courageux : & celuy qui ſur-
» monte ſa colere , vaut mieux que celuy qui prend
» des villes.

L'empereur Theodoſe le Grand , avoit bien compris cette maxime du Sage. Ce prince tant de fois
victorieux , & illuſtre par ſes conquêtes ; encore
qu'il fût naturellement d'une colere impetueuſe,
profita ſi bien des conſeils de ſaint Ambroiſe ; qu'à
la fin , comme dit ce pere , il ſe tenoit obligé quand
on le prioit de pardonner : & quand il étoit ému par
un ſentiment plus vif de la colere ; c'étoit alors qu'il
ſe portoit plus facilement à la clemence.

Ambr. de
obitu Theod
Aug. ſenio-
ris.

VI. PROPOSITION.

Les cabales , & la chicane.

Iſ. LVIII.
6.

» Rompez les liaiſons des impies : (des hommes
» injuſtes :) ne permettez pas qu'on accable l'inno-
» cent : & ôtez-luy cette charge trop peſante à ſes
» épaules.

Soyez en garde contre la protection que trouvent
les richeſſes. N'abandonnez pas le pauvre ſous pretexte qu'il n'a perſonne qui prenne en main ſa dé-
» fenſe. C'eſt l'effet du credit , & de la cabale : Le
» riche a fait quelque outrage (à un innocent) & il
» fremit. Il eſt le premier à ſe plaindre , & à me-
» nacer. Le pauvre au contraire , quoique offenſé,
» & outragé , n'ozera ouvrir la bouche. Veillez donc
& penetrez le fond des choſes , vous qui aimez la
juſtice.

Eccli. XIII.
4.

Prov. XVII.
19.

» Pour les chicanes , il eſt écrit : Qui aime les

procés, aime sa ruine. Et la justice les doit repri- «
mer pour son propre bien, aussi-bien que pour
celuy des autres.

VII. PROPOSITION.

Les guerres : & la négligence.

Trop occupé de la guerre, dont l'action est si
vive, on ne songe point à la justice. Mais il est
écrit de David, au milieu de tant de guerres; &
pendant qu'il combattoit les Moabites, les Ammonites, les Syriens, les Philistins, les Iduméens,
& tant d'autres ennemis. David faisoit jugement « 2.Reg. viij.
& justice à tout son peuple. C'est là regner veri- « 15.
tablement, que de faire regner la justice au milieu
du tumulte de la guerre, en sorte qu'elle ne manque à qui que ce soit.

On est soigneux ordinairement de rendre la justice dans les grands lieux : & on la neglige dans
les villages, & dans les lieux deserts. Au contraire,
Isaye écrit d'un bon roy, c'est Ezechias, dont il
parle : Qu'en son temps, le jugement habitoit dans « Is. XXXII.
la solitude : & que la justice tenoit sa séance dans « 16.
les grands lieux. Qu'il appelle le Carmel, selon «
l'usage de la langue sainte. La justice éclairoit jusqu'aux lieux les plus écartez : les pauvres sentoient
son secours, & l'abondance ne corrompoit point
ceux qui la rendoient.

VIII. PROPOSITION.

Il faut regler les procedures de la justice.

Deut. XVI.
20.

Vous pourſuivrez juſtement, ce qui eſt juſte. Ce n'eſt pas aſſez d'avoir bon droit : il faut encore le pourſuivre par les bonnes voyes : ſans fraude, ſans détour, ſans violence, ſans ſe faire juſtice à ſoy-même : mais en l'attendant de la puiſſance publique.

LIVRE NEUVIE'ME·
DES SECOURS DE LA ROYAUTE'.
Les Armes. Les Richeſſes , ou les Finances.
Les Conſeils.

ARTICLE PREMIER.

De la guerre : & de ſes juſtes motifs generaux ,
& particuliers.

I. PROPOSITION.

Dieu forme les princes guerriers.

C'Eſt ce qui fait dire à David : Beny ſoit le « Pſ. cxliii.
Seigneur mon Dieu , qui donne de la force « I.
à mes bras pour le combat , & forme mes mains «
à la guerre. «

*Béni ſoit le Dieu des arm...
qui donne toſour à men...
Et qu'a ...qui mes mains ſont...
dans l'art pénible ou con...*
J. B. R.

II. PROPOSITION.

Dieu fait un commandement exprés aux Iſraëlites
de faire la guerre.

Dieu ordonne à ſon peuple de faire la guerre à
certaines nations.

Telles étoient les nations, dont il eſt écrit : Vous « Deut. vii.
détruirez devant vous pluſieurs nations : le Hethéen, « 1. 2.
le Gergeſéen, l'Amorrhéen, le Chananéen, le Phe- «

» reséen, le Hevéen, & le Jebuséen : sept nations
» plus grandes, & plus fortes que vous : mais Dieu
» les a livrées entre vos mains, afin que vous les ex-
» terminiez de dessus la terre. Vous ne ferez jamais
» de traitez avec elles, & vous n'en aurez aucune
» pitié.

Deut. xxiii. 6.

» Et encore : Vous ne ferez jamais de paix avec
» elles : & vous ne leur ferez aucun bien durant tous
» les jours de vôtre vie, dans toute l'éternité. Voilà
une guerre à toute outrance, à feu & à sang, irreconciliable, commandée au peuple de Dieu.

1. Reg. xv. 7. 8. 9. & seq.

C'est pourquoy Saül est puny sans misericorde,
& privé de la royauté : pour avoir épargné les Amalecites, un de ces peuples Chananéens maudits de
Dieu.

III. PROPOSISTION.

Dieu avoit promis ces païs à Abraham, & à sa
posterité.

Ce sont les peuples, dont le Seigneur avoit pro-
» mis à Abraham de luy donner le païs, par ces pa-
Gen. xiii. 14. 15. » roles : Leve les yeux, & regarde depuis le lieu où
» tu es. Je te donneray toute la terre, qui est devant
» toy au midy, & au nort, vers l'orient, & vers l'oc-
» cident pour être ton heritage éternel, & incom-
» mutable : & celuy de ta posterité.

Gen. xv. 18. » Et encore : Dieu fait un traité d'alliance avec
& seq. » Abram : & luy dit : Je donneray à ta posterité
» toute cette terre, depuis le Nil qui arrose l'Égypte,
» jusqu'au grand fleuve d'Euphrate : les Linéens : les
Hetéens :

Hetéens : les Amorrhéens : & les autres qu'on vient «
de nommer.   «

IV. PROPOSITION.

Dieu vouloit châtier ces peuples , & punir leurs
impietez.

C'étoient des nations abominables , & dés le
commencement adonnées à toute sorte d'idolatrie,
d'injustices , & d'impietez : race maudite depuis
Cham, & Chanaan, à qui la malice avoit passé en
nature , par ses habitudes corrompuës. Comme il
est écrit dans le livre de la Sagesse : Seigneur, vous « Sap. XII. 3.
les aviez en horreur : parce que leurs actions étoient « 4. & seq.
odieuses, & leurs sacrifices execrables. Ces peuples «
immoloient leurs propres enfans à leurs Dieux : ils «
n'epargñoient ny leurs hôtes , ny leurs amis : & «
vous les avez perdus par la main de nos ancêtres : «
parce que leur malice étoit naturelle , & incorri- «
gible.   «

Tels étoient , dit le saint Esprit dans ce divin
livre , les anciens habitans de la terre sainte. Et c'est
pourquoy Dieu les en chassa par un juste jugement,
pour la donner aux Israëlites.

V. PROPOSITION.

Dieu avoit suporté ces peuples avec une longue patience.

Les iniquitez des Amorrhéens ne sont pas encore « Gen.XV. 16.
accomplies : dit le Seigneur à Abraham.   «

Quelque volonté qu'il eût de donner à un serviteur si fidele & si chery , l'heritage qu'il avoit

I i i

promis à sa foy ; il en suspend la donation actuel e,
par un conseil de misericorde.

Ibid. 13. » Mais encore combien durera ce delay ? Quatre
» cens ans : dit-il. Pendant lesquels il exerce la patience de son peuple : & attend ses ennemis à la
» penitence. En attendant , dit-il , tes enfans seront
» affligez quatre cens ans. Tant il a de peine à de-
posseder de leur terre , des peuples méchans &
maudits.

Arbitre de l'univers, qui vous obligeoit à tant de
ménagemens , vous qui ne craignez personne ? com-
Sap. xi' 12.14 1;. 36. » me il est marqué dans le livre de la Sagesse. Et
» qu'avoit-on à vous dire : quand vous eussiez fait
» perir une des nations que vous avez faites ? Mais
» c'est que : Vous voulez montrer , que vous faites
» tout avec justice , & que plus vous êtes puissant,
» plus vous aimez à pardonner.

VI. PROPOSITION.

Dieu ne veut pas que l'on depossede les anciens habitans
des terres : ny que l'on compte pour rien les liaisons
du sang.

Quoique maître absolu de toute la terre pour la
donner à qui il luy plaît ; Dieu ne se sert pas de
ce droit, & de ce domaine souverain , pour depos-
seder de leur pays les peuples qui en avoient la
joüissance paisible : & il ne les en dépoüille pour
le donner à son peuple , que par un juste châtiment
de leurs crimes.

C'est par cette raison qu'il donne cet ordre exprés

aux Ifraëlites : Vous pafferez par les confins de vos « Deut. 11. 4.
freres les enfans d'Efaü, qui occupent le mont de « 5. 6.
Seir, & qui feront effrayez de vôtre paffage. Mais « 10.
prenez garde foigneufement de ne faire aucun mou- «
vement contre eux. Car je ne vous donneray aucune «
parcelle de cette montagne que j'ay donnée en pof- «
feffion aux enfans d'Efaü : pas même autant qu'en «
pourroit couvrir le pas d'un homme. (Vous gar- «
derez avec eux toutes les loix du commerce, & de «
la focieté.) Vous acheterez leurs vivres argent comp- «
tant : & leur payerez jufqu'à l'eau que vous puiferez «
dans leurs puits, & que vous boirez : (dans un pays «
où elle eft fi rare.) Vous ne pafferez point fur leurs «
terres, mais vous prendrez un chemin détourné : «
(de peur d'avoir occafion de querelle avec eux.) «

Ufez-en de même envers les Moabites, & les « Ibid. 9. 19.
Ammonites. (Defcendans de Loth coufin d'Abra- «
ham, & comme luy forty de Tharé leur pere commun.) Ne combattez point contre eux ; car je ne «
vous donneray aucune partie de leur terre ; parce «
que je l'ay donnée aux enfans de Loth. «

Les anciens habitans de ces terres, que Dieu avoit Ibid 10. 11.
données aux enfans d'Efaü & à ceux de Loth ; font 11. 19. 20.
appellez des geants & d'autres noms odieux ; qui & feq.
dans le ftyle de l'écriture, fignifient des hommes
robuftes & de grande taille ; mais fanguinaires, injuftes, violens, oppreffeurs, & raviffeurs. Et l'écriture le marque, pour montrer que Dieu les avoit
livrez à une injufte vengeance, quand il les chaffa
de leurs terres ; encore que ce ne fût pas avec un

commandement auſſi exprés , & une providence auſſi particuliere , qu'il la fît paroître à ſon peuple dans la conquête de la terre ſainte.

En un mot Dieu veut, que l'on regarde les terres comme données par luy-même à ceux qui les ont premierement occupées , & qui en ſont demeurez en poſſeſſion tranquille & immemoriale ; ſans qu'il ſoit permis de les troubler dans leur joüiſſance, ny d'inquieter le repos du genre humain.

Dieu veut auſſi que l'on conſerve le ſouvenir de la parenté , & des origines communes , ſi éloignées qu'elles ſoient.

Ainſi quelques éloignez que fuſſent les Iſraëlites de Loth & d'Eſaü ; & même ſans conſiderer qu'Eſaü avoit été un mavais frere : il veut toûjours qu'on ſe ſouvienne des peres communs ; & qu'Eſaü comme Jacob venoit d'Iſaac. Parce qu'il eſt le pere, & le protecteur de la ſocieté humaine ; & qu'il veut faire reſpecter aux hommes , toutes les liaiſons du ſang : pour rendre autant qu'il ſe peut la guerre odieuſe par toute ſorte de titres.

VII. PROPOSITION.

Il y a d'autres juſtes motifs de faire la guerre : les actes d'hoſtilité injuſtes : le refus du paſſage demandé à des conditions équitables : le droit des gens violé en la perſonne des ambaſſadeurs.

Outre le motif du commandement exprés de Dieu comme juſte juge , qui ne paroît qu'une fois dans l'écriture : en voicy encore d'autres,

Quatre rois conjurez entrerent dans le pays du roy de Sodome, du roy de Gomorrhe, & de trois autres rois voifins. Les aggreffeurs furent victorieux, & fe retiroient chargez de butin, & emmenant leurs captifs : parmy lefquels étoit Loth neveu d'Abraham, qui demeuroit dans Sodome. Mais Dieu luy avoit preparé un liberateur. Son oncle Abram pourfuivit ces raviffeurs, les tailla en pieces ; ramena Loth, les femmes captives avec un peuple innombrable, & tout le butin. Dieu agréa fa victoire : & le fit benir par fon grand pontife le celebre Melchifedech, la plus excellente figure de Jefus-Chrift.

Og roy de Bafan, vint auffi à main armée à la rencontre des Ifraëlites pour les attaquer : & ils le taillerent en pieces, comme un aggreffeur injufte ; & luy prirent foixante villes malgré la hauteur de leurs murailles, & de leurs tours.

Auffi ne doit-on pas épargner les aggreffeurs injuftes. Et pour le refus du paffage, le traitement rigoureux, mais jufte, qu'on fit à Sehon roy d'Hefebon, eft un exemple bien remarquable.

Les Ifraëlites envoyerent des ambaffadeurs à Sehon « roy d'Hefebon : (pour luy faire cette paifible lé- « gation :) Nous pafferons par vôtre terre, mais nous « ne prendrons aucun détour fufpect, ny à droite, « ny à gauche : nous marcherons dans le grand che- « min. Vendez-nous nos alimens, & jufqu'à l'eau « que nous boirons : nous ne vous demandons que le « feul paffage. «

Pour le r'affurer davantage, on luy propofe l'exem-

Gen. xiv. 1. & feq.

Deut. iii. 1. 2. & feq.

Deut. ii. 26. 27. 28.

I i i iij

ple de la conduite qu'on avoit tenuë avec les autres
peuples. C'est ainsi qu'en ont usé les enfans d'Esaü,
& des Ammonites. Nous ne voulons point arrêter,
& nous ne voulons que venir jusqu'au Jourdain, à
la terre que nôtre Dieu nous a donnée.

Le grand chemin est du droit des gens, pourvû
qu'on n'entreprenne pas le passage par la force, &
qu'on le demande à condition équitable. Ainsi on
déclara justement la guerre à Sehon dont Dieu en-
durcit le cœur, pour ensuite luy refuser tout pardon : & il fut mis sous le joug.

Voilà donc deux justes motifs de faire la guerre :
l'injuste refus du passage demandé à des conditions
équitables : & l'hostilité manifeste qui vous rend
aggresseur injuste.

Il faut rapporter à ce dernier motif ce qu'a fait le
peuple de Dieu pour s'afranchir d'un joug injustement imposé, pour venger sa liberté opprimée, &
pour defendre sa religion par l'ordre exprés de
Dieu. Et tel a été le motif des guerres des Machabées. Ainsi qu'il a été rapporté ailleurs.

Enfin celuy du droit des gens violé en la personne
des ambassadeurs, est un des plus importants.

Naab Roy des Ammonites étant mort, & son
fils étant monté sur le trône : David dit : Je mon-
treray de l'amitié à Hanon, comme son pere m'en
a fait paroître. Les Ammonites (qui connoissoient
peu le cœur genereux, & reconnoissant de David)
persuaderent à leur roy, que ces ambassadeurs étoient
des espions ; qui venoient reconnoître le foible de

(marginalia: Ibid. 19. 30.)
(marginalia: Cy-devant pag. 27 ?. & suiv.)
(marginalia: 2. Reg x. 1. 2. & seq.)

la place, & exciter les peuples à la rebellion. Ainsi il leur fit un traitement indigne : & sentant combien ils avoient offensé David, ils se liguerent contre luy avec les rois voisins. Mais David envoya contre eux Joab avec une armée, & marcha luy-même en personne ; pour achever cette guerre, qui luy fut heureuse.

C'est à quoy se reduisent les motifs de la guerre, qu'on nomme étrangere, qui sont marquez dans l'écriture.

ARTICLE II.

Des injustes motifs de la guerre.

I. PROPOSITION.

Premier motif : Les conquêtes ambitieuses.

CE motif paroît bien-tôt aprés le déluge en la personne de Nemrod, homme farouche ; qui devient par son humeur violente, le premier des conquerans. Mais il est expressément marqué, qu'il étoit des enfans de Chus, fils de Cham, le seul des enfans de Noé, qui ait merité d'être maudit par son pere.

Le titre de conquerant, prend naissance dans cette famille : & l'écriture exprime cet évenement en disant : Qu'il fut le premier, puissant sur la terre. C'est-à-dire, qu'il fut le premier, que l'amour de la puissance porta à envahir les pays voisins.

Gen. x. 8, 9, 10, 11.

Ibid. 8.

II. PROPOSITION.

Ceux qui aiment la guerre, & la font pour contenter leur ambition, font déclarez ennemis de Dieu.

Gen. IX. 5. 6.

» Je redemanderay vôtre fang de la main de toutes
» les bêtes : & de celles de tous les hommes qui au-
» ront répandu le fang humain, qui eft celuy de leurs
» freres. Qui répandra le fang humain, fon fang fera
» répandu : parce que l'homme eft fait à l'image de
» Dieu.

Dieu a tant d'horreur des meurtres, & de la cruelle effufion du fang humain, qu'il veut en quelque façon qu'on regarde comme coupables, juf-qu'aux bêtes qui le verfent. Il fembleroit à enten-dre ces paroles ; que Dieu voudroit obliger les ani-maux farouches, à refpecter l'ancien caractere de domination, qui nous avoit été donné fur eux, quoique prefque effacé par le peché. Le violement en eft reputé aux bêtes comme un attentat : & c'eft une efpece de punition où il les affujettit, de les rendre fi odieufes, qu'on ne cherche qu'à les prendre, & à les faire mourir.

» La raifon de cette défenfe eft admirable : C'eft,
» dit-il, que l'homme eft fait à l'image de Dieu. Cette belle reffemblance ne peut trop paroître fur la terre. Au lieu de la diminuer par les meurtres, Dieu veut

Ibid. 7.

» au contraire que les hommes fe multiplient : Croif-
» fez, leur dit-il, & rempliffez la terre.

Que fi ravir à un feul homme le prefent divin de la vie, c'eft attenter contre Dieu, qui a mis

fur

sur l'homme l'emprainte de son visage : combien plus sont detestables à ses yeux ceux qui sacrifient tant de millions d'hommes , & tant d'enfans innocens à leur ambition ?

III. PROPOSITION.

Caractere des conquerans ambitieux tracé par le saint Esprit.

Aprés que Nabuchodonosor roy de Ninive , & d'Assyrie , eût défait & subjugué Arphaxad roy des Medes : Son empire fut élevé , & son cœur s'enfla : « *Judith. 1.* & il envoya à tous les peuples qui habitoient dans « *1. 5. 6. &* la Cilicie , à Damas , vers le Liban & le Carmel , « *seq.* aux Arabes , aux Galiléens , dans les vastes plaines « d'Esdrelon , aux Samaritains , & aux environs du « Jourdain , & à toute la terre de Jessé jusqu'aux li- « mites de l'Ethiopie. Il dépêcha ses envoyez à tous « ces peuples : pour les obliger de se soumettre à sa « puissance. Mais ces nations (jalouses de leur li- « berté) renvoyerent ses ambassadeurs les mains vui- « des , & sans leur rendre aucun honneur. Alors le « roy d'Assyrie entra en indignation , & jura qu'il « se défendroit contre tous ces peuples : ou plûtôt, « qu'il se vengeroit de leur resistance.

Voilà le premier trait d'un conquerant injuste. Il n'a pas plûtôt subjugué un ennemy puissant, qu'il croit que tout est à luy : il n'y a peuple qu'il n'opresse : & si on refuse le joug, son orgüeil s'irrite. Il ne parle point d'attaquer , il croit avoir sur tous un droit legitime. Parce qu'il est le plus fort,

K k k

il ne se regarde pas comme aggresseur : & il appelle défense, le dessein d'envahir les terres des peuples libres. Comme. si c'étoit une rebellion, de conserver sa liberté contre son ambition, il ne parle plus que de vengeance : & les guerres qu'il entreprend ne luy paroissent, qu'une juste punition des rebelles.

Il passe outre : & non content d'envahir tant de pays qui ne relevent de luy par aucun endroit, il croit ne rien entreprendre digne de sa grandeur, s'il ne se rend maître de tout l'univers. C'est la suite du caractere de cet injuste conquerant. La parole » fut répanduë dans le palais du roy d'Assyrie, qu'il » se défendroit & se vengeroit. Et appellant ses vieux » conseillers, ses capitaines & ses guerriers : il leur » déclara dans une assemblée tenuë exprés en parti- » culier avec eux, que sa volonté étoit de soumettre » à son empire toute la terre habitable.

Ibid. 11. 1.
2. 3.

Ce n'étoit point un conseil qu'il demandoit à cette grande assemblée, il n'a pour conseil que son orgüeil indomptable : & sans consulter davantage, pour en venir à l'execution : Il donne ses ordres à » Holoferne chef general de sa milice : (grand homme » de guerre :) Et, dit-il, ne pardonne à aucun royau- » me, ny à aucune place forte : que vos yeux ne » soient touchez d'aucune pitié, & que tout fléchisse » sous ma loy.

Ibid 4. 5. 6.

C'est le second trait de cet orgueilleux caractere. Ce superbe roy n'a pas besoin de conseil, l'assemblée de ses conseillers n'est qu'une ceremonie, pour déclarer d'une maniere plus solemnelle ce qui est déja resolu, & pour mettre tout en mouvement.

Mais voicy un dernier trait. C'étoit de ne respecter ny connoître ny Dieu, ny homme : & de n'épargner aucun temple, pas même celuy du vray Dieu, qu'il eût voulu mettre en cendre avec tous les autres au milieu de Jerusalem. Car il avoit « *Ibid. 111.* commandé à Holoferne d'exterminer tous les Dieux : « *15.* afin qu'il n'y eût de Dieu que le seul Nabuchodo- « nosor, dans toutes les terres que ses armes auroient « subjuguées. «

Cela se fait en deux manieres. Ou en s'attribuant ouvertement les honneurs divins : ainsi qu'il est arrivé presque à tous les conquerans du paganisme. Ou par les effets : lors qu'avec un orgüeil outré, sans songer qu'il y ait un Dieu, on se rapporte ses victoires à soy-même, à sa force, & à ses conseils, & que l'on semble dire en son cœur : Je « *Ezec. xxviij* suis un Dieu. Et je me suis fait moy-même. Com- « *2. 9.* me il est écrit dans le prophete.

Ou, pour repeter les paroles d'un autre Nabuchodonosor : N'est-ce pas-là cette grande Babylone, « *Dan. iv.* que j'ay bâtie dans la force de ma puissance, & « *27.* dans l'éclat de ma gloire, pour être le siege de mon « empire ? Sans songer qu'il y a un Dieu, à qui on « doit tout.

Tel est le caractere des conquerans ambitieux, qui enyvrez du succés de leurs armes victorieuses, se disent les maîtres du monde, & que leur bras est leur Dieu.

IV. PROPOSITION.

Lors que Dieu semble accorder tout à de tels conque-
rans , il leur prepare un châtiment rigoureux.

Jer. xxvii. 6. » J'ay donné toutes les terres , & toutes les mers à
» Nabuchodonosor roy de Babylone mon serviteur :
(& ministre de mes justes vengeances.) Ce n'est
pas à dire qu'il les ait données afin qu'il en fût le
legitime possesseur : c'est-à-dire , que par un secret jugement , il les a abandonnées à son am.
bition, pour les occuper, & les envahir. Rien n'é-

Dan.11.38. » chapera de ses mains : Et jusqu'aux oyseaux du
» ciel ; (c'est-à-dire , ce qu'il y a de plus libre ,) y
» tombera.

Voilà en apparence une faveur bien déclarée :
Jer. L. 23. » mais le retour est terrible. Le marteau qui a brisé
Is. xxiv. 5. 6. » les nations de l'univers, est brisé luy-même. Le Sei-
» gneur a rompu la verge , dont il a frappé le reste
Jer. L. 31. » du monde d'une playe irremediable. Je tombe sur
» toy, ô superbe : dit le Seigneur des armées : ton jour
» est venu , & le temps où tu seras visité : (par la
Ibid. 40. » justice divine.) Dieu renversera Babylone, comme
» il a fait Sodome & Gomorrhe , & ne luy laissera
» aucune ressource. Il n'y a plus de remede à ses
Jer. L1. 9. » maux : son jugement est monté jusqu'aux cieux,
» & a percé les nuës.

V. PROPOSITION.

Second injuste motif de la guerre : le pillage.

Gen. xiv. 9. II. 12 Cy devant pag. 437. Ainsi s'armerent les quatre rois dont on vient de parler : & ils enleverent le riche butin , & les captifs qu'Abram délivra.

Si l'on souffre de telles guerres , il n'y aura plus de royaume , ny de province tranquille. C'est pourquoy Dieu oppose à ces ravisseurs la magnanimité d'Abraham , qui ne se reserve rien du butin qu'il avoit recous , que ce qui appartenoit à ses alliez compagnons de son entreprise. Et au surplus , il ne veut pas que personne se pût vanter sur la terre : D'avoir enrichy Abraham. *Ibid. 23. 24.*

Souvent aussi Dieu livre ceux qui pillent à d'autres pillards. Ecoutez Isaye. « Malheur à vous qui « pillez, ne serez-vous pas pillez vous-mêmes ? Et vous « qui méprisez (toutes les loix de la justice, & croyez « pouvoir tout voler impunément,) ne serez-vous « pas méprisez par quelque autre plus puissant que « vous ? Ouy quand vous aurez cessé de piller on vous « pillera. Et quand las de combattre vous cesserez de « mépriser vos ennemis : (Au milieu des perils d'une « guerre injuste) vous tomberez dans le mépris. « *Is. XXXIII. 1.*

VI. PROPOSITION.

Troisiéme injuste motif : la jalousie.

Isaac s'enrichit , & sa puissance alloit toûjours « croissant, jusqu'à ce qu'il devint tres-grand : & alors « les Philistins luy portant envie, exercent contre luy « des hostilitez , & des violences injustes. Et le roy « du pays luy fit dire : Retirez-vous, parce que vous « êtes devenu beaucoup plus puissant que nous. « *Gen. XXVI. 12. 13 & seq.*

Quoique cette raison de luy nuire fût basse , &

injuſte ; il ceda pour le bien de la paix , ſe retirant dans le voiſinage : & l'affaire ſe termina par un traité de paix ſolemnel , où ſes ennemis reconnurent le tort qu'ils avoient , & le bon droit d'Iſaac.

VII. PROPOSITION.

Quatriéme injuſte motif , la gloire des armes , & la douceur de la victoire. Premier Exemple.

Il n'y a rien de plus flateur que cette gloire militaire : elle décide ſouvent d'un ſeul coup des choſes humaines , & ſemble avoir une eſpece de toutepuiſſance , en forçant les évenemens : & c'eſt pourquoy elle tente ſi fort les rois de la terre. Mais on va voir combien elle eſt vaine.

Amaſias roy de Juda avoit remporté des victoires ſignalées contre l'Idumée , & en avoit pris les forteresses les plus renommées. Enflé de ce ſuccés : Il envoya des ambaſſadeurs à Joas , roy d'Iſraël , pour luy dire : Venez , & voyons-nous : (à main armée; éprouvons nos forces.) Joas (plus moderé) luy fit répondre : Vous avez prévalu contre les enfans d'Edom , & vôtre cœur s'eſt enflé : contentez-vous de cette gloire & demeurez en repos. Pourquoy voulez-vous vous attirer un grand mal , & tomber vous & vôtre peuple ſous ma main ? Amaſias n'acquieſça pas à ce ſage conſeil. Le roy d'Iſraël marcha : Ils ſe virent comme Amaſias l'avoit propoſé à Bethſamés ville de Juda. Ceux de Juda furent battus, & prirent la fuitte : Joas prit Amaſias , & le remena dans Jeruſalem , & fit démolir quatre cens coudées

4. Reg. xiv. 7. 8. & ſeq.

de murailles de cette ville royale : & en enleva «
tout l'or & tout l'argent qui s'y trouva , & tous les «
vaisseaux de la maison du Seigneur, (de celle d'O- «
bededon, où l'arche avoit reposé du temps de Da- «
vid) & du palais : & prit des ôtages , & retourna «
à Samarie. Tel fut le fruit de la querelle que fit «
Amasias à Joas , sans autre sujet que celuy d'une
vaine gloire ; & de faire paroître ses forces, & le
courage des siens.

VIII. PROPOSITION.

Second exemple du même motif , qui fait voir combien
la tentation en est dangereuse.

Necao roy d'Egypte marcha en bataille contre « 2. Par. XXIV.
les Carcamites le long de l'Euphrate : & Josias alla « 10. 21. &
à sa rencontre. Mais Necao luy envoya des am- « seq.
bassadeurs pour luy dire : Qu'ay-je à démêler avec «
vous , roy de Juda ? Ce n'est pas à vous que j'en «
veux : j'attaque un autre pays, où Dieu m'a com- «
mandé de marcher en diligence : ne combattez plus «
contre Dieu qui est avec moy , de peur que je ne «
vous fasse perir. Josias ne voulut point s'en retour- «
ner , mais il se mit en état de faire la guerre , & «
ne voulut point écouter Necao , qui luy parloit de «
la part de Dieu. Il s'avança donc pour combattre «
dans la plaine de Mageddo. Blessé par les archers , «
il dit à ses serviteurs : Retirez-moy du combat , car «
je suis blessé. On l'enleva de son chariot pour le «
transporter dans un autre qui le suivoit , selon la «
coûtume des rois, & on le ramena à Jerusalem, où «

» il mourut pleuré de tout le peuple : & principale-
» ment de Jeremie, dont les lamentations se chantent
» encore aujourd'huy par tout Israël.

Si un si bon roy se laisse tenter par le desir de la
victoire, ou en tout cas par celuy de faire la guerre
sans raison : que ne doit-on pas craindre pour les
autres ?

IX. PROPOSITION.

On combat toûjours avec une sorte de desavantage,
quand on fait la guerre sans sujet.

On peut remarquer sur ces deux exemples, que
c'est un desavantage de faire la guerre sans raison.

Une bonne cause ajoûte aux autres avantages de
la guerre, le courage, & la confiance. L'indignation contre l'injustice augmente la force, & fait
que l'on combat d'une maniere plus déterminée &
plus hardie. On a même sujet de présumer qu'on
a Dieu pour soy : parce qu'on y a la justice, dont
il est le protecteur naturel. On perd cet avantage,
quand on fait la guerre sans necessité & de gayeté
de cœur : de sorte que quelque puisse être l'évenement ; selon les terribles & profonds jugemens
de Dieu, qui distribuë la victoire par des ordres &
par des ressorts tres-cachez, lors qu'on ne met pas
la justice de son côté, on peut dire par cet endroit-
là, que l'on combat toûjours avec des forces iné-
gales.

C'est même déja un effet de la vengeance de
Dieu ; d'être livré à l'esprit de la guerre. Et il est
écrit

écrit d'Amasias dans l'occasion que nous venons de voir ; que ce prince ne voulut pas écouter les sages conseils du roy d'Israël, qui le détournoit d'une guerre injustement entreprise. Parce que c'étoit la « 2. Par. xxv. volonté du Seigneur, qu'il fût livré aux mains de « 20. ses ennemis, à cause des Dieux d'Idumée qu'il avoit « servis. «

X. PROPOSITION.

On a sujet d'esperer qu'on met Dieu de son côté, quand on y met la justice.

Seigneur, disoit Josaphat, les enfans d'Ammon « 2. Par. xx. & de Moab, & les habitans de la montagne de « 10. 11. & Seïr, ont été épargnez par nos ancêtres, lors qu'ils « seq. sortoient de l'Egypte : & ils se sont détournez à « côté, pour ne passer point sur ces terres, & n'avoir « pas occasion de combattre ces peuples. Et eux au « contraire, ils assemblent une armée immense pour « nous chasser de la terre que vous nous avez don- « née. Vous donc, nôtre Dieu, ne les jugerez-vous « pas, puisque nous n'avons point assez de force pour « nous opposer à cette prodigieuse multitude qui « tombe sur nous ? Nous ne sçavons que faire pour « leur resister, & il ne nous reste que de lever les « yeux vers vous. «

Ainsi pria Josaphat : & il reçut dans le moment des assurances de la protection de Dieu.

XI. PROPOSITION.

Les plus forts sont assez souvent les plus circonspects à prendre les armes.

On en a veu les exemples dans les guerres d'A-
masias & de Josias. J'en ajoûteray encore un dans
un fait particulier.

Dans une déroute des enfans d'Israël du party
d'Isboseth, conduit par Abner contre David : Asaël
» un des freres de Joab, qui se fioit en la legereté de
» ses pieds plus vîtes que ceux des chevreüils habitans
» des forêts, poursuivoit Abner sans se détourner à
» droit ny à gauche, & allant toûjours sur ses pas.
» Abner regarda un moment derriere, & luy dit :
» Etes-vous Asaël ? Oüy : répondit-il. Abner pour-
» suivit : Retirez-vous d'un côté ou d'un autre, &
» attachez-vous à qui vous voudrez parmy la jeu-
» nesse fugitive pour en avoir la dépoüille. Asaël
» ne cessa point de le presser : & Abner repeta en-
» core : Retirez-vous, je vous prie, & cessez de me
» poursuivre : autrement je feray contraint de vous
» percer, & de vous laisser attaché à la terre : &
» comment pourray-je aprés cela lever les yeux de-
» vant vôtre frere Joab ? Asaël méprisa ce discours :
» & Abner le frapa dans l'aîne, & le perça d'outre en
» outre. Il mourut sur le champ de sa blessure : & tous
» les passans s'arrêtoient pour voir Asaël couché par
» terre.

On ne pouvoit garder plus de moderation dans
sa superiorité que le faisoit Abner, un des vaillans

2. Reg. 11.
17. 18. &
seq.

hommes de ſon temps, ny ménager davantage Joab & Aſaël.

XII. PROPOSITION.

Sanglante dériſion des conquerans par le prophete Iſaïe.

Comment êtes-vous tombé , bel aſtre qui luiſiez « Iſ. XIV. 12.
au ciel comme l'étoile du matin ? Vous qui frapiez « 13. & ſeq.
les nations , & diſiez en vôtre cœur : Je monteray «
juſqu'au ciel : je m'éleveray au deſſus des aſtres : je «
prendray ſeance ſur la montagne du temple où Dieu «
a fixé ſa demeure à côté du Nort : je voleray au «
deſſus des nuës, & je ſeray ſemblable au Tres-haut. «
Mais je vous vois plongé dans les enfers , dans l'a- «
byme profond du tombeau. Ceux qui vous verront, «
ſe baiſſeront pour vous conſiderer dans ce creux , «
& diront en vous regardant : N'eſt-ce pas là celuy «
qui troubloit la terre ; qui ébranloit les royaumes, «
qui a fait du monde un déſert , qui en a déſolé les «
villes & renfermé ſes captifs dans des cachots ? Les «
rois des gentils ſont morts dans la gloire , & en- «
terrez dans leurs ſepulcres : mais vous, on vous en «
a arraché , & vous êtes reſté ſur la terre , comme «
une branche inutile & impure, ſans laiſſer de po- «
ſterité. «

Et un peu devant : Quand vous êtes tombé à « Ibid. 6. 7.
terre, tout l'univers eſt demeuré dans l'étonnement, « & ſeq.
& dans le ſilence : les pins mêmes ſe ſont réjoüis, «
& ont dit, que depuis vôtre mort perſonne ne les «
coupe plus : (pour en conſtruire des vaiſſeaux , & «

» en faire des machines de guerre.) L'enfer a été
» troublé par vôtre arrivée , & a envoyé au devant
» de vous les geants. Les rois de la terre se font éle-
» vez , & tous les princes des nations : & tous vous
» disent : Quoy donc vous avez été blessé comme nous?
» Vous êtes devenu semblable à nous ? Vôtre orgüeil
» est précipité dans les enfers : vôtre cadavre est gi-
» sant dans le tombeau : vous êtes couché sur la pour-
» riture : & vôtre couverture sont les vers.

XIII. PROPOSITION.

Deux paroles du Fils de Dieu , qui aneantissent la fausse
gloire , & éteignent l'amour des conquêtes.

Il n'y a rien au dessus de ces expressions, que la sim-
Matth.xvi. » plicité de ces deux paroles du Fils de Dieu : Que
26. » sert à l'homme de conquerir le monde , s'il perd
» son ame ? Et qu'est-ce qu'on donnera en échange
» pour son ame ?

Et encore, pour foudroyer d'un seul mot la fausse
Matth. vi. » gloire : Ils ont reçu leur récompense. Ils ont prié dans
2. 5. les coins des ruës : ils ont jeûné : ils ont fait l'aumône.
Ajoûtons : ils ont exercé ces grandes vertus militaires, si laborieuses & si éclatantes , pour faire par-
» ler les hommes : En verité, je vous le dis : ils ont re-
» çu leur récompense. Ils ont voulu qu'on parlât d'eux:
ils sont contens : on en parle par tout l'univers : ils
joüissent de ce bruit confus dont ils étoient enyvrez:
& vains qu'ils étoient ils ont reçu une recompense
aussi vaine que leurs projets : *Receperunt mercedem*
suam , vani vanam : comme dit saint Augustin.

Que de sueurs, que de travaux, disoit Alexandre :
(mais que de sang répandu :) pour faire parler les
Atheniens ? Il sentoit la vanité de cette frivole récompense : & en même temps il se repaissoit de
cette fumée.

ARTICLE III.

Des guerres entre les citoyens, avec leurs motifs :
& des regles qu'on y doit suivre.

I. PROPOSITION.

Premier Exemple. On résout la guerre entre les tribus
par un faux soupçon : & en s'expliquant on
fait la paix.

CEux de la tribu de Ruben & de Gad , & la
moitié de la tribu de Manassé , étoient sé-
parez de leurs freres par le Jourdain : & ils érige-
rent sur les bords de ce fleuve un autel d'une grandeur immense. Le reste des enfans d'Israël ayant
appris qu'on érigeoit contre eux cet autel dans la
terre de Chanaan , s'assemblerent tous en Silo pour
combattre contre eux : & en attendant envoyerent
un député de chaque tribu , avec Phinées fils d'E-
leazar souverain sacrificateur. Comme ils furent
arrivez dans la terre de Galaad , où ils trouverent
les Rubenistes , & les autres qui élevoient cet au-
tel ; ils leur parlerent ainsi : Quelle est cette trans- « Jos. XXII.
gression de la loy de Dieu ? Pourquoy abandon- « 10. 11. &
nez-vous le Dieu d'Israël , & bâtissez-vous un autel « seq.

» facrilege pour vous éloigner de fon culte ? Que fi
» vous croyez que la terre que vous habitez eft im-
» monde, (faute d'être fanctifiée par un autel ,) ve-
» nez plûtôt avec nous dans la terre où eft étably le
» tabernacle du Seigneur , & y demeurez. Nous vous
» prions feulement de ne pas délaiffer le Seigneur ny
» nôtre focieté , en établiffant un autre autel que ce-
» luy du Seigneur nôtre Dieu : & de ne point attirer
» fur nous tous fa jufte vengeance, comme fit Achan
» par fon blafphême.

» Ceux de Ruben , & les autres répondirent à ce
» difcours : Le Seigneur le tres-puiffant Dieu fçait,
» & tout Ifraël en fera témoin , que nous n'élevons
» cet autel que pour être un memorial éternel du droit
» que nous avons nous & nos enfans fur les holo-
» cauftes : de peur qu'un jour vous ne leur difiez:
» Vous n'avez point de part au culte de Dieu. Phinées
qui étoit le chef de la legation , ayant oüy cette
réponfe prononcée par les Rubeniftes & les autres,
avec execration du facrilege qu'on leur imputoit,
en fit rapport à tout le peuple qui en fut content:
» & le nouvel autel fut appellé : Témoignage que
» le Seigneur étoit Dieu.

On voit là , que les tribus alloient armer contre
leurs freres , qu'ils eftimoient prévaricateurs : mais
que fans rien précipiter , on en vint à un entier
éclairciffement , comme la prudence, & la charité
le vouloit : & la paix fut faite.

II. PROPOSITION.

Second Exemple. Le peuple arme pour la juste punition d'un crime, faute d'en livrer les auteurs.

Un levite faifant fon chemin, logea en paffant dans la ville de Gabaa, qui appartenoit à ceux de Benjamin : il en fut indignement traité luy & fa femme, qui mourut entre leurs bras impudiques. Le levite pour exciter la vengeance publique, en partagea le corps mort en douze morceaux, qu'il difperfa dans tous les confins d'Ifraël. A ce fpectacle chacun s'écrioit : On n'a jamais vû une telle chofe en Ifraël. Affemblez-vous, dit-on, aux tribus, & ordonnez en commun ce qu'il faut faire. *Jud. xix. 1. 2. & feq.*

Ibid. 30.

Les tribus étant affemblées : il fut ordonné, qu'avant toutes chofes on demanderoit les coupables. Mais au lieu de les livrer, ceux de Benjamin en entreprirent la défenfe : & fe jetterent dans Gabaa au nombre de vingt-cinq mille combattans, tous gens de main & de courage, & tres-inftruits dans l'art de la guerre. Cependant les tribus entreprirent une guerre fi difficile : & aprés divers combats avec un évenement douteux, la tribu de Benjamin fut exterminée, à la referve de fix cens hommes, qui avoient échapé à tant de fanglantes batailles. *Jud. xx. 1. 2. & feq.*

Outre la difficulté de cette guerre, il y avoit encore à confiderer l'extinction d'une tribu dans Ifraël. C'eft dequoy toutes les tribus étoient affligées : Quoy donc, difoit-on, il perira une des tribus : une des fources d'Ifraël ? Mais la juftice l'emporta : *Jud. xxi. 3. 6. 7. & feq.*

& tout ce qu'obtint le regret d'une perte ſi conſiderable , c'eſt d'aider cette miſerable tribu , autant
qu'on pouvoit, à ſe rétablir par le mariage.

III. PROPOSISTION.

*Troiſiéme Exemple. On procedoit par les armes à la pu-
nition de ceux qui ne venoient pas à l'armée,
étant mandez par ordre public.*

C'eſt ce qui paroît dans la même guerre, où l'on
Jud. xxi. 8. introduiſit une accuſation en demandant : Qui ſont
9. 10. ceux qui ne ſe ſont pas rendus à l'aſſemblée generale?
On trouva que ceux de Jabés Galaad y avoient
manqué : & on choiſit dix mille des meilleurs ſoldats pour les paſſer au fil de l'épée.

Jud. viii. Gedeon avoit puny à peu-prés de même ceux de
5. 6. & ſeq. Socoth , qui par un eſprit de revolte refuſerent des
vivres à l'armée qui marchoit à l'ennemy. Il prit
la tour de Phanuel où ils mettoient leur eſperance :
il la démolit, & en fit mourir les habitans.

C'eſt ainſi qu'on ôte aux rebelles & aux mutins,
les fortereſſes dont ils abuſent : & on laiſſe un exemple à la poſterité, du châtiment qu'on en fait.

On voit clairement par ces exemples , que la
puiſſance publique doit être armée, afin que la force
demeure toûjours au ſouverain.

IV. PROPOSITION.

*Quatriéme Exemple. La guerre entre David, &
Iſboſeth fils de Saül.*

Tout le royaume de Saül aprés la mort de ce
prince,

prince , appartenoit à David. Dieu en étoit non seulement le maître absolu par son domaine souverain & universel , mais encore le proprietaire par ses titres particuliers sur la famille d'Abraham , & sur tout le peuple d'Israël. Dieu donc ayant donné ce royaume entier à David qu'il avoit fait sacrer par Samuel , & à sa famille , on ne peut douter de son droit : & neanmoins Dieu vouloit qu'il conquît ce royaume qui luy appartenoit à si juste titre.

Ce droit de David avoit été reconnu par tout le peuple , & même par la famille de Saül. Jonathas fils de Saül , dit à David : Je sçay que vous regnerez sur Israël , & je seray le second aprés vous : & mon pere ne l'ignore pas. En effet Saül luy-même dans un de ses bons momens , avoit parlé à David en ces termes : Comme je sçay que vous regnerez tres-certainement , & que vous aurez en main le royaume d'Israël : jurez-moy que vous conserverez les restes de ma race. Ainsi le droit de David étoit constant. « 1. Reg. xxiij. 17. » « 1. Reg. xxiv 21. 22. » «

Ce qui retarda l'execution de la volonté de Dieu , fut qu'Abner , fils de Ner , qui commandoit les armées sous Saül , fit valoir le nom de ce prince , & mit son fils Isboseth sur le trône durant sept ans : pendant que David regnoit à Hebron sur la maison de Juda. 2. Reg. 11. 8. & seq.

Quelque certain & reconnu que fût le droit de David , il n'usa pas de ses avantages durant cette guerre , & menagea le sang des citoyens. En ce temps

M m m

les Philiſtins ennemis du peuple de Dieu n'entre-
prenoient rien, & David n'avoit rien à craindre du
côté des étrangers : ainſi il ne preſſoit pas Iſboſeth,
& le laiſſa deux ans paiſible ſans faire aucun mou-

Ibid. 17. » vement. La guerre s'alluma enſuite : Et il y eut un
» combat aſſez rude entre les deux partis. Mais Abner d'une hauteur où il s'étoit rallié, avec ce qu'il
avoit de troupes plus affectionnées à la maiſon de
Saül, qui étoient celles de la tribu de Benjamin
d'où il étoit : ayant crié à Joab qui pourſuivoit

Ibid. 26. 27. » âprement l'armée en déroute : Juſqu'à quand pour-
28. » ſuivrez-vous des fugitifs : & voulez-vous les paſ-
» ſer tous au fil de l'épée ? Ignorez-vous ce que peu-
» vent de braves gens dans le deſeſpoir : & ne vaut-
» il pas mieux empêcher vos troupes de pouſſer à
» bout leurs freres ? Joab ne demandoit pas mieux,
& n'eut pas plûtôt oüy le reproche d'Abner, qu'il
» luy répondit : Vive le Seigneur, ſi vous aviez parlé
» plûtôt, le peuple dés le matin auroit ceſſé de pour-
» ſuivre ſon frere. Il fit en même temps ſonner la
retraite : & le combat qui avoit duré juſqu'au ſoir,
ceſſa à l'inſtant.

On voit en cette conduite, l'eſprit où l'on étoit
d'épargner le ſang fraternel ; c'eſt-à-dire, celuy des
tribus toutes ſorties de Jacob. C'eſt le ſeul combat
memorable qui fut donné : & quelque rude qu'il
eût été, on ne trouva parmy les morts que dix-
neuf hommes du côté de David ; & de celuy d'Abner, quoique battu, ſeulement trois cens ſoixante.

On remarque même, que David n'alla jamais

en perſonne à cette guerre : de peur que la preſence du roy n'engageât un combat general. Ce prince ne vouloit pas tremper ſes mains dans le ſang de ſes ſujets : & il menagea autant qu'il pouvoit les reſtes de la maiſon de Saül, à cauſe de Jonathas. Ce ne furent que rencontres particulieres, où : Comme David alloit toûjours croiſſant & ſe fortifiant de plus en plus ; pendant que la maiſon de Saül ne ceſſoit de diminuer. Il crut qu'il valoit mieux la laiſſer tomber comme d'elle-même, que de la pourſuivre à outrance. « 2.Reg.111. « 1.

Tout rouloit dans le party d'Iſboſeth ſur le credit du ſeul Abner. David n'avoit qu'à le menager, & à profiter comme il fit des mécontentemens qu'il recevoit tous les jours d'un maître également foible & hautain. *Ibid. 7. 8.*

Abner en ſon ame ſçavoit que David étoit le roy legitime : & un jour maltraité par Iſboſeth : il le menaça de faire regner David ſur tout Iſraël, comme le Seigneur l'avoit ordonné & promis. *Ibid. 9. 10.*

Il traita en effet avec David, à qui il avoit gagné tout Iſraël & tout Benjamin, en leur diſant : Hier & avant-hier vous cherchiez David pour le faire roy : accompliſſez donc ce que le Seigneur a dit : Qu'il ſauveroit par ſa main tout Iſraël de la main des Philiſtins. « Ibid 17.18. « 19.

Il arriva dans ces conjonctures, que Joab tua Abner en trahiſon. Et ſa mort ne fut pas plûtôt ſçûë par Iſboſeth : Que les bras luy tomberent de foibleſſe, & que tout Iſraël fut mis en troubles. Ce « 2.Reg.1v.1. Ibid. 5. 6. 7. 8.

qui donna la hardieſſe à deux capitaines de voleurs,
de le tuer luy-même en plein jour dans ſon lit,
où il dormoit ſur le midy : & ils apporterent ſa tête
à David.

Ainſi finit la guerre civile : comme David l'a-
voit toûjours eſperé, ſans preſque verſer de ſang
dans les combats. Mais David dont les mains en
étoient pures, de peur qu'on ne crût qu'il avoit eu
part à l'aſſaſſinat d'Abner, & à celuy d'Iſboſeth,
s'en diſculpa par deux actions éclatantes, qui luy
gagnerent tous les cœurs.

La conjoncture des temps, où le regne qui commençoit étoit encore peu affermy ; ne permettoit
pas à David de faire punir Joab, dont la perſonne
étoit importante, & les ſervices neceſſaires. Ce qu'il
put faire au ſujet du meurtre d'Abner fut de dire:

2. Reg. 111.
31. 32. &
ſeq.

» A toute l'armée, & à Joab même : Déchirez vos
» habits, & revêtez-vous de ſac, & pleurez dans les
» funerailles d'Abner. David luy-même ſuivoit le cer-
» cüeil. Et quand on eût enterré Abner, David éleva
» ſa voix, & dit en pleurant : Abner n'eſt pas mort
» comme un lâche : tes mains n'ont pas été liées,
» ainſi qu'on fait aux vaincus ; ny tes pieds n'ont pas
» été mis dans les entraves : tu es tombé comme il
» arrive aux plus braves devant des enfans d'iniquité.
» A ces mots tout Iſraël redoubla ſes pleurs. Et com-
» me toute la multitude venoit pour manger avec le
» roy pendant le jour : A Dieu ne plaiſe, dit David,
» que j'interrompe le deüil, & que je goûte un mor-
» ceau de pain, avant le coucher du ſoleil. Ainſi Dieu

me soit en ayde. Tout le peuple entendit ce ser- «
ment ; & loüant ce que fit David, le reconnut in- «
nocent du meurtre d'Abner. «

· Il fit plus, & disoit tout haut à ses serviteurs :
Ne voyez-vous pas qu'Israël perd aujourd'huy un « Ibid.38.39.
grand capitaine ? Pour moy je suis foible encore, «
& sacré depuis peu de temps. Ces enfans de Sarvia, «
(c'étoit Joab & Abisaï son frere) me font durs : le «
Seigneur rende aux méchans suivant leurs crimes. «
C'est tout ce que permettoit la conjoncture des
temps.

Pour ce qui regarde Isboseth. Quand ces deux
chefs de brigands Baana, & Rechab, luy en apporterent la tête croyant luy rendre un grand service : Vive le Seigneur, dit-il, qui m'a toûjours « 2. Reg. iv.
délivré de toute angoisse. Celuy qui vint m'annon- « 9 10. 11.
cer la mort de Saül dont il se vantoit d'être l'au- «
teur, & qui croyoit m'apporter une nouvelle agrea- «
ble, dont il attendoit recompense, fut mis à mort «
par mon ordre. Combien plus redemanderay-je à «
deux traîtres le sang d'un homme innocent, qu'ils «
ont tué sur son lit, & qui ne leur avoit fait aucun «
mal ? Ainsi perirent ces deux voleurs, comme avoit «
péry celuy qui se glorifioit d'avoir tué le roy Saül.
La difference qu'y mit David, c'est que celuy-cy
fût puny comme meurtrier de l'oint du Seigneur :
& ceux-là furent tuez comme coupables du sang
d'un homme innocent qui ne leur faisoit aucun
mal, sans l'appeller l'oint du Seigneur, parce qu'en
effet il ne l'étoit pas.

Mmm iij

On voit par la conduite de David , que dans une guerre civile un bon prince doit ménager le fang des citoyens. S'il arrive des meurtres , qu'on pourroit luy attribuer à caufe qu'il en profite ; il doit s'en juftifier fi hautement , que tout le peuple en foit content.

V. PROPOSITION.

Cinquiéme & fixiéme Exemple. La guerre civile d'Ab-falon, & de Seba : avec l'hiftoire d'Adonias.

Jamais prince n'étoit né avec de plus grands avantages naturels , ny plus capable de caufer de grands mouvemens , & de former un grand party dans un état , qu'Abfalon fils de David. Outre les graces qui accompagnoient toute fa perfonne ; c'é-toit le plus accüeillant , & le plus prévenant de tous les hommes. Il faifoit paroître un amour immenfe pour la juftice ; & fçavoit flater par cet endroit-là , tous ceux qui paroiffoient avoir le moindre fujet de fe plaindre. Nous l'avons obfervé ailleurs : & je ne fçay fi nous avons auffi remarqué, que David s'étoit peut-être un peu ralenty de ce côté-là , du-rant qu'il étoit occupé de Bethfabée. Quoy qu'il en foit , Abfalon fçût profiter de la conjonĉture , où la reputation du roy fon pere fembloit être enta-mée par cette foibleffe ; & encore plus par le meur-tre odieux d'Urie un fi brave homme , fi attaché au fervice , & fi fidele à fon maître.

Il étoit le fils aîné du roy : le trône le regardoit, & il en étoit fi proche qu'à peine luy reftoit-il un pas à faire pour y monter.

(margin) 2. Reg. xiv. 25.

(margin) 2. Reg. xv. 2. & feq

Pour se donner un relief proportionné à une si haute naissance : Il se fit des chariots, & des cavaliers, avec cinquante hommes qui le precedoient. Et il imposoit au peuple avec cet éclat. Ce fut une faute contre la bonne politique : & il ne falloit rien permettre d'extraordinaire, à un esprit si entreprenant. Le roy peu défiant de sa nature, & toûjours trop indulgent à ses enfans, ne le reprit pas de cette démarche hardie. Absalon le sçavoit gagner par les flateries : & privé dans une disgrace de la présence du roy, il luy fit dire : Pourquoy m'avez-vous retiré de Gessur où j'étois banny ? Il m'y falloit laisser achever mes jours. Que je voye la face du roy, ou qu'il me donne la mort.

« Ibid. 1.
»
»
« 1. Reg. xiv.
31.
«
«
«

Quand il eut assez étably ses intelligences par tout le royaume, & qu'il se crut en état d'éclater : il choisit la ville d'Hebron l'ancien siege de la royauté qui luy étoit tout acquise, pour se déclarer. Le pretexte de s'éloigner de la cour ne pouvoit être plus specieux, ny plus flateur pour le roy : Pendant que j'étois banny de vôtre cour, j'ay fait vœu, si je revenois à Jerusalem pour y joüir de vôtre presence, de sacrifier au Seigneur dans Hebron.

« 1. Reg. xv.
7. 8.
«
«
«
»

Absalon ne fut pas plûtôt à Hebron, qu'il fit donner le signal de la revolte à tout Israël. Et on s'écria de tous côtez : Absalon regne dans Hebron.

Ibid. 10.

«

Ce prince artificieux engagea dans ce voyage deux cens hommes des principaux de Jerusalem, qui ne pensoient à rien moins qu'à faire Absalon roy : mais ils se trouverent cependant forcez à se

Ibid. 11.

déclarer pour luy. En même temps on vit paroître
à la tête de son conseil : Achitophel le principal
ministre, & le conseiller de David. Que l'on con-
sultoit comme Dieu, & sous David, & depuis sous
Absalon. En même temps Amasa capitaine renommé fut mis à la tête de ses troupes : & ce prince
n'oublia rien pour donner de la reputation à son
party.

Pour imprimer dans tous les esprits que l'affaire
étoit irreconciliable, Achitophel conseilla à Absalon aussi-tôt qu'il fut arrivé à Jerusalem, d'entrer en plein jour dans l'appartement des femmes
du roy : afin que quand on verroit l'outrage qu'il
faisoit au roy dont il soüilloit la couche ; tout le
monde sentît aussi-tôt qu'il étoit engagé sans retour,
& qu'il n'y avoit plus de ménagement.

Tel étoit l'état des affaires du côté des rebelles.
Considerons maintenant la conduite de David.

Il commença d'abord par se donner du temps pour
se reconnoître : & abandonnant Jerusalem où le
rebelle devoit venir bien-tôt le plus fort pour l'accabler sans ressource, il se retira dans un lieu caché du desert avec l'élite des troupes.

Comme il sentit la main de Dieu qui le punissoit selon la prediction de Nathan, il entra à la
verité dans l'humiliation qui convenoit à un coupable que son Dieu frapoit, se retirant à pied en
pleurant avec toute sa suite, la tête couverte, &
reconnoissant le doigt du Seigneur. Mais en même
temps il n'oublia pas son devoir. Car ayant vû que
tout

Ibid. 12.
2. Reg. XVI. 23.
2. Reg. XVII 25.
2. Reg. XVI. 20. 21.
2. Reg. XV. 14. 18. 28.
Ibid. 16. 23. 30.
Ibid. 17. 21. 27.

tout le royaume étoit en peril par cette revolte , il donna tous les ordres neceſſaires pour s'aſſeurer tout ce qu'il avoit de plus fideles ſerviteurs ; comme les legions entretenuës de Phelethi & de Cerethi : comme la troupe étrangere d'Ethaï Gethéen : comme Sadoc, & Abiathar avec leur famille. Il ſongea auſſi à être averty des démarches du party rebelle , en diviſer les conſeils, & détruire celuy d'Achitophel qui étoit le plus redoutable.

Ibid. 31. 32. & ſeq.

Aprés avoir ainſi arrêté le premier feu de la rebellion , & pourveu aux plus preſſans beſoins par des ordres qui luy réüſſirent : il ſe mit en état de combattre. Il partagea luy-même ſon armée en trois : (ce qu'il faut une fois obſerver ;) Parce que cette diviſion étoit neceſſaire pour faire combattre ſans confuſion , ſur tout de grands corps d'armées telles qu'on les avoit alors. Il en nomma les officiers & les commandans, & leur dit : Je marcheray à vôtre tête. Il vit bien qu'il y alloit du tout pour la royauté : & crut qu'il n'avoit point à ſe ménager , comme on a veu qu'il avoit fait contre Iſboſeth.

2. Reg. xviij 1. & ſeq.

" Ibid. 2,
"

Tout le peuple s'y oppoſa en luy diſant : Qu'ils le comptoient luy ſeul pour dix mille hommes : & que quelque malheur qui leur arrivât dans le combat , ils ne ſeroient point ſans reſſource , tant que le roy leur reſteroit.

" Ibid. 3.
"
"
"
"

Nous avons remarqué ailleurs qu'il ne fit point le faux brave à contre-temps , & qu'il ceda aux ſages conſeils qui avoient pour objet le bien du royaume.

Cy-devant pag 107. & 108.

Il n'oublia pas le devoir de pere ; & recom-

Ibid. 5. 12. manda tout haut à Joab , & aux autres chefs de fauver Abſalon. Le ſang royal eſt un bien de tout l'état , que David devoit ménager , non ſeulement comme pere , mais encore comme roy.

On ſçait l'évenement de la bataille ; comme Abſalon y perit malgré les ordres de David, & comme pour épargner les citoyens on ceſſa de pourſuivre les fuyards.

Ibid. 6. 7.
& ſeq.

David cependant fit une faute conſiderable , où le jetta ſon bon naturel. Il s'affligeoit déméſurément de la perte de ſon fils , s'écriant ſans ceſſe d'un ton lamentable : Mon fils Abſalon : Abſalon mon fils : qui me donnera de mourir en vôtre place ? O Abſalon mon cher fils : mon fils bien-aymé !

Ibid. 33.

La nouvelle en vint à l'armée , & la victoire fut changée en düeil : le peuple étoit découragé , & comme un peuple battu , & mis en déroute , il n'ozoit paroître devant le roy. Ce qui obligea enfin Joab à luy donner le conſeil , que nous avons remarqué ailleurs. Et ce qui doit faire entendre aux princes , que dans les guerres civiles , malgré ſa propre douleur contre laquelle il faut faire effort, on doit ſçavoir prendre part à la joye publique que la victoire inſpire : autrement on aliene les eſprits , & l'on s'attire & au royaume de nouveaux malheurs.

2. Reg. x x.
x. x. & ſeq.

Cy-devant
pag. 198.&
199.

Cependant la rebellion ne fut pas ſans ſuite. Seba fils de Bochri de la famille de Jemini , qui étoit celle de Saül , ſouleva par ces paroles de mépris,

le peuple encore émeu : Nous n'avons rien de com- « 2 Reg. xx.
mun avec David : & le fils d'Isaï ne nous touche « 1. 2. & seq.
en rien. Le roy connut le peril, & dit à Amasa : «
Hâtez-vous d'assembler tout Juda. Il executa cet «
ordre lentement : & David dit à Abisaï : Le fils de «
Bochri nous va faire plus de mal qu'Absalon : Hâtez- «
vous donc, & prenez ce qu'il y a de meilleures trou- «
pes ; sans luy laisser le temps de se reconnoître, & «
de s'emparer de quelque ville. Abisaï prit les le- «
gions de Cerethi & de Phelethi, avec ce qu'il y
avoit de meilleurs soldats dans Jerusalem. Joab de
son côté poursuivoit Seba, qui alloit de tribu en
tribu soulevant le peuple, & emmenant ce qu'il
pouvoit, de troupes choisies. Mais Joab fit entendre à ceux d'Abela où le rebelle s'étoit renfermé,
qu'il ne s'agissoit que de luy seul. A sa persuasion
une femme sage du pays, qui se plaignoit qu'on
vouloit perdre une si belle ville, sçeut la délivrer en
faisant jetter à Joab la tête de Seba par dessus les
murailles.

Ainsi finit la revolte, sans qu'il en coûtât de sang,
que celuy du chef des rebelles. La diligence de
David sauva l'état. Il avoit raison de penser que
cette seconde revolte, qui venoit comme du propre
mouvement du peuple, & d'un sentiment de mépris, étoit plus à craindre que celle qu'avoit excitée la presence du fils du roy. Il connut aussi
combien il étoit utile d'avoir de vieux corps de
troupes sous sa main : & telles furent les remedes
qu'il opposa aux rebelles.

3. Reg. 1.
1. 7. 8. &
seq.

On peut rapporter à ce propos ce qui arriva à
Adonias fils de David. Ce prince se prevalant de
la vieilleſſe du roy ſon pere dont il étoit l'aîné,
vouloit malgré luy, s'emparer du royaume, & s'entendoit pour cela avec Joab, & avec Abiathar grand
ſacrificateur. Mais Sadoc le prince des prêtres aprés
luy, & Banaias avec les troupes dont il avoit le
commandement, & la force de l'armée de David,
n'étoit point pour Adonias. David avec ce ſecours
prevint la guerre civile qu'Adonias ſoutenu d'un
grand party méditoit; & laiſſa le royaume paiſible à Salomon, à qui il le deſtinoit par ordre de
Dieu.

Ainſi l'on continua à reconnoître l'utilité des
troupes entretenuës, par leſquelles un roy demeure
toûjours armé, & le plus fort.

VI. PROPOSITION.

*Dernier Exemple des guerres civiles. Celle qui commença
ſous Roboam, par la diviſion des dix tribus.*

La cauſe de cette revolte, dans laquelle le royaume
d'Iſraël, ou des dix tribus fut érigé, viendra plus
à propos cy-aprés dans d'autres endroits. Nous re-
marquerons icy ſeulement.

3. Reg. xiv.
27.
2. Par. xi.
5. 6. 7. &
seq.

En premier lieu. Que les rois de Juda aprés une
ſi grande revolte qui partagea le royaume, obligez
à ſe défendre non ſeulement contre l'étranger, mais
encore contre leurs freres rebelles; bâtirent dans le
territoire de la tribu de Juda un grand nombre de
nouvelles forterefſes, & des arſenaux, où il y avoit

des magaſins de vivres en abondance , & à la fois
de toute ſorte d'armures.

En ſecond lieu. Ils ſe preparerent à reconquerir
par les armes le nouveau royaume que la rebellion
avoit élevé contre la maiſon de David. Mais Dieu
qui voulut montrer , combien le ſang d'Iſraël devoit être cher à leurs freres, & que même aprés la
diviſion il ne falloit pas oublier la ſource commune ;
fit défendre par ſon prophete à ceux de Juda de
faire la guerre à leurs freres , quoique rebelles &
ſchiſmatiques.

3. Reg. xII.
24.
2. Par. xI.
4.

Il arriva même dans la ſuite : & c'eſt ce qu'on
remarque en troiſiéme lieu : que le royaume de
Juda s'unit par une étroite alliance avec le royaume
rebelle. Car encore que contre la volonté de Dieu ,
& peut-être plus par la faute de ceux d'Iſraël que
de ceux de Juda , il y eût durant quelques regnes
une guerre continuelle entre les deux royaumes :
neanmoins par la ſuite du temps l'alliance fut établie ſi ſolidement entre-eux, que le pieux roy Joſaphat invité par Achab roy d'Iſraël, à joindre ſes
armes avec celles des Iſraëlites , pour les ayder à
recouvrer ſur le roy de Syrie une place forte qu'ils
pretendoient, vint en perſonne pour luy dire : Vous
& moy nous ne ſommes qu'un. Vôtre peuple n'eſt
qu'un même peuple avec le mien : ma cavalerie
eſt la vôtre.

3. Reg. xIV
30. xV. 32

3. Reg. xxII
5.

L'alliance ſe confirma dans la ſuite : & le même
Joſaphat répondit encore à Joram roy d'Iſraël, qui
le prioit de le ſecourir contre le roy de Moab : J'iray

4. Reg. III.
7.

» avec vous : qui eſt à moy , eſt à vous : mon peuple
» eſt vôtre peuple , & ma cavalerie eſt la vôtre.

On voit par-là, que pour le bien de la paix , &
pour la ſtabilité des choſes humaines ; les royaumes
fondez d'abord ſur la rebellion , dans la ſuite ſont
regardez comme devenus legitimes ; ou par la longue poſſeſſion , ou par les traitez & la reconnoiſſance des rois précedens.

Et remarquez , que la loy de la poſſeſſion a eu
lieu dans un royaume, qui avoit joint la révolte
contre la religion veritable à la défection.

En quatriéme lieu. Les rois legitimes ſe doivent
toûjours montrer les plus moderez , en tâchant de
ramener par la raiſon ceux qui s'étoient écartez de
leur devoir. Ainſi en uſa le roy Abias fils de Roboam , avant que d'en venir aux mains avec les rebelles : & les armées étant en preſence , il monta
ſur une éminence, où il fit aux Iſraëlites avec autant de force que de douceur, ce beau diſcours qui
commence ainſi : Ecoutez Jeroboam & tout Iſraël ;
Leur remontrant par vives raiſons le tort qu'ils a-
voient contre Dieu , & contre leurs rois. Il étoit
le plus fort ſans comparaiſon , mais plus ſoigneux
encore de ramener les rebelles que de profiter de
cet avantage , il ne s'apperçut pas que Jeroboam
l'environnoit par derriere. Il ſe trouva preſque enveloppé par ſes ennemis. Dieu prit ſon party , &
répandit la terreur ſur les rebelles , qui prirent la
fuite.

Nous donnerons pour cinquiéme & derniere re-

2. Par. XIII.
4. 13. 14.
& ſeq.

marque. Que le royaume d'Ifraël quoique rendu par la fuite legitime & tres-puiffant, n'égala jamais la fermeté du royaume de Juda, d'où il s'étoit feparé.

Comme il s'étoit étably par la divifion, il fut fouvent divifé contre luy-même. Les rois fe chaffoient les uns les autres. Baafa chaffa la famille de Jeroboam qui avoit fondé le royaume, dés la feconde generation. Zambri fujet de Baafa fe fouleva contre luy, & ne regna que fept jours. Amri prit fa place, & le contraignit à mettre luy-même le feu dans le palais où il fe brûla : le royaume fe divifa en deux. Amri dont le party prevalut, & qui fembloit avoir relevé le royaume d'Ifraël en bâtiffant Samarie, y regna peu : & fa famille perit fous fon petit fils. Les familles royales les mieux établies, virent à peine quatre ou cinq races. Et celle de Jehu que Dieu même avoit fait facrer par Elifée, tomba bien-tôt par la revolte de Sellum qui tua le roy, & s'empara du royaume.

3. Reg. xv. 27. & xvi. 9. 10. 16.18. 21. 24.

4. Reg. 1x. & x. 30. xv. 10. 12.

Au contraire : dans le royaume de Juda où la fucceffion étoit legitime, la famille de David demeura tranquille fur le trône, & il n'y eut plus de guerre civile : on aimoit le nom de David & de fa maifon. Parmy tant de rois qui regnerent fur Ifraël, il n'y en eût pas un feul que Dieu approuvât : mais il fortit de David de grands & de faints rois imitateurs de fa pieté. Le royaume de Juda eut le bonheur de conferver la loy de Moïfe, & la religion de fes peres. Il eft vray que pour leurs pechez, ceux de Juda, furent tranſportez dans Babylone , & le trône de David fut renverſé : mais Dieu ne laiſſa pas ſans reſſource le peuple de Juda , à qui il pro-

4. Reg. xvij. & xviij. mit ſon retour dans la terre de ſes peres aprés ſoi- xante & dix ans de captivité. Mais pour le royaume d'Iſraël, outre qu'il tomba plûtôt, il fut diſſipé ſans reſſource par les mains de Salmanaſar roy d'Aſſyrie, & ſe perdit parmy les gentils.

Telle fut la conſtitution & la cataſtrophe de ces deux royaumes. Celuy que la revolte avoit élevé malgré les rois legitimes, quoy qu'enſuite reconnu par les mêmes rois, eut en luy-même une perpe- tuelle inſtabilité , & perit enfin ſans eſperance par ſes fautes.

ARTICLE IV.

Encore que Dieu fît la guerre pour ſon peuple d'une façon extraordinaire & miraculeuſe : il voulut qu'il s'aguerrît , en luy donnant des rois belliqueux , & de grands capitaines.

I. PROPOSITION.

Dieu faiſoit la guerre pour ſon peuple du plus haut des cieux, d'une façon extraordinaire & miraculeuſe.

Exod. xiv. 13. 14. AInſi l'avoit dit Moïſe ſur les bords de la mer rouge : Ne craignez point ce peuple im- » menſe dont vous êtes pourſuivy. Le Seigneur com- » battra pour vous , & vous n'aurez qu'à demeurer en » repos.

Outre

Outre qu'il ouvrit la mer devant eux , il mit Ibid. 19. 20
son ange pendant qu'ils paſſoient , entre-eux & les
Egyptiens , pour empêcher Pharaon de les approcher.

A la fameuſe journée où le ſoleil s'arrêta à la Joſ. x. 10.
11. 12. 13.
voix de Joſué ; pendant que l'ennemy étoit en fuite,
Dieu fit tomber du ciel de groſſes pierres , comme
une greſle : afin que perſonne ne pût échaper , &
que ceux qui avoient évité l'épée fuſſent accablez
des coups d'en-haut.

Les murailles tomboient devant l'arche, les fleu- Joſ. III. &
VI.
ves remontoient à leur ſource pour luy donner paſ-
ſage , & tout luy cedoit.

Quelquefois Dieu envoyoit à leurs ennemis dans Jud. VII.
leurs ſonges , des pronoſtiques affreux de leur perte.
Ils voyoient l'épée de Gedeon qui les pourſuivoit
de ſi prés qu'ils ne pouvoient échaper ; & ils fuyoient
en deſordre avec de terribles hurlemens , au bruit
de ſes trompettes & à la lumiere de ſes flambeaux,
& tiroient l'épée l'un contre l'autre , ne ſçachant à
qui ſe prendre de leur déroute.

Une ſemblable fureur ſaiſit les Philiſtins , quand 1. Reg. xiv.
15. 20.
Jonathas les attaqua , & ils firent un carnage hor-
rible de leurs propres troupes.

Dieu faiſoit gronder ſon tonnerre ſur les fuyards, 1. Reg. vii.
10.
Eccli. xlvi.
20. 14
qui glacez de frayeur ſe laiſſoient tuer ſans reſi-
ſtance.

Quelquefois on entendoit un bruit de chevaux, 4. Reg. vii.
6. 7.
& de chariots armez , qui épouvantoit l'ennemy :
& luy faiſoit croire qu'un grand ſecours étoit ar-

rivée aux Ifraëlites ; en forte qu'il fe mit en fuite, & abandonna le camp avec tous les équipages.

4. Reg. vi. 16. 17.

D'autre fois au lieu de ce bruit, Elifée faifoit apparoître des chariots enflammez à fon compagnon effrayé, qui crut voir autour d'eux une armée invifible, plus forte que celle des Syriens leurs ennemis.

Ibid. 18. 19.

Le même prophete frapa les Syriens d'aveuglement, & les conduifit jufqu'au milieu de Samarie.

4. Reg. xix. 35.

On fçait le carnage que fit un ange de Dieu en une nuit à la priere d'Ezechias, de cent quatre-vingt cinq mille hommes de l'armée de Sennacherib, qui affiegeoit Jerufalem.

Mais il faut finir ces recits, par quelque fpectacle encore plus furprenant.

4. Reg. xx. 1. 2. & feq.

Jofaphat qui ne voyoit aucune reffource contre l'armée effroyable de la ligue des Iduméens, des Moabites, & des Ammonites, foutenus par les Syriens ; aprés avoir imploré le fecours de Dieu, & en avoir obtenu les affurances certaines par la bouche d'un faint prophete, comme il a été remarqué ailleurs : marche contre l'ennemy par le défert de Thecué, & donna ce nouvel ordre de guerre. Qu'on

Ibid. 21.

» mît à la tête de l'armée les chantres du Seigneur, » qui tous enfemble chantaffent ce divin pfeaume: » Loüez le Seigneur, parce qu'il eft bon, parce que » fes mifericordes font éternelles. Ainfi l'armée change en chœur de mufique, à peine eût-elle commencé ce divin chant, que les ennemis qui étoient en embufcade, fe tournerent l'un contre l'autre, &

se taillerent eux-mêmes en pieces : en sorte que ceux de Juda arrivez à une hauteur vers la solitude, virent de loin tout le païs couvert de corps morts, sans qu'il restât un seul homme en vie parmy les ennemis : & trois jours ne suffirent pas à ramasser leurs riches dépoüilles. Cette vallée s'appella la vallée de benediction : parce que ce fut en benissant Dieu, qu'ils défirent une armée qui paroissoit invincible. Josaphat retourna à Jerusalem en grand triomphe ; & entrant dans la maison du Seigneur au bruit de leurs harpes, de leurs guitares, & de leurs trompettes, on continua les loüanges de Dieu, qui avoit montré sa bonté dans la punition de ces injustes aggresseurs.

C'est ainsi que s'accomplissoit ce qu'avoit chanté la prophetesse Debora : Le Seigneur a choisi une nouvelle maniere de faire la guerre : on a combattu du ciel pour nous, & les étoiles sans quitter leur poste ont renversé Sisara. Toute la nature étoit pour nous : les astres se sont déclarez, & les anges qui y president sous l'ordre de Dieu, & à la maniere qu'il sçait, ont lancé d'en-haut leurs javelots. « Jud. v. 8. 20.

II. PROPOSITION.

Cette maniere extraordinaire de faire la guerre n'étoit pas perpetuelle : le peuple ordinairement combattoit à main armée, & Dieu n'en donnoit pas moins la victoire.

La plûpart des batailles de David se donnerent

à la maniere ordinaire. Il en fut de même des autres rois : & les guerres des Machabées ne se firent pas autrement. Dieu vouloit former des combattans , & que la vertu militaire éclatât dans son
peuple.

Ainsi fut conquise la terre sainte par les valeu-
reux exploits des tribus. Ils forçoient l'ennemy dans

*1. Par. VII.
2 4. 5. &
seq.*

ses camps , & dans ses villes : Parce qu'ils étoient
de vigoureux attaquans. C'étoit Dieu toûjours qui
donnoit aux chefs dans les occasions les resolutions
convenables , & aux soldats l'intrepidité , & l'o-
béïssance : au lieu qu'il envoyoit au camp ennemy

*1. Par. IV.
10.*

l'épouvante , la discorde , & la confusion. Jabés le
plus brave de tous ses freres invoqua le Dieu d'Israël , & luy fit un vœu qui luy attira son secours:
mais ce fut en combattant vaillamment. Ainsi Caleb : ainsi Juda : ainsi les autres. Ruben & Gad
conquirent les Agaréens & leurs alliez , parce qu'ils

*1. Par. V.
20.*

invoquerent le Seigneur dans le combat : Et il écouta
leurs prieres, à cause qu'ils eurent confiance en luy
en combattant.

III. PROPOSITION.

Dieu vouloit aguerrir son peuple : & comment.

*Jud. 11. 21.
23.*

Je ne détruiray pas entierement les nations que
Josué a laissées en état avant sa mort. Dieu donc
les a laissées en état , & ne les a pas voulu exterminer tout-à-fait, ny les livrer aux mains de Josué:

*Ibid. 111.
1. 2.*

Afin qu'Israël fut instruit par leur resistance : &
que tous ceux qui n'ont pas veu les guerres de Cha-

naan, appriſſent eux & leurs enfans à combattre «
l'ennemy ; & s'accoûtumaſſent à la guerre.   »

IV. PROPOSITION.

Dieu a donné à ſon peuple de grands capitaines, &
des princes belliqueux.

C'étoit un nouveau moyen de le former à la
guerre. Et il ne faut que nommer un Joſué : un
Jephté : un Gedeon : un Saül, & un Jonathas : un
David, & ſous luy un Joab, un Abiſai, un Abner,
& un Amaſa : un Joſaphat : un Ozias : un Ezechias :
un Judas le Machabée, avec ſes deux freres Jonathas & Simon : un Jean Hircan, fils du dernier :
& tant d'autres, dont les noms ſont celebres dans
les ſaints livres, & dans les archives du peuple de
Dieu. Il ne faut, dis-je, que les nommer, pour voir
dans ce peuple plus de grands capitaines, & de
princes belliqueux de qui les Iſraëlites ont appris la
guerre, qu'on n'en connoît dans les autres nations.

On voit même à commencer par Abraham, que
ce grand homme ſi renommé par ſa foy, ne l'eſt
pas moins dans les combats.

Tous les ſaints livres ſont remplis d'entrepriſes militaires des plus renommées, faites non ſeulement
en corps de nation, mais auſſi par les tribus particulieres, dans la conquête de la terre ſainte : ainſi
qu'il paroît par les neuf premiers chapitres du premier livre des Paralipomenes. Si bien qu'on ne peut
douter que la vertu militaire n'aît éclaté par excellence dans le peuple ſaint.

V. PROPOSITION.

Les femmes mêmes dans le peuple saint ont excellé en courage, & ont fait des actes étonnans.

Ainsi Jahel femme de Haber, perça de part en part les tempes de Sisara avec un clou. Ainsi sous les ordres de Barac & de Debora la prophetesse, se donna la sanglante bataille où Sisara fut taillé en pieces.

La prophetesse chanta sa défaite par un ode, dont le ton sublime surpasse celuy de la lyre d'un Pindare, & d'un Alcée, avec celle d'un Horace leur imitateur. Sur la fin on y entend le discours de la mere de Sisara qui regarde par la fenêtre, & s'étonne de ne pas entendre le bruit de son char victorieux : pendant que la plus habile de ses femmes répondoit chantant ses victoires, & se le representoit comme un vainqueur à qui le sort destinoit dans sa part d'un riche butin, la plus belle de toutes les femmes, comme faisoient les peuples barbares. Mais au contraire, il étoit tombé par la main d'une femme. Ainsi perissent, Seigneur, conclut Débora, tous tes ennemis : & que ceux qui t'aiment brillent comme un beau soleil dans son orient. Telle fut donc la victoire qui donna quarante ans de paix au peuple de Dieu.

Tout le monde me prévient icy pour y ajoûter une Judith, avec la tête d'un Holoferne qu'elle avoit coupée, & par ce moyen mis en déroute l'armée des Assyriens commandée par un si grand general.

Jud. IV.

Jud. V. 1. 2. & seq.

Ibid. 28. 29. 30.

Ibid. 31. 32.

Ce fut envain qu'il affembla une redoutable ar- Judith. I.
mée, qu'il furmonta tant de montagnes, força tant II. III.
de places, traverfa de fi grands fleuves, mit le feu
dans tant de provinces, reçut les foumiffions de
tant de villes importantes, où il choififfoit ce qu'il
y avoit de braves foldats pour groffir fes troupes.

Sa vigilance à mener fes troupes, à les augmenter dans fa marche, à vifiter les quartiers, à reconnoître les lieux par où une place pouvoit être
reduite, & à luy couper les eaux, luy fut inutile:
fa tête étoit refervée à une femme, dont ce fier general croyoit s'être rendu le maître.

Cette femme par fes vigoureux confeils avoit
premierement relevé le courage de fes citoyens: &
par la mort d'un feul homme, elle diffipa le fuperbe camp des Affyriens. Ce ne fut point une vi- Ibid. xvi 8.
goureufe jeuneffe, ce ne furent point les Titans 12.
hautains, ny les Geans qui fraperent leur capitaine:
c'eft Judith fille de Merari, qui le captiva par fes
yeux, & le fit tomber fous fa main. Les Perfes furent effrayez de fa conftance, & les Medes de fon
audace. Ainfi chantoit-elle, comme une autre Dé- Ibid. 25.26.
bora, la victoire du Seigneur par une femme: qui 27.
durant tout le refte de fa vie, fit l'ornement de
toutes les fêtes: & demeura à jamais celebre, pour
avoir fçu joindre la force à la chafteté.

Les Romains vantent leur Clelie & fes compagnes,
dont la hardieffe à traverfer le fleuve étonna & in-
timida le camp de Porfena. Voicy fans exagerer
quelque chofe de plus. Et je n'en dis pas davantage.

VI. PROPOSITION.

Avec les conditions requiſes, la guerre n'eſt pas ſeulement legitime, mais encore pieuſe & ſainte.

1. Mac. III. 43. « Chacun diſoit à ſon prochain : Allons : combat-
» tons pour nôtre peuple, pour nos ſaints lieux, pour
» nos ſaintes loix, pour nos ſaintes ceremonies.

C'eſt de telles guerres qu'il eſt dit veritablement :
Jer. VI. 4. « Sanctifiez la guerre. Au ſens que Moïſe diſoit aux
Exod. xxxij » levites : Vous avez aujourd'huy conſacré vos mains
29. ,» au Seigneur. Quand vous les avez armées pour ſa
querelle.

Dieu s'appelle ordinairement luy-même, le Dieu
des armées : & les ſanctifie en prenant ce nom.

VII. PROPOSITION.

Dieu neanmoins aprés tout n'aime pas la guerre : & pre-fere les pacifiques aux guerriers.

1. Paralip. » David appella ſon fils Salomon, & luy parla en
XXII. 6. 7. » cette ſorte. Mon fils, je voulois bâtir une maiſon
8. xxviii. » au nom du Seigneur mon Dieu : mais la parole du
3. » Seigneur me fut adreſſée en ces termes : Vous avez
» répandu beaucoup de ſang, & vous avez entrepris
» beaucoup de guerres : vous ne pourez édifier une
Ibid. 14. 15. » maiſon à mon nom. Je n'ay pas laiſſé de preparer
16. » pour la dépenſe de la maiſon du Seigneur, cent
» mille talens d'or, & dix millions de talens d'ar-
» gent, avec de l'airain & du fer ſans nombre, & des
» bois & des pierres pour tout l'ouvrage, avec des
» ouvriers excellens pour mettre tout cela en œuvre.

Prenez

Prenez donc courage , executez l'entreprise , & le «
Seigneur sera avec vous. «

Dieu ne veut point recevoir de temple d'une main
sanglante. David étoit un saint roy, & le modele
des princes : si agreable à Dieu qu'il avoit daigné le
nommer l'homme selon son cœur. Jamais il n'avoit
répandu que du sang infidele dans les guerres qu'on
appelloit guerres du Seigneur : & s'il avoit répandu celuy des Israëlites ; c'étoit celuy des rebelles ,
qu'il avoit encore épargné autant qu'il avoit pû.
Mais il suffit que ce fût du sang humain, pour le
faire juger indigne de presenter un temple au Seigneur auteur, & protecteur de la vie humaine.

Telle fut l'exclusion que Dieu luy donna dans la
premiere partie du discours prophetique. Mais la seconde n'est pas moins remarquable : c'est le choix de
Salomon pour bâtir le temple. Le titre que Dieu luy
donne est celuy de : Pacifique. Des mains si pures de «
sang , sont les seules dignes d'élever le sanctuaire.
Dieu n'en demeure pas là, il donne la gloire : D'af- «
fermir le trône, à ce Pacifique : qu'il prefere aux «
guerriers par cet honneur. Bien plus, il fait de ce
Pacifique , une des plus excellentes figures de son
Fils Incarné.

David avoit conçu le dessein de bâtir le temple
par un excellent motif : & il parla en ces termes
au prophete Nathan : J'habite dans une maison de «
cedre : & l'arche de l'alliance du Seigneur est en- «
core sous des tentes , & sous des peaux. Le saint «
prophete avoit même approuvé ce grand & pieux

1. Par. xxix. 9. 10.

2. Reg. vii. 2. 1. Paralip. xvii. 1. 2.

Ibid. 3. « deſſein, en luy diſant : Faites ce que vous avez dans
    « le cœur : car le Seigneur eſt avec vous. Mais la pa-
    role de Dieu fut adreſſée à Nathan la nuit ſuivante
Ibid. 5. 12. « en ces termes. Voicy ce que dit le Seigneur : Vous
13.   « ne bâtirez point de temple en mon nom. Quand
    « vous aurez achevé le cours de vôtre vie, un des
    « fils que je feray naître de vôtre ſang bâtira le tem-
    « ple, & j'affermiray ſon trône à jamais.

    Dieu refuſe à David ſon agréement, en haine
du ſang dont il voit ſes mains toutes trempées.
Tant de ſainteté dans ce prince n'en avoit pû effacer
la tache. Dieu aime les pacifiques : & la gloire de
la paix à la preference ſur celle des armes, quoique ſaintes & religieuſes.

ARTICLE V.

Vertus, inſtitutions, ordres, & exercices militaires.

I. PROPOSITION.

La gloire preferée à la vie.

1. Mach. IX.   **B**Acchides & Alcime avoient vingt mille hom-
4. 5. 6. 7.   mes, avec deux mille chevaux, devant Jeruſalem : & Judas étoit campé auprés avec trois mille
hommes ſeulement, tirez des meilleures troupes.
Comme ils virent la multitude de l'armée ennemie, ils en furent effrayez. Cette crainte diſſipa
l'armée ; où il ne demeura que huit cens hommes,

Judas, dont l'armée s'étoit écoulée, pressé de combattre en cet état, sans avoir le temps de ramasser ses forces, eut le courage abattu. C'est le premier sentiment, , qui est celuy de la nature. Mais on le peut vaincre par celuy de la vertu. Judas dit à ceux « qui restoient : Prenons courage : marchons à nos « ennemis, & combattons-les. Ils l'en détournoient « en disant : Il est impossible, sauvons-nous quant à « present : rejoignons nos freres, & aprés nous reviendrons « au combat. Nous sommes trop foibles, & en « trop petit nombre pour resister maintenant. Mais « Judas reprit ainsi : A Dieu ne plaise que nous fassions « une action si honteuse, & que nous prenions « la fuite. Si nôtre heure est venuë, & qu'il nous « faille mourir, mourons courageusement en combattant « pour nos freres, & ne laissons point cette « tache à nôtre gloire. A ces mots il sort du camp : « l'armée marche au combat en bon ordre. L'aîle droite de Bacchides étoit la plus forte : Judas l'attaqua avec ses meilleurs soldats, & la mit en fuite. Ceux de l'aîle gauche voyant la déroute, prirent Judas par derriere, pendant qu'il poursuivoit l'ennemy : le combat s'échauffa, il y eut d'abord beaucoup de blessez de part & d'autre : Judas fut tué, & le reste prit la fuite.

Il y a des occasions où la gloire de mourir courageusement, vaut mieux que la victoire. La gloire soutient la guerre. Ceux qui sçavent courir pour leur païs à une mort asseurée, y laissent une reputation de valeur qui étonne l'ennemy : & par ce

(marginalia: Ibid. 9. 10. & seq.)

moyen ils font plus utiles à leur patrie, que s'ils demeuroient en vie.

C'eſt ce qu'opere l'amour de la gloire. Mais il faut toûjours ſe ſouvenir, que c'eſt la gloire de défendre ſon païs, & ſa liberté. Les Machabées s'étoient d'abord propoſé cette fin, lors qu'ils diſoient :

2.Mach.II. 37. » Mourons tous dans nôtre ſimplicité : le ciel & la » terre ſeront témoins que vous nous attaquez injuſte-

Ibid. III. 20. 21. » ment. Et après : Nous combattrons pour nos vies, » pour nos femmes, pour nos enfans, pour nos ames,

Ibid. 59.60. » & pour nos loix. Et encore : Ne vaut-il pas mieux » mourir en combattant, que de voir perir devant nos » yeux nôtre païs, & abolir nos ſaintes loix. Arrive » ce que le ciel en a reſolu. Et pour tout dire en un » mot : Mourons pour nos freres : comme le dit le courageux Judas. Laiſſons leur l'exemple de mourir pour nos ſaintes loix : & que la memoire de nôtre valeur, faſſe trembler ceux qui voudront attaquer des gens ſi déterminez à la mort. Qu'il ſoit dit éternellement en Iſraël : quelque foibles que nous ſoyons, qu'on ne nous attaque pas impunément.

II. PROPOSITION.

La neceſſité donne du courage.

1. Mach.IX. 44. & ſeq. » Il n'en eſt pas aujourd'huy comme hier & avant-» hier. Nous avons l'ennemy en face, diſoit Jona-» thas aux ſiens : le Jourdain deçà & delà, avec des » rivages deſavantageux, des marais, des bois, qui » rompent l'armée. Il n'y a pas moyen de reculer :

pouffons nos cris jufqu'au ciel. En même temps «
on marche à l'ennemy : Bacchides eft pouffé par
Jonathas : qui le voyant ébranlé paffe le Jourdain à
nage pour le pourfuivre, & luy tuë mille hommes.

III. PROPOSISTION.

On court à la mort certaine.

Samfon en avoit donné l'exemple. Aprés luy avoir
crevé les yeux, les Philiftins affemblez loüoient leur
Dieu Dagon, qui leur avoit donné la victoire fur
un ennemy fi redoutable. Ils le faifoient venir dans
leurs affemblées, & dans leur banquet, pour s'en
divertir : & le mirent au milieu de la falle entre
deux pilliers qui foûtenoient l'édifice.

Samfon qui fentoit avec la renaiffance de fes cheveux le retour de fa force, dit au jeune homme qui
le menoit : Laiffe-moy repofer un moment fur ces «
pilliers. Toute la maifon étoit pleine d'hommes & de
femmes : & tous les princes des Philiftins y étoient
au nombre d'environ trois mille, qui étoient venus
pour voir Samfon, dont ils fe joüoient. Alors il invoqua Dieu en cette forte : Seigneur fouvenez-vous «
de moy : rendez-moy ma premiere force, ô mon «
Dieu ! Et que je me vange de mes ennemis : (qui «
étoient ceux du peuple de Dieu, dont il étoit le
chef & le juge :) Et que par une feule ruine, je «
me vange des deux yeux qu'ils m'ont ôté. En même «
temps faififfant les deux colomnes qui foutenoient
l'édifice, l'une de fa main droite & l'autre de fa
main gauche : Que je meure, dit-il, avec les Phi- «

Jud.xvi.11.
& feq.

« Ibid. 26.

« Ibid. 28.29.

« Ibid. 30.

Ppp iij

» liſtins. Et ébranlant les colomnes, il renverſa toute la maiſon ſur les Philiſtins : & en tua plus en mourant par ce ſeul coup, qu'il n'avoit fait pendant ſa vie.

Les interpretes prouvent tres-bien par l'Eccleſiaſtique, & par l'épître aux Hebreux, que Samſon étoit inſpiré dans cette action. Dieu donnoit de tels exemples d'un courage déterminé à la mort, pour accoûtumer ſon peuple à la mepriſer.

On peut croire qu'une ſemblable inſpiration pouſ ſa Eleazar, qui voyoit le peuple étonné de la prodigieuſe armée d'Antiochus, & plus encore du nombre, & de la grandeur de ſes Elephans, d'aller droit à celuy du roy qu'on reconnoiſſoit à ſa hauteur, & à ſon armure. Il ſe livra pour ſon peuple, & pour s'acquerir un nom éternel. Et s'étant fait jour à droit, & à gauche, au milieu des ennemis qui tomboient deçà & delà à ſes pieds : il ſe met ſous l'élephant, luy perça le ventre, & fut écraſé par ſa chute.

1. Mach. vi. 43. 44. 45. 46.

Ces actions d'une valeur étonnante faiſoient voir, que tout eſt poſſible à qui ſçait mepriſer ſa vie ; & rempliſſoient à la fois, & le citoyen de courage, & l'ennemy de terreur.

IV. PROPOSITION.

Moderation dans la victoire.

Les exemples en ſont infinis. Celuy de Gedeon eſt remarquable.

Le peuple affranchi par ſes victoires ſignalées,

vint luy dire en corps : Soyez nôtre seigneur sou- « Jud. VIII.
verain , vous , & vos enfans , & les enfans de vos « 22. 23.
enfans : parce que nous vous devons nôtre liberté. «
Mais Gedeon sans s'enorgueillir , & sans vouloir
changer le gouvernement , répondit : Je ne seray «
point vôtre seigneur, ny mon fils , ny nôtre poste- «
rité : & le Seigneur demeurera le seul souverain. «

Dés l'origine de la nation , Abraham aprés avoir
repris tout le bien des rois ses amis que l'ennemy
avoit enlevé , paye la dixme au grand pontife du
Seigneur , conserve à ses alliez leur part du butin :
& du reste , sans se reserver : Un seul fil , ny une « Gen. XIV.
courroye , rend tout : & ne veut rien devoir à au- « 23.
cun mortel. «

V. PROPOSITION.

Faire la guerre équitablement.

Menager ses anciens alliez , & leur demander le
passage à de justes conditions : c'est ce qu'on a exposé dés le commencement de ce livre. Cy-devant
                                         pag. 437.
                                         & suiv.
Par l'effet de la même équité , on posoit des bornes entre les peuples voisins. C'étoient : Des té- « Gen. XXXI.
moins immortels de ce qui leur appartenoit. *Tu-* « 48.
mulus testis.

Ne transgressez point les bornes que vos peres « Prov. XXII
ont établies. Dit le sage. « 28.

Respecter ces bornes , c'est respecter Dieu , qu'on
avoit pris à témoin , & qui seul étoit present quand
on les posoit. Nous n'avons témoins de nos traitez « Gen. XXXI.
que Dieu seul , qui est present , & qui nous regarde. « 50.

Ibid. 49.

On le prend auſſi pour vangeur de la foy violée:
» Qu'il nous voye: & qu'il voye entre nous, quand
» nous nous ſerons ſeparez.

C'eſt auſſi par eſprit de juſtice, qu'Abraham qui
traitoit d'égal & de ſouverain à ſouverain avec le
roy Abimelech, luy reproche la violence qu'on avoit
fait à ſes ſerviteurs, au lieu de commencer par ſe
Gen. xxi.
25. 26. » plaindre à luy. Mais Abimelech repartit: Je ne l'ay
» pas ſçu: vous ne m'en avez rien dit, & c'eſt d'au-
» jourd'huy que je le ſçais.

Enfin cet eſprit d'équité qui doit regner même au
milieu des armes, ne paroît nulle part avec plus
d'évidence que dans la maniere de faire la guerre,
que Dieu preſcrit à ſon peuple, en luy mettant les
armes à la main.

Deut. xx. 10
11. & ſeq. » Si vous aſſiegez une ville, d'abord vous luy of-
» frirez la paix. Si elle l'accepte & qu'elle vous ouvre
» ſes portes, tout le peuple qu'elle contient ſera ſauvé,
» & vous ſervira ſous tribut. Si elle refuſe l'accom-
» modement, & qu'elle vous faſſe la guerre, vous
» la forcerez: & quand le Seigneur vous l'aura miſe
» entre les mains, vous paſſerez au fil de l'épée tout
» ce qu'elle aura de combattans, en épargnant les
» femmes, les enfans, & les animaux. Vous ferez
» ainſi à toutes les villes éloignées, & qui ne ſont pas
» du nombre de celles qui doivent vous être données
» pour vôtre demeure. A celles-là, Dieu n'ordonne
point de miſericorde, pour de raiſons particulieres:
Cy-devant
pag. 431. &
& ſuiv. que nous avons déja remarquées: mais c'eſt une
exception qui comme on dit, affermit la loy.

Moïſe

Moïfe continuë de la part de Dieu : Lorfque « Ibid. 19. 20.
vous tiendrez long-temps une ville affiegée, & que «
vous l'aurez environnée de travaux : vous ne cou- «
perez point les arbres fruitiers, & vous ne ravage- «
rez point les environs. Vous ne vous armerez point «
de coignées contre les plantes ; car c'eft du bois, & «
non pas des hommes qui peuvent accroître le nom- «
bre de ceux qui vous combattront : (cela s'entend «
des arbres fruitiers.) Mais pour les arbres fauvages «
qui font propres à d'autres ufages ; coupez-les, & «
dreffez vos machines jufqu'à ce que la ville foit prife. «

La prudence, la perfeverance, & en même temps la «
juftice avec la benignité, reluifent dans ces paroles.

VI. PROPOSITION.

Ne fe point rendre odieux dans une terre étrangere.

Vous me troublez par la guerre injufte que vous
avez entreprife contre ceux de Sichem : & vous me « Gen. xxxiv.
rendez odieux aux peuples de cette contrée : que « 30.
j'avois toûjours fi bien menagé. Dit Jacob à Simeon, «
& à Levi fes enfans. Il fe retire, & cherche la paix.

VII. PROPOSITION.

Cry militaire avant le combat, pour connoître la difpo-
fition du foldat.

Quand on fera prêt à venir aux mains. Les chefs « Deut. xx.
de chaque efcadron feront cette publication à toute « 2. 5. & feq.
l'armée : Si quelqu'un a bâty une maifon, & ne l'a «
pas dediée, qu'il y retourne : & qu'il n'ait point le «
regret de la laiffer peut-être dédier à un autre. Qui «

» a planté une vigne, dont il n'a point encore exposé
» le fruit en vente, qu'il fasse de même. Qui a fiancé
» une femme, & ne l'a point encore épousée, qu'il
» aille la prendre, & ne la laisse point à un autre.

Ce cry vouloit des soldats, qui n'eussent rien à
cœur que le combat; & n'eussent rien dans le souvenir, qui pût ralentir leur ardeur.

Ibid. 8.　» Aprés on faisoit encore ce cry general : Si quel-
» qu'un est effrayé dans son cœur qu'il se retire dans
» sa maison, de peur qu'il n'inspire à ses freres la ter-
» reur dont il est remply.

1. Mach. III.　La coûtume de ce cry duroit encore dans les
16.　guerres des Machabées. Elle ne laissoit au soldat,
que l'amour de la patrie, avec le soin de combattre, sans avoir regret à sa vie.

VIII. PROPOSITION.

Choix du soldat.

Quand Gedeon assembla l'armée pour poursuivre
Jud. VII. 3.　» les Madianites, il reçut cet ordre de Dieu : Parle au
» peuple, & que tout le monde entende cecy : Qui a
» peur qu'il se retire. Il se retira vingt-deux mille
hommes, & il n'en resta que dix mille. Dieu con-
Ibid. 4. 5.　» tinua : Mene ce peuple au bord des eaux. Que ceux
6.　» qui lécheront les eaux en passant à la maniere des
» chiens, & que ceux qui fléchiront les genoux, (pour
» boire à leur aise,) soient mis à part : & le nombre
» des premiers qui prenant l'eau avec la main la por-
» terent à leur bouche, fut de trois cent seulement,
» que Dieu choisit pour combattre. Et apprit à ce ge-

neral, que ceux qui se trouveroient les plus propres
à supporter la faim & la soif, étoient les meilleurs
soldats.

IX. PROPOSITION.

Qualité d'un homme de commandement.

Sois courageux & fort. Soyez homme : ne craignez rien : n'aprehendez rien.

C'est la premiere qu'on demande aux hommes
de commandement : & le fondement de tout le
reste.

C'est aussi ce qui faisoit dire à Nehemias gouverneur de la Judée, lorsqu'on luy inspiroit des
conseils timides : Mes pareils n'ont point peur, &
ne fuyent jamais.

« Jos. 1. 6. 7.
9.
« 1. Par. XXII.
13.

« 2. Esdr. VI.
II.

X. PROPOSITION.

Intrepidité.

Josué leva les yeux, & vit devant luy un homme qui le menaçoit l'épée nuë. Il s'avance sans s'é-
frayer, & luy dit : Etes-vous des nôtres, ou du
party ennemy ? Comme qui diroit parmy nous : Qui
vive ? Il apprit en approchant que c'étoit un ange.
Je suis, dit-il, un des princes de l'armée du Seigneur. (De cette armée invisible toûjours prête à
combattre pour ses serviteurs.) Et Josué tourna son
attaque en adoration. Aprés neanmoins avoir appris par cette preuve, qu'il ne faut rien craindre à
la guerre : pas même un ange de Dieu en forme
humaine.

« Jos. v. 13.
14. 15. 16.

XI. PROPOSITION.

Ordre d'un general.

Jad. VII.17. »   Que chacun faſſe comme moy , & ſuive ce qu'il
» me verra executer. Les yeux attachez au general,
& le cœur prêt à le ſuivre dans tous les perils.

Ainſi parla Gedeon au commencement d'un combat. C'eſt l'ordre le plus noble , & le plus fier , que
general donna jamais à ſes ſoldats.

XII. PROPOSITION.

Les tribus ſe plaignoient lors qu'on ne les mandoit pas d'abord pour combattre l'ennemy.

Iud. VIII.
1.   Ceux de la tribu d'Ephraim diſoient à Gedeon:
» D'où vient que vous ne nous avez pas mandez plû-
» tôt , & dés le moment que vous alliez à la guerre
» contre Madïan ? Ils luy parloient durement , tout
» prêts à luy faire violence.

Jud.VII 24.
25.   On les avoit ſeulement mandez pour pourſuivre
l'ennemy mis en déroute,& ils avoient coupé chemin
aux Madianites : en ſorte qu'ils avoient pris Oreb
& Zeb deux de leurs chefs , dont ils portoient les
têtes au bout de leurs piques. Et l'envie de combattre étoit ſi grande , qu'ils murmuroient contre
Gedeon , comme on vient d'entendre.

XIII. PROPOSITION.

Un general appaiſe de braves gens en les loüant.

Jud. VIII. »
2. 3.   » Mais Gedeon leur répondit. Qu'ay-je pû faire
» qui égale vos vaillans exploits ? Un raiſin de la tribu

d'Ephraim , vaut mieux que toute la vandange d'A- «
biezer , (quelque abondant que soit ce païs.) Le «
Seigneur vous a livré Oreb , & Zeb. Qu'ay-je pû «
faire qui vous égalât ? Leur colere fut appaisée par «
cette loüange.

XIV. PROPOSITION.

Mourir , ou vaincre.

C'est ce qui fait des soldats déterminez , qui ne
démordent jamais. Tels que furent ceux dont il est
parlé dans la guerre entre David & Isboseth.

Abner dit à Joab : Que nôtre jeunesse joüé devant « 2. Reg. 11.
nous. C'est-à-dire, qu'elle combatte à outrance, en « 14. 15. 16.
combat singulier, comme on faisoit dans nos tour-
nois. Aussi-tôt on en choisit douze de la tribu de
Benjamin du côté d'Isboseth , & douze du côté de
David. En ce moment ils s'approchent. Chacun «
d'eux prit la tête de son ennemy, (à la façon peut- «
être des gladiateurs , qui avoient un rets à la main
pour cela.) Et en même temps luy enfonça le poi- «
gnard dans le flanc : & ils tomberent tous morts l'un «
sur l'autre en même temps. Sur l'heure on recompen-
sa leur valeur , en appellant ce champ : Le champ «
des forts en Gabaon. Et le titre luy en demeura , «
en memoire d'une action si déterminée.

XV. PROPOSITION.

Accoûtumer le soldat à mépriser l'ennemy.

Amenez-moy ces cinq rois qui se sont cachez « Josue. 10.22.
dans cet antre. Dieu les avoit condamnez à mort, « 23.

Qqq iij

Quand on les eut amenez, Josué appella ses soldats ; & en leur presence il donna cet ordre aux

Ibid. 24. 25.
26. " chefs : Mettez le pied sur la gorge à ces malheu-
" reux. Et pendant qu'on les fouloit ainsi aux pieds,
" Dieu, poursuit-il, en fera autant à tous vos enne-
" mis. Soyez gens de cœur & ne craignez rien. Et aprés
les avoir tüez, on les attacha à cinq poteaux jusqu'au
soir, pour être en spectacle au peuple : & on les
jetta dans la caverne où ils avoient été pris, entas-
sant selon la coûtume d'alors de grosses pierres à
son ouverture, pour memorial éternel à la posterité.

XVI. PROPOSITION.

La diligence, & la precaution dans les expeditions,
& dans toutes les affaires de la guerre.

Jos. I. II. " Prenez des vivres autant qu'il en faut. Dans trois
" jours (à jour nommé) vous passerez le Jourdain,
" & vous entrerez dans le païs ennemy.

Ibid. II. I.
2. 24. III.
I. En même temps Josué envoye des gens aux nouvelles, & fait observer Jericho. Il apprit que tout
étoit dans l'épouvante. Il marche toute la nuit :
voulant signaler le commencement de sa nouvelle
Ibid. I. 7. " principauté par quelque action d'éclat. Je commen-
" ceray, dit le Seigneur, aujourd'huy à faire éclater
" ton nom comme celuy de Moïse.

Jud. VII.
I. VIII. II.
II. 13. Gedeon se leve la nuit : assemble l'armée : bat
l'ennemy : le poursuit sans relâche, tombe à l'im-
pourvû sur quinze mille hommes qui restoient :
prit leurs commandans, qui se reposoient en assu-

rance , & ne s'attendoient à rien moins qu'à être attaquez ; tailla tout en pieces, & revint devant le couché du soleil.

Pour profiter de son avantage, & voyant que le soldat avoit repris cœur , Saül sans perdre un moment, & sans même donner le temps de se rafraîchir, prend dix mille hommes qu'il trouva sous sa main : Et , dit-il , maudit celuy qui mangera avant « que je sois vangé de mes ennemis. Il en fit un grand « carnage depuis Machmis jusqu'à Asalon, dans un grand païs. Non content de cette victoire, quoique ses soldats fussent tres-fatiguez : Marchons, disoit- « il, tombons-leur dessus pendant la nuit, & ne ces- « sons de faire main basse jusqu'au matin. «

Baasa roy d'Israël fortifioit Rama, & empêchoit par ce moyen les rois de Juda de mettre les pieds sur ses terres ; s'asseurant un poste d'où il tiroit de grands avantages. Mais Aza roy de Juda en vit l'importance. Sans ménager ny or , ny argent , il gagne le roy de Syrie contre Baasa : l'ouvrage est interrompu par cette guerre imprevûë , & Baasa se retire. Asa sans perdre de temps, envoye ses ordres par tout son royaume , en cette forme absoluë : Que personne ne soit excusé. Ainsi on enleva « Ibid. 22. en diligence les materiaux de la nouvelle fortification de Rama : & Asa en bâtit deux forteresses. Tel fut l'effet de sa diligence. Elle affoiblit l'ennemy , & le fortifia luy-même.

On iroit à l'infini , si l'on vouloit rapporter les exemples d'activité, de vigilance , de precautions

(marginal references): I. Reg. xiv. 24. & seq. — Ibid. 36. — 3. Reg. xvi 17. 18. 19. 20. 21.

qu'ont donné dans les expeditions de guerre, les
Josué, les Gedeon, les David, les Machabées, &
les autres grands capitaines dont l'histoire sainte
nous a conservé la memoire.

XVII. PROPOSITION.

Alliance à propos.

On en vient de voir un bel exemple : quand Aza
s'unit si à propos avec le roy de Syrie : les autres
seroient superflus. Et il suffit de remarquer une
fois, qu'il y a des conjonctures où il ne faut rien
épargner.

XVIII. PROPOSITION:

La reputation d'être homme de guerre, tient l'ennemy
dans la crainte.

2. Reg. xvij.
B. 9. 10.

» Cusaï dit à Absalon : vous connoissez vôtre pere,
» & les braves gens qu'il a avec luy, d'un courage
» intrepide & qui s'irrite par ses pertes, comme une
» ourse à qui on a ôté ses petits. Vôtre pere est un
» homme de guerre, & ne s'arrêtera point avec le
» reste du peuple : il vous attend dans quelque em-
» buscade, ou dans quelque lieu avantageux. S'il vous
» arrive le moindre échec, le bruit aussi-tôt s'en ré-
» pandra de tous côtez, & on publiera qu'Absalon a
» été battu : & ceux qui sont à present comme des
» lions perdront courage par cette nouvelle. Car on
» sçait que vôtre pere est un homme fort, & qu'il
» est environné de braves gens. Il concluoit à ne rien
hazarder, & à l'attaquer à coup seur. Ce qui donnoit

noit à David le temps de se reconnoître, & luy assuroit la victoire. Et il arrêta par cette seule consideration l'impetuosité d'Absalon, qui craignit dans David les ressources que ce grand capitaine pouvoit trouver dans son habileté dans la guerre, & dans son courage.

XIX. PROPOSITION.

Honneurs militaires.

Saül aprés ses victoires: Erigea un arc de triomphe. En memoire à la posterité, & pour l'animer par les exemples, & par de pareilles marques d'honneurs.

La constitution du païs ne permettoit pas alors d'ériger des statuës, que la loy de Dieu reprouvoit. On érigeoit des autels, pour servir de memorial: où, l'on faisoit des amas de pierres.

1. Reg. xv. 12.

1. Reg. xiv. 35. Jos. x. 27. 2. Reg. xviij 17. 18.

XX. PROPOSITION.

Exercices militaires : & distinctions marquées parmy les gens de guerre.

David fit apprendre aux Israëlites à tirer de l'arc: & fit un cantique pour cet exercice, à la loüange de Saül, qui apparemment l'avoit étably.

2. Reg. 1. 18.

Ceux de la tribu d'Issachar étoient en reputation de sçavoir mieux que les autres le mêtier de la guerre. Il y avoit deux cens hommes de cette tribu qui étoient tres-habiles; & sçavoient instruire Israël. A faire en son temps, & à propos toute sorte de mouvement: & le reste de la tribu suivoit leurs conseils.

1 Par. xii. 2.

R r r

2. Par. VIII.
10. » Dans la paix profonde du regne de Salomon : Les
» exercices militaires demeurerent en honneur. Et
» deux cens cinquante chefs instruisoient le peuple.

Ibid. 9. 　　　Ce prince si pacifique entretenoit dans le peuple
» l'humeur guerriere. Il employoit les étrangers aux
» ouvrages royaux : mais non pas les enfans d'Israël.
C'étoient eux qu'il occupoit de la guerre. Ils étoient
les premiers capitaines, & commandoient la cavalerie & les chariots.

1. Par. XII.
24. 34. 38.
VIII. 40. 　　　Les uns, & principalement ceux de Juda & de
Nephtali, combattoient avec le bouclier, & la pique :
les autres joignoient l'arc avec le bouclier : & chacun
étoit instruit à manier les armes dont il se servoit.

2. Par. XVII.
2 10. 13. &
seq. 　　　Josaphat quoy qu'il fit la guerre plus pour ses alliez que pour luy-même, se rendit celebre par le
bon ordre qu'il donna à la milice.

2. Par. XXVI.
8. 14. 15. 　　　La reputation d'Ozias fut portée bien loin par
une semblable vigilance : qui luy fit ajoûter aux
soins des rois ses predecesseurs, celuy de construire
des magasins d'armes, de casques, de boucliers,
d'arcs & de frondes, avec des machines de toutes
les sortes ; tant celles qu'il conservoit dans les
tours, que de celles qu'il tenoit dressées sur les
murailles, pour tirer des dards, & jetter de grosses
pierres. En sorte que rien ne manquoit à l'exercice des armes.

　　　Les distinctions honorables animerent aussi le
courage des braves gens.

2. Reg. XXIII
9. & seq. 　　　On distinguoit sous David de ces especes de titres :
» Les trois forts, de deux ordres differens : avec les

trente, qui avoient leurchef. Leurs actions étoient remarquées dans les regiftres publics. Il y en avoit qu'on nommoit: Les capitaines du Roy : Les grands, ou les premiers capitaines : Ou, les capitaines des capitaines.

On voit ailleurs comme un état de deux mille fix cens officiers principaux. Sous chaque prince , on connoît ceux qui étoient établis pour les commandemens generaux ; ceux qui commandoient aprés eux ; & tout l'ordre de la milice.

Dieu vouloit montrer dans fon peuple un état parfaitement conftitué, non feulement pour la religion, & pour la juftice ; mais encore pour la guerre, comme pour la paix : & conferver la gloire aux princes guerriers.

« 1. Par. xi. 10. 11. 15 & feq.
« 1. Paralip. xxvi. 11.. vii. 9.
« 1. Paralip. vii. 40.
2. paralip. xxvi. 11. xvii 14 15. & feq.

ARTICLE VI.

Sur la paix & la guerre : diverfes obfervations fur l'une , & fur l'autre.

I. PROPOSITION.

Le prince doit affectionner les braves gens.

SAül, en qui l'on admiroit de fi grandes qualitez, fe faifoit remarquer par celle-cy : Tout homme qu'il voyoit courageux,& propre à la guerre, il fe l'attachoit.

« 1. Reg. xiv. 52.

C'eft le moyen de s'acquerir tous les braves. Vous en prenez un , vous en gagnez cent. Quand on voit que c'eft le merite , & la valeur que vous cherchez, on entre en reconnoiſſance du bien que vous faites aux autres, & chacun eſpere y venir à ſon tour.

II. PROPOSITION.

Il n'y a rien de plus beau dans la guerre, que l'intelli-gence entre les chefs, & la conſpiration de tout l'état.

Joab ſe voyant comme environné des ennemis, partagea l'armée en deux, pour faire tête de tous côtez : une partie contre les Ammonites, & une

2. Reg. x.
11. 12. » partie contre les Syriens. Si les Syriens me forcent » dit Joab à Abiſai, ſecourez-moy : & ſi les Ammo-» nites prévalent de vôtre côté, je ſeray à vôtre ſe-» cours. Soyez homme de courage, & combattons » pour nôtre peuple & pour la cité de nôtre Dieu. » Aprés cela, que le Seigneur faſſe ce qui plaira à ſes » yeux. Faire ce qu'on doit, s'entendre, être attentif l'un à l'autre, être reſolu à tout, & ſoumis à Dieu : c'eſt tout ce que doivent faire de bons generaux.

Judas parla en ces termes à ſon frere Simon :

1. Mcch. v.
17. & ſeq » Choiſiſſez des hommes : marchez & délivrez vos » freres dans la Galilée : & moy avec Jonathas, nous » irons dans le païs de Galaad. Il laiſſa Joſeph fils de Zacharie, & Aſarias deux chefs de l'armée, avec le reſte des troupes pour garder la Judée : leur défendat de combattre juſqu'à leur retour. Simon avec trois mille hommes combattit heureuſement dans la Galilée, pourſuivit les vaincus bien avant, & juſqu'aux portes de Ptolemaïde : fit beaucoup de butin, & amena en Judée ceux que les gentils

tenoient captifs avec leurs femmes & leurs enfans.
En même temps, Judas & Jonathas passerent le
Jourdain avec huit mille hommes, prirent beaucoup de places fortes dans Galaad : & aprés avoir
remporté sans perte de signalées victoires, ils re-
tournerent en triomphe dans Sion, où ils offrirent
leurs holocaustes en actions de graces. Le peuple
saint prit le dessus de ses ennemis par ce concours
des trois chefs. Joseph fils de Zacharie, & Azarie
un des chefs, rompirent ce beau concert, & firent
une grande playe en Israël ; comme on le dira dans
un moment.

Sous Saül, Jabés en Galaad ville au de-là du
Jourdain assiegée par Naas roy des Ammonites,
offrit de traiter & de se soumettre à sa puissance.
Naas répondit avec une dérision sanglante : Tout « 1. Reg. 11.
1. 2. & seq.
le traité que je veux faire avec vous, c'est que vous «
me livriez chacun son œil droit ; & que je vous «
fasse l'opprobre de tout Israël. Le conseil de la ville «
répondit : Donnez-nous sept jours pour envoyer «
aux tribus : & si dans ce temps nous ne sommes «
secourus, nous nous rendrons à vôtre volonté. Leurs «
envoyez vinrent donc à Gabaa où Saül faisoit sa
résidence, & ils déclarerent à tout le peuple l'état
où étoit la ville : tout le peuple éleva sa voix, &
fondit en larmes. Chacun pleuroit une ville qu'on
alloit perdre, comme si on luy arrachoit un de ses
membres. Saül arriva pendant l'assemblée, suivant
ses bœufs qui venoient de la campagne. Car nous
avons déja veu, que tout sacré qu'il étoit & re-

connu roy , il faifoit fans façon & fans s'élever davantage fon premier mêtier. Telle étoit la fimplicité de ces temps. Etant venu dans l'affemblée , il
Ibid. 5. 6. „ dit : Quel eft le fujet de tant de larmes , & de ces
„ cris lamentables de tout le peuple ? Alors on luy raconta l'état de Jabés. L'efprit de Dieu le faifit , il
mit en pieces fes deux bœufs , & en envoya les mor-
„ ceaux par tout Ifraël avec cet ordre : Ainfi fera fait
„ aux bœufs de tout homme qui manquera de fuivre
„ Saül , & de marcher en campagne. On obéit : il fit
la reveuë : il trouva fous fes étendars trois cens mille
combattans : & la feule tribu de Juda y en ajoûta
trente mille. Il renvoya les deputez de Jabés avec
„ cette réponfe précife : Vous ferez fecourus demain.
L'effet fuivit la parole. Dés le matin , Saül partagea fon armée en trois : entra au milieu du camp
ennemy , & ne ceffa de tuer jufqu'à la grande chaleur du jour : tous les ennemis furent difperfez , &
il ne refta pas deux hommes enfemble. C'eft ce que
fit l'interêt public , la diligence , la confpiration du
roy , du peuple , & de toutes les forces de l'état.

On conferva éternellement la memoire d'un tel
bien-fait. Ceux de Jabés Galaad touchez de ce fouvenir , furent fideles à Saül jufqu'aprés la mort : &
furent les feuls de tout Ifraël qui l'enfevelirent.
2. Reg. 11.
4. 5. & feq. „ David leur en fçût bon gré , & leur fit dire : Benis
„ foyez-vous de Dieu , vous qui avez confervé vos
„ reconnoiffances à Saül vôtre feigneur : le Seigneur
„ vous le rendra , & moy-même je vous recompen-
„ feray de ce devoir de pieté. Car encore que Saül

vôtre feigneur foit mort, Juda m'a choifi pour «
roy. Et je fuccederay à l'amitié qu'il avoit pour «
vous, ainfi qu'à fon trône.

III. PROPOSITION.

Ne point combattre contre les ordres.

Pendant que Judas & Simon firent les exploits
qu'on a vûs en Galilée, & dans Galaad : Jofeph,
& Azarie les deux chefs à qui ils avoient laiffé la
garde de la Judée, avec défenfe de combattre jufqu'à la réünion de toute l'armée : furent flattez de
la fauffe gloire de fe faire un nom à leur exemple,
en combattant les gentils dont ils étoient environnez. Ils fortirent donc en campagne : mais Gorgias
vint à leur rencontre, & les pouffa jufqu'aux confins
de la Judée. Deux mille hommes des leurs demeurerent fur la place, & la frayeur fe mit dans tout
le païs. Parce qu'ils n'obéïrent pas aux fages ordres
qu'ils avoient reçu de Juda, s'imaginant de partager avec luy la gloire de fauver le peuple. Mais
ils n'étoient pas de la race dont devoit venir le «
falut.

Leur general les connoiffoit mieux qu'ils ne fe
connoiffoient eux-mêmes. On les laiffoit pour garder le païs, & ils n'avoient qu'à demeurer fur la
défenfive. Faute d'avoir obéï, ils firent perdre à leurs
troupes l'avantage de combattre avec tout le refte
de l'armée, & fous de plus fages chefs.

1. Mach. v.
55. 56. &
feq.

« Ibid. 62.

IV. PROPOSITION.

Il est bon d'accoûtumer l'armée à un même general.

1.Reg. xviij 16. » Tout Israël & Juda aimoit David, même du vi-
» vant de Saül, parce qu'ils le voyoient toûjours mar-
» cher à leur tête, & sortir en campagne devant eux.
On s'accoûtume, on s'attache, on prend confiance,
on regarde un general, comme un pere qui pense
à vous plus que vous-même.

On s'en souvint, lors qu'il fallut réünir les tribus
2 Reg.III. 17. 18. » pour reconnoître David : Hier, & avant-hier, vous
» cherchiez David pour le faire regner sur vous. Faites
» donc & rangez-vous sous son étendard. Ce n'est pas
un inconnu que je vous propose, dit Abner à tout
Israël.

V. PROPOSITION.

La paix affermit les conquêtes.

2.Par.VIII. 7. 8. Il est bon qu'un état ait du repos. La paix du temps
de Salomon asseura les conquêtes de David. Les
Hethéens, les Amorrhéens & les autres peuples
que les Israëlites n'avoient pas encore entierement
abattus, furent subjuguez par Salomon, & devinrent ses tributaires.

VI. PROPOSITION.

La paix est donnée pour fortifier le dedans.

De quelque paix qu'on joüisse, toûjours environné de voisins jaloux ; il ne faut jamais entierement oublier la guerre, qui vient tout à coup. Pendant

dant que l'on vous laisse en repos, c'est le temps de se fortifier au dedans.

Salomon en donna l'exemple. Il bâtit les villes qu'Hiram luy avoit cedées, & y établit des colonies d'Israëlites. Il fortifia Emathsuba, place éloignée dans la Syrie, & ancien siege des rois. Il bâtit Palmire dans le desert, qui plusieurs siecles aprés fut une ville royale, où Odena, & Zénobie, tenoient leur siege. Il érigea en Emath plusieurs villes fortes, il éleva la haute & la basse Bethoron ; & d'autres places murées avec des ramparts, & des portes. Il établit aussi des places pour y tenir sa cavalerie, & ses chariots : & il remplit de ses bâtimens Jerusalem, le Liban, & toutes les terres de son obéïssance.

Les autres grands rois, Asa, Josaphat, & Ozias l'imiterent.

Asa construisoit des villes fortes, parce qu'il étoit dans le repos, & ne se trouvoit pressé d'aucune guerre. La guerre demande d'autres soins, & ne donne pas ce loisir. Il prit donc ce temps pour dire à ceux de Juda : Bâtissons ces villes : entourons-les de murailles : munissons-les par des tours : fortifions les portes : pendant que tout est paisible, & qu'aucune guerre ne nous presse. Ils les bâtirent donc sans empêchement. On voit en passant, les fortifications dont ces temps avoient besoin : & l'on n'en negligeoit aucune.

Josaphat bâtit aussi des châteaux en forme, & environna plusieurs villes de murailles : & on vit

2. Par. VIII 2. 3. & seq

« 2. Par. XIV. 6.

« Ibid. 7.

« 2. Paralip. XVII. 12.
« 13.

S ss

» de tous côtez de grands travaux.

2. Paralip. XXVI. 9. » Ozias fortifia les portes de Jerufalem , en les » muniffant de tours : la porte de l'angle , & la porte » de la vallée , & les autres du même côté de la mu. » raille. C'étoient apparemment les endroits les plus difficiles à défendre, & qu'il falloit tâcher de rendre imprenables

VII. PROPOSITION.

Au milieu des foins vigilans , il faut toûjours avoir en vûë l'incertitude des évenemens.

Entre plufieurs exemples que nous fournit l'écriture de chutes inopinées, celuy d'Abimelech eſt des plus remarquables.

Jud. 1x. 1. 2. & feq. Abimelech fils de Gedeon avoit perfuadé à ceux de Sichem de fe rendre à luy. Ce pofte étoit important , & c'eſt-là où fut depuis bâtie Samarie. Il leva des troupes de l'argent qu'ils luy donnerent : & s'empara du lieu où étoient fes freres au nombre de foixante & dix , qu'il maffacra tous fur une même pierre ; à la reſerve de Joatham le plus jeune, qu'on cacha. Il fut élu roy à un chêne prés de Sichem , quoique Joatham leur reprocha leur ingratitude envers la maiſon de Gedeon leur liberateur : mais il fut contraint de prendre la fuite par la crainte d'Abimelech : qui demeura le maître durant trois ans , fans aucun trouble.

Aprés les trois ans , il fe fema un efprit de divifion entre luy , & les habitans de Sichem ; qui commencerent à le haïr, & les grands de Sichem , qui l'avoient aidé dans le parricide execrable qu'il avoit commis contre ses freres. Au temps donc qu'Abimelech étoit absent, ils se firent un chef nommé Gaal fils d'Obed ; qui étant entré dans Sichem, donna courage aux habitans soulevez, qui alloient pillant & ravageant tout aux environs, & maudissant Abimelech au milieu de leurs festins & dans le temple de leur Dieu. Il restoit à Abimelech un amy fidele, nommé Zebul, à qui il avoit laissé le gouvernement de la ville ; qui aussi luy donna de secrets avis de tout ce qu'il avoit vû, l'exhortant à faire tout ce qu'il pourroit sans perdre de temps.

Abimelech part la nuit, & marche vers Sichem, où Gaal étoit le maître. Le combat se donne à la porte : & Gaal est contraint de se renfermer dans la place, qu'Abimelech assiegea. Les gens de Gaal furent battus, & défaits pour la seconde fois. Abimelech pressoit le siege sans relâche ; & ne laissa aucun habitant, ny pierre sur pierre dans la ville, qu'il reduisit en une campagne, qu'il sema de sel. Il restoit aux Sichemites un vieux temple, qu'ils avoient fortifié avec soin : mais Abimelech y fit transporter toute une forêt, & ayant allumé au tour un grand feu, y fit crever de fumée ses ennemis.

Vainqueur de ce côté-là il assiegea Thebes qu'il réduisit bien-tôt. Il y avoit une haute tour où les hommes, & les femmes s'étoient refugiez, avec les principaux de la ville. Abimelech la pressoit avec vigueur, prêt à y mettre le feu : car il avoit tout l'avantage : mais une femme trouvant sous sa main

un morceau d'une meule , la luy jetta sur la tête.
Il tomba mourant ; & celuy qui faisoit la guerre si
ardemment , & si heureusement , que rien ne luy
resistoit, périt par une main si foible : contraint
dans son desespoir de se faire percer le flanc , par
» un de ses soldats : De peur qu'il ne fût dit , qu'une
» femme luy avoit donné le coup de la mort.

Ibid. 54.

Ne vous fiez ny dans vôtre force , ny dans vôtre
diligence , ny dans vos heureux succés : sur tout dans
les entreprises injustes , & tyranniques. La mort,
ou quelque desastre affreux, vous viendra du côté
dont vous l'attendez le moins ; & la haine publique,
qui armera contre vous la plus foible main , vous
accablera.

VIII. PROPOSITION.

Le luxe , le faste , la débauche , aveuglent les hommes
dans la guerre , & les font perir.

3.Reg. xvi.
8 9. & seq.

Ela roy d'Israël , fils de Baasa , faisoit la guerre
aux Philistins , & son armée assiegeoit Gebbethon
une de leurs places des plus fortes : sans se mettre en
peine de ce qui se passoit à l'armée , & à la Cour:
content de faire bonne chere chez le gouverneur de
Thersa , apparemment aussi peu soigneux des affaires que son maître. Zambri cependant , à qui
sans le bien connoître Ela avoit donné le commandement de la moitié de la cavalerie ; l'ayant surpris dans le vin & à demi yvre chez le gouverneur,
l'égorgea avec sa famille , & ses amis ; & s'empara
du royaume. Le bruit de cette nouvelle étant venu

dans l'armée qui affiegeoit Gabbathon , elle fit un roy de fon côté nommé Amri, qui en étoit le general : & Zambri fe trouva forcé à fe brûler dans le palais, aprés un regne de fept jours.

L'avanture de Benadad roy de Syrie, n'eft guere moins furprenante. Il affiegeoit Samarie capitale du royaume d'Ifraël avec une armée immenfe, & trentedeux rois fes alliez. Il étoit à table avec eux fous le couvert de fa tente, plein de vin, & d'emportement. On vit avancer quelques hommes : & on vint dire à Benadad, que quelqu'un étoit forty de Samarie. Allez, dit-il auffi-tôt, & qu'on les prenne vifs, foit qu'ils viennent pour capituler, ou pour combattre. Il ne fongeoit pas que fept mille hommes fuivoient. On tua tous les Syriens qui s'avançoient à la negligence. L'armée Syrienne fe mit en fuite : Benadad prit la fuite auffi avec fa cavalerie, & laiffa toute fa dépoüille au roy d'Ifraël.

Pour luy relever le courage, fes confeillers l'amuferent par des fuperftitions de fa religion, en luy difant : Les dieux des montagnes font leurs dieux : & fi nous les combattons en pleine campagne, nous aurons pour nous les dieux des vallées. Mais ils ajoûterent à ce vain propos un confeil bien plus folide : Laiffez tous ces rois : (qui ne font qu'embarraffer une armée) & mettez de bons capitaines à la place : rétabliffez vôtre armée fur le même pied qu'elle étoit : combattez-les dans la plaine & à découvert, & vous remporterez la victoire. Le confeil étoit admirable : mais Benadad étoit un roy ti-

3. Reg. xx. 1. 2. & feq.

« Ibid. 18.

« Ibid. 23.

mide & vain , qui n'avoit que du faste & de l'orgüeil. Et Dieu le livra encore entre les mains du roy,
d'Israël : trop heureux de trouver de l'humanité
dans son vainqueur.

IX. PROPOSITION.

Il faut avant toutes choses connoître , & mesurer
ses forces.

Luc. xiv.
31. 32. » Qui est le roy qui ayant à faire la guerre contre
» un roy , ne songe pas auparavant en luy-même ,
» s'il pourra marcher avec dix mille hommes , à la
» rencontre de celuy qui en a vingt mille? Autrement,
» pendant que son ennemy est encore éloigné , il en-
» voye une ambassade pour luy demander la paix.
C'est ce que dit la Sagesse éternelle.

Gen. xxxii.
3. 4. 5.
xxxiii. 9.
10. 11.
Eccli. xviij.
16. » Alors pour negotier la paix , on fait marcher devant les presens , comme Jacob fit à Esaü : & comme
luy on les accompagne de paroles douces. Car il
est écrit : Que la parole vaut mieux que le don.

X. PROPOSISTION.

Il y a des moyens de s'assurer des peuples vaincus , après
la guerre achevée avec avantage.

2.Reg.viii
4. 5. 13.14. David non seulement crut necessaire de mettre
des garnisons dans les villes de la Syrie , de Damas,
& de l'Idumée qu'il avoit conquises : mais lors que
les peuples étoient plus rebelles , il les desarmoit
encore , & faisoit rompre les cuisses aux chevaux.

4.Reg.iii.
4. 5. 25. On punissoit rigoureusement les violateurs des
traitez. Ainsi les Israëlites non contens de détruire

toutes les villes de Moab : ils couvroient de pierres les meilleures terres : ils bouchoient les sources : ils coupoient les arbres, & démolissoient les murailles.

Dans les guerres entreprises pour des attentats plus horribles, comme lors que les Ammonites violerent avec une dérision cruelle, dans les ambassadeurs de David, les loix les plus sacrées parmy les hommes : on usa d'une plus terrible vengeance. Il voulut en faire un exemple, qui laissât éternellement dans tous ces peuples, une impression de terreur, qui leur ôtât tout courage de combattre : leur faisant passer sur le corps dans toutes leurs villes des chariots armez de couteaux.

2 Reg. x11. 34

On peut rabattre de cette rigueur, ce que l'esprit de douceur & de clemence inspire dans la loy nouvelle. De peur qu'il ne nous soit dit comme à ces disciples qui vouloient tout foudroyer : Vous ne songez pas de quel esprit vous êtes.

« Luc. IX. 55.

Un vainqueur chrétien doit épargner le sang : & l'esprit de l'évangile est là-dessus bien different de celuy de la loy.

XI. PROPOSITION.

Il faut observer les commencemens, & les fins des regnes, par rapport aux revoltes.

Lorsque l'Idumée fut assujettie par David, Adad jeune prince de la race royale, trouva moyen de se retirer en Egypte, où il fut tres-bien receu de Pharaon. Comme il apprit la mort de David, &

3. Reg. x1. 17. 18.

celle de Joab arrivée au commencement du regne
de Salomon : croyant le royaume affoibly par la
perte d'un si grand roy, & par celle d'un general

„ si renommé, il dit à Pharaon : Laissez-moy aller
„ dans ma terre ? C'étoit pour y réveiller ses amis,
& jetter les semences d'une guerre, qu'on vit éclore
en son temps.

L'extrême vieillesse de David donna lieu à des
mouvemens, qui menacerent l'état d'une guerre
civile.

Adonias fils aîné de David aprés Absalon, faisoit revivre son frere par sa bonne mine, par le
bruit & l'ostentation de ses équipages, & par
son ambition. Il avoit sur Absalon ce malheureux
avantage qu'il trouva David défaillant, qui avoit
besoin non d'être poussé, puis qu'il avoit sa vigueur
entiere, mais d'être réveillé par ses serviteurs. Il
avoit mis dans son party Joab qui commandoit les
armées, & Abiathar souverain pontife, autrefois si
fidele à David, & beaucoup d'autres des serviteurs
du roy de la tribu de Juda. Avec ce secours il n'afpiroit à rien moins, qu'à envahir le royaume du
vivant du roy, & contre la disposition qu'il en avoit
declarée, en désignant Salomon pour son successeur, & le faisant reconnoître par tous les grands,
par toute l'armée, comme celuy que Dieu prefe-
roit à ses autres freres, pour le remplir de sagesse,
& luy faire bâtir son temple au milieu d'une paix
profonde.

Adonias vouloit renverser un ordre si bien établi.
Pour

Pour raffembler le party, & donner comme le fignal
à fes amis de le faire reconnoître pour roy : ce jeune
prince fit un facrifice folennel, fuivy d'un fuperbe
feftin. Toute la cour étoit attentive. L'on remarqua
qu'il avoit prié les principaux de Juda, avec Joab,
& Abiathar, & à la referve de Salomon, tous les
fils du roy. Comme on n'y vit ny ce prince, ny
Sadoc facrificateur, ny Nathan, ny Banaïas tres-
affeuré à David, & qui commandoit les vieilles
troupes, tous attachez au roy & à Salomon, on
penetra le deffein d'Adonias, & on découvrit le
myftere. En même temps Nathan & Bethfabée
mere de Salomon, agirent avec grand concert auprés de David, en luy parlant coup fur coup. Ils
ouvrirent les yeux à ce prince, qui jufqu'alors demeuroit tranquille, non par molleffe, mais par confiance, dans un pouvoir auffi étably que le fien, &
dans une refolution auffi expliquée. Le roy parla
avec tant de fermeté, & d'autorité ; fes ordres furent fi précis, & fi promptement executez, qu'avant
la fin du feftin d'Adonias, toute la ville retentiffoit
de la joye du couronnement de Salomon. Joab tout
hardy qu'il étoit, & tout experimenté, fut fur-
pris : la chofe fe trouva faite, & chacun s'en retourna honteux & tremblant. Le nouveau roy parla
à Adonias d'un ton de maître : rien ne branla
dans le royaume, & la rebellion qui grondoit fut
'affoupie.

Elle ne revint qu'au commencement du regne de
Roboam. Et c'eft-là un temps de foibleffe, qu'il

Ttt

faut toûjours obferver avec plus de foin , fi l'on veut bien affeurer le repos public.

XII. PROPOSITION.

Les rois font toûjours armez.

2. Reg. xv.
18. 19.
3. Reg. 1.
8. 10. 38.
1. Par. xii.
1. & feq.

Nous avons vû fous David les legions Celethi & Phelethi , que Banaïas commandoit , toûjours fur pied.

Il avoit auffi confervé le corps de fix cens vaillans combattans , commandez par Ethai Gethéen , & des autres qui étoient venus avec luy pendant fa difgrace.

Je ne parleray point des autres troupes entretenuës , fi neceffaires à un état. Ce font tous des corps immortels , qui en fe renouvellant dans le même efprit qu'ils ont été formez , rendent éternelles leur fidelité & leur valeur.

3. Reg. x.
16. 17.
2. Par. ix.
15. 16.

On ornoit ces troupes choifies d'une façon particuliere , pour les diftinguer. Et c'eft à quoy étoient deftinées les deux cens piques garnies d'or , & les deux cens boucliers lourds , & pefans couvert de lames d'or , avec trois cens autres d'une autre figure , pareillement couverts d'or tres-affiné , & d'un grand poids , que Salomon gardoit dans fes arfenaux.

2. Paralip.
xvii. 14.
& feq.
xxvi. 12.
13.

Outre les garnifons des places qu'on trouve par tout dans les livres des rois , & des chroniques : & outre les troupes qui étoient fur pied , il y en avoit d'infinies fous la main du roy , avec des chefs defignez , & qui étoient prêts au premier ordre.

1. Paralip.
xxvii. 12.
& feq.

On ne fçait en quel rang placer les gens de guerre,

qui se relevoient au nombre de vingt-quatre mille, à chaque premier jour du mois avec douze commandans.

Il n'est pas necessaire de marquer, que pour ne point charger l'état de dépenses, on les assembloit selon le besoin : dont l'on a beaucoup d'exemples.

Ainsi les états demeurent forts au dehors contre l'ennemy, & au dedans contre les mechans, & les rebelles ; & la paix publique est asseurée.

LIVRE X. ET DERNIER.

SUITE DES SECOURS DE LA ROYAUTÉ.

Les Richeffes, ou les Finances. Les Confeils.
Les Inconveniens, & tentations qui accompagnent la Royauté : & les remedes qu'on y doit apporter.

ARTICLE PREMIER.

Des richeffes ou des finances. Du commerce: & des impots.

I. PROPOSITION.

Il y a des dépenfes de neceffité : il y en a de fplendeur, & de dignité.

1. Cor. 1x. 7. » QUi jamais fit la guerre à fes dépens. Quel foldat ne reçoit pas fa paye?

On peut ranger parmy ces dépenfes de neceffité, toutes celles qu'il faut pour la guerre, comme la fortification des places, les arfenaux, les magazins, & les munitions, dont il a été parlé.

Les dépenfes de magnificence & de dignité, ne font pas moins neceffaires à leurs manieres, pour le foutien de la majefté, aux yeux des peuples, & des étrangers.

Ce feroit une chofe infinie de raconter les magnificences de Salomon.

3. Reg. vi.
vii. viii.
ix.
2. Par. i. ii.
iii. iv. v.
vi. vii.

Premierement dans le temple, qui fut l'ornement
comme la défenfe du royaume & de la ville. Rien
ne l'égaloit dans toute la terre, non plus que le
Dieu qu'on y fervoit. Ce temple porta jufqu'au
ciel & dans toute la pofterité, la gloire de la nation, & le nom de Salomon fon fondateur.

1 Par. xxix
23. 24. 25.

Treize ans entiers furent employez à bâtir le
palais du roy dans Jerufalem, avec les bois, les
pierres, les marbres, & les materiaux les plus precieux; comme avec la plus belle, & la plus riche
architecture qu'on eut jamais vûë. On l'appelloit le
Liban, à caufe de la multitude de cedres qu'on y
pofa, en hautes colonnes comme une forêt, dans
de vaftes & de longues galeries, & avec un ordre
merveilleux.

3. Reg. vii.
ii. & feq.

On y admiroit en particulier le trône royal, où
tout refplendiffoit d'or; avec la fuperbe galerie où
il étoit érigé. Le fiege en étoit d'yvoire, revêtu de
l'or le plus pur : les fix degrez par où l'on montoit
au trône, & les efcabeaux où pofoient les pieds,
étoient du même métail : les ornemens qui l'environnoient, étoient auffi d'or maffif.

3. Reg. x.
18. 19. 20.
2. Par. ix.
17. 18. 19.

Auprés fe voyoit l'endroit particulier de la galerie où fe rendoit la juftice, tout conftruit d'un
pareil ouvrage.

Salomon bâtit en même temps le palais de la
reine fa femme, fille du roy Pharaon : où tout étin-
celloit de pierreries; & où avec la magnificence,

3. Reg. iii.
i. ix. 24.
2. Par. viii.
ii.

Ttt iij

on voyoit reluire une propreté exquife.

2. Par. II.
13. 14.

Ce prince appella pour ces beaux ouvrages, tant de fon royaume que des païs étrangers, les ouvriers les plus renommez pour le deffein, pour la fculpture, pour l'architecture; dont les noms font confacrez à jamais dans les regiftres du peuple de Dieu, c'eft-à-dire dans les faints livres.

3. Reg. IV.
26. X. 26.
2. Par. I.
14. IX. 25.

Ajoûtons les lieux deftinez aux équipages, où les chevaux, les chariots, les attelages, étoient innombrables.

3. Reg. IV.
22. 23.

Les tables, & les officiers de la maifon du roy pour la chaffe, pour les nourritures, pour tout le fervice, dans leur nombre comme dans leur ordre, répondoient à cette magnificence.

3. Reg. X.
21.
2. Par. IX.
20..

Le roy étoit fervy en vaiffelle d'or. Tous les vafes de la maifon du Liban étoient de fin or. Et le Saint Efprit ne dédaigne pas de defcendre dans tout ce détail, parce qu'il fervit dans ce temps de paix à faire admirer, & craindre, au dedans & au dehors, la puiffance d'un fi grand roy.

3. Reg. X.
1. 2. & feq.
2. Par. IX.
1. 2. & feq.

Une grande reine attirée par la reputation de tant de merveilles, vint les voir dans le plus fuperbe appareil, & avec des chameaux chargez de toute forte de richeffes. Mais quoy qu'accoûtumée à la grandeur où elle étoit née, elle demeuroit éperduë à l'afpect de tant de magnificences de la cour de Salomon. Ce qu'il y eut de plus remarquable dans fon voyage: c'eft qu'elle admira la fageffe du roy, plus que toutes fes autres grandeurs: & qu'il arriva ce qui arrive toûjours à l'approche des grands hom-

mes , qu'elle reconnut dans Salomon un merite ,
qui furpaffoit fa reputation.

Les prefens qu'elle luy fit en or , en pierreries, Ibid.
& en parfums les plus exquis , furent immenfes :
& demeurerent cependant beaucoup au deffous de
ceux que Salomon luy rendit. Par où le Saint Efprit nous fait entendre , qu'on doit trouver dans les
grands rois une grandeur d'ame qui furpaffe tous
leurs trefors : & que c'eft-là ce qui fait veritablement une ame royale.

Les grands ouvrages de Jofaphat , d'Ofias , d'E- 4. Reg. xx.
zechias, & des autres grands rois de Juda; les villes, 13. 20.
2. Par. xvij.
les aqueducs , les bains publics , & les autres chofes xxvj. xxxij.
qu'ils firent, non feulement pour la feureté & pour 27. 28. 29.
la commodité publique, mais encore pour l'orne-
ment du palais , & du royaume , font marquez avec
foin dans l'écriture. Elle n'oublie pas les meubles
précieux qui paroient leur palais , & ceux qu'ils y
faifoient garder : non plus que les cabinets des parfums , les vaiffeaux d'or & d'argent , tous les ouvrages exquis, & les curiofitez qu'on y ramaffoit.

Dieu défendoit l'oftentation que la vanité inf-
pire , & la folle enflure d'un cœur enyvré de fes
richeffes : mais il vouloit cependant , que la cour
des rois fût éclatante , & magnifique ; pour imprimer aux peuples un certain refpect.

Et encore aujourd'huy au facre des rois, comme Cerem.
on a déja veu , l'Eglife fait cette priere. Puiffe la « Franc. pag.
dignité glorieufe , & la majefté du palais , faire « 19. 35. 61.
éclater aux yeux de tous , la grande fplendeur de «

» la puiſſance royale, en ſorte que la lumiere, ſem-
» blable à celle d'un éclair, en rayonne de tous cô-
» tez. Toutes paroles choiſies, pour exprimer la magnificence d'une cour royale ; qui eſt demandée à
Dieu, comme un ſoutien neceſſaire de la royauté.

II. PROPOSITION.

Un état floriſſant eſt riche en or, & en argent : & c'eſt
un des fruits d'une longue paix.

L'or abondoit tellement durant le regne de Sa-
3. Reg. x. » lomon : Qu'on y contoit l'argent pour rien : & qu'il
21. 27.
2. Par. ix. » étoit, (pour ainſi parler,) auſſi commun que les
10. 27.
» pierres : & les cedres auſſi vulgaires que les ſyco-
» mores, qui croiſſent (fortuitement) dans la cam-
» pagne.

Comme c'étoit-là le fruit d'une longue paix : le
Saint Eſprit le remarque, pour faire aimer aux
princes la paix, qui produit de ſi grandes choſes.

III. PROPOSITION.

La premiere ſource de tant de richeſſes eſt le commerce,
& la navigation.

3. Reg. x. » Car les navires du roy alloient en Tharſis, & en
22.
2. Par. ix. » pleine mer, avec les ſujets d'Hiram roy de Tyr :
21.
» & rapportoient tous les trois ans de l'or, de l'ar-
» gent, & de l'yvoire, avec les animaux les plus
» rares.

3. Reg. ix. Salomon avoit une flotte à Aſiongaber auprés
16. 17. 28.
x. 11. d'Aïlat, ſur le bord de la mer rouge : & Hiram
2. Par. viii. roy de Tyr, y joignoit la ſienne, où étoient les
18.
Tyriens,

Tyriens , peuples les plus renommez de toute la terre pour la navigation , & pour le commerce : qui rapportoient d'Ophir , (quel qu'ait été ce païs) pour le compte de Salomon , quatre cens vingt talens d'or , souvent même quatre cens cinquante , avec les bois les plus precieux , & des pierreries.

La sagesse de Salomon paroît icy par deux endroits. L'un qu'aprés avoir connu la necessité du commerce , pour enrichir son royaume ; il ait pris pour l'établir le temps d'une paix profonde , où l'état n'étoit point accablé des dépenses de la guerre. L'autre que ses sujets n'étant point encore exercez dans le negoce , & dans l'art de naviger ; il ait sçu s'associer les habiles marchands , & les guides les plus asseurez dans la navigation qui fussent au monde , c'est-à-dire , les Tyriens ; & faire avec eux des traitez si avantageux , & si surs.

Quand les Israëlites furent instruits par eux-mêmes dans les secrets du commerce , ils se passerent de ces alliez : & l'entreprise quoique malheureuse du roy Josaphat , dont la flote perit dans le port d'Asiongaber ; fait voir que les rois continuoient le commerce , & les voyages vers Ophir ; sans qu'il y soit fait mention du secours des Tyriens. 3.Reg. xxi. 49. 2. Par. ix. 36. 37.

IV. PROPOSITION.

Seconde source des richesses : le domaine du prince.

Du temps de David il y avoit des tresors dans Jerusalem : & Azmoth fils d'Adiel en étoit le garde. 1.Par. xxvij. 25. 26. 27. 28.

V u u

Pour les trefors qu'on gardoit dans les villes , dans les villages , & dans les châteaux ou dans les tours, Joathan fils d'Ozias en avoit la charge. Ezri fils de Chelub avoit foin de ceux qui étoient occupez au labourage , & aux travaux de la campagne. Il y avoit un gouverneur particulier pour ceux qui faifoient les vignes , & prenoient foin des celliers: & c'étoit Semeias , & Zabdias. Balanan étoit prépofé pour la culture des oliviers , & des figuiers : & Joas veilloit fur les refervoirs d'huile. On voit par là , que le prince avoit des fonds , & des officiers prépofez pour les regir.

3. Reg. 1x. 29.
1. Paralip. XXVII. 25. 30.

On marque auffi les villages qui étoient à luy: & le foin qu'il eut de les entourer de murailles. On faifoit des nourritures dans les pâturages de la montagne de Saron , & fur les vallons qui y étoient deftinez. L'Ecriture fpecifie les bêtes à corne , les chameaux, & les troupeaux de brebis. Chaque ouvrage

Ibid. 31.

» avoit fon prefet: Et tels étoient les gouverneurs, ou » les intendants , qui avoient foin des biens , & des » richeffes du roy David.

· La même chofe continuë fous les autres rois. Et

2. Paralip. XXVI. 10.

» il eft écrit d'Ozias : Qu'il creufa beaucoup de cî- » ternes , parce qu'il nourriffoit beaucoup de trou- » peaux dans les pâturages , & dans les vaftes cam- » pagnes : qu'il prenoit grand foin de la culture des » vignes , & de ceux qui y étoient employez , dans » les côteaux & fur le carmel : & qu'il étoit fort af- » fectionné à l'agriculture.

Ces grands rois connoiffoient le prix des richeffes

naturelles ; qui fourniſſent les neceſſitez de la vie,
& enrichiſſent les peuples, plus que les mines d'or
& d'argent.

Les Iſraëlites avoient appris dés leur origine ces
utiles exercices. Et il eſt écrit d'Abraham : Qu'il « Gen. XIII.
étoit tres-riche en or & en argent. Ce qui, ſans con- « 2.
noître les lieux où la nature reſſerre ces riches métaux, luy provenoit ſeulement des ſoins de la nourriture, & des troupeaux. D'où eſt venuë auſſi la reputation de la vie paſtorale, que ce patriarche &
ſes deſcendans ont embraſſée.

V. PROPOSITION.

Troiſiéme ſource des richeſſes : les tributs impoſeZ aux
rois, & aux nations vaincuës : qu'on appelloit
des preſens.

Ainſi David impoſa tribut aux Moabites, & à 1. Paralip.
Damas : & y établit des garniſons pour leur faire XVIII. 2. 6.
payer ces preſens.

Salomon avoit ſoûmis tous les royaumes depuis 3. Reg. IV.
le fleuve de la terre des Philiſtins, juſqu'aux con- 21.
fins de l'Egypte. Et tous les rois de ces païs luy of-
froient des preſens, & luy devoient certains ſervices.

Le poids de l'or qu'on payoit tous les ans à Sa- 3. Reg. x.
lomon étoit de ſix cens talens : outre ce qu'avoient 14. 15.
accoûtumé de payer les ambaſſadeurs de diverſes 2. Par. IX.
nations, & les riches marchands étrangers, & tous 13. 14.
les rois d'Arabie, & les princes des autres terres,
qui luy apportoient de l'or & de l'argent. C'eſt ainſi

Pfal. xliv.
13.

qu'on l'avoit chanté par avance sous le roy David,
que les villes de Tyr (c'est-à-dire , les villes opu-
lentes) & leurs plus riches marchands , apporte-
roient leurs presens à la cour de Salomon.

2. Par. 12.
23. 24.

Tous les rois des terres voisines envoyoient chaque année leurs presens à Salomon : qui consistoient
en vases d'or & d'argent , en riches habits , en armes ,
en parfums , en chevaux , & en mulets ; c'est-à-
dire , ce que chaque païs avoit de meilleur.

2. Paralip.
xxvi. 8.

Les Ammonites apportoient des presens à Ozias :
& son nom étoit celebre jusqu'aux confins de l'E-
gypte.

2. Paralip.
xxvii. 11.

On comptoit parmy ces presens , non seulement
l'or & l'argent , mais encore des troupeaux : & c'est
ainsi que les Arabes payoient par an à Josaphat sept
mille sept cens beliers , & autant de boucs ou de
chevreaux.

VI. PROPOSITION.

Quatriéme source des richesses : les impots que payoit
le peuple.

Dans tous les états , le peuple contribuë aux charges publiques , c'est-à-dire , à sa propre conservation : & cette partie qu'il donne de ses biens luy
en assure le reste , avec sa liberté & son repos.

2. Reg. 22.
24.
3. Reg. iv.
6. xii. 18.
2. Par. x. 18.

L'ordre des finances sous les rois David & Salomon étoit : qu'il y avoit un surintendant préposé à
tous les impots pour donner les ordres generaux.

3. Reg. iv.
7. 8. & seq.

Il y avoit pour le détail , douze intendant distri-
buez par cantons : & ceux-cy étoient chargez , cha-

eûn à son mois, des contributions necessaires à la dépense du roy, & de sa maison. Leur département étoit grand : puis qu'un seul avoit à sa charge soixante grandes villes environnées de murailles, avec des serrures d'airain. **Ibid. 13.**

On lit aussi de Jeroboam : Que Salomon qui le voyoit dans sa jeunesse, homme de courage appliqué & industrieux : ou agissant, comme parle l'original :) le préposa aux tribus de la maison de Joseph. C'est-à-dire, des deux tribus d'Ephraïm & de Manassés. Ce qui montre en passant, les qualitez qu'un sage roy demandoit pour de telles fonctions : encore que sa prudence ait été trompée dans le choix de la personne. **3. Reg. 21. 28.**

VII. PROPOSITION.

Le prince doit moderer les impôts & ne point accabler le peuple.

Qui presse trop la mamelle pour en tirer du lait en l'échauffant, & la tourmentant tire du beurre : qui se mouche trop fortement, fait venir le sang : qui presse trop les hommes : excite des revoltes & des seditions. C'est la regle que donne Salomon. **Prov. xxx 33.**

L'exemple de Roboam apprend sur cela le devoir aux rois.

Comme cette histoire est connuë, & qu'elle a déja été touchée cy-devant, nous ferons seulement quelques refléxions. **Cy-devant pag. 142. 143.**

En premier lieu, sur les plaintes que le peuple fit à Roboam contre Salomon, qui avoit fait des **3. Reg. xii. 1. 2. 3. 4. 2. Par. x. 2. 3. 4.**

levées extraordinaires. Tout abondoit dans son regne ainsi que nous avons veu. Cependant comme
l'histoire sainte ne dit rien contre ce reproche, &
qu'il y passe au contraire pour averé; il est à croire
que sur la fin de sa vie abandonné à l'amour des
femmes, sa foiblesse le portoit à des dépenses excef-
sives, pour contenter leur avarice, & leur ambition.

C'est le malheur, où plûtôt l'aveuglement, où
sont menez les plus sages rois par ces déplorables
excés.

3. Reg. XII.
18.
2. Par. x. 18. En second lieu, la réponse dure & menaçante
de Roboam poussa le peuple à la revolte : dont
l'effet le plus remarquable fut d'accabler à coup
de pierre Aduram chargé du soin des tributs,
quoi qu'envoyé par le roy pour l'execution de ses
rigoureuses réponses. Ce qui effraya tellement ce
prince, qu'il monta precipitamment sur son char,
& s'enfuit vers Jerusalem : tant il se vit en peril.

En troisiéme lieu : la dureté de Roboam à refuser tout soulagement à son peuple, & la menace
obstinée d'en aggraver le joug jusqu'à un excés insupportable, a mis ce prince au rang des insensez.
Eccli xxvij.
27. 28. » A Salomon succeda la folie de la nation, dit le saint
» Esprit, & Roboam destitué de prudence, qui aliena
» le peuple par le conseil qu'il suivit. Jusques-là que
son propre fils & son successeur Abiam, l'appelle :
2. par. xiii.
7. » Ignorant, & d'un cœur lâche.

En quatriéme lieu, cette réponse orgüeilleuse &
inhumaine, est attribuée à un aveuglement permis

de Dieu , & regardé comme un effet de cette juſtice qui met l'eſprit de vertige dans les conſeils des
rois. Le roy n'acquieſça pas à la priere de ſon peuple ; parce que le Seigneur s'étoit éloigné de luy,
pour accomplir la parole d'Ahias Silonite : qui avoit
predit du vivant de Salomon la revolte des dix tribus , & la diviſion du royaume. Ainſi quand Dieu
veut punir les peres , il livre leurs enfans aux mauvais conſeils, & châtie tout enſemble les uns & les
autres. « 1. Reg. 111.
« 15.
« 2. Paralip.
« X. 15.

En cinquiéme lieu , la ſuite eſt encore plus terrible. Dieu permit que le peuple ſoulevé oubliât
tout reſpect , en maſſacrant comme aux yeux du
roy un de ſes principaux miniſtres , & renonçant
tout ouvertement à l'obéïſſance.

En ſixiéme lieu , ce n'eſt pas que ce maſſacre &
cette revolte ne fuſſent des crimes. On ſçait aſſez
que Dieu en permet dans les uns , pour châtier
ceux des autres. Le peuple eut tort, Roboam eut
tort : & Dieu punit l'énorme injuſtice d'un roy ,
qui ſe faiſoit un honneur d'opprimer ſon peuple,
c'eſt-à dire , ſes enfans.

' En ſeptiéme lieu , cette dureté de Roboam ef-
faça par un ſeul trait le ſouvenir de David , & de
toutes ſes bontez ; auſſi-bien que celuy de ſes conquêtes , & de ſes autres grandes actions. Quel interêt , dit le peuple d'Iſraël , prenons-nous à David , & que nous importe ce que deviendra le fils
d'Iſaï ? O David pourvoyez à vôtre maiſon , & à
la tribu de Juda. Pour nous allons nous-en chacun « 3. Reg.x11.
16.
« 2. Par. x.
16.

 » chez nous , fans nous foucier de David , ny de fa
 » race. Jerufalem , le temple , la religion , la loy de
Moïfe furent auffi oubliez : & le peuple ne fut plus
fenfible qu'à fa vengeance.

Enfin en huitiéme lieu , quoique l'attentat du
peuple fût inexcufable , Dieu fembla vouloir enfuite autorifer le nouveau royaume qui s'établit par
ce foulevement : & il défendit à Roboam de faire

3. Reg. XII.
23. 24.
2. Paralip.
XI. 24.

 » la guerre aux tribus revoltées : Parce que , dit-il,
 » tout cela s'eft fait par ma volonté ; par ma permif-
fion expreffe , & par un jufte confeil. Jeroboam paroît devenir un roy legitime , par le don que Dieu
luy fit du nouveau royaume. Ses fucceffeurs con-
ftamment furent de vrais rois , que Dieu fit facrer
par fes propheres. Ce n'étoit pas qu'il aimât ces
princes , qui faifoient regner toutes fortes d'idolatries , & de mechantes actions ; mais il voulut
laiffer aux rois un monument éternel , qui leur fit
fentir combien leur dureté envers leurs fujets étoit
odieufe à Dieu , & aux hommes.

VIII. PROPOSITION.

Conduite de Jofeph dans le temps de cette horrible famine,
dont toute l'Egypte & le voifinage furent affligez.

Gen. LXVII.
13. 14. 15.
& feq.

    Jofeph en vendant du bled aux Egyptiens, mit
tout l'argent de l'Egypte dans les coffres du roy.
Par ce moyen il acquit auffi pour le prince tout
leurs beftiaux , & enfin toutes leurs terres , & mêmes jufqu'à leurs perfonnes qui furent mifes dans
la fervitude.

Loin

Loin de s'offenser de cette conduite, toute rigoureuse qu'elle paroisse, la gloire de Joseph fut immortelle. Ce sage ministre tourna tout au bien public. Il fournit au peuple dequoy ensemencer leurs terres, que Pharaon leur rendit : il regla les impôts qu'ils devoient au roy, à la cinquiéme partie de leurs revenus : & fit honneur à la religion, en exemptant de ce tribut les terres sacerdotales. C'est ainsi qu'il accomplit tout le devoir d'un zelé ministre envers le roy, & envers le peuple : & qu'il merita le titre : De sauveur du monde. ᵐ Gen. xlv. 45.

IX. PROPOSITION.

Remarques sur les paroles de Jesus-Christ, & de ses Apôtres, touchant les tributs.

Rendez à Cesar ce qui est à Cesar : & à Dieu ᵃ Math. xxii. 21. ce qui est à Dieu, dit Jesus-Christ. Pour prononcer cette sentence, sans demander comment, & avec quel ordre se levoient les impôts ; il ne regarde que l'inscription du nom de Cesar gravé sur la monnoye publique.

Son Apôtre prononce de même : Rendez le tri- ᵇ Rom. xiii. 7. but à qui vous devez le tribut : & l'impôt à qui ᵇ vous devez l'impôt : (en argent ou en espece, selon ᵇ que la coûtume l'établit :) l'honneur à qui vous ᵇ devez l'honneur : la crainte à qui vous devez la ᵇ crainte.

Saint Jean-Baptiste avoit dit aux publicains chargez de lever les droits de l'empire : N'exigez rien Luc. iii. 13. au de là de ce qui vous est ordonné.

X x x

La religion n'entre point dans les manieres d'établir les impôts publics , que chaque nation connoît. La seule regle, divine, & inviolable parmy tous les peuples du monde , est de ne point accabler les peuples ; & de mesurer les impôts sur les besoins de l'état, & sur les charges publiques.

X. Proposition.

Refléxions sur la doctrine precedente : & définition des veritables richesses.

On doit conclure des passages que nous avons rapportez : que les veritables richesses sont celles que nous avons appellées naturelles , à cause qu'elles fournissent à la nature ses vrais besoins. La fecondité de la terre, & celle des animaux est une source inépuisable des vrais biens: l'or & l'argent ne sont venus qu'aprés, pour faciliter les échanges.

Il faut donc à l'exemple des grands rois que nous avons nommez , prendre un soin particulier de cultiver la terre,& d'entretenir les pâturages des animaux, avec l'art vrayement fructueux d'élever des troupeaux ; conformément à cette parole : Ne negligez point les ouvrages quoique laborieux de la campagne, & le labourage que le Tres-Haut a créé. Et encore : Prenez garde à vos bestiaux: ayez soin de les bien connoître. Considerez vos troupeaux.

Le prince qui veille à ces choses , rendra ses peuples heureux , & son état florissant.

Eccli. VII. 16.

Ibid XXIV. & Prov. XXVII. 23.

XI. PROPOSITION.

Les vrayes richesses d'un royaume sont les hommes.

On est ravy quand on voit sous les bons rois, la multitude incroyable du peuple par la grandeur étonnante des armées. Au contraire, on est honteux pour Achab, & pour le royaume d'Israël épuisé de peuple, quand on voit camper son armée : Comme deux petits troupeaux de chevres. Pendant que l'armée Syrienne qu'elle avoit en tête, couvroit toute la face de la terre. « 3. Reg. xx. 17. «

Parmy le dénombrement des richesses immenses de Salomon, il n'y a rien de plus beau que ces paroles : Juda, & Israël étoient innombrables comme le sable de la mer. « 3. Reg. iv. « 20.

Mais voicy le comble de la felicité, & de la richesse. C'est que tout ce peuple innombrable : Mangeoit, & beuvoit du fruit de ses mains, & chacun sous sa vigne, & son figuier, & étoit en joye. Car la joye rend les corps sains & vigoureux : & fait profiter l'innocent repas que l'on prend avec sa famille, loin de la crainte de l'ennemy, & benissant, comme l'auteur de tant de biens, le prince qui ayme la paix ; encore qu'il soit en état de faire la guerre, & ne la craigne que par bonté, & par justice. Un peuple triste & languissant, perd courage, & n'est propre à rien : la terre même se ressent de la nonchalance où il tombe ; & les familles sont foibles, & desolées. « Ibid. 20. 25. «

XII. PROPOSITION.

Moyens certains d'augmenter le peuple.

C'eſt qu'il ſoit un peu à ſon aiſe , comme on vient de voir.

Sous un prince ſage l'oiſiveté doit être odieuſe; & on ne la doit point laiſſer dans la joüiſſance de ſon injuſte repos. C'eſt elle qui corrompt les mœurs, & fait naître les brigandages. Elle produit auſſi les mandians, autre race qu'il faut bannir d'un royau-me bien policé ; & ſe ſouvenir de cette loy : Qu'il n'y ait point d'indigent , ny de mandiant parmy vous. On ne doit pas les compter parmy les citoyens, parce qu'ils ſont à charge à l'état, eux & leurs en-fans. Mais pour ôter la mendicité : il faut trouver des moyens contre l'indigence.

Sur tout il faut avoir ſoin des mariages : rendre facile , & heureuſe l'éducation des enfans : & s'op-poſer aux unions illicites. La fidelité , la ſainteté, & le bonheur des mariages eſt un intereſt public, & une ſource de felicité pour les états.

Cette loy eſt politique, autant que morale & re-ligieuſe : Qu'il n'y ait point de femmes de mau-vaiſe vie parmy les filles d'Iſraël : ny de débauché parmy ſes enfans. Soit maudites de Dieu & des hommes , les unions dont on ne veut point voir de fruit , & dont les vœux ſont d'être ſteriles. Toutes les femmes de la famille d'Abimelech le devinrent, par un exprés jugement de Dieu, à cauſe de Sara femme d'Abraham. Au contraire , Dieu favoriſe,

Deut. xv.4.

Deut.xxiii 17.

Gen. xx.17 18.

& benit les fruits des mariages legitimes. On voit croître ſes enfans autour de ſa table comme de jeunes oliviers : une femme ravie d'être mere, eſt regardée avec complaiſance de celuy qu'elle a rendu pere de ſi aimables enfans. On leur apprend, que la modeſtie, la frugalité, & l'épargne conduite par la raiſon, eſt la principale partie de la richeſſe : & nourris dans une bonne maiſon mais reglée, ils ſçavent mépriſer la vanité qu'ils n'ont point veu chez leurs parens.

La loy ſeconde leurs deſirs quand elle reprime le luxe. Les premiers qu'elle ſoulevoit contre leurs enfans dereglez, étoient les peres & les meres, qu'elle contraignoit à les déferer au magiſtrat, en luy diſant : Voilà nôtre fils deſobéïſſant, qui ſans « écouter nos avis & nos corrections, paſſe ſa vie « dans la bonne chere, dans le deſordre, & dans la « débauche. La peine de ce débauché incorrigible « étoit : D'être lapidé ; & tout Iſraël ſaiſi de crainte « ſe retiroit du deſordre. On n'en étoit pas quitte en « diſant, je ne fais tort à perſonne ; on ſe trompe : dans les dereglemens qui empêchent, ou qui troublent les mariages, il faut éviter & punir, non ſeulement le ſcandale, l'injure qu'on fait aux particuliers ; mais encore celle qu'on fait au public, qui eſt plus grande & plus ſerieuſe qu'on ne penſe.

Concluons donc avec le plus ſage de tous les rois : La gloire du roy & ſa dignité, eſt la multi- « tude du peuple : ſa honte eſt de le voir amoindri, « & diminué par ſa faute.

«

ARTICLE II.

Les conseils.

Cy-devant
Liv. v. art 1.
pag. 148. &
suiv. & art.
11. pag. 188.
& suiv.

NOus en avons déja beaucoup parlé ; & posé les principes : sur tout quand nous avons traité des moyens dont un prince se doit servir pour acquerir les connoissances qui luy sont necessaires pour bien gouverner. Mais l'on approfondit icy encore davantage, ce qui regarde une matiere de cette importance ; & l'on réünit sous un même point de vûë, les preceptes & les exemples que l'Ecriture nous fournit, même quelques-uns de ceux qui se trouvent dispersez dans cet ouvrage : afin qu'aprés en avoir posé les principes, on en puisse voir dans un même lieu l'application & le détail dans toute son étenduë.

I. PROPOSITION.

Quels ministres, ou officiers, sont remarquez auprés des anciens rois.

2. Reg. VIII
16. 17. 18.
xx. 23. 24.
25. 26.

Sous David, Joab commandoit l'armée : Banaïas avoit la conduite des legions Cerethi, & Phelethi, qui étoient comme la garde du prince ; & sembloient être détachez du commandement general des armées, sous un chef particulier, qui ne répondoit qu'au roy. Aduram étoit chargé des tributs, ou finances. Josaphat étoit secretaire, & garde des registres. Sina, qu'on appelle ailleurs, Saraïa, est appellé, Scribe : homme lettré auprés du prince.

Ira étoit prêtre de David. Jonathan oncle de David son conseiller, homme intelligent, & lettré. Il étoit avec Jahiel gouverneur des enfans du roy. Achitophel fut le conseiller du roy : & aprés luy Joïada, & Abiathar : & Chusaï étoit l'amy du roy.

On marque auprés de Salomon, des personnes appellées gens de lettres. Banaïas commandant les troupes. Azarias fils de Nathan, étoit à la tête de ceux qui assistoient auprés du roy. Zabud étoit prêtre, & l'amy du roy. Ahisar, (s'il étoit permis de traduire ainsi,) étoit grand maître de sa maison, Et Adoniram étoit chargé des finances.

On nomme aussi les grands prêtres, ou les principaux d'entre les prêtres qui étoient alors : pour montrer, que leur sacré ministere leur donnoit rang parmy les officiers publics : & que sous les rois ils se mêloient des plus grandes affaires. Témoin Sadoc, qui eut tant de part à celle, où il s'agissoit de donner un successeur au royaume.

La dignité de leur sacerdoce étoit si éminente, que cet éclat donnoit lieu à dire : Que les enfans de David étoient prêtres. Quoiqu'ils ne pussent pas l'être, n'étant pas de la race sacerdotale, ny de la tribu d'où les prêtres étoient tirez. Mais on leur donnoit ce grand nom, pour montrer la part qu'ils avoient dans les grandes affaires. Ce qui semble être la même chose, que ce que l'Ecriture remarque ailleurs : Les enfans de David étoient les premiers sous la main du roy. C'est-à-dire,

1. Paralip. XXVII. 32. 33. 34.

3. Reg. IV. 2. 3. 4. 5. 6.

Ibid.

3. Reg. I. 8. 32. 44.

2. Reg. VIII 18.

1. Paralip. XVIII. 17.

étoient les premiers à porter , & à executer ſes ordres.

Le ſoin qu'on prenoit à les élever dans les lettres, paroît par la qualité d'homme lettré, qu'on donne à Jonathan leur gouverneur.

2. Paralip.
XXVI. II.

Il eſt auſſi marqué ſous Ozias , que les troupes étoient commandées par Jehiel , & Maaſias qui ſont appellez ſcribes , docteurs , ou gens de lettres. Pour montrer , que les grands hommes ne dédaignoient pas de joindre la gloire du ſçavoir, à celle des armes.

Ce qu'on appelle lettrez , étoient ceux qui étoient verſez dans les loix , & qui dirigeoient les conſeils du prince à leur obſervance.

Le ſoin de la religion ſe déclare non ſeulement par la part qu'avoient les grands prêtres dans le miniſtere public ; mais encore par l'office de prêtre du roy , qui ſemble être celuy qui regloit dans la maiſon du prince les affaires de la religion. Tel étoit comme on a veu Ira ſous David : & Zabud ſous Salomon, dont il eſt encore appellé , l'amy.

Cette qualité d'amy du roy , qu'on a vûë dans le dénombrement des miniſtres publics , appellez & caracteriſez par un terme particulier , eſt remarquable ; & faiſoit ſouvenir le roy , qu'il n'étoit pas exempt des beſoins & des foibleſſes communes de la nature humaine : & qu'ainſi , outre ſes autres miniſtres, qu'on appelloit ſes conſeillers , à cauſe qu'ils luy donnoient leurs avis ſur les affaires , il devoit choiſir avec ſoin un amy ; c'eſt-à-dire , un dépoſitaire

taire de ſes peines ſecretes, & de ſes autres ſentimens les plus intimes.

La charge de ſecretaire, & de garde des regiſtres
publics, ſemble originairement venir de Moïſe,
à qui Dieu parla ainſi : Ecrivez cecy, dans un livre « Exod. xvii
(la défaite des Amalecites,) pour ſervir de monu- « 14.
ment éternel : car je détruiray de deſſous le ciel le «
nom d'Amalec. Comme s'il diſoit, je veux que l'on «
ſe ſouvienne des faits memorables : afin que le gouvernement des hommes mortels conduit par l'experience & les exemples des choſes paſſées, ait des
conſeils immortels.

C'eſt par le moyen de ces regiſtres, qu'on ſe
ſouvenoit de ceux qui avoient ſervy l'état; pour en
marquer la reconnoiſſance envers leur famille.

Une des maximes les plus ſages du peuple de
Dieu étoit, que les ſervices rendus au public ne
fuſſent point oubliez. Ainſi dans le ſac de Jericho,
on publia cet ordre : Que cette ville ſoit anatheme : « Joſ. vi. 17.
que la ſeule Rahab vive, elle & toute ſa famille : «
parce qu'elle a ſauvé nos envoyez. «

Lors qu'on paſſa au fil de l'épée tous les habitans Jud. 1. 24.
de Luza, on eut ſoin de ſauver avec toute ſa pa- 25.
renté, celuy qui avoit montré le paſſage par où l'on
y aborda.

Le public ordinairement paſſe pour ingrat : &
il étoit de l'interêt de l'état de le purger de cette
tache, afin qu'on fût invité à bien ſervir.

Perſonne n'ignore comme Aſſuerus roy de Perſe Eſther. vi.
dans une inſomnie qui le travailloit, ſe fit lire 1. 2. & ſeq.

Y y y

les archives ; où il trouva le fervice de Mardochée qui luy avoit fauvé la vie , enregiftré fuivant la coûtume : & comme il fut excité par cette
lecture à le reconnoître par une recompenfe éclatante , mais plus glorieufe au roy , qu'à Mardochée même.

Lors qu'on informa Darius roy de Perfe de la
conduite des Juifs retournez dans leur païs , fes officiers les interrogerent pour en rendre compte au
roy : & luy raconterent ce que leurs vieillards avoient
répondu , touchant les ordonnances de Cyrus dans
la premiere année de fon regne. Aprés quoy ils
ajoûtoient ces paroles : Maintenant , s'il plaît au
roy , il fera rechercher dans la bibliotheque royale ,
& dans les regiftres publics qui fe trouveront à Babylone , ce qui a été ordonné par Cyrus fur la réédi-
fication du temple : & il nous expliquera fes volontez. Les regiftres fe trouverent non point à Babylone comme on avoit cru , mais dans Ecbatanes :
tout y étoit conforme à la pretention des Juifs , qui
auffi fut autorifé par le roy.

Tel étoit l'ufage des regiftres publics : & de la
charge établie pour les garder. Elle confervoit la
memoire des fervices rendus, elle immortalifoit les
confeils : & ces archives des rois en leur propofant
les exemples des fiecles paffez , étoient des confeils
toûjours prêts à leur dire la verité , & qui ne pouvoient être flateurs.

Au refte on ne pretend pas propofer pour regles
invariables ces pratiques des anciens royaumes ; &

1. Efdr. v. 7. 17.

Ibid. 1. 1. 2. & feq.

ce dénombrement des officiers de David & de Salomon : c'eſt aſſez qu'ils puiſſent donner des vûës
aux grands rois, dont la prudence ſe gouvernera ſelon les lieux & les temps.

II. PROPOSITION.

Les conſeils des rois de Perſe par qui dirigez.

Le roy conſulta les ſages qui étoient toûjours auprés de ſa perſonne, qui ſçavoient les loix, & le
droit, & les coûtumes des ancêtres : & il faiſoit
tout par leur conſeil. Les premiers & les plus intimes étoient les ſept chefs. Ou, ſi l'on veut traduire
ainſi, les ſept ducs, ou les princes des Perſes &
des Medes, qui voyoient le roy. Car le reſte, même des ſeigneurs ne le voyoient gueres.

« Eſther. I.
« 13. 14.
«
«

III. PROPOSITION.

Reflexion ſur l'utilité des regiſtres publics , joints aux
conſeils vivants.

L'utilité des regiſtres publics étoit appuyée ſur
cette ſentence du ſage : Qu'eſt-ce qui a été ? Ce qui
ſera. Qu'eſt ce qui a été fait ? Ce qui ſe fera encore. Il n'y a rien de nouveau ſous le ſoleil : & perſonne ne peut dire, cela eſt nouveau : car il a déja
precedé dans les ſiecles qui ont été avant nous. Et
les grands évenemens des choſes humaines ne font,
pour ainſi parler, que ſe renouveller tous les jours
ſur le grand theatre du monde. Il ſemble qu'il n'y
a qu'à conſulter le paſſé, comme un fidele miroir
de ce qui ſe paſſe à nos yeux.

« Ecc.I. 9.10.
«
«
«
«

D'autre côté le Sage ajoûte, que quelques régiftres qu'on tienne, il échappe des circonftances qui changent les chofes. Ce qui luy fait dire : *La memoire des chofes paffées fe perd : la pofterité oubliera ce qui eft arrivé auparavant.* Et il eft rare de trouver des exemples, qui quadrent jufte avec les évenemens fur lefquels il fe faut déterminer.

Ibid. 11.12.

Il faut donc joindre les hiftoires des temps paffez avec le confeil des fages ; qui bien inftruit des coûtumes & du droit ancien, comme on vient de dire des miniftres des rois de Perfe, en fçachent faire l'application à ce qu'il faut regler de leurs jours.

De tels miniftres font des regiftres vivans, qui toûjours portez à conferver les antiquitez, ne les changent qu'étant forcez par des neceffitez imprévûës & particulieres ; avec un efprit de profiter à la fois, & de l'experience du paffé, & des conjonctures du prefent. C'eft pourquoy leurs confeils fages & ftables produifent des loix, qui ont toute la fermeté, & pour ainfi dire, l'immobilité, dont les chofes humaines font capables. *Si vous l'avez agreable,*

Efth. 1. 19. 20.

difent ces miniftres à Affuerus, qu'il parte un édit de devant le roy felon la loy des Perfes & des Medes, qu'il ne foit point permis de changer : & qui foit publié, pour être inviolable dans toute l'étenduë de vôtre empire.

C'étoit l'efprit de la nation : & tant les rois que les peuples tenoient pour maxime, cette immutabilité des decrets publics.

Les grands qui vouloient perdre Daniel, vinrent dire au roy : N'avez-vous pas défendu de faire durant trente jours aucune priere aux dieux & aux hommes, sous peine d'être jetté dans la fosse aux lions. Il est ainsi, répondit le roy : & il a été prononcé par un édit, qui doit être inviolable à jamais. « Dan. VI. 11. «
«
«
«
«
«

Quand après il voulut chercher une excuse en faveur de Daniel, qui avoit prié trois fois le jour tourné vers Jerusalem, on oza luy dire : Sachez, prince, que c'est la loy des Medes & des Perses, qu'il n'est pas permis de changer les ordonnances du roy. « Ibid. 7. 15 «
«
«

C'étoit en effet la loy du païs : mais on abuse des meilleures choses. La premiere condition de ces loix, qu'on doit regarder comme sacrées, & inviolables, c'est qu'elles soient justes : & on appercevoit du premier regard une impieté manifeste, à vouloir faire la loy à Dieu même, & à luy défendre de recevoir les vœux de ses serviteurs. Le roy de Perse devoit donc connoître : Qu'il avoit été surpris dans cette loy. Comme il est expressément marqué. Et que c'étoit là une cabale des grands contre son service afin de perdre Daniel le plus fidele & le plus utile de tous ses ministres, dont le credit leur donna de la jalousie. « Ibid. 6. «

❀❀

IV. PROPOSITION.

Le prince se doit faire soulager.

C'est le conseil que donna Jethro à Moïse, qui
par un zele de la justice & une immense charité

Exod. xviij.
14. & seq.
» vouloit tout faire par luy-même. Que faites-vous,
» luy dit-il, en tenant le peuple du matin au soir à
» attendre vôtre audience ? Vous vous consumez par
» un travail inutile, vous & le peuple qui vous en-
» vironne : vous entreprenez un ouvrage qui passe vos
» forces. Reservez-vous les grandes affaires: & choisissez
» les plus sages & les plus craignans Dieu, qui jugent
» le peuple à chaque moment : (qui expedient les
» affaires à mesure qu'elles viennent :) & qui vous
» fassent rapport de ce qu'il y aura de plus important.

Remarquez trois sortes d'affaires. Celles que le
prince se reserve expressément, & dont il doit prendre connoissance par luy-même. Celles de moindre
importance dont la multitude l'accableroit, & aussi
qu'il laisse expedier à ses officiers. Enfin celles dont
il ordonne qu'on luy fera le rapport, ou pour les
décider luy-même, ou pour les faire examiner avec
plus de soin. Par ce moyen, tout s'expedie avec
ordre & distinction.

V. PROPOSITION.

Les plus sages sont les plus dociles à croire conseil.

Moïse nourry dés son enfance dans toute la sagesse
des Egyptiens, & de plus inspiré de Dieu dans le
degré le plus éminent de la prophetie : non seule-

ment confulte Jethro, & luy donne la liberté de luy reprocher dans l'immenfité de fo travail une efpece de folie; mais encore il reçoit fon avis en bonne part , & il execute de point en point tout ce qu'il luy confeilloit. C'eft ce qui vient d'être dit.

N'avons-nous pas auffi déja vû avec quel docilité David trop accablé de douleur de la mort de fon fils Abfalon , écouta les reproches amers de Joab , fe rendit à fon confeil, & changea entierement de conduite? Et Salomon le plus fage des rois, ne demandoit-il pas à Dieu un cœur docile, en luy demandant la fageffe?

VI. PROPOSITION.

Le confeil doit être choifi avec difcretion.

Ayez plufieurs hommes avec qui vous viviez en paix : (à qui vous donniez accez auprés de vous:) mais pour confeiller, choififfez-en un entre mille. « *Eccli. VI. 6.*

VII. PROPOSITION.

Le confeiller du prince doit avoir paffé par beaucoup d'épreuves.

Celuy qui n'a point été éprouvé que fçait-il ? Il ne fçait rien : il ne fe connoît pas luy-même : & comment démêlera-t'il les penfées des autres, qui eft le fujet des plus importantes déliberations. Au contraire : Celuy qui eft exercé penfera beaucoup, continuë le Sage. Il ne fera rien legerement, & ne marchera point à l'étourdy. « *Eccli. XXXIV* *9.* « *Ibid.*

C'eft ce qui faifoit dire au faint homme Job :

Job. xxviii. » Où, se trouvera la sagesse ? On ne la trouvera pas
11. 13. » dans la terre de ceux qui vivent doucement : (&
» nonchalamment parmy les plaisirs.)

Ibid.21 22. » Et encore : Elle est cachée aux yeux des hommes :
» les oyseaux (les esprits sublimes qui semblent per-
» cer les nuës) ne la connoissent pas. La mort, (l'ex-
» trême vieillesse) a dit : Nous en avons oüy la re-
» nommée. C'est à force d'experience, en patissant
beaucoup, qu'à la fin vous en acquererez quelque
petite lumiere.

VIII. PROPOSITION.

Quelque soin que le prince ait pris de choisir, & d'é-
prouver son conseil, il ne s'y doit point livrer.

Eccli. vi.7. » Si vous avez un amy acquerez-le avec épreuve,
» & ne vous livrez point à luy par trop de facilité.

Le caractere d'un prince livré le fait connoître,
& mépriser.

Act. xx. 21. » Herode (Agripa, roy de Judée) étoit irrité contre
22. » ceux de Tyr & de Sidon. Ils le vinrent trouver d'un
» commun accord : & ayant gagné Blaste qui étoit
» chambellan du roy, ils demanderent la paix, parce
» que leur païs tiroit sa subsistance des terres du roy.
» Herode donc ayant pris jour pour leur parler, pa-
» rut vêtu d'une robe royale, & étant sur son trône
» il les haranguoit : (dans une audience publique se-
» lon la coûtume du temps :) & le peuple disoit :
» C'est un Dieu qui parle, & non pas un homme.

On voit icy une ambassade solemnelle, une audience publique avec tout l'appareil de la royauté,
le

les acclamations de tout le peuple pour le prince qui croit avoir tout fait : mais on sçavoit le fond : c'est enfin que les Tyriens avoient mis Blaste dans leur interêt qui étoit grand dans cette affaire ; & peut-être l'avoient-ils corrompu par leurs presens. Quoi qu'il en soit, tout étoit fait avant le traité solemnel : & si l'on en fit l'honneur au roy ; tout le monde sçavoit, & on se nommoit à l'oreille, le vray auteur du succés.

Le Saint Esprit n'a pas dédaigné de marquer en un mot, ce caractere d'Herode Agrippa : pour apprendre aux princes qui ne sont que vains, l'estime qu'on fait d'eux, & comme on les repaît d'une fausse gloire.

IX. PROPOSITION.

Les conseils des jeunes gens qui ne sont pas nourris aux affaires, ont une suite funeste : sur tout dans un nouveau regne.

Sur la plainte de Jeroboam faite à Roboam fils & successeur de Salomon, à la tête des dix tribus ; pour luy demander quelque diminution des impôts du roy son pere. Ce prince leur répondit : Ve- « 3. Reg. xii. nez dans trois jours. Et le peuple s'étant retiré, il « 5. 6 & seq. tint conseil avec les vieux conseillers du roy son « 2. Par. x. 3. pere. Et leur dit : Quel conseil me donnez-vous : « 4. & seq. & quelle réponse feray-je à ce peuple ? Ils luy di- « rent : Si (aujourd'huy, & dans le commencement « de vôtre regne) vous déferez à leur priere ; & que « vous leur disiez des paroles douces : ils vous servi- «

Z z z

» ront le reſte de vos jours. Roboam mépriſa le con-
» ſeil de ces ſages vieillards : & appella les jeunes
» gens , qui avoient été élevez auprés de luy, & qui
» le ſuivoient toûjours. Ils luy parlerent comme de
» jeunes gens nourris avec luy dans les plaiſirs : & ils
» luy dirent : Répondez ainſi à ce peuple. Mon petit
» doigt eſt plus gros que tout le corps de mon pere :
» mon pere vous a impoſé un joug peſant , & moy
» je l'augmenteray : mon pere vous a frapez avec des
» foüets, & moy je vous fraperay avec des verges de
» fer. Roboam ſelon ce conſeil , lorſque Jeroboam
» avec tout le peuple revint à luy au troiſiéme jour,
» leur répondit durement : leur repeta les mêmes pa-
» roles que les jeunes gens luy avoient inſpirées : &
» rejetta le conſeil des vieillards. Il ne défera donc
» point aux prieres de ſon peuple : parce que le Sei-
» gneur s'étoit retiré de luy , pour accomplir la pro-
» phetie d'Ahias le Silonite ſur la diviſion du royau-
» me. Quand les dix tribus eurent oüy cette réponſe,
» ils ſe retirerent , en ſe diſant les uns aux autres :
» Quel interêt avons-nous à la maiſon de David ? Et
» que nous importe de conſerver l'heritage au fils
» d'Iſaï ? Retirons-nous chacun dans nos pavillons : &
» que David gouverne ſa maiſon.

    Ce fut d'abord à Roboam une ſage precaution,
de prendre un temps pour demander conſeil : &
de ſe tourner vers les miniſtres experimentez, qui
avoient ſervy ſous Salomon. Mais ce prince ne trouva pas ſa puiſſance , & ſa grandeur aſſez flattée par
des conſeils moderez. La jeuneſſe impetueuſe&

vive, luy plût davantage : mais son erreur fut extrême. Ce que les sages vieillards conseilloient le plus, c'étoient des paroles douces : mais au contraire la fiere & imprudente jeunesse, au lieu qu'en conseillant des choses dures elle devoit du moins en temperer la rigueur par la douceur des expressions, joignit l'insulte au refus ; & affecta de rendre les discours plus superbes & plus fâcheux que la chose même. C'est aussi ce qui perdit tout. Le peuple qui avoit fait sa requête avec quelque modestie, en demandant seulement : Une legere diminution du « 3. Reg. xii. fardeau : fut poussé à bout, par la dureté des me- « 4. naces dont la réponse fut accompagnée. « 2. Par. x. 4.

Ces temeraires conseillers ne manquoient pas de pretexte. Il faut, disoient-ils, abattre d'abord un peuple qui commence à lever la tête : sinon c'est le rendre plus insolent. Mais ils se tromperent, faute d'avoir sçu connoître la secrette pente des dix tribus à faire un royaume à part ; & à se desunir, de celle de Juda, dont ils étoient jaloux. Les vieux conseillers, qui avoient vû si souvent du temps de David les tristes effets de cette jalousie, les vouloient remettre devant les yeux de Roboam, & les luy auroient pû faire entendre : & bien instruits de ces dangereuses dispositions, ils conseilloient une douce réponse. La jeunesse flateuse & bouillante méprisa ces temperamens : & porta la jalousie des dix tribus, jusqu'à leur faire dire avec amertume & raillerie : Quel interest avons-nous à la grandeur de Juda ? David contentez-vous de vôtre tribu.

Nous voulons un roy tiré des nôtres.

La puiſſance veut être flatée ; & regarde les menagemens comme une foibleſſe. Mais outre cette raiſon ; les jeunes gens nourris dans les plaiſirs, (comme remarque le texte ſacré ,) eſperoient trouver
dans les richeſſes du roy , de quoy entretenir leur
cupidité : & craignoient d'en voir la ſource tarie,
par la diminution des impôts. Ainſi en flattant le
nouveau roy , ils ſongeoient à ce ſecret interêt.

2.Par. XIII.
7.
» Le caractere de Roboam aidoit à l'erreur. C'étoit
» un homme ignorant , & d'un courage timide : in-
» capable de reſiſter aux rebelles. Comme ſon fils
Abiam eſt contraint de l'avoüer. Ignorant : qui ne
ſçavoit pas les maximes du gouvernement, ny l'art
de manier les eſprits. Timide : & du naturel de ceux,
qui fiers & menaçans d'abord , lâchent le pied dans
le peril : comme on a vû que fit Roboam, lorſqu'il
prit la fuite au premier bruit. Un homme vraiment courageux , eſt capable de conſeils moderez :
mais quand il eſt engagé , il ſe ſoutient mieux.

X. PROPOSISTION.

*Il faut menager les hommes d'importance, & ne les
pas mecontenter.*

Aprés la mort de Saül , lors que tout le monde
2. Reg. II.
8. 9.
» alloit à David : Abner fils de Ner (qui comman-
» doit les armées ſous Saül,) prit Iſboſeth fils de ce
» roy, & le montra à l'armée de rang en rang , & le
» fit reconnoître roy par les dix tribus. Un ſeul homme, par ſon grand credit fit un ſi grand ouvrage.

Le même Abner maltraité par Isboseth sur un sujet peu important, dit à ce prince : Suis-je à mépriser moy, qui seul fidele à vôtre pere Saül, vous ay fait regner. Et vous me traitez comme un malheureux pour une femme ? Vive le Seigneur ; j'établiray le trône de David. Il le fit, & Isboseth fut abandonné. « 2. Reg. III. 7. 8. 9. 10. » » » » »

Ce n'est pas seulement dans les regnes foibles; & sous Isboseth : Qui craignoit Abner, & qui n'ozoit luy répondre : qu'on a besoin de tels menagemens. Nous avons vû que David menagea Joab, & la famille de Sarvia, quoy qu'elle luy fut à charge. « Ibid. 11. »

Quelquefois aussi il faut prendre de vigoureuses resolutions : comme fit Salomon. Tout dépend de sçavoir connoître les conjonctures : & de ne pas pousser toûjours les braves gens sans mesure, & à toute outrance.

XI. PROPOSITION.

Le fort du conseil est de s'attacher à déconcerter l'ennemy;
& à détruire ce qu'il a de plus ferme.

Les conseils ne font pas moins que le courage dans les grands perils.

Ainsi dans la revolte d'Absalon, où il s'agissoit du salut de tout le royaume ; David ne se soutint pas seulement par courage, mais il employa toute sa prudence : comme on a déja remarqué ailleurs. Et pour aller à la source ; il tourna tout son esprit à détruire le conseil d'Achitophel, où étoit toute 2. Reg. xv. 31. 33. & seq. Cy-devant pag. 173. & seq. & pag. 464. & seq.

Zzz iij

la force du party contraire. Pour s'y oppoſer utſle-
ment, il envoya Cuſaï qu'il munit des inſtructions
& des ſecours neceſſaires : luy donnant Sadoc, &
Abiathar, comme des hommes de confiance, pour
agir ſous luy. Par ce moyen Cuſaï l'emporta ſur
Achitophel : qui ſe voyant déconcerté, deſeſpera
du ſuccés, & ſe donna la mort.

L'adreſſe de Cuſaï contre Achitophel, paroît en
ce que ſans attaquer la reputation de ſa prévoyance
trop reconnuë pour être affoiblie ; il ſe contente de
» dire : Pour cette fois Achitophel n'a pas donné un
» bon conſeil. Ce qui ne l'accuſe que d'un défaut paſ-
ſager, & comme par accident.

2. Reg. xvij.
14. 23.

Ibid. 7.

XII. PROPOSITION.

*Il faut ſçavoir penetrer, & diſſiper les cabales ; ſans
leur donner le temps de ſe reconnoître.*

Pour cela on doit obſerver tout ce qui ſe paſſa
dans la revolte d'Adonias fils de David, qui contre
ſa volonté vouloit monter ſur le trône deſtiné à Salomon. Cette hiſtoire eſt déja rapportée ailleurs
dans toute ſon étenduë. Voicy ce qu'on remarque
ſeulement icy.

A la fin de la vie du roy ſon pere, Adonias fit
un feſtin ſolemnel à la famille royale, & à tous les
grands de ſa cabale. Ce feſtin fut à Joab & à ceux
de ſon intelligence, comme un ſignal de la rebellion : mais il ouvrit les yeux au roy. Il prévint Adonias, & dans ce feſtin où ce jeune prince avoit eſperé de s'autoriſer, on luy vint annoncer ſa perte:

Cy-devant
pag. 512. &
ſuiv.

3. Reg. 1.
1. 5. 9. 19.
& ſeq.

& que Salomon étoit couronné. A ce moment l'effroy se répand dans le party : la cabale est dissipée : Chacun s'en retourna dans sa maison. Le coup est frappé : & la trahison s'en va avec l'esperance.

La vigilance, & la penetration des fidelles ministres de David, qui avertirent ce prince à propos : la fermeté de ce roy, & ses ordres executez avec promptitude sauverent l'état, & acheverent ce grand ouvrage, sans effusion de sang.

XIII. PROPOSITION.

Les conseils relevent le courage du prince.

Ezechias menacé par le roy d'Assyrie : Tint conseil avec les grands du royaume, & avec les gens de courage. Et ce concert produisit les grands ouvrages, & les genereuses resolutions qui releverent les cœurs abbatus, & qui firent dire à Isaïe : Ce prince aura des pensées dignes d'un Prince. « *2. Paralip. xxxii. 3. & seq.* «

« *Is. xxxii. 8.* «

Le peuple doit ressentir cet effet. Et Judith avoit raison de dire à Ozias, & aux chefs qui défendoient Bethulie : Puisque vous êtes les senateurs, & que l'ame de vos citoyens est en vos mains : élevez-leur le courage par vos discours. « *Judith. viii. 21.* «

XIV. PROPOSITION.

Les bons succés sont souvent dûs à un sage conseiller.

Joas roy de Juda regna quarante ans. Il fit bien devant le Seigneur, tout le temps que Joiada vêcut, & luy donna ses conseils. Aprés la mort de Joiada, les grands du royaume vinrent à ses pieds : & ga- « *4. Reg. xii. 1. 2. 2. Paralip. xxiv. 1. 2. ibid. 17. 18. & seq.* «

» gné par leurs flateries, il fuivit leurs mauvais con-
» feils. Qui à la fin le perdirent.

XV. PROPOSITION.

La bonté eft naturelle aux rois : & ils n'ont rien tant
à craindre que les mauvais confeils.

Efth. XVI. 6. » . Les mauvais miniftres, difoit le grand roy Ar-
» taxerces, (dans la lettre qu'il adreffa aux peuples
de cent vingt-fept provinces foumifes à fon empire,)
» en impofent par leurs menfonges artificieux aux
» oreilles des princes ; qui font fimples, & qui na-
» turellement bien-faifants, jugent des autres hommes
» par eux-mêmes.

XVI. PROPOSITION.

La fage politique, même des gentils & des Romains,
eft loüée par le Saint Efprit.

Nous en trouvons ces beaux traits dans le livre
des Machabées.

1. Mach. » Premierement : Qu'ils ont affujetty l'Efpagne,
VIII. 3. » avec les mines d'or & d'argent dont elle abondoit:
» par leur confeil & leur patience. Où l'on fait cette
reflexion importante : que fans jamais rien precipiter ; ces fages Romains tout belliqueux qu'ils
étoient, croyoient avancer & affermir leurs conquêtes, plus encore par confeil & par patience,
que par la force des armes.

Ibid. 12. Le fecond trait de la fageffe Romaine, loüé par
le Saint Efprit dans ce divin livre : C'eft que leur
amitié étoit feure. Et que non contens d'affeurer le

repos

repos de leurs alliez par leur protection , qui ne leur manquoit jamais ; ils fçavoient les enrichir, & les agrandir. Comme ils firent le roy Eumenes , en augmentant fon royaume des provinces qu'ils a-voient conquifes. Ce qui faifoit defirer leur amitié à tout le monde.

Le troifiéme trait : c'eft qu'ils gagnoient de proche en proche , foumettant premierement les royau-mes voifins : & fe contentant pour les païs éloignez , de les remplir de leur gloire , & d'y envoyer de loin leur reputation , comme l'avant-couriere de leurs victoires.

On remarque auffi , que pour regler toutes leurs démarches : Et faire des chofes dignes d'eux ; ils « tenoient confeils tous les jours, fans divifion & fans « jaloufie. Et uniquement attentifs à la patrie , & au « bien commun.

Au refte dans ces beaux temps de la republique Romaine , au milieu de tant de grandeurs , on gar-doit l'égalité , & la modeftie convenable à un état populaire : Sans que perfonne voulût dominer fur « les citoyens ; fans pourpre , fans diadême , & fans « aucun titre faftueux. On obéïffoit au magiftrat an- « nuel. (C'étoit à dire aux confuls, dont chacun avoit « fon année ,) avec autant de foumiffion & de pon-ctualité , qu'on eût fait dans les monarchies les plus abfoluës.

Il ne refte plus qu'à remarquer : que quand ce bel ordre changea , le peuple Romain vit tomber fa majefté , & fa puiffance.

Ibid. 13.

Ibid. 15. 16.

Ibid. 14. 16.

A A a a

Tels font les conseils qu'on peut prendre de la politique Romaine : pourvû qu'on sçache d'ailleurs mesurer tous ses pas par la regle de la justice.

XVII. PROPOSITION.

La grande sagesse consiste à employer chacun selon ses talens.

1 Mach. 11. 65. 66.

» Je sçay que vôtre frere Simon est un homme de » conseil : écoutez-le en tout, & il sera comme vôtre » pere. Judas Machabée est brave & courageux dés » sa jeunesse : qu'il marche à la tête des armées, & » qu'il fasse la guerre pour le peuple.

C'est ainsi que parla Mathatias, prêt à rendre les derniers soupirs : & il posa dans sa famille les fondemens de la royauté, à laquelle elle étoit destinée bien-tôt aprés, sur tout le peuple d'Israël.

Au reste, Simon étoit guerrier comme Judas : & la suite le fit bien paroître. Mais ce n'étoit pas au même degré : & le Saint Esprit nous enseigne à prendre les hommes, par ce qu'ils ont de plus éminent.

XVIII. PROPOSITION.

Il faut prendre garde aux qualitez personnelles : & aux interêts cachez de ceux, dont on prend conseil.

Ecli. xxxvij. 12. 13. & seq. Il faut icy conferer l'original grec avec la vulgate.

» Ne traitez point de la religion avec l'impie : ny » de la justice, avec l'injuste : ny avec la femme ja- » louse, des affaires de sa rivale. Ne consultez point » les cœurs timides, sur la guerre : ny celuy qui tra-

fique, fur le prix du tranfport des marchandifes : «
(qu'il fera toûjours exceffif :) ny fur la valeur des «
chofes à vendre, celuy qui a deffein de les acheter : «
ny les envieux de quelqu'un, fur la recompenfe «
que vous devez à fes fervices. N'écoutez pas le cœur «
dur, & impitoyable, fur la largeffe & fur les bien- «
faits, (qu'il voudra toûjours reftreindre :) ny fur «
les regles de l'honnêteté & de la vertu, celuy dont les «
mœurs font corrompuës : ny les ouvriers de la cam- «
pagne, fur le prix de leur travail journalier : ny «
celuy que vous loüez pour un an, fur la fin de fon «
ouvrage ; (qu'il voudra toûjours tirer en longueur «
& n'y mettre jamais de fin :) ny un ferviteur pa- «
reffeux, fur les ouvrages qu'il faut entreprendre. «
N'appellez jamais de telles gens à aucun confeil.

L'abregé de tout ce fage difcours : eft de découvrir l'aveuglement de ceux, qui prennent des confeils intereffez, & corrompus, ou même douteux
& fufpects ; pour fe déterminer dans les affaires importantes.

XIX. PROPOSITION.

La premiere qualité d'un fage confeiller, c'eft qu'il foit
homme de bien.

Ayez toûjours auprés de vous un homme faint : « Ecli. xxxvij.
celuy que vous connoîtrez craignant Dieu & obfer- « 15.
vateur de la loy, dont l'ame fera conforme à la «
vôtre. (Senfible à vos interêts, & dans les mêmes «
difpofitions pour la vertu.) «

L'ame d'un homme de bien : (fans fard, qui ne « Ibid. 18.

" ſçaura point vous flater) vous inſtruira de la verité,
" plus que ne feront ſept ſentinelles que vous aurez
" mis en garde ſur une tour, ou ſur quelque lieu émi-
" nent, pour tout découvrir : & vous rapporter des
" nouvelles.

ARTICLE III.

On propoſe au prince divers caracteres des mi-
niſtres, ou conſeillers : bons, mêlez de
bien & de mal, & méchans.

I. PROPOSITION.

On commence par le caractere de Samüel.

JE ne veux pas tant remarquer, ce qu'un ſi grand
caractere a de ſurnaturel, & de prophetique :
que ce qui le rapproche de nous, & des voyes ordinaires.

Samuel a cela de grand & de ſingulier, qu'ayant
durant vingt ans, & juſqu'à ſa vieilleſſe jugé le
peuple en ſouverain ; il ſe vit comme dégradé ſans
ſe plaindre. Le peuple luy vient demander un roy.

1.Reg.VIII. " On ne luy cache pas le ſujet de cette demande. Vous
4. 5. " êtes vieux, luy dit-on, & vos enfans ne marchent
" pas dans vos voyes. Donnez-nous un roy qui nous
" juge. Ainſi on luy reproche ſon grand âge, & le
mécontentement qu'on avoit de ſes enfans. Quoy
de plus dur à un pere, qui bien loin de l'eſperance
qu'il pouvoit avoir en recompenſe d'un ſi long &
ſi ſage gouvernement, de voir ſes enfans ſucceder

à sa dignité ; s'en voit dépoüillé luy-même de son vivant.

Il sentit l'affront : Ce discours déplut aux yeux « Ibid. 6. de Samuel. Mais sans se plaindre ny murmurer, « son recours fut : De venir prier le Seigneur. Qui « Ibid. 7. luy ordonne, d'acquiescer au desir du peuple. Ce « qui étoit le reduire à la vie privée.

Il ne luy reste qu'à se soumettre au roy qu'il avoit étably, c'étoit Saül : & de luy rendre compte de sa conduite devant tout le peuple : ce peuple qu'il avoit veu durant tant d'années recevoir ses ordres souverains. J'ay toûjours été sous vos yeux depuis « 1. Reg. xi. ma jeunesse. Dites devant le Seigneur & devant « 3. 4. 5. son Christ, si j'ay pris le bœuf ou l'âne de quel- « qu'un. Si j'ay opprimé quelqu'un, ou si j'ay pris « des presens de la main de qui que ce soit : & je le « rendray. On n'eut rien à luy reprocher. Et il ajoû- « ta : Le Seigneur, & son Oint seront témoins contre « vous de mon innocence. Et que ce n'est point pour « mes crimes que vous m'avez déposé.

Ce fut là toute sa plainte : & tant qu'il fut écouté, il n'abandonna pas tout-à-fait le soin des affaires. On voit le peuple s'adresser à luy dans les conjon- 1. Reg. xii. ctures importantes, avec la même confiance que 12. s'il ne l'avoit point offensé.

Loin de dégouter ce peuple du nouveau roy, qu'on avoit étably à son préjudice : il profita de toutes les conjonctures favorables, pour affermir son trône. Et le jour d'une glorieuse victoire de Saül sur les Philistins, il donna ce sage conseil :

Ibid. 14.15. » Venez : allons tous en Galgala : renouvellons le
» royaume. Et on reconnut Saül devant le Seigneur:
» & on immola des victimes : & la joye fut grande
» dans tout Ifraël.

1. Reg. XV.   Depuis ce temps il vécut en particulier : fe contentant d'avertir le nouveau roy de fes devoirs , de
luy porter les ordres de Dieu , & de luy dénoncer
fes jugemens.

Comme il vit fes confeils meprifez , il n'eut plus
qu'à fe retirer dans fa maifon à Ramatha : où nuit
& jour il pleuroit Saül devant Dieu , & ne ceffoit
1. Reg. XVI.
1. » d'interceder pour ce prince ingrat. Pourquoy pleure
» tu Saül , que j'ay rejetté de devant ma face ? luy
» dit le Seigneur. Va facrer un autre roy. Ce fut David. Il fembloit , que pour récompenfe du fouverain empire qu'il avoit perdu fur le peuple ; Dieu
le voulut faire l'arbitre des rois , & luy donner la
puiffance de les établir.

1. Reg. XIX.
18. 19. &
feq.   La maifon de ce fouverain depoffedé , fut un
azile à David , pendant que Saül le perfecutoit. Saül ne refpecta pas cet azile , qui devoit
» être facré. Il envoya courier fur courier , & mef-
» fager fur meffager pour y prendre David , qui fut
contraint de prendre la fuite ; de quitter ce facré
refuge , & bien-tôt aprés le royaume. Et le fecours
de Samuel luy fut inutile.

Ainfi vécut Samuel retiré dans fa maifon , comme un confeiller fidele dont on méprifoit les avis:
& qui n'a plus qu'à prier Dieu pour fon roy. Une
fi belle retraite laiffa au peuple de Dieu un fouve-

nir éternel d'une magnanimité , qui jusqu'à lors n'avoit point d'exemple. Il y mourut plein de jours; & merita : Que tout Israël s'assembla à Ramatha , pour l'ensevelir : & faire le deüil de sa mort en grande consternation.

1. Reg. xxv.
I. xxviii.
3.

II. PROPOSITION.

Le caractere de Nehemias : modele des bons gouverneurs.

Les Juifs rétablissoient leur temple, & commençoient à relever Jerusalem , sous les favorables édits des rois de Perse , dont ils étoient devenus sujets par la conquête de Babylone : mais ils étoient traversez par les continuelles hostilitez des Samaritains , & de leurs autres voisins anciens ennemis de leur nation : & même par les ministres des rois , avec une opiniatreté invincible.

2. Esdr. 1.
II. III. IV.

Ce fut dans ces conjonctures , que Nehemias fut envoyé par Artaxerces roy de Perse , pour en être le gouverneur. L'ambition ne l'éleva pas à cette haute charge ; mais l'amour de ses citoyens : & il ne se prévalut des bonnes graces du roy son maître, que pour avoir le moyen de les soulager.

Party de Perse dans cette pensée ; il trouva que Jerusalem desolée & de tous côtez en ruine, n'étoit plus que le cadavre d'une grande ville : où l'on ne connoissoit ny forts , ny remparts , ny portes, ny ruës , ny maisons.

Aprés avoir commencé de reparer ces ruines plus par ses exemples que par ses ordres, la premiere chose

2. Esdr. v.
1. 2. 3.

qu'il fit, fut de tenir une grande affemblée, contre ceux

Ibid. 7. 8. » qui opprimoient leurs freres. Quoy, leur difoit-il,
» vous exigez-d'eux des ufures : pendant qu'ils ne fon-
» gent qu'à engager leurs prez & leurs vignes; & même
» à vendre jufqu'à leurs enfans pour avoir du pain,
» & payer les tributs au roy ? Vous fçavez pourfui-
» voit-il , que nous avons racheté nos freres, qu'on
» avoit vendus aux Gentils : & vous vendrez les vô-
» tres , pour nous obliger encore à les racheter ? Il
confondit par ce difcours tous les oppreffeurs de leurs
freres. Et fur tout quand il ajoûta en fecoüant fon

Ibid. 10.13. » fein comme s'il eût voulu s'épuifer luy-même : Moy,
» & mes freres , & mes domeftiques , avons prêté
» du bled & de l'argent aux pauvres : & nous leur
» quittons cet emprunt.

Ibid. 14·15. » 　　Les gouverneurs qui m'ont precedé : & encore
» plus leurs miniftres (car c'eft l'ordinaire) avoient
» accablé le peuple qui n'en pouvoit plus. Mais moy
» au contraire j'ay remis les droits attribuez au gou-
» vernement. Il fçavoit qu'en certains états d'indigence extrême de ceux qui nous doivent , exiger
ce qui nous eft dû legitimement, c'eft une efpece
de vol.

Ibid. 17.18. » 　　Sa table étoit ouverte aux magiftrats, & aux voi-
» fins furvenus. O ny trouvoit des viandes choifies, &
» en abondance ; & des vins de toutes les fortes. Il avoit
befoin dans la conjonĉture de foutenir fa dignité :
& concilioit les efprits par cet éclat.

Ibid. 14.16. » 　　J'ay , dit-il , vêcu ainfi durant douze ans. J'ay re-
» bâty la muraille à mes dépens : perfonne n'étoit
inutile

inutile dans ma maison ; & tous mes domestiques «
travailloient aux ouvrages publics. «

Voicy encore qui est remarquable, & d'une exacte
justice : Je n'ay acheté aucune terre. C'est un vol « Ibid. 16.
de se prevaloir de son autorité, & de l'indigence
publique, pour acheter ce qu'on veut, & à tel prix
qu'on y veut donner.

Ce qu'il y a de plus beau, c'est qu'il faisoit tout
cela dans la seule vûë de Dieu, & de son devoir :
& luy disoit avec confiance : Seigneur souvenez- « Ibid. 19.
vous de moy, selon tout le bien que j'ay fait à ce «
peuple. «

Il ne faut pas s'étonner s'il employoit son autorité :
A faire observer exactement le sabbat, les ordon- « 2. Esdr. xiij.
nances de la loy : & tout le droit levitique & sa- «
cerdotal. «

Venons aux vertus militaires, si necessaires à ce
grand employ.

Pendant qu'on rebâtissoit la ville avec diligence,
pour la mettre hors de peril : Il fit partager les « 2. Esdr. iv.
citoyens ; dont la moitié bâtissoit, pendant que « 16.
l'autre gardoit ceux qui travailloient, & repous- »
soient l'ennemy à main armée. Mais dans l'ouvrage «
même, les travailleurs étoient prêts à prendre les
armes. Tout le monde étoit armé, & selon comme
s'exprime l'écriture : D'une main on tenoit l'épée, « Ibid. 17.
& on travailloit de l'autre. Et comme ils étoient «
dispersez en divers endroits, l'ordre étoit si bon,
qu'on sçavoit où se rassembler au premier signal.

Comme on ne pouvoit abattre Nehemias par les

armes : on tâchoit de l'engager dans des traitez captieux avec l'ennemy. Sanaballat, & les autres chefs avoient gagné plusieurs magistrats, & l'environnoient de leurs émissaires qui les vantoient auprés de luy. On tâchoit de l'épouvanter par des lettres qu'on faisoit courir ; & par de faux bruits. On luy faisoit craindre de secrettes machinations contre sa vie : pour l'obliger à prendre la fuite, & on ne cessoit de luy proposer des conseils timides, » qui auroient mis la terreur parmy le peuple. Ren- » fermons-nous, disoient-ils, & tenons des conseils se- » crets au dedans du temple, à huy clos. Mais il répondoit avec une noble fierté qui rassuroit tout » le monde : Mes pareils ne craignent rien, & ne » sçavent ny se cacher, ny prendre la fuite. Par tant de trames diverses, on ne tendoit qu'à le ralentir ou à l'amuser, si on ne pouvoit le vaincre ; mais il se trouva également au dessus de la surprise, & de la violence.

2. Esdr. vi.
5. 2. & seq.

Ibid. 10.

Ibid. 11.

La source de tant de biens, étoit une solide pieté ; un desinteressement parfait ; une attention toûjours vive à ses devoirs ; & un courage intrepide.

III. PROPOSITION.

Le caractere de Joab mêlé de grandes vertus & de grands vices, sous David.

2. Par. 11.
16.

David trouva dans sa famille, & en la personne de Joab fils de sa sœur Sarvia, un appuy de son trône.

Dés le commencement de son regne, il le jugea

le plus digne de la charge de general des armées.
Mais il vouloit qu'il la meritât par quelque service
signalé rendu à l'état : car il étoit indigne d'un si
grand roy , & peu glorieux à Joab ; que David
parût n'avoir eu égard qu'au sang , & à l'interêt
particulier. Lors que ce prince attaqua Jebus , qui
fut depuis appellée Jerusalem , & que David destinoit à être le siege de la religion , & de l'empire :
il fit cette solemnelle déclaration : Celuy qui aura « 2. Reg. v.
le premier poussé le Jebuséen, & forcé la muraille, « 1. Par. xi.
sera le chef de la milice. (Ce fut le prix qu'il pro- « 4. 5. 6. 7.
posa à la valeur.) Joab monta le premier : & il «
fut fait chef des armées. Ainsi fut prise la citadelle «
de Sion, qui fut appellée la cité de David ; à cause «
qu'il y établit sa demeure. «

Aprés cette belle conquête : David bâtit la ville « Ibid. 8.
aux environs, depuis le lieu appellé Mello : & Joab «
(qui avoit eu tant de part à la victoire) acheva le reste. «
Ainsi il se signala dans la construction des ouvrages
publics, comme dans les combats : & tint auprés
de David , la place , que l'histoire donne auprés
d'Auguste , au grand Agrippa son gendre.

Quand David pour son malheur eut entrepris dans
Juda & dans Israël le dénombrement des hommes
capables de porter les armes , qui luy attira le fleau
de Dieu : Joab à qui il en donna le commandement,
fit en fidele ministre ce qu'il put pour l'en détourner , en luy disant : Que le Seigneur augmente le « 1. Reg. xxiv
peuple du roy monseigneur, jusqu'au centuple de « 2. 3.
ce qu'il est ! Mais que pretend le roy monseigneur « 1. Par. xxi.
« 2. 3.

» par un tel dénombrement ? N'est-ce pas assez
» que vous sçachiez qu'ils sont tous vos serviteurs.
» Que cherchez-vous davantage , & pourquoy faire
» une chose qui tournera en peché à Israël. Dieu ne
vouloit pas qu'Israël, ny son roy , mît sa confiance
dans la multitude de ses combattans, qu'il falloit

1. Paralip.
XXVII. 23.

» laisser multiplier à celuy : Qui avoit promis d'en
» égaler le nombre aux étoiles du ciel, & au sable de
» la mer.

3. Par. XXI.
4. 6.
2. Reg. XXIV
8. 9.
3. Par. XXI.
5.

» Le roy persista : Et Joab obéït quoy qu'à regret.
» Ainsi au bout de neuf mois : Il porta au roy le dé-
» nombrement. Qui tout imparfait qu'il étoit, fit voir
à David à diverses reprises , qu'il avoit quinze cens
mille combattans sous sa puissance.

2 Reg. XXIV
10.

» Le cœur de David fut frappé , quand il vit le dé-
» nombrement. Il sentit sa faute ; & sa vanité ne fut
pas plûtôt satisfaite, qu'elle se tourna en remords

1. Paralip.
XXVII. 24.

& en componction. En sorte qu'il n'osa faire in-
serer le dénombrement dans les registres royaux.

Que luy servit d'avoir vû sur du papier tant de
milliers de jeunesse prête à combattre ; pendant que
la peste que Dieu envoya ravageoit le peuple , &
en faisoit des tas de morts ? Joab avoit prévû ce
malheur : & on a pû remarquer dans son discours
avec toute la force que la chose meritoit , tous les
ménagemens possibles, & les plus douces insinua-
tions.

2. Reg. XIV.
2. 3. & seq.
Cy-devant
pag. 198.
199. Et en-
core pag. 46

Nous avons déja vû en un autre endroit, & lors
que David après la mort d'Absalon s'abandonna à
la douleur : comme Joab luy fit connoître qu'il met-

toit au defefpoir tous fes ferviteurs ; qu'ils voyoient tous que David les auroit facrifié volontiers pour Abfalon ; que l'armée étoit déja découragée ; & qu'il alloit s'attirer des maux plus grands, que tous ceux qu'il avoit jamais éprouvez. C'étoit parler à fon maître avec toute la liberté, que l'importance de la chofe, fon zele & fes fervices luy infpiroient. Il alla jufqu'à une efpece de dureté : fçachant bien que la douleur pouffée à l'extremité, veut être comme gourmandée & abattuë par une efpece de violence ; autrement elle trouve toûjours dequoy s'entretenir elle-même, & confume l'efprit comme le corps par le plus mortel de tous les poifons.

Au refte il aimoit la gloire de fon roy. Dans le fiege important de la ville, & des forterefles de Rabbath, il fit dire à David : J'ay combattu heureufement, la ville eft preflée ; affemblez le refte des troupes, & venez achever le fiege : afin que la victoire ne foit point attribuée à mon nom. Ce n'étoit pas un trait d'habile courtifan : David n'avoit pas befoin d'honneurs mandiez : & Joab fçavoit quand il falloit finir les conquêtes. Mais c'étoit icy une action d'éclat, où il s'agiffoit de vanger fur les Ammonites un infigne outrage fait aux ambaffadeurs de David : & la conjoncture des temps demandoit qu'on en donnât la gloire au prince.

« 2. Reg. xii.
27. 28.

Quand il fallut luy parler pour le retour d'Abfalon, & entrer dans les affaires de la famille royale : Joab bien inftruit qu'il y a des chofes où il vaut mieux agir par d'autres que par foy-même, ménagea la délicateffe du roy : & il employa auprés de David cette femme fage de Thecué. Mais un prince

2. Reg. xiv. 19. 21. 22.

» fi intelligent reconnut bien-tôt : La main de Joab, » & luy dit : J'ay accordé vôtre demande : faites re-
» venir Abfalon. Joab profterné à terre répondit :
» Vôtre ferviteur connoît aujourd'huy qu'il a trouvé
» grace devant fon Seigneur , puis qu'il fait ce qu'il
» luy propofe. Il fentit la bonté du roy dans cette occafion , où il s'agiffoit de l'interêt d'autruy , plus
vivement que dans les graces quoi qu'infinies qu'il
avoit reçûës en fa perfonne,

Je paffe les autres traits qui feroient connoître l'habileté de Joab , & fes fages ménagemens. Les vengeances particulieres , & fes ambitieufes jaloufies , luy firent perdre tant d'avantage ; & au roy l'utilité de tant de fervices.

2. Reg. iii. 27. 28. & feq. Cy-devant pag. 460. 461.

Nous avons raconté ailleurs le honteux affaffinat d'Abner , que David ne put punir fur un homme auffi neceffaire à l'état qu'étoit Joab ; & dont il fut contraint de fe difculper en public.

Il fe vit même forcé de deftiner fa place à un

2. Reg. xix. 13. Ibid. xx. 9. 10. 11.

» autre : Et il choifit Amafa qui en étoit digne. Mais » Joab le tua en traître. Et fes amis difoient : Voilà
» celuy qui vouloit avoir la charge de Joab. Il mettoit fa gloire à fe faire redouter , comme un homme que l'on n'attaquoit pas impunément.

En un mot , il étoit de ceux qui veulent le bien : mais qui veulent le faire feuls fous le roy. Dangereux caractere , s'il en fut jamais : puifque la jaloufie des miniftres toûjours prête à fe traverfer les uns les autres, & à tout immoler à leur ambition, est une source inépuisable de mauvais conseils ; & n'est gueres moins préjudiciable au service, que la rebellion.

C'est le desir de se maintenir, qui le fit entrer dans les interêts d'Adonias, contre Salomon, & contre David.

On sçait les ordres secrets que ce roy mourant fut obligé de laisser à son successeur, contre un ministre qui s'étoit rendu si necessaire, que les conjonctures ne luy permettoient pas de le punir. Il fallut enfin verser son sang comme il avoit versé celuy des autres. Trop complaisant pour David il fut complice de la mort d'Urie, que ce prince rendit porteur des ordres donnez pour sa perte à Joab même. Dieu le punit par David, dont il flata la passion. C'est alors plus que jamais qu'il devoit le contredire : & faire sentir aux rois, que c'est les servir que d'empêcher qu'ils ne trouvent des executeurs de leurs sanguinaires desseins.

3. Reg. 11. 5. 6.

2. Reg. 11. 14. 15. 17.

IV. PROPOSITION.

Holoferne, sous Nabuchodonosor roy de Ninive & d'Assyrie.

Judith luy parle en ces termes : Vive Nabuchodonosor roy de la terre ! Et vive sa puissance qu'il a mise en vous, pour la correction de toute ame errante ! Non seulement les hommes luy seront soumis par vôtre vertu, mais encore les bêtes luy obéïront. Car le bruit de vôtre sagesse s'est répandu par

Judith. 11. 5. 6.

» toutes les nations de l'univers. On sçait par toute la
» terre , que vous êtes le seul bon , & le seul puif-
» fant dans tout son royaume : & le bon ordre que
» vous y établissez , se publie dans toutes les pro-
» vinces.

Il paroît par ces paroles , qu'il n'étoit pas seulement chef des armes ; mais encore qu'il avoit la di-
rection de toutes les affaires : & qu'il avoit la reputation de faire regner la justice , & de reprimer
les injures & les violences.

Son zele pour le roy son maître éclate dans ses
» premieres paroles à Judith : Soyez en repos & ne
» craignez rien : je n'ay jamais nui à ceux qui sont
» disposez à servir le roy Nabuchodonosor.

Par tout il parle avec raison , avec dignité. Les
ordres qu'il donne dans la guerre , seront approuvez
de tous les gens du métier : & on ne trouve rien à
desirer à ses precautions dans les marches ; ny à sa
prévoyance pour les recruës , & la subsistance des
troupes.

Il ne faut point attendre de religion des hommes
» ambitieux. Si vôtre Dieu accomplit la promesse que
» vous me faites , de me livrer vôtre peuple : il sera
» mon Dieu comme le vôtre. Le Dieu des ames superbes est toûjours celuy qui contente leur ambition.

» C'étoit un opprobre parmy les Assyriens si une
» femme se mocquoit d'un homme : (en conservant sa
pudeur.) Les gens de guerre , par dessus les autres,
se piquent de ces malheureuses victoires ; & regardent

Ibid. 1.

Ibid. 11.

Judith. XII.
11.

dent un sexe infirme, comme la proye assurée d'une profession si brillante.

Holoferne possedé de cette passion insensée, parut hors de luy-même à la vûë de l'étonnante beauté de Judith : & la grace de ses discours acheva sa perte. La raillerie s'en mêla : Quelle agreable conquête que « *Ibid. x. 18.* celle d'un païs qui nourrit un si beau sang ? Et quel « plus digne sujet de nos combats? L'aveugle Assyrien « se mit en joye : enyvré d'amour plus que de vin, « il ne songeoit qu'à contenter ses desirs.

On croit ces passions, (qui, dit-on, ne font tort à personnes) innocentes où indifferentes dans les hommes de commandement. C'est par-là que perit Holoferne, un si habile homme d'ailleurs. C'est par-là que se ruinerent les affaires de l'Assyrie, & d'un si grand roy. Chacun en sçait l'évenement, à la honte éternelle des grandes armées. Une femme les met en déroute par un seul coup de sa foible main, plus aisément que n'auroit fait cent mille combattans.

Si on vouloit raconter tous les malheurs, tous les desordres, tous les contre-temps que les histoires rapportent à ces passions, qu'on ne juge pas indignes « des heros, le recit en seroit trop long : & il vaut « mieux marquer icy d'autres caracteres.

V. PROPOSITION.

Aman, sous Assuerus roy de Perse.

L'avanture est si celebre, & le caractere si connu, qu'il en faudra seulement toucher les principaux traits.

CCcc

Eſth. iii.
1. 2.
» Le roy Aſſuerus éleva Aman au deſſus de tous
» les grands du royaume. Et tous les ſerviteurs du
» roy fléchiſſoient le genoüil & adoroient le favori,
» comme le roy l'avoit commandé : excepté le ſeul
» Mardochée. Il étoit Juif, & ſa religion ne luy permettoit pas une adoration qui tenoit de l'honneur
divin.

Eſth. v. 10.
11.
» Aman enflé de ſa faveur : Appella ſa femme, &
» ſes amis ; & commença à leur vanter ſes richeſſes,
» le grand nombre de ſes enfans , & la gloire où le
» roy l'avoit élevé. Tout concouroit à ſa grandeur :
& la nature même ſembloit ſeconder les volontez
du roy. Et il ajoûta comme le comble de ſa faveur :

Ibid. 12. 13.
» La reine même n'a invité que moy ſeul au feſtin
» qu'elle donne au roy : & demain j'auray cet hon-
» neur. Mais quoique j'aye tous ces avantages, je croy
» n'avoir rien, quand je voy le Juif Mardochée, qui
» à la porte du roy ne branle pas de ſa place à mon
» abord.

Ce qui flate les ambitieux , c'eſt une image de
toute puiſſance , qui ſemble en faire des Dieux ſur
la terre. On ne peut voir ſans chagrin l'endroit par
où elle manque, & tout paroît manquer par ce ſeul
endroit : plus l'obſtacle qu'on trouve à ſes grandeurs paroît foible, plus l'ambition s'irrite de ne le
pas vaincre ; & tout le repos de la vie en eſt troublé.

Par malheur pour le favory , il avoit une femme
Ibid. 14.
» auſſi hautaine & auſſi ambitieuſe que luy. Faites
» élever, luy dit-elle , une potence de cinquante cou-

dées : & faites-y pendre Mardochée. Ainsi vous «
irez en joye au festin du roy. Une vengeance écla- «
tante & prompte, est aux ames ambitieuses le plus
délicat de tous les mets. Ce conseil plut au favory : «
& il fit dresser le funebre appareil. «

Mais il jugea peu digne de luy de mettre les « Esth. III.
mains sur Mardochée seul : & il résolut de perdre «
à la fois toute la nation. Soit qu'il voulût couvrir «
une vengeance particuliere sous un ordre plus general : soit qu'il s'en prît à la religion, qui inspiroit
ce refus à Mardochée, soit qu'il se plût à donner
à l'univers, une marque plus éclatante de son pouvoir ; & que le supplice d'un seul particulier, fût
une trop legere pâture à sa vanité.

Le pretexte ne pouvoit pas être plus specieux. Il « Ibid. 8.
y a un peuple, dit-il au roy, dispersé par tout «
vôtre empire, qui trouble la paix publique par ses «
singularitez. (Personne ne s'interesse à la conserva- «
tion d'une nation si étrange.) Ils sont en divers endroits, remarque-t'il. (Sans pouvoir s'entre-secourir,
& il est facile de les opprimer.) C'est une race deso-
béïssante à vos ordres, ajoûte cet artificieux ministre. (Dont il faut réprimer l'insolence.) On ne
pouvoit pas proposer à un roy, une veuë politique
mieux colorée : la necessité & la facilité concou-
roient ensemble. Aman d'ailleurs qui sçavoit que
souvent les plus grands rois, pour le malheur du
genre humain, au milieu de leur abondance, ne
sont pas insensibles à l'augmentation de leurs tré-
sors, ajoûta pour conclusion : Ordonnez qu'ils pe- « Ibid. 9.

CCcc ij

» riffent : & (par la confiscation de leurs biens) je fe-
» ray entrer dix mille talens dans vos coffres.

Le roy étoit au deffus de la tentation d'avoir de
l'argent : mais non au deffus de celle de le donner,
pour enrichir un miniftre fi agreable ; & qui luy
parut fi affectionné aux interêts de l'état, & de fa
Ibid. 10. 11. » perfonne. L'argent eft à vous, dit-il, faites ce que
» vous voudrez de ce peuple : & il luy donna fon
» anneau pour fceller les ordres.

Efth. VI. 1.
2. & feq. Un favory heureux n'eft plein que de luy-même.
Aman n'imagine pas que le roy puiffe compter
d'autres fervices que les fiens. Ainfi confulté fur
les honneurs que le roy avoit deftiné à Mardochée
qui luy avoit fauvé la vie, il procure les plus grands
honneurs à fon ennemy, & à luy-même la plus
honteufe humiliation. Les rois fe plaifent fouvent
à donner les plus grands dégouts à leurs favoris :
ravis de fe montrer maîtres. Il fallut qu'Aman mar-
chât à pied devant Mardochée, & qu'il fût le he-
rault de fa gloire dans toutes les places publiques.
On vit dés lors, & on luy prédit l'afcendant que
Mardochée alloit prendre fur luy : & fa perte s'approchoit.

Efth. VII.
1. 2. & feq. Vint enfin le moment du feftin fatal de la reine,
dont le favory s'étoit tant enorgueilly. Les hommes
ne connoiffent point leur deftinée. Les ambitieux
font aifez à tromper : puis qu'ils aydent eux-mêmes
à la feduction, & qu'ils ne croyent que trop aifément qu'on les favorife. Ce fut à ce feftin tant de-
firé par Aman, qu'il reçut le dernier coup par la

juste plainte de cette princesse. Le roy ouvrit les
yeux sur le conseil sanguinaire que luy avoit donné
son ministre : & il en eut horreur. Pour comble de
disgrace, le roy qui vit Aman aux pieds de la reine
pour implorer sa clemence : s'alla encore mettre
dans l'esprit qu'il entreprenoit sur son honneur :
chose qui n'avoit pas la moindre apparence en l'é-
tat où étoit Aman. Mais la confiance une fois blessée
se porte aux sentimens les plus extrêmes. Aman
périt, & deceu par sa propre gloire, il fut luy-
même l'artisan de sa perte : jusqu'à avoir fabriqué
la pltence où il fut attaché ; puis que ce fut celle
qu'il avoit preparée à son ennemy.

ARTICLE IV.

Pour ayder le prince à bien connoître les hommes ;
on luy en montre en general quelques caracteres,
tracez par le Saint Esprit dans les livres de
la sagesse.

I. PROPOSITION.

Qui sont ceux qu'il faut éloigner des emplois publics :
& des cours mêmes, s'il est possible.

NOus avon remarqué ailleurs, qu'une des plus
necessaires connoissances du prince étoit de
connoître les hommes. Nous luy avons facilité cette
connoissance, en realisant dans plusieurs particuliers des caracteres marquez en bien,& en mal. Nous
allons encore tirer des livres de la Sagesse, des ca-

racteres generaux qui feront connoître, qui font ceux qu'il faut éloigner des emplois publics, & des cours mêmes, s'il fe peut.

Il y en a qui ne trouvent rien de bon que ce qu'ils penfent, rien de jufte que ce qu'ils veulent: ils croyent avoir renfermé dans leur efprit, tout ce qu'il y a d'utile & de bon fens, fans vouloir rien

» écouter. C'eft à ceux-là que Salomon dit: Ne foyez » point fage en vous-même. Et ailleurs: Le fol n'en- » tend rien que ce qu'il a dans fa tête: & les paroles » prudentes n'y ont point d'entrée. Et enfin: L'infenfé » croit toûjours avoir raifon: le fage écoute confeil.

» Il y a auffi: L'innocent qui croit à toute parole. » Mais le fage (tient le milieu) & confidere fes pas. C'eft le party que le prince prudent doit toûjours fuivre.

» Le broüillon caufe des procés: & le difcoureur » fepare les princes. En difant indifcretement ce qui nuit, comme ce qui fert.

» L'homme a deux langues (a deux paroles:) le » menteur & le broüillon, affecte un langage fimple: » mais il penetre dans le fein. Il y laiffe des impref- fions, & fait des bleffures profondes, par fes rap- ports déguifez.

» Chaffez le railleur & le moqueur, & la conten- » tion s'en ira avec luy: les difputes & les injures » cefferont.

Sur tout craignez le flateur, qui eft le vice des » cours, & la pefte de la vie humaine: Les morfures » de l'amy (qui ne vous offenfe qu'en difant la verité)

valent mieux que les baifers trompeurs d'un enne- «
my. (Qui fe cache fous une belle apparence.)   «

Le fanfaron : Celuy qui fe vante & s'exalte, fait « Ibid.xxviii
des querelles. A chaque mot , on fe fent pouffé à « 25.
le contredire.

L'homme qui fe hâte de s'enrichir ne fera « Ibid.xxviii
point innocent. Et ailleurs : La pauvreté pouffe au « 20. Eccli.xxvii
crime : & le defir des richeffes aveugle. Les for- « 1.
tunes precipitées font fufpectes. Le bien mediocre
qu'on a de fes peres, fait préfumer une bonne éducation.

L'impatient ne fe fauvera pas de la perte. Les af- « Prov. xix.
faires fe gâtent entre fes mains , par la précipita- 19.
tion & les contre-temps.

Au contraire : l'efprit pareffeux & irrefolu veut « Ibid.xiii.
& ne veut pas. Il ne fçait jamais fe déterminer : tout « 4.
luy échape des mains, parce que, ou il ne donne point
aux affaires le temps de meurir , ou qu'il ne connoît point les momens. Et parce qu'il a oüy dire,
qu'il ne faut rien précipiter : Et que celuy dont le « Ibid.xix. 2.
pied va vîte tombera. Il fe croit plus fage (dans fa « Ibid. xxvi. 16.
lenteur ,) que fept fages qui prononcent des fen-
tences. Dont les paroles font autant d'oracles.

Pour éviter ces inconveniens : la décifion du fage
eft : Que toute affaire a fon moment , & fon oc- « Ecc. viii.
cafion. Il ne faut ny la laiffer échaper, ny trop aller « 6.
au devant ; mais l'attendre, & veiller toûjours.

Vous êtes toûjours en joye, toûjours content de
vous-même ? Vous ne voyez rien : les chofes humaines ne portent pas ce perpetuel tranfport. C'eft

Ecc. vii. 5. » ce qui fait dire à l'Ecclefiafte : Le cœur du fage eft
» celuy où il y a de la tristeffe : & le cœur de l'in-
» fenfé , eft celuy qui eft toûjours dans la joye.

Ecc. vii.
17.   »   Ne foyez point trop jufte, ny plus fage qu'il ne
» faut : de peur que vous ne deveniez comme un ftu-
» pide. Sans vie & fans mouvement. Eftre trop fcru-
puleux , c'eft une foibleffe. Vouloir affeurer les
chofes humaines , plus que leur nature ne le permet: c'en eft une autre , qui fait tomber non feulement dans la létargie , & dans l'engourdiffement ;
mais encore dans le defefpoir.

Il y a un vice contraire , de tout ofer fans mefure , de ne faire fcrupule de rien. Et le fage le re-
Ibid. 18. » prend auffi-tôt aprés : N'agiffez pas comme un im-
» pie. Ne vous affermiffez pas dans le crime , comme s'il n'y avoit point de loy , ny de religion pour
vous.

Ceux qui fongent à contenter tout le monde ,
& nagent comme incertains entre-deux partis : ou
qui fe tournent tantôt vers l'un ou tantôt vers l'au-
Eccli. iii.
28. » tre, font ceux dont il eft écrit : Le cœur qui entre
» en deux voyes (& qui veut tromper tout le monde,)
» aura un mauvais fuccés. Il n'aura ny amy fidele,
ny alliance affeurée : & il mettra à la fin tout le
monde contre luy.

Eccli. v. 11. »   C'eft à de tels efprits que le Sage dit : Ne tour-
» nez point à tout vent: n'entrez point en toute voye,
» & n'ayez point une langue double. Que vos démarches foient fermes : que vôtre conduite foit re-
guliere : & que la feureté foit dans vos paroles.

N'ayez

N'ayez point la réputation d'un broüillon , & « Ibid. 16.
qu'on ne vous confonde point par vos paroles. Tels «
font ceux à qui on ne ceffe de reprocher la legerceté
de leurs paroles , qui fe détruifent les unes les autres.

Ceux qui s'ingerent auprés des rois, qui fe veulent rendre neceffaires dans les cours , font notez par «
cette fentence : Ne vous empreffez pas à paroître « Eccli. vii.
fage auprés des rois. La fageffe ne fe déclare qu'à « 5.
propos. Ces gens qui veulent toûjours donner tous
les bons confeils , font ceux dont il eft écrit: Tout « Ibid. xxxvij
confeiller vante fon confeil. Et par là le rend inu- 8.
tile & méprifable.   «

L'homme avare doit être en execration : Celuy « Ibid. xiv. 5.
qui eft mauvais à luy-même, & qui fe plaint tout « 6.
ce qu'il goûte de fes biens, à qui fera-t'il bon ? Il «
n'y a rien de plus mauvais que celuy qui s'envie à «
luy-même fon foulagement : & c'eft la jufte puni- «
tion de fa malice.

Enfin les caracteres les plus odieux font réünis, « Prov. vi.
& marquez dans ces paroles. Il y a fix chofes que le « 16. 17. 18.
Seigneur hait , dit le Sage, & fon ame detefte la « 19.
feptiéme. Les yeux altiers : la langue amie du men- «
fonge : les mains qui répandent le fang innocent : «
le cœur qui forme de noirs deffeins : les pieds «
legers pour courir au mal : le faux témoin : enfin «
celuy qui feme la difcorde parmy fes freres.

II. PROPOSITION.

On propofe trois confeils du Sage , contre trois mauvais caractere.

Eccli. iv. 30.
» Ne vous oppofez point à la verité : & fi vous » vous êtes trompé, humiliez-vous. Qui eft le mortel qui ne fe trompe jamais ? Faites un bon ufage de vos fautes , & qu'elles vous éclairent pour une autre occafion.

Ibid. 31.
» Ne rougiffez pas d'avoüer vos fautes : mais ne » vous laiffez pas redreffer par tout le monde. Comme font les hommes foibles , qui fe defefperent & perdent courage.

Ibid. 32.
» Ne refiftez pas à celuy dont la puiffance eft fu- » perieure : & n'allez pas contre le torrent , ou contre » le courant du fleuve , qui entraîne tout. Le temeraire croit tout poffible , & rien ne l'arrête.

Voicy encore trois caracteres maudits par le Sage.

Eccli. 11. 14.
» Malheur au cœur double , qui marche en deux » voyes : & fait fon fort du déguifement & de l'inconftance.

Ibid. 15.
» Malheur au cœur lâche, (qui fe laiffe abattre au » premier coup,) faute de mettre fa confiance en Dieu.

Ibid. 16.
» Malheur à celuy qui perd la patience. Qui fe laffe de pourfuivre un bon deffein.

III. PROPOSITION.
Le caractere de faux amy.

C'eft celuy qu'il faut le plus obferver. Nous l'avons déja marqué ; mais on ne peut trop le faire

obferver au prince pour l'en éloigner : puifque c'eft
la marque la plus affurée d'une ame mal élevée,
& d'un cœur corrompu.

Tout amy dit : j'ay fait un amy , & ce luy eft « Ecli.xxxvij.
une grande joye : Mais il y a un amy , qui n'eft « ¹.
amy que de nom : n'eft-ce pas de quoy s'affliger «
jufqu'à la mort ? Quand on voit l'abus d'un nom fi «
faint.

Cet amy de nom feulement : Eft l'amy felon le « Eccli.vi.8.
temps , & qui vous abandonne dans l'affliction. Lors «
que vous avez le plus de befoin d'un tel fecours.

Il y a l'amy compagnon de table. Il ne cherche « Ibid. 10.
que fon plaifir : & vous quitte dans l'adverfité.

L'amy qui trahit le fecret de fon amy , eft le « Eccli.xxvij.
defefpoir d'une ame malheureufe. Qui ne fçait plus à « ²⁴.
qui fe fier, & ne voit nulle reffource à fon malheur.

Mais il y a encore un amy plus pernicieux. C'eft « Eccli.vi.9.
celuy qui va découvrir les haines cachées ; & ce «
qu'on a dit dans la colere , & dans la difpute. «

Il y a l'amy leger & volage : Qui ne cherche qu'une « Prov. xviij.
occafion , un pretexte pour rompre avec fon amy : « ¹.
c'eft un homme digne d'un éternel opprobre. Un «
homme qui fait paroître une fois en fa vie un tel
défaut , eft caracterifé à jamais : & fait l'horreur
éternelle de la focieté humaine.

IV. PROPOSITION.

Le vray ufage des amis : & des confeils.

Le fer s'aiguife par le fer : & l'amy aiguife les « Prov.xxvij.
vûës de fon amy. « ¹⁷.

DDdd ij

Le bon conſeil ne donne pas de l'eſprit à qui n'en
a pas : mais il excite , il éveille celuy qui en a. Il
faut avoir un conſeil en ſoy-même : ſi l'on veut
que le conſeil ſerve. Il y a même des cas où il ſe
faut conſeiller ſoy-même. Il faut ſe ſentir & prendre ſur ſoy certaines choſes déciſives , où l'on ne
peut vous conſeiller que foiblement.

Ecli.xxxvij. 8.

La regle que le Sage donne pour les amitiez eſt
admirable. Separez-vous de vôtre ennemy. (Ne luy
donnez point vôtre confiance.) Mais prenez garde
à l'amy. N'en épouſez point les paſſions.

Eccli.vi.13.

V. PROPOSITION.

L'amitié doit ſuppoſer la crainte de Dieu.

Un bon amy eſt un remede d'immortalité & de
vie : celuy qui craint Dieu le trouvera. La crainte
de Dieu donne des principes : & la bonne foy ſe
maintient ſous ſes yeux qui percent tout.

Eccli.vi.16.

VI. PROPOSITION.

Le caractere d'un homme d'état.

Le conſeil eſt dans le cœur de l'homme comme
une eau profonde : l'homme ſage l'épuiſera. On
ne le découvre point , tant ſes conduites ſont profondes : mais il ſonde le cœur des autres , & on diroit qu'il devine, tant ſes conjectures ſont ſûres.

Prov.xx. 5

Il ne parle qu'à propos : Car il ſçait le temps &
la réponſe. Iſaïe l'appelle : Architecte. Il fait des
plans pour long-temps : il les ſuit : il ne bâtit pas
au hazard.

Ecc viii. 5.
Iſ. iii.3.

L'égalité de fa conduite eft une marque de fa fageffe : & le fait regarder comme un homme af-furé dans toutes fes démarches. L'homme de bien " Eccli. xxvij. dans fa fageffe demeure comme le foleil : le fol " 12. change comme la lune. Le vray fage ne change " point : on ne le trouve jamais en défaut. Ny hu-meur , ny prévention ne l'altere.

VII. PROPOSITION.

La piété donne quelquefois du credit , même auprés des méchans rois.

Elifée difoit à la Sunamite : Avez-vous quelque " 4. Reg. iv. affaire ? Et voulez-vous que je parle au roy : ou au " 13. chef de la juftice. L'impie Achab même qui étoit " ce roy , l'appelloit : Mon pere. "

Herode craignoit faint Jean-Baptifte , fçachant " Marc. vj. que c'étoit un homme faint & jufte : & quoiqu'il le " 20. tint en prifon il l'écoutoit volontiers, & faifoit beau- " coup de chofes à fa confideration. A la fin pour- " tant on fçait le traitement qu'il luy fit. Et Achab en preparoit un femblable à Elifée : Que je fois " 4. Reg. vr. maudit de Dieu, dit ce prince, fi aujourd'huy la tête " 31. d'Elifée eft fur fes épaules. "

La religion fe fait craindre à ceux-là même qui ne la fuivent pas : mais la terreur fuperftitieufe qui eft fans amour, rend l'homme foible, timide, dé-fiant, cruel, fanguinaire : & tout ce que veut la paffion.

DDdd iij

VIII. PROPOSITION.

La faveur ne voit gueres deux generations.

Quels plus grands services que ceux de Joseph? Il avoit gouverné l'Egypte quatre-vingt ans avec une puissance absoluë : & avoit eu tout le temps de s'affermir luy & les siens. Cependant il vint un nouveau roy qui ne connoissoit pas Joseph. Le prince oublia que l'état luy devoit, non seulement sa grandeur, mais encore son salut : & il ne songea plus qu'à perdre ceux que son predecesseur avoit favorisez.

Exod. I. 8.
9. 10.

IX. PROPOSISTION.

On voit auprés des anciens rois un conseil de religion.

S'il falloit parler icy du ministere prophetique, nous avons vû Samuel auprés de Saül l'interprete des volontez de Dieu. Nathan qui reprit David de son peché, entroit dans les plus grandes affaires de l'état.

I. Reg. x. xi.
xii. xiii.
xv. xvi.

3. Reg. I.
10. 12. 23.
24.

Mais outre cela, nous connoissons un ministere plus ordinaire, puis qu'Ira est nommé : Le prêtre de David. Zabud étoit celuy de Salomon : & il est appellé : L'amy du roy. Marque certaine que le prince l'appelloit à son conseil le plus intime : & sans doute principalement en ce qui regardoit la religion, & la conscience.

2. Reg. xx.
26.

3. Reg. iv.
5.

On peut rapporter en cet endroit le conseil du Sage : Ayez toûjours avec vous un homme saint, dont l'ame revienne à la vôtre, & qui voyant vos

Ecli. xxxvij.
15. 16.

chutes (fecrettes) dans les tenebres, les pleure avec «
vous. Et vous ayde à vous redreffer. «

ARTICLE V.

De la conduite du prince dans fa famille : &
du foin qu'il doit avoir de fa fanté.

I. PROPOSITION.

La fageffe du prince paroît à gouverner fa famille : &
à la tenir unie pour le bien de l'état.

NOus avons déja remarqué : Que les fils de « 1.Par.xviii
David étoient les premiers fous la main du « 17.
roy : (pour executer fes ordres.) Ils font nommez «
dans les Septantes, Aularques, c'eft à dire, princes ·
de la cour : pour la tenir toute unie aux interêts de
la royauté.

Pour mettre la paix dans fa famille, il regla la 1.Reg. vii.
fucceffion en faveur de Salomon : ainfi que Dieu 12. 13. &
l'avoit ordonné par la bouche du prophete Nathan. feq.
La regle étoit de la donner à l'aîné, fi le roy n'en 3. Reg. i.
ordonnoit autrement. Et c'eft encore la coûtume des 5. 6. & 11.
rois d'Orient. 15. 22.

L'Indulgence de David : Qui ne voulut point con- « 2.Reg.xiii.
trifter Amnon fon fils aîné ; celuy qui viola Tha- « 21.
mar fa fœur, eft reprife dans l'écriture. Il fouffrit
auffi trop tranquillement les entreprifes d'Abfalon, ·
qui étoit devenu l'aîné, & qui voulut envahir le
trône. Mais Dieu le vouloit punir : & fa facilité fuivie d'une rebellion fi affreufe, laiffa un terrible

exemple à luy & à tous les rois , qui ne fçavent pas fe rendre les maîtres de leur famille.

3. Reg. 1.
6. 9. & feq.
Ainfi quoiqu'il eût encore une exceffive indulgence pour Adonias qui étoit l'aîné aprés Abfalon : dés qu'il fçeut qu'il en abufoit jufqu'à pretendre au royaume , contre fa difpofition expreffe & déclarée ; & qu'il avoit dans fes interêts contre Salomon les princes fes freres , avec la plûpart des grands du royaume : il détruifit la cabale dans fa naiffance , en faifant au lit de la mort facrer fon fils Salomon , & donna la paix à l'état.

On fçait les derniers ordres qu'il laiffa au roy fon fils , pour le bien de la religion & des peuples. A ce moment Dieu luy infpira ce divin pfeaume, dont le titre eft pour Salomon , qui commence par Pf. LXXI. 1 & feq. » ces beaux mots. O Dieu donnez vôtre jugement au » roy , & vôtre juftice au fils du roy. Tout n'y refpire que paix , abondance , bonheur des pauvres foulagez fous la protection & la juftice du nouveau roy , qui en devoit abbatre les oppreffeurs. C'eft l'heritage qu'il laiffe à fon fils , & à tout fon peuple , en leur promettant un regne heureux.

Il y avoit déja long-temps qu'on luy avoit dé- Pf. XLIV. » dié le pfeaume , intitulé : Pour le bien-aymé. Où les enfans de Coré virent en efprit le regne de Salomon , où fleuriroit la paix. Salomon y eft ex- Ibid. 5. » horté : A la verité , à la douceur , & à la juftice. C'étoient les fouhaits de David , & c'eft par-là que fon regne devoit figurer celuy du Meffie , qui étoit le vray fils de David.

Pour

Pour ne rien omettre : la reine fille du roy Pharaon deftinée à Salomon pour époufe y eft marquée ; & fous le nom de David on luy adreffoit ces paroles. Ecoutez ma fille, & voyez : & oubliez vôtre « Ibid. 11. peuple, & la maifon de vôtre pere. Toute royale « & toute éclatante qu'elle eft. Et époufez les interêts de la famille où vous entrez. Vous en ferez recompenfée : Par l'amour du roy qui fera épris de « Ibid. 12. vos beautez. Et vous trouvera encore plus belle, & « plus ornée au dedans qu'au dehors. C'eft ainfi qu'Ifraël inftruifoit fes reines, comme fes rois, par la bouche de David.

C'eft cette reine fi parfaite & fi aimable, fous la figure de qui Salomon a chanté l'époux & l'époufe : & les delices de l'amour divin. Ce roy magnifique la traita felon fon merite, & felon fa naiffance. Il luy bâtit un palais fuperbe. Quoi qu'elle fçût que felon la coûtume de ces temps, il y eût pour la magnificence de la cour : Soixante reïnes, « Cant. Cant. & un nombre infiny de femmes, & de jeunes filles : « VI. 7. Elle fentit que feule elle avoit le cœur. Elle étoit « Ibid. 8. la Sulamite, l'unique parfaite : que les reines, & « toutes les autres loüoient. Cette reine fans s'enor- « güeillir de ces avantages, fe laiffoit conduire au fage roy fon époux, & entroit en fon efprit en luy difant : Je vous meneray dans le cabinet de ma « Cant. III. mere : là vous m'enfeignerez. (Par de douces infi- « 2. nuations.) Et encore : Ceux qui font droits vous « Ibid. 5. 3. aiment. On n'eft digne de vous aimer que lors qu'on « a le cœur droit : & vous aimer c'eft la droiture.

E E e e

De semblables instructions avoient fait imiter à Bethsabée mere de Salomon la penitence de David. Et c'est dans cet esprit qu'elle parloit en ces

Prov. XXXI 2. 3. 4. 5.

» termes à son fils. Que vous diray-je, mon bien-
» aimé de mes entrailles, & le cher objet de mes
» vœux : ô mon fils : ne donnez point aux femmes
» vos richesses : les rois se perdent eux-mêmes en les
» voulant enrichir. Ne donnez point ô Lamuel ! (c'est
» ainsi qu'elle appelle Salomon.) Ne donnez point
» de vin aux rois : parce qu'il n'y a point de secret
» où regne l'yvresse : de peur aussi qu'ils n'oublient
» les jugemens droits, & ne changent la cause du
» pauvre. C'est aprés ces belles paroles qu'elle fait l'i-

Ibid. 10. 23.

» mage immortelle : De la femme forte. Digne épouse
» des senateurs de la terre.

Salomon luy-même a rapporté ces paroles de sa mere : & les a voulu consacrer dans un livre inspiré

Ibid. 1.

» de Dieu, avec ce titre à la tête : Paroles du roy La-
» muel. C'est la vision dont sa mere l'a instruit. Il ne faut donc pas s'étonner s'il a si souvent repeté dans

Prov. I. 8

» tout ce livre : Ecoutez les enseignemens de vôtre

Prov. IV. 3.

» pere. Et ailleurs : J'ay été son fils tendre, & bien-
» aimé : & l'unique de ma mere. Elle m'enseignoit
» & me disoit : Mon fils aimez la sagesse. Et ail-

Ibid. VI. 20.

» leurs : Conservez mon fils les preceptes de vôtre
» pere : & n'abandonnez pas les conseils de vôtre mere. Pour inspirer l'amour de la sagesse, Salomon faisoit concourir dans ce divin livre les preceptes de son pere, & de sa mere : les uns plus forts, les autres plus affectueux & plus tendres, & tous les

deux , faifant dans le cœur des impreffions profondes.

S'il faut remonter plus haut : Job qui étoit prince
en fon païs, tenoit fa famille unie. Il avoit fept fils
& trois filles. Chacun de fes fils avoit fon jour pour « Job. 1. 2. 4
traiter toute la famille dans fa maifon. Les freres « 5.
y convioient leurs fœurs. Le foin de Job étoit : De «
les benir tous quand le tour étoit paffé : & d'offrir «
des holocauftes pour chacun d'eux. De peur, difoit- «
il, que mes enfans (dans leur joye) n'ayent peut- «
être offenfé le Seigneur. Ainfi faifoit Job tous les «
jours de fa vie. «

Les princes comme les autres tenoient leurs enfans, & jufqu'à leurs filles , toûjours prêts à immoler leur vie pour le falut du païs.

La fille unique de Jephté , juge fouverain d'Ifraël,
voyant arriver fon pere : Qui déchiroit fes habits à « Jud. 11. 35.
fa vûë. Luy parla en cette forte : Mon pere , fi vous « 36. & feq.
avez ouvert vôtre bouche au Seigneur (par quelque «
vœu qui me foit fatal ,) faites de moy tout ce que «
vous avez promis. C'eft affez pour nous , que vous «
ayez remporté la victoire fur vos ennemis. Elle fe «
trouva fi bien preparée , qu'elle perdit la vie fans
qu'il luy en coûtât un foupir : & laiffa un deüil
immortel à toutes les filles d'Ifraël.

Jonathas eût éprouvé le même fort. Et encore 1. Reg. 11v.
qu'il eût regret à la vie , il alloit être facrifié : fi le 43. 44. 45.
peuple ne l'eût arraché des mains de fon pere Saül.

II. PROPOSITION.

» *Quel soin le prince doit avoir de sa santé.*

2. Paralip. » Asa fût malade à la trente-neuviéme année de
XVI. IL. 13. » son regne d'une violente douleur des pieds. Et dans
» son infirmité, il ne mit pas tant sa confiance au
» Seigneur son Dieu, que dans l'art des medecins. Et
» il mourut deux ans aprés à la quarante-uniéme année de son regne.

Dieu n'a pas condamné la medecine dont il est
Ecli.xxxviij » l'auteur. Honorez, dit-il, le medecin à cause de la
1. 2. & siq. » necessité : car c'est le Tres-haut qui l'a créé. La me-
» decine vient de Dieu, & elle aura les presens des
» rois. La science du medecin le releveront : & les
» grands la loüeront à l'envy. Le Seigneur a créé les
» medicamens : & l'homme sage ne s'en éloignera
» pas. Dieu les a faits pour être connus : & le Tres-
» Haut en a donné la connoissance aux hommes,
» pour découvrir ses merveilles. Si vous trouvez que
ces connoissances vont lentement ; & qu'on n'in-
vente pas assez de remedes pour vaincre tous les
maux : il s'en faut prendre au fond inépuisable d'infirmité qui est en nous. Cependant le peu qu'on
découvre doit aiguiser l'industrie.

Dieu veut donc que l'on se serve de la medecine:
Ibid. 7. » Et de l'étude des plantes, qui adoucissent les maux
» par des onctions salutaires : & ces heureuses inven-
» tions croissent tous les jours. Par les nouvelles découvertes que l'experience nous fait faire.

Ce que le Seigneur défend : c'est d'y mettre sa

confiance, & non pas en Dieu : qui feul benit les remedes, comme il les a fait, & en dirige l'ufage : Mon fils, ne negligez pas vôtre fanté, & ne vous méprifez pas vous-même. Priez le Seigneur qui vous guerira. Eloignez-vous du peché (dont vôtre mal eft le vengeur.) Multipliez vos offrandes & donnez lieu au medecin : car c'eft le Seigneur qui l'a créé, (& qui vous le donne.) Qu'il ne vous quitte pas, parce que fon fecours vous eft neceffaire. «

Gardez-vous bien de le méprifer : à la maniere de ceux, qui parce qu'il n'eft pas un Dieu qui ait la vie & la fanté dans la main, en dédaignent le travail. Le temps viendra que vous aurez befoin de fon fecours. Et vous ferez étonné de l'effet d'une main hardie, & induftrieufe.

(marginal notes: « Ibid. 9. 10. 11. 12. / « Ibid. 13.)

ARTICLE VI. ET DERNIER.

Les inconvenients, & tentations qui accompagnent la royauté : & les remedes qu'on y doit apporter.

I. PROPOSITION.

On découvre les inconvenients de la puiffance fouveraine : & la caufe des tentations attachées aux grandes fortunes.

IL n'y a point de verité, que le Saint Efprit ait plus inculquée dans l'hiftoire du peuple de Dieu ; que celle des tentations attachées aux profperitez, & à la puiffance.

2. Paralip.
XVII. 5. 6.
» Il eſt écrit du ſaint roy Joſaphat : Que ſon royau-
» me s'étant affermy en Juda , & ſa gloire & ſes ri-
» cheſſes étant au comble : ſon cœur prit une noble
» audace dans les voyes du Seigneur , & il entre-
» prit de détruire les hauts lieux & les bois ſacrez.
(Où le peuple ſacrifioit.) Ce qui avoit été vainement tenté , par les pieux rois qui l'avoient precedé.

C'eſt-là en effet le ſentiment veritable , que la
puiſſance devroit inſpirer. Mais tous les rois ne reſ-
ſemblent pas à Joſaphat.

2. Par. XI.
17. XII. I.
» Le royaume de Roboam fils de Salomon , s'é-
» tant affermy (par le retour de pluſieurs des dix
» tribus ſeparées , & par d'autres heureux ſuccés :)
» il abandonna la loy du Seigneur, & tout Iſraël avec
» luy.

2. Paralip.
XXV. 14.
Amaſias victorieux d'Idumée en adora les dieux.
Tant les grands ſuccés qui augmentent la puiſſance ,
» déreglent le cœur.

2. Paralip.
XXVI. I. 16.
& ſeq.
» Ozias un ſi grand roy , & ſi religieux : Enflé
» pour ſa perte (par ſes grands ſuccés, & par ſa puiſ-
» ſance) negligea ſon Dieu , & voulut offrir l'encens menaçant les prêtres, dont il uſurpoit l'honneur.

Le ſaint roy Ezechïas , ſe défendit-il du plaiſir
d'étaler ſa gloire & ſes richeſſes aux Ambaſſadeurs
de Babylone, avec une oſtentation que Dieu con-
4. Reg. XX.
16. 17.
» damna par ces dures paroles d'Iſaïe : Le jour vien-
» dra que tous ces tréſors ſeront tranſportez à Baby-
» lone , (à qui tu les as montrez avec tant de com-

plaisance ; sans qu'il en demeure icy la moindre «
parcelle. Tout alloit bien pour ce prince à la re- «
serve : De la tentation arrivée à l'occasion de cette « 1. Paralip.
ambassade : & Dieu la permit pour découvrir tous « XXXII. 31.
les sentimens de son cœur : & l'orgüeil qui s'y te- «
noit caché. «

Cette sentence fait trembler. Dieu ordonne, la
magnificence dans les cours, comme nous l'avons
démontré : Dieu a horreur de l'ostentation, & la
foudroye, sans la pardonner à ses serviteurs. Quelle
attention ne doit pas avoir un roy pieux ? Quelle
reflexion profonde ne doit-il pas faire, sur la pe-
rilleuse délicatesse des tentations dont nous parlons ?

Saint Augustin se fondoit sur ces exemples, lors   Augusst.
qu'il a dit, qu'il n'y a point de plus grande tenta-   Enar. in Ps.
tion même pour les bons rois, que celle de la puis-   137.
sance : *Quanto altior, tanto periculosior.*

Saül fut choisi de Dieu pour être roy, sans qu'il   1. Reg. xv.
y pensât ; & nous avons vû ailleurs, dans le temps   2. 3. 9. 22.
qu'on l'élisoit, qu'il se tenoit caché dans sa maison. 23.
Et neanmoins il succomba à la tentation de la puis-   Ibid. XIII.
sance, en desobéïssant aux ordres de Dieu, & épar-   8. 9 13. 14.
gnant Amalec. En offrant le sacrifice sans attendre XVIII.XIX.
Samuel ; peut être dans la jalousie de regner en   xi. & seq.
maître absolu, pour secoüer un joug importun. Et
enfin, en persecutant à toute outrance dans tous les
confins du royaume, David le plus fidele de ses serviteurs.

Qu'arriva-t'il à David luy-même, & jusques à

quel excés fuccomba-t'il à la tentation de la puiffance? Encore fit-il penitence, & couvrit-il fon igno-
minie par ce bon exemple. Mais Dieu n'a pas voulu
que nous euffions une connoiffance certaine d'une
converfion femblable dans Salomon fon fils. Qui a
été premierement le plus fage de tous les rois : &
enfuite dans fa molleffe, le plus corrompu , & le
plus aveugle. La tentation de la puiffance le plon-
gea dans ces foibleffes. Il adora jufques aux Dieux
des femmes qui luy avoient dépravé le cœur : &
les énormes dépenfes qu'il luy fallut faire en contentant leur ambition , & en leur érigeant tant de
temples , jetterent un fi bon roy dans les oppref-
fions , qui donnerent lieu fous fon fils à la divifion
de la moitié du royaume.

<small>Dan. III.</small>   Aveuglé par la tentation de la puiffance , Nabu-
chodonofor fe fit Dieu : & ne prepara que des
fournaifes ardentes à ceux qui refufoient leurs ado-
rations à fa ftatuë. C'eft luy qui , feduit par fa propre
<small>Ibid. IV. 2.
26. 27.</small> » grandeur, n'adora plus que luy-même. N'eft-ce pas
» là , difoit-il, cette grande Babylone , que j'ay faite
» par ma puiffance , & pour la manifeftation de ma
» gloire. Babylone qui voyoit le monde entier fous fa
puiffance , difoit dans l'égarement de fon orgüeil:
<small>If. XLVII.
7. 8.</small> » Je fuis, & il n'y a que moy fur la terre. Et encore :
» Je fuis reine , la maîtreffe éternelle de l'univers,
» je ne feray jamais veuve ny feule ; mon empire ne
» perira jamais.

    Un autre roy difoit en luy-même, plûtôt par fes
fentimens & par fes œuvres, que par fes paroles:

Le

Le fleuve est à moy, & je me suis fait moy-même; j'ay fait ce grand fleuve, qui m'apporte tant de richesses. C'est ce que disent les rois superbes, lors qu'à l'exemple d'un Pharaon roy d'Egypte, ils se croyent arbitres de leur sort, & agissent comme indépendans des ordres du ciel, qu'ils ont oubliez.

Ezech. xiix 3. 9.

Un Antiochus éblouy de sa puissance, qu'il croyoit sans bornes : Eleva sa bouche contre le ciel. Et attaquant le Tres-Haut par ses blasphêmes, il en voulut écraser les saints, & éteindre le sacrifice. On le voit paroître en son temps, comme un homme qui ne croit rien impossible à sa puissance : Car il croyoit pouvoir voguer sur la terre, & marcher sur les flots de la mer. Ainsi son audace entreprenoit tout, & il vouloit que le monde n'eût point d'autre loy que ses ordres. Cependant il étoit l'esclave d'une femme qu'il appella Antiochide de son nom, & vit des peuples entiers : Se revolter contre luy (parce qu'ils étoient la proye d'une impudique) à qui le roy donnoit ses provinces.

Dan. vii. 25. viii. 11. 12.

2. Mach. v. 21.

Ibid. iv. 30.

Herode sur un trône auguste, & revêtu des habits royaux, pendant qu'il parloit se laissa flater: Des acclamations du peuple qui luy crioit : Ce sont les paroles d'un Dieu & non pas d'un homme : & merita d'être frappé en ce moment par un ange, en sorte qu'il mourut mangé des vers. Comme si Dieu qu'il oublioit luy eût voulu dire, ainsi qu'à cet autre roy : Diras-tu encore : Je suis un Dieu. Toy qui es un homme & non pas un Dieu, sous

Act. xii. 22. 23.

Ezec. xxviij 9. 23.

FFff

» la main qui te donne la mort. En t'envoyant une
si étrange maladie.

Voilà les effets funeſtes de la tentation, de la
puiſſance. L'oubly de Dieu, l'aveuglement du cœur,
& l'attachement à ſa volonté : d'où ſuivent des ra-
finemens d'orgüeil, & de jalouſie ; & un empire
des plaiſirs, qui n'a point de bornes.

Cela fut ainſi dés l'origine. Et auſſi-tôt qu'il y
eut des puiſſances abſoluës, on craignit tout de leurs
Gen. XII.
11. 12. &
ſeq.
» paſſions. Abram dit à Saraï ſa femme : Vous êtes
» belle : quand les Egyptiens vous verront, ils diront :
» C'eſt ſa femme : & ils me tuëront pour vous avoir.
» Dites que vous êtes ma ſœur, (comme elle l'étoit
» auſſi en un certain ſens.) Pharaon fut bien-tôt in-
» ſtruit de la beauté de Saraï : & Abram reçut un bon
» traitement pour l'amour d'elle : & on luy donna
» des troupeaux & des eſclaves en abondance : & on
Ibid. XX. 1.
&c.
» enleva ſa femme dans la maiſon de Pharaon. Il en
arriva autant à Abraham chez un autre roy, c'eſt
à dire, chez Abimelec roy de Gerare dans la Paleſtine. Et on voit que depuis l'établiſſement de
la puiſſance abſoluë, il n'y a plus de barriere contre
elle, ny d'hoſpitalité qui ne ſoit trompeuſe ; ny de
rempart aſſuré pour la pudeur ; ny enfin de ſureté
pour la vie des hommes.

Avoüons donc de bonne foy, qu'il n'y a point de
tentation égale à celle de la puiſſance : ny rien de
plus difficile que de ſe refuſer quelque choſe, quand
les hommes vous accordent tout, & qu'ils ne ſongent qu'à prevenir, ou même, à exciter vos deſirs.

II. PROPOSITION.

Quels remedes on peut apporter aux inconveniens proposez.

Il y en a qui touchez de ces inconveniens, cherchent des barrieres à la puissance royale. Ce qu'ils proposent comme utile, non seulement aux peuples, mais encore aux rois, dont l'empire est plus durable quand il est reglé.

Je ne dois point entrer icy, ny dans ces restrictions, ny dans les diverses constitutions des empires, & des monarchies. Ce seroit m'éloigner de mon dessein. Je remarqueray seulement icy. Premierement : que Dieu qui sçavoit ces abus de la souveraine puissance, n'a pas laissé de l'établir en la personne de Saül : quoy qu'il sçût qu'il en devoit abuser, autant qu'aucun roy. Secondement : que si ces inconveniens devoient contraindre le gouvernement, jusqu'au point que l'on veut imaginer : il faudroit ôter jusqu'aux juges choisis tous les ans par le peuple ; puisque la seule histoire de Suzanne suffit, pour montrer l'abus qu'ils ont fait de leur autorité.

Sans donc se donner un vain tourment à chercher dans la vie humaine des secours qui n'ayent pas d'inconvenient ; & sans examiner ceux que les hommes ont inventez dans les établissemens des gouvernemens divers : il faut aller à des remedes plus generaux, & à ceux que Dieu luy-même a ordonnez aux rois, contre la tentation de la puissance : dont la source est dans ce principe.

III. PROPOSITION.

Tout empire doit être regardé sous un autre empire su-
perieur, & inévitable, qui est l'empire de Dieu.

Sap. VI. 2.
3. 4. & seq.
» Ecoutez-moy rois, & entendez : juges de la
» terre, apprenez vôtre devoir : prêtez l'oreille vous
» qui contenez la multitude, & qui vous plaisez à
» vous voir environnez des troupes des peuples. C'est
» le Seigneur qui vous a donné la puissance, & toute
» vôtre force vient du Tres-Haut : qui examinera vos
» œuvres, & sondera vos pensées, parce qu'étant les
» ministres de son royaume, vous n'avez pas jugé
» droitement, & vous n'avez pas gardé la loy de la
» justice, & vous n'avez pas marché selon la volonté
» de Dieu. Il vous apparoîtra tout d'un coup, d'une
» maniere terrible : & ceux qui commandent seront
» jugez, par un jugement tres-rigoureux, & tres-dur.
» Car les petits seront traitez avec douceur : mais
» les puissans seront puissamment tourmentez. Dieu
» ne fait point d'acception de personne, ny il ne
» craint la grandeur de qui que ce soit : parce qu'il
» a fait le petit, comme le grand : & il a un soin
» égal des uns & des autres : les plus forts auront à
» porter un tourment plus fort.

Il ne faut ny reflexion, ny commentaire. Les rois
comme ministres de Dieu qui en exercent l'empire, sont avec raison menacez pour une infidelité particuliere, d'une justice plus rigoureuse, &
de supplices plus exquis. Et celuy-là est bien endormy, qui ne se reveille pas à ce tonnerre.

IV. PROPOSITION.

Les Princes ne doivent jamais perdre de veuë la mort :
où l'on voit l'empreinte de l'empire inévitable
de Dieu.

Je suis un homme mortel comme les autres. (C'est « Sap. VII. 1. ainsi que la Sagesse éternelle fait parler Salomon.) « 2. 3. 4. 5. 6. Je suis fils de ce premier homme qui a été formé « de terre : & j'ay été fait chair (c'est à dire l'infir- « mité même) dans le ventre de ma mere, qui m'a « porté dix mois. J'ay été composé de sang : sorty « d'une race humaine parmy le trouble des sens, dans « une espece de sommeil. [Ma conception n'a rien « que de foible.] Ma naissance m'a jetté, & comme « exposé sur la terre : j'ay respiré le même air que « tous les autres mortels , & comme eux j'ay com- « mencé ma vie en pleurant : on m'a nourry dans des « langes avec de grands soins. Les rois n'ont point « un autre commencement : tous les hommes ont « entré dans la vie de la même maniere, & ils la fi- « nissent aussi par un même sort. «

C'est la loy établie de Dieu pour tous les mor- tels : il sçait égaler par là toutes les conditions. La mortalité qui se fait sentir dans le commencement & dans la fin , confond le prince & le sujet : & la fragile distinction qui est entre-deux , est trop su- perficielle & trop passagere , pour meriter d'être comptée.

FFff iij

V. PROPOSITION.

Dieu fait des exemples sur la terre : il punit par misericorde.

2 Reg. xII.
7. 8. & seq. » Le prophete Nathan dit à David : Vous êtes cet
» homme coupable dont vous venez de prononcer la
» condamnation : [dans la parabole de la brebis.] Et
» voicy ce que dit le Seigneur : Je vous ay fait roy
» sur mon peuple d'Israël : je vous ay donné la maison
» de vôtre Seigneur avec tous ses biens : Pourquoy
» donc avez-vous meprisé la parole du Seigneur pour
» faire mal à ses yeux, en répandant le sang d'Urie,
» en luy ôtant sa femme, & le tuant par l'épée des
» enfans d'Ammon ? Pour cela l'épée ne se retirera
» point à jamais de vôtre maison, parce que vous m'a-
» vez méprisé. Et voicy ce que dit le Seigneur : Je
» susciteray le mal dans vôtre maison : vos femmes
» vous seront enlevées à vos yeux : vous les verrez
» entre les mains de celuy qui vous touchera de plus
» prés (de vôtre propre fils) aux yeux du soleil. Car
» vous l'avez fait en secret : mais moy j'accompliray
» cette parole à la vûë de tout Israël, & à la vûë du
Ibid. 14. » Soleil. Et parce que vous avez fait blasphemer le
» nom du Seigneur par ses ennemis ; l'enfant (qui
» vous est si cher) mourra de mort.

2. Reg. xv.
xvI. XVIII.
xx. Tout s'accomplit de point en point. Absalon fit
éprouver à David tous les maux, & tous les affronts
que le prophete avoit predit. David jusques-là toûjours triomphant & les delices de son peuple, fut
contraint de prendre la fuite à pied avec tous les

fiens devant fon fils rebelle ; & pourfuivy dans fa
fuite à coup de pierres, il fe vit reduit à fouffrir
les outrages de fes ennemis ; & ce qu'il y a de plus
déplorable , à avoir befoin de la pitié de fes ferviteurs. Le glaive vengeur le pourfuivit. Jetté de guerre
civile en guerre civile , il ne fe put rétablir que par
des victoires fanglantes , qui luy coûterent le fang
le plus cher.

Voilà l'exemple que Dieu fit d'un roy qui étoit
felon fon cœur , & dont il vouloit rétablir la gloire
par la penitence.

VI. Proposition.

Exemples des châtimens rigoureux. Saül : premier
exemple.

Qui voulez-vous que j'évoque d'entre les morts ?
Difoit l'enchantereffe, que Saül confultoit, à la veille
d'une bataille. Evoquez-moy Samuel : répondit ce
prince. Qui voyez-vous ? Je voy comme des Dieux
[quelque chofe d'augufte & de divin] qui s'éleve
de la terre : [& qui fort du creux d'un tombeau.]
Quelle en eft la forme ? Un vieillard s'éleve enveloppé d'un manteau. Saül reconnut Samuel à cet
habit, & fe profterna en terre. Soit que ce fut Samuel luy-même, Dieu le permettant ainfi pour
confondre Saül par fes propres defirs , ou feulement fa figure. Et Samuel luy dit : Pourquoy me
troublez-vous dans le repos de la fepulture ? Et que
fert de m'interroger , puifque le Seigneur vous a
rejetté de devant fa face, par vôtre defobéïffance.

1. Reg.
XXVIII.II.
& feq.

Ibid. 15. 16.
& feq.

» Dieu livrera Iſraël aux Philiſtins. Demain vous &
» vos enfans ſerez avec moy (parmy les morts,) &
» les Philiſtins tailleront en pieces l'armée d'Iſraël.

1. Reg. XXXI
1. 2. 3. 4.

　　A cette courte & terrible ſentence le cœur de
Saül fut épouvanté. Le lendemain les Philiſtins firent un horrible carnage de toute l'armée , comme
il avoit été dit : Jonathas & les enfans de Saül qui
y combattoient à ſes côtez y perirent. Ce roy auſſi
malheureux qu'impie , ſe tua luy-même de deſeſpoir , pour ne point tomber entre les mains de ſes
ennemis : & paſſa ainſi de la mort temporelle à l'é-
ternelle.

VII. PROPOSITION,

Second exemple, Baltaſar roy de Babylone,

Dan. v. 1.
2. & ſeq.

» Baltaſar fit un grand feſtin. Et déja échauffé par
» le vin , il fit apporter les vaſes d'or & d'argent, que
» ſon pere Nabuchodonoſor avoit enlevé du temple
» de Jeruſalem. (Comme ſi le vin y eût été meilleur,
& que la profanation y ajoûtât un nouveau goût.)
» Le roy donc, ſes femmes, ſes maîtreſſes, & les
» grands de ſa cour beuvoient de ce vin, & loüoient
» leurs dieux d'or & d'argent, d'airain & de fer, de
» bois & de pierre, Quand tout d'un coup il parut vis
» à vis d'un chandelier deux doigts (en l'air) comme
» d'une main humaine, qui écrivoient ſur la muraille
» de la ſalle du banquet. A ce ſpectacle de la main
» qui écrivoit, le viſage du roy changea, & ſes pen-
» ſées ſe troubloient : ſes reins furent ſeparez : ſes ge-
» noux branlerent, & ſe briſoient l'un contre l'autre,

Il

Il fit un grand cry : toute la cour fut effrayée : on «
appella les devins (selon la coûtume.) «

Mais tous ces devins ne purent lire cette écriture. On fit venir Daniel, comme un homme qui
avoit l'esprit des dieux. Et ce fidele interprete fit
cette réponse : O roy , le Tres-Haut avoit élevé « Ibid. 18.
Nabuchodonosor vôtre pere : il fit en son temps «
tout ce qu'il voulut sur la terre. Quand son cœur «
s'enfla, & que son esprit s'enorgüeillit, il fut fra- «
pé , & sa gloire fut éteinte. La raison luy fut ôtée, «
& déposé de son trône il se vit rangé parmy les «
bêtes , broutant l'herbe comme un bœuf , & battu «
par les eaux du ciel : jusqu'à ce qu'il eût connu que «
le Tres-Haut donnoit les royaumes à qui il vouloit. «
Vous donc , ô roy Baltasar , son fils , qui sçavez «
toutes ces choses ; vous n'en avez point profité : & «
ne vous êtes point humilié devant le Seigneur ; «
mais vous avez profané les vaisseaux sacrez de son «
temple ; & avez loüé vos dieux de bois & de mé- «
tail. C'est pour cela que le doigt de la main (qui «
a paru en l'air) vous est envoyé. Et en voicy l'é- «
criture : *Manè*. Le Seigneur a compté les années de «
vôtre regne, & en a marqué la fin. *Thecel*. Vous «
avez été mis dans la balance , & on ne vous a pas «
trouvé du poids qu'il falloit. *Pharez*. Vôtre royaume «
a été divisé : & a été donné aux Medes , & aux «
Perses. «

En cette nuit Baltasar fut tué : & Darius le Mede « Ibid 30 31.
fut mis sur son trône. «

GGgg

VIII. PROPOSITION.

Troiſiéme exemple. Antiochus (ſurnommé l'Illuſtre,)
roy de Syrie.

1 Mach VI. » Antiochus marchoit dans les provinces ſuperieures
1. 2. & ſeq. » de la grande Aſie : & il apprit les richeſſes d'Ely-
» maïde ville de Perſe, & de ſon temple, où Ale-
» xandre fils de Philippe roy de Macedoine qui avoit
» commencé l'empire des Grecs, avoit dépoſé les
» riches dépoüilles de tant de royaumes vaincus. Et
» il s'approcha de la ville qu'il vouloit ſurprendre ;
» mais l'entrepriſe fut découverte, & battu par ſes en-
» nemis il revenoit en fuite avec honte.

2.Mach.IX. » Plongé dans une profonde triſteſſe, il apprit au-
1. 2. & ſeq » prés d'Ecbatanes l'une des capitales de ſon royaume,
» la défaite de ſes generaux (Nicanor & Lyſias) qu'il
» avoit laiſſé en Judée pour la ſubjuguer. Et emporté
» de colere, il crut pouvoir reparer ſur les Juifs l'op-
» probre où l'avoient jetté ceux qui l'avoient con-
» traint à prendre la fuite : menaçant Jeruſalem dans
» ſon orgüeil, de n'en faire plus qu'un ſepulchre de
» ſes citoyens.

Pendant qu'il ne reſpiroit que feu & ſang contre
les Juifs, pourſuivy par la vengeance divine, il pre-
cipitoit le cours de ſes chariots, & receut en verſant
de rudes coups. Les nouvelles qui luy venoient
coup ſur coup, du mauvais ſuccés de ſes deſſeins
en Judée l'effraya, & le mit en trouble. Dans l'excés
de la melancolie où l'avoient jetté ſes eſperances
trompées, il tomba malade : la triſteſſe ſe renou-

velloit dans une longue langueur , & il ſe ſentoit
défaillir. Au milieu de ſes diſcours menaçans, Dieu
le frapa d'une playe cachée qui luy cauſa d'inſu-
portables tourmens. Ce qui étoit le juſte ſupplice de « Ibid. 6. 8.
ceux qu'il avoit inventez contre les autres : Celuy «
qui croyoit pouvoir commander aux flots de la «
mer , & ſe croyoit au deſſus des aſtres ; porté ſur «
un brancart, rendoit témoignage de la puiſſance de «
Dieu , dont le bras l'aterroit. Il ſortit des vers de «
ſon corps. L'armée n'en pouvoit ſouffrir la puan- «
teur : qui luy devint inſupportable à luy-même.   «

Alors il appella ſes ſerviteurs les plus afidez , & « 1.Mach. vi
leur dit : Je ne connois plus le ſommeil : je ſuis « 10. 11. 12.
abîmé dans la triſteſſe , moy dont les joyes étoient «
ſi emportées. Le ſouvenir des maux que j'ay faits «
ſans raiſon dans Jeruſalem , & le pillage injuſte de «
tant de richeſſes, ne me laiſſent pas de repos. Et je «
meurs ſans conſolation dans une terre éloignée.   «

Alors il commença à ſe reveiller comme d'un
profond aſſoupiſſement : & dans le continuel accroiſſement de ſes maux rentrant enfin en luy-
même. Il eſt juſte, s'écria-t'il, d'être ſoûmis à Dieu, « 2.Mach.ix.
& qu'un mortel ne s'égale pas à ſa puiſſance. Il im- « 11. 12. 13.
ploroit la miſericorde qui luy étoit refuſée. Il pro- « 14. 15. 16.
teſtoit d'affranchir Jeruſalem qui avoit été l'objet « 17.
de ſa haine. Il promettoit d'égaler aux Atheniens «
les Juifs, qu'auparavant il vouloit donner en proye, «
grands & petits aux oyſeaux , & aux bêtes raviſ- «
ſantes. Il ne parloit que des beaux preſens qu'il de- «
ſtinoit au temple ſaint : & promettoit de ſe faire «

» Juif, & d'aller de ville en ville publier la gloire
» & la puiffance de Dieu. Mais il ne reçut point la
miſericorde qu'il vouloit acheter, & non fléchir :
ny aucun fruit d'une converſion, que Dieu qui lit
dans les cœurs connoiſſoit trompeuſe & forcée.

Ibid. 28.   »   Ainſi mourut d'une mort miſerable, ſur des mon-
» tagnes éloignées, cet homicide, & ce blaſphema-
» teur : ainſi reçut-il le traitement qu'il avoit fait à
» tant d'autres.

C'eſt aſſez d'avoir rapporté ces triſtes exemples :
& nous nous tairons du nombre infiny qui reſte.

IX. PROPOSITION.

Le Prince doit reſpecter le genre humain, & reverer le
jugement de la poſterité.

Pendant que le prince ſe voit le plus grand objet
ſur la terre des regards du genre humain ; il en doit
reverer l'attention, & conſiderer dans chacun des
hommes qui le regardent, un témoin inévitable de
ſes actions & de ſa ⬤nduite.

Sur tout il doit reſpecter le jugement de la poſterité, qui rend des arrêts ſuprêmes ſur la conduite des rois. Le nom de Jeroboam marchera éter-
4. Reg. XIV. » nellement avec cette note infamante : Jeroboam qui
24. XV. 9. » pecha, & fit pecher Iſraël.

Les loüanges de David iront toûjours avec cette
3. Reg. XV. » reſtriction : Excepté l'affaire d'Urie Hethéen. En-
5.   core pour David ſa gloire eſt reparée par ſa penitence : mais celle de Salomon n'étant point connuë, il demeurera aprés tant d'éloges que luy don-

ne l'Ecclefiaftique avec cette tache inherente à fon
nom : O fage tu t'es abaiffé devant les femmes, tu « Eccli.xlvij.
as mis une tache dans ta gloire ! Tu as prophané « 21. 22.
ton fang : & ta folie a donné lieu au partage de «
ton royaume. Rien n'a effacé cette tache. «

Et fi l'on veut prendre l'Ecclefiafte comme un ouvrage de la penitence de Salomon , profitons-y du
moins de cet aveu : J'ay parcouru dans mon efprit « Ecc. vii.
toutes les occupations de la vie humaine : l'im- « 26. 27.
pieté de l'infenfé , & l'erreur des imprudens : & le «
fruit de mes experiences a été de reconnoître, que «
la femme étoit plus amere que la mort. «

X. Proposition.

Le prince doit refpecter les remords futurs de fa confcience.

Combien de fois le cœur percé de componction ,
David a-t'il dit en luy-même ? Urie étoit connu
comme un des forts d'Ifraël : & des plus fideles à
fon roy. Cependant je luy ay ôté l'honneur & la
vie : O Seigneur délivrez-moy de fon fang. (Qui « Pf. l. 16.
me perfecute.) La playe que je luy ay faite par les
traits des Ammonites, pendant qu'il combattoit
dans les premiers rangs pour mon fervice, eft toûjours ouverte devant mes yeux : Et mon peché eft « Ibid. 5.
toûjours contre moy. Que n'eût-t'il pas fait pour «
fe délivrer de ce reproche fanglant ?

Que la crainte d'un femblable fentiment, arrête
les mains fanguinaires : & previenne la profonde
playe que fait dans les cœurs, la victoire que rem-
portent les baffes, & honteufes paffions.

XI. PROPOSITION.

Reflexion que doit faire un prince pieux , sur les exemples que Dieu fait des plus grands rois.

Qui m'a dit ſi j'étois rebelle à la voix de Dieu , que ſa juſtice ne me mettroit pas au nombre de ces mal-heureux,qu'il fait ſervir d'exemples aux autres? Dieu craint-il ma puiſſance?Et quel mortel en eſt à couvert?

Mais peut-être que c'eſt ſeulement ſur des ſcele-rats qu'il exerce ſes vengeances ? Non : il imputa à David le dénombrement du peuple , par où ce prince paroiſſoit ſeulement prendre trop de con-fiance en ſes forces : & ſans autre miſericorde que de luy donner l'option de ſon ſupplice , il luy or-donna de choiſir entre la famine , la guerre , & la peſte. Nous venons de voir Ezechias étaler ſes ri-cheſſes aux Babyloniens , ce qui n'étoit aprés tout qu'une oſtentation : & cependant le Seigneur luy dit en punition par la bouche de ſon prophete Iſaïe : **4. Reg. x. 17. 18.** ❧ Je tranſporteray ces richeſſes de tant de rois à Ba-» bylone ; & les enfans qui ſortiront de toy ſeront » eſclaves dans le palais de ſes rois.

C'eſt des rois les plus pieux, que Dieu exige un détachement plus entier de leur grandeur. C'eſt ſur eux qu'il vange le plus durement, la confiance qu'ils mettent dans leur pouvoir , & l'attachement qu'ils ont à leurs richeſſes. Que ne fera-t'il donc pas dans la nouvelle alliance : aprés l'exemple & la doctrine du Fils de Dieu deſcendu du ciel , pour aneantir toutes les grandeurs humaines?

XII. PROPOSITION.

Reflexion particuliere à l'état du christianisme.

Il faut icy se souvenir, que le fondement de toute la doctrine chrêtienne, & la premiere beatitude que Jesus-Christ propose à l'homme, est établie dans ces paroles : Bienheureux les pauvres d'esprit : parce « Matth. vi. qu'à eux appartient le royaume des cieux. Expres- « 3. sément il ne dit pas : Bienheureux les pauvres : en effet, comme si l'on ne pouvoit être sauvé dans les grandes fortunes. Mais il dit : Bienheureux les pau- « vres d'esprit. C'est à dire, bienheureux ceux qui « sçavent se détacher de leurs richesses : s'en dépoüiller devant Dieu par une veritable humilité. Le royaume du ciel est à ce prix : & sans ce dépoüillement interieur, les rois de la terre n'auront pas de part au veritable royaume, qui sans doute est celuy des cieux.

Rien ne convenoit davantage à Jesus-Christ que de commencer par cette sentence le premier sermon, où il vouloit, pour ainsi parler, donner le plan de sa doctrine. Jesus-Christ c'est un Dieu abbaissé : un roy descendu de son trône : qui a voulu naître pauvre, d'une mere pauvre, à qui il inspire l'amour de la pauvreté & de la bassesse, dés qu'il l'a choisi pour sa mere. Dieu, dit-elle, a regardé « Luc. 1. 48. la petitesse, la bassesse de sa servante. Ce n'est pas « seulement la vertu de cette mere admirable, qu'il a choisi pour son fils : mais encore la petitesse de son état. C'est pourquoy elle ajoûte aussi-tôt après :

» Il a diſſipé ceux qui s'enorgüeilliſſent dans leur
» cœur : il a dépoſé les puiſſans de leur trône, & il
» a élevé les petits & les humbles : il a remply de
» biens ceux qui ont faim : (ceux qui ſont dans le
» beſoin, dans l'indigence,) & il a renvoyé les riches
» les mains vuides.

La divine mere exprime par ce peu de mots, tout
le deſſein de l'évangile. Un roy comme Jeſus-Chriſt
qui n'a rien voulu garder de la grandeur exterieure
de tant de rois ſes ancêtres : n'a pû ſe propoſer autre
choſe en venant au monde, que de rabaiſſer les
puiſſances à ſes yeux, & d'élever les humbles de
cœur aux plus hautes places de ſoy royaume.

XIII. PROPOSITION.

*On expoſe le ſoin d'un roy pieux à ſupprimer tous les
ſentimens qu'inſpire la grandeur.*

» Seigneur, diſoit David, je n'ay point enflé mon
» cœur, je n'ay point élevé mes yeux : je n'ay point
» marché dans les hauteurs : ny dans des choſes ad-
» mirables au deſſus de moy. J'ay combattu les penſées ambitieuſes : & je ne me ſuis point laiſſé poſ-
» ſeder à l'eſprit de grandeur & de puiſſance. Si je
» n'ay pas eu des ſentimens humbles, & que j'aye
» élevé mon ame : (Seigneur ne me regardez pas.)
» Semblable à un enfant qu'on a ſevré de la mamelle
» de ſa mere ; ainſi mon ame a été ſevrée (des dou-
ceurs de la gloire humaine, pour être capable d'un
» aliment plus ſolide & plus ſubſtantiel.) Qu'Iſraël
(le vray Iſraël de Dieu, c'eſt à dire, le chrêtien)
eſpere

espere au Seigneur maintenant , & au siecle des «
siecles. Qu'il n'ait point d'autre sentiment, ny pour «
le passé ny pour l'avenir.

C'est la vie de tout chrêtien , & des rois ainsi
que des autres : car ils doivent comme les autres
être vrayement pauvres d'esprit & de cœur , &
comme disoit saint Augustin : Preferer au royaume « Aug. De
où ils sont seuls , celuy où ils ne craignent point « Civit. Lib.
d'avoir des égaux.   v. c. 24.

David remply de l'esprit du Nouveau Testament , sous lequel il étoit déja par la foy , a ramassé
ces grands sentimens dans un des plus petits de ses
pseaumes : & il le donne pour entretien , & pour
exercice aux rois pieux.

XIV. PROPOSITION.

Tous les jours , & dés le matin , le prince doit se
rendre devant Dieu attentif à tous ses devoirs.

Ecoutez Seigneur mes paroles d'une oreille fa- « Ps. v. 2. &
vorable : entendez le cry de mon cœur. Soyez at- « seq.
tentif à ma priere, mon roy & mon Dieu. Je vous «
feray ma priere , & vous m'écouterez dés le matin. «
Je me presenteray à vous dés le matin, & je consi- «
dereray que vous êtes un Dieu qui haïssez l'iniquité. «
L'homme malin n'approchera point de vous : les «
méchans ne subsisteront point sous vos yeux. Vous «
haïssez tout homme qui fait mal : vous perdrez ceux «
qui proferent le mensonge. Le Seigneur a en abo- «
mination l'homme sanguinaire & le trompeur. Pour «
moy , j'espere en la multitude de vos misericor- «

» des. J'entreray dans vôtre maison : j'adoreray dans
» vôtre saint temple en vôtre crainte. Amenez-moy
» dans vôtre justice : applanissez vos voyes devant
» moy , pour me délivrer de ceux qui me tendent
» des pieges. La verité n'est point en leur bouche :
» leur cœur est plein de fraude pour me surprendre :
» leur bouche est un sepulchre ouvert (pour englou-
» tir l'innocent.) Ils adoucissent leurs langues : (par
» des paroles flateuses.) Jugez-les, Seigneur : rendez
» leurs desseins inutiles : repoussez-les selon le nom-
» bre de leurs impietez ; parce qu'ils ont irrité vôtre
» colere. Mais que ceux qui esperent en vous se ré-
» joüissent : ils vous loüeront à jamais. Vous prote-
» gerez ceux qui aiment vôtre nom : vous habiterez
» en eux, ils se réjoüiront en vous : benissez le juste.
» Vous environnerez leur tête comme d'un bouclier,
» selon vôtre bonne volonté.

On voit David un si grand roy dés le matin,
& dans le moment où l'esprit est le plus net, & les
pensées les plus dégagées, & les plus pures, se
mettre en la presence de Dieu, entrer dans son
temple, faire son adoration & sa priere en consi-
derant ses devoirs : sur ce fondement immuable,
que Dieu est un Dieu qui hait l'iniquité : ce qui
oblige ce prince à la reprimer en luy-même, &
dans les autres. C'est ainsi qu'on se renouvelle tous
les jours : & qu'on évite l'oubli de Dieu, qui est le
plus grand de tous les maux.

XV. ET DERNIERE PROPOSITION.

Modele de la vie d'un prince dans son particulier : & les resolutions qu'il y doit prendre.

O Seigneur ! Je celebreray par mes chants vôtre misericorde & vos jugemens : je vous chanteray des pseaumes, & je m'instruiray dans la voye parfaite & sans tache, quand vous approcherez de moy. Je marchois dans mon innocence, & dans la simplicité de mon cœur, au milieu de ma maison. Je ne mettois dans mon esprit aucune pensée injuste : je haïssois celuy qui se détournoit de vos voyes. Un mauvais cœur ne m'approchoit pas, je ne connoissois point le mal : je ne laissois aucun repos à celuy qui médisoit en secret de son prochain. Les yeux superbes, & les cœurs avares & insatiables n'avoient point de place à ma table, (& dans ma familiarité.) Mes yeux se tournoient vers les fideles de la terre, pour vivre en leur compagnie : je me servois de celuy dont les voyes étoient innocentes, & irreprochables. Le superbe n'habitoit point dans ma maison : le menteur ne plaisoit pas à mes yeux. (Mon zele s'allumoit dés le matin contre les méchans, & les impies :) je les faisois mourir dés le matin, (je méditois leur perte) afin de les exterminer tous de la cité du Seigneur.

C'est ainsi que parloit David, en roy zelé pour la religion, & pour la justice : & il apprenoit aux rois par son exemple, quels conseillers, quels ministres, quels amis, & quels ennemis ils doivent

Pf. c. 1. & seq.

HHhh ij

avoir. Quel fpectacle de voir le plus doux & le plus clement de tous les princes , dés le matin au milieu du carnage fpirituel des ennemis de Dieu , quand il les voyoit fcandaleux, & incorrigibles ? Mais quel plaifir de confiderer dans ce pfeaume admirable fon innocence , fa moderation , fon integrité,& fa juftice : ceux qu'il approche de luy , ceux qu'il en éloigne : fon attention fur luy-même , & fon zele contre les méchans ?

Avec toutes ces precautions, il eft tombé & d'une chute terrible : tant eft grande la foiblefle humaine : tant eft dangereufe la tentation de la puiffance. Combien plus font expofez ceux , qui font toûjours hors d'eux-mêmes, & ne rentrent jamais dans leur confcience ? C'eft donc le grand remede à la tentation dont nous parlons. Et je ne puis mieux finir cet ouvrage, qu'en mettant entre les mains des rois pieux , ces beaux pfeaumes de David.

C O N C L U S I O N.

En quoy confifte le vray bonheur des rois.

Aprenons-le de faint Auguftin, parlant aux empereurs Chrêtiens , & en leur perfonnes à tous les princes , & à tous les rois de la terre. C'eft le fruit & l'abregé de ce difcours.

Aug. De Civit Dei. lib. v. c 24. » Les empereurs chrétiens ne nous paroiffent pas » heureux , pour avoir regné long-temps , ny pour » avoir laiffé l'empire à leurs enfans après une mort » paifible , ny pour avoir dompté, ou les ennemis de » l'état, ou les rebelles. Ces chofes que Dieu donne

aux hommes dans cette vie malheureuse (ou pour «
leur faire sentir sa liberalité , ou pour leur servir de «
consolation dans leurs miseres ,) ont été accordées «
même aux idolâtres qui n'ont aucune part au royau- «
me celeste , où les empereurs chrêtiens sont appel- «
lez. Ainsi nous ne les estimons pas heureux pour «
avoir ces choses qui leur sont communes avec les «
ennemis de Dieu : & il leur a fait beaucoup de «
grace lorsque leur inspirant de croire en luy , il les «
a empêchez de mettre leur felicité dans des biens «
de cette nature. Ils sont donc veritablement heu- «
reux , s'ils gouvernent avec justice les peuples qui «
leur sont soumis ; s'ils ne s'enorgueillissent point «
parmy les discours de leurs flateurs , & au milieu «
des bassesses de leurs courtisans ; si leur élevation ne «
les empéche pas de se souvenir qu'ils sont des hom- «
mes mortels ; s'ils font servir leur puissance à étendre «
le culte de Dieu , & à faire reverer cette majesté in- «
finie ; s'ils craignent Dieu ; s'ils l'aiment ; s'ils l'a- «
dorent ; s'ils preferent au royaume où ils sont les «
seuls maîtres , celuy où ils ne craignent point d'avoir «
des égaux : s'ils sont lents à punir , & au contraire «
prompts à pardonner ; s'ils exercent la vengeance «
publique , non pour se satisfaire eux-mêmes , mais «
pour le bien de l'état qui a besoin necessairement de «
cette severité; si le pardon qu'ils accordent tend à l'a- «
mendement de ceux qui font mal , & non à l'impu- «
nité des mauvaises actions ; si lors qu'ils sont obli- «
gez d'user de quelque rigueur, ils prennent soin de «
l'adoucir autant qu'ils peuvent par des bien-faits, & «

HHhh iij

» par des marques de bonté ; si leurs passions sont d'au-
» tant plus reprimées qu'elles peuvent être plus libres ;
» s'ils aiment mieux se commander à eux-mêmes & à
» leurs mauvais desirs , qu'aux nations les plus indomp-
» tables & les plus fieres ; & s'ils sont portez à faire ces
» choses non par le sentiment d'une vaine gloire , mais
» par l'amour de la felicité éternelle , offrant tous les
» jours à Dieu pour leurs pechez un sacrifice agreable
» de saintes prieres , de compassion sincere des maux
» que souffrent les hommes, & d'humilité profonde de-
» vant la majesté du Roy des rois. Les empereurs qui
» vivent ainsi sont heureux en cette vie par esperance ;
» & ils le feront un jour en effet, quand la gloire que
» nous attendons sera arrivée.

PRIVILEGE DU ROY.

LOUIS par la grace de Dieu Roy de France & de Navarre: A nos amez & feaux Conseillers les Gens tenans nos Cours de Parlemens, Maîtres des Requêtes ordinaires de nôtre Hôtel, Baillifs Sénéchaux, & tous autres nos Justiciers & Officiers qu'il appartiendra, Salut : Nôtre tres-cher & bien-aimé le sieur JACQUES-BENIGNE BOSSUET, Abbé de saint Lucien de Beauvais, Nous a tres-humblement fait remontrer, qu'il desireroit de faire imprimer les Ouvrages posthumes du feu sieur Evêque de Meaux son oncle, également utiles à la Religion & à l'Etat, & qui n'ont pas encore été imprimez. Ce qu'il n'oseroit faire sans en avoir auparavant obtenu nôtre permission sur ce necessaire ; qu'il nous a tres-humblement fait suplier luy vouloir accorder : A ces causes voulant favorablement traiter l'Exposant, & luy donner le moyen de procurer au Public les precieux restes des Ouvrages d'un Prelat, qui a été pendant sa vie le défenseur de la Religion, & une des plus éclatantes lumieres de l'Eglise de France : Nous luy avons permis & accordé, permettons & accordons par ces Presentes, de faire imprimer par tel Imprimeur ou Libraire qu'il voudra choisir les Ouvrages posthumes du feu sieur Evêque de Meaux, contenant, *La Politique tirée des propres paroles de l'Ecriture, Histoire abregée des Rois de France, Traité de la Connoissance de Dieu & de soy-même, avec plusieurs autres traitez de Logique & de Morale faits pour Monseigneur le Dauphin, Elevations sur les Mysteres, & Meditations sur l'Evangile, &c.* en telle forme, marges, caracteres, en autant de volumes & autant de fois que bon luy semblera, pendant le temps de vingt années consecutives, à commencer du jour & datte des Presentes, & de les faire vendre, debiter & distribuer par tout nôtre Royaume ; faisons deffenses à tous Libraires, Imprimeurs & autres personnes de quelque qualité qu'elles soient, de les imprimer, ou faire imprimer en quelque sorte & maniere que ce soit sans le consentement par écrit de l'Exposant ou de ses ayans cause, à peine de confiscation des Exemplaires contrefaits, de six mille livres d'amende payable sans déport par chacun des contrevenans, applicable un tiers à Nous, un tiers à l'Hôtel-Dieu de Paris, & l'autre tiers à l'Exposant, & de tous dépens, dommages & interêts ; à la charge de mettre deux Exemplaires desdits Ouvrages en nôtre Bibliotheque publique, un en celle du Cabinet des Livres de nôtre Château du Louvre, & un en celle de nôtre tres-cher & feal Chevalier le Sieur PHELYPEAUX, Comte de Pontchartrain, Chancelier de France, avant que de les exposer en vente, de faire registrer dans trois mois ces Presentes és Registres de la Communauté des Marchands Libraires à Paris, & d'imprimer ledit Livre en beaux caracteres & bon papier , conformément aux Reglemens faits par la Librairie & Imprimerie , à peine de nullité des Presentes , du contenu ausquelles Vous Mandons , & Enjoignons faire joüir l'Exposant & ses ayans cause , pleinement & paisiblement , cessant & faisant cesser tous troubles & empêchemens contraires : Voulons qu'en mettant au commencement ou à la fin dudit Livre copie des Presentes , elles soient tenuës pour signifiées , & qu'aux copies d'icelles collationnées par l'un de nos amez & feaux Conseillers Secretaires , foy soit ajoûtée comme à l'Original. Commandons au premier nôtre Huissier ou Sergent sur ce requis, faire pour l'execution des Presentes toutes significations , actes & exploits necessaires , sans demander autre permission , nonobstant Clameur de Haro , Chartre Normande , & Lettres à ce contraires : Car tel est nôtre plaisir. Donne' à Versailles le vingt-quatriéme jour de Mars l'an de grace mil sept cens huit , & de nôtre Regne le soixante-cinq. Par le Roy en son Conseil. Signé Bertrand , & scellé du grand Sceau de cire jaune.

Registre sur le Registre no. 2. de la Communauté des Libraires & Imprimeurs de Paris , pag. 322. n°. 611. conformément aux Reglemens , & notamment à l'Arrest du Conseil du 13. Aoust 1703. A Par ce 27. Mars 1708. Signé L. Sevestre , Syndic.

Et ledit sieur Abbé Bossuet a cedé & transporté son droit du present Privilege pour cet ouvrage de la Politique au sieur Pierre Cot , pour en joüir , suivant l'accord fait entre...

E R R A T A.

Page 84. ligne 8. Ses gens se pressent , lisez le pressent.
Page 112. ligne 22. cette parabole , lisez parole.
Page 112. ligne 11. il étoit fait , lisez il soit fait.
Page 134. ligne 2. leur meurtrier , lisez le meurtrier.
Page 13 . ligne 11. obéira , lisez obéira pas
Page 161. ligne 14. qu'il l'a créée , lisez qui la créé.
Page 415. ligne 16. Et David demandoit , lisez &c. ... luy donna , à la citation , 3. Reg. 17.
19
Page 561. ligne 24. effacez selon.
Page 593. ligne 11. pitence , lisez potence.
Page 573. ligne 21. avon , lisez avons.